100대 한글 문화유산 —34
(재)한국어세계화재단

금강경언해

김성주 · 박상준 · 박준석 공저

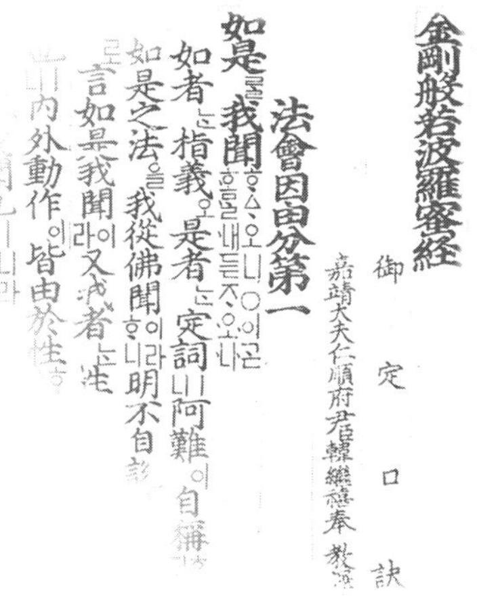

신구문화사

발간사

21세기는 흔히 정보화시대, 인터넷시대라고 합니다. 정보와 인터넷은 빨라야 한다는 점에서 공통점이 있습니다. 이러한 시대 상황에 따라 사회가 점점 더 빠르게 변화하고 또 이처럼 빠르게 변화하는 세태를 반영하듯 새로운 신조어들도 예전에 비해 많이 만들어지고 있습니다. 이러한 분위기에서 요즘은 국어의 역사에 대한 관심이 덜해지는 것 같습니다. 그러나 국어는 우리 민족의 근간이고, 한국문화의 기초이며, 역사의 전승 도구라는 점에서 관심을 새롭게 해야 한다고 생각합니다.

문화관광부에서는 2002년에 학계 및 관계 기관으로부터 한글 문화유산 목록을 추천 받아 그 중에서 주요한 한글 문화유산 100종을 '100대 한글 문화유산'으로 선정하였습니다. 한국어세계화재단에서는 2003년부터 문화관광부로부터 국고보조금을 지원 받아 '100대 한글 문화유산'을 일반인들이 이해하기 쉽도록 해설하는 사업을 해왔습니다. 선정된 자료들은 주로 문자·언어, 유학서, 종교서, 역학서, 기술서, 문학서, 생활사 자료 등 영역별로 중요하다고 선정된 서적들입니다. 이 선정된 자료들을 영구히 보존하기 위하여 우선 디지털화하고 해당 분야 전문가들에게 위촉하여 역주와 해설하는 작업을 해왔습니다. 이제 그 사업의 결과가 책자로도 출판되어 나오게 되었습니다. 따라서 독자들은 온라인으로도 원전을 보고, 역주와 해설을 볼 수 있으며, 인쇄된 책으로도 볼 수 있게 된 것입니다.

그동안 다른 기관들에서도 국어 고전 자료에 대한 많은 책자들을 발간한 바 있으나 일반인들이 쉽게 읽기가 어려운 경우가 많았습니다. 이번에

재단에서 출판하는 책자들은 국어 전공자가 아닌 일반인이나 중·고등학생들도 어려움 없이 읽을 수 있도록 쉽게 설명하고 해제하였습니다.

특히 이러한 책자들은 해외에도 적극적으로 보급하여 재외동포나 해외에서 한국어나 한국학에 관심을 가진 외국인들이 한국어를 이해하고 한국어에 더욱 높은 관심과 애정을 가질 수 있게 되기를 기대합니다. 특히 최근 한류로 하여 모처럼 일고 있는 한국에 대한 관심을 확산하고, 지속되도록 하기 위해서는 실제로 한국어를 학습하고, 한국학을 전공하겠다는 재외동포나 외국인이 많이 나와야 할 것입니다. "100대 한글 문화유산 정비사업"의 일환으로 이루어지는 이들 책자들이 안으로는 선조들이 남기신 소중한 문화유산을 후손들이 쉽게 접할 수 있도록 하고, 밖으로는 한국어의 세계화에도 기여하게 될 것이라 확신하며 이러한 사업에 기꺼이 뜻을 같이 하고 땀흘려주신 필자들에게 깊은 감사의 말씀을 드립니다.

재단에서는 앞으로도 국어 고전 자료뿐만 아니라 현대의 주요 국어 자료들도 세계화하기 위한 다양한 사업들을 계획할 것입니다. 아무쪼록 이러한 노력들이 앞으로 국내뿐만 아니라 해외에서도 한국어에 관심을 가질 수 있도록 하는 데 좋은 계기가 되기를 바랍니다. 마지막으로 이러한 사업을 할 수 있도록 지원해주신 문화관광부와 국립국어원에 감사드립니다.

2005년 4월 20일

한국어세계화재단 이사장　박영순

머리말

금강경은 예전에는 물론 지금도 불가(佛家)에서 가장 많이 읽히는 불경이다. 그것은 금강경이 담고 있는 내용이 불교를 이해하는 데 핵심적인 내용이기 때문이리라.

조선시대 간경도감에서 언해된 불경들은 대승경전 중에서도 중요한 불경들이었고 여기에 금강경이 빠질 수는 없었다. 금강경이 불경 중에서도 중요한 경전이었기에 고금을 통해 역주 내지 주석서도 어느 불경보다도 많다. 그러나 대부분은 불교학을 전공하는 사람이나 스님들이 낸 역주본인 경우가 많고, 언해본을 바탕으로 역주본을 낸 경우는 몇 예에 불과하다.

이 책은 우리 민족의 문화유산을 보다 알기 쉽게 풀어서 일반 독자들이 이해하도록 한다는 한국어세계화재단의 취지를 살려 기존의 역주본과는 달리 내용을 보다 쉽게 알 수 있도록 하려는 의도로 쓰여졌다.

금강경언해 가운데 새로 발견된 불갑사 소장 초쇄본 금강경언해를 저본으로 하고 금강경삼가해, 금강경오가해 및 기존의 금강경언해 역주본을 참조하였다.

금강경은 원래 싼쓰끄리뜨어로 된 대승경전이고, 이를 한문으로 번역한 것이 6종이다. 그러나 한역된 금강경 중 가장 널리 읽히는 것은 구마라집이 번역한 금강경이다. 주석서도 수를 헤아리기 어려울 만큼 많지만 그 중에서도 육조혜능 선사의 『금강경구결』이 가장 많이 읽히는 것 중에 하나며, 간경도감에서 언해한 『금강경언해』도 구마라집이 번역한 한역 금강경에, 육조혜능 선사가 주석을 한 책이다.

이 책의 저자들은 국어학을 전공했거나 불교한문을 전공하였으며, 한문으로 된 불경을 우리말로 번역하거나 불경언해를 현대역 경험을 토대로 한역된 금강경 문장과 언해된 15세기 번역문을 바탕으로 금강경에 대한 이해를 시도했으며, 이를 바탕으로 일반 독자들이 금강경을 보다 쉽게 이해할 수 있도록 기획하였다. 이런 이유 때문에 기존의 불경 언해서의 역주와는 달리 직역과 의역을 동시에 싣는 편집을 시도했다.

번역에서의 직역과 의역의 문제는 지금도 번역에 종사하는 모든 사람이 안고 있는 문제이다. 이 책은 한편으로는 15세기 국어를 공부하는 국어학도를 위해서, 또 다른 한편으로는 금강경의 대의를 쉽게 이해하려는 일반인을 위해서 쓴 책이므로 이 두 가지를 만족시키는 방법으로 직역과 의역을 동시에 싣는 방법을 택했던 것이다.

그런데 반드시 직역한 부분은 국어학도를 생각하여 썼고, 의역한 부분은 일반인을 생각하고 쓴 것은 아니다. 어느 쪽에서 보든지 의역과 직역을 번갈아 읽어 보는 것이 도움이 될 것이다. 이런 이유로 어학적인 주석은 많은 부분 생략했으며 대신에 어휘나 문법 사항보다는 경문의 내용을 이해하는 데 필요한 구절 등에 대한 주석을 달았다.

그러나 이 책이 불교한문을 전공한 저자와 국어학을 전공한 저자들의 이상적인 배합이기 때문에 좋은 점만 가지고 있는 것은 아니다. 저자가 3명이나 됨으로 해서 생기는 서로 간의 의견 교환이 원활하지 않았던 점도 있기 때문이다.

아무튼 불경언해의 역주에서 저자들의 전공이나 직역과 의역을 같이 싣고 있다는 점에서 새로운 시도임에는 틀림없을 것이다.

경문의 내용, 책의 형식, 어학적인 주석 할 것 없이 잘못된 부분을 지적해 주시거나 좋은 의견을 주셔서 금강경의 내용을 다시 한 번 생각해 보는 기쁨을 누릴 수 있도록 해 주십사 간절히 요청한다.

저자 일동

차 례

일러두기

- 이 책은 영광 불갑사 소장『금강경언해』를 저본으로 역주 해설한 것이다. 불갑사 소장본『금강경언해』는 금강경 본문과 육조구결후서만 있는 책이지만, 안심사판에 실려 있는「금강반야바라밀경육조해서」,「진금강경심경전」등도 포함하여 역주하였다. 불갑사 소장『금강경언해』에서 낙장된 부분이나 훼손되어 상태가 좋지 않은 부분은 일사문고본과 동국대 도서관 소장 석판본 등을 참조하여 재구성하였다.『금강경언해』에 대한 자세한 서지 사항은 이 책의 제1장 문헌 개관에 갖추어져 있다.

- 이 책은『금강경언해』의 체재를 온전히 보이기 위해 원전의 체재를 다시 구성하여 역주하였다. 그러나 경문이나 육조 구결의 문단의 길이가 지나치게 긴 경우는 독자의 이해를 돕고자 내용에 따라 원전보다 단락을 짧게 나누었다. 단락을 나눈 첫 부분에는 장차 표시를 하여 찾아보기 쉽게 하였다.

- 이 책의 본문은 '경 본문', '경 언해', '경 직역', '경 의역'과 '주 본문', '주 언해', '주 직역', '주 의역'으로 이루어져 있다. '경 본문'은『금강경』의 경문에 해당하며, '주 본문'은 육조 요해에 해당한다. '경 본문'과 '주 본문'은 금강경 경문과 육조 요해에 한글로 구결을 단 부분이다. '경 언해'와 '주 언해'는 이들의 15세기 언해문이며, '경 직역'과 '주 직역'은 국어학계에서 전통적으로 언해서를 역주할 때 취했던 직역 위주의 현대역이다. '경 의역'과 '주 의역'은 이 책의 발간 취지에 맞게 불교를 잘 모르는 사람도『금강경』의 뜻을 최대한 이해할 수 있도록 15세기 언해문에 입각하여 의역한 부분이다.

- '경 직역'과 '주 직역'에서 내용상 다소 이해가 불충분하다고 판단되는 부분은 해당 부분의 '경 의역'과 '주 의역'에서 참조할 수 있다. 목적에 따라 현대어 번역 두 편을 더 실었고, 주석은 주로 국어학적 지식이나 경문 내용에 한해 좀 더 깊이 알고자 하는 사람에게 맞도록 제한적으로 달았다.

- '경 직역'과 '주 직역'에서는 한자를 노출시켰으며, '경 의역'과 '주 의역'에

서는 가능하면 한자 사용을 피하고, 한자어를 사용할 경우에는 한글을 앞에 쓰고 한자는 그 뒤에 괄호에 넣어 보충하는 방식을 취했다.

• 원문의 한자는 '경 직역'이나 '주 직역'에서는 가능하면 살려 썼으며, 중세국어에서는 고유어로 번역되었으나 현대국어에서 그에 대응되는 고유어가 없을 경우에는 되도록 한자어를 살려 썼다. 예) ᄉᆞᄆᆞᆺ → 통하게

• '경 직역'과 '주 직역'에서는 국립국어연구원 편 『표준국어대사전』에 실려 있는 경우에는, 비록 현대국어에서 잘 쓰이지 않는 경우라도 가급적 원문의 표현을 살렸으나, '경 의역'과 '주 의역'에서는 내용에 중점을 두어 현대국어에서 잘 쓰이는 않는 표현은 이해하기 쉬운 표현으로 바꾸었다.

• 다만 '-니라', '-리라' 등과 같이 『표준국어대사전』에 등재는 되어 있지만 현대국어에서 일반적으로 쓰이지 않는 경우에는 문맥에 따라 적절히 살려 쓰기도 하고, 표현을 바꾸기도 하였다.

• 그 자체가 하나의 개념으로 쓰이는 1음절 한자의 경우에만 띄어쓰기를 하는 것이 원칙이지만 그 외의 한자어 띄어쓰기는 전통적인 관습을 존중하여 붙여 썼다. 예) 諸佛.

• 영유법(影喩法)을 써 1음절로 쓰인 한자 술어는 가능하면 전체 어휘를 밝혀 적었다. 예) 化ᄒᆞ샤 → 教化하시어.

• 원문에 단독으로 나오는 '以', '爲' 등은 가능하면 '주 직역'에서는 생략한 채로 번역하였고, '주 의역'에서는 생략된 논항을 살려서 번역함을 원칙으로 하였다.

• 중세국어에서는 단어의 의미가 넓었으나 현대국어에서는 의미 또는 쓰임이 축소된 경우라도 기본적인 의미가 통할 경우에는 '경 직역'이나 '주 직역'에서는 중세국어에 쓰인 단어를 살려 썼고, '경 의역'과 '주 의역'에서는 자연스런 표현으로 바꾸어 썼다. 예) ᄂᆞ즉ᄒᆞ여 → '경 직역'과 '주 직역'에서: 나직이, '경 의역'과 '주 의역'에서: 낮게.

• '부텨'를 옮길 때에, '경 직역'과 '주 직역'에서는 '부처'로 옮기고, '경 의역'

과 '주 의역'에서는 '부처님'으로 옮겼다. '경 직역'과 '주 직역'은 가능하면 15세기의 언해문을 그대로 반영한다는 원칙에 따랐으며, '경 의역'과 '주 의역'의 경우 자연스런 현대국어로 번역한다는 원칙에 따랐기 때문이다.

- 조사의 경우, 오늘날까지 남아 있는 문법 형태는 청자대우법에 어긋나더라도 '경 직역'과 '주 직역'에서는 바꾸지 않았으나, '경 의역'과 '주 의역'에서는 문맥에 맞게 적절히 바꾸었다. 그러나 호칭어로서의 '부텨'가 아닌 지칭어로서의 '부텨' 또는 '여래'는 그대로 '부처' 또는 '여래'로 옮겼다. 예) 부톄 → '경 직역': 부처가, '경 의역': 부처님이 <호칭어일 경우>.

- 어학적인 주석은 국어학 전공자를 위해 달았으며 그러한 경우라도 '경 직역'과 '주 직역', 또는 '경 의역'과 '주 의역'에서 보충이 될 경우에는 제한했다.

- 이 책에서는 『금강경언해』의 책 체재를 모두 보여줄 수는 없지만, 필요한 경우에는 『금강경언해』의 체재를 그대로 옮겨온 것도 있다. 대표적인 예로 옛날 책에는 왕이나 왕비, 부처님과 같은 높은 분들에 대해서는 행의 처음 몇 칸을 비우고 쓰는 대두법(擡頭法)을 사용하였다. 역주에서는 원문에 대두법이 사용된 곳을 구분하기 위해 대두법이 사용된 곳을 한 칸 띄워 구분하였다.

- 원전에서 정확히 판독되지 않는 글자는 '■'로 표시하였고, 판독한 글자가 정확하지 않을 경우에는 각주를 달아 표시하였다.

- 『금강경언해』의 장차 표시는 『금강경언해』의 판심제를 이용하였는데, 장차 표시에서 앞면은 'ㄱ'으로, 뒷면은 'ㄴ'으로 나타내었다.

- 이체자(異體字)는 컴퓨터에서 표현이 가능한 경우에만 구분하여 실었으며 그 외의 경우에는 따로 밝히지 않았다. 예) 須菩提/湏菩提.

- 색인은 불교 용어에 국한했으며, 주해는 가급적 중복을 피했으나 필요한 경우에는 중복하였다.

제1장 문헌 개관

1. 『금강경(金剛經)』의 경전 이름과 주요 내용

1.1. 『금강경(金剛經)』의 경전 이름

『금강경』의 갖은 이름은 『금강반야바라밀경(金剛般若波羅蜜經)』이다. 싼쓰끄리뜨어로는 바즈라체디까-쁘라즈냐-빠라미따-수뜨라(Vajracchedikā Prajñāpāramitā Sūtra)이다. '바즈라'는 '벼락'의 의미인데 '금강(金剛)'으로 한역되었고, '체디까'는 '승리'의 의미인데 '능단(能斷)'으로 번역되었다. 따라서 현전하는 싼쓰끄리뜨 경전에 따르면 '능단금강반야바라밀경'이 된다. 『금강반야바라밀경(金剛般若波羅蜜經)』은 '금강반야경' 또는 '금강경' 등으로 줄여 부르고 있다.

『금강경』은 원래 『대반야경(大般若經)』 600권 중에서 제577권에 해당하는 대반야(大般若) 16회 중 제9회 능단금강분(能斷金剛分)에 수록되어 있다. 금강경의 성립 시기는 대승불교(大乘佛敎) 운동이 일어나기 시작한 즈음인 기원전 2세기 전후라고 추측하고 있다. 그 증거로 삼는 것은 『금강경』에는 대승이라는 말이 쓰이지 않고 관세음보살(觀世音菩薩)이 등장하지 않으며 열반에 이르는 여섯 가지 방편인 보시(布施), 지계(持戒), 인욕(忍辱), 정진(精進), 선정(禪定), 지혜(智慧) 등의 육바라밀(六波羅蜜) 중에서 보시(布施), 지계(持戒), 인욕(忍辱) 만이 나타나고 그 외는 나타나지 않는다는 점 등이다.

『금강경』은, 부처님께서 기원정사(祇園精舍)에 계실 적에 "온갖 법이 공(空)하다"는 것을 깨달은 부처님 제자, 그 중에서 해공제일(解空第一)인 수보리(須菩提)가 아뇩다라삼먁삼보리(阿耨多羅三藐三菩提)의 마음을 낼 때에, 편히 머물 수 있고 마음을 다스릴 수 있는 방법을 부처님께 묻자, 그 물음에 대해 부처님께서 설하신 것이 주요 내용이다. 금강경의 주요 내용을 금강경의 경전 이름과 결부시켜 보면, '금강석(金剛石)과 같은 단단한 지혜[반야(般若)]로써 중생을 부처님의 세계로 인도한다[波羅蜜]'는 뜻을 가진 경(經)이다.

1.2. 경전의 주요 내용

불교 경전의 형식적인 구조는 경전 성립의 내용을 담은 서분(序分)과 주요 내용을 전하는 정종분(正宗分), 그리고 경전의 전래와 전파를 기원하는 내용을 담고 있는 유통분(流通分)의 3분으로 구성되어 있다. 『금강경』의 과판은[1] 내용을 파악하는 사람에 따라 다르게 나뉘기도 하는데, 우리나라에서는 전통적으로 양(梁)나라 무제(武帝)의 아들 소명태자(昭明太子)가 나눈 32과판, 즉 32단락 구분을 따르고 있다. 이러한 구조에 따르면 금강경은 서분, 정종분, 유통분의 구조에 32분으로 구성된 경전이라 할 수 있다.

서분은 '제1 법회인유분(法會因由分)'이 해당되고, 정종분에는 '제2 선현계청분(善現啓請分)'부터 '제31 지견불생분(知見不生分)'까지이고, 유통분은 마지막의 '제32 응화비진분'(應化非眞分)이 해당된다.

서분에는 부처님께서 설하신 말씀임을 증명하기 위한 6가지 사항을 밝히는 신(信), 문(聞), 시(時), 주(主), 처(處), 중(衆)의 육성취(六成就)와 경을 설하게 되는 동기가 나타난다. 금강경에서도 수보리가 부처님의 말씀을 믿어['如是', 信], 들었는데['我聞', 聞], 그 때가 언제인가 하면['一時', 時], 부처님께서['佛', 主], 기수급고독원에서['在舍衛國祇樹給孤獨園', 處],

1) 경전의 내용에 따라 단락을 나누는 것.

비구 1,250명과 함께 있을 때['與大比丘衆千二百五十人과 俱', 衆]라고 밝히는 육성취가 나타난다. 아래의 과판의 명칭은 『금강경언해』에 있는 것을 가져온 것인데, 경의 내용을 요약하여 보이면 다음과 같다. 첫째 서분(序分)은 법회인유분 한 단락이 해당된다.

(1) 법회가 열린 연유(法會因由分 第一): 부처님께서 법회를 여시게 된 이유가 나타나는 곳이다.

정종분(正宗分)은 '금강경'의 주요 내용을 30단락으로 나누어 설명하고 있다. 각 단락의 주요 내용을 요약하면 다음과 같다.

(2) 선현의 법을 청함(善現啓請分 第二): 수보리가 아뇩다라삼먁삼보리의 마음을 낼 때 편히 머물 수 있는 방법과 마음을 다스릴 수 있는 방법에 대해서 부처님께 물었다.
(3) 대승의 올바른 종지(大乘正宗分 第三): 부처님께서는 수보리의 물음에 대해서 답하시기를, 보살은 모든 중생을 구제 멸도하지만 보살 스스로가 '나는 중생을 제도하였다'라는 생각을 하지 말아야 하며, 또한 아상(我相)·인상(人相)·중생상(衆生相)·수자상(壽者相)이 있으면 보살이 아니라고 하셨다.
(4) 묘행이 머무는 것이 없음(妙行無住分 第四): 부처님께서는 보살은 머무는 곳[주상(住相)]이 없이 보시하여야 한다는 것을 말씀하셨다.
(5) 바른 도리를 진실로 봄(如理實見分 第五): 또 말씀하시기를, 여래의 색신은 상이 있고 법신은 상이 없으므로 육안으로 볼 수 있는 것은 색신이지만, 지혜의 눈만으로 볼 수 있는 것은 법신이다. 또한 법신은 허공과 같이 헤아릴 수 없으므로 법신을 본 사람만이 머무는 곳 없이 보시를 행할 수 있으므로 "무릇 있는 상이 다 허망이니, 만약 모든 상이 상 아닌 것을 보면 곧 여래를 볼 수 있을 것이다."라고 설하시어 일체의 모든 상이 허망한 것이라고 말씀하셨다.
(6) 바른 믿음은 드묾(正信希有分 第六): 중생이 일체의 모든 상이 허망하다는 것을 듣고 진실한 믿음을 낼 수 있으려면, 과거에 헤아릴 수 없이 많은 선근(善根)을 심은 보살만이 부처님을 신봉하며 과거에 선근을 심은 적이

없는 중생은 신행(信行)하기가 어려워서 올바르게 믿는 것이 드물다는 것을 설하셨다.

(7) 얻은 것도 없고 말한 것도 없음(無得無說分 第七): 일체 중생의 소견(所見)이 같지 아니하여서 여래께서 근기(根機)에 따라 갖가지 방편을 열어 보이시는 것이므로 일정한 법이 여래께 있는 것은 아니니다. 하지만 중생은 여래께서 이르신 교법만을 보고 본심을 알지 못하므로 중생들이 얻을 것도 없고 설할 것도 없는 것임을 중생의 본성에 따라 구분하여 보이시어, 중생으로 하여금 마음을 열어 각자가 스스로 불성(佛性)임을 보게 하셨다.

(8) 법에 의지하여 나옴(依法出生分 第八): 삼천대천세계를 칠보로 꾸미어 보시하면 그 공덕은 많으나 금강경 사구게(四句偈)를 지켜서 다른 사람들을 위하는 공덕에는 미치지 못한다. 사구게는 마하반야바라밀다이고, 마하반야가 여러 부처의 어머니이기 때문에, 삼세의 부처가 이 경에 의지하시어 수행하셔야만 비로소 성불을 얻을 수 있다고 하셨다.

(9) 어떤 상도 상이 없음(一相無相分 第九): 번뇌가 일어나지 않으며 축생취·아귀취·지옥취에 들지 않고 성현(聖賢)의 부류(部流)에 드는 수다원 과상(果相), 하늘세계에 갔다가 다시 인간 세계에 한 번 오는 사다함 과상(果相), 하늘세계에 한 번 난 후에는 다시 욕계 인간에 오지 않는 아나함 과상(果相), 무위(無爲)의 법체(法體)를 증득하고 모든 중생의 허물이 다하여 생사를 받지 않는 아라한 과상(果相) 등의 사과상(四果相)이 있다. 어떻든 간에 그 실상(實相)은 모든 상(相)이 본래가 공(空)하여 어떠한 한 법도 헛된 이름일 뿐이다.

(10) 정토를 장엄함(莊嚴淨土分 第十): 부처님께서는 수보리가 스스로 '나는 법을 얻었다'라고 생각하는 것이 걱정되셔서, 여래께서 연등불(然燈佛)이 계시는 곳에서는 법에서부터 얻은 것이 없음을 보이시고, 청정한 불국토는 상(相)이 없으며 형(型)이 없으니 보살이 장엄할 수 없음을 보이시며, 사람의 몸이 수미산왕과 같이 크다 할지라도 속마음이 적으면 큰 몸이라 할 수 없음을 보이시어, 청정한 마음으로 겉으로 드러나는 형상에 집착함이 없이 마음을 내는 것을 가르치셨다.

(11) 무위한 복이 더 나음(無爲福勝分 第十一): 부처님께서는 항하의 모래알 수만큼 수많은 삼천대천세계를 칠보로 가득 채워서 보시하면 그 공덕이야 비할 수 없을 만큼 큰 것이지만, 금강경 사구게를 수지 독송하여서 무위법

(無爲法)으로 복덕을 쌓으면 칠보로써 보시하는 것과 같은 유상(有相)의 복덕보다 수승하다는 것을 설하셨다.

(12) 바른 가르침을 존중함(尊重正敎分 第十二): 자기 자신의 진실된 마음으로 금강경을 외우고, 경의 뜻을 알고, 무착(無着), 무상(無相)의 이치를 체득하면 자기 자신의 마음이 곧 부처님의 마음이 됨을 깨닫게 되므로, 『금강경』이 있는 곳이라면 그곳은 부처님과 존중한 불제자가 있는 곳임을 알아야 한다고 설하셨다.

(13) 법대로 수지함(如法受持分 第十三): 수보리가 이 경의 이름과 이 경을 받들어 지니는 방법에 대해서 물었다. 부처님께서는 이 경의 이름은 '금강반야바라밀'이라고 하시고, 마땅히 받들어 지녀야 하는 이유는 겉으로 드러나는 상이라는 이름에 집착하여 항하의 모래알만큼이나 많은 목숨을 바쳐 보시한 사람보다는 이 경 중에 있는 사구게만이라도 받아 지녀서 다른 사람에게 설하였다면 이 사람의 복덕이 더 많기 때문에 이 경에 따라 복덕을 쌓는 것이 더 중요하는 것을 설하셨다.

(14) 상을 떠나서 적멸함(離相寂滅分 第十四): 수보리가 부처님께서 설하시는 것을 듣고, 깨달아 흐느끼며 부처님께, "만약 여기 어느 한 사람이 이 경을 얻어 듣고 믿어 마음이 깨끗해지면 그 사람은 진실로 깨달은 사람으로 희유한 공덕을 성취하였음을 알겠습니다." 하고 사뢰었다. 부처님께서는 모든 상이 상이 아니므로 그 상에서 모든 것을 떠나면 적멸해진다는 것을 밝히시고 이 경을 받들어 지니고 열심히 읽고 외우면 이 모든 이들은 헤아릴 수 없고 끝없는 공덕을 성취할 수 있다고 말씀하셨다.

(15) 경을 지니는 공덕(持經功德分 第十五): 부처님께서는 어떤 사람들이 자신의 몸을 바쳐 항하의 모래알만큼이나 많은 공덕을 쌓는다고 하더라도 이 경전을 듣고 믿는 마음이 있는 사람의 공덕보다 낫지 않으며, 하물며 이 경을 지녀 베껴 쓰고, 받아 지니고, 읽고 외워서 남에게 설법해 주는 사람의 공덕에는 비할 수 없음을 말씀하셨다. 또한 여래께서는 대승에 발심한 자를 위하여 이 경을 설하여 그들 스스로가 아뇩다라삼먁삼보리를 깨닫게 하여 열반의 세계에 도달하게 하는 것이라고 설하셨다.

(16) 능히 업장을 깨끗이 함(能淨業障分 第十六): 부처님께서는 선남자 선여인이 이 경을 받아 지니고 읽고 외울 때에도 다른 사람들에게 멸시를 받는 것은 전생에 지은 죄업에 인한 것이지만, 현세에서 멸시를 받고 천대를 받는

것으로써 전생에 지은 죄업을 씻어 내는 것이므로 반드시 아뇩다라삼먁삼보리의 깨달음을 얻을 수 있다고 말씀하셨다. 또한 선남자 선여인이 말세에도 이 경을 지니고 읽고 외우면 이 경의 뜻이 불가사의한 것과 같이 그 과보 또한 불가사의하다는 것을 말씀하시어 금강경을 수지 독송하는 공덕으로 능히 지난 세상에 지은 많은 죄업이 깨끗이 소멸된다는 뜻을 밝히셨다.

(17) 궁극의 경지에는 내가 없음(究竟無我分 第十七): 수보리가 부처님께 선남자 선여인이 아뇩다라삼먁삼보리의 마음을 낼 때에 편히 머물 수 있는 방법과 마음을 다스릴 수 있는 방법에 한 번 더 물었다. 이렇게 거듭 물은 이유는 중생들이 아직까지 아뇩다라삼먁삼보리심을 일으키지 못한 번뇌 망상 속의 범부들이므로 한두 번 말씀했더라도 확실하게 파악하지 못하고 그 요령과 핵심을 마음 깊이 간직하지 못하기 때문에 다시 한 번 더 설하신 것이다.

(18) 일체를 똑 같이 봄(一體同觀分 第十八): 부처님께서 오안(육안, 천안, 혜안, 법안, 불안)으로 바라보는 모든 것이 하나의 마음에서 나온 것이고, 일체 중생이 바라보는 것도 마음에서 나온 것이다. 그러므로 부처님의 오안도 하나의 마음에서 나오는 것과 같이 중생들의 온갖 번뇌 망상과 과거심, 미래심, 현재심도 모두 하나의 마음일 뿐이므로 모든 것을 한 가지로 보아야 한다고 설하신 것이다.

(19) 법계를 두루 교화함(法界通化分 第十九): 삼천대천세계를 가득 채울 만큼의 칠보로써 보시를 하더라도 이것은 유한한 복덕을 쌓는 것이다. 하지만 법계에서 보시를 한다면 그 복덕은 헤아릴 수 없다고 설하신 것이다.

(20) 색과 상을 여읨(離色離相分 第二十): 부처님의 32상과 80종호를 보고 여래의 구족 색신을 보았다고 할까 걱정하여 여래의 상이 없으신 법신이 있으니 이는 육안으로 볼 수 있는 것은 아니고 오직 혜안으로 볼 수 있다고 하셨다. 또한 색신을 여의지 않고 여래를 보는 것은 진실한 여래를 보는 것이 아니고 여래의 화신만을 보는 것이라고 하셨다.

(21) 설하는 것이 설함이 아님(非說所說分 第二十一): 여래께서 설하신 것은 설하신 것이 아니고 이름이 설법인 것이다. 따라서 여래의 설법은 마음에 얻음이 없는 것이므로 중생들이 스스로 위없는 보리를 닦아 증득하게 하도록 하는 것이 설법인 것이다.

(22) 법은 가히 얻을 것이 없음(無法可得分 第二十二): 부처님께서 아뇩다라

삼약삼보리를 얻으시되 얻은 바가 없는 것은 구하는 마음도 얻은 마음이 없기 때문에 작은 법도 가히 얻은 것이 없다[無有少法可得]고 이르신 것이다.

(23) 깨끗한 마음으로 선을 행함(淨心行善分 第二十三): 아뇩다라삼먁삼보리는 평등하여 아・인・중생・수자도 없는 것으로 일체의 착한 법을 닦으면 얻을 수 있는 것이라 설하셨다.

(24) 복덕과 지혜는 비교할 수 없음(福智無比分 第二十四): 삼천대천세계 중에 있는 수미산왕들에게 칠보로써 보시하는 것이 금강경의 사구게를 받아지니고 읽고 외우는 것에 능히 미치지 못한다고 하신 것이다.

(25) 교화하여도 교화되는 것이 없음(化無所化分 第二十五): 여래께서 한량없는 미묘한 법을 설하시어 중생을 제도하시나 중생이 처음부터 적멸하여 모든 법이 평등하고 처음부터 구족한 부처라 평등하여 하나의 불성인 까닭에 교화하실 부처님과 교화 받을 중생이 없다.

(26) 법신은 상이 아님(法身非相分 第二十六): 여래의 청정법신은 색상을 초월하여 높고 청정하여 집착으로부터 해탈하여 초월한 것이 법신이며 불신(佛身)인 것이다. 형상과 음성을 떠나서 보아야 보인다고 설하셨다.

(27) 끊음도 없고 멸함도 없음(無斷無滅分 第二十七): 정각심(正覺心)이 정견심(正見心)을 발한 자는 모든 법의 상이 없다. 또한 상이 없는 상에 모든 법으로써 수행하는 문과 길을 삼고, 모든 상을 버리는 것은 아니다. 이를 곧 무단이라 일컬으며 무멸이라 하므로 무단무멸분(無斷無滅分)이라 한 것이다.

(28) 받지도 않고 탐하지도 않음(不受不貪分 第二十八): 항하사와 같은 수많은 칠보로 보시하면 그 공덕이 많고 그 복이 크다고 할 만하지만 탐욕스런 마음으로 받아 취하는 마음이 있는 까닭에 그 복이 많다 할 수 없다. 그러나 마음이 탐내는 것이 없고 아상, 인상이 끊어져서 한 티끌도 묻지 않은 청정한 마음으로 법으로 보시한 공덕과 복덕이 한량없는 연고로 불수불탐분(不受不貪分)이라 하신 것이다.

(29) 위의가 고요함(威儀寂靜分 第二十九): 부처님의 진실한 모습은 오고 가심이 있는 것이 아니다. 또한 중생의 마음에 부처님이 나타나고 나타나지 않는 것은 부처님이 오시는 것이 아니라 중생의 마음에서 부처님이 오신 것과 같다. 따라서 부처님의 오고 가시는 위의는 항상 고요하여 적정(寂靜)한 것인 까닭에 위의적정분이라 하였다.

(30) 일합상의 진리(一合相理分 第三十): 부처님을 대하여, 말씀하시는 부처님이 오신 것도 없고 가신 것도 없으니 이를 응신(應身)에서 법신을 말한 것이다. 오고 가신 것이 없는 데 부처님과 말하게 되는 것은 법신에서 화신(化身)을 본 것이다. 즉 상(相)에 인하여 법신을 보고 법신의 법을 화신의 상이 나타낸다. 이리하여 이(理)와 외상(外相)의 합일(合一)이라 하여 일합상리분이라 하신 것이다.

(31) 지견이 생기지 않음(知見不生分 第三十一): 청정 무위한 본성 위에서 아상, 인상의 망상지견(妄相知見)이 생겨나면 진실된 성품은 매몰되고 보리심을 증득하지 못할 것이다. 이런 까닭에 아견, 인견을 버리면 환희지에서 망지견(妄知見)이 생겨나지 않고 참된 성품이 나타나서 지견불생분이라 하신 것이다.

유통분(流通分)은 이 『금강경』의 한 구나 한 게라도 들으면 악취의 인연에서 벗어나므로 한 순간이라도 받들어 지니면 보리심을 얻게 되는 것을 밝히는 부분이다. 그러므로 부처님의 말씀에 사부 대중을 비롯한 천·인·아수라 등도 모두 기뻐하며 믿어 받드는 모습을 나타내고 있다.

(32) 응화신은 진실이 아님(應化非眞分 第三十二): 부처님께서 이 경을 설하시는 것을 마치니, 수보리와 모든 비구, 비구니, 우바새, 우바이와 일체 세간의 하늘, 사람, 아수라가 부처님이 말씀하신 것을 듣고 모두 크게 환희하며 믿고 받들어 행하였다는 것을 나타낸 것이다.

2. 『금강경』의 종류와 전래

우리나라에 유통되고 있는 『금강경』은 싼쓰끄리뜨본, 중국어로 번역된 한역본(漢譯本), 조선시대에 훈민정음으로 번역된 언해본(諺解本), 경 본문의 한문을 한국어음으로 바꾼 음역본(音譯本), 한문으로 된 경 본문에 한글로 된 토를 단 한글 현토본(懸吐本), 현대국어로 번역된 한글본 등과

각 나라의 언어로 번역된 다양한 종류의 판본이 있다. 여기에서는 싼쓰끄리뜨본과 한역본의 특징만을 간략히 살펴보기로 한다.

2.1. 싼쓰끄리뜨본

현재 알려진 싼쓰끄리뜨본은 네 종류가 있다. 첫째, 막스 뮐러(Max Müller)가 1881년에 편집한 판본이 있다. 둘째, 1916년 팔기터(F. E. Pargiter)가 편집한 판본으로 동(東) 터키스탄本이라고 불리는 판본이다. 셋째, 1931년 길기트(Gilgit) 북부로부터 3마일 떨어진 산간지대에 있는 탑 더미에서 발견된 경전들을 정리하면서 발견된 판본으로 자작나무 껍질에 기록된 판본으로 전체 12장 가운데 7장만 전하고 있는 판본이 있다. 넷째, 콘제(Conze) 교정본(校正本)으로, 이 판본의 특징은 32분 중에서 원래의 『금강경』의 내용은 제13 '여법수지분(如法受持分)'의 "是經이 名爲金剛般若波羅蜜이니 以是名字로 汝當奉持니라"<금강경언해, 65ㄴ~66ㄱ>에서 끝이 나고, 그 이후의 내용은 수보리 이외의 다른 암송자들이 앞의 내용을 부연하여 반복하면서 계속 늘여갔을 것이라고 추정하고 있는 판본이 있다.[2)]

다음은 싼쓰끄리뜨어 금강경에 대한 간략한 서지 사항이다.

(1) 싼쓰끄리뜨본

가. Max Müller 본 : M. Müller ed(1881), Vajracchedikāprajñāpāramitā-sūtra, Anecdota Oxoniensia, Aryan series vol. 1 part 1, pp. 19~46.

나. 동 터키스탄 본 : F. E. Pargiter ed(1916), V. in the original sanskrit, in: A. F. R. Hoernle, Manuscript Remains of Buddhist Literature found in Eastern Turkestan, 1916, pp. 176~195.

다. Gilgit 본 : N. P. Chakravarti ed(1956), Minor Buddhist Texts, Part I,

---

2) 싼쓰끄리뜨본『금강경』의 특징에 대해서는 李健準(1997:5-9)을 참조하고, 콘제의『금강경』해석에 대한 문제점을 지적한 것은 김용옥(1999:263)을 참조.

Serie Oriental Roma IX in G. Tucci . Roma, Is. M. E. O.

라. Conze 교정본 : Edward Conze ed. and trans.(1957), Vajracchedikā prajñāpāramitā, Serie Oriental Roma XIII. Roma, Is. M. E. O.

2.2. 한역본

현재까지 알려진 한역본은 6가지가 있다. 첫째, 가장 처음 한문으로 번역된 판본으로 요진(姚秦)시대의 구마라집(鳩摩羅什)이 402년부터 412년 사이에 번역한 것으로, 현존 싼쓰끄리뜨본과 비교해 볼 때 의역 위주의 번역으로 알려지고 있으며, 우리나라에서 가장 많이 유통된 판본이다. 둘째, 원위(元魏) 시대의 보리유지(菩提流支)가 509년경에 번역한 것으로 대체로 구마라집의 번역을 계승한 것으로 알려진 판본이 있다. 셋째, 현존하는 싼쓰끄리뜨본과 일치하는 곳이 가장 많은 한문 번역으로 진(陳)시대의 진제(眞諦)가 562년에 번역한 것이다. 넷째, 진제의 번역 이후 현존하는 한역본 중에서 가장 직역한 것으로 알려진 것으로는 수(隋)대의 달마급다(達摩芨多)가 590년에 번역한 것이다. 다섯째, 현존하는 여섯 가지 한역본 중에서 분량이 가장 많은 것으로 알려진 판본은 당(唐)나라 때의 현장(玄奘)이 648년에 번역한 것이다. 여섯째, 한역본 육종 중에서 가장 늦은 시기에 번역된 것으로는 당(唐) 나라의 의정(義淨)이 703년에 번역한 것으로 현장이 번역한 것과 유사하다. 이외에도 달마급다(達摩笈多)가 613년에 번역한 것으로 무착(無着)이 지은 『금강반야바라밀경론』(金剛般若波羅蜜經論)(신수대정장경 권25, pp. 766~781) 내에 있는 경문도 있으나 대표적인 한역본으로는 다루지 않는다.[3)]

다음은 한역본 6가지에 대한 간략한 서지 사항이다.

(2) 한역본의 종류

가. 구마라집(鳩摩羅什, Kumārajīva, 후진(後秦), A.D. 402~412)역

3) 한역본 『금강경』에 대한 고찰은 李健準(1997:5-9)을 참조.

『금강반야바라밀경(金剛般若波羅蜜經)』 1권(大正藏 권8, pp. 748하~752하).

나. 보리유지(菩提流支, Bodhiruci, 북위(北魏), A.D. 509)역
『금강반야바라밀경(金剛般若波羅蜜經)』 1권(大正藏 권8, pp. 752하~759상).

다. 진제(眞諦, Paramārtha, 진(陳), A.D. 562)역
『금강반야바라밀경(金剛般若波羅蜜經)』 1권(大正藏 권8, pp. 762상~766하).

라. 달마급다(達摩笈多, Dharmagupta, 수(隋), A.D. 590)역
『금강반야바라밀경(金剛般若波羅蜜經)』 1권(大正藏 권8, pp. 766하~771하).

마. 현장(玄奘, 당(唐), A.D. 660~663)역
『대반야바라밀다경(大般若波羅蜜多經)』 제9회, 「능단금강분(能斷金剛分) 1권」(大正藏 권7, pp. 980상~985하).

바. 의정(義淨, 당(唐), A.D. 703)역
『능단금강반야바라밀경(能斷金剛般若波羅蜜經)』 1권(大正藏 권8, pp. 771하~775중).

『금강경』에 대한 주석서는 중국뿐만 아니라 우리나라에서도 많이 씌어졌다. 중국에서 간행된 『금강경』 주석서 중에서 우리나라에 가장 많은 영향을 끼친 주석서는 당(唐)나라 육조(六祖) 혜능(慧能)이 지은 『금강반야바라밀경요해』(金剛般若波羅蜜經要解)이다.

3. 『금강경언해』의 서지 사항과 특징

『금강경언해』는 1464년(세조 10년) 간경도감(刊經都監)에서 간행되었는데, 현재 간경도감에서 간행될 당시의 모습을 온전히 보여주는 원간본은 전하지 않는다. 지금까지 언해본 금강경에 대한 연구는 연산군(燕山

君) 때에 간행된 판본과 1932년 만해 한용운이 1575년에 안심사(安心寺)에서 간행된 중간본의 판목을 새로 판각 및 보각하여 간행한 것을 통해서 이루어졌다. 근래에 전남 영광 불갑사(佛甲寺)에서 소장하고 있는 판본이 알려지면서 학계의 관심을 불러일으켰는데, 이 판본은 원간본의 초쇄본으로 현재 한국어세계화재단에서 진행하고 있는 '디지털 한글박물관 구축 사업'에서 사진으로 촬영하고 이미지 파일로 가공하였으며, '디지털 한글박물관'에서 문헌의 이미지를 볼 수 있다. 현재 역주 해설하는 이 책의 저본이 바로 원간본인 불갑사 소장본이다.

3.1. 『금강경언해』의 간행 경위

『금강경언해』를 간행한 곳은 간경도감(刊經都監)이다. 간경도감은 세조 7년(1461년) 6월에 설치되어 한문 경전 29건과 『금강경언해』를 비롯한 국역 경전 9건을 등을 간행하였다. 구체적으로, 『대불정수능엄경언해』(능엄경언해), 『묘법연화경언해』(법화경언해), 『선종영가집언해』, 『불설아미타경언해』(아미타경언해), 『반야바라밀다심경언해』(반야심경언해), 『대방광원각수다라요의경언해』(원각경언해), 『목우자수심결언해』, 『사법어언해』 등이며, 세조가 승하한 후 성종 2년(1471년)에 폐지될 때까지 11년간 존속된 국가 기관이었다.[4)]

『금강경언해』의 간행 동기와 언해 과정은 황수신의 '금강경심경전(金剛經心經箋)', 한계희 등의 '금강경발(金剛經跋)', '번역광전사실(飜譯廣轉事實)' 등을 통해서 알 수 있다. 각각에 나타난 『금강경언해』의 간행과 관련된 사항 및 각 글의 특징을 요약하면 다음과 같다.

(1) 금강경심경전

천순(天順) 8년(1464년) 4월 초7일에 도제조 황수신(黃守身) 등은 새로 만든 인경목활자로 『금강경』 1권과 『반야심경』 1권을 인쇄하여 임금님께

4) 간경도감의 국역 사업에 대한 내용은 김무봉(2004) 참조.

바친다고 아뢰는 글에서, 『금강경』을 언해하게 된 동기와 구결 작성자와 번역자들을 밝히고 있다. 언해의 동기는, 임금은 인(仁)으로써 정사를 펼치려면 반드시 허물어짐이 없는 진리[法]에 의지하여야 되는데, 거기에 가장 합당한 경전이 『금강경』인 관계로 『금강경』을 번역하게 되었음을 밝히고 있다. 또한 이러한 번역 사업은 성명(聖明)하신 임금님을 기다려서야 꼭 이루어진다고 하고 임금의 치적을 기리면서, 임금님께서 특별히 구결(口訣)을 직접 기입하여 내려주셨다고 밝히고 있어 세조가 『금강경언해』의 구결을 직접 기입하였다는 사실도 알 수 있다. 또한 번역에는 황수신 등의 신하들이 참여하였음을 밝히고 있는 글이다.

(2) 금강경발

'금강경발'은 천순(天順) 8년 2월에 작성된 것으로 효령대군(孝寧大君), 해초(海超), 김수온(金守溫), 한계희(韓繼禧), 노사신(盧思愼) 등이 작성한 발로 구성되어 있다. 발 중에서 효령대군(孝寧大君)의 발만 구결과 언해가 되었고 나머지 발은 언해되지 않았다. 효령대군(孝寧大君)의 발에는 세조가 부처님의 말씀 중에서, 『금강경』을 가장 중히 여기어 친히 구결을 달고 한계희(韓繼禧) 등에게 명하여 국어로 번역하게 하고, 교종판사(敎宗判事) 해초(海超)가 교정토록 하였다는 사실을 밝히고 있다. 해초(海超)의 발에는 『금강경』을 번역한 동기와 임금님, 왕비와 세자가 천수를 누리기를 기원하는 내용이다. 김수온(金守溫)의 발은 번역 동기와 번역에 참여한 이들을 적고, 특히 『금강경』을 번역하는 것은 임금님의 인효(仁孝)에서 나와서 세상 사람들이 임금님의 덕을 칭송하고 있다는 내용이다. 한계희(韓繼禧)의 발은 『금강경』 번역에 참여한 이들의 성명과 역할을 가장 상세히 드러내고 있으며 번역이 5일 만에 이루어졌다는 사실을 밝히고 있다. 노사신(盧思愼)의 발은 『금강경』 번역의 동기와 임금님의 공덕을 기리고 있다.

(3) 번역광전사실

세조가 임오(壬午, 1462년) 9월 초9일에, 세종이 '금강경 사보살 팔금강'의 뜻을 묻는 것과 의경세자(懿敬世子)를 본 꿈을 꾸었다. 아침에 중전도, 세종이 이루신 불상을 보았다는 꿈 이야기를 임금님께 하셨다. 이에 임금님께서 매우 감동하시어 슬피 우시고 망자(의경세자)를 위하여『금강경』을 번역하게 되었다는 것이 주요 내용이다.

이상의 세 글을 통해서『금강경』의 번역 동기와 번역에 참여한 사람, 번역의 일정 등을 상세히 알 수 있다. 세조가 1462년 임오년 9월 초9일에 세종과 의경세자를 만나는 꿈을 꾸었는데, 아침에 일어나보니 중전도 꿈에서 세종을 보았다는 것에 감동하여 죽은 의경세자를 위하여『금강경』을 번역하기로 결심하였다.『금강경』은 1464년 2월 1일에 왕명에 의하여 번역하게 되었는데, 간경도감에서 여러 사람이 참여한 가운데 원고가 5일 만에 이루어지고 교정의 기간을 거쳐서 4월 7일에 책이 완성되었다 하니, 짧은 기간 내에 번역이 이루어졌음을 알 수 있다. 이렇듯 단기간에 번역이 이루어지기 위해서는 참여 인원이 적지 않았음을 짐작할 수 있다.『금강경』의 번역에 참여한 인원을 간단히 소개하고,『금강경』의 번역 과정과 번역 양상은 장을 달리하여 설명하기로 한다.

『금강경』의 번역에 참여한 사람으로는, 세조를 비롯하여 구결을 쓰는 데 1인, 구결을 쓰고 교정하는 데에 7인, 번역에 3인, 동국정운으로 한자음을 달고 교정하는 데 4인, 여러 경전을 참고하여 번역문을 바로잡는 데 5인, 번역문을 쓰는 데 19인, 쓴 번역문을 바로 잡는 데 11인 등이 참여하였다.

3.2.『금강경언해』의 체재

불갑사 소장본은『금강경언해』의 본문과 후서(後序)의 일부 몇 장만이 있으므로 간경도감에서 간행할 당시의『금강경언해』의 모습을 온전히 알 수는 없다. 그러나 불갑사 소장본은 현재까지 알려진 판본 중에서 간경도감에서 간행된『금강경언해』가운데 초쇄본이라는 데 의의가 있다. 초쇄본으로 추정할 수 있는 단적인 증거는 본문 첫 장에 기명행(記名行)이 있다는 사실이다.

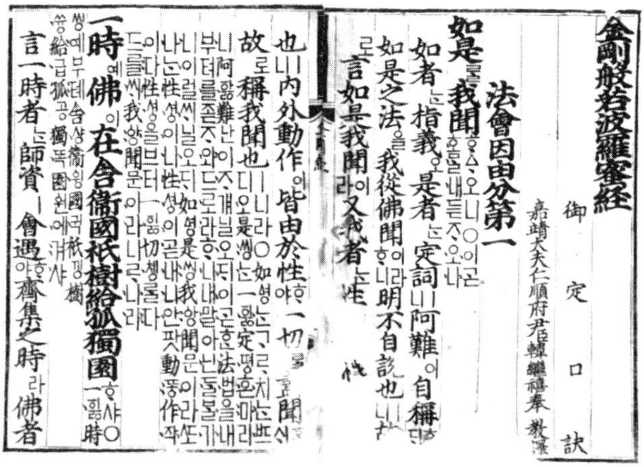

<사진 1> 불갑사 소장본 1장

기명행은 구결 작성자[御定口訣] 및 역자의 이름[嘉靖大夫仁順府尹臣韓繼禧奉 教譯]을 적은 것으로서, 불갑사 소장본이 세상에 알려지기 전까지 흔히 유통되는 『금강경언해』에서는 그 실체를 확인할 수 없었던 것이다. 기명행이 있고 없음의 차이는 간경도감 폐지와 밀접한 관련이 있고 이는 책의 인출연대를 추정하는 기준이 되고 있다.[5] 간경도감이 1471년(성종 2년)에 폐지되어 이듬해인 1472년(성종 3년)에 인출된 『원각경언해』, 『몽산법어언해』에는 김수온발(金守溫跋)은 있으나 기명행이 없고, 1495년 인출된 『선종영가집언해』, 『금강경언해』, 『반야심경언해』 등에는 학조발(學祖跋)은 있으나 기명행이 삭제되어 있어서 간경도감이 폐지된 이후에는 기명행을 삭제한 채 인출되었음을 알 수 있다. 따라서 <사진 1>에 보이는 바와 같이 불갑사 소장본은 간경도감이 폐지되기 이전에 인출된 책이 분명하다. 또한 여러 기록을 참고해 보아도 간경도감이 존속되던 시기에는 처음 인출된 기록밖에는 없으므로 불갑사 소장본은 원간본의 초쇄본임이 확실하다.

『금강경언해』의 판본과 소장처를 소개하기 전에 『금강경언해』의 구성

5) 기명행과 책의 인출연대의 관련성에 대해서는 安秉禧(1979:117-119)를 참조.

을 간략히 설명하고 해당 부분의 첫 장을 사진으로 보이면 다음과 같다.

(4)『금강경언해』의 구성

가. 進金剛經心經箋
나. 敎雕造
다. 金剛般若波羅蜜六祖解序
라. 金剛經啓請, 淨口業眞言, 安土地眞言, 普供養眞言, 請八金剛四菩薩, 發願文, 云何梵, 開經偈
마. 金剛般若波羅蜜 제1~14분
바. 金剛般若波羅蜜 제15~32분
사. 陀羅尼
아. 六祖口訣後序
자. 跋
차. 飜譯廣轉事實

(4)에 제시한『금강경언해』의 구성과 같이 된 판본은 아직까지 발견되지 않았다. 따라서『금강경언해』의 구성을 재구한 김무봉 외(1993)와 한

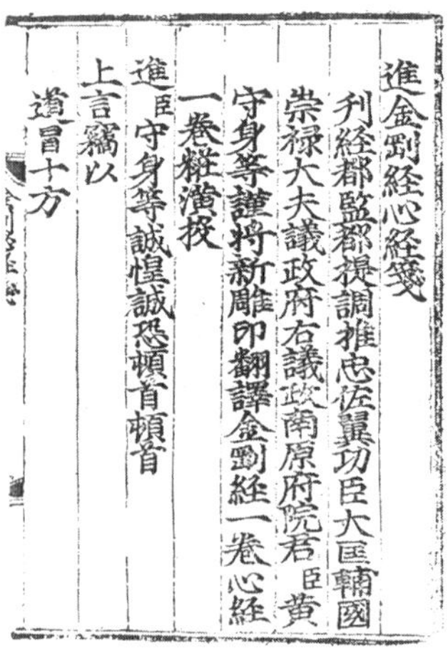

進金剛経心経箋
刋経都監都提調推忠佐翼功臣大匡輔國
崇祿大夫議政府右議政南原府院君臣黃
守身等謹將新雕印翻譯金剛経一卷心経
一卷繕潢投
進臣守身等誠惶誠恐頓首頓首
上言竊以
遺旨十方

<사진 2> 진전문, 동국대 석판본

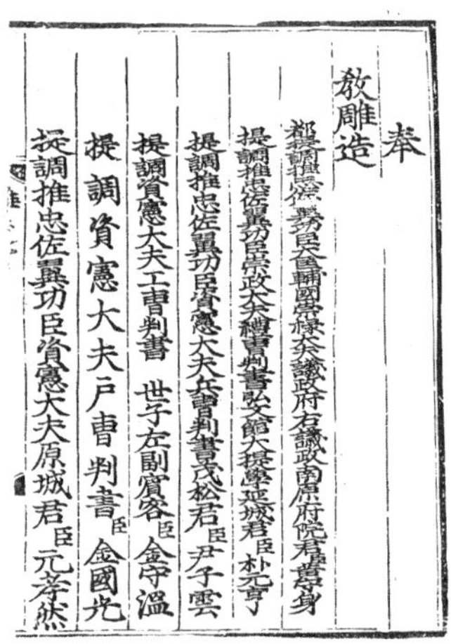

奉
敎雕造
提調資憲大夫戶曹判書臣金國光
提調推忠佐翼功臣資憲大夫原城君臣元孝然

<사진 3> 교조조, 동국대 석판본

국불교문화원(1974/1980)을 참조하여 재구한 것이다.

<사진 2>의 '진금강경심경전(進金剛經心經箋)'은 간경도감의 도제조 황수신이 『금강경』과 『반야심경』을 번역하게 된 동기와 언해 과정을 밝힌 것으로, 이를 줄여서 일반적으로 '진전문' 혹은 '전문'이라 부른다. 이 진전문은 간경도감에서 1464년 간행한 『반야심경』에 붙어 있는 진전문과 동일하다.(金英培・張榮吉(1995:11-12, 345-350))

<사진 3>의 '교조조(校雕造)'는 책을 언해하는 과정에 참여한 사람들의 이름을 나열한 것으로, 이를 '조조관(雕造官)'이라 부른다. 『금강경』의 언해에 참여한 인원은 도제조(都提調) 1명(黃守身), 제조(提調) 2명, 부제조(副提調) 3명, 사(使) 3명, 부사(副使) 4명, 판관(判官) 2명 등 20명의 관리의 관직명과 성명이 나열되어 있다.

<사진 4>의 '금강반야바라밀육조해서(金剛般若波羅蜜六祖解序)'는 당나라 스님인 육조 혜능이 『금강경』에 주석을 단 『금강반야바라밀해의』(金剛般若波羅蜜解義)의 서문인 '금강반야바라밀서(金剛般若波羅蜜序)'에 이 글이 육조 혜능의 해의(解義)의 서문이라는 것을 명확히 밝혀주기 위

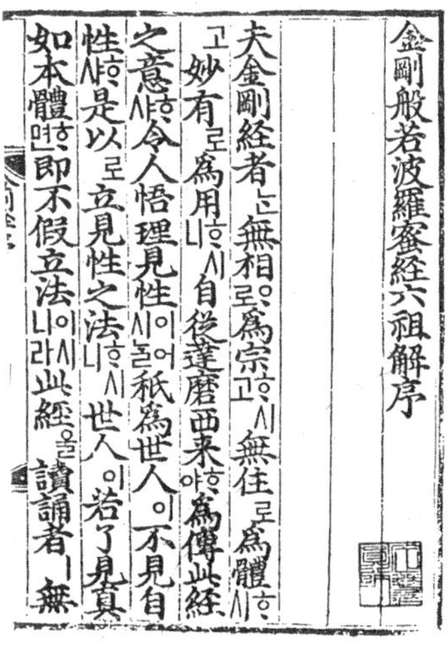
金剛般若波羅蜜經六祖解序
夫金剛經者ᄂᆞᆫ無相으로爲宗ᄒᆞ시고無住로爲體ᄒᆞ시고
妙有로爲用ᄒᆞ시니自從達磨西來ᄒᆞ야爲傳此經
之意ᄒᆞ샤令人悟理見性ᄒᆞ시거늘秖爲世人이不見自
性ᄒᆞ샤是以로立見性之法ᄒᆞ시니世人이若了見眞
如本體ᄒᆞ면卽不假立法이니라此經을讀誦者ㅣ無

<사진 4> 육조해서, 동국대 석판본

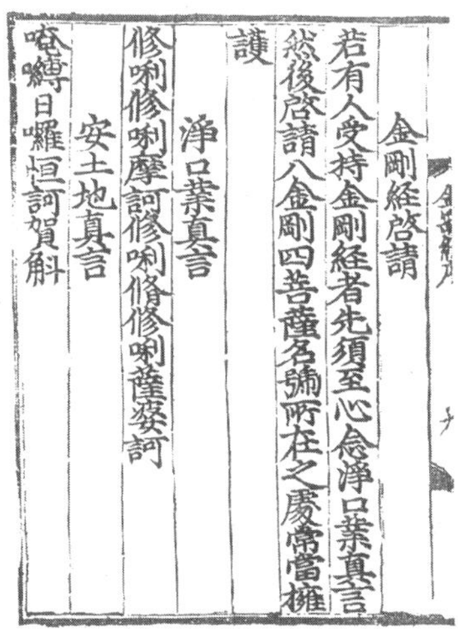
金剛經啓請
若有人受持金剛經者先須至心念淨口業眞言
然後啓請八金剛四菩薩名號所在之處常當擁
護
淨口業眞言
修唎修唎摩訶修唎修修唎薩婆訶
安土地眞言
唵嚩日囉怛訶賀斛

<사진 5> 금강경계청 등, 동국대 석판본

해 '육조해(六祖解)'라는 단어를 더 붙여 넣은 것이다. 이것은 『금강경언해』가 육조 혜능이 지은 해의를 저본으로 삼았기 때문인 것으로 보인다.

<사진 5>의 '금강경계청(金剛經啓請)' 등은 『금강경』을 독경하기 전에 행해지는 의식에 쓰이는 게송(偈頌)과 주문(呪文)이다. 현재 불가에서는 『금강경』을 독경하기 전에 정구업진언(淨口業眞言)을 외우고, 다음으로 8금강과 4보살의 명호를 불러 가호를 청하는 것을 '금강경계청'이라고 말한다. 재구된 『금강경언해』에는 '金剛經啓請', '淨口業眞言', '安土地眞言', '普供養眞言', '請八金剛四菩薩', '發願文', '云何梵', '開經偈' 등이 편집되어 있는데, 『금강경언해』가 언해될 당시에 사용된 '금강경계청'인지에 대해서는 확언할 수 없다.

<사진 6>은 『금강경언해』 제14분의 끝 부분이다. 경전의 분량이 적어 단권으로 이루어진 경우에는 분단될 때 여백을 넣지 않고 이어서 판각하는 것이 일반적이지만 『금강경언해』의 제14분과 제15분 사이에 여백을 넣어서 분단과 분단을 구분하여 놓았다. 이러한 구분은 현재 전해오는 『금강경언해』가 상·하로 나뉘어서 유통되게 된 원인이 된 것으로, 제14분과 제15분 사이에 여백을 넣은 것은 『금강경언해』의 책의 분량과 관련된 것으로 추정할 수 있지만 현재로서는 그 이유를 분명히 알 수 없다. 다만 『금강경해의』와 같은 주석서가 상·하로 구분되는 것에 따

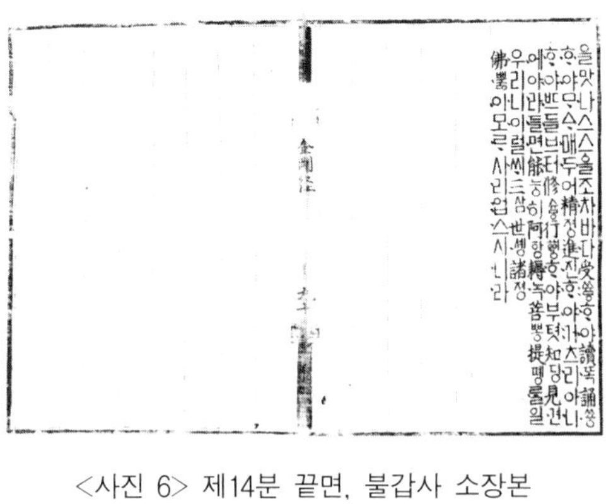

<사진 6> 제14분 끝면, 불갑사 소장본

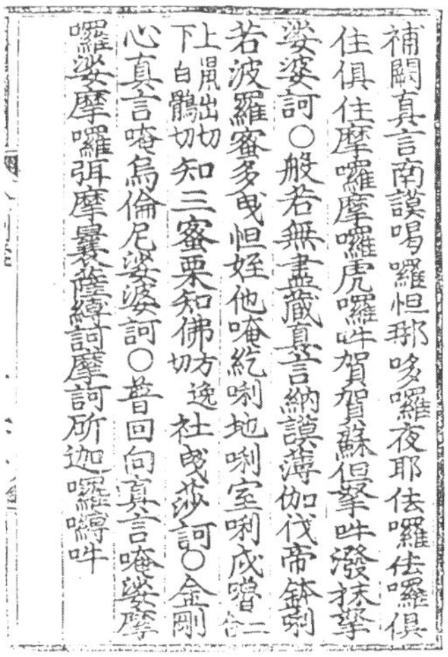
補闕真言南謨喝囉怛那哆囉夜耶佉囉佉囉俱
住俱住摩囉摩囉虎囉吽賀賀蘇怛拏吽潑抹拏
娑婆訶○般若無盡藏真言納謨薄伽伐帝鉢喇
若波羅蜜多怛姪他唵紇唎地唎室唎戍嚕(二合)
上鼠出切 下白鵲切 知三密栗知佛功逸 社戍蘇訶○金剛
心真言唵烏倫尼娑婆訶○普回向真言唵娑摩
囉娑摩囉弭摩曩薩縛訶摩訶斫迦囉吽

<사진 7> 다라니, 일사문고 소장본

라 『금강경언해』도 상・하로 구분하려고 시도한 듯하다. 다만, 『금강경해의』의 상・하 구분이 『금강경언해』에 공면을 넣은 분단과 일치하지는 않는다. 『卍 新纂大日本續藏經』, 『續藏經』, 『卍 續藏經』 등의 대장경에 있는 육조 혜능의 『금강경해의』는 대체로 상・하로 구분하여 놓았는데 그 구분이 『금강경언해』와 달리 상권이 제11분 무위복승분(無爲福勝分)까지이고, 하권이 제12분 존중정교분(尊重正敎分)부터 끝까지로 나뉘어져 있다.

<사진 7>은 경전 본문 다음에 나오는 다라니로 진언(眞言)이라고도 부른다. 다라니는 본래 인도의 주술적인 요소에서 불교로 유입되었다고 보고 있다. 다라니는 소원을 이루고자 할 때에 기원 의식으로 행해지고 있다. 『금강경언해』에는 '보궐진언', '반야무진장진언', '금강심진언', '보회향진언' 등이 편철되어 있다.

<사진 8>의 '六祖口訣後序'는 혜능(慧稜)의 '금강경구결'과 중국 남송

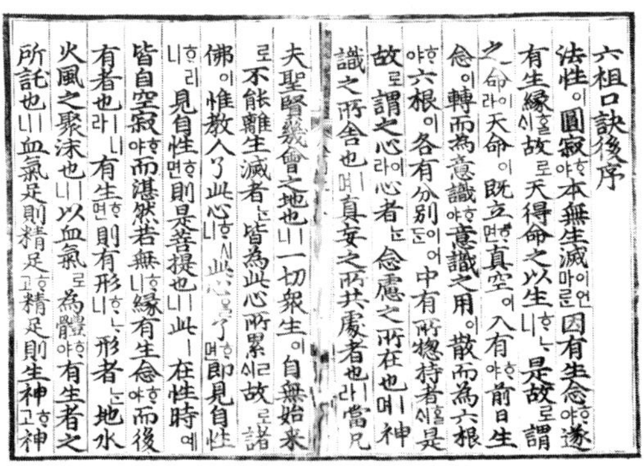
六祖口訣後序
法性이 圓寂하야 本無生滅마론 因有生念하야 遂
有生緣할새 故로 天得命之以生하니 是故로 謂
之命이라 天命이 旣立하면 真空이 入有하야 前日生
念이 轉而為意識하야 意識之用이 散而為六根
하야 六根이 各有分別이어든 中有所摠持者할새 是
故로 謂之心이라 心者는 念慮之所在也ㅣ며 神
識之所舍也ㅣ며 真妄之所共處者也ㅣ라 當凡
夫聖賢幾會之地也ㅣ니 一切衆生이 自無始來
로 不能離生滅者는 皆為此心所累실새 故로 諸
佛이 惟教人了此心하시니 此心을 了하면 即見自性
하리니 見自性하면 則是菩提也ㅣ니 此ㅣ 在性時예
皆自空寂하야 而湛然若無하니 緣有生念하야 而後
有者也ㅣ라 有生하면 則有形하니 形者는 地水
火風之聚沫也ㅣ니 以血氣로 為體하야 有生者之
所託也ㅣ니 血氣足則精足하고 精足則生神하고 神

<사진 8> 육조구결후서, 불갑사 소장본

때의 나적(羅適)이 1084년에 육조의 '금강경구결'에 '후서(後序)'를 덧붙인 것으로 이를 묶어서 '금강경육조구결후서'라고 한다. 따라서 '금강경육조구결후서' 중에서 처음부터 "如所謂佛法卽非佛法之類是也"까지는 '금강경육조구결'에 해당되는 부분이고, "是故六祖大師"부터 끝까지는 '후서'에 해당되는 부분이다.

<사진 9>의 '跋'은 천순(天順) 8년 2월에 작성된 것으로 효령대군(孝寧大君), 해초(海超), 김수온(金守溫), 한계희(韓繼禧), 노사신(盧思愼) 등이 작성한 발로 구성되어 있으며 『금강경언해』의 간행 동기와 번역에 참여한 인원을 상세히 알 수 있다.

<사진 10>의 '번역광전사실(飜譯廣轉事實)'은 『금강경』을 번역한 계기가 세조의 임오년(壬午, 1462년) 9월 초9일 꿈과 밀접히 관련됨을 알 수 있는 글이다.

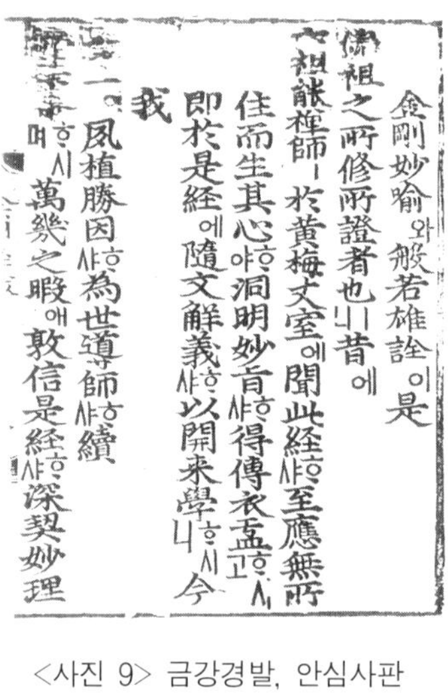
金剛妙諭와 般若雄詮이 是
佛祖之所修所證者也ㅣ니 昔에
六祖能禪師ㅣ 於黃梅丈室에 聞此經ᄒᆞ샤 至應無所
住而生其心ᄒᆞ야 洞明妙旨ᄒᆞ샤 得傳衣盂ᄒᆞ시고
即於是經에 隨文解義ᄒᆞ샤 以開來學ᄒᆞ시니 今
我
夙植勝因ᄒᆞ샤 為世導師ᄒᆞ샤 續
ᄒᆞ시며 萬幾之暇애 敦信是經ᄒᆞ샤 深契妙理

<사진 9> 금강경발, 안심사판

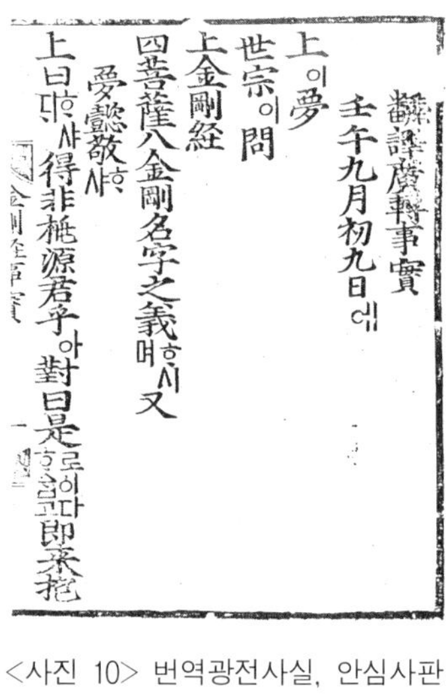
飜譯廣轉事實
壬午九月初九日에
上이 夢
世宗이 問
上金剛經
四菩薩八金剛名字之義ᄒᆞ시며 又
上曰ᄒᆞ샤 得非祗源君乎아 對曰是로소이다

<사진 10> 번역광전사실, 안심사판

3.3. 『금강경언해』의 판본과 소장처

『금강경언해』의 판본과 소장처에 대한 소개는 김무봉 외(1993)에 나타나 있고, 더 자세한 내용은 『100대 한글 문화유산 정비 사업』 2004년도 결과 보고서와 100대 문화유산 홈페이지에 갖추어져 있다. 그 내용을 종합하여 요약하면 다음과 같다.

(5) 원간본

가. 불갑사 소장본: 원간본의 초쇄본, 기명행(記名行) 두 줄이 본문 첫 장에 있음. 불분권 1책. 본문 132장, 다라니 없음, 후서 4장, 5장, 6장, 7장, 12장, 13장 낙장, 개장할 때에 34장과 35장, 40장과 41장이 바뀌어 있음. 전남 유형문화재 제236호.

나. 임형택(林熒澤) 교수 구장본(舊藏本): 원간본의 후쇄본, 연산군 1년(1495년)에 인출. 학조의 발문이 있음. 跋과 번역광전사실이 없음. 불분권 1책.

다. 서울대 규장각 일사문고 소장본: <一蓑 古貴 294.332-B872gf>, 91장 이후 권 하만 있음. 다라니가 있음. 육조구결후서가 있음. 후서의 제8장이 요해서의 제8장으로 잘못 장철되어 있음.

라. 석판본

동국대 도서관 소장: <213.13 금11ㅎ>, 권 상, 진금강심경전, 조조관, 요해서 있음.

(5가)의 불갑사 소장본 『금강경언해』는 처음 발견될 당시에는 제책된 상태였으나 후에 책을 나누어 개장하였다. 개장할 때에 착오에 의하여 몇 장의 순서가 뒤바뀐 것으로 보인다. 디지털 한글박물관에서 촬영할 때는 해책된 상태에서 촬영하였으며 한 면씩 보여주고 있다. (5라)의 석판본의 간행 연대는 안병희(1979:119)에서는 8・15 직후에 간행된 것으로 보았지만, 동국대 도서관의 고서목록에는 1920년경에 발간된 것으로 추정하고

있다.

(6) 중간본

가. 1575년(선조 8년) 안심사판: 1575년 원간본 복각본. 1932년 보각본. 1권 2책

① 동국대 도서관 소장: <213.13 금11ㅂ13 v.1-2>, 진금강심경전의 첫장 낙장, 1932년 보각본.

② 동국대 도서관 소장: <213.13 금11ㅎ3 v.1-2>, 1932년 보각본.

③ 서울대 규장각 가람문고 소장: <가람 古 294.332-B872gg-v.1-2>, 1932년 보각본.

④ 서울대 규장각 소장: <古 1730-36>, 1932년 보각본.

나. 1912년(隆熙6) 강재희 번역 목판본

국립중앙도서관, 동국대도서관 <213.13 금11ㄱㅈ v.1-2>, 서울대 규장각<古 1730-55> 등 소장.

다. 1908년(隆熙2) 강재희(姜在喜) 음역본

동국대 도서관 소장: <213.13 금 11ㅇㅇ>

(6나)의 강재희 번역 목판본은 강재희(姜在喜, 庚申生, 1860~?)가 1912

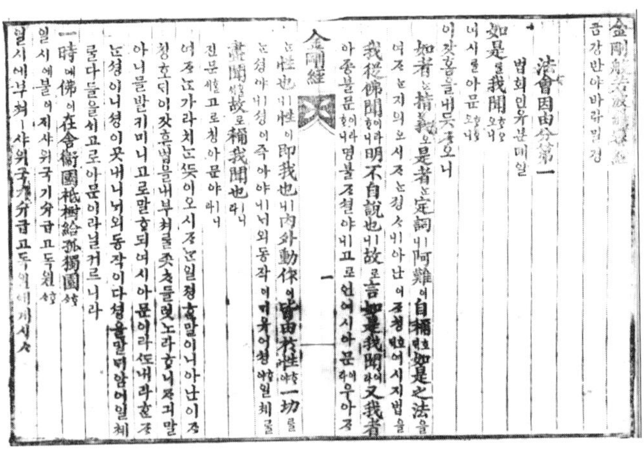

<사진 11> 강재희 번역목판본, 동국대 소장본

년에 『금강경』을 새롭게 번역한 것이다. 간행 경위는 간경도감에서 간행한 금강경 언해본은 지금의 언문과는 달리 읽기에 어려워서 강재희가 금강경, 아미타경 등의 불경을 무신년(1908년) 여름부터 임자년(1912년)까지 판각하여 간행하고 그 판목은 삼선동에 보관하였다는 기록이 권말의 김홍수(金興洙) 발문에 자세히 나타나 있다.

책의 체재는, <사진 11>에서 볼 수 있듯이, 경 본문, 음석, 언해문을 나란히 놓은 방식으로 되어 있다. 번역은 간경도감 언해본을 많이 참고한 것으로 보인다. 이 책은 책을 나누지 않은[불분권(不分卷)] 1책이지만 동국대 도서관 소장본은 제17분의 언해문 2줄과 18분 일체동관분(一體同觀分)이 시작되는 부분부터를 나누어 상・하로 제책하여 놓았다.

(6다)는 <사진 12>와 같이 경전의 원문에 음을 나란히 달아 놓은 강재희 음역본이다.

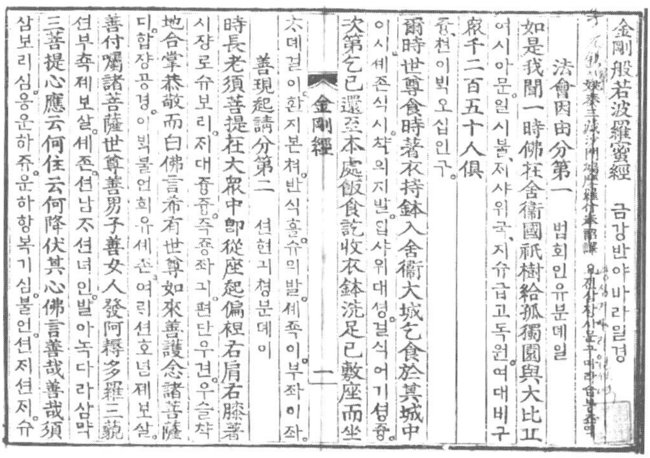

金剛般若波羅蜜經 금강반야바라밀경
法會因由分第一 법회인유분뎨일
如是我聞一時佛在舍衛國祇樹給孤獨園與大比丘
여시아문일시불재사위국기슈급고독원여대비구
衆千二百五十人俱
즁천이빅오십인구
爾時世尊食時著衣持鉢入舍衛大城乞食於其城中
이시셰존식시착의지발입사위대셩걸식어기셩즁
次第乞已還至本處飯食訖收衣鉢洗足已敷座而坐
ᄎᆞ뎨걸이환지본쳐반식흘슈의발셰족이부좌이좌
金剛經 一
善現起請分第二 션현긔쳥분뎨이
時長老須菩提在大衆中卽從座起偏袒右肩右膝著
시쟝로슈보리지대즁즁즉죵좌긔편단우견우슬착
地合掌恭敬而白佛言希有世尊如來善護念諸菩薩
디합쟝공경이빅불언희유셰존여래션호념제보살
善付囑諸菩薩世尊善男子善女人發阿耨多羅三藐
션부쵹제보살셰존션남ᄌᆞ션녀인발아녹다라삼막
三菩提心應云何住云何降伏其心佛言善哉善哉須
삼보리심응운하쥬운하항복기심불언션지션지슈

<사진 12> 강재희 음역본, 동국대 소장본

이상에서 『금강경언해』의 판본이 다양하게 전해지고 있음을 보았다. 중간본은 원간본을 복각한 것이지만 잘못 새기거나 새로이 작성한 곳이 더러 있기 때문에 안심사판을 이용할 때는 주의가 필요하다는 점도 일러둔다.

(7) 영인본 발간 및 웹 서비스 상황

가. 불갑사 소장본: 디지털 한글박물관에서 웹 서비스.

나. 동국대 도서관 석판본(권 상)+일사문고 소장본(권 하, 후서, 후서 8장은 안심사판)+안심사판(발, 번역광전사실): 김무봉 외(1993), 해제-김무봉.

다. 동국대 도서관 석판본(권 상): 대제각(1977).

라. 동국대 도서관 석판본(권 상)+일사문고 소장본(권 하), 홍문각(1992), 해제-홍윤표.

마. 동국대 도서관 석판본(권 상)+안심사판(권 하, 후서, 발, 번역광전사실): 한국불교문화연구원(1974), 권 상의 요해서 1장에 있는 소장자인이 동국대 도서관 석판본의 소장자인과 동일함. 다리니와 간기는 영인본에 없음.

바. 1912년 강재희 번역본: 민족사(1984), 동국대 도서관 홈페이지에서 문헌 이미지를 볼 수 있음.

사. 1908년 강재희 음역본: 동국대 도서관 홈페이지에서 문헌 이미지를 볼 수 있음.

불갑사 소장본이 영인된 경우는 없고, 문헌 이미지를 인터넷으로 볼 수 있다. 현재는 디지털 한글박물관에서만 볼 수 있으나 향후에는 문화재청에서 운영하고 있는 '국가 기록 유산' 사이트에서도 볼 수 있을 것이다.

현재 유통되고 있는 영인본 중에서 세간에 잘 알려지지 않은 책은 1974년 한국불교문화연구원에서 간행한 것과 1984년 민족사에서 간행한 것이다. 이들 책이 세간에 잘 알려지지 않은 것은 한정된 부수로만 간행된 것에 기인하는 것으로 여겨진다.

3.4. 불갑사 소장본의 서지 사항

『금강경언해』의 여러 판본 중에서 이 책의 역주 저본인 불갑사 소장본의 서지 사항을 간략히 소개하면 다음과 같다.[6)]

---

6) 자세한 것은 『100대 한글문화유산 정비 사업』 2004년 결과보고서 참조.

(8) 불갑사 소장본 『금강경언해』의 형태 서지
가. 권수제: 金剛般若波羅蜜經, 판심제: 金剛經
나. 불분권 1책, 목판본, 세로 33.3 ㎝ × 가로 20.2 ㎝
다. 사주쌍변, 반엽광곽: 세로 22 ㎝ × 가로 15.3㎝, 8행19자
라. 판심: 대흑구 상하내향흑어미
마. 기명행: 御定口訣, 嘉靖大夫仁順府尹臣韓繼禧奉 敎譯

불갑사 소장본은 금강경의 본문과 육조구결후서만이 있다. 본문은 전체 152장 가운데 132장이며 1장이 낙장되어 있다. 현재 육조구결후서 전체 15장 가운데 4장, 5장, 6장, 7장, 12장, 13장이 낙장되어 11장만이 남아 있다. 불갑사 소장본은 명부전(冥府殿)과 팔상전(八相殿)을 중수하면서 불복장(佛腹藏)에서 발견되었는데, 발굴 당시에는 책의 표지가 없이 제책된 상태였으나 후에 책을 개장하기 위해서 해책하였고, 개장할 때 잘못 장철하여 34장과 35장, 40장과 41장의 순서가 바뀌어 제책되었다. 디지털한글박물관에서 문헌을 촬영할 당시에는 해책한 상태에서 행하였는데, 촬영할 때는 한 장씩, 즉 2면씩 촬영한 것을 인터넷에서는 한 면씩 분리하여 보여주고 있다.

4. 『금강경언해』의 언해 과정과 특징

4.1. 『금강경언해』의 언해 과정

간경도감에서 불경을 언해하는 과정은 『능엄경언해』의 어제발 4장 앞뒷면에 나와 있는 내용을 통해서 알 수 있듯이 엄격한 과정을 거쳐서 이루어졌다. 『금강경언해』의 ‘진전문’, ‘발’, ‘번역광전사실’ 등의 내용을 참조하여 『금강경언해』의 번역 과정을 정리해 보면 다음과 같다.

(1) 금강경언해』의 번역 과정과 각 단계와 역할

가. 한문 경전에 구결을 단다. 담당자-世祖.

나. 어전(御前)에서 구결을 받아쓴다. 담당자-貞嬪 韓氏

다. 현토된 구결을 확인하고 작성한다. 담당자-慧瑗, 道然, 戒淵, 信志, 道成, 覺珠, 淑儀 朴氏 등

라. 정음으로 번역한다. 담당자-韓繼禧 등

마. 번역된 문장을 교정한다. 담당자-孝寧大君, 海超, 弘一, 明信, 演熙, 正心 등

바. 언해문을 보충 설명할 부분을 여러 경전에서 고증한다. 담당자-金守溫, 姜希孟, 盧思愼, 朴楗, 崔灝, 趙祉, 安愈, 金季昌 등

사. 동국정운음으로 한자음을 단다. 담당자-曺變安

아. 번역한 글을 쓴다. 담당자-典言 曺氏, 安忠彦, 張末同, 河雲敬, 李元良, 吳命山, 張終孫, 安哲貞, 洪仲山, 鄭孝常, 金龍守, 洪自孝, 白守和, 金斤, 崔順仝, 金兌守, 丁壽萬, 金孝之, 李枝 등

자. 완성된 책을 가지고 소리 내어 읽으면서 뜻을 새긴다. 담당자-張治孫, 金今音, 朴成林, 陳繼終, 金孝敏, 李致和, 崔順義, 楊壽, 許孟孫, 尹哲山, 金善 등

(1)은 간경도감에서 불경을 번역하는 과정을 보여준 것인데, 구결문을 만드는 과정, 구결문을 기반으로 언해문을 만드는 과정, 언해문으로는 뜻이 잘 통하지 않아 보충 설명할 곳에 적절한 예를 끼워 넣는 주석문을 만드는 과정, 한자어에 동국정운식 한자음을 다는 과정과 최종적으로 언해 작성을 종료하는 과정으로 이루어져 있다. 『금강경언해』의 번역 과정도 이와 같은 과정을 통해 이루어졌음을 알 수 있다.

4.2. 『금강경언해』의 언해 체재

『금강경언해』의 번역이 간경도감 체재를 따른 것과 같이 책의 체재도 간경도감에서 간행된 다른 책의 체재와 동일하게 나타나 있다. 간경도감

언해본의 특징을 정리하면 다음 (2)와 같다.

(2) 간경도감 언해본의 특징

가. 간경도감본 국역불서들은 모두 목판본이다.

나. 한자에는 동국정운 한자음이 주음되어 있는데, 한자는 큰 글자, 주음은 작은 글자로 하였다.

다. 한글로 된 구결에는 방점을 찍지 않았다. 이 점이 간경도감 이전에 간행된 문헌들과 다른 점이다. 구결은 모두 쌍행이다.

라. 언해문은 한글 작은 글자로 하였다.

마. 한자어 주음은 구결문에는 없고 언해문에만 하였다.

바. 협주의 시작과 끝에는 흑어미 모양의 기호가 있다. 다만 『아미타경언해』, 『목우자수심결언해』, 『사법어언해』에는 없다.

사. 본문과 언해문 사이에 ○표를 하여 구분했다.

간경도감 언해본의 일반적 특징과 『금강경언해』를 비교하여 『금강경언해』의 특징을 요약 정리하면 다음과 같다.

(3) 『금강경언해』의 편찬 양식

가. 분단 표시는 큰 글자 크기로 세 글자 내려서 썼다.

나. 경전의 본문은 큰 글자로 행의 처음부터 시작하고 구결자는 작은 글자를 썼다.

다. 경전의 본문과 언해문을 구별하기 위해서 권점[○]을 사용하였으며, 언해문은 작은 글자를 쌍행으로 썼다.

라. 육조 혜능의 해의(解義)는 한 글자 내려서 중간 글자로 썼으며 구결자는 작은 글자를 썼다. 또한 구결문과 구결문의 언해문을 구별하기 위해서 권점[○]을 사용하였다.

마. 경전의 본문 안에 게송이 포함되어 있는 경우에는 게송의 시작 부분에 권점[○]을 사용하였다.

바. 언해문의 한자에는 동국정운식 한자음을 달았다.

사. 어려운 한자어나 불교용어에는 주석문(또는 협주문)을 달았는데 처음과 끝부분에 각각 어미(魚尾) 표시 【 】를 하였다. 또한 협주가 언해의 단

락 끝에 놓일 경우에는 끝을 나타내는 어미 표시는 하지 않았다.
아. 방점은 한문의 정음 구결에는 쓰이지 않고 언해문에만 사용하였다.

『금강경언해』의 특징 중에서 특이한 점은 경전의 본문 안에 게송이 포함되어 있는 경우에는 게송의 시작 부분에 권점을 사용하여 경의 다른 본문과 게송을 구분하였다는 점이다.

4.3. 불갑사 소장본의 언해 특징

『금강경언해』의 특징을 구체적으로 살펴보기 위해 불갑사 소장본을 중심으로 특징을 살펴보면 다음과 같다.

① 책의 편집이 상・하로 나누어지지는 않았지만, 상・하로 구분하기 위해 제14분 이상적멸분(離相寂滅分)과 제15분 지경공덕분(指經功德分) 사이에 판각하지 않고 공면을 넣었다.

② 번역 과정에서 한문을 정음으로 언해한 후에 교정의 단계를 거쳐 편집하는 것은 앞의 언해 과정에서 포함되어 있지만, 간혹 교정 단계에서 잘못을 찾지 못하면 책이 간행된 후에 책에 직접적으로 교정을 한 후에 추후에 재판을 만들 때 교정 사항을 반영하는 것이 일반적이다. 불갑사 소장본에는 오자를 교정하기 위한 흔적이 나타난다. <사진 13>에는 잘못 판각된 글자를 칼로 도려낸 흔적이 나타난다. 불갑사 소장본 123장의 뒷면 4행의 "內外具三十二□行ᄒᆞ야ᅀᅡ"에서 한 글자를 칼로 도려낸 교정 사항에 대해, 정재영(2005)에서는 일반적으로 잘못 새겼을 경우 교정할 때 잘못된 글자를 칼로 도려내고 다시 종이를 붙여 교정할 때에 주로 나타나는 현상으로 불갑사 소장본은 종이를 다시 붙이고 교정한 것이 떨어져 나가고 없어진 것으로 추정하였다. 칼로 도려낸 부분에 해당되는 것을 일사문고 소장본, 안심사판과 비교했을 때 모두 '淨'자로 확인된다. 현재는 '淨'이 아닌 다른 글자로 판각되어서 '淨'으로 교정하기 위해서 글자를 도려

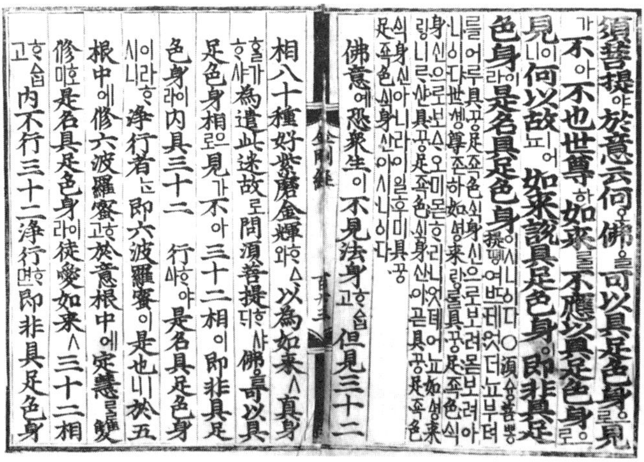

<사진 13> 불갑사 소장본, 123장의 뒷면 4행

냈거나 아니면 '淨'으로 판각되었음에도 불구하고 다른 글자가 맞는 글자로 생각하고 도려냈을 가능성이 있지만 후자일 가능성은 희박해 보인다. 만일 후자인 경우에는 지금까지 알려진 『금강경해의』에서 다른 글자로 쓰인 예가 나타나야 하는데 아직까지 다르게 쓰인 글자를 확인하지 못하였다. 따라서 이 글자 중에서 한 글자로 판각되었는데 언해문에 '조혼'으로 번역되었기 때문에 해당 글자를 교정하기 위해 칼로 도려낸 것으로 여겨진다. 지금까지 알려진 언해본에서는 모두 '淨'으로만 나타나므로, 향후에 기명행과 '淨'이 아닌 다른 글자로 새겨진 판본이 나타난다면 해당 판본은 초쇄본임을 증명하는 증거가 될 것이다.

③ 불갑사 소장본과 다른 판본을 비교했을 때, 후대의 판본에는 불갑사 소장본과 몇 가지 점에서 차이가 발견된다. 불갑사 소장본에서 잘못 번역되었다고 여겨지는 구문이나 글자가 후대의 판본에서는 교정된 것이 있다. 해당 사항을 확인하기 위하여, 불갑사 소장본을 동국대 도서관의 석판본(권 상)과 일사문고본(권 하)과 안심사판(동국대 도서관 소장본 권 상・하, 213.13 금11ㅎ3 v.1-2)을 비교하여 도표로 나타내 보이기로 한다. 해당 자료가 없어서 직접 비교할 수 없는 경우는 줄표(-)로 나타냈다.

<표 1>은 불갑사 소장본에서는 정상적으로 판각되었으나 다른 판본에서는 탈각된 경우, 처음부터 오각된 것을 다른 판본에서도 그대로 답습한 경우, 불갑사 소장본에서 오각한 것을 다른 판본에서는 교정한 경우, 불갑사 소장본에서 번역한 것과 달리 번역한 경우로 나누어 제시한 것이다. 다만 불갑사 소장본에서 제대로 판각된 것이 후대에 잘못 판각한 것은 그 예가 많아 제시하지 않았다. 참고로, 안심사판의 교정 일람은 김무봉 외(1993)의 부록을 참조하기 바란다.

항목	장차	불갑사 소장본	동국대 석판본	일사문고본	안심사판
탈각	67:ㄱ:1	如來ㅣ	如來	-	如來ㅣ
	73:ㄱ:8	엇뎨	엇데	-	엇뎨
	84:ㄱ:5	ᄆᆞᅀᆞᄆᆞᆫ	ᄆᆞ△ᄆᆞᆫ	-	ᄆᆞᅀᆞᄆᆞᆫ
	87:ㄴ:5	닐오려	닐오리	-	닐오려
	94:ㄴ:3	머유미니	-	미유미니	머유미니
오각	99:ㄱ:4	'惡'의 오각	-	'惡'의 오각	'惡'의 오각
오자 교정	101:ㄱ:1	讀佛ᄒᆞᅀᆞ와	-	諸佛ᄒᆞᅀᆞ와	諸佛ᄒᆞᅀᆞ와
	102:ㄱ:2	ᄀᆞ△ㅐ	-	ᄀᆞᅀᅢ	ᄀᆞᅀᅢ
	119:ㄱ:2	說是沙ᄒᆞ시ᄂᆞ니이라	-	說是沙ᄒᆞ시ᄂᆞ니이다	說是沙ᄒᆞ시ᄂᆞ니이다
	119:ㄴ:1	世尊히	-	世尊하	世尊하
	123:ㄴ:4	內外具三十二□[7] 行ᄒᆞ야ᅀᅡ	-	內外具三十二淨行ᄒᆞ야ᅀᅡ	內外具三十二淨行ᄒᆞ야ᅀᅡ
대체 교정	47:ㄴ:5	出也ㅣ니라	出也ㅣ시니라	-	出也ㅣ시니라
	81:ㄴ:6	외욤 업서 뎌의 티며	외욤 업서 ᄂᆞ미 티며	-	외욤 업서 ᄂᆞ미 티며
	82:ㄱ:5	ᄆᆞᅀᆞᆷ물	ᄆᆞᅀᆞᆷ올	-	ᄆᆞᅀᆞᆷ올
	85:ㄴ:6	아니시며	아니며	-	아니며
	후서 10:ㄱ:1	이런ᄃᆞ로	-	이럴씨	이럴씨
	후서 11:ㄴ:2	滅ᄒᆞ야	-	滅ᄒᆞ샤	滅ᄒᆞ샤

<표 1> 불갑사 소장본과 다른 판본의 비교

<표 1>의 교정 사항을 통하여 불갑사 소장본은 다른 판본과 차이가

7) 완전히 비어 있는 것이 아니고 '淨'字의 왼쪽 반만 오른쪽 계선에 붙어 있음.

있음을 알 수 있다. 불갑사 소장본은 판각 상태로 볼 때, 원간본의 초쇄본이고 석판본과 일사문고본은 원간본의 교정본이라고 할 수 있다. 그러나 석판본과 일사문고본은 간기가 없고 책의 간행과 관련된 사항을 정확히 알지 못한다는 것과, 이 두 판본이 내용상 겹치는 부분이 전하지 않으므로 두 판본간의 차이를 정확히 알기 어렵다. 이 두 판본의 차이를 알기 위해서는 1495년에 인출된 판본(임형택 교수 구장본)과 석판본, 일사문고본을 비교를 통해서 알 수 있지만 임형택 교수 구장본을 열람할 수 없어 이에 관련된 사항은 다음으로 미룰 수밖에 없다.

조선시대 초기에 간행된 불전 언해본에 목차가 없는 경우, 이 책들이 후대에 유통되면서 책의 일부분이 떨어져 나간 경우는 책의 순서를 온전히 이해할 수 없는 경우가 있다. 『금강경언해』 또한 지금까지 온전히 전해지는 책이 없기 때문에 『금강경언해』의 책의 편집 순서에 대한 의문점이 김무봉 외(1993)와 정재영(2005) 등에서 제기되었다. 한국불교문화연구원에서 1984년에 간행한 영인본은 『금강경언해』의 편집 순서를 재구성해 놓아서 또한 참고가 된다.

4.4. 편찬 체재와 편집 과정

『금강경언해』의 책 체재는 김무봉(1993:10)에 간략히 언급되어 있다. 현전하는 중간본을 이용하여 원간본을 재구성하였다고 밝히고 있으나 구체적인 논거를 제시하지는 않았다. 정재영(2005)은 책의 내용과 관련지어 초간본의 책 편집 순서에 대한 추정안을 제시하였다. 지금까지 알려진 『금강경언해』와 영인본 및 논문에서 제시된 책 편집 순서 등 체재를 도표로 보이면 <표 2>와 같다.

현존하는 원간본 중에서, 경전 본문을 제외하고 두 책 이상에 공통적으로 나타나는 부분은 '진금강경심경전', '교조조', '금강반야바라밀경육조해서', '육조구결후서' 등이다. 원간본에서 차이가 나는 부분은 불갑사 소장

구 분	원간본 및 원간본 계통				중간본	영인본		논문
편 명	불갑사 소장본	임형택 교수 구장본	일사문 고본	동국 대석 판본 (권상)	동국대 소장 안심사 판	한국불 교문화 연구원	『금강 경언 해 주해』	정재영 (2005)
進金剛經心經箋	-	1	-	1	8	1	1	1
敎雕造	-	2	-	2	-	2	2	2
金剛般若波羅蜜經六祖解序	-	3	-	3	1	3	3	3
金剛經啓請								
淨口業眞言								
安土地眞言								
普供養眞言	-	4	-	4	3	4	4	4
請八金剛四菩薩								
發願文								
云何梵								
開經偈(대장경에 있음)								
金剛般若波羅蜜 제1~14분	1	5	-	5	4	5	5	5
金剛般若波羅蜜 제 15~32분	2	6	1	-	5	6	6	6
陀羅尼	-	7	2	-	6	-	7	7
					刊記/施主秩			
六祖口訣後序	3	8	3	-	2	7	8	10
跋	-	-	-	-	9	8	9	8
學祖 跋	-	9	-	-	-	-	-	-
飜譯廣轉事實	-	-	-	-	10	9	10	9

<표 2> 『금강경언해』의 편찬 체재 비교

본에는 '다라니'가 빠져 있지만, 임형택 교수 구장본과 일사문고본에는 '다라니'가 있다.

원간본과 중간본의 편집 순서에는 차이가 난다. 원간본의 일사문고본과 임형택 교수 구장본은 '진금강경심경전-교조조-금강반야바라밀경육조해서-본문-육조구결후서'의 순으로 편집되어 있고, '발'과 '번역광전사실'은 빠져 있다. '발'과 '번역광전사실'이 빠져 있는 이유는 간경도감 폐지와 관련된 사항이다. 불갑사 소장본에 '발'과 '번역광전사실'이 없는 것은 책이 유통되다가 떨어져 나간 것으로 추정된다.

중간본은 '금강반야바라밀경육조해서-육조구결후서-경전 본문-진금강경심경전-발-번역광전사실'의 순서로 편집되어 있다. 중간본은 원간본과는 달리 '육조구결후서'가 본문 뒤에 있지 않고, '금강반야바라밀경육조해서' 뒤와 본문 앞에 위치하고, '진금강경심경전'이 본문 뒤에 위치하는 것에 차이가 있다. 또한 '교조조'가 빠져 있는 반면에 '간행기'와 '시주질'이 덧붙어 있다. 이는 안심사라는 사찰에서 간행되었기 때문에 '교조조'를 생략하고 '간행기'와 '시주질'을 넣은 것이다. 다만, '육조구결후서'가 본문보다 앞에 위치하는 것과 '진금강경심경전'이 본문보다 뒤에 위치하는 것이 이 판본의 특징이라 하겠다.

'금강반야바라밀경육조해서'와 '육조구결후서'는 경전의 본문과 직접적으로 관련이 되는 부분이므로 본문보다 선행시키고, '진금강경심경전', '발', '번역광전사실'은 경전의 본문과 직접적으로 관련이 있는 것은 아니고, 경전의 간행 동기와 간행 과정과 관련이 있으므로 부록의 성격을 갖는다. 조선 후기 사찰에서 간행된 언해서의 대부분의 편집 방식은 경전의 본문 다음에 간행기와 시주질을 배치하고 그 이후에 부록을 덧붙이는 편집 방식을 취하고 있으므로 이러한 편집 방식에 견주어 생각해 보면 '진금강경심경전', '발', '번역광전사실'을 부록으로 보아 후철한 것으로 여겨진다.

이상의 사실로 보아 경전 본문과 직접적인 관련성의 정도를 구분하면 다음과 같다.

첫째, 구마라집이 한역한 『금강경』에 육조 혜능의 『금강경해의』에 송나라 나적(羅適)이 1084년에 후서(後序)를 덧붙인 『금강경』은 우리나라에서 많이 읽힌 경전이다. 따라서 이와 같은 체제는 경전 자체와 관련된 것으로 『금강경언해』의 편찬에서도 그대로 원용되었을 것이다. 다만 '금강반야바라밀경육조해서' 다음에 편집되어 있는 '금강경계청', '정구업진언', '안토지진언', '보공양진언', '청팔금강사보살', '발원문', '운하범', '개경게'

등은 금강경해의(金剛經解義)에 포함된 것이 아니고 독립적으로 존재하는 것이 후대에 삽입된 것으로 추정된다.『속장경』(續藏經)과『만속장경』(卍續藏經), 그리고『신찬 대일본속장경』(新纂 大日本續藏經)에는 '금강경계청', '정구업진언', '개경게' 등은 있으나 그 외는 나타나지 않으므로『금강경언해』를 간행할 때 넣었을 가능성이 커진다. 또한 경전 본문이 끝난 다음에 있는 다라니[眞言]는 임형택 교수 구장본과 일사문고본에는 있지만 불갑사 소장본에는 없다. 불갑사 소장본에도 다라니가 있다가 후에 떨어져 나갔을 가능성과 간경도감에서 처음 간행할 때는 다라니가 없었으나 후에 인출할 때에 끼워 넣었을 가능성을 배제할 수 없다.『속장경』(續藏經)과『만속장경』(卍續藏經), 그리고『신찬 대일본속장경』(新纂 大日本續藏經)에는 다라니가 없으나『고려대장경』(高麗大藏經)에는『금강경언해』와 동일하지는 않지만 '般若無盡藏眞言(반야무진장진언)'이 있는 것으로 보아 우리나라에서 경전을 편찬할 때에 경전의 본문이 끝난 후에 다라니를 넣는 관행이 계승된 것으로 보인다. 이러한 관행은 간경도감에서 간행한 불전언해서에 또한 다라니가 붙어 있는 책들이 있어서『금강경언해』도 처음 간행될 때에는 진언을 가지고 있었던 것으로 추정할 수 있다.

둘째, 책의 본문과 직접 관련은 없지만 책을 간행할 때 책의 편집 관행과 연관성이 있는 부분이 있다. 이는 '진금강경심경전', '교조조', '발', '번역광전사실' 등이 해당된다. '교조조'는 원간본에만 나타나고, '발'과 '번역광전사실'은 중간본에 있다. '교조조'가 중간본에 편집되지 않은 것은 간경도감 폐지와 관련이 있는 사항이다. '발'과 '번역광전사실'이 중간본에 있는 것은, 불갑사 소장본에서 편집은 되어 있었으나 후에 유통되면서 떨어져 나갔을 가능성이 있다.

이상의 논의를 요약하여『금강경언해』의 편집 과정을 재구성하면 다음과 같다.

첫째,『금강경언해』번역의 저본이 되는 육조 혜능의『금강경해의』와 직접적으로 연관이 있는 부분이다. 육조 혜능의『금강반야바라밀경해의』('금강반야바라밀경육조해서', 금강경 본문, '금강경구결')에 나적(羅適)의

'후서'가 덧붙은 체재에 해당되는 부분('금강반야바라밀경육조해서', 금강경 본문, 금강경 구결, 후서)이다.

둘째, 『금강경해의』에 『금강경』을 독송할 때 의식으로 행해지는 '금강경계청', '정구업진언', '개경게' 등의 게송과 진언을 『금강경해의』에 덧붙인 부분이다.

셋째, 『금강경언해』의 번역자, 번역 동기 및 과정의 내용을 담은 부분에 해당되는 부분으로 이는 책의 머리말과 후기에 해당되는 부분이다. 『금강반야바라밀경해의』에 간경도감에서 언해서를 편집하는 관행대로 '진금강경심경전'과 '교조조'를 『금강반야바라밀경해의』보다 앞쪽에 편집하고, '발'과 '번역광전사실'은 『금강반야바라밀경해의』보다 뒤쪽에 편집하였다. 아울러 우리나라에서 경전을 편집할 때 경전 본문의 마지막에 다라니를 다는 전통에 따라 다라니를 덧붙였다.

5. 『금강경언해』의 국어학적 특징

이 절에서는 『금강경언해』를 국어학적인 측면에서 기술하되, 5.1에서는 국어 표기법의 공시적 특징과 역사적 위상을, 5.2에서는 쌍형어와 이 책에서 새로 출현한 어휘 및 희귀어를 살펴보고자 한다.[8)]

5.1. 국어 표기법의 특징과 역사적 위상

훈민정음 창제 초기문헌들에 반영된 국어 표기법과 1464년 『금강경언해』에 적용된 표기법을 비교해보면 20년 사이에 몇 가지 변화가 일어났음을 확인할 수 있다. 훈민정음 초기문헌의 표기규정은 세종 28년(1446년) 음력 9월 상한에 나온 한문본 『훈민정음』과 이것을 우리말과 글로 번역한

---

8) 이와 관련하여 김무봉(1993)과 김영배(2000)의 기술을 참고하였다.

『훈민정음언해』, 그리고 『용비어천가』(1445~1447), 『석보상절』(1447) 등 창제 초기문헌에 반영된 표기 사례를 추출해보면 알 수 있다.

여기서는 『금강경언해』에 실현된 국어 표기법의 공시적인 특징을 기술하되, 역사적인 측면에서 이 책에 사용된 표기법의 역사적 위상을 개관하고자 한다.

훈민정음 창제 초기문헌과 견주어 뚜렷한 표기법의 변화는 'ㅸ'이 '오/우/ㅇ' 로 교체되었고, 구결문에서 'ㆆ'과 각자병서가 전혀 쓰이지 않으며, 방점 표기 원칙에 변화가 나타나고, 불교용어 한자음에 변화가 목격된다는 점이다. 이 같은 변화를 포함하여 『금강경언해』의 표기법의 특징과 역사적 과정 및 위상을 몇 개 항목으로 나누어 살펴보면 다음과 같다.

5.1.1. <ㅸ>의 표기

'ㅸ'은 『훈민정음』 한문본의 본문에 제시된 17초성 체계에는 빠져 있으나, 본문의 후반부에 표기 규정이 제시되었고, 정음해례 제자해에 표기와 조음 방법에 대해 설명되었으며, 용자례에는 '사ᄫᅵ'[蝦]와 '드ᄫᅴ'[瓠]가 그 예로 제시되어 있다.

훈민정음 창제 초기문헌에서 'ㅸ'으로 표기되던 고유어가 (1)과 같이 1464년 『금강경언해』에서는 완전히 폐지되어 '오/우' 또는 후음 'ㅇ'로 교체된 모습만 나타난다. 문헌 약호는 국어학계의 일반 관례를 따르고, 장차(張次)의 앞면·뒷면은 각각 'ㄱ·ㄴ'으로 구분하여 표시한다.

(1) 듣ᄌᆞᄫᆞ니(곡97장) ⇒ 듣ᄌᆞ오니(금강1ㄱ)
어드ᄫᅳᆫ(석9:4ㄴ) ⇒ 어드운(금강55ㄴ)
ᄂᆞᆾ가ᄫᆡ(월8:92ㄴ) ⇒ ᄂᆞᆾ가이(금강36ㄱ)

이 문자는 세조 7년(1461년)에 간행된 활자본 『능엄경언해』의 고유어 표기에서 전격적으로 폐지되고, 이듬해인 1462년 목판본 『능엄경언해』를 비롯한 후대 문헌에서 그대로 계승되어 우리말 표기에서는 자취를 감춘

다(정우영 2005). 『금강경언해』에 (1)처럼 'ㅸ⇒오/우/ㅇ'로 교체된 것은 이때 행해진 국어 표기법 개정의 결과이다.

국어사 연구에서 'ㅸ'은 일반적으로 [β]를 나타내며, 비록 훈민정음 17자 체계에는 포함되어 있지 않으나 15세기 국어의 음소로 인정하여 왔으며(이숭녕 1954, 이기문 1961, 1963, 1972), 이 견해에 따르면 'ㅸ'은 13세기부터 14세기 사이에 발생한 것으로서, 그 소멸기간은 1420~1450년대 사이라고 한다. 또한 훈민정음 28자에 포함되어 있지 않은 것은 훈민정음 창제 당년이 'ㅸ' 소실의 최후의 순간이었기 때문이며 이 같은 이유로 문헌에 단기간 잔영이 보인 것이라고 한다.

그러나 다음과 같은 의문점들 때문에 '순경음비읍(ㅸ)'이 15세기 당시 한국어에 실재하던 음소라는 주장에 반론을 제기하는 견해도 있다.[9)] 즉 ① 동일 계열(차자 또는 외국인에 의한 음사 표기)의 자료에서 표기에는 아무런 변화가 없는데, 자료가 훈민정음(訓民正音) 창제 시기와 멀고 가까움에 따라 서로 다르게 해독한다든지,[10)] ② <ㅸ>이 정음 창제 초기문헌부터 거의 일관되게 사용되다가 어느 특정한 시기(1461년), 특정 문헌(능엄경언해)을 계기로 일괄 폐지된 이유를 음운변화의 결과로만 해석한다든지,[11)] ③ 15세기 정음 창제 초기문헌에 나타난 표기를 당대 한양에서

9) 'ㅸ'이 국어 음운체계에 음소로 존재하였느냐에 대하여는 두 가지 견해가 있다. ① 音素로 인정하는 견해: 이숭녕(1954), 이기문(1961, 1972), 허웅(1965), 김완진(1972, 1974) 외 다수. ② 실재하던 음소가 아니며, 이상적 · 절충적 · 상징적 표기라는 견해: 남광우(1959), 유창돈(1962), 서정범(1982), 김동소(1998), 조규태(1998, 2000), 정우영(2005).

10) 계림유사(1103)에 실린 자료는 "二曰途孛(*두블), 酒曰酥孛(*수블)" 등으로 해독하고, 조선관역어(1408)에 실린 자료는 "二 覩卜二(*두ᄫᅳᆯ), 酒 數本(*수ᄫᅳᆯ)" 등으로 다르게 해독하는 것이 그것이다. 사음(寫音)에 쓰인 '孛 ; 卜 · 本'자 등은 모두 순중음 /p/에 소속된 한자인데, 이들을 각각 순중음(脣重音)과 순경음(脣輕音)으로 서로 다르게 읽는 것은 큰 문제가 아닐 수 없다.

11) 지춘수(1986), 이익섭(1992), 정우영(1996) 등 15세기 국어 표기법 연구에서 'ㅸ'의 폐지를 국어 표기법의 변천과정에서 다루지 않은 것은 /ㅸ/ 음소의 자연적 소멸로 인식한 데 원인이 있을 것이다. <ㅸ>이 '訓民正音' 창제 불과 18년 뒤인 『능엄경언해』(1461) 활자본부터 완전히 폐지되어 '오/우/ㅇ'로 바뀐 사실은 音素(phoneme)의 일반성에 비추어보면 이해하기 어렵다. 이 문헌보다 1-2년 앞서

사용된 현실 발음을 문자화한 것[문헌표기=당시 음운]으로 기정사실화하고 논지를 전개한다든지, ④ 음소가 불과 20년도 되지 않아 모두 소멸한다든지 하는 것들이 기존의 연구사에서 드러난 문제점들이다. 이 같은 문제는 통설로 수용되어 온 음소설(音素說)의 주장 가운데 해결되어야 문제점들로서, 'ㅸ'을 당시 실재하던 음소(音素)로 보기에는 풀기 어려운 숙제라 아니할 수 없다.

앞으로 학계의 논의가 더 진행돼야 하겠지만, 이 글에서는 세종과 훈민정음학자들이 <ㅸ>자를 제정·사용한 것은 '오/우/ㅇ'로 실현되던 방언형과 'ㅂ'으로 실현되던 방언형을 절충하여 이상적인 표준음으로 통일하려던 의도에서였다는 김동소(1998), 조규태(2000), 정우영(2005) 등의 견해를 따른다. 즉 '오/우/ㅇ' 등으로 실현되던 한양말과 현재의 중·남부방언 일부, 그리고 서북방언 어형과, 'ㅂ'으로 실현되던 동남 및 동북방언 어형 등 크게 둘로 분포된 방언형을 <ㅸ>이라는 글자를 만들어 절충적 표준음으로 정착시키려 하였다는 것이다. 세종이 창제한 '訓民正音(훈민정음)' 또는 '正音'의 개념을 올바르게 이해하는 것이 요체라 하였다. '正音'의 개념 정의는 『홍무정운(洪武正韻)』 범례에 가장 명확히 제시되어 있으며, 『훈민정음언해』의 '훈민정음(訓民正音)' 협주문, 그리고 '석보상절서' 등에 잘 나타나 있는데, 이들을 종합해보면 '정음(正音)'은 "동일 언어공동체 안에서 지역적(방언적) 차이를 초월하여 능히 통해(通解)할 수 있는 正한 소리이자 그렇게 발음하도록 제정된 글자"를 가리키는 것으로 요약된다(정우영 2005). 오늘날 국어 방언 음운체계에서도 확인되지만, 현격한 차이를 보이는 현상 가운데 하나인 이 문제를, 세종은 'ㅸ'을 제정해 이상적 표준음으로써 당시 우리말을 통일하기 위해 시도한 것이며, 실질적으로는 우리말 음운체계에 존재하지 않았던 인위적·가상적 음소였다는 것이다.[12)]

나온 문헌의 형태소 내부에서 90여 개의 어휘, 겸양법 선어말어미(-ᄉᆞᄫ-/ᅀᆞᄫ-/ᄌᆞᄫ-), 파생접미사(-ᄃᆞᄫ-/ᄅᆞᄫ-) 등에 <ㅸ>이 질서 정연하게 반영되어 있기 때문이다.

12) 이에 대하여는 남광우(1959), 서정범(1982), 김동소(1998:112, 2003), 조규태

이 글자가 폐지된 것은, 이를 제정한 의도와 목적은 순수하고 이상적이었지만 비현실적·가상적 존재를 다수 언중이 수용하지 않음으로써 폐지하는 쪽으로 가닥을 잡아가게 된 것으로 추정된다. 이는 세조(世祖)의 주도로 정치·문화의 중심지인 한양말의 현실발음을 기준으로 삼아 'ㅸ'을 폐지하고, 관판문헌인 『능엄경언해』(전10권) 활자본과 목판본을 통해 언중에게 개정 공포되었던 것이다.

(1)에서 보듯이, 'ㅸ' 표기가 기대되는 위치에서 '오/우/ㅇ'로 완전히 교체되어 있는 것은 1461년 『능엄경언해』에서 개정된 제1차 표기법의 내용[ㅸ⇒오/우/ㅇ]을 이후의 간경도감본 불경언해가 그대로 계승하고 있기 때문이다.

5.1.2. <ㆆ>과 각자병서

『금강경언해』의 언해문(諺解文)에는 'ㆆ'과 각자병서가 사용되었으나, 구결문(口訣文)에는 이들이 전혀 쓰이지 않는다. 다음 (2)는 언해문의 표기이며, (3)은 구결문의 표기이다.

(2) 가. 볼껏(금강29ㄴ), 허롤띠라(금강85ㄴ), ᄡᅳ즐쩨(금강79ㄴ)
비홀 싸ᄅᆞ미(금강43ㄱ), 업슬씨(금강24ㄴ) cf.ᄒᆞ실저긔(금강,사실3)
나. 도ᄅᆞᅘᅧ(금강,후서14ㄴ), ᅘᅧ 니ᄅᆞ샤ᄆᆞᆫ(금강14ㄱ) cf. 혀[引](후서10ㄴ)
싸홈(금강25ㄱ), 말ᄊᆞᆷ(금강32ㄱ)

(3) 合햅用용ᄒᆞᇙ디면(정음12ㄱ) ⇒ 便뼌論론工공夫붕ᄒᆞᆯ디니라(몽33ㄱ)
流륳通통ᄒᆞᇙ씨(정음1ㄴ), 當機ㄹ씨(법화1:21ㄱ) ⇒ 本屬須達ᄒᆞᆯ시(금강2ㄱ),
初行ᄒᆞ실제(능6:93ㄱ), 弟子ㅣ 請益ᄒᆞᆯ제(금강6ㄴ)

(2가)는 훈민정음 창제 초기문헌에 나타나는 'ᄫᅩᇙ것, 허롫디라, ᄡᅳᇙ제' 등의 다른 표기로서, 이 책에는 주로 관형사형 어미 '-ㄹ' 뒤에 후행어 두음이 전청자인 경우에 'ㄲ, ㄸ, ㅉ, ㅆ' 등 각자병서형 표기로 반영되었다.

(1998:122-3), 정우영(2005:308-312)을 참조할 것.

(2나)는 어간 형태소의 내부에 각자병서가 사용된 경우인데 초기문헌과 같이 거의 그대로 각자병서로 반영되었다. 한편 (3)의 구결문 표기에서는 창제 초기문헌에서는 관형사형 어미와의 통합 표기를 'ㄹㆆ+전청초성자' 형식으로 하고, 후행어 두음이 치음 'ㅅ'인 경우는 '-ㄹ+ㅆ'와 같은 유형으로 표기하는 것이 일반적이었다. 그러나 1459년 무렵에 간행된 것으로 추정되는 『몽산화상법어약록언해』 구결문에서부터 'ㄹㆆ ⇒ ㄹ'으로 교체된 표기가 출현하다가, 1461년 『능엄경언해』 활자본에서는 간헐적으로 각자병서가 쓰일 뿐 거의 폐지되고 (3)에서 보듯이 '-ㄹ쑤' 형만이 1463년 『법화경언해』까지 유지된다(정우영 1996). 그러던 것이 1464년에 간행된 한글문헌의 구결문에서는 'ㆆ'이든 각자병서든 전혀 쓰지 않게 되는데, 이는 1464년(세조10년)에 들어서 처음 간행된 『선종영가집언해』에서 개정된 원칙이 이 『금강경언해』에도 그대로 적용되었기 때문이다.

한편, 'ㆆ'과 각자병서 표기가 『금강경언해』에서는 (2)의 언해문과 (3)의 구결문에서 표기에 차이가 나지만, 다음해인 1465년 『원각경언해』(전10권)에서, 한자음 표기만을 제외하고 폐지되기에 이른다. 역사적으로 각자병서로 적던 것을 단일자로 적기 시작한 문헌이 『능엄경언해』 활자본(1461년)의 구결문 한글 표기부터이고, 앞서 말한 것과 같은 과정을 거쳐 세조 10년(1464) 『선종영가집언해』를 비롯한 불경언해의 구결문에서 'ㆆ'과 각자병서를 전혀 찾아볼 수 없게 되고, 이 원칙이 세조 11년(1465) 『원각경언해』에서 구결문과 언해문(한자음 표기 제외) 모두에까지 확대 적용된 것이다.

따라서 『금강경언해』의 표기법은 언해문과 구결문의 표기원칙이 이원적(二元的)으로 운용되었으며, 특히 구결문의 경우는 1465년 『원각경언해』에서 'ㆆ'과 각자병서를 폐지하기 위한 1단계 시험적 표기의 완료상을 여실히 보여준다.

5.1.3. 한자음 표기

『금강경언해』의 언해문은 국한혼용체로 표기되었으며, 한자에는 일대

일 대응방식으로 한자 독음이 표시되어 있다. 이때의 한자음은 간경도감 간행 언해본들과 마찬가지로 동국정운 방식의 한자음을 병기하였는데, 대체로 1485년 『관음경언해』와 『영험약초』까지의 관판 한글문헌에서 사용되었다(정우영 2005:316-322).

피상적으로는 1447년 『석보상절』부터 1485년까지 모두 동국정운식 한자음을 사용한 것처럼 보이지만 실제는 한자음 적용에 몇 차례 수정이 있었음을 확인할 수 있다(정우영 1996:92-99). 즉 (4)의 불교 용어 및 인명 표기에 적용된 한자음이 그것이다.

(4) 가. 解脫 [:갱·퇋] ⇒ [:향·퇋](법화6:8ㄴ)(금강19ㄴ)
　　나. 般若 [반:샹] ⇒ [·밣:샹](법화5:188ㄴ)(금강25ㄴ)
　　다. 阿耨多羅三藐三菩提[항·녹당랑삼·막삼뽕똉] ⇒ 藐[·먁](법화5:177ㄴ)(금강40ㄴ)
　　라. 阿難 [항난] ⇒ [·핧난](법화1:30)(금강1ㄴ)

제1차 수정은 (4)의 왼쪽 한자음을 오른쪽처럼 고쳐졌는데 1463년 『법화경언해』에서 전격적으로 단행되었다. 『동국정운』(1447)이 편찬되어 적용된 최초의 한자음이 (4가나다라)의 왼쪽 한자음과 같으므로, 결국 1447년 『석보상절』부터 1462년 『능엄경언해』까지의 한자음은 이와 같은 셈이다. 『법화경언해』에서 수정된 (4)의 오른쪽과 같은 한자음은, 1464년 『선종영가집언해』에서는 물론이고 『금강경언해』에서도 그대로 유지된다. 제1차 한자음의 수정은 '般若, 阿耨多羅三藐三菩提, 阿難' 등 범어(梵語)의 원음에 가깝게 바꾸려는 데 목표가 있었던 것으로 추정된다(정우영 1996:93-94).

그러나 이 한자음들은 세조가 1468년에 승하하고, 성종 2년(1471년)에 간경도감이 폐지된 후 1480년대 중반까지 나온 불경언해에서 (5가-라)와 같은 한자음으로 다시 바뀌게 된다. 이때의 한자음은 1463년 『법화경언해』 이전에 사용되던 한자음인데, 운서에 본래 제정된 동국정운 한자음으로 회귀한 셈이다.

(5) 가. 解脫 [:ᅘᆡᆼ·퇋] ⇒ [:갱·퇋](금삼1:3)
나. 般若[·밣:ᅀᅣᆼ] ⇒ [반:ᅀᅣᆼ](금삼1:13)
다. 阿耨多羅三藐三菩提[항·녹당랑삼·먁삼뽕뗑] ⇒ 藐[·막](금삼3:56)
라. 阿難 [·핣난] ⇒ [항난](금삼1:34)

(5)에 제시하였듯이, 1482년 『금강경삼가해』에 사용된 불교용어 한자음은 1463년 『법화경언해』 이전에 사용되던 독음인데 이는 같은 해에 나온 『남명집언해』도 마찬가지이다. 본래 상태로 회귀하게 된 주요 원인은, 제1차 한자음 수정안에 대한 부정적 시각, 즉 '般若, 阿耨多羅三藐三菩提, 阿難' 등 범어에 대한 한자 음역어는 그대로 존속시킨 채 한자음만 기교적으로 범어 원음에 가깝게 수정함으로써, 결과적으로는 관판의 한글문헌의 한자음 표기법을 어기게 되고, 끝내는 새 한자음은 등재되지 않은 유동적 한자음이 되고 말았다는 부정적 견해가 작용한 듯하다. 여기에 세조의 승하(1468년)와 간경도감의 폐지(1471년) 등으로 인해 불경언해 사업의 중심 세력이 와해됨으로써 불교 용어 등 한자음 수정 작업이 더 이상 추진될 수 없게 되면서 애초 적용했던 한자 독음 표기원칙으로 환원한 것이라 판단된다.[13]

5.1.4. 방점 표기

『금강경언해』의 방점 표기는 훈민정음 반포 초기문헌인 『석보상절』·『훈민정음언해』 등과는 조금 다르지만 간경도감 간행 불경언해들과는 크게 다르지 않다. 훈민정음 창제 초기문헌은 구결문과 언해문 모두에 방점을 찍었으나 이 책에는 언해문에만 사용되었다.[14]

---

13) 한자음 표기법은 1496년 『육조법보단경언해』(3권)와 『시식권공언해』에 이르러 동국정운 한자음을 조선 현실한자음[東音]으로 완전히 교체·개정되었다.

14) 구결문에서 방점 표기가 없어진 것은 1461년 『능엄경언해』 활자본부터다.
(가) 如是我聞·ᄒᆞ·ᅀᆞᄫᆞ·니(활자본. 아미타경언해 1ㄴ)

방점을 성조(聲調) 표시라고 이해할 때, 이 책에도 훈민정음 본문의 표기방법대로 0점(평성)·1점(거성)·2점(상성)의 세 종류가 표시되어 있다. 그러나 창제 초기문헌들의 표기와 비교해 볼 때 일부가 변화한 모습을 보여준다.

(6) 가. 혼 :샹·재 일·후·미 端正·이·라 ·호·리 ·나·히 ·열:세·히러·니(석24:22ㄱ)
:엇·뎨 ᄒᆞ·마 다ᄋᆞᆫ 목:수·미 어·누 더으·리잇·고(석9:35ㄱ)
나. ·나히 노·폴·씨 일·후미 長:댱老:롱ㅣ·라(금강6ㄱ)
:엇뎨 반·ᄃᆞ기 住·뜡ᄒᆞ·며 :엇뎨 그 ᄆᆞᅀᆞ·ᄆᆞᆯ 降향伏·뽁:히·리잇·고(금강11ㄱ)

(6가)는 훈민정음 창제 초기문헌인 『월인석보』에 실린 '석보상절서' 부분에서 뽑은 예이고, (6나)는 이 책에 쓰인 예이다. (6가)처럼 체언과 조사, 용언 어간과 활용어미가 통합하여 하나의 어절을 형성할 때 어절의 마지막 음절이 모두 1점(거성)으로 실현되는 것이 일반적 규칙이었다. 그것은 오늘날의 어절 단위와 크게 다르지 않아 보인다. 그런데 (6나) 『금강경언해』의 경우에는 훈민정음 창제 초기문헌에서 같으면 어절말 위치에서 1점이 찍혀야 할 곳에 0점(평성)으로 나타난 예가 여러 개 발견된다. 이 같은 현상은 1464년 『선종영가집언해』의 방점 표기에 보인 '어절말 거성의 평성화' 경향으로서 『금강경언해』에서도 그대로 이어지고 있음을 확인할 수 있다.[15]

이 어말 평성화의 개신파가 이미 『선종영가집언해』를 비롯하여 『금강경언해』 등 1464년에 간행된 간경도감판 불경언해 문헌에 반영되어 있는

(나) 如是ᄅᆞᆯ我聞ᄒᆞᅀᆞ오니(활자본. 능1:18ㄴ)(목판본. 능1:22ㄴ)
(다) 如是ᄅᆞᆯ我聞ᄒᆞᅀᆞ오니(법화1:18)
(라) 如是我聞ᄒᆞᅀᆞᄫᆞ니(목판본. 아미타경언해 1ㄴ)

활자본에는 구결문에도 (가)처럼 방점을 찍었으나, 1464년에 간행된 (라) 목판본에는 그것이 제거되었다. 구결문의 한글표기에서 방점을 찍었느냐 그렇지 않으냐가 한글문헌 성립·간행의 지표로 이용되기도 한다.

15) 성조 표기의 변화와 이에 대한 해석은 김완진(1977) 및 김성규(1994) 참조.

데, 그 중『반야심경언해』가 가장 보수적인 특징을 보인다. 이 같은 경향이 이듬해에 나온『원각경언해』에는 더욱 확산되었음이 확인된다. 정우영(2003:127-129)에 따르면, 특히 2음절로 된 어절에서, 용언 어간과 어미 '-아/어, -디' 결합시 첫음절이 상성(2점)이면 끝음절은 평성(0점)으로 표기되는 경향이 우세하며, (6나)에 보인 것처럼, '명사+주격조사' 또는 '명사형+주격조사'에서 어말음의 평성화가 주조를 이룬다. 그 밖에 체언에 처격조사나 보조사가 통합된 경우, 그리고 일부 부사나 용언의 부사형, 관형사형 상당수에 그 같은 경향이 나타나며, (6가)에서 보듯이 제1기문헌에서는 '상・거'(2점・1점)에 거의 예외가 없는 것과는 아주 대조적이다. 이 변화가 역사적으로 어떤 의미가 있는지 아직 확실히 말하기 어렵지만, 훈민정음 창제 초기문헌에서 적용하고자 했던 성조(방점) 표기원칙에 변화가 온 것만은 틀림이 없다.

5.2. 어휘의 특징

5.2.1에서는 이른바 '쌍형어'에 해당되는 어휘를 찾아 이 책에 사용된 실상을 알아보고, 5.2.2에서는 앞 시기에 간행된 문헌에서 보이지 않던 새 어휘나 출현 빈도가 드문 어휘를 표제어로 하여 예문과 그 의미를 제시한다.

5.2.1. 쌍형어(雙形語)

이 책에 사용된 쌍형어를 (7)에 제시하고, 이들의 관계를 어떻게 해석해야 할지 살펴보고자 한다. 필요한 부분만 방점을 제시한다.

(7) 가. 그르·메/그리·메 [影] : ¶ ① 凡뻠夫붕生싱滅며ᇙ은 身신中듕엣 그르·메 ·ᄀᆞᆮ·ᄒᆞ·야[凡夫生滅은 如身中影ᄒᆞ야](금강,후서11ㄴ). ② 그리·메·와 :뫼ᅀᅡ리왓 ᄠᅳ디니[影響之義이니](금강48ㄴ)

나. 드틀/ 듣글 [塵] : ¶ ① 어즈러워 머므디 아니호미 ᄪᅳᆷ멧 드틀 ᄀᆞᆮᄒᆞ며

[躁擾不停호미 猶如隙塵ᄒᆞ며](금강11ㄱ). ② 三삼千쳔大땡千쳔世솅界갱로 ᄇᆞᆺ아 ·ᄀᆞᄂᆞᆫ 듣그·를 ᄆᆡᇰ·ᄀᆞᆯ·면[以三千大千世界로 碎爲微塵ᄒᆞ면](금강144ㄱ)

다. 시므-/싦- [種] : ¶ ① 한 善쎤根ᄀᆞᆫ을 시므·니[種諸善根이니](금강35ㄱ). ② 善쎤根ᄀᆞᆫᄋᆞᆯ 심·군·디 아니라[不 …而種善根이라](금강33ㄱ)

라. 즉자히/즉재 [卽] : ¶ ① 須ᅀᅲᇰ菩뽕提똉 ·즉자·히 ᄉᆞᆯ오ᄃᆡ[須菩提ㅣ 卽謂호ᄃᆡ](금강57ㄴ). ② ·즉재 座쫭로셔 니루미라[云卽從座起라](금강7ㄱ)

(7가) '그르메'와 '그리메'는 [그림자(影)]라는 뜻을 나타내되 제2음절이 각각 '르-리'로 조금 다를 뿐 음운연쇄가 같은 쌍형어라 할 수 있다. (7나) '드틀'과 '듣글'도 [티끌(塵)]의 의미를 나타내되 이들의 음운연쇄는 조금씩 다르다. (7다)에서 분석할 수 있는 용언 어간은 각각 '시므-'와 '싦-'인데 [심다(種)]는 뜻으로 둘의 관계는 '싦-'에서 종성 'ㄱ'이 탈락하고 하지 않음에 차이가 있다. (7라) '즉자히'와 '즉재'는 [즉시]라는 뜻으로 '즉자히'[tsɨktsahi]에서 모음간 'ㅎ'의 약화 탈락과 축약에 의해 '즉재'[tsɨktsaj]로 변한 것이라 설명할 수 있다.

그러나 각 어휘항의 관계를 설명하여, 어휘 형성의 역사적 선후관계나 두 어휘항 가운데 하나가 당시 중앙어의 형태이며 또 다른 하나가 방언형에서 차용한 어형이라고 해석하는 것은, 당대 방언 분포에 대한 어떤 정보도 가지고 있지 않은 현재로서는 큰 의미를 부여하기 어렵다. (7)에 대해 가장 객관적인 기술은,『금강경언해』에 나타난 쌍형어는 모두 4개이며 16세기 어형과 비교해볼 때 매우 제한적으로 사용되었다는 점이다.

김성규(1998:175-203)는 현대국어의 표준어 규정과 중세어 어휘의 차이점은, 전자가 쌍형어 가운데 하나를 인위적으로 공시하고 그것을 표준어형으로 전승시킬 것을 요구하지만, 중세국어 시기에는 그러한 규정이 존재하지 않았기 때문에 인위적인 요구는 있을 수 없고, 단지 해당 문헌의 편찬자들이 선호하는 어형을 제시함으로써 그러한 역할을 대신하였다고 설명한다.

그러나 (7)처럼 유사한 음운 형태로 쌍형어가 매우 제한적으로 사용된 특수성은 이 책이 간경도감(刊經都監)에 의해 편찬된 관판 한글문헌인 점을 고려할 때, 관(官)이 지향하는 언어 및 문자 정책의 어떤 이상적인 목표를 달성하기 위해 인위적 · 의도적인 통제와 계획에서 간행된 것이 아닐까 추측해볼 수 있다.

5.2.2. 새 어휘 및 희귀어

1464년『금강경언해』를 전후하여 간행된 문헌어와 비교하여 새롭게 나타난 것이거나 희귀한 어휘를 소개하고 그 의미를 밝힌다. 예문은 가나다 순서로 한글 맞춤법에 준해 어절 단위로 띄어 쓰되, 방점은 관련 어절에만 표시하고, 언해문은 한자음까지 제시하고, 정확한 의미를 짐작할 수 있도록 구결문도 제시한다.

(8) ᄀᆞ·장·ᄒᆞ- : 마음대로 하다, 자의대로 하다[恣].
¶ 더욱 無뭉明명을 ᄀᆞ·장·ᄒᆞ·야 여러 業업 그므를 지ᅀᅥ[愈恣無明ᄒᆞ야 造諸業罟ᄒᆞ야](금강,후서11ㄱ)
cf. ᄡᅮ믈 ᄀᆞ장케 ᄒᆞ노라[恣其所用](법화2:245ㄴ).

'ᄀᆞ·장·ᄒᆞ-'는 한문의 '恣'에 대한 번역이다. 이를 'ᄀᆞ장+ᄒᆞ-'가 결합한 합성어로 보면, 'ᄀᆞ장'이 "여럿 가운데 어느 것보다 정도가 높게"의 뜻이므로 "다하다"[盡] 정도의 의미를 가질 것이다.[16] 그러나 이 경우는 1463년『법화경언해』의 용례와 같이 의미소가 '盡'이므로 "마음대로 하다, 자의대로 하다" 정도로 이해하는 것이 옳다. 흔하지 않은 새 어휘로 판단해 제시한다.

(9) :건·네ᄢᅱ- : 초월하다, 건너뛰다[超越].
¶ 반ᄃᆞ기 能ᄂᆞᇰ히 勇ᅇᅭᇰ猛ᄆᆡᇰ精져ᇰ進진ᄒᆞ야 :건·네ᄢᅱ·여 사ᄅᆞ미게 디나리니

16) 一乘의 微妙ᄒᆞᆫ ᄠᅳ들 펴 ᄀᆞ장ᄒᆞ며[敷究一乘之妙旨ᄒᆞ며](월,월서21ㄱ)

[必能勇猛精進ᄒᆞ야 超越過人ᄒᆞ리니](금강,후서14ㄱ)
cf. 器世間애 能히 건네뛰디 몯ᄒᆞᄂᆞ니라(능4:93ㄴ)

‘:건네뛰-’는 한문의 ‘超越’에 대한 번역이다. 『월인석보』(1459)를 비롯하여 『능엄경언해』(1461, 1462), 『법화경언해』(1463) 등에 ‘건나뛰-, 건내뛰-, 건내뛰-, 건네뛰-’ 등 이표기가 나타나지만, ‘건네뛰-’의 경우는 이 문헌이 유일하다. 유창돈(1964)에만 등재되어 있으므로 한글학회(1992), 남광우(1997) 등에서는 증보할 필요가 있다.

(10) 덞- : 물들다, 더러워지다[染].
¶ 一ᅙᅵᇙ切쳉 善쎤法법 닷고ᄆᆞᆫ 一ᅙᅵᇙ切쳉 法법에 덜·머 著땩호미 업서[於一切法에 無有染著ᄒᆞ야](금강131ㄱ)

‘덞-’은 한자 ‘染’에 대한 번역으로 “더러워지다, 물들다”의 뜻이다. 『월인석보』, 『능엄경언해』, 『법화경언해』 등에 나타나 새로운 단어라 할 수 없으나 고어사전에서 『금강경언해』의 용례는 실려 있지 않으므로 제시한다.

(11) 머·윰 : 짊어짐, 멤[擔].
¶ 곧 如셩來릥ㅅ 阿항耨녹多당羅랑三삼藐먁三삼菩뽕提똉ᄅᆞᆯ 머·유미·니[卽爲荷擔如來阿耨多羅三藐三菩提니](금강94ㄴ)
cf. ① 飛兎ㅣ 멍에 머유메 갓갑디 아니ᄒᆞ며(두초24:12ㄱ), ② 븝 시른 술위 메유멘 騏驥 ᄡᅳ미 맛디 아니ᄒᆞ니라(두초22:36ㄴ)

‘머·윰’은 한문의 ‘荷擔’에 대한 번역으로 “짊어짐, 멤” 정도로 옮기면 좋을 것이다. ‘머윰’은 어간 ‘메-’에 명사형어미 ‘움’의 음운론적 이형태 ‘윰’의 통합형으로 (11①)을 참고할 만하다. 즉 ‘메윰’[məjjum]에서 제1음절말 부음 [j]의 생략에 의해 ‘머윰’[məjum]으로 적힌 것이다. 이와 같은 현상으로, [움직이다]는 뜻의 ‘뮈-’의 명사형 ‘뮈윰’(능4:81ㄴ)과 ‘무윰’(능4:16ㄴ)과 동일한 현상에 의한 표기 어형이라 하겠다.

(12) 회로·리ᄇᆞᄅᆞᆷ : 회오리바람[飄風].
¶ 飄픃風봉은 회로·리ᄇᆞᄅᆞ·미·라(금강,후서11ㄱ)

'회로·리ᄇᆞᄅᆞᆷ'은 한자어 '飄風'에 대한 번역으로 18세기 문헌까지 검색해보아도 1464년『금강경언해』에 1개와『두시언해』(1481)에만 나타난다. 오늘날의 "회오리바람"을 뜻하며, 방언사전에도 '해리, 해오리, 해호리, 해구리, 헤리, 헤오리, 호부래기, 회우리, 회오리, 회호리, 홰리, 훠오리, 히오리' 바람 등 음운 형태가 유사한 단어는 사용되어도 이 같은 용례는 발견되지 않는다. 15세기 중반에 잠깐 쓰이다가 사라져간 단어라 보아도 좋을 것이다.

제2장 역주 및 해설

進金剛經心經箋(진금강경심경전)

(주 본문) **1** 【金剛心經箋 1ㄱ】 ☞ 刊經都監 都提調 推忠佐翼功臣 大匡輔國 崇祿大夫 議政府 右議政 南原府院君 臣黃守身等 謹將新雕印 飜譯金剛經一卷 心經一卷 粧潢■進臣守身等誠惶誠恐頓首頓首上言

(주 의역) **1** **간경도감**(刊經都監) **도제조**(都提調) **추충좌익공신**(推忠佐翼功臣) **대광보국숭록대부**(大匡輔國崇祿大夫) **의정부**(議政府) **우의정**(右議政) **남원부원군**(南原府院君) **신**(臣) **황수온**(黃守身) **등은 삼가 새로 만든 인자**(印字)**로 금강경**(金剛經) **1권, 심경**(心經) **1권을 번역하여 표구·장식해서 바치오니, 신**(臣) **수신**(守身) **등은 진실로 황공하여 머리를 조아려 아룁니다.**

(주 해)

- '進金剛經心經箋'의 '進'은 '진상(進上)하다'의 의미로 쓰임.
- '新雕印': 새로 만든 인자(印字)는 '인경목활자'를 이른 것임.

(주 본문) **2** 竊以道冒十方 【金剛心經箋 1ㄴ】 ☞ 佛乘所以寂上德 洽四國王者所以宅中 盖欲推無外之仁必先藉不壞之法 有聖薄伽梵演大修多羅妙喻金剛號稱般若入城乞食將發意於圓成著地袒肩乃翹誠於護念杜色想之六入斷種現之二 疑既執謝而情亡斯空澄而智現文成三十二品理攝八萬餘門實如來誠諦之言皆 【金剛心經箋 2ㄱ】 ☞ 諸佛正徧之旨 欽崇至道允屬熙朝矧飜

宣之盛功待明而必擧

주 의역 **2** 그윽이 생각해 보면 진리의 도는 시방(十方)에 두루하였으니 불승(佛乘)이 가장 높은 것이고, 덕(德)은 온 나라에 흡족하니, 왕은 그 중앙에 좌정하십니다. 대저 끝없는 인(仁)을 펴려 하신다면 반드시 먼저 무너짐이 없는 진리[法]에 의지해야 합니다. 성인 박가범(薄伽梵)이 큰 수다라(修多羅)를 연설하여 오묘히 금강(金剛)에 비유하시고 반야(般若)라 부르시고 궁성으로 들어가 걸식하여 장차 원만하게 성취하고자 뜻을 발하시고 땅에 엎드려 어깨를 드러내어 호념의 정성을 바쳐 색・상(色・想)의 육입(六入)을 막고 종・현(種・現)의 두 의심을 끊으셨습니다. 아집[旣執]이 사라지니 정(情)이 없어지고 공(空)이 맑아지니 지혜가 돋아나 삼십이품(三十二品)의 글을 이루니 남은 문품(門品)의 이치가 포섭되니 실로 여래(如來)의 정성스런 묘체의 말씀이요 모든 부처의 올바른 뜻이었습니다. 높고 높은 지극한 도가 이 빛나는 왕조에 부촉함이 되고 더구나 번역하여 선포하는 성대한 공덕은 성명(聖明)하신 임금님을 기다려서야 반드시 이루어집니다.

주 해

- 시방(十方): daśa diśaḥ. 사방과 사유(四維)와 상하의 총칭. 즉 동, 서, 남, 북, 동남, 서남, 동북, 서북, 상, 하. 불교에서는 시방에 무수한 세계와 정토가 있는 것으로 간주한다. 따라서 시방세계(十方世界), 시방법계(十方法界), 시방정토(十方淨土) 등은 모두 같은 말이다.
- 불승(佛乘): 삼승(三乘) 가운데 하나로 성문승(聲聞乘)이나 연각승(緣覺乘)은 하열한 것이며 진리를 깨닫기 위해서는 불승에 의지하여야 함. '승(乘)'은 '탈 것'의 의미.
- 박가범(薄伽梵): bhagavat. 부처님. 원래는 '덕을 가지고 있기 때문에 세간의 존귀한 사람'의 뜻. = 婆伽婆.
- 수다라(修多羅): sūtra. 불경(佛經).
- 반야(般若): prajñā. 지혜.
- 육입(六入): 안(眼), 이(耳), 비(鼻), 설(舌), 신(身), 의(意) 등의 육근(六根). 혹은 색(色), 성(聲,) 향(香), 미(味), 촉(觸), 법(法) 등의 육경(六境)을 이름. 육근은 육입(六入)의 안이 되고 육경은 육입의 밖이 된다. 육근과 육경을 합하

여 십이입(十二入) 또는 십이처(十二處)라 한다. '입(入)'은 '섭입(涉入), 추입(趨入)'의 의미.

(주 본문) **3** 恭惟主上承天體道烈文英武 殿下夙資德本洞達眞乘等福慧於世雄配聖哲於大梵 十善【金剛心經箋 2ㄴ】☞ 施物則之懿多能彰天縱之才翼覺悟於羣迷用發揮於祕義特垂口訣責委翻箳 要因口以曉心遂轉華以爲諺

(주 의역) **3** 공손히 생각하건대 주상(主上)께서는 하늘을 잇고 진리를 본받아 열렬(烈烈)하신 문(文)이고 영매(英邁)하신 무(武)이시며, 전하(殿下)께서는 일찍이 덕(德)의 본바탕을 타고 나시어 진승(眞乘)을 통달하시어 복혜(福慧)하심은 세웅(世雄)과 같으시고 성철(聖哲)하심이 대범(大梵)에게 짝하십니다. 십선(十善)으로 중생에게 베푸시니 본받음이 많아 하늘에서 내리신 재질을 펴실 수 있습니다. 뭇 우매함을 깨우치기 바라시어 신비의 의범(儀範)에서 발휘하시려고 특별히 구결(口訣)을 내려주시고 번역의 자리로 위탁하셨으니 이는 언어로 인해서 마음이 밝게 되기를 바라신 것이라 마침내 중국 문자를 우리말로 번역하게 하셨습니다.

(주 해)

- 통달(洞達): = 통달(通達).
- 대범(大梵): 부처님.
- 십선(十善): daśakuśala-karmāni. 신구의(身口意) 등 삼업(三業)으로 행(行)하는 10가지 착한 행위. 즉 십악(十惡)이 아닌 것. ① 불살생(不殺生), ② 불투도(不偸盜), ③ 불사음(不邪淫), ④ 불망어(不妄語), ⑤ 불양설(不兩舌), ⑥ 불악구(不惡口), ⑦ 불기어(不綺語), ⑧ 불탐욕(不貪欲), ⑨ 불진에(不瞋恚), ⑩ 불사견(不邪見) 등의 10가지 선한 업을 쌓는 행위.
- 의범(儀範): 예의범절에서 모범이 되는 것.

(주 본문) **4** 臣等猥以譾資仰承隆命雕造旣訖模印就編敎闡難思將此緣之殊勝【金剛心經箋 3ㄱ】☞ 曆延無極祝洪業之綿長 臣守身等誠惶誠恐無任激切屛營之至 前件金剛經一卷心經一卷謹隨箋上進以聞 天順八年四月初七日都提調推忠佐翼功臣大匡輔國崇祿大夫議政府右議政南原府院君臣黃守身

等謹上箋

주 의역 **4** 신(臣) 등이 외람되이 못난 자질로 높으신 명을 받아 조판(組板)을 마치고 인쇄하고 편집하였으니 생각하기 어려운 가르침의 천명도 이 수승(殊勝)한 인연으로 되고 끝없는 시간의 이음도 이 큰 업(業)의 무궁함으로 축원합니다. 신(臣) 수신(守身) 등은 진실로 황공하여 조심스럽고 몸 둘 바를 모르겠습니다. 앞 건(件) 금강경(金剛經) 1권, 심경(心經) 1권에다 삼가 전문(箋文)을 써서 올리옵니다. 천순(天順) 8년 4월 초7일 도제조(都提調) 추충좌익공신(推忠佐翼功臣) 대광보국숭록대부(大匡輔國崇祿大夫) 의정부(議政府) 우의정(右議政) 남원부원군(南原府院君) 신(臣) 황수온(黃守身) 등 삼가 올림.

주 해

- 전문(箋文): 임금, 왕후, 태자 등에게 올리는 글.

【金剛心經箋 3ㄴ】 ☞ 공면

敎雕造(교조조)

(주 본문) 【雕造官 1ㄱ】 ☞
奉
敎雕造
都提調推忠佐翼功臣大匡輔國崇祿大夫議政府右議政南原府院君臣黃守身
提調推忠佐翼功臣崇政大夫禮曹判書弘文館大提學延城君臣朴元亨
提調推忠佐翼功臣資憲大夫兵曹判書茂松君臣尹子雲
提調資憲大夫工曹判書世子左副賓客臣金守溫
提調資憲大夫戶曹判書臣金國光
提調推忠佐翼功臣資憲大夫原城君臣元孝然 【雕造官 1ㄴ】 ☞
提調嘉靖大夫全羅道都觀察黜陟使臣成任
提調嘉靖大夫仁順府尹臣韓繼禧
提調嘉善大夫工曹參判臣姜希孟
副提調通政大夫承政院都承旨兼尙瑞允弘文館直提學御製敎■春秋館修撰官兼判奉常■事知吏曹內直重推院事臣盧思愼
副提調通政大夫承政院左承旨兼判司僕寺事知兵曺事臣尹贊
使通政大夫行知承文院事臣安寬厚
使通政大夫行禮賓寺尹臣金達全
使通政大夫判宗薄寺事臣南倫 【雕造官 2ㄱ】 ☞
副使威勇將軍行義興衛攝司直臣權瑊
副使威勇將軍龍驤衛攝護軍訓鍊觀副使臣李元孝
副使朝散大夫行仁順府判官兼春秋館記注官臣趙祉
副使宣略將軍行忠左衛攝護軍訓鍊觀副使臣金永堅

判官奉列大夫行工曹正郎知製敎臣崔灝
判官宣務郎守成均主簿臣金季昌

【雕造官 2ㄴ】 ☞ 공면

(주 의역)

봉(奉)

교조조(敎雕造)

도제조(都提調) 추충좌익공신(推忠佐翼功臣) 대광보국숭록대부(大匡輔國崇祿大夫)의정부(議政府) 우의정(右議政) 남원부원군(南原府院君) 신(臣) 황수신(黃守身)

제조(提調) 추충좌익공신(推忠佐翼功臣) 숭정대부(崇政大夫) 예조판서(禮曹判書) 홍문관(弘文館) 대제학(大提學) 연성군(延城君) 신(臣) 박원형(朴元亨)

제조(提調) 추충좌익공신(推忠佐翼功臣) 자헌대부(資憲大夫) 병조판서(兵曹判書) 무송군(茂松君) 신(臣) 윤자운(尹子雲)

제조(提調) 자헌대부(資憲大夫) 공조판서(工曹判書) 世子左副賓客 신(臣) 김수온(金守溫)

제조(提調) 자헌대부(資憲大夫) 호조판서(戶曹判書) 신(臣) 김국광(金國光)

제조(提調) 추충좌익공신(推忠佐翼功臣) 자헌대부(資憲大夫) 원성군(原城君) 신(臣) 원효연(元孝然)

제조(提調) 가정대부(嘉靖大夫) 전라도(全羅道) 都觀察黜陟使 신(臣) 성임(成任)

제조(提調) 가정대부(嘉靖大夫) 인순부윤(仁順府尹) 신(臣) 한계희(韓繼禧)

제조(提調) 가선대부(嘉善大夫) 공조참판(工曹參判) 신(臣) 강희맹(姜希孟)

부제조(副提調) 통정대부(通政大夫) 승정원(承政院) 도승지(都承旨) 겸(兼) 상서윤(尙瑞允) 홍문관(弘文館) 직제학(直提學) 어제교■춘추관(御製敎■春秋館) 수찬관(修撰官) 겸(兼) 판봉상■사지(判奉常■事知) 이조내직중추원사(吏曹內直重推院事) 신(臣) 노사신(盧思愼)

부제조(副提調) 통정대부(通政大夫) 승정원(承政院) 좌승지(左承旨) 겸(兼) 판사(判司) 복사사지(僕寺事知) 병조사(兵曹事) 신(臣) 윤찬(尹贊)

사통정대부(使通政大夫) 행지승문원사(行知承文院事) 신(臣) 안관후(安寬厚)

사통정대부(使通政大夫) 행례빈사윤(行禮賓寺尹) 신(臣) 김달전(金達全)

사통정대부(使通政大夫) 판종박사사(判宗薄寺事) 신(臣) 남윤(南倫)

부사(副使) 위용장군(威勇將軍) 행의흥위섭사직(行義興衛攝司直) 신(臣) 권감(權瑊)

부사(副使) 위용장군(威勇將軍) 용양위섭호군(龍驤衛攝護軍) 훈련관부사(訓鍊觀副使) 신(臣) 이원효(李元孝)

부사(副使) 조산대부(朝散大夫) 행인순부(行仁順府) 판관(判官) 겸(兼) 춘추관(春秋館) 기주관(記注官) 신(臣) 조지(趙祉)

부사(副使) 선략장군(宣略將軍) 행충좌위섭호군(行忠左衛攝護軍) 훈련관(訓鍊觀) 부사(副使) 신(臣) 김영견(金永堅)

판관(判官) 봉렬대부(奉列大夫) 행공조정랑지제교(行工曹正郎知製敎) 신(臣) 최호(崔灝)

판관(判官) 선무랑수(宣務郎守) 성균주부(成均主簿) 신(臣) 김계창(金季昌)

金剛般若波羅蜜経六祖解序 (금강반야바라밀경육조해서)

주 본문 **1** 【金剛經序 1ㄱ】☞夫金剛經者ᄂᆞᆫ 無相ᄋᆞ로 爲宗ᄒᆞ시고 無住로 爲體ᄒᆞ시고 妙有로 爲用ᄒᆞ시니 自從達磨西來ᄒᆞ야 爲傳此經之意ᄒᆞ샤 令人悟理見性이어시ᄂᆞᆯ 秖爲世人이 不見自性ᄒᆞ샤 是以로 立見性之法ᄒᆞ시니 世人이 若了見眞如本體ᄒᆞ면 卽不假立法이시니라 此經을 讀誦者ㅣ 無【金剛經序 1ㄴ】☞ 數ᄒᆞ며 稱讚者ㅣ 無邊ᄒᆞ며 造疏及註解者ㅣ 凡八百餘家ㅣ로ᄃᆡ 所說道理ㅣ 各隨所見ᄒᆞ니 見雖不同ᄒᆞ나 法卽無二ᄒᆞ니라

주 언해 **1** 【金剛經序 5ㄴ】☞ 金금剛강經경·은 相·샹 :업·수므·로 宗종 :사·ᄆᆞ시·고 住·뜡 :업·수므·로 體:톙 :사·ᄆᆞ시·고 微밍妙:묘ᇢᄒᆞᆫ 有:ᅌᅮᇢ로 用·용 :사·ᄆᆞ시·니 達·ᄯᅡᇙ磨망ㅣ 西솅·로 ·오·샴 브·터 ·이 經경ㅅ ·ᄠᅳ·들 爲·윙·ᄒᆞ·야 傳뙨·ᄒᆞ·샤 :사·ᄅᆞᄆᆞ·로 理:링·ᄅᆞᆯ ·알·며 性·셩·을 보·게 ·ᄒᆞ·야시·ᄂᆞᆯ 오·직 世·솅人신·이 제 性·셩 보·디 :몯·호·ᄆᆞᆯ 爲·윙·ᄒᆞ·샤 ·이런·ᄃᆞ·로 見·견性·셩ㅅ 法·법·을 :세시·니 世·솅人신이 ·ᄒᆞ다·가 眞진如ᅀᅧᆼ 本:본體:톙·ᄅᆞᆯ ᄉᆞ뭇 보·면 ·곧 法·법 :세·요·ᄆᆞᆯ 븓·디 아·니·ᄒᆞ·시리·라 ·이 經경·을 讀·똑誦·쑝ᄒᆞ·리 數·숭 :업스·며 稱칭讚·잔ᄒᆞ·리 :ᄀᆞᆺ:업스·며 疏·송 지·ᅀᅳ·며 注·쥭·ᄒᆞ·야 사·기리 ᄆᆞᆯ읫 八·밣百·ᄇᆡᆨ餘영家강ㅣ로·ᄃᆡ 닐·온 道:똫理:링 各·각各·각 :보·ᄆᆞᆯ 조·ᄎᆞ·니 :보·미 【金剛經序 6ㄱ】☞ 비·록 ·ᄀᆞᆮ·디 아·니ᄒᆞ·나 法·법·은 ·곧 :둘 ·업·스니·라

주 직역 **1** 金剛經은 相 없음으로 宗 삼으시고 住 없음으로 體 삼으시고 微妙한 有로 用 삼으시니 達磨가 西로 오심으로부터 이 經의 뜻을 爲하여 傳하시어 사람으로 하여금 理를 알며 性을 보게 하시거늘 오직 世人이 제 性을 보지 못하기 때문에 이런 이유로 見性의 法을 세우시니 世人이 만약 眞如本體를 了見하면 곧 法 세움을 의지하지 않으시리라. 이 經을 讀誦하는 이 數

없으며 稱讚하는 이 가 없으며 疏 지으며 注하여 새기는 이 무릇 八百餘家이되 이른 道理 各各 봄을 좇으니 봄이 비록 같지 않으나 法은 곧 둘 없으니라.

주 의역 **1** 금강경은 상(相)이 없는 것으로 종(宗)[근본]을 삼으시고, 머무름[住]이 없는 것으로 체(體)를 삼으시고, 미묘한 유(有)로 용(用)[작용]을 삼으시니, 달마대사(達磨大師)께서 서쪽[인도]에서 오신 것으로부터 이 경의 뜻을 전하시어 사람들로 하여금 이치를 깨닫고 성품(性品)을 보게 하시니, 다만 세상 사람들이 자기의 성품을 보지 못하기 때문에 성품을 보는 법을 세우시니, 만약 세상 사람들이 진여본체(眞如本體)를 꿰뚫어 본다면 법을 세울 필요가 없을 것이다. 이 경을 읽고 외우는 사람이 수 없으며 칭찬하는 사람이 헤아릴 수 없으며 소(疏)를 짓고 주해(註解)한 사람이 800명이 넘되, 설(說)하신 도리는 각각 자기가 보는 대로이니, 견해가 비록 같지 않으나 법은 두 개가 없다.

주 해

- 셰시니: 세우시니, 어간 '셰-'는 '셔-'[立]에 사동접사 'ㅣ'가 통합한 사동사.
- ᄉᆞᄆᆞᆺ: 꿰뚫어, 밑바닥까지, 통달하여, 'ᄉᆞᄆᆞᆺ'은 현대국어 '사뭇'에 연결됨.
- 븓디: 의지하지, '븓다'는 문맥에 따라서 '의지하다, 의존하다, -으로부터' 등 다양한 뜻이 있음.
- 사기리: 새기는 이가, 의존명사 '이'는 선행 용언의 받침이 연철되는 것이 특징임.
- 조ᄎᆞ니: 좇으니, '좇다'는 현대국어의 '좇다'와 '쫓다'로 의미가 분화됨.
- 오직 世人이 제 性 보디 몯호ᄆᆞᆯ 爲ᄒᆞ샤: 여기서의 '爲ᄒᆞ다'는 '때문', '까닭'의 뜻이며, 현대국어 '爲하다'에는 이런 뜻이 없으므로, '오직 世人이 제 性을 보지 못하기 때문에'로 번역하였다. 이후의 '때문', '까닭'의 뜻을 가진 '爲ᄒᆞ다'는 모두 이와 동일하게 처리했다.

주 본문 **2** 宿植上根者는 一聞코 便了ㅣ어니와 若無宿慧ᄒᆞ면 讀誦이 雖多ᄒᆞ나 不悟佛意ᄒᆞᄉᆞ오릴시 是故로 解釋聖義ᄒᆞ야 斷除學者의 疑心ᄒᆞ노니 若於此經에 得旨無疑ᄒᆞ면 卽不假解說이니라 從上ᄒᆞ야 如來ㅅ 所說善法은 爲除凡夫의 不善之心이시니 經은 是聖人之語ㅣ시니 敎人聞之ᄒᆞ샤 從凡悟

聖ᄒᆞ야 永息迷【金剛經序 2ㄱ】☞ 心이시니 此一卷經은 衆生性中에 本有ㅣ언마ᄅᆞᆫ 不自見者ᄂᆞᆫ 但讀誦文字ᄒᆞᄂᆞ니 若悟本心ᄒᆞ면 始知此經이 不在文字ᄒᆞ리니 若能明了自性ᄒᆞ면 方信一切諸佛이 從此經出이리니 今恐世人이 身外예 覓佛ᄒᆞ며 向外ᄒᆞ야 求經ᄒᆞ고 不發內心ᄒᆞ며 不持內經ᄒᆞ야 故로 造此訣ᄒᆞ야 令諸學者ㅣ 持內心經ᄒᆞ야 了然自見ᄒᆞ야 淸淨佛心이 過於數量ᄒᆞ야 不可思議케ᄒᆞ노니 後之學者ㅣ 讀經有疑ᄒᆞ니 見此解義ᄒᆞ면 疑心이 釋然ᄒᆞ야 更不【金剛經序 2ㄴ】☞ 用訣이리니 所冀ᄂᆞᆫ 學者ㅣ 同見鑛中金性ᄒᆞ야 以智慧火로 鎔煉ᄒᆞ야 鑛去ᄒᆞ고 金存이니라

(주 언해) **2** 【金剛經序 6ㄱ】:아ᄅᆡ 시믄 上·쌍根ᄀᆞᆫ·은 ᄒᆞᆫ 번 듣·고 ·곧 :알·어니·와 ·ᄒᆞ다·가 :아ᄅᆡᆺ 慧·ᅘᅰᆼ :업스·면 讀·똑誦·쑝·호미 비·록 하·나 부텻 ·ᄠᅳᆮ :아디 :몯·ᄒᆞᅀᆞ·오릴·ᄊᆡ ·이럴·ᄊᆡ 聖·셩人ᅀᅵᆫㅅ ·ᄠᅳ·들 사·겨 學·ᅘᅡᆨ者:쟝·ᄋᆡ 疑읭心심·을 그·처 ᄇᆞ리노·니 ·ᄒᆞ다·가 ·이 經경·에 ·ᄠᅳ·들 得·득·ᄒᆞ·야 疑읭心심 :업스·면 사·겨 닐·오·ᄆᆞᆯ 븓·디 아·니ᄒᆞ·리·라 우브·터 如셩來ᄅᆡᆼㅅ 니ᄅᆞ·샨 善:쎤法·법·은 凡뻠夫붕·의 不·붏善:쎤ᄒᆞᆫ ᄆᆞᅀᆞᆷ 더·루·믈 爲·윙·ᄒᆞ시·니 經경·은 ·이 聖·셩人ᅀᅵᆫㅅ :마·리시·니 :사ᄅᆞ·ᄆᆞᆯ 듣·게 ·ᄒᆞ·샤 凡뻠·을 브·터 聖·셩·을 아라 迷몡ᄒᆞᆫ ᄆᆞᅀᆞ·ᄆᆞᆯ 永·웡·히 긋·게 ·ᄒᆞ시·니 ·이 一ᅙᅵᇙ卷권經경·은 衆·즁生ᄉᆡᆼ性·셩 中듕·에 本:본來ᄅᆡᆼ 잇건마·ᄅᆞᆫ :제 보·디 :몯ᄒᆞ·닌 오·직 文문字·ᄍᆞᆼ:ᄲᅮᆫ 讀·똑誦·쑝·ᄒᆞᄂᆞ·니 ·ᄒᆞ다·가 本:본心심·을 :알·면 비·르·서 ·이 經경·이 文문字·ᄍᆞᆼ·애 잇·디 아·니ᄒᆞᆫ ·ᄃᆞᆯ :알리·니 ·ᄒᆞ다·가 能능히 自·ᄍᆞᆼ性·셩·을 볼·기 :알·면 비·르서 一·ᅙᅵᇙ切·쳉 【金剛經序 6ㄴ】☞ 諸졍佛·뿛·이 ·이 經경 브·터 ·나샨 ·ᄃᆞᆯ :알리·니 ·이제 世·솅人ᅀᅵᆫ·이 ·몸 밧·긔 부텨 :어드·며 밧·ᄀᆞᆯ 向·향·ᄒᆞ·야 經경·을 求끃ᄒᆞ·고 ·안 ᄆᆞᅀᆞ·ᄆᆞᆯ 發·벓·티 아·니ᄒᆞ·며 ·아ᇇ 經경·을 디·니·디 아·니ᄒᆞᆯ·까 저·허 ·이럴·ᄊᆡ ·이 訣·궗·을 지·ᅀᅥ 모·ᄃᆞᆫ 學·ᅘᅡᆨ者쟝ㅣ ·안 ᄆᆞᅀᆞᆷ 經경·을 디·녀 볼·기 :제 ·보·아 淸쳥淨쪙佛·뿛心심·이 數·숭量·량·애 너·머 不·붏可:캉思ᄉᆞᆼ議·읭·케 ·ᄒᆞ노·니 後:ᅘᅮᇢ·엣 學ᅘᅡᆨ者:쟝ㅣ 經경·을 닐·거 疑읭心심 잇ᄂᆞ·니 ·이 사·긴 ·ᄠᅳ·들 보·면 疑읭心심·이 노·가 ᄂᆞ외 訣·궗·을 ·ᄡᅳ·디 아·니ᄒᆞ·리·니 ·ᄇᆞ라·ᄆᆞᆫ 學·ᅘᅡᆨ者:쟝ㅣ :다 鑛:굉 中듕·엣 金금性·셩·을 ·보·아 【鑛:굉·ᄋᆞᆫ ·쇠 불·이·ᄂᆞᆫ :돌

히·라】 智·딩慧·휑火:황·로 노·겨 鑛:굉·이 :업·고 金금·이 잇·게 ·호·미니·라

(주 직역) 2 옛날에 심은 上根은 한 번 듣고 곧 알거니와 만약 옛날의 慧 없으면 讀誦함이 비록 많으나 부처님의 뜻을 알지 못하므로 이러므로 聖人의 뜻을 새겨 學者의 疑心을 끊어 버리니 만약 이 經에 뜻을 得하여 疑心이 없으면 새겨 이름을 의지하지 아니할 것이다. 위로부터 如來의 이르신 善法은 凡夫의 不善한 마음을 덞을 爲하시니 經은 聖人의 말이시니 사람을 듣게 하시어 凡으로부터 聖을 알아 迷한 마음을 永히 끊게 하시니 이 一卷 經은 衆生性 中에 本來 있건마는 제 보지 못하는 이는 오직 文字만 독송하니 만약 본심을 알면 비로소 이 경이 문자에 있지 않은 줄을 알 것이니 만약 能히 自性을 밝게 알면 비로소 一切 諸佛이 이 經으로부터 나신 것을 알 것이니 지금 世人이 몸 밖의 부처를 얻으며 밖을 向하여 經을 求하고 안 마음을 發하지 않으며 안 經을 지니지 않을까 두려워 이러므로 이 訣을 지어 모든 學者가 안 마음의 經을 지녀 밝게 스스로가 보아 清淨佛心이 數量을 넘어 不可思議하게 하니 後에 있는 學者가 經을 읽어 疑心 있는 이가 이 새긴 뜻을 보면 疑心이 녹아 다시 訣을 쓰지 않을 것이니 바람은 學者가 다 鑛 中에 있는 金性을 보아 【鑛은 쇠 불리는 돌이다】 智慧火로 녹여 鑛이 없고 金이 있게 함이다.

(주 의역) 2 전생에 선업을 쌓아서 상근기(上根機)가 된 사람은 한 번 듣고 곧바로 깨닫지만, 전생에 익힌 지혜가 없는 사람은 비록 많이 읽고 외우나 부처님의 뜻을 깨닫지 못하므로 성인의 뜻을 해석하여 진리를 구하는 사람의 의심을 끊어서 버리니, 만약 이 경에서 뜻을 얻어 의심이 없으면 굳이 해설한 것에 기댈 필요가 없을 것이다. 옛날부터 여래께서 설하신 선법은 범부(凡夫)의 착하지 못한 마음을 제거하기 위하신 것이다. 경은 성인의 말씀이시니 사람들로 하여금 가르침을 듣고 범부가 성인의 가르침을 깨달아 미혹한 마음을 영원히 끊게 하셨다. 이 한 권의 경전은 중생들의 자성(自性) 가운데 본래 있을 것이지만, 스스로 보지 못하는 사람은 오직 문자만 읽고 외우니 만약 본래의 마음을 깨달으면 비로소 이 경의 뜻이 문자에 있지 않음을 알 것이다. 만약 능히 자기(自己)의 성품을 밝게 깨달으면 모든 부처님이 이 경전에 의지해서 나오신 줄 알 것이다. 지금 세상 사람들이 몸 밖에서

부처를 구하며 밖을 향하여 경전을 구하고, 마음 안에서 드러내지 못하며 내 안의 경전을 지니지 못할까 하여, 이 주해를 지어 진리를 구하는 모든 사람이 마음 안의 경전을 지녀 밝게 스스로 보아, 청정한 불심(佛心)이 수량을 초월하고 생각으로는 미치지 못하게 한다. 후세에 진리를 구하는 사람들이 경전을 읽다가 의심이 생긴다면 이 주해에서 해석한 뜻을 보면 의심이 풀어져 다시 이 주해를 사용하지 않을 것이다. 나[육조 혜능]의 바람은 진리를 구하는 사람이 다 광석 가운데 있는 금의 성품을 보고 【광석은 철을 제련하는 돌이다】 지혜의 불로 녹여 광석이 없어지고 금만 있게 하는 것이다.

주 해

- 아릐: 예전에, 전생에, 과거에.
- 알어니와: 알거니와. 'ㄹ' 뒤에서 'ㄱ'이 약화되어 후음 'ㅇ'으로 나타남.
- ᄂᆞ외: 다시. 어간 'ᄂᆞ외'가 파생접사 없이 부사로 쓰임.
- 니ᄅᆞ와도ᄆᆞᆯ: 일으킴을, '니ᄅᆞ왇다'는 '닐다'에 강세접미사 '받/왇'이 연결된 형태임.
- 제: ':제(상성)'는 주격 형태로 '자기가', '제(평성)'는 관형격 형태로 '자기의'.

주 본문 **3** 我釋迦本師ㅣ 說金剛經ᄒᆞ실제 在舍衛國ᄒᆞ샤 因須菩提의 起問ᄒᆞ샤 佛이 大悲로 爲說ᄒᆞ야시늘 須菩提ㅣ 聞法ᄒᆞᄉᆞᆸ고 得悟ᄒᆞ야 請佛與法安名ᄒᆞᅀᆞ와 令後人으로 依而受持케ᄒᆞ니 故로 經에 云ᄒᆞ샤ᄃᆡ 佛告須菩提ᄒᆞ샤ᄃᆡ 是經이 名爲金剛般若波羅蜜이니 以是名字로 汝當奉持ᄒᆞ라ᄒᆞ시니 如來所說金剛般若波羅蜜이 與法爲名ᄒᆞ샨 其意【金剛經序 3ㄱ】☞ 謂何오 以金剛은 世界之寶ㅣ라 其性이 猛利ᄒᆞ야 能壞諸物ᄒᆞᄂᆞ니 金雖至堅ᄒᆞ나 羚羊角이 能壞ᄒᆞᄂᆞ니 金剛은 喩佛性ᄒᆞ시고 羚羊角은 喩煩惱ᄒᆞ시니 金雖堅剛ᄒᆞ나 羚羊角이 能碎ᄒᆞ며 佛性이 雖堅ᄒᆞ나 煩惱ㅣ 能亂ᄒᆞ며 煩惱ㅣ 雖堅ᄒᆞ나 般若智ㅣ 能破ᄒᆞ며 羚羊角이 雖堅ᄒᆞ나 賓鐵이 能壞ᄒᆞᄂᆞ니 悟此理者ㅣᅀᅡ 了然見性ᄒᆞ리니 涅槃經에 云호ᄃᆡ 見佛性者ᄂᆞᆫ 不名衆生이오 不見佛性을ᅀᅡ 是名衆生이라ᄒᆞ니라

주 언해 **3** 【金剛經序 6ㄴ】·우리 釋·셕迦강本:본師ᄉᆞᆼㅣ 金금剛강經·경 니ᄅᆞ·실 제 舍·샹衛·윙國·귁·에 :겨·샤 須슝菩뽕提똉의 :묻ᄌᆞ·옴 니ᄅᆞ와·도·ᄆᆞᆯ

因힌·ᄒᆞ·샤 부:톄 大땡悲빙·로 爲·윙·ᄒᆞ·야 닐·어시·늘 須슝菩뽕提똉ㅣ 法·법 듣:줍·고 아 【金剛經序 7ㄱ】 ☞ ·로·믈 得·득·ᄒᆞ·야 부:톄 法·법·을 ·주·샤 일·훔 지ᅀᅳ·샤·믈 請:청·ᄒᆞᅀᆞ·와 後:흫人신·ᄋᆞ·로 브·터 受:쓯持띵·케 ᄒᆞ·니 ·이럴·씨 經경·에 니ᄅᆞ·샤·ᄃᆡ 부:톄 須슝菩뽕提똉ᄃᆞ·려 니ᄅᆞ·샤·ᄃᆡ ·이 經경·이 일·후·미 金금剛강般·밣若:샹波방羅랑蜜·밇·이·니 ·이 일·후ᄆᆞ·로 :네 반·ᄃᆞ기 奉:뽕持띵ᄒᆞ·라 ·ᄒᆞ시·니 如셩來령 니ᄅᆞ·샨 金금剛강般·밣若:샹波방羅랑蜜·밇·이 法·법·을 ·주·샤 일·훔·ᄒᆞ샨 그 ·ᄠᅳ·든 :엇뎨·오 金금剛강·은 世·셩·界갱ㅅ :보비·라 그 性·셩·이 勇:용猛:밍·코 ·ᄂᆞᆯ·나 能능·히 한 物·뭃·을 :허ᄂᆞ·니 金금·이 비·록 至·징極·끅 구·드·나 羚령羊양角·각·이 能능·히 :허ᄂᆞ·니 金금剛강·은 佛·뿛性·셩·을 가·줄·비시·고 羚령羊양角·각·은 煩뻔:惱·놓ᄅᆞᆯ 가·줄·비시·니 金금·이 비·록 구·드·나 羚령羊양角·각·이 能능·히 ᄇᆞᅀᆞ·며 佛·뿛性·셩·이 비·록 구·드·나 煩뻔惱:놓ㅣ 能능·히 ·어·즈리·며 煩뻔惱:놓ㅣ 비·록 구·드·나 般·밣若:샹智·딩 能능·히 :헐·며 羚령羊양角·각·이 비 【金剛經序 7ㄴ】 ☞ ·록 구·드·나 賓빈鐵·텷·이 能능·히 :허ᄂᆞ·니 ·이 理:링 :알리·ᅀᅡ 불·기 性·셩·을 보·리·니 涅·넗槃빤經경·에 닐·오·ᄃᆡ 佛·뿛性·셩 보·닌 衆·즁生싱·이·라 일·훔 아·니ᄒᆞ·고 佛·뿛性·셩 보·디 :몯ᄒᆞ·닐·ᅀᅡ ·이 일·후미 衆·즁生싱·이·라 ᄒᆞ·니·라

주 직역 **3** 우리 釋迦本師가 金剛經을 이르실 때 舍衛國에 계시어 須菩提의 물음을 일으킴을 因하시어 부처님이 大悲로 爲하여 이르시거늘 須菩提가 法을 듣고 앎을 得하여 부처님이 法을 주시어 이름을 지으심을 請하여 後人으로 하여금 의지하여 受持하게 하니 이러므로 經에 이르시되 부처님이 須菩提더러 이르시되 이 經이 이름이 金剛般若波羅蜜이니 '이 이름으로 네 반드시 奉持하라' 하시니 如來께서 이르신 金剛般若波羅蜜이 法을 주시어 이름하신 그 뜻은 무엇인가? 金剛은 世界의 보배라 그 性이 勇猛하고 날카로워 能히 많은 物을 허니 金이 비록 至極히 굳으나 羚羊角이 能히 허니 金剛은 佛性을 비유하시고 羚羊角은 煩惱를 비유하시니 金이 비록 굳으나 羚羊角이 能히 부수며 佛性이 비록 굳으나 煩惱가 能히 어지럽히며 煩惱가 비록 굳으나 般若智가 能히 헐며 羚羊角이 비록 굳으나 賓鐵

이 能히 허니 이 理를 아는 이라야 밝게 性을 볼 것이니 涅槃經에 이르되 佛性을 보는 이는 衆生이라 이름 않고 佛性을 보지 못하는 이라야 이름이 衆生이라 한다.

주 의역 **3** 우리 석가모니 본사(本師)께서 금강경을 연설하실 때에 사위국(舍衛國)에 계시어 수보리의 질문을 계기로 대자비로 중생을 위하여 연설하시니, 수보리가 법을 듣고 깨달음을 얻어 부처님께서 법을 주시고 이름을 지으실 것을 요청하여, 후세 사람들로 하여금 이 경전에 의지하여 받아 지니게 했다. 그러므로 경에 이르기를, "부처님께서 수보리에게 이르시되 이 경의 이름이 금강반야바라밀이니, 이 이름으로 네가 마땅히 받아 지녀라" 하셨다. 여래께서 설하신 금강반야바라밀이 법을 주시어 이름을 지으신 그 뜻은 무엇인가? 금강은 세계의 보배라서 그 성질이 단단하고 날카로와 능히 모든 사물을 헐기 때문이다. 금강이 비록 매우 단단하고 강하나 영양각(羚羊角)이 능히 허니, 금강은 불성을 비유하시고 영양각(羚羊角)은 번뇌를 비유한 것이다. 금강석이 비록 견고하고 강하나 영양각(羚羊角)이 능히 부수며, 불성(佛性)이 단단하나 번뇌가 능히 어지럽히며, 번뇌가 견고하나 반야지혜(般若智慧)가 능히 헐며, 영양각(羚羊角)이 견고하나 빈철(賓鐵)이 능히 허니, 이런 이치를 깨달은 사람이라야 밝게 자기의 성품을 볼 것이다. 열반경에 이르기를, "불성을 본 사람은 중생이라고 말하지 않고 불성을 보지 못하는 사람이라야 중생이라 한다"고 하셨다.

주 해

- 반ᄃᆞ기: 마땅히.
- ᄂᆞᆯ나: 날래, 'ᄂᆞᆯ나다'는 '날래다'.
- 가졸비시고: 비유하시고.
- ᄇᆞᅀᆞ며: 부수며, 기본형은 'ᄇᆞᅀᆞ다'.
- 어즈리며: 어지럽히며, 기본형은 '어즈리다'.
- 사위국(舍衛國): Śrāvastī. 중인도에 있었던 옛날 나라. = 실라벌성(室羅伐城). 사위성(舍衛城)은 본래 북쪽 교살라국(憍薩羅國 Uttara-Kośalā)의 수도 이름이지만 남쪽 교살라국(憍薩羅國 Dakṣiṇa-Kośalā)과 구분하기 위해 수도 이름으로 나라 이름을 대신해서 칭함.
- 수보리(須菩提): Subhūti. 부처님의 십대 제자 중 한 사람. 공(空)을 아는 것

이 제일이라 함[解空第一]. 원래 사위국 바라문의 아들로서 금강경에서 부처님께 질문하는 장본인으로 반야부 경전에 자주 보임.

- 영양각(羚羊角): 대오(大悟)에 도달한 사람이 미집(迷執)의 종적(縱跡)을 끊는 것을 영양이 잘 때에 뿔을 나무에 걸고 다리가 땅에 닿지 않게 하는 것에 비유함. 무비(1992:37)에서는 '羊+古'字로 되어 있고, 이 글자는 '羖'와 같은 글자이다.

주 본문 **4** 如來所說金剛喩者는 秪【金剛經序 3ㄴ】☞ 爲世人이 性無堅固ᄒᆞ야 口雖誦經ᄒᆞ나 光明이 不生ᄒᆞ고 外誦內行ᄒᆞ야ᅀᅡ 光明이 齊等ᄒᆞ며 內無堅固ᄒᆞ면 定慧ㅣ 卽亡ᄒᆞ고 口誦心行ᄒᆞ야ᅀᅡ 定慧ㅣ 均等ᄒᆞᄂᆞ니 是名究竟이라 金在山中에 山不知是寶ᄒᆞ며 寶亦不知是山ᄒᆞᄂᆞ니 何以故오 爲無性故ㅣ라 人則有性ᄒᆞ야 取其寶用호ᄃᆡ 得遇金師ᄒᆞ야 鏨鑿山破ᄒᆞ야 取鑛烹鍊ᄒᆞ야 遂成精金ᄒᆞ야 隨意使用ᄒᆞ야 得免貧苦ᄒᆞᄂᆞ니 四大身中에 佛性도 亦爾ᄒᆞ니 身은 喩世界ᄒᆞ시고 人我ᄂᆞᆫ 喩【金剛經序 4ㄱ】☞ 山ᄒᆞ시고 煩惱ᄂᆞᆫ 喩鑛ᄒᆞ시고 佛性은 喩金ᄒᆞ시고 智慧ᄂᆞᆫ 喩工匠ᄒᆞ시고 精進勇猛은 喩鏨鑿ᄒᆞ시니 身世界中에 有人我山ᄒᆞ고 人我山中에 有煩惱鑛ᄒᆞ고 煩惱鑛中에 有佛性寶ᄒᆞ고 佛性寶中에 有智慧工匠ᄒᆞ니 用智慧工匠ᄒᆞ야 鑿破人我山ᄒᆞ야 見煩惱鑛ᄒᆞ야 以覺悟火로 烹鍊ᄒᆞ야 見自金剛佛性이 了然明淨홀ᄊᆡ 是故로 以金剛으로 爲喩ᄒᆞ시고 因爲之名也ᄒᆞ시니 空解不行ᄒᆞ면 有名無體ᄒᆞ고 解義修行ᄒᆞ면 名體俱備ᄒᆞ리니【金剛經序 4ㄴ】☞ 不脩ᄒᆞ면 卽凡夫ㅣ오 脩ᄒᆞ면 卽同聖智ᄒᆞ릴ᄊᆡ 故로 名金剛也ㅣ시니라

주 언해 **4**【金剛經序 7ㄴ】如ᅀᅧᆼ來ᄅᆡᆼ 니ᄅᆞ·샨 金금剛강 가·ᄌᆞᆯ뵤·ᄆᆞᆫ 오·직 世·셍人ᅀᅵᆫ·이 性·셩·이 堅견固·공ㅣ :업서 이·베 비·록 經경·을 외·오·나 光광明명·이 나·디 :몯·고 밧·ᄀᆞ·로 외·오·고 ·안ᄒᆞ·로 行ᅘᆡᆼ·ᄒᆞ야·ᅀᅡ 光광明명·이 ᄀᆞᄌᆞ기 等:등ᄒᆞ·며 안·해 堅견固·공ㅣ :업스·면 定·뗭慧·ᅘᅰᆼ ·곧 :업·고 이·베 외·오·고 ᄆᆞᅀᆞ·매 行ᅘᆡᆼ·ᄒᆞ야·ᅀᅡ 定·뗭慧·ᅘᅰᆼ 골·오 等:등·ᄒᆞᄂᆞ·니 ·이 일·후미 究·궇竟·경·이·라 金금·이 山산 中듕·에 이·쇼·매 山산·이 ·이 :보뷘 ·둘 :아디 :몯ᄒᆞ·며 :보비·도 ·ᄯᅩ ·이 山산·인 ·둘 :아디

:몯·ᄒᆞᄂᆞ·니 :엇·뎨어·뇨 性·셩 :업수·믈 爲·윙ᄒᆞᆫ 젼·ᄎᆡ·라 :사ᄅᆞ·ᄆᆞᆫ 性·셩 이·셔 :보ᄇᆡ·ᄅᆞᆯ 取:츙·ᄒᆞ·야 ·ᄡᅮ·ᄃᆡ 金금師ᄉᆞ·ᄅᆞᆯ 맛·나 山산·ᄋᆞᆯ ·파 허·러 鑛:광·ᄋᆞᆯ 取:츙·ᄒᆞ·야 노·겨 精졍金금·을 【金剛經序 8ㄱ】 ☞ 일·워 ᄠᅳ·들· 조·차 ·ᄡᅧ 艱간難난ᄒᆞᆫ 受:쓣苦:콩 여·희요·ᄆᆞᆯ 得·득·ᄒᆞᄂᆞ·니 四·ᄉᆞᆼ大·땡身신 中듕·에 佛·뿛性·셩·도 ·ᄯᅩ 그·러ᄒᆞ·니 身신·은 世·솅界·갱·ᄅᆞᆯ 가ᄌᆞᆯ·비시·고 人ᅀᅵᆫ 我:앙·ᄂᆞᆫ 山산·ᄋᆞᆯ 가·ᄌᆞᆯ·비시·고 煩뻔惱:놓·ᄂᆞᆫ 鑛:광·ᄋᆞᆯ 가·ᄌᆞᆯ·비시·고 佛·뿛性·셩·은 金금·을 가·ᄌᆞᆯ비시·고 智딩慧·휑·ᄂᆞᆫ 工공匠·쨩·ᄋᆞᆯ 가·ᄌᆞᆯ·비시·고 精졍進·진 勇:용猛:ᄆᆡᆼ·ᄋᆞᆫ ·포·ᄆᆞᆯ 가·ᄌᆞᆯ·비시·니 身신世·솅界·갱 中듕·에 人ᅀᅵᆫ我:앙山산·이 잇·고 人ᅀᅵᆫ我:앙山산 中듕·에 煩뻔惱:놓鑛:광·이 잇·고 煩뻔惱:놓鑛:광 中듕·에 佛·뿛性·셩寶:봉ㅣ 잇·고 佛·뿛性·셩寶:봉 中듕·에 智·딩慧·휑工공匠·쨩 잇ᄂᆞ·니 智·딩慧·휑工공匠·쨩·ᄋᆞᆯ ·ᄡᅧ 人ᅀᅵᆫ我:앙山산·ᄋᆞᆯ ·파 허·러 煩뻔惱:놓鑛:광·ᄋᆞᆯ ·보·아 覺·각悟·옹火:황·로 노·겨 내 金금剛강佛·뿛性·셩·이 了:룡然연·히 ᄇᆞᆯ·ᄀᆞ·며 ·조ᄒᆞᆫ ·ᄃᆞᆯ 볼·ᄊᆡ ·이런:ᄃᆞ·로 金금剛강·ᄋᆞ·로 가·ᄌᆞᆯ·비시·고 因힌·ᄒᆞ·야 일·훔·ᄒᆞ시·니 ᄒᆞᆫ갓 :알·오 行·ᅘᆡᆼ·티 아·니ᄒᆞ·면 일·훔 이·쇼·ᄃᆡ 體:톙 【金剛經序 8ㄴ】 ☞ :업·고 義·읭·ᄅᆞᆯ :알·오 行·ᅘᆡᆼ·ᄋᆞᆯ 닷·ᄀᆞ·면 일·훔·과 體:톙·왜 :다 ᄀᆞ·ᄌᆞ리·니 닷·디 아·니 ᄒᆞ·면 ·곧 凡뻠夫붕ㅣ·오 닷·ᄀᆞ·면 ·곧 聖·셩智·딩 ·ᄀᆞᆮᄒᆞ·릴·ᄊᆡ 일·후·믈 金금剛강·이·라 ·ᄒᆞ·시니·라

주 직역 **4** 如來께서 이르신 金剛을 비유함은 오직 世人이 性이 堅固가 없어 입에 비록 經을 외우나 光明이 나지 못하고 밖으로 외우고 안으로 行하여야 光明이 가지런히 均等하며 안에 堅固가 없으면 定慧가 곧 업고 입에 외우고 마음에 行하여야 定慧가 고루 均等하니 이것이 이름이 究竟이다. 金이 山 中에 있음에 山이 이것이 보배인 줄을 알지 못하며 보배도 또 이것이 山인 줄을 알지 못하니 어째서인가? 性이 없기 때문이다. 사람은 性이 있어 보배를 取하여 녹여 쓰되 金師를 만나 山을 파 헐어 鑛을 取하여 精金을 이루어 뜻을 좇아 써 艱難한 受苦를 여읨을 得하니 四大身 中에 佛性도 또 그러하니 身은 世界를 비유하시고 人我는 山을 비유하시고 煩惱는 鑛을 비유하시고 佛性은 金을 비유하시고 智慧는 工匠을 비유하시고

精進 勇猛은 파을 비유하시니 身世界 中에 人我山이 있고 人我山 中에 煩惱鑛이 있고 煩惱鑛 中에 佛性寶가 있고 佛性寶 中에 智慧工匠 있으니 智慧工匠을 써 人我山을 파 헐어 煩惱鑛을 보아 覺悟火로 녹여 내 金剛佛性이 了然히 밝으며 좋은 줄을 봄으로 이러므로 金剛으로 비유하시고 因하여 이르시니 한갓 알고 行하지 않으면 이름이 있으되 體가 없고 義를 알고 行을 닦으면 이름과 體가 다 갖추어질 것이니 닦지 않으면 곧 凡夫이고 닦으면 곧 聖智와 같으므로 이름을 金剛이라 하니라.

(주 의역) **4** 여래께서 설하신 금강의 비유는 오직 세상 사람들이 성품이 견고하지 못해서, 입으로는 경전을 외우나 밝은 빛이 나지 못하고, 밖으로 외우고 안으로 행(行)하여야 밝은 빛이 가지런히 균등하며, 안으로 견고함이 없으면 정(定)과 혜(慧)가 없어지고, 입으로 외우고 마음으로 행(行)하여야 정(定)과 혜(慧)가 균등하니, 이것이 구경(究竟)이다. 금이 산 속에 있으나 산이 보배인 줄 알지 못하며, 보배도 역시 산을 알지 못하니 무슨 까닭인가? 성품이 없기 때문이다. 사람은 성품이 있어서 그 보배를 캐서 사용함이, 장인(匠人)를 만나 산을 파서 광석을 캐어서 녹여 순금을 만들어 뜻대로 사용하여 가난을 면한다. 사대(四大)로 된 몸 가운데에 있는 불성도 또 그러하니 몸은 세계에 비유하고, '인(人)'과 '아(我)'는 산에 비유하고, 번뇌는 광석에 비유하고, 불성은 금에 비유하고, 지혜는 장인에 비유하고, 용맹 정진은 헐고 캐는 데에 비유하는 것이다. 몸의 세계 가운데 '인아산(人我山)'이 있고, '인아산(人我山)' 가운데 번뇌라는 광석이 있고, 번뇌라는 광석 가운데 불성이란 보배가 있고, 불성이란 보배 가운데 지혜라는 장인이 있으니, 지혜라는 장인으로써 '인아산(人我山)'을 파서, 번뇌라는 광석을 보고, 깨달음의 불로 녹여내어서, 금강석 같은 불성이 분명히 밝으며 깨끗한 줄을 보므로 금강으로 비유하시고 그것으로 인하여 이름을 지으시니 단지 알기만 하고 행(行)하지 않으면 이름이 있되 체(體)가 없고 의(義)를 알고 행(行)을 닦으면 이름과 체(體)를 구비할 것이니, 닦지 않으면 범부고 닦으면 성인의 지혜와 같으므로 이름을 금강이라 하셨다.

주 해

- 맛나: 만나. '맛나'는 '맞나'의 8종성 표기. '맞나다'는 원래 '맞다'와 '나다'의

합성동사.

- ᄒᆞᆫ갓: 단지.
- 사대(四大): catvāri mahā-bhūtāni. 불교의 원소설(元素說)로 물질은 지(地), 수(水), 화(火), 풍(風) 등 4대 요소로 구성되어 있다고 보는 것.

(주 본문) **5** 何名般若오 是는 梵語ㅣ니 唐言智慧라 智者는 不起愚心이오 慧者는 有其方便이니 慧는 是智의 體오 智는 是慧의 用이니 體若有慧ᄒᆞ면 用智ᄒᆞ고 不愚ᄒᆞ며 體若無慧ᄒᆞ면 用愚ᄒᆞ고 無智ᄒᆞᄂᆞ니 秖爲愚癡未悟ᄒᆞ샤 故로 脩智慧ᄒᆞ샤 以除之也ㅣ시니라 何名波羅蜜오 唐言到彼岸이니 到彼岸者는 離生滅ᄒᆞᆫ 義니 秖緣世人이 性無堅固ᄒᆞ야 於一切法上애 有生滅【金剛經序 5ㄱ】☞ 相ᄒᆞ야 流浪諸趣ᄒᆞ야 未到眞如之地ᄒᆞᄂᆞ니 並是此岸이니 要具大智慧ᄒᆞ야 於一切法에 圓滿ᄒᆞ야 離生滅相이니 卽是到彼岸이라 亦云호ᄃᆡ 心迷則此岸이오 心悟則彼岸이며 心邪則此岸이오 心正則彼岸이라 口說心行ᄒᆞ면 卽自法身이 有波羅蜜이오 口說心不行ᄒᆞ면 卽無波羅蜜也ㅣ니라 何名爲經고 經者는 徑也ㅣ니 是成佛之道路ㅣ니 凡人이 欲臻斯路ᅟᅵᆫ댄 應內脩般若行ᄒᆞ야 以至究竟이니 如或但能誦說ᄒᆞ고 心不依行ᄒᆞ면 自【金剛經序 5ㄴ】☞ 心이 則無經이오 實見實行ᄒᆞ면 自心이 卽有經일ᄉᆡ 故로 此經을 如來ㅣ 号爲金剛般若波羅蜜經이라ᄒᆞ시니라

(주 언해) **5** 【金剛經序 8ㄴ】:엇데 일·후미 般·바ᇙ若:샹·오 ·이는 梵·뻠語:엉ㅣ·니 唐땅 :마·랜 智·딩慧·ᅘᅰᆼ·라 智·딩·는 어·린 ᄆᆞᅀᆞᆷ 니ᄅᆞ왇·디 아·니·호미·오 慧·ᅘᅰᆼ·는 方방便·뼌 이·쇼미·니 慧·ᅘᅰᆼ·는 ·이 智·딩·의 體:톙·오 智·딩·는 ·이 慧·ᅘᅰᆼ·의 用·용·이·니 體:톙 ·ᄒᆞ다·가 慧·ᅘᅰᆼ 이시·면 智·딩·롤 ·ᄡᅳ·고 어·리·디 아·니ᄒᆞ·며 體:톙 ·ᄒᆞ다·가 慧·ᅘᅰᆼ :업스·면 어·료·ᄆᆞᆯ ·ᄡᅳ·고 智·딩 :업ᄂᆞ·니 오·직 어·리·여 :아디 :몯ᄒᆞ·닐 爲·윙·ᄒᆞ·샤 ·이럴·ᄊᆡ 智·딩慧·ᅘᅰᆼ·롤 닷ᄀᆞ·샤 ·더·르시·니·라 :엇·데 일·후미 波방羅랑蜜·미ᇙ·오 唐땅 :마·랜 ·뎌 :ᄀᆞᅀᅢ :가미·니 뎌 :ᄀᆞᅀᅢ :가·ᄆᆞᆫ 生ᄉᆡᆼ滅·며ᇙ 여·흰 ·ᄠᅳ디·니 오·직 世·솅人ᅀᅵᆫ·이 性·셩·이 堅견固·공 :업수·믈 브·터 一·ᅙᅵᇙ切·촁 法·법 上·썅·애 生ᄉᆡᆼ滅·며ᇙ相·샹·이 이·셔 諸졍趣·츙·에 흘·러 眞진如ᅀᅧᆼ地·띵·예

가·디 :몯ᄒᆞ·ᄂᆞ니 :다 ·이 【金剛經序 9ㄱ】 ☞ ·이 :ᄀᆞᅀᅵ·니 모·로·매 ·큰 智·딩慧·휑 ᄀᆞ·자 一·힗切·쳉 法·뻡·에 圓원滿:만·ᄒᆞ·야 生ᄉᆡᆼ滅·멿相·샹·ᄋᆞᆯ 여·희·욜 ᄯᅵ·니 ·곧 ·이 ·뎌 :ᄀᆞᅀᅢ :가미·라 ·ᄯᅩ 닐·오·ᄃᆡ ᄆᆞᅀᆞ·미 迷몡ᄒᆞ·면 ·이: ᄀᆞᅀᅵ·오 ᄆᆞᅀᆞ·미 :알·면 ·뎌 :ᄀᆞᅀᅵ·며 ᄆᆞᅀᆞ·미 邪쌍ᄒᆞ·면 ·이 :ᄀᆞᅀᅵ·오 ᄆᆞᅀᆞ·미 正·졍ᄒᆞ·면 ·뎌 :ᄀᆞᅀᅵ·라 이·베 니ᄅᆞ·고 ᄆᆞᅀᆞ·매 行ᅘᆡᆼᄒᆞ·면 ·곧 내 法·법身신·이 波방羅랑蜜·밇 이·쇼미·오 이·베 니ᄅᆞ·고 ᄆᆞᅀᆞ·매 行ᅘᆡᆼ·티 아·니ᄒᆞ·면 ·곧 波방羅랑蜜·밇 :업수·미니·라 :엇뎨 일·후미 經경·고 經경·은 ·길히·니 ·이 부텨 ᄃᆞ외·욜 ·길히·니 믈읫 :사ᄅᆞ·미 ·이 길·헤 다ᄃᆞ·로려 ·홀띤·댄 반·ᄃᆞ기 안·해 般·밚若:샹行·ᅘᆡᆼ·ᄋᆞᆯ 닷·가 究·궇竟·경·에 니·르·롤 ᄯᅵ·니 ·ᄒᆞ다·가 오·직 能능·히 외·와 니를:ᄲᅮᆫ ᄒᆞ·고 ᄆᆞᅀᆞ·매 브·터 行ᅘᆡᆼ·티 아·니ᄒᆞ·면 제 ᄆᆞᅀᆞ·미 經경·이 :업·고 實·씷·히 ·보아 實·씷·히 行ᅘᆡᆼᄒᆞ·면 제 ᄆᆞᅀᆞ·미 經경·이 이시·릴·씨 ·이 經경·을 如셩來ᄅᆡᆼㅣ 일·후·믈 金금剛강般·밚若:샹波방羅랑蜜·밇經경·이·라 ᄒᆞ·시니·라

(주 직역) **5** 어째서 이름이 般若인가? 이는 梵語이니 唐말엔 智慧다. 智는 어리석은 마음을 일으키지 않음이고 慧는 方便이 있음이니 慧는 이것은 智의 體고 智는 이것은 慧의 用이니 體가 만약 慧가 있으면 智를 쓰고 어리석지 않으며 體가 만약 慧가 없으면 어리석음을 쓰고 智가 없으니 오직 어리석어 알지 못하는 이를 위하시어 이러므로 智慧를 닦으시어 제거하시니라. 어째서 이름이 波羅蜜인가? 唐말엔 저 가에 감이니 저 가에 감은 生滅을 여읜 뜻이니 오직 世人이 性이 堅固가 없음을 의지하여 一切法 上 生滅相이 있어 諸趣에 흘러 眞如地에 가지 못하니 다 이것은 이쪽 가이니 모름지기 큰 智慧를 가지어 一切法에 圓滿하여 生滅相을 여읠 것이니 곧 이것은 저쪽 가에 감이다. 또 이르되 마음이 迷하면 이것은 이쪽 가이고 마음이 알면 저쪽 가이며 마음이 邪하면 이쪽 가이오 마음이 正하면 저쪽 가이다. 입에 이르고 마음에 行하면 곧 내 法身이 波羅蜜이 있음이고 입에 이르고 마음에 行하지 않으면 곧 波羅蜜이 없음이다. 어째서 이름이 經인가? 經은 길이니 이는 부처가 되는 길이니 무릇 사람이 이 길에 다다르려 할진대 반드시 안에 般若行을 닦아 究竟에 이를 것이니 만약 오직 能히 외

워 이르기만 하고 마음에 의지하여 行하지 않으면 제 마음이 經이 없고 實하게 보아 實하게 行하면 제 마음이 經이 있을 것이므로 이 經을 如來가 이름을 金剛般若波羅蜜經이라 하셨다.

주 의역 **5** 어째서 이름이 반야인가? 이는 싼쓰끄리뜨어니 중국어로는 지혜다. 지(智)는 어리석은 마음을 일으키지 않음이고 혜(慧)는 방편이 있음이니, 혜(慧)는 지(智)의 체(體)고 지(智)는 혜(慧)의 용(用)이니, 만약 체(體)가 혜(慧)가 있으면 지(智)를 쓰고 어리석지 않으며, 만약 체(體)가 혜(慧)가 없으면 어리석음을 쓰고 지(智)가 없으니, 오직 어리석어 깨닫지 못하는 사람을 위하시어 지혜를 닦으시어 제거하셨다. 어째서 이름이 바라밀(波羅蜜)인가? 중국어로는 '저쪽 언덕에 감'이니 저쪽 언덕[彼岸]에 간다는 것은 생멸을 여읜다는 뜻이니, 오직 세속의 사람이 성이 견고하지 않아 일체법 상에 생멸상(生滅相)이 있어 제취(諸趣)에 흘러 진여(眞如)의 땅에 가지 못하니, 이들은 모두 이쪽 언덕[此岸]이 아니니 모름지기 큰 지혜를 가져 일체법에 원만하여 생멸상을 여읠 것이니, 이것이 저쪽 가에 가는 것이다. 또 이르되 마음이 미혹하면 이쪽 언덕이고 마음이 알면 저쪽 언덕[彼岸]이며, 마음이 사악하면 이쪽 언덕[此岸]이고, 마음이 바르면 저쪽 언덕[彼岸]이다. 입으로 말하고 마음으로 행(行)하면 곧 내 법신(法身)이 바라밀(波羅蜜)을 가졌고, 입으로 말하고 마음으로 행(行)하지 않으면 곧 바라밀(波羅蜜)을 가지지 못한 것이다. 어째서 이름이 경인가? 경은 길이니, 이것은 부처님이 될 길이니 무릇 사람이 이 길에 이르고자 하면 반드시 안에 반야행(般若行)을 닦아야 구경(究竟)에 이를 것이니, 다만 능히 외워 말할 뿐 마음으로부터 행(行)하지 않으면 자기 마음에 경이 없고 진실로 보아 진실로 행(行)하면 자기 마음에 경이 있을 것이므로 이 경을 여래께서 부르시기를 금강반야바라밀경이라 하셨다.

주 해

- 어린 ᄆᆞᅀᆞᆷ: 어리석은 마음.
- 진여본체(眞如本體): bhūta-tathatā 또는 tathatā. 우주에 두루 있는 진실의 본체로 일체 모든 것의 근원을 가리킴.

金剛經啓請(금강경계청)

한문 원문 【金剛經序 9ㄴ】 ☞若有人受持金剛経者 先須至心念淨口業眞言然後 啓請八金剛四菩薩名號 所在之處常當擁護

한문 현대역 어떤 사람이 금강경을 받아 지니면 먼저 모름지기 심념(心念)에 이르러 구업(口業)을 깨끗하게 하는 진언(眞言)을 한 연후(然後)에 8금강(八金剛) 4보살(四菩薩)의 명호(名號)를 계청(啓請)하면 있는 곳이 항상 옹호(擁護) 받으리라.

주 해

- 계청(啓請): adhyeṣanā, adhyeṣita. 경을 읽기 전에 부처님께 봉청(奉請)하는 것.

淨口業眞言(정구업진언)

한문 원문 修唎修唎摩訶修唎脩修唎薩婆訶

한문 현대역 수리수리마하수리 수수리 사바하

주 해

- 정구업진언(淨口業眞言): 입의 업[口業]을 깨끗이 하는 진언. 대장경에서도 금강경언해에 실려 있는 정구업진언과 같은 진언은 발견할 수 없다. 문증되는 예로는 [念佛普勸文] 가운데 이 진언의 앞에 '옴'자가 삽입된 형태의 진언을 발견할 수 있다(正覺 1996:154). 정구업진언의 싼쓰끄리뜨 표기는 śrī śrī mahāśrī suśrī svāhā로 추정되는데, 번역하면 "깨끗하고 깨끗합니다. 참으로 깨끗합니다. 그렇듯 깨끗하니 모든 것이 원만히 성취되길 원합니다"가 된다. 한편 정구업진언을 문수보살을 찬탄하는 주로 보는 해석에 대해서는 正覺(1996:152-157) 참조.

安土地眞言(안토지진언)

한문 원문 唵嚩日囉怛訶賀斛

한문 현대역 옴 사바바바 수다살바 달마 사바바바

주 해

- 안토지진언(安土地眞言): 색, 성, 향, 미, 촉, 법 등의 육경(六境)을 깨끗하게 하는 진언.

普供養眞言(보공양진언)

한문 원문 【金剛經序 10ㄱ】 ☞唵誐誐曩三婆嚩韈日囉斛

한문 현대역 옴 아아나 삼바바 바아라 훔

주 해

- 보공양진언(普供養眞言): 부처님께 널리 공양을 올리는 진언. 『眞言集』의 普供養眞言과는 약간 다르다. 참고로 『眞言集』의 普供養眞言을 제시하면 다음과 같다.

  唵葛葛那三婆嚩韈日囉(二合)[17]唬

  :옴。:아:아·나。·삼·바·바。:ᄋ·라。·혹

---

17) 陀羅尼는 悉曇文字로 된 것을 한자로 전사한 것이어서, 復子音이 나오는 싼쓰끄리뜨어를 한자로 옮기기 위해서는 전통적으로 두 글자를 묶어서 복자음을 전사하는 방법을 채택했다. '二合'은 두 글자를 하나의 글자로 읽으라는 표시이며, 이 책에서는 한글 전사도 동일한 방법을 취했다.

請八金剛四菩薩(청팔금강사보살)

한문 원문 奉請靑除災金剛 奉請辟毒金剛 奉請黃隨求金剛 奉請白淨水金剛 奉請赤聲金剛 奉請定持災金剛 奉請紫賢金剛 奉請大神金剛 奉請金剛眷菩薩 奉請金剛索菩薩 【金剛經序 10ㄴ】 ☞ 奉請金剛愛菩薩 奉請金剛語菩薩

한문 현대역 봉청청제재금강 봉청벽독금강 봉청황수구금강 봉청백정수금강 봉청적성금강 봉청정지재금강 봉청자현금강 봉청대신금강 봉청금강권보살 봉청금강색보살 봉청금강애보살 봉청금강어보살

주 해

- 팔금강 사보살에 대해서는 고산원법사(孤山圓法師)는 일찍이 강직한 말로써 "기이한 일 좋아하는 사람들이 한 것이다"라 하였다(송찬우 1998:21). 또한 금강경전이나 번역광전사실 등에서 세조의 꿈에 세종이 세조에게 팔금강 사보살의 뜻을 물었다고 되어 있다.

發願文(발원문)

한문 원문 稽首三界尊 皈命十方佛 我今發弘願 持此金剛經 上報四重恩 下濟三塗苦 若有見聞者 悉發菩提心 盡此一報身 同生極樂國

한문 현대역 삼계존(三界尊)께 머리 조아리고 십방불(十方佛)께 귀명합니다. 저희들이 지금 큰 원을 발하여 이 금강경을 지니고 위로는 사중(四重)의 은혜에 보답하고 아래로는 삼도(三塗)의 고(苦)를 구제하고자 합니다. 만약 보고 듣는 사람이 있으면 모두 보리심을 발하여 모두가 이 하나의 보

신(報身)으로 함께 극락국에 날 것입니다.

주 해

- 삼도(三塗): 지옥(地獄), 아귀(餓鬼), 축생(畜生) 등 신(身), 구(口), 의(意) 여러 악업에 이끌리어 생겨난 처소. = 삼도(三途), 삼악도(三惡趣), 삼도(三道).

云何梵(운하범)

한문 원문 云何得長壽 金剛不壞身 復以何因緣【金剛經序 11ㄱ】☞ 得大堅固力 云何於此經 究竟到彼岸 願佛開微密 廣爲衆生說

한문 현대역 어떻게 장수하는 금강(金剛) 불괴신(不壞身)을 얻으며, 또 어떤 인연으로 크게 견고한 힘을 얻으며, 어떻게 해야 이 경에서 구경(究竟)의 피안(彼岸)에 도달합니까? 원하건대 부처님께서 미묘하고 비밀스러운 법을 여시어 널리 중생을 위하여 설하소서.

開經偈(개경게)

한문 원문 無上甚深微妙法 百千萬劫難遭遇 我今見聞得受持 願解如來眞實義

한문 현대역 위없이 깊고 깊은 미묘한 법은 백천만겁(百千萬劫)에 만나기 어려워라. 제가 지금 보고 듣고 받아 지니게 되었으니 원하건대 여래의 진실한 뜻을 알고자 합니다.

주 해

- 개경게(開經偈): 경전을 여는 게송으로 모든 경전을 독송하기에 앞서 외우는 게송이다. [念佛普勸文]의 '염불작법차서'에서 최초로 문증된다. 천수경 등에

의하면 '개경게' 뒤에는 개법장진언인 '옴 아라남 아라다'를 하도록 되어 있으나 금강경언해에는 빠져 있다.

- 겁(劫): kalpa의 음역어 겁파(劫波)가 줄어서 된 용어. 의역하면 大時. 힌두신화에 의하면 1겁은 창조신 브라흐마(Brahma)의 하루이며, 1000 마하유가(mahā-yuga) 또는 4,320,000,000년에 해당된다.
- '금강경계청, 정구업진언, 안토지진언, 보공양진언, 청팔금강사보살, 발원문, 운하범, 개경게'로 이어지는 부분은 금강경 독송과 관련하여 시행되었던 의식들로 보인다. 우리는 이들을 설명할 수 있는 구체적인 문헌을 찾지 못하였으며, 여기에서는 현행 『천수경』과 『진언집』 등에 수록되어 있는 부분을 대상으로 약간의 설명을 덧붙였다.

【金剛經序 11ㄴ】 ☞ 공면

金剛般若波羅蜜經(금강반야바라밀경)

【金剛經 1ㄱ】☞

御 定 口 訣

嘉靖大夫仁順府尹臣韓繼禧奉 敎譯

法會因由分 第一(법회인유분 제일)

경 본문 如是롤 我聞ᄒᆞᅀᆞ오니

경 언해 ·이 ·ᄀᆞᆮ·호·ᄆᆞᆯ ·내 듣ᄌᆞ·오·니

경 직역 이 같음을 내가 들으니

경 의역 이와 같이 내[阿難尊者]가 들었다.

주 해

- 듣ᄌᆞ오니: 들어니, 듣자오니. 듣 + 줍 + (ᄋᆞ)니. '숩'은 어간 다음에 연결되며 주체겸양 또는 객체존대의 기능을 가졌으나, 현대국어에서는 일부의 선어말어미 내지 어말어미에 남아 있고 원래의 위치와 기능은 잃어 버렸음.
- 이 부분의 싼쓰끄리뜨 원문은 evaṃ mayā śrutam ekasmin samaye이다. 이에 대한 금강경언해 원문의 한역(漢譯)은 '如是我聞'이며, 여기에 대한 언해는 '이 ᄀᆞᆮ호ᄆᆞᆯ 내 듣ᄌᆞ오니'이지만, 싼쓰끄리뜨 원문은 '제가 들은 바에 의하면'(이기영 1978/1997:154, 각묵 2001:24-28)이다. 한역에 사용된 '聞'은 '듣다'의 의미로 능동적인 의미이지만 싼쓰끄리뜨 원문의 'śrutam'은 'śru'(듣다)의 과거수동분사로 피동적인 의미를 가지고 있다. 따라서 싼쓰끄리뜨 원문에 대한 충실한 번역은 '들렸다'로 해석하는 것이다. 한역에서 사용된 '聞' 자체에도 '들리다'의 의미가 있으므로 한문 번역에 대해서도 피동적으로 해석하는 것이 가능하다는 견해도 있다. 그러나 이에 대한 언해문은 피동적인 표현은 아니다.
- 경 본문과 주 본문의 단락 끝에는 단락을 표시하기 위한 권점[○]이 있으나 본 역주에서는 해당 권점을 생략하였다.

주 본문 如者는 指義오 是者는 定詞ㅣ니 阿難이 自稱호ᄃᆡ 如是之法을 我從佛聞이라ᄒᆞ니 明不自說也ㅣ니 故로 言如是我聞이라 又我者는 性也ㅣ니 性이 卽我【金剛經 1ㄴ】☞ 也ㅣ니 內外動作이 皆由於性ᄒᆞ야 一切를 盡聞홀ᄉᆡ 故로 稱我聞也ㅣ니라

주 언해 如ᅀᅧᆼ·ᄂᆞᆫ ᄀᆞᄅᆞ·치·ᄂᆞᆫ ·ᄠᅳ디·오 是:씽·ᄂᆞᆫ 一·ᅙᅵᇙ定·ᄣᅧᆼ·혼 :마리·니 阿ᅙᅡᆼ難난·이 ·ᄌᆞ개 닐·오·ᄃᆡ ·이 :ᄀᆞᄐᆞᆫ 法·법·을 ·내 부텨·를 졷ᄌᆞ·와 드·로·라 ᄒᆞ·니 내 :말 아·닌 ·둘 볼·기·니 ·이럴·ᄊᆡ 닐·오·ᄃᆡ 如ᅀᅧᆼ是:씽我:ᅌᅡᆼ聞문·이·라 ·ᄯᅩ ·나ᄂᆞᆫ 性·셩·이·니 性·셩·이 ·곧 ·내·니 ·안팟 動:ᄯᅩᆼ作·작·이 :다 性·셩·을 브·터 一·ᅙᅵᇙ切·쳉·롤 :다 드를·ᄊᆡ 我:ᅌᅡᆼ聞문·이·라 니ᄅᆞ·니·라

주 직역 '如'는 가리키는 뜻이고 '是'는 指定하는 말이다. 阿難이 자기가 이르되, '이와 같은 法을 내가 부처님을 좇아 들었다' 하니, 내 말이 아닌 것을 밝히니, 이러므로 이르되, '如是我聞'이다. 또 '나'는 性이니, 性이 곧 '나'니, 안과 밖의 動作이 다 性을 말미암아 一切를 다 들으므로 '我聞'이라 일렀다.

주 의역 '이와 같이 내가 들었다[如是我聞]'에서 '여(如)'는 가리킨다는 뜻이고, '시(是)'는 지정(指定)하는 말이다. 아난(阿難)이 '내가 부처님의 말씀을 이와 같이 들었다'라고 하여, 지금 말하는 경의 내용이 자신이 직접 한 말이 아니라 부처님이 하신 말씀인 것을 밝혔다. 그러므로 '이와 같이 내가 들었다[如是我聞]'라고 말했다. 또 '나[我]'는 자성(自性)이고, 자성(自性)은 '나'이어서, 안과 밖의 움직임이 모두 자성으로 인해 모든 것을 듣기 때문에 '내가 들었다[我聞]'라고 말했다.

주 해

- ᄀᆞᄅᆞ치ᄂᆞᆫ: 가리키는. 'ᄀᆞᄅᆞ치다'는 '가르치다'와 '가리키다'의 뜻이 있음.
- 一定혼 마리니: 지정하는 말이니.
- 아난(阿難): Ānanda. 부처님의 제자로 부처님이 돌아가실 때까지 부처님을 곁에서 모셨다 함. 기억력이 좋아서 1차 결집 때 아난이 외우면 모인 대중들이 모두 부처님의 말씀에서 한 자도 틀리지 않았다고 인정하였음. 불경에서는 경의 말씀이 아난이 들은 것으로 시작하는 경우가 많음.

경 본문 一時예 佛이 在舍衛國祇樹給孤獨園ᄒᆞ샤

경 언해 一·ᅙᅵᇙ時씽·예 부:톄 舍·샹衛·윙國·귁 祇낑樹·쓩給·급孤공獨·똑園 원·에 :겨·샤

경 직역 한때에 부처님께서 舍衛國 祇樹給孤獨園에 계시어

경 의역 **한때 부처님께서 사위국(舍衛國)의 기수급고독원(祇樹給孤獨園)에 계시어,**

주 해

- 사위국(舍衛國): Śrāvastī. 중인도에 있던 교살라국(憍薩羅國). 원래는 'Uttara-Kośalā'란 나라의 수도 이름이지만 남쪽에 있던 'Dakṣiṇa-Kośalā'의 한역이 모두 '憍薩羅國'이므로 이들을 구분하기 위해 북쪽에 있던 교살라국(憍薩羅國, Uttara-Kośalā)을 수도 이름(실라벌성, 사위성)으로 불렀다. 중국에는 수도 이름으로 나라 이름을 대신하는 전통이 있는 듯하다. = 실라벌성(室羅伐城).
- 기수급고독원(祇樹給孤獨園): '祇樹'는 jetavane의 번역으로 '제트리(jetṛ) 태자의 숲'이라 뜻이다. 제트리는 '전쟁에서 이긴 사람'의 뜻으로 파사닉왕의 태자이다. '給孤獨'은 anātha-piṇḍada의 번역으로 '고독한 사람에게 먹을 것을 주는 사람'의 뜻이다. sudatta장자의 다른 이름이다. '祇樹給孤獨園'은 부처님이 설법하실 장소를 마련하기 위해 사위국의 수달 장자가 땅을 내고, 사위국의 기타 태자가 돈을 내어 지은 절로 여기에 대해서는 『석보상절』 卷6에 자세한 내용이 있다.

주 본문 言一時者ᄂᆞᆫ 師資ㅣ 會遇ᄒᆞ야 齊集之時라 佛者【金剛經 2ㄱ】☞ᄂᆞᆫ 是說法之主ㅣ시고 在者ᄂᆞᆫ 欲明處所ㅣ라 舍衛國者ᄂᆞᆫ 波斯匿王所居之國이라 祇者ᄂᆞᆫ 太子ㅅ 名也ㅣ오 樹ᄂᆞᆫ 是祇陀太子ㅅ 所施故로 言祇樹也ㅣ니라 給孤獨者ᄂᆞᆫ 須達長者之異名이오 園者ᄂᆞᆫ 本屬須達ᄒᆞᆯᄉᆡ 故로 言給孤獨園이니라 佛者ᄂᆞᆫ 梵音이니 唐言覺也ㅣ니 覺義ㅣ 有二ᄒᆞ니 一者ᄂᆞᆫ 外覺이니 觀諸法空이오 二者ᄂᆞᆫ 內覺이니 知心空寂ᄒᆞ야 不被六塵의 所染ᄒᆞ야 外不見人之過惡ᄒᆞ며 內不【金剛經 2ㄴ】☞ 被邪迷所惑ᄒᆞᆯᄉᆡ 故名曰覺이니 覺이 卽是佛也ㅣ시니라

주 언해 一·ᅙᅵᇙ時씽·라 닐·오·ᄆᆞᆫ 스승·과 弟:뗑子:ᄌᆞᆼ·왜 모·다 맛·나 ᄀᆞᄌᆞ기 모·ᄃᆞᆫ ·ᄢᅴ·라 佛·뿛·은 ·이 說·ᄉᆑᇙ法·법·ᄒᆞ시·ᄂᆞᆫ 主:즁ㅣ시·고 :겨시·다 ·호ᄆᆞᆫ 處·쳥所:송·ᄅᆞᆯ ᄇᆞᆯ·기고·져 ᄒᆞ·니·라 舍·샹衛·윙國·귁·은 波방斯ᄉᆞᆼ匿·닉王왕·ᄋᆡ :사·ᄂᆞᆫ 나·라히·라 祇낑·ᄂᆞᆫ 太·탱子:ᄌᆞᆼㅅ 일·후미·오 樹·쓩·는 ·이 祇낑陀땅太·탱子:ᄌᆞᆼㅅ 施·싱·ᄒᆞᆫ 거·실·ᄊᆡ 祇낑樹·쓩ㅣ·라 니ᄅᆞ·니·라 給·급孤공獨·똑·은 須ᄉᆔᆼ達·ᄄᆶ長:댱者:쟝·ᄋᆡ 다ᄅᆞᆫ 일·후미·오 園원·은 本:본來ᄅᆡᆼ 須ᄉᆔᆼ達·ᄄᆶ·의게 屬·쑉ᄒᆞᆯ·ᄊᆡ 給·급孤공獨·똑園원·이·라 니ᄅᆞ·니·라 佛·뿛·은 梵·뻠音흠·이·니 唐땅 :마·랜 覺·각·이·니 覺·각 ·ᄠᅳ·디 :둘·히 잇ᄂᆞ·니 ᄒᆞ나·ᄒᆞᆫ 밧 覺·각이·니 諸졍法·법·의 空콩·ᄋᆞᆯ 觀관ᄒᆞᆯ ·씨·오 :둘·ᄒᆞᆫ ·앉 覺·각·이·니 ᄆᆞᅀᆞ·미 空콩寂·쩍·을 아·라 六·륙塵띤·의 :더·러요·ᄆᆞᆯ 【金剛經 3ㄱ】 ☞ 닙·디 아·니·ᄒᆞ·야 밧·그·로 :사ᄅᆞ·ᄆᆡ 허·므·를 보·디 아·니ᄒᆞ·며 ·안ᄒᆞ·로 邪썅迷몡·의 惑·ᅘᅬᆨ·호·ᄆᆞᆯ 닙·디 아·니ᄒᆞᆯ·ᄊᆡ 일·후·믈 ᄉᆞᆯ·오·ᄃᆡ 覺·각·이·니 覺·각·이 ·곧 ·이 佛·뿛·이시·니·라

주 직역 一時라 이름은 스승과 弟子가 모두 만나 가지런히 모인 때이다. 佛은 說法하시는 主體시고, 계시다 함은 處所를 밝히고자 한 것이다. 舍衛國은 波斯匿王이 사는 나라다. 祇는 太子의 이름이고, 樹는 이 祇陀太子가 布施한 것이므로 祇樹라 이른다. 給孤獨은 須達長者의 다른 이름이고, 園은 本來 須達에게 屬했으므로 給孤獨園이라 일렀다. 佛은 梵語이니, 唐말엔 覺이니, 覺의 뜻이 둘이 있으니, 하나는 밖의 覺이니 諸法의 空을 觀하는 것이고, 둘은 안의 覺이니 마음이 空寂을 알아 六塵의 더럽힘을 입지 아니하여, 밖으로 사람의 허물을 보지 아니하며, 안으로 삿되고 迷惑함을 입지 아니하므로 이름을 사뢰되, 覺이니, 覺이 곧 佛이시다.

주 의역 '한때'라고 말한 것은 스승과 제자가 함께 모인 때를 말한다. 부처님은 설법하시는 주체시고, '계시다'는 장소를 밝힌 것이다. '사위국(舍衛國)'은 바사닉왕(波斯匿王)이 통치하던 나라이다. '기(祇)'는 태자의 이름이고, '수(樹)'는 기타태자가 부처님께 보시한 나무(목재)이기 때문에 '기수(祇樹)'라고 했다. '급고독(給孤獨)'은 수달장자(須達長者)의 다른 이름이고, '동산[園]'은 본래 수달장자의 것이므로 수달장자의 동산 즉 '급고독원(給

孤獨園)'이라 했다. '불(佛)'은 싼쓰끄리뜨어인데, 중국어로는 '각(覺)'이라는 뜻이다. '각(覺)'에는 두 가지의 뜻이 있는데, 첫째는 '외각(外覺)'으로 이것은 모든 것[法]이 공(空)하다는 것을 보는[觀] 것이다. 둘째는 '내각(內覺)'인데 마음이 공적(空寂)하다는 것을 알아서 육진(六塵)에 더럽혀지지 않아, 밖으로 남의 허물을 보지 않으며, 안으로 삿됨[邪]과 미혹[迷]에 미혹되지 않는 것이다. 그러므로 이름을 '각(覺)'이라고 했다. '각(覺)'은 바로 '부처님[佛]'이다.

주 해

- 가즈기: 가지런히[齊].
- 스승과 弟子왜: 스승과 제자가. 15세기의 연결조사 '와'는 현대국어와 달리 'A와 B' 형태가 아니라 'A와 B와'의 형태로 쓰인 경우가 많음.
- 모다: 모두. '모다'는 원래 '몯 + 아'로 '몯다'는 주어-목적 양용동사(능격동사)임.
- 일후미오: 이름이고. 서술격조사 '이' 뒤에서 'ㄱ'이 'ㅇ'로 약화되는 현상.
- 六塵의 더러요믈 닙디 아니ᄒᆞ야: 육진에 의해 오염되지 않아. '더러이다'는 사동사. '~올 닙다'는 피동 표현.
- 바사닉왕(波斯匿王): Prasenajit. 중인도 교살라국(Kauśala)의 국왕. 부처님과 동시대에 교살라국의 수도인 사위성(Śrāvastī)에 머무르면서 불교 교단을 수호하였음.
- 기타태자(祇陀太子): Jeta. 중인도 사위국(Śrāvasti) 바사닉왕(Prasenajit)의 태자. 수달장자(須達長者)와 함께 부처님께 공양하여 기원정사를 만듦. 나중에 배다른 동생인 비류리왕(毘琉璃王, Virūḍhaka)에게 피살됨.
- 수달장자(須達長者): Sudatta. 중인도 사위국의 장자. 바사닉왕의 대신으로 성품이 인자하고 보시를 즐겼음. 불교에 귀의한 후 기타태자(祇陀太子)와 함께 기원정사(Jetavana)를 지어 부처님께 공양함.
- 佛은 梵音이니: '佛'은 싼쓰끄리뜨어이니.
- 각(覺): 부처님(佛)의 의역.

경 본문 與大比丘衆千二百五十人과 俱ㅣ러시니

경 언해 ·큰 比·삥丘쿻 衆·즁 千쳔二·싱百·빅五:옹十·씹人신·과 ᄒᆞᆫ ·ᄃᆡ :

겨·시더·니

경 직역 큰 比丘 大衆 千二百五十人과 한 곳에 계시더니,

경 의역 훌륭한 비구(比丘) 1,250인과 함께 계셨다.

주 해

- 비구(比丘): bhikṣu. 필추(苾芻)라 음사하기도 함. 출가하여 구족계를 받은 남자를 가리킴. 여성에 대해서는 비구니(bhikṣṇī)를 씀.

주 본문 言與者ᄂᆞᆫ 佛이 與比丘와 同住金剛般若無相道場ᄒᆞ실ᄉᆡ 故言與也ㅣ라 大比丘者ᄂᆞᆫ 是大阿羅漢故ㅣ라 比丘者ᄂᆞᆫ 是梵語ㅣ니 唐言能破六賊이니 故名比丘ㅣ라 衆은 多也ㅣ라 千二百五十人者ᄂᆞᆫ 【金剛經 3ㄴ】 ☞ 其數也ㅣ라 俱者ᄂᆞᆫ 同處平等法會라

주 언해 與:영ㅣ·라 ᄉᆞᆯ·오·ᄆᆞᆫ 부:톄 比·삥丘쿵·와 金금剛강般·받若:상無뭉相·샹道:똫場땽·애 ᄒᆞᆫ ·ᄃᆡ :겨실·ᄊᆡ ᄉᆞᆯ·오·ᄃᆡ 與:영ㅣ·라 大·땡比·삥丘쿵·ᄂᆞᆫ ·이 大·땡阿항羅랑漢·한·인 젼·ᄎᆞ·ㅣ라 比·삥丘쿵·ᄂᆞᆫ ·이 梵·뻠語:엉ㅣ·니 唐땅 :마랜 能능·히 六·륙賊·쯕 破·광·호미·니 그·럴·ᄊᆡ 일·후·미 比·삥丘쿵ㅣ·라 衆·즁·은 할 ·씨·라 千쳔二·싱百·빅五:옹十·씹人신·은 그 數·숭ㅣ·라 俱궁·ᄂᆞᆫ 平뼝等:등 法·법會·횡·예 ᄒᆞᆫ ·ᄃᆡ :겨실 ·씨·라

주 직역 與라 사뢰ᄆᆞᆫ 부처님이 比丘와 金剛般若無相道場에 함께 계시므로 사뢰되, 與이다. 大比丘는 大阿羅漢인 까닭이다. 比丘는 梵語이니 唐말엔 能히 六賊을 破함이니, 그러므로 이름이 比丘이다. 衆은 많은 것이다. 千二百五十人은 그 數이다. 俱는 平等 法會에 함께 계신 것이다.

주 의역 '더불어[與]'라 말한 것은 부처님께서 비구와 더불어 금강반야의 상이 없는 도량[金剛般若無相道場]에 함께 계셨기 때문이다. '훌륭한 비구[大比丘]'는 즉 대아라한(大阿羅漢)이다. 비구(比丘)는 싼쓰끄리뜨어인데 중국어로는 '육적(六賊)을 깨뜨릴 수 있다'는 뜻이다. 그래서 이름을 비구(比丘)라고 하였다. '무리[衆]'는 많다는 뜻이다. 1250은 법회에 있던 비구들의 숫자이다. '함께[俱]'는 부처님과 비구가 평등한 법회에 함께 계신다는 뜻이다.

주 해

- 아라한(阿羅漢): arhat. 성문(聲聞) 사과(四果)의 하나. 삼계 견(見)・사(思)의 의혹을 끊은 사람을 가리킴. 진지(盡智)를 증득하고 세간의 대공양(大供養)을 감수할 수 있는 성자.
- 육적(六賊): ṣaḍ indriyāṇi. 여섯 가지 감각 기관, 즉 안(眼), 이(耳), 비(鼻), 설(舌), 신(身), 의(意) 등. = 육근(六根).
- 평등법회(平等 法會): 신분상의 지위 高下가 없는 평등한 법회.
- 육성취(六成就): 대개 불경의 첫 부분에서 경을 설할 때의 방법, 경을 들은 사람, 시간, 경을 설한 주체, 장소, 경을 들은 사람에 대해 기술한다. 대개 한문으로 번역된 경에서는 ① '如是' ② '我聞' ③ '一時' ④ '佛' ⑤ '在某處' ⑥ '與衆若干人俱' 등으로 기술되어 있다. 금강경에서는 한역으로는 '如是 我聞 一時 佛 在舍衛國祇樹給孤獨園 與大比丘衆千二百五十人俱'로 언해에서는 '이 ᄀᆞ호ᄆᆞᆯ 내 듣ᄌᆞ오니 一時예 부텨 舍衛國 祇樹給孤獨園에 겨샤 큰 比丘衆 千二百五十人과 ᄒᆞᆫ ᄃᆡ 겨시더니'로 되어 있다.

경 본문 爾時世尊이 食時예 著衣持鉢ᄒᆞ샤 入舍衛大城ᄒᆞ샤 乞食於其城中ᄒᆞ샤

경 언해 그 ·쁴 世·솅尊존·이 食·씩時씽·예 ·옷 니브·시·고 바리 가·지·샤 舍·샹衛·윙大·땡城쎵·에 ·드르·샤 그 城쎵 中듕·에 ·밥 ·비르·샤

경 직역 그때 世尊께서 食時에 옷을 입으시고 발우 가지시어 舍衛大城에 드시어 그 城 中에서 밥을 비시어,

경 의역 **그때 부처님께서 공양 시간[食時]에 가사를 입고 발우를 가지고 사위국에 들어가서 성 안에서 탁발(托鉢)하시어,**

주 해

- 식시(食時): 계율(戒律)에 규정된 식사 시간.
- 가사(袈裟): kaṣāya. 의역해서 괴색(壞色), 부정색(不正色), 적색(赤色), 염색(染色)이라 하며 승려들의 법의(法衣)를 가리킨다. 고대 인도에서 일반 사람들은 흰색의 옷을 입었고, 또 다른 종교에서는 각각 원색의 옷을 입었는데 불교에서는 이들과 구분하기 위하여 적색 계통의 옷을 입게 되었는데, '가사'라는 이름은 색에서 나온 말이다.

- 탁발: piṇḍapāta. 걸식(乞食)이라 하기도 함. 싼쓰끄리뜨 원어는 손에 발우를 든다는 의미. 즉 손에 발우를 들고 시가를 돌면서 밥을 비는 행위. 발우를 옆에 끼고 아침녘에 신도의 집을 찾아 공양을 받는다. 자기 소유의 것은 아무 것도 가지지 않는다는 무소유의 이상과 겸허무사한 자아 완성을 위한 수도 행각의 일단으로서 원래 스님은 항상 탁발만으로 몸에 영양분을 공급하였으며, 오후에는 먹지 않는 금욕생활을 표현한 부분이다.

(주 본문) 【金剛經 4ㄱ】☞ 爾時者ᄂᆞᆫ 當此之時니 是今辰時니 齋時ㅣ 欲至也ㅣ라 著衣持鉢者ᄂᆞᆫ 爲顯教示跡故也ㅣ라 入者ᄂᆞᆫ 爲自城外而入也ㅣ라 舍衛大城者ᄂᆞᆫ 名舍衛國豐德城也ㅣ니 卽波斯匿王所居之城일ᄉᆡ 故言舍衛大城也ㅣ라 言乞食者ᄂᆞᆫ 表如來ㅣ 能下心於一切衆生也ㅣ라

(주 언해) 爾:ᅀᅵᆼ時씽·ᄂᆞᆫ 예 當당ᄒᆞᆫ 時씽節·졇·이·니 ·이 ·이젯 辰씬時씽·니 齋쟁時씽ㅣ ᄒᆞ·마 니·를 쩌·기·라 ·옷 니브·시·고 바리 가·지샤·ᄆᆞᆫ 教·ᇢ 나·토샤·ᄆᆞᆯ 爲·윙·ᄒᆞ·샤 자·최·ᄅᆞᆯ :뵈시·논 젼·ᄎᆞ·라 ·드·르샤·ᄆᆞᆫ 城쎵 밧·ᄀᆞᆯ 브·터 ·드르실 ·ᄊᆡ·라 舍·샹衛·윙大·땡城쎵·은 일·후 【金剛經 4ㄴ】☞ 미 舍·샹衛·윙國·귁 豐풍德·득城쎵·이·니 ·곧 波방斯ᄉᆞᆼ匿·닉王왕·의 :사·ᄂᆞᆫ 城쎵·일·ᄊᆡ 닐·오·ᄃᆡ 舍·샹衛·윙大·땡城쎵·이·라 ·밥 :비·르시·다 ᄉᆞᆯ·오·ᄆᆞᆫ 如셩來링ㅣ 能능·히 一·ᅙᅵᇙ·切쳉 衆·즁生ᄉᆡᆼ·의게 ᄆᆞᅀᆞᆷ ᄂᆞᄌᆞ기 ·ᄒᆞ샤·ᄆᆞᆯ 表:뵿·ᄒᆞᅀᆞ·오니·라

(주 직역) 爾時는 여기에 當한 때로 지금의 辰時니, 장차 齋時가 이를 적이다. 옷을 입으시고 발우를 가지심은 教를 나타내심을 爲하여 자취를 보이시는 까닭이다. 드심은 城 밖으로부터 드시는 것이다. 舍衛大城은 이름이 舍衛國 豐德城이니, 곧 波斯匿王이 사는 城이므로 이르되, 舍衛大城이다. 밥 비시다 사룀은 如來가 能히 一切 衆生에게 마음을 나직이 하심을 나타낸 것이다.

(주 의역) '그때[爾時]'는 공양 시간[食時]인데, 지금의 진시(辰時)로, 재(齋)를 지내는 시간의 바로 앞 시간이다. '가사를 입고 발우를 지니시는 것'은 교(教)를 나타내어 부처님의 자취를 보이시기 위한 것이다. '들어가신 것'은 성 밖에 있는 수행처에서 성 안으로 들어가시는 것이다. '사위성(舍衛

城)'은 사위국(舍衛國)의 크게 풍성한 성[豊德城]인데, 바사닉왕(波斯匿王)이 사는 성이기 때문에 사위대성(舍衛大城)이라 말했다. '걸식(乞食)'이라고 말한 것은 부처님께서 모든 중생들에게 마음을 낮추시는 것[下心]을 말한 것이다.

주 해

- 시절(時節): 때. 한자어 시절은 15세기와 현대에서 뜻이 약간 다르다.
- 진시(辰時): 오전 7시부터 9시 사이.
- 재시(齋時): 오전 9시부터 11시 사이.
- 齋時ㅣ ᄒᆞ마 니를 쩌기라(齋時ㅣ 欲至也이라): 재를 올리는 시간에 막 이를 때다. 여기서 'ᄒᆞ마'는 '장차'의 뜻.
- 敎 나토샤ᄆᆞᆯ 爲ᄒᆞ샤: 가르침을 나타내시기 위하시어. '위하다'의 뜻으로 해석되는 '爲ᄒᆞ다'는 현대국어에서는 '-기'를 지배하지만 15세기에서는 '-오ᄆᆞᆯ/믈'을 지배했음.
- 젼ᄎᆞ: 까닭.
- ᄂᆞᄌᆞ기: 나직이, 나직하게.

경 본문 次第乞已ᄒᆞ시고 還至本處ᄒᆞ샤 飯食訖ᄒᆞ시고 收衣鉢ᄒᆞ시고 洗足已ᄒᆞ시고 敷座而坐ㅣ어시늘

경 언해 次·ᄎᆞᆼ第·뗑·로 ·비·르샤·ᄆᆞᆯ ᄆᆞᄎᆞ·시·고 本:본處·쳥·에 도로 ·가·샤 반 :좌샤·ᄆᆞᆯ ᄆᆞᄎᆞ·시·고 ·옷·과 바리·ᄅᆞᆯ ᄀᆞ·초시·고 ·발 시ᅀᅳ·시·고 座·쫭·ᄅᆞᆯ ·펴·샤 앉·거시·ᄂᆞᆯ

경 직역 차례로 비심을 마치시고, 本處에 도로 가시어 밥 자심을 마치시고, 옷과 발우를 갖추시고, 발 씻으시고, 자리를 펴시어 앉으시거늘

경 의역 **차례로 탁발을 마치고 수행처로 돌아오시어, 공양을 마친 뒤에 옷과 발우를 정돈하고 나서 발을 씻고 자리를 펴 앉으셨다.**

주 해

- 次第로 비르샤ᄆᆞᆯ ᄆᆞᄎᆞ시고: 차례대로 걸식하심을 마치시고. 부처님 재세시에는 걸식할 때 부잣집이든 가난한 집이든 일곱 집만을 들렀으므로 최초로 선택한 집으로부터 차례로 일곱 집을 들러 걸식을 마쳤음을 뜻함.

- 수행처: 부처님 재세시에 절이 지어지기 전까지는 불교를 수행하는 사람들의 수행처는 마을에서 걸식을 다닐 정도의 거리에 있으면서 수행을 하기에 적당한 곳이었다. 참조. 아란야(araṇya)

주 본문 次第者ᄂᆞᆫ 不擇貧富ᄒᆞ샤 平等以化也ㅣ라 乞已者【金剛經 5ㄱ】 ☞ ᄂᆞᆫ 如過乞을 不過七家ㅣ니 七家數滿커든 更不至餘家也ㅣ라 還至本處者ᄂᆞᆫ 佛意예 制諸比丘ᄒᆞ샤 除請召外예 不得輒向白衣舍케ᄒᆞ실ᄉᆡ 故로 云爾니라 洗足者ᄂᆞᆫ 如來ㅣ 示現順同凡夫ᄒᆞ실ᄉᆡ 故言洗足이라 又大乘法은 不獨以洗手足ᄋᆞ로 爲淨이라 蓋言호ᄃᆡ 洗手足이 不若洗心ᄒᆞ니 一念에 心淨ᄒᆞ면 則罪垢ㅣ 悉除矣리라 如來ㅣ 欲說法時예 常儀ㅣ 敷施檀座ᄒᆞ실ᄉᆡ 故로 言敷座而坐ㅣ라

주 언해 次·ᄎᆞᆼ第·뗑·ᄂᆞᆫ 【金剛經 5ㄴ】 ☞ 艱간難난ᄒᆞ·니 가·ᅀᆞ며·니 ᄀᆞᆯ·ᄒᆡ·디 아·니·ᄒᆞ·샤 平뼝等:등·ᄋᆞ·로 化·황·ᄒᆞ·샤미·라 비·롬 ᄆᆞᄎᆞ·샤·ᄆᆞᆫ :해 비·로·ᄆᆞᆯ ·닐·굽 지·븨 너무 아·니·ᄒᆞ샴 ·ᄀᆞᆮᄒᆞ·니 七·치ᇙ家강ㅅ 數·숭ㅣ ·ᄎᆞ거·든 ᄂᆞ외 나·ᄆᆞᆫ 지·븨 가·디 아니·ᄒᆞ실 ·씨라 本:본處·쳥·에 도로 ·가샤·ᄆᆞᆫ 부텻 ᄠᅳ·데 모·ᄃᆞᆫ 比·삥丘쿻·를 禁·금止:징·ᄒᆞ·샤 請:쳥·ᄒᆞ·야 브르·리 :덜·오 그 外·욍·예 믄·득 白:뻭衣힁ㅅ 지·븨 가·디 :몯·게 ·ᄒᆞ실·씨 그·리 ᄉᆞᆯ·오니·라 ·발 시스·샤·ᄆᆞᆫ 如ᅀᅧᆼ來ᄅᆡᆼㅣ 凡뻠夫붕·를 順·쓘·ᄒᆞ·야 ·ᄀᆞ티 ·ᄒᆞ샤·ᄆᆞᆯ :뵈실·씨 ᄉᆞᆯ·오·ᄃᆡ 洗:솅足·죡·이·라 ·ᄯᅩ 大·땡乘씽法·법·은 ᄒᆞᆫ갓 ·손 ·발 시·수ᄆᆞ·로 ·조·호·ᄆᆞᆯ :삼논 ·디 아·니·라 닐·오·ᄃᆡ ·손 발 시·수·미 ᄆᆞᅀᆞᆷ 시·솜 ·ᄀᆞᆮ·디 :몯ᄒᆞ·니 一·ᅙᅵᇙ念·념·에 ᄆᆞᅀᆞ·미 ·조ᄒᆞ·면 罪:쬥·와 ·ᄢᅵ·왜 :다 :덜리·라 如ᅀᅧᆼ來ᄅᆡᆼㅣ 說·ᄉᆑᇙ法·법·호려 ·ᄒᆞ·실 쩨 샹·녯 法·법·이 檀딴座·쫭·ᄅᆞᆯ ·펴실·씨 ᄉᆞᆯ·오·ᄃᆡ 座·쫭·ᄅᆞᆯ ·펴·샤 안ᄌᆞ·샤미·라 【檀딴·ᄋᆞᆫ 尼닝師ᄉᆞᆼ壇딴·이 【金剛經 6ㄱ】 ☞ ·니 예·셔 닐·오·매 앉는 거·시·라】

주 직역 次第는 가난한 것 부유한 것을 가리지 않으시어 平等으로 敎化하심이다. 빎을 마치심은, 많이 빎을 일곱 집에서 넘지 아니하심과 같으니, 七家의 數가 차거든 다시 남은 집에 가지 않는 것이다. 本處에 도로 가심은 부처님의 뜻에, 모든 比丘를 禁止하시어, 請하여 부르는 사람을 제외하

고, 그 外에 문득 白衣의 집에 가지 못하게 하시므로, 그리 말했다. 발을 씻으심은 如來가 凡夫를 좇아 같이 하심을 보이시므로 사뢰되, 洗足이다. 또 大乘法은 한갓 손발을 씻음으로 깨끗함을 삼는 것이 아니라, 이르되 손발을 씻음이 마음을 씻음 같지 못하니 一念에 마음이 깨끗하면 罪와 때가 다 제거될 것이다. 如來가 說法하려 하실 때에 일상적인 의례가, 檀座를 펴시므로 사뢰되, 자리를 펴시어 앉으심이다. 【檀은 尼師壇이니 여기서 말함에 앉는 것이다】

주 의역 '차례대로[次第]'는 빈부를 가리지 않고 평등하게 중생을 교화하신다는 뜻이다. '탁발을 마친 것[乞已]'은 걸식할 때 최초로 정한 집부터 일곱 집을 넘지 않는 것과 같아서, 일곱 집이 되면 더 이상 다른 집에 가지 않으셨다. '본래의 수행처(아란야)로 돌아가신 것[還至本處]'은 모든 비구에게 계(戒)를 내려, 일반인이 초청할 때를 제외하고는, 수시로 일반인들의 집에 가지 못하게 하셨으므로, 그렇게 말한 것이다. '발을 씻는 것[洗足]'은 부처님께서 범부들이 하는 대로 하는 것을 보이셨기 때문에 '발을 씻는다'라고 했다. 또 대승법에서는 단지 손발을 씻는 것만으로 깨끗하다고 여기지 않으며 손발을 씻는 것이 마음을 씻는 것과 같을 수 없으므로, 일념으로 마음이 깨끗하면 죄(罪)와 번뇌가 모두 제거될 것이다. 부처님께서 설법하려 하실 때에 일상적인 의례가 자리[尼師壇]을 펴시므로 자리를 펴 앉으셨다고 말한 것이다. 【단(檀)은 이사단(尼師壇)인데 방석을 말한다】

주 해

- 삐: = 번뇌.
- 백의(白衣): avadāta-vasana. 흰색의 옷은 재가인(在家人)들이 입으므로 백의(白衣)는 재가인을 뜻한다. 인도 사람들은 일반적으로 모두 흰 옷을 귀하게 여긴다. 그러므로 승려들은 흰 옷을 입지 않는다. 참조. 치의(緇衣).
- 대승법(大乘法): 대승불교의 교법. 자리이타(自利利他)를 모토로 인간 전체의 구제를 목표로 함.
- 단좌(檀座): 니사단(尼師壇)으로 만든 자리.
- 니사단(尼師壇): niṣīdana. 比丘 六物의 하나. 니사단은 음역이고 의역하면 좌구(坐具)라 함. 앉거나 누울 때 펼쳐 쓰는 것으로 장방형의 천으로 되어 있음. 벌레로부터 몸을 보호하면서 동시에 아래에 있는 풀을 보호하는 의미가

있음.

- 협주문이 문단의 끝에 올 때, 부호[】]가 생략되는 것이 일반적이지만 본 역주에서는 협주문이 끝남을 보이기 위해 문단의 끝에 부호가 생략된 것을 복원하여 표시한다.

善現啓請分 第二(선현계청분 제이)

경 본문 時예 長老須菩提ㅣ

경 언해 時씽·예 長:댱老:롷 須슝菩뽕提똉ㅣ

경 직역 그때에 長老 須菩提가

경 의역 그때에 장로(長老) 수보리(須菩提)가

주 해

- 『금강경언해』에는 분단의 명칭이 '善現啓請分'으로 되어 있지만, 1482년 『금강경삼가해언해』, 『卍續藏經』, 『新纂 大日本續藏經』 등에는 '善現啓請分'의 '啓'가 '起'字로 되어 있다.
- 장로(長老): sthavira. 나이가 많고 법이 높은 사람으로 지덕을 갖춘 훌륭한 비구를 말한다. = 상좌(上座), 상수(上首).
- 선현(善現): 부처님의 십대 제자 중 한 사람으로 空의 도리를 제일 잘 이해한 불제자[解空第一]라 한다. = 수보리(須菩提 Subhūti).

주 본문 何名長老오 德尊年高홀시 故名長老ㅣ라 須菩提는 是梵語ㅣ니 唐言解空이라

주 언해 :엇·데 일·후·미 長:댱老:롷·오 德·득·이 尊존·코 ·나히 노·폴·씨 일·후미 長:댱老:롷ㅣ·라 須슝菩뽕提똉·는 ·이 梵·뻠語:엉ㅣ·니 唐땅 :마·랜 空콩 아·로미·라

주 직역 어째서 이름이 長老인가? 德이 尊하고 나이가 높으므로 이름이 長老이다. 須菩提는 梵語이니 唐말엔 空을 앎이다.

주 의역 무엇을 장로(長老)라고 하는가? 덕이 높고 나이가 많기 때문에 장로(長老)라고 한다. 수보리(須菩提)는 싼쓰끄리뜨어인데 중국어로는 공(空)을 안다[解空]는 뜻이다.

경 본문 在大衆中ᄒᆞ야 卽從座起ᄒᆞ야 偏袒右肩ᄒᆞ고 右膝著地【金剛經 6

ㄴ】☞ ᄒᆞ야 合掌恭敬ᄒᆞᅀᆞ와 而白佛言ᄒᆞᅀᆞ오ᄃᆡ

경 언해 大땡衆·즁 中듕·에 이·셔 ·즉재 座·쫭·로·셔 니·러 ·올·ᄒᆞᆫ 엇·게 :메왓·고 ·올ᄒᆞᆫ 무룹 ᄡᅡ·해 다·혀 合·햅掌:쟝 恭공敬·경·ᄒᆞᅀᆞ·와 부텨·ᄭᅴ 솔·오·ᄃᆡ

경 직역 大衆 中에 있어 즉시 자리로부터 일어나 오른 어깨 드러내고 오른 무릎 땅에 대어 合掌 恭敬하여 부처님께 사뢰되,

경 의역 **대중 가운데에서 일어나, 오른쪽 어깨를 보이고 오른쪽 무릎을 땅에 꿇어 합장하고 공경하면서 부처님께 사뢰기를,**

주 해

- 坐로셔 니러 올ᄒᆞᆫ 엇게 메왓고 올ᄒᆞᆫ 무룹 ᄡᅡ해 다혀 合掌 恭敬ᄒᆞᅀᆞ와: 고대 인도의 예절.
- 座로셔 니러: 자리로부터 일어나.
- 메왓고: 원래 덮여 있던 부분을 드러내고. 기본형은 '메왓다' < '메밧다'.

주 본문 隨衆所坐ᄒᆞᆯᄉᆡ 故云卽從座起라 弟子ㅣ 請益ᄒᆞᆯ제 先行五種儀ᄒᆞᄂᆞ니 一者ᄂᆞᆫ 從坐而起오 二者ᄂᆞᆫ 端整衣服이오 三者ᄂᆞᆫ 偏袒右肩ᄒᆞ고 右膝著地오 四者ᄂᆞᆫ 合掌ᄒᆞ야 瞻仰尊顔ᄒᆞᅀᆞ와 目不暫捨ㅣ오 五者ᄂᆞᆫ 一心恭敬ᄒᆞᅀᆞ와 以伸問辭ㅣ라

주 언해 衆·즁·의 안·존 ·ᄃᆡᆯ 조촐·ᄊᆡ 【金剛經 7ㄱ】☞ 닐·오·ᄃᆡ ·즉재 座·쫭·로·셔 니·루미·라 弟:뗑子:ᄌᆞᆼㅣ 더·우·믈 請:쳥ᄒᆞᆯ ·쩨 몬져 다·ᄉᆞᆺ 가·짓 威휭儀읭·를 行ᄒᆡᆼ·ᄒᆞᄂᆞ·니 ᄒᆞ나·ᄒᆞᆫ 坐·쫭·로·셔 니·루미·오 :둘흔 衣ᄒᆡᆼ服·뽁·올 端돤正·졍·히 고·툐미·오 :세흔 ·올ᄒᆞᆫ 엇·게 :메왓·고 ·올ᄒᆞᆫ 무룹 ᄡᅡ·해 다·효미·오 :네흔 合·햅掌:쟝·ᄒᆞ·야 尊존顔안·올 :울워·러 ·보ᅀᆞ·와 ·누·늘 :잢간·도 ᄇᆞ·리·디 아·니·호미·오 다·ᄉᆞ·ᄉᆞᆫ 一·ᅙᅵᇙ心심 恭공敬·경·ᄒᆞᅀᆞ·와 :묻·ᄂᆞᆫ :마·ᄅᆞᆯ 펼 ·씨·라

주 직역 大衆의 앉은 곳을 좇았으므로 이르되, 즉시 자리로부터 일어남이다. 弟子가 자세히 설하기를 請할 때에, 먼저 다섯 가지의 威儀를 行하니, 하나는 座로부터 일어남이고, 둘은 衣服을 端正히 고침이고, 셋은 오른

어깨를 드러내고 오른 무릎을 땅에 댐이고, 넷은 合掌하여 尊顔을 우러러 보아 눈을 잠깐도 돌리지 않음이고, 다섯은 一心으로 恭敬하여 묻는 말을 하는 것이다.

주 의역 대중들과 함께 앉아 있었으므로 '자리에서 일어났다'고 한 것이다. 제자가 스승에게 법문(法門)을 청할 때에는, 먼저 다섯 가지의 예의를 갖춘다. 첫째는 자리에서 일어나는 것이고, 둘째는 옷을 단정히 고쳐 입는 것이고, 셋째는 오른쪽 어깨를 드러내는 것이고, 넷째는 합장하고 부처님의 얼굴을 우러러 보면서 잠시도 눈을 떼지 않는 것이고, 다섯째는 일심(一心)으로 공경하면서 묻는 것이다.

주 해

- 더우믈: 더함을. '더으-' + '-움' + '-을'.
- 위의(威儀): 위엄 있는 용모. 곧 손을 들고 발을 내딛는 것이 모두 규칙에 맞고 방정하여 숭배할 생각을 내게 하는 태도를 일컬음.
- 더·우·믈 請·쳥홀 ·쩨(請益홀제): 더 자세히 일러 주시기를 청할 때.

경 본문 希有世尊하

경 언해 希힁有:웅·ᄒᆞ신 世·솅尊존·하【希힁·는 ·드믈 ·씨·라】

경 직역 希有하신 세존이시여!【希는 드문 것이다】

경 의역 세상에 귀하신 부처님이시여!【희(希)는 드문 것이다】

주 해

- 世尊하: 세존이시여. '하'는 존칭 호격조사.

주 본문 希有는 略說컨댄 三義니 第一希有는 能捨金輪王位시고 第二希有는 身長이 丈六이시며 紫磨金容애 三十二相과 八十種好ㅣ 三界無比시고 第【金剛經 7ㄴ】☞ 三希有는 性能含吐八萬四千法ᄒᆞ시며 三身이 圓備시니 以具上三義ᄒᆞ실ᄊᆡ 故云希有也ㅣ니라 世尊者ᄂᆞᆫ 智慧ㅣ 超過三界ᄒᆞ샤 無有能及者ᄒᆞ시며 德高ᄒᆞ샤 更無有上ᄒᆞ샤 一切ㅣ 咸恭敬ᄒᆞᅀᆞ올ᄊᆡ 故曰世尊이시니라

주 언해 希힁有:웋·는 略·략·히 니ᄅᆞ건·댄 :세 ·ᄠᅳ디·니 第·똉一·ᅙᅵᇙ 希힁有:웋·는 能능·히 金금輪륜王왕位·윙 ᄇᆞ·리샤·미시·고 第·똉二·ᅀᅵᆼ 希힁有:웋·는 身신長땽·이 丈·땽六·륙·이시·며 紫:ᄌᆞᆼ磨망金금ㅅ 양·ᄌᆞ·애 三삼十·씹二·ᅀᅵᆼ相:샹·과 八·밣十·씹種:죵好:흫ㅣ 三삼界·갱·예 가·ᄌᆞᆯ비·리 :업·스샤·미시·고 第·똉三삼 希힁有:웋·는 性·셩·이 能능·히 八·밣萬·먼四·ᄉᆞᆼ千쳔 法·법·을 머·구므【金剛經 8ㄱ】☞ ·며 :비와·ᄐᆞ시·며 三삼身신·이 두·려·이 ᄀᆞᄌᆞ·샤·미시·니 우 :세 ·ᄠᅳ·디 ᄀᆞᄌᆞ·실·ᄊᆡ 希힁有:웋ㅣ·라 ᄉᆞᆯ·오니·라 世·솅尊존·ᄋᆞᆫ 智·딩慧·ᅘᅰᆼ 三삼界·갱·ᄅᆞᆯ ᄲᅱ·여 :디·나샤 能능·히 믿ᄌᆞ·오리 :업·스시·며 德·득·이 ·노ᄑᆞ·샤 ᄂᆞ외·야 우 :업스·샤 一·ᅙᅵᇙ切·쳉 :다 恭공敬·경·ᄒᆞ·ᅀᆞ올·ᄊᆡ ᄉᆞᆯ·오·ᄃᆡ 世·솅尊존·이시·니·라

주 직역 希有는 簡略히 이르면 뜻이 세 가지니, 第一 希有는 能히 金輪王位를 버리심이시고, 第二 希有는 身長이 丈六이시며 紫磨金의 모습에 三十二相과 八十種好가 三界에 비교할 이 없으심이시고, 第三 希有는 性이 能히 八萬四千 法을 머금으며 뱉으시며 三身을 원만히 갖추심이시니, 위 세 뜻을 갖추시므로 希有라 말했다. 世尊은 智慧가 三界를 초월하시어 能히 미칠 이가 없으시며, 德이 높으시어 다시 위가 없으시어 一切 다 恭敬함으로 사뢰되, 世尊이시다.

주 의역 '희유(希有)'는 간략히 말하면 세 가지 뜻이 있다. 첫 번째 희유(希有)는 제왕(帝王)의 왕위[金輪王位]를 버리는 것이고, 두 번째 희유(希有)는 키가 여섯 자이고 금빛 모습에 삼십이상(三十二相)과 팔십종호(八十種好)를 가져 세상에 비교할 데 없는 것이고, 세 번째 희유(希有)는 성품(性品)이 팔만사천(八萬四千) 법을 안으로 머금고 밖으로 나타내시며 삼신(三身)을 원만히 갖추는 것이니, 위의 세 가지 뜻을 갖추셨기 때문에 희유(希有)라 했다. 부처님은 지혜가 삼계를 초월하기 때문에, 부처님의 지혜에 미칠 수 있는 사람이 없으며, 덕이 높아서 모두가 다 공경하기 때문에 세존(世尊)이라고 했다.

주 해

- 양ᄌᆞ: 모습, 모양.

- 비와ᄐᆞ시며: 뱉으시며.
- 웃 세 ᄠᅳ디 ᄀᆞᄌᆞ실ᄊᆡ: 위 세 가지 뜻을 갖추시므로. 'ᄀᆞᆽ다'는 주어-목적어 양용동사.
- 믿다: 미치다. 기본형은 '및다'. '믿다'는 '및다'의 팔종성 표기.
- 자마금(紫磨金): 자색(紫色)을 띤 황금으로 황금 중에서도 최상품임.
- 삼십이상(三十二相): dvātriṃśanmahā-puruṣa ṇahā-lakṣaṇāni. 전륜성왕이나 부처님이 갖추고 있는 서른두 가지 특별한 모습. 구체적으로는 각 경마다 약간씩 차이가 있다.
- 팔십종호(八十種好): aśīty-anuvyañjanāni. 부처님이나 보살이 가진 여든 가지 좋은 모습.
- 삼계(三界): trayo dhātavaḥ. 중생들이 사는 욕계(欲界), 색계(色界), 무색계(無色界). 즉 모든 세상. = 삼계(三界), 육도(六道), 이십오유(二十五有). cf. 이들의 관계에 대해서는 아래의 도표를 참조할 것.

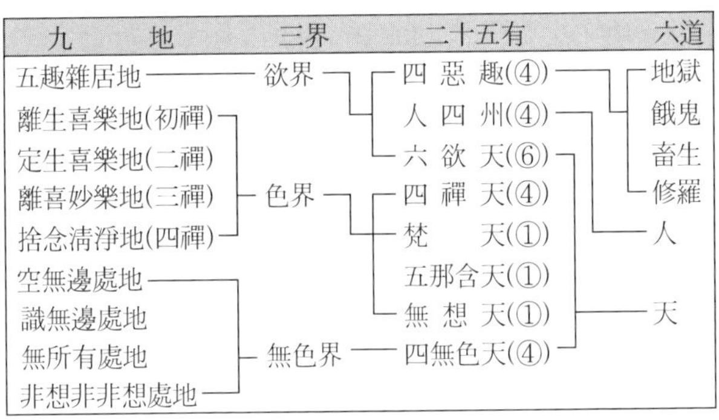

- 삼신(三身): trayaḥ kāyāḥ. 즉 법신(法身), 보신(報身), 응신(應身). = 삼신불(三身佛), 삼불신(三佛身), 삼불(三佛).

경 본문 如來ㅣ 善護念諸菩薩ᄒᆞ시며 善付囑諸菩薩ᄒᆞ시ᄂᆞ니

경 언해 如ᅀᅧᆼ來ᄙᆼ ㅣ 諸졍菩뽕薩·삻·ᄋᆞᆯ 이·대 護·ᅘᅩᆼ持띵·ᄒᆞ·야 念·념·ᄒᆞ시·며 諸졍菩뽕薩·삻·ᄋᆞᆯ 이·대 付·붕囑·쭉·ᄒᆞ·시ᄂᆞ·니

경 직역 如來께서 모든 菩薩을 잘 保護하고 念慮하시며 모든 菩薩을 잘 付囑하시니,

경 의역 부처님께서는 모든 보살들을 잘 보살피시며 모든 보살들을 잘 부촉(付囑)하십니다.

주 해

- 호념(護念): parma-anugraha. 모든 부처와 보살들이 선행을 닦고 악업을 멀리하는 중생에 대해 온갖 어려움을 없애 주며, 옹호하고, 깊이 憶念하여 버리지 않는 것.
- 부촉(付屬): 원래는 물건을 맡긴다는 뜻. 불교에서는 언어로서 생각하신 것을 맡기는 것. 부처님은 설법을 마친 후에 청중 가운데서 어떤 이를 가려내어 그 법의 유통을 부탁하는 것이 常例다. 경전 가운데 부촉한 부분을 촉루품이라 한다. = 부촉(付囑), 촉루(囑累).

주 본문 護念者ᄂᆞᆫ 如來ㅣ 以般若波羅蜜法으로 護念諸菩薩이라 付囑者ᄂᆞᆫ 如來ㅣ 以般若波羅蜜法으로【金剛經 8ㄴ】☞ 付囑須菩提와 諸大菩薩이라 言善護念者ᄂᆞᆫ 令諸學人으로 以般若智로 護念自身心ᄒᆞ야 不令妄起憎愛ᄒᆞ야 染外六塵ᄒᆞ야 墮生死苦海ᄒᆞ야 於自心中에 念念常正ᄒᆞ야 不令邪起케ᄒᆞ샤 自性如來ㅣ 自善護念이라 言善付囑者ᄂᆞᆫ 前念이 清淨ᄒᆞ야 付囑後念ᄒᆞ고 後念이 清淨ᄒᆞ야 無有間斷ᄒᆞ야 究竟解脫이니 如來ㅣ 委曲히 誨示衆生과 及在會之衆ᄒᆞ샤 當常行此ᄒᆞ실ᄉᆡ 故로 云善付囑也ㅣ니라 菩薩【金剛經 9ㄱ】☞ 者ᄂᆞᆫ 梵語ㅣ니 唐言道心衆生이며 亦云覺有情이니 道心者ᄂᆞᆫ 常行恭敬ᄒᆞ야 乃至蠢動含靈히 普敬愛之ᄒᆞ야 無輕慢心ᄒᆞᆯᄉᆡ 故名菩薩이라

주 언해 護·ᅘᅩᆼ持띵·ᄒᆞ·샤 念·념·ᄒᆞ샤·ᄆᆞᆫ 如ᅀᅧᆼ來ᄅᆡᆼㅣ 般밟若:ᅀᅣᆼ波방羅랑蜜·밇法·법·으·로 諸졍菩뽕薩·삻·ᄋᆞᆯ 護·ᅘᅩᆼ持띵·ᄒᆞ·야 念·념·ᄒᆞ실 ·씨·라 付·붕囑·쵹·ᄋᆞᆫ 如ᅀᅧᆼ來ᄅᆡᆼㅣ 般·밟若:ᅀᅣᆼ波방羅랑蜜·밇法·법·으·로 須ᅌᅲᆼ菩뽕提뗑·와 諸졍大·땡菩뽕薩·삻·ᄋᆞᆯ 付·붕囑·쵹·ᄒᆞ실 ·씨·라 이·대 護·ᅘᅩᆼ念·념·ᄒᆞ시·다 ᄉᆞᆯ·오·ᄆᆞᆫ 모·ᄃᆞᆫ ᄇᆡ·호ᇙ :ᄊᆞ·ᄅᆞᄆᆞ·로 般·밟若:ᅀᅣᆼ智·딩·로 제 身신心심·을 護·ᅘᅩᆼ念·념·ᄒᆞ·야 ᄆᆡ·며 :ᄃᆞᇫ오·ᄆᆞᆯ 간·대·로 니ᄅᆞ와·다 밧·긧 六·륙塵띤·에 :더러·여 生ᄉᆡᆼ死:ᄉᆼ 苦:콩海:ᄒᆡᆼ·예 ᄢᅥ·러디·디 아·니·케 ·ᄒᆞ·야 내 心심 中듕·에 念·념念·념·이 샹【金剛經 9ㄴ】☞ 녜 正·졍·ᄒᆞ·야 邪ᄽᅣㅣ :니·디

아·니·케 ·ᄒᆞ·샤 自·ᄍᆞᆼ性·셩 如ᅀᅧᆼ來ᄅᆡᆼㅣ ·ᄌᆞ개 이·대 護·ᅘᅩᆼ念·념ᄒᆞᇙ ·씨·라 이·대 付·붕囑·죡·ᄒᆞ시·다 ᄉᆞᆯ·오·ᄆᆞᆫ 前쪈念·념·이 淸쳥淨·쪙·ᄒᆞ·야 後:ᅘᅮᇢ念·념·을 付·붕囑·죡ᄒᆞ·고 後:ᅘᅮᇢ念·념·이 淸쳥淨·쪙·ᄒᆞ·야 그·춤 :업서 究·궇竟·경·히 解:ᅘᅢᆼ脫·퇋·호미·니 如ᅀᅧᆼ來ᄅᆡᆼㅣ 委:ᅙᅱᆼ曲·콕·히 衆·즁生ᄉᆡᆼ·과 會·ᅘᅬᆼ·예 잇ᄂᆞᆫ 衆·즁·을 ᄀᆞᄅᆞ·쳐 :뵈·샤 반·ᄃᆞ기 샹·녜 ·이·롤 行ᅘᆡᆼ·케 ·ᄒᆞ실·씨 이·대 付·붕囑·죡·ᄒᆞ시·다 ᄉᆞᆯ·오니·라 菩뽕薩·삻·ᄋᆞᆫ 梵·뻠語:ᅌᅥᆼㅣ·니 唐땅 :마랜 道:또ᇢ心심 衆·즁生ᄉᆡᆼ·이·며 ·ᄯᅩ 닐·오·맨 覺·각有:ᅌᅮᇢ情쪙·이·니 【智·딩·로 우·희 菩뽕提똉 求꾸ᇢᄒᆞᇙ·씨 ᄉᆞᆯ·오·ᄃᆡ 覺·각·이·오 悲빙·로 아·래 衆·즁生ᄉᆡᆼ 化·황ᄒᆞᇙ·씨 ᄉᆞᆯ·오·ᄃᆡ 有:ᅌᅮᇢ情쪙·이·라】 道:또ᇢ心심·은 샹·녜 恭공敬·경·을 行ᅘᆡᆼ·ᄒᆞ·야 구믈어·리·ᄂᆞᆫ 含ᅘᅡᆷ靈령·에 니·르·리 너·비 恭공敬·경ᄒᆞ·며 :어엿·비 너·겨 므던·히 너·길 ᄆᆞᅀᆞᆷ :업슬·씨 일·후·미 菩뽕薩 【金剛經 10ㄱ】 ☞ ·삻·이·라

주 직역 護持하시어 念하심은 如來가 般若波羅蜜法으로 모든 菩薩을 護持하여 念하시는 것이다. 付囑은 如來가 般若波羅蜜法으로 須菩提와 諸大菩薩을 付囑하시는 것이다. 잘 護念하신다 말함은 모든 배우는 사람으로 하여금 般若智로 제 身心을 護念하여, 미워하며 사랑함을 허망되게 일으키어 밖의 六塵에 의해 더럽혀져, 生死 苦海에 떨어지지 아니하게 하여, 내 마음 가운데 念念이 항상 正하여, 邪가 일어나지 아니하게 하시어, 自性如來를 자기가 잘 護念하는 것이다. 잘 付囑하신다 말함은 前念이 淸淨하여 後念을 付囑하고, 後念이 淸淨하여 그침 없어 究竟하게 解脫함이니, 如來가 委曲하여 衆生과 大會에 있는 大衆을 가리켜 보이시어 반드시 항상 이를 行하게 하시므로, 잘 付囑하신다 말했다. 菩薩은 梵語이니 唐말엔 道心衆生이며 또 이름엔 覺有情이니 【智로 위의 菩提를 求하므로 말하되 覺이고, 悲로 아래의 衆生을 敎化하므로 말하되, 有情이다】 道心은 항상 恭敬을 行하여 구물거리는 含靈에까지 널리 恭敬하며 불쌍히 여겨 소홀히 여기는 마음이 없으므로 이름이 菩薩이다.

주 의역 '호념(護念)하시는 것'은 부처님께서 반야바라밀법(般若波羅蜜法)으로 모든 보살을 보호하여 지킨다는 것이다. 부촉(付囑)은 부처님께서

반야바라밀법(般若波羅蜜法)으로 수보리와 훌륭한 보살들에게 부촉(付囑)하시는 것이다. 잘 호념하신다는 것은 모든 불법을 배우는 사람으로 하여금 반야의 지혜로 자기의 몸과 마음을 잘 지켜서, 허망되게 미워하거나 사랑하는 마음을 일으켜 내 밖에 있는 육진(六塵)에 의해 더럽혀져 생사(生死)의 괴로운 바다[苦海]에 떨어지지 않게 하고, 내 마음 가운데 항상 생각을 바르게 하여 삿된 마음이 일어나지 않게 하여 자성(自性) 여래(如來)가 스스로를 잘 지키는 것이다. 잘 부촉(付囑)하신다는 것은 과거의 생각[前念]이 청정하여 미래의 생각[後念]을 잘 부촉(付囑)하고, 미래의 생각이 청정하고 그침 없어 마침내 해탈하는 것이다. 부처님께서 위곡(委曲)하여 중생과 회중(會中)에 있는 대중에게 가리켜 보이시어 항상 반드시 이것을 행(行)하게 하시므로, 잘 부촉(付囑)하신다고 하셨다. 보살은 싼쓰끄리뜨어인데 중국어로는 도(道)를 구하는 마음을 가진 중생이며 또한 깨달은 중생[有情]이니 【위로는 지혜(智慧)로 보리를 구하므로 각(覺)이라 말하고, 아래로는 자비(慈悲)로 중생을 교화하므로 유정(有情)이라 한다】 도심(道心)을 지닌 이는 항상 모든 것을 공경하여서, 꿈틀거리는[蠢動] 중생까지도 널리 공경하며 불쌍히 여겨 소홀히 여기는 마음이 없기 때문에 보살이라 부른다.

주 해

- ·니디: 일으나지. 참조) 일-: 이루어지다.
- 모ᄃᆞᆫ ᄇᆡ홀 싸ᄅᆞᄆᆞ로 般若智로 제 身心을 護念ᄒᆞ야 믜며 ᄃᆞᇫ오ᄆᆞᆯ 간대로 니ᄅᆞ와다 밧긔 六塵에 더러여 生死 苦海예 ᄢᅥ러디디 ① 아니케 ᄒᆞ야 내 心 中에 念念이 샹녜 正ᄒᆞ야 邪ㅣ 니디 ② 아니케 ᄒᆞ샤(① 令諸學人으로 以般若智로 護念自身心ᄒᆞ야 ② 不令妄起憎愛ᄒᆞ야 染外六塵ᄒᆞ야 墮生死苦海ᄒᆞ야 於自心中에 念念常正ᄒᆞ야 ③ 不令邪起케ᄒᆞ샤): 한문 원문의 사동사인 '令'과 경 언해의 사동 표현인 '-게 ᄒᆞ-'의 표현 횟수가 다를 뿐만 아니라 위치에서도 차이를 보인다. 따라서 '[[모ᄃᆞᆫ ᄇᆡ홀 싸ᄅᆞᄆᆞ로 [般若智로 제 身心을 護念ᄒᆞ야] [믜며 ᄃᆞᇫ오ᄆᆞᆯ 간대로 니ᄅᆞ와다] [밧긔 六塵에 더러여 生死 苦海예 ᄢᅥ러디디 아니ᄒᆞ]게 ᄒᆞ]야]'로 보고 '-게 ᄒᆞ-'가 세 개의 문장을 지배하는 것으로 이해해야 한다.
- 간대로: 허망되게[妄].

- 구믈어리다: 구물거리다[蠢].
- 므던히: 소홀히, 가볍게, 경멸(輕蔑)하여.
- 唐 마랜 道心 衆生이며 또 닐오맨 覺有情이니: 중국어로는 도심이 있는 중생 또는 깨달은 중생이니.
- 念念이: 생각 생각이, 찰나 찰나가. 생각은 찰나마다 일어나는 것이므로 '念念'은 '찰나 찰나'의 뜻이 됨.
- 자성(自性) 여래(如來): 본래의 자기 성품에 갖추어진 여래.
- 해탈(解脫): vimokṣa, vimukti. 번뇌에 의해 매이는 것에서 해방되어 미혹되고 고통 받는 곳으로부터 벗어나는 것. 불교는 원래 열반과 해탈이 궁극적인 목표이나 나중에는 여러 가지 해탈에 대한 개념들이 생겼다.
- 보살(菩薩): bodhi-sattva. 의역하여 각유정(覺有情)이라 함. 보리(菩提)는 깨달았다는 뜻, 살타(薩埵)는 중생의 뜻. 지혜로써 위로는 보리를 구하고 자비로써 아래로는 중생을 교하하는 사람. 모든 바라밀행을 닦아 미래에 불과(佛果)를 성취하는 수행자. = 보리살타(菩提薩埵).
- 함령(含靈): sattva. 심식(心識)을 가진 모든 중생(衆生). 즉 모든 생물을 가리킨다. = 함식(含識).

경 본문 世尊하 善男子善女人이

경 언해 世·솅尊존·하 善:썬男남子:중 善:썬女:녕人신·이

경 직역 세존이시여! 善男子 善女人이

경 의역 **부처님이시여, 선남자(善男子) 선여인(善女人)이**

주 해

- 선남자(善男子), 선여인(善女人): kula-putra, kula-duhitṛ. 싼쓰끄리뜨어의 의미는 '태생이 좋은 아들 · 딸'이며 '善'의 의미는 없다. 의역하면 '훌륭한 남자, 훌륭한 여자'가 된다.

주 본문 善男子者는 平坦心也ㅣ며 亦是正定心也ㅣ니 能成就一切功德ᄒᆞ야 所住애 無礙也ᄒᆞᄂᆞ니라 善女人者는 是正慧心也ㅣ니 由正慧心ᄒᆞ야 能出生一切有爲無爲功德也ᄒᆞᄂᆞ니라

주 언해 善:썬男남子:중·는 平뼝ᄒᆞᆫ ᄆᆞᅀᆞ·미·며 ·또 ·이 正·졍定·뗭 ᄆᆞ

ᄉᆞ·미·니 能능·히 一·ᅙᅵᇙ切·촁 功공德·득·을 일·워 :간 고·대 ᄀᆞ·료·미 :업·ᄂᆞ니·라 善:쎤女:녕人신·은 이 正·졍慧·ᅘᅰᆼ ᄉ ᄆᆞᅀᆞ·미·니 正·졍慧·ᅘᅰᆼ ᄉ ᄆᆞᅀᆞ·믈브·터 能능·히 一·ᅙᅵᇙ切·촁ᄉ 有:울爲윙 無뭉 【金剛經 10ㄴ】 ☞ 爲윙功공德·득·을 :내·ᄂᆞ니·라

주 직역 善男子는 平坦한 마음이며 또 正定의 마음이니 能히 一切 功德을 이루어 간 곳에 막힘이 없다. 善女人은 正慧의 마음이니 正慧의 마음을 말미암아 能히 一切의 有爲와 無爲 功德을 낸다.

주 의역 선남자(善男子)는 편하고 너그러운 마음[平坦心]을 가진 이며 또 바르고 안정된 마음[正定心]을 가진 이이어서 능히 모든 공덕을 성취해서, 가는 곳마다 막힘이 없다. 선여인(善女人)은 바른 지혜의 마음[正慧心]을 가진 사람이니 정혜심으로 말미암아 모든 유위(有爲) 공덕(功德)과 무위(無爲) 공덕(功德)을 낸다.

주 해

- 정정(正定): 팔정도의 하나. 바른 삼매.
- 정혜(正慧): 바른 지혜.
- 유위공덕(有爲功德): 세상의 모든 인연으로 만들어진 공덕(功德).
- 무위공덕(無爲功德): 인연으로 만들어지지 않은 공덕, 즉 제일의제(第一義諦)인 열반(涅槃).
- '善男子, 善女人'에 대한 육조구결의 독창성에 대한 지적은 이기영(1978/1997: 408) 참조.

경 본문 發阿耨多羅三藐三菩提心ᄒᆞ니 云何應住ᄒᆞ며 云何降伏其心ᄒᆞ리잇고

경 언해 阿항耨·녹多당羅랑三삼藐·먁三삼菩뽕提똉ᄉ ᄆᆞᅀᆞᆷ 發·벓ᄒᆞ·니 :엇데 반·ᄃᆞ기 住·뜡ᄒᆞ·며 :엇데 그 ᄆᆞᅀᆞ·믈 降항伏·뽁:히·리잇·고

경 직역 "阿耨多羅三藐三菩提의 마음을 내니, 어떻게 반드시 住하며 어떻게 그 마음을 항복시킬 것입니까?"

경 의역 "아뇩다라삼먁삼보리(阿耨多羅三藐三菩提)의 마음을 일으킬 때, 마땅히 어떻게 머무르며, 어떻게 그 마음을 항복시킬 것입니까?"

주 해

- 엇데 반ᄃᆞ기 住ᄒᆞ며 엇데 그 ᄆᆞᅀᆞᄆᆞᆯ 降伏히리잇고: 불교에서는 두 가지의 마음이 있다. 하나는 근본 성품으로서의 마음이며, 다른 하나는 삿되게 일으키는 마음이다. '마땅히 머무를' 마음은 '應無所住 如如不動'한 전자의 마음으로, 일체를 널리 알아 성불할 수 있는 마음이다. 원래 중생은 망령된 생각이 끊이지 않고 일어나 요동하고 집착하게 되는데, 두 번째 구는 어떻게 원래의 청정무구한 마음을 머무르게 할 것이며, 나아가 망령된 생각을 조복시킬 것인가를 물은 것이다.
- 降伏히리잇고: 降伏시키겠습니까? '降伏히다'는 '降伏ᄒᆞ다'의 사동사. 불가에서는 전통적으로 '항복 받다'라는 표현을 씀.
- 아뇩다라삼먁삼보리(阿耨多羅三藐三菩提): anuttara-samyak-saṃbodhi. 위없는 正等 正覺. 아뇩다라(阿耨多羅)는 위 없다는 뜻[無相]이고, 삼먁삼보리(三藐三菩提)는 바르고 두루하는 지혜라는 뜻[正遍知].

주 본문 須菩提ㅣ 問ᄒᆞᅀᆞ오ᄃᆡ 一切發菩提心人이 應云何住ᄒᆞ며 云何降伏其心ᄒᆞ리잇고ᄒᆞ니 須菩提ㅣ 見一切衆生이 躁擾不停호미 猶如隙塵ᄒᆞ며 搖動之心이 起如飄風ᄒᆞ야 念念相續ᄒᆞ야 無有間歇ᄒᆞᆯᄉᆡ 問ᄒᆞᅀᆞ오ᄃᆡ 【金剛經 11ㄱ】 ☞ 欲修行ᄒᆞᆯ뗸 如何降伏ᄒᆞ리잇고ᄒᆞ니라

주 언해 須슝菩뽕提똉ㅣ ·문·ᄌᆞ오·ᄃᆡ 一·ᅙᅵᇙ切·쳉ㅅ 菩뽕提똉ㅅ ᄆᆞᅀᆞᆷ 發·벓ᄒᆞᆫ :사ᄅᆞ·미 반·ᄃᆞ기 :엇뎨 住·뜡ᄒᆞ·며 :엇뎨 그 ᄆᆞᅀᆞ·ᄆᆞᆯ 降향伏·뽁:히·리잇·고 ᄒᆞ·니 須슝菩뽕提똉ㅣ 一·ᅙᅵᇙ切·쳉 衆·즁生ᄉᆡᆼ·이 ·어·즈러·워 머·므·디 아·니·호미 ·ᄠᅳ·멧 드틀 ·ᄀᆞᆮᄒᆞ·며 搖ᅇᅭᇢ動:똥·ᄒᆞ·ᄂᆞᆫ ᄆᆞᅀᆞ·미 니·루미 飄푬風봉 ·ᄀᆞᆮ·ᄒᆞ·야 【飄푬風봉·은 회로·리ᄇᆞᄅᆞ·미·라】 念·념念·념·이 서르 니ᅀᅥ 그·처 歇·헗홀 쩍 :업수·믈 볼·씨 :문·ᄌᆞ오·ᄃᆡ 修슣行ᅘᆡᆼ·호려 ·홀·뗸 :엇뎨 降향伏·뽁:히·리잇·고 ᄒᆞ·니·라

주 직역 須菩提가 묻기를, '一切의 菩提의 마음을 發한 사람이 마땅히 어찌 머무르며 어찌 그 마음을 降伏시키겠습니까?' 하니, 須菩提가 一切 衆生이 어지러워 머무르지 않음이 틈의 티끌과 같으며 搖動하는 마음이 일어남이 飄風과 같아야 【飄風은 회오리 바람이다】 念念이 서로 이어 끊어

저 쉴 때가 없음을 봄으로 묻기를, '修行하려 하면 어찌 降伏시키겠습니까?'라고 하였다.

주 의역 수보리(須菩提)가 '보리심(菩提心)을 낸 모든 사람은 마땅히 어떻게 머무르며 어떻게 그 마음을 항복(降伏)시키겠습니까?'라 물은 것은, 수보리가 일체 중생이 어지러워 머무르지 못함이 문틈에 있는 먼지와 같으며, 요동치는 마음이 일어나는 것이 회오리바람[飄風]과 같아서 【표풍(飄風)은 회오리바람이다】 찰나 찰나에 서로 이어져 쉴 사이가 없는 것을 보았음으로 수행하려 하면 '마음을 어떻게 항복시키겠습니까?'라고 물은 것이다.

주 해

- ᄡᅳᆷ엣: 틈[隙]에 있는. ᄡᅳᆷ + 에 + ㅅ.
- 念念이 서르 니ᅀᅥ 그처 歇ᄒᆞᇙ 쩍 업수믈 볼씨: 쓸데없는 생각이 계속 이어져, 이 생각들이 끊어진 때가 없는 것을 보기 때문에.
- 보리(菩提): bodhi. 세간에 있는 번뇌를 끊고 열반의 지혜를 성취하는 것. = 각(覺), 지(智), 지(知), 도(道).

경 본문 佛言ᄒᆞ샤ᄃᆡ 善哉 善哉라 須菩提야 如汝所說ᄒᆞ야 如來ㅣ 善護念諸菩薩ᄒᆞ며 善付囑諸菩薩ᄒᆞᄂᆞ니

경 언해 부:톄 니ᄅᆞ 【金剛經 11ㄴ】 ☞ ·샤·ᄃᆡ :됴타 :됴타 須슝菩뽕提똉·여 네 닐·옴 ·ᄀᆞᆮ·ᄒᆞ·야 如ᅀᅧᆼ來ᄅᆡᆼㅣ 諸졍菩뽕薩·삻·ᄋᆞᆯ 이·대 護·ᅘᅩᆼ念·념ᄒᆞ·며 諸졍菩뽕薩·삻·ᄋᆞᆯ 이·대 付·붕囑·죡·ᄒᆞ·ᄂᆞ·니

경 직역 부처님이 이르시되, "좋다. 좋다. 須菩提야! 너의 말함과 같아 如來께서 모든 菩薩을 잘 護念하며 모든 菩薩을 잘 付囑하니,"

경 의역 부처님께서 말씀하셨다. "착하고 착하다, 수보리야! 네가 말하는 것과 같아서 여래는 모든 보살을 잘 보살피고 모든 보살을 잘 부촉한다."

주 본문 是는 佛이 讚嘆須菩提ᄒᆞ샤ᄃᆡ 善得我心ᄒᆞ며 善得我意也ㅣ라ᄒᆞ시니라

(주 언해) ·이는 부:톄 須슝菩뽕提똉·롤 讚·잔歎·탄·ᄒᆞ샤·ᄃᆡ 내 ᄆᆞᅀᆞ·ᄆᆞᆯ 이·대 得·득ᄒᆞ·며 내 ·ᄠᅳ·들 이·대 得·득ᄒᆞ·니·라 ·ᄒᆞ·시니·라

(주 직역) 이는 부처님께서 須菩提를 讚歎하시기를, '내 마음을 잘 얻으며 내 뜻을 잘 얻었다'라고 하셨다.

(주 의역) **이는 부처님께서 수보리가 부처님의 마음을 잘 증득하고 부처님의 뜻을 잘 안 것을 찬탄하신 것이다.**

[경 본문] 汝ㅣ 今諦聽ᄒᆞ라 當爲汝說호리라

[경 언해] :네 ·이제 仔:중細·솅·히 드르·라 반·ᄃᆞ기 너 爲·윙·ᄒᆞ·야 닐·오리·라

[경 직역] 네가 이제 仔細히 들으라. 반드시 너를 爲하여 이를 것이다.

[경 의역] **네가 지금 자세히 들으라. 마땅히 너를 위해 말할 것이다.**

주 해

- 네: 너의. 네(평성)는 관형격을, 네(상성)는 주격.

(주 본문) 佛이 欲說法ᄒᆞ실제 常先戒勅ᄒᆞ샤 令諸聽者로 一【金剛經 12ㄱ】☞ 心靜默ᄒᆞ라 吾當爲說호리라ᄒᆞ시니라

(주 언해) 부:톄 說·ᄉᆑᇙ法·법·호려 ·ᄒᆞ·실 쩨 샹·녜 몬져 警:경戒·갱·ᄒᆞ·샤 모·ᄃᆞᆫ 듣ᄌᆞ·오리·로 一·ᅙᅵᇙ心심·으·로 괴외ᄒᆞ·라 ·내 반·ᄃᆞ기 爲·윙·ᄒᆞ·야 닐·오리·라 ·ᄒᆞ·시니·라

(주 직역) 부처님이 說法하려 하실 때, 항상 먼저 警戒하시어 모든 듣는 사람에게 '一心으로 조용하라, 내 반드시 爲하여 이를 것이다.' 하신다.

(주 의역) **부처님께서 설법하고자 하실 때, 항상 먼저 말씀하시기를, '모든 듣는 사람으로 하여금 일심(一心)으로 조용히 하라, 내가 반드시 너희들을 위해 말할 것이다'라고 하신다.**

주 해

- 내 반ᄃᆞ기 爲ᄒᆞ야 닐오리라: 내가 마땅히 너희들을 위하여 말하겠다. 15세기의 '爲ᄒᆞ야'는 지배하는 논항 없이 부사적으로 쓰이는 경우가 있음.

경 본문 善男子善女人이 發阿耨多羅三藐三菩提心ᄒᆞ니 應如是住ᄒᆞ며 如是降伏其心이니라

경 언해 善:쎤男남子:ᄌᆞᆼ 善:쎤女:녕人ᅀᅵᆫ·이 阿항耨·녹多당羅랑三삼藐·먁三삼菩뽕提뗑ㅅ 心심·을 發·벓ᄒᆞ·니 반·ᄃᆞ기 ·이·ᄀᆞ티 住·뜡ᄒᆞ·며 ·이·ᄀᆞ티 그 ᄆᆞᅀᆞ·ᄆᆞᆯ 降핳伏·뽁:히욜 ·띠니·라

경 직역 "善男子 善女人이 阿耨多羅三藐三菩提의 마음을 發하는 이가 마땅히 이와 같이 住하며 이와 같이 그 마음을 降伏시킬 것이다."

경 의역 **"선남자(善男子), 선여인(善女人)이 아뇩다라삼먁삼보리심(阿耨多羅三藐三菩提心)을 내니, 마땅히 이와 같이 머무르며 이와 같이 그 마음을 항복시킬 것이다."**

주 본문 阿之言은 無ㅣ오 耨多羅之言은 上이오 三之言은 【金剛經 12ㄴ】 ☞ 正이오 藐之言은 徧이오 菩提之言은 知니 無者ᄂᆞᆫ 無諸垢染이오 上者ᄂᆞᆫ 三界예 無能比오 正者ᄂᆞᆫ 正見也ㅣ오 徧者ᄂᆞᆫ 一切智也ㅣ오 知者ᄂᆞᆫ 知一切有情이 皆有佛性ᄒᆞᆯᄉᆡ 但能修行ᄒᆞ면 盡得成佛이니 佛者ᄂᆞᆫ 卽是無上淸淨般若波羅蜜也ㅣ니 是以로 一切善男子善女人이 若欲修行인댄 應知無上菩提道ㅣ며 應知無上淸淨般若波羅蜜多法이니 以此로 降伏其心也ㅣ니라

주 언해 阿항ㅣ·라 ·혼 :마·른 無뭉ㅣ·오 耨·녹多 【金剛經 13ㄱ】 ☞ 당羅랑ㅣ·라 ·혼 :마·른 上·썅·이·오 三삼이·라 ·혼 :마·른 正·졍·이·오 藐·먁·이·라 ·혼 :마·른 徧·변·이·오 菩뽕提뗑·라 ·혼 :마·른 知딩ㅣ·니 無뭉·는 한 ·ᄢᅴ :더러·움 :업·수미오 上·썅·ᄋᆞᆫ 三삼界·갱·예 能능·히 가·ᄌᆞᆯ비·리 :업·수미·오 正·졍·ᄋᆞᆫ 正·졍ᄒᆞᆫ :보미·오 徧·변·ᄋᆞᆫ 一·힗切·쳉 智·딩·오 知딩·는 一·힗切·쳉 有:웋情쪙·이 :다 佛·뿛性·셩·을 ·두실·ᄊᆡ 오·직 能능·히 修슣行ᅘᆡᆼ ᄒᆞ·면 :다 成쎵佛·뿛ᄒᆞᆯ ·ᄯᆞᆯ 아·로미·니 佛·뿛·은 ·곧 ·이 우 :업슨 淸쳥淨·쪙 般·밣若:샹波방羅랑蜜·밇·이·니 ·이런·ᄃᆞ·로 一·힗切·쳉 善:쎤男남子:ᄌᆞᆼ 善:쎤女:녕人ᅀᅵᆫ·이 ·ᄒᆞ다·가 修슣行ᅘᆡᆼ·호려 ·홀띤·댄 반·ᄃᆞ기 우 :업슨 菩뽕提뗑道:뚷·ᄅᆞᆯ 아·롤 띠·며 반·ᄃᆞ기 우 :업슨 淸쳥淨·쪙 般·밣若:샹波방羅

랑蜜·밇多법法·법·을 아·롤 띠·니 ·일·로 그 ᄆᆞᅀᆞ·ᄆᆞᆯ 降ᅘᅣᇰ伏·뽁·홀 ·띠니라

(주 직역) 阿라 하는 말은 無이고 耨多羅라 하는 말은 上이고 三이라 하는 말은 正이고 藐이라 하는 말은 徧이고 菩提라 하는 말은 知이니, 無는 많은 때와 더러움이 없음이고, 上은 三界에 能히 비교할 것이 없음이고, 正은 바른 봄이고, 徧은 一切智고, 知는 一切 有情이 다 佛性을 가졌으므로 오직 能히 修行하면 다 成佛할 것을 앎이니, 佛은 곧 이 위가 없는 淸淨한 般若波羅蜜이니, 이러므로 一切 善男子, 善女人이 만약 修行하려 하면, 반드시 위가 없는 菩提道를 알 것이며 반드시 위가 없는 淸淨한 般若波羅蜜多法을 알 것이니, 이것으로 그 마음을 降伏시킬 것이다.

(주 의역) '아(阿)'는 없다[無]는 뜻이고, '뇩다라(耨多羅)'는 위[上]라는 뜻이며, '삼'은 바른 것[正]이라는 뜻이고, '먁(藐)'은 두루하다[徧]는 뜻이고, '보리(菩提)'는 알다[知]라는 뜻이니, 없다는 것은 많은 때와 더러움이 없다는 것이고, 위라는 것은 삼계에 능히 비교할 것이 없다는 것이고, 바른 것은 바르게 본다는 것이고, 두루함은 모든 지혜(智慧)이고, 아는 것은 모든 중생이 불성을 가졌으므로 단지 수행만 하면 모두 성불하게 되는 것을 아는 것이다. 부처님은 이러한 위가 없이 청정한 반야바라밀(般若波羅蜜)이시다. 그러므로 모든 선남자, 선여인이 수행하려고 하면, 마땅히 위가 없는 보리(菩提)의 도(道)를 알아야 할 것이며, 마땅히 위가 없는 청정한 반야바라밀법(般若波羅蜜多法)을 알아야 할 것이니, 이것으로 선남자, 선여인은 그 마음을 항복시켜야 할 것이다.

주 해

- 일·로 그 ᄆᆞᅀᆞ·ᄆᆞᆯ 降ᅘᅣᇰ伏·뽁·홀 ·띠니라: 이것으로 그 마음을 항복시킬 것이다. '降伏ᄒᆞ다'는 능동-사동 양용동사.

【金剛經 13ㄴ】 ☞

(경 본문) 唯然世尊하 願樂欲聞ᄒᆞᅀᆞᆸ노이다

(경 언해) 唯:윙然션 世·솅尊존·하 듣:ᄌᆞᆸ고·져 願·원樂·욕·ᄒᆞᅀᆞᆸ·노이·다

경 직역 "唯然, 세존이시여! 듣고자 願樂합니다."

경 의역 "예, 그렇습니다. 부처님이시여! 듣기를 원합니다."

주 해

- 듣줍고져 願樂ᄒᆞᅀᆞᆸ노이다(願樂欲聞): 한문 원문의 '願樂欲'은 모두 '欲'의 뜻으로 운율을 맞추기 위해서 쓴 것임.
- 唯然: 예, 그렇습니다. 이때의 '唯'는 '오직'의 뜻이 아니다.

주 본문 唯然者ᄂᆞᆫ 應諾之辭ㅣ오 願樂者ᄂᆞᆫ 願佛이 廣說ᄒᆞ샤 令中下根機로 盡得開悟ㅣ오 樂者ᄂᆞᆫ 樂聞深法이라 欲聞者ᄂᆞᆫ 渴仰慈誨也ㅣ라

주 언해 唯:윙然션·은 對·됭答·답·ᄒᆞ·ᅀᆞᆸᄂᆞᆫ :마리·오 願·원樂:욯·ᄂᆞᆫ 부:톄 너·비 니ᄅᆞ·샤 中듕下·항 根ᄀᆞᆫ機긩·로 ·다 여·러 :알·에 ·ᄒᆞ·시과·뎌 願·원·호미·오 樂·욯·ᄂᆞᆫ 기·픈 法·법 듣ᄌᆞ·오·몰 ·즐길 ·씨·라 듣:ᄌᆞᆸ고·져 ·호몬 慈ᄍᆞᆼ悲빙ㅅ ᄀᆞᄅᆞ·치샤·몰 渴·캃望·망·ᄒᆞ·야 ·ᄇᆞ·라ᅀᆞ·올 ·씨·라

주 직역 唯然은 對答하는 말이고 願樂는 부처님이 널리 이르시어 中·下根機로 하여금 다 열어 알게 하시고자 願함이고 樂는 깊은 法을 들음을 즐기는 것이다. 듣고자 함은 慈悲의 가르치심을 渴望하여 바라는 것이다.

주 의역 '예, 그렇습니다[唯然]'는 응낙하는 말이고, '원합니다[願樂]'는 부처님께서 널리 말씀하시어 중근기(中根機)와 하근기(下根機)로 하여금 깨닫게 하시고자 하는 것이다. 즐겁다는 것은 심오한 법을 듣는 것을 즐기는 것이다. 듣고자 하는 것은 자비로운 가르침을 간절히 바라는 것이다.

주 해

- 자비(慈悲): 자(慈) maitrya 또는 maitrī, 비(悲) karuṇa. 중생을 사랑하여 쾌락을 주는 것을 자(慈)라 하고, 중생의 고통을 같이 느껴 불쌍히 여기는 것을 비(悲)라 함.

大乘正宗分 第三(대승정종분 제삼)

경 본문 【金剛經 14ㄱ】 ☞ 佛告須菩提ᄒᆞ샤ᄃᆡ 諸菩薩摩訶薩이 應如是降伏其心이니

경 언해 부:톄 須슝菩뽕提뗑ᄃᆞ·려 니ᄅᆞ·샤·ᄃᆡ 諸졍菩뽕薩·삻 摩망訶항薩·삻·이 반·ᄃᆞ기 ·이·ᄀᆞ티 그 ᄆᆞ·ᅀᆞ·ᄆᆞᆯ 降ᅘᅡᆼ伏·뽁:ᅘᅵ욜·띠·니

경 직역 부처님이 須菩提에게 이르시되, "모든 菩薩摩訶薩이 마땅히 이 같이 그 마음을 降伏시킬 것이니,"

경 의역 부처님께서 수보리(須菩提)에게 말씀시기를, "모든 보살마하살이 마땅히 이와 같이 자기의 마음을 항복시킬 것이니,"

주 본문 前念이 清淨ᄒᆞ며 後念이 清淨ᄒᆞᆯ시 名爲菩薩이오 念念不退ᄒᆞ야 雖在塵勞ᄒᆞ나 心常清淨ᄒᆞᆯ시 名摩訶薩이라 又慈悲喜捨와 種種方便으로 化導衆生ᄒᆞᆯ시 名爲菩薩이오 能化所化애 心無取著ᄒᆞᆯ시 是名摩訶 【金剛經 14ㄴ】 ☞ 薩이라 恭敬一切衆生이 卽是降伏自心處ㅣ라 眞者ᄂᆞᆫ 不變ᄒᆞ고 如者ᄂᆞᆫ 不異ᄒᆞ니 遇諸境界ᄒᆞ야 心無變異호미 名曰眞如ㅣ라 亦云호ᄃᆡ 外不假曰眞이오 內不亂曰如ㅣ니 念念無差호미 卽是降伏其心也ㅣ라

주 언해 前쪈念·념·이 清쳥淨·쪙ᄒᆞ·며 後:ᅘᅮᇢ念·념·이 清쳥淨·쪙ᄒᆞᆯ ·씨 일·후·미 菩뽕薩·삻·이·오 念·념念·념·에 므르·디 아·니·ᄒᆞ야 비·록 塵띤勞롱·애 이시·나 ᄆᆞᅀᆞ·미 샹·녜 清쳥淨·쪙ᄒᆞᆯ ·씨 일·후·미 摩망訶항薩·삻·이·라 ·ᄯᅩ 慈쫑悲빙喜:힁捨:샹·와 種:죵種:죵 方방便·뼌·으·로 衆·즁生싱·ᄋᆞᆯ 化·황·ᄒᆞ·야 引:인導:똥ᄒᆞᆯ ·씨 일·후·미 菩뽕薩·삻·이·오 能능化·황·와 所:송化·황·애 ᄆᆞᅀᆞ·미 取:츙著땩 :업슬 ·씨 ·이 일·후·미 【金剛經 15ㄱ】 摩망訶항薩·삻·이·라 一·ᅙᅵᇙ切·쳉 衆·즁生싱·ᄋᆞᆯ 恭공敬·경·호미 ·곧 ·이 제 ᄆᆞᅀᆞᆷ 降ᅘᅡᆼ伏·뽁:히·논 ·고디·라 眞진·ᄋᆞᆫ 變·변·티 아·니ᄒᆞ·고 如셩·는 다ᄅᆞ·디 아니ᄒᆞ·니 한 境:경界·갱·를 맛·나 ᄆᆞᅀᆞ·미 變·변·ᄒᆞ·야 달·옴 :업수·미

일·후·믈 닐·오·ᄃᆡ 眞진如ᅀᅧᆼㅣ·라 ·ᄯᅩ 닐·오·ᄃᆡ 밧·기 :거츠·디 아·니·ᄒᆞ·몰 닐·오·ᄃᆡ 眞진·이·오 안히 亂·롼·티 아·니·ᄒᆞ·몰 닐·오·ᄃᆡ 如ᅀᅧᆼㅣ·니 念·념念·념·이 어·긔·욤 :업수·미 ·곧 ·이 그 ᄆᆞᅀᆞᆷ 降ᅘᅡᆼ伏·뽁:히·요미·라

주 직역 前念이 清淨하며 後念이 清淨한 것이 이름이 菩薩이고, 念念에 물러나지 아니하여 비록 塵勞에 있으나 마음이 항상 清淨한 것이 이름이 摩訶薩이다. 또 慈・悲・喜・捨와 갖가지 方便으로 衆生을 化하여 引導하는 것이 이름이 菩薩이고, 能化와 所化에 마음이 取着이 없는 것이 이름이 摩訶薩이다. 一切 衆生을 恭敬함이 곧 이것은 자기의 마음을 降伏시키는 것이다. 眞은 變하지 않고 如는 다르지 않으니, 많은 境界를 만나 마음이 變하여 다름이 없음이 이름을 이르되 眞如이다. 또 이르되 밖이 虛妄하지 않음을 이르되, 眞이고, 안이 어지럽지 않음을 이르되, 如니, 念念이 어김이 없음이 곧 이것이 그 마음을 降伏시킴이다.

주 의역 과거의 생각[前念]이 청정하며 미래의 생각[後念]이 청정한 이가 보살이고, 생각 생각에 물러서지 않아 비록 티끌 같은 세상에 있으나 마음이 항상 청정한 이가 마하살(摩訶薩)이다. 또 자(慈)・비(悲)・희(喜)・사(捨)와 갖가지 방편으로 중생을 교화하여 인도하는 이가 보살이고, 교화하는 것과 교화 받는 대상에 대해 마음에 집착이 없는 것이 마하살(摩訶薩)이다. 모든 중생을 공경하는 것이 곧 그 마음을 항복시킬 것이다. 진(眞)은 변하지 않음이고 여(如)는 다르지 않음이니 모든 경계(境界)를 만나도 마음이 달라지지 않는 것이 진여(眞如)다. 또 밖으로 허망(虛妄)하지 않는 것을 진(眞)이라 하고, 안으로 어지럽지 않는 것을 같다[如]라고 하니, 생각 생각마다 차이가 없는 것이 그 마음을 항복시키는 것이다.

주 해

- 能化와 所化애 ᄆᆞᅀᆞ미 取着 업슬 씨 이 일후미 摩訶薩이라: 교화를 하는 주체와 교화를 받는 대상에 대한 생각이 없는 것을 마하살이라 한다.
- 자비희사(慈悲喜捨): catvāry apramāṇāni. 불보살(佛菩薩)이 무량(無量)한 중생을 널리 제도하는 것. ① 자무량(慈無量, maitry-apramāṇa) 중생에게 즐거움을 주려는 마음, ② 비무량(悲無量, karuṇāpramāṇa) 남의 고통을 벗겨주려는 마음. ③ 희무량(喜無量, muditāpramāṇa) 다른 이로 하여금 고통을

여의고, 낙을 얻어 희열하게 하려는 마음. ④ 사무량(捨無量, upekṣāpramāṇa) 중생을 평등하게 보아 원수와 친한 이를 구별을 두지 않으려는 마음.

경 본문 所有一切衆生之類ㅣ 若卵生若胎生若濕生若化生若有色若無色若有想若無想若非有想若非無想을 我皆令入無餘涅槃ᄒᆞ야

경 언해 잇ᄂᆞᆫ 一·ᅙᅵᆶ切·쳉 衆·즁生ᄉᆡᆼ 類【金剛經 15ㄴ】☞ ·륭ㅣ 卵:롼生ᄉᆡᆼ·과 胎텡生ᄉᆡᆼ·과 濕·십生ᄉᆡᆼ·과 化·황生ᄉᆡᆼ·과 有:ᅌᅮᇢ色·식·과 無뭉色·식·과 有:ᅌᅮᇢ想:샹·과 無뭉想:샹·과 非빙有:ᅌᅮᇢ想:샹·과 非빙無뭉想:샹·올 ·내 :다 無뭉餘영涅·넗般빤·애 ·들·에 ·ᄒᆞ·야

경 직역 있는 一切 衆生의 部類가 卵生과 胎生과 濕生과 化生과 有色과 無色과 有想과 無想과 非有想과 非無想을 내가 다 無餘涅般에 들게 하여,

경 의역 **모든 중생들 즉 난생**(卵生), **태생**(胎生), **습생**(濕生), **화생**(化生)**과 형체 있는 것**[有色], **형체 없는 것**[無色]**과 생각 있는 것**[有想], **생각 없는 것**[無想], **생각 있지 않는 것**[非有想], **생각 없지 않는 것**[非無想]**들을 내가 다 무여열반**(無餘涅槃)**에 들게 하여,**

주 해

- 사생(四生): catasro-yonayaḥ. 불교에서 생물이 생기는 형식을 분류한 네 가지. 삼계의 육도 중생을 네 가지로 분류한 것. ① 난생(卵生, aṇḍaja-yoni): 알을 낳아 태어나는 것. 새, 물고기, 뱀 등. ② 태생(胎生, jarāyujā-yoni), 어미로부터 태어나는 것. 사람, 코끼리, 소, 말 등. ③ 습생(濕生, saṃsvedajā-yoni) 똥, 썩은 고기, 풀더미 등 습한 곳에서 태어나는 것. 모기 등의 벌레. ④ 화생(化生, upapādukā-yoni), 의탁한 곳이 없이 태어나는 것. 제천(諸天), 지옥(地獄)의 중생 등.

주 본문 卵生者ᄂᆞᆫ 迷性也ㅣ오 胎生者ᄂᆞᆫ 習性也ㅣ오 濕生者ᄂᆞᆫ 隨邪性也ㅣ오 化生者ᄂᆞᆫ 見趣性也ㅣ니 迷故로 造諸業ᄒᆞ고 習故로 常流轉ᄒᆞ고 隨邪ᄒᆞ야 心不定ᄒᆞ고 見趣ᄒᆞ야 多淪墜ᄒᆞᄂᆞ니 起心修心ᄒᆞ야 妄見是非ᄒᆞ야 內不契無相之理ᄒᆞᆯ시 名爲有色이오 內心守直ᄒᆞ야 不行恭敬供養ᄒᆞ야 但言直心이 是佛이라코 不【金剛經 16ㄱ】☞ 修福慧ᄒᆞᆯ시 名爲無色이오 不了中

道ᄒᆞ고 眼見耳聞ᄒᆞ야 心想思惟ᄒᆞ야 愛著法相ᄒᆞ야 口說佛行호ᄃᆡ 心不依行ᄒᆞᆯ시 名爲有想이오 迷人이 坐禪호ᄃᆡ 一向除妄ᄒᆞ고 不學慈悲喜捨와 智慧方便ᄒᆞ야 猶如木石의 無有作用ᄃᆞᆺᄒᆞᆯ시 名爲無想이오 不著二法想ᄒᆞᆯᄊᆡ 故로 名若非有想이오 求理心이 在ᄒᆞᆯᄊᆡ 故로 名若非無想이라 煩惱ㅣ 萬差ㅣ나 皆是垢心이며 身形이 無數ᄒᆞ나 摠名衆生이니 如來ㅣ 大悲로 普化ᄒᆞ샤 皆令【金剛經 16ㄴ】☞ 得入無餘涅槃ᄒᆞ실ᄊᆡ 云多論墜ㅣ라

주 언해 卵:롼生ᄉᆡᇰ·ᄋᆞᆫ 迷몡·ᄒᆞᆫ 性·셩·이·오 胎ᄐᆡᆼ生ᄉᆡᇰ·ᄋᆞᆫ 習·씹ᄒᆞᆫ 性·셩·이·오 濕·십生ᄉᆡᇰ·ᄋᆞᆫ 邪쌰·ᄅᆞᆯ 좃ᄂᆞᆫ 性·셩·이·오 化·황生ᄉᆡᇰ·ᄋᆞᆫ ·보아 ·가ᄂᆞᆫ 性·셩·이·니 迷몡ᄒᆞᆫ 젼·ᄎᆞ·로 한 業·업·을 :짓·고 習·씹ᄒᆞᆫ 젼·ᄎᆞ·로 샹·녜 흘·러 그·울·오 邪쌰·ᄅᆞᆯ 조·차 ᄆᆞᅀᆞ·미 一·ᅙᅵᇙ定·뗭·티 :몯ᄒᆞ·고 ·보·아 ·가 ·ᄢᅥ:듀미 ·하ᄂᆞ·니 ᄆᆞᅀᆞ·ᄆᆞᆯ 니ᄅᆞ와·다 ᄆᆞᅀᆞ·ᄆᆞᆯ 닷·가 ·올ᄒᆞ·며 외·요ᄆᆞᆯ 간·대·로 ·보아 안·해 無뭉相·샹理:링·예 맛·디 아·니ᄒᆞᆯ ·ᄊᆡ 일·후미 有:ᅌᅮᇢ色·ᄉᆡᆨ·이·오 안 ᄆᆞᅀᆞ·매 直·띡·을 가·져 恭공敬·경 供공養·양·ᄋᆞᆯ 行ᅘᆡᆼ·티 아·니·ᄒᆞ·야 오·직 直·띡心심·이 ·이 佛·뿛·이·라 니ᄅᆞ·고 福·복慧·ᅘᆌᆼ·ᄅᆞᆯ 닷·디 아·니ᄒᆞᆯ ·ᄊᆡ 일·후미 無뭉色·ᄉᆡᆨ·이·오 中듕道:ᄄᆞᇢ·ᄅᆞᆯ ·아디 :몯ᄒᆞ·고 누·네 보·며 귀·예 드·러 ᄆᆞᅀᆞ·매 너·기·며 ᄉᆞ랑·ᄒᆞ·야 法·법相·샹·ᄋᆞᆯ ᄃᆞ·ᅀᅡ 着딱·ᄒᆞ·야 부텻 行·ᅘᆡᆼ·ᄋᆞᆯ 이·베 닐·오·ᄃᆡ ᄆᆞᅀᆞ·매 ᄇᆞ【金剛經 17ㄱ】☞ ·터 行ᅘᆡᆼ·티 아·니ᄒᆞᆯ ·ᄊᆡ 일·후미 有:ᅌᅮᇢ想:샹·이·오 迷몡ᄒᆞᆫ :사ᄅᆞ·미 坐:쫭禪쎤·호·ᄃᆡ ᄒᆞᆫ갓 妄·망·ᄋᆞᆯ :덜·오 慈·ᄍᆞᆼ悲빙喜:힁捨:샹·와 智·딩慧·ᅘᆌᆼ方방便·뼌·을 ᄇᆡ·호·디 아·니·ᄒᆞ·야 木·목石·쎡·의 作·작用·용 :업·듯 ᄒᆞᆯ ·ᄊᆡ 일·후미 無뭉想:샹·이·오 :두 法·법想:샹·애 着·딱·디 아·니ᄒᆞᆯ·ᄊᆡ 일·후미 若·ᅀᅣᆨ非빙有:ᅌᅮᇢ想:샹·이·오 理링ㅣ 求끃·ᄒᆞ·ᄂᆞᆫ ᄆᆞᅀᆞᆷ 이실·ᄊᆡ 일·후미 若·ᅀᅣᆨ非빙無뭉想:샹·이·라 煩뻔惱:ᄂᆞᇢㅣ 萬·먼·으·로 다ᄅᆞ·나 :다 ·이 :더러·운 ᄆᆞᅀᆞ·미·며 ·몸 얼구·리 數·숭 :업스·나 :다 일·후미 衆·즁生ᄉᆡᇰ·이·니 如ᅀᅧᆼ來ᄅᆡᆼㅣ 大·땡悲빙·로 너·비 化·황·ᄒᆞ·샤 :다 無뭉餘ᅌᅧᆼ涅·녏槃빤·애 ·들에 ·ᄒᆞ실·ᄊᆡ 닐·오·ᄃᆡ ·ᄢᅥ :듀·미 :하미·라

주 직역 卵生은 迷한 性이고, 胎生은 習한 性이고, 濕生은 邪를 좇는 性이고, 化生은 보고 달려가는 性이니, 迷한 까닭으로 많은 業을 짓고, 習한

까닭으로 항상 흘러 구르고, 邪를 좇아 마음이 一定하지 못하고, 보아 가 꺼짐이 많으니, 마음을 일으켜 마음을 닦아 옳으며 잘못됨을 허망되게 보아, 안에 無相理에 맞지 않은 것이 이름이 有色이고, 안 마음에 直을 가져 恭敬 供養을 行하지 않아 오직 直心이 이 佛이라 이르고 福慧를 닦지 않는 것이 이름이 無色이고, 中道를 알지 못하고 눈에 보며 귀에 들어 마음에 여기며 아껴 法相을 좋아하여 執着하여 부처님의 行을 입에 이르되, 마음으로부터 行하지 않는 것이, 이름이 有想이고, 迷한 사람이 坐禪하되 한갓 妄을 덜고 慈·悲·喜·捨와 智慧 方便을 배우지 않아 木石의 作用이 없듯이 하는 것이 이름이 無想이고, 두 法想에 着하지 않으므로 이름이 若非有想이고, 理가 求하는 마음이 있으므로 이름이 若非無想이다. 煩惱가 萬으로 다르나 다 이 더러운 마음이며, 몸의 형체가 數 없으나 다 이름이 衆生이니 如來가 大悲로 널리 敎化하시어 다 無餘 涅槃에 들게 하시므로 이르되, 꺼짐이 많음이다.

주 의역 난생은 성품이 미혹한 것이고, 태생은 버릇이 든 성품이고, 습생은 삿된 것을 따르는 성품이고, 화생은 보고 달려가는 성품이니, 미혹한 까닭으로 많은 업을 짓고, 버릇이 든 까닭으로 항상 윤회하고, 삿된 것을 좇아 마음이 일정하지 못하고 보이는 것에 달려가 오도(五道)에 빠짐이 많다. 마음을 일으켜 마음을 닦으나, 허망되게 옳으며 잘못됨을 보아 안으로 무상의 이치에 계합하지 못하는 것을 유색(有色)이라 한다. 안으로 마음을 바르게 가져 공경 공양을 행(行)하지 않고, 오직 직심(直心)이 부처라 말하고 복혜(福慧)를 닦지 않는 것이 무색(無色)이다. 중도를 깨치지 못하고 눈에 보며 귀에 들은 것을 마음으로 여기며 생각하여 모든 상에 집착하여, 입으로는 부처님의 행(行)을 말하되 마음으로는 행(行)하지 않는 것이 유상(有想)이다. 미혹한 사람이 좌선하되 한갓 망념을 제거하고 자비희사와 지혜 방편을 배우지 않아 목석과 같이 작용이 없는 것이 무상(無想)이다. 유상과 무상의 두 가지 법상(法相)에 집착하지 않으므로 약비유상(若非有想)이고, 이치를 구하는 마음이 있으므로 이름이 약비무상(若非無想)이다. 번뇌에는 오만 가지의 차별이 있으나 이는 모두 마음의 때이고, 몸의 모양은 수 없으나 다 중생이라 한다. 여래께서 대자비로 널리 중생을 교화하시어 다 무여 열반에 들게 하시므로 五道에 떨어짐이 많은 것이다.

주 해

- 化生ᄋᆞᆫ 보아 가ᄂᆞᆫ 性이니(化生者ᄂᆞᆫ 見趣性也ㅣ니): 化生은 보고 달려가는 性品이니.
- 안 ᄆᆞᅀᆞ매 直을 가져 恭敬 供養ᄋᆞᆯ 行티 아니ᄒᆞ야 오직 直心이 이 佛이라 니ᄅᆞ고 福慧ᄅᆞᆯ 닷디 아니ᄒᆞᆯ 씨 일후미 無色이오(內心守直ᄒᆞ야 不行恭敬供養ᄒᆞ야 但見直心이 是佛이라코 不修福慧ᄒᆞᆯᄉᆡ 名爲無色이오): 내심에 곧음만을 지켜서 공경 공양을 행하지 않고 다만 직심만이 부처라고 보아 복과 혜를 닦지 않는 것이 이름이 무색이고.

경 본문 而滅度之ᄒᆞ노니

경 언해 滅·멿度·똥·ᄒᆞ노·니

경 직역 滅度하니,

경 의역 멸도(滅度)하게 한다.

주 해

- 멸도(滅度): '열반'을 번역한 말로 '고요하고 안락한 경지'를 말한다. 따라서 나고 죽는 과거의 바다를 건넜다는 뜻.

주 본문 如來ㅣ 指示三界九地衆生이 各有涅槃妙心【金剛經 17ㄴ】☞ ᄒᆞ샤 令自悟入無餘케ᄒᆞ시니 無餘者ᄂᆞᆫ 無習氣煩惱也ㅣ라 涅槃者ᄂᆞᆫ 圓滿淸淨義니 滅盡一切習氣ᄒᆞ야 令永不生케ᄒᆞ야ᅀᅡ 方契此也ㅣ니라 度者ᄂᆞᆫ 渡生死大海也ㅣ니 佛心이 平等ᄒᆞ샤 普願與一切衆生과 同入圓滿淸淨ᄒᆞᆫ 無餘涅槃ᄒᆞ며 同渡生死大海ᄒᆞ며 同諸佛所證也ᄒᆞ시ᄂᆞ니라 有人이 雖悟雖修ᄒᆞ나 作有所得心者ᄂᆞᆫ 却生我相ᄒᆞᆯᄉᆡ 名爲法我ㅣ니 除盡法我ᄒᆞ야ᅀᅡ 方名滅度也ㅣ니라

주 언해 如영來링ㅣ 三삼界·갱 九:궇【金剛經 18ㄱ】☞ 地·띵 衆·즁生싱·이 各·각各·각 涅·녫槃빤 妙·묭心심 이·쇼·ᄆᆞᆯ ᄀᆞᄅᆞ·쳐 :뵈·샤 :제 無뭉餘영·에 아·라 ·들에 ·ᄒᆞ시·니 無뭉餘영·ᄂᆞᆫ 習·씹氣·킝 煩뻔惱:놓 :업슬 ·씨·라

涅·넗槃빤·ᄋᆞᆫ 圓원滿:만 淸쳥淨·졍ᄒᆞᆫ ·ᄠᅳ디·니 一·힗切·쳉 習·씹氣·킝·ᄅᆞᆯ 滅·몷·ᄒᆞ·야 다·아 永:웡·히 나·디 아·니·케 ·ᄒᆞ야·ᅀᅡ 비·르·서 이에 마·ᄌᆞ리·라 度·똥·ᄂᆞᆫ 生ᄉᆡᆼ死:ᄉᆞᆼ 大·땡海:ᅙᆡᆼ·예 ·건낼 ·씨·니 부텻 ᄆᆞᅀᆞ·미 平뼝等:등ᄒᆞ·샤 너·비 願·원·ᄒᆞ샤·ᄃᆡ 一·힗切·쳉 衆·즁生ᄉᆡᆼ·과 圓원滿:만 淸쳥淨·쪙ᄒᆞᆫ 無뭉餘영 涅·넗槃빤·애 ·ᄀᆞ티 ·들·며 生ᄉᆡᆼ死:ᄉᆞᆼ 大·땡海:ᅙᆡᆼ·예 ·ᄀᆞ티 :건너·며 諸졍佛·뿛 證·징·ᄒᆞ·샨 고·대 ·ᄀᆞᆮ과·뎌 ·ᄒᆞ·시ᄂᆞ·니·라 :사ᄅᆞ·미 비·록 아·라 비·록 닷·ᄀᆞ·나 得·득·혼 ·곧 잇논 ᄆᆞᅀᆞᆷ ·짓ᄂᆞ·닌 도로 我:앙相·샹·이 날·씨 일·후미 法·법我:앙ㅣ·니 法·법我:앙·ᄅᆞᆯ :다 더·러·ᅀᅡ 비·르·서 일·후미 滅·몷度·똥ㅣ니·라

주 직역 如來가 三界 九地 衆生이 各各 涅槃 妙心이 있음을 가리켜 보이시어 스스로가 無餘를 알아 들어가게 하시니, 無餘는 習氣 煩惱가 없는 것이다. 涅槃은 圓滿 淸淨한 뜻이니, 一切 習氣를 滅하여 다해 永遠히 나지 아니하게 하여야 비로소 여기에 맞을 것이다. 度는 生死 大海를 건너는 것이니, 부처님의 마음이 平等하시어 널리 願하시되, 一切 衆生과 圓滿 淸淨한 無餘涅槃에 같이 들어가며, 生死 大海에 같이 건너며 諸佛이 證하신 곳과 같고자 하신다. 사람이 비록 알아 닦으나 得한 곳 있는 마음을 짓는 사람은 도로 我相이 나므로 일후미 法我이니, 法我를 다 제거해야 비로소 이름이 滅度이다.

주 의역 여래께서 삼계(三界)의 9지(九地) 중생이 각각 열반 묘심이 있음을 가리켜 보이시어 스스로 무여열반을 알아 무여열반에 들어가게 하신 것이다. 무여는 습기와 번뇌가 없는 것이다. 열반은 원만하고 청정하다는 뜻이니 일체 습기를 모두 멸하여 영원히 나지 않게 하여야 비로소 이에 계합하게 하는 것이다. 도(度)는 생사의 큰 바다를 건너는 것이니 부처님의 마음이 평등하여 널리 일체 중생과 원만 청정한 무여열반에 같이 들어가며 생사의 큰 바다를 같이 건너며 모든 부처님이 증득하신 것과 같이 되고자 하는 것이다. 어떤 사람이 깨닫거나 수행하더라도 얻을 것이 있다고 생각하는 사람은 도로 '나'라는 상이 난 것이기 때문에 이름이 법아(法我)[法相과 我相]이니 법아를 모두 없애야 비로소 멸도라 한다.

주 해

- 구지(九地): 유정(有情)들이 사는 세계, 欲界와 色界 四禪天과 無色界 四無色天 등.
- 습기(習氣): vāsanā. 번뇌를 만들었던 생각이나 행위가 습관으로 남은 것. 번뇌 그 자체는 정사(正使)라 한다. 예를 들면, 향을 담았던 그릇은 향을 꺼내어도 향기가 남아 있는데, 이때 남은 향기를 습기라 한다.
- 무여열반(無餘涅槃): 집착과 번뇌가 남지 않은 열반.
- 법아(法我): 모든 사물에 본 바탕이 있다고 생각하는 마음. 이에 비해 인간에게 본 바탕이 있다고 생각하는 것을 인아(人我)라 한다. 대승불교에서는 이승(二乘)은 겨우 인아를 끊었을 뿐이고, 보살이어야 법아(法我)를 끊고 초지(初地)의 지위로 들어 갈 수 있다고 봄.

경 본문 【金剛經 18ㄴ】 ☞ 如是滅度無量無數無邊衆生호ᄃᆡ 實無衆生이 得滅度者ᄒᆞ니

경 언해 ·이·ᄀᆞ티 無뭉量·량 無뭉數·숭 無뭉邊변 衆·즁生싱·ᄋᆞᆯ 滅·몛度·똥·호·ᄃᆡ 實·씷·로 衆·즁生싱·이 滅·몛度·똥 得·득ᄒᆞ·니 :업스·니

경 직역 이같이 無量 無數 無邊한 衆生을 滅度하되 實際로 衆生이 滅度를 得한 이가 없으니,

경 의역 이와 같이 한량없고, 수 없고, 가없는 중생을 멸도시키되, 진실로 멸도를 얻은 중생이 없으니,

주 해

- 이ᄀᆞ티 無量 無數 無邊 衆生ᄋᆞᆯ 滅度호ᄃᆡ: 이와 같이 무량(無量), 무수(無數), 무변(無邊) 중생을 멸도시키되. '滅度ᄒᆞ다'는 주어-주어 양용동사.

주 본문 如是者ᄂᆞᆫ 指前法也ㅣ오 滅度者ᄂᆞᆫ 大解脫也ㅣ니 大解脫者ᄂᆞᆫ 煩惱及習氣一切諸業障이 滅盡ᄒᆞ야 更無有餘ᄒᆞᆯ시 是名大解脫이라 無量無數無邊衆生이 元各自有一切煩惱貪嗔惡業ᄒᆞ니 若不斷除ᄒᆞ면 終不得解脫ᄒᆞ릴시 故로 言如是滅度無【金剛經 19ㄱ】☞ 量無數無邊衆生이라ᄒᆞ시니라 一切迷人이 悟得自性ᄒᆞ야ᅀᅡ 始知佛이 不見自相ᄒᆞ시며 不有自智어시니 何

曾度衆生이시리오 秖爲凡夫ㅣ 不見自本心ᄒᆞ며 不識佛意ᄒᆞᄉᆞ와 執著諸相ᄒᆞ야 不達無爲之理ᄒᆞ야 我人을 不除홀ᄉᆡ 是名衆生이니 若離此病ᄒᆞ면 實無衆生이 得滅度者ㅣ 업스니 故로 言호ᄃᆡ 妄心無處ㅣ 卽菩提오 生死涅槃이 本平等이라ᄒᆞ니 何滅度之有ㅣ리오

(주 언해) ·이 ·ᄀᆞᆮ·호문 알·핏 法·법·을 ᄀᆞᄅᆞ·치시·고 滅·멿度·똥·ᄂᆞᆫ ·큰 解:갱脫·퇋·이·니 【金剛經 19ㄴ】 ☞ ·큰 解:갱脫·퇋·ᄋᆞᆫ 煩뻔惱:ᇹ·와 習·씹氣·킝ㅅ 一·읧切·쳉 한 業·업障·쟝·이 滅·멿·ᄒᆞ·야 다·아 ᄂᆞ외·야 나·문 것 :업슬 ·씨 ·이 일·후·미 큰 解:갱脫·퇋·이·라 無뭉量량 無뭉數·숭 無뭉邊변 衆·즁生싱·이 本:본來링 各·각各·각 :제 一·읧切·쳉 煩뻔惱:ᇹ 貪탐嗔친惡·학業·업·을 ·뒷ᄂᆞ·니 ·ᄒᆞ다·가 그·처 :더·디 아·니ᄒᆞ·면 ᄆᆞ·ᄎᆞᆷ내 解:갱脫·퇋·올 得·득·디 :몯ᄒᆞ·릴·씨 니ᄅᆞ·샤·ᄃᆡ ·이·ᄀᆞ·티 無뭉量·량 無뭉數·숭 無뭉邊변 衆·즁生싱·올 滅·멿度·똥ㅣ·라 ·ᄒᆞ·시니·라 一·읧切·쳉 迷몡人신·이 自·ᄍᆞ性·셩·을 아·라·사 비·르서 부:텨 ·ᄌᆞ·갸 相·샹·올 보·디 아·니·ᄒᆞ시·며 ·ᄌᆞ·갸 智·딩·를 두·디 아·니·커시·니 :엇뎨 일·쯕 衆·즁生싱·올 濟·졩度·똥·ᄒᆞ·시리·오 오·직 凡뻠夫붕ㅣ 제 本:본心심·을 보·디 :몯ᄒᆞ·며 부텻 ·ᄠᅳ·들 :아디 :몯·ᄒᆞᅀᆞ·와 諸졍相·샹·애 執·집着·땩·ᄒᆞ·야 無뭉爲윙ㅅ 理:링·를 :아·디 :몯·ᄒᆞ·야 我:앙 人신·을 :더디 :몯홀·씨 ·이 일·후·미 衆 【金剛經 20ㄱ】 ☞·즁生싱·이·니·ᄒᆞ다·가 ·이 病·뼝·을 여·희·면 實·씷·로 衆·즁生싱·이 滅·멿度똥 得·득ᄒᆞ·니 :업슨 ·둘 :알리·니 ·이럴·씨 닐·오·ᄃᆡ 妄·망心심 :업슨 ·고ᄃᆡ ·곧 菩뽕提·똉·오 生싱死:ᄉᆞᆼ·와 涅·녏槃빤·이 本:본來링 平뼁等:등·타 ᄒᆞ·니 :엇뎨 滅·멿度·똥ㅣ 이시·리·오

(주 직역) 이 같음은 앞의 法을 가리키시고 滅度는 큰 解脫이니, 큰 解脫은 煩惱와 習氣의 一切 큰 業障이 滅하여 다하여 다시 남은 것이 없는 것이, 이것이 이름이 큰 解脫이다. 無量, 無數, 無邊한 衆生이 本來 各各 스스로가 一切 煩惱 貪業·嗔業·惡業을 두었으니, 만약 끊어 제거하지 않으면 마침내 解脫을 얻지 못할 것이므로 이르시되, 이같이 無量 無數 無邊한 衆生을 滅度라 하셨다. 一切 迷惑한 사람이 自性을 알아야 비로소 부처가 자기의 相을 보지 않으시며, 당신의 智를 두지 않으시거니 어찌 일찍 衆生을

濟度하실 것이리오? 오직 凡夫가 스스로의 本心을 보지 못하며 부처님의 뜻을 알지 못하여, 諸相에 執着하여 無爲의 理를 알지 못하여 我・人을 제거하지 못하므로, 이것이 이름이 衆生이니, 만약 이 病을 여의면 實로 衆生이 滅度를 얻은 이가 없는 줄을 알 것이니 이러므로 이르되 妄心이 없는 곳이 곧 菩提고 生死와 涅槃이 本來 平等하다 하니 어찌 滅度가 있으리오?

주 의역 '이 같음[如是]'은 앞의 법(法)을 가리킨 것이고 '멸도(滅度)'는 큰 해탈이니, 큰 해탈은 일체 큰 업장을 멸하여 번뇌와 습기가 다시 남은 것이 없다. 이것을 큰 해탈이라 한다. 무량하고 무수하고 무변한 중생이 본래 각각 스스로 일체 번뇌와 탐업・진업・악업을 가졌기 때문에 만약 끊어 제거하지 못하면 마침내 해탈을 얻지 못할 것이므로 말씀하시기를, '이와 같이 무량하고 무수하고 무변한 중생을 멸도한다'고 하신 것이다. 일체 어리석은 사람이 자성을 깨달아야 비로소 부처님을 알아, 부처님이 자신의 상을 보지 않으시며, 자신의 지혜를 두지 않으시니 부처님께서 어떻게 조금이라도 중생을 제도하셨겠는가? 오직 범부가 자기의 본심을 보지 못하며, 부처님의 뜻을 알지 못하여 모든 상에 집착하여 무위의 이치를 통달하지 못하여 나[我]와 남[人]을 제거하지 못하므로 이름을 중생이라 하는 것이다. 만약 이 병을 여의면 실로 중생이 멸도를 얻은 이가 없는 줄 알 것이다. 그러므로 망심이 없는 것이 보리고 생사와 열반이 본래 평등하다고 말씀하셨으니, 어찌 멸도가 있겠는가?

주 해

- 一切 迷人이 自性을 아라ᅀᅡ 비르서 부톄 ᄌᆞ갸 相ᄋᆞᆯ 보디 아니ᄒᆞ시며 ᄌᆞ갸 智ᄅᆞᆯ 두디 아니커시니 엇뎨 일쯕 衆生ᄋᆞᆯ 濟度ᄒᆞ시리오(一切迷人이 悟得自性ᄒᆞ야ᅀᅡ 始知佛이 不見自相ᄒᆞ시며 不有自智어시니 何曾度衆生이시리오): 모든 미혹한 사람이 자기의 성품을 알아야 부처님이 자기의 상을 보지 않으셨으며 자기의 지혜를 가지지 않으셨음을 비로소 아니 어찌 부처님께서 중생을 제도하셨겠는가? 한문 원문의 '知'가 언해에서는 생략되었음.
- 生死와 涅槃이 本來 平等타 ᄒᆞ니 엇뎨 滅度ㅣ 이시리오: 생사와 열반이 본래 같은 것이므로 멸도라는 말이 있을 수 없다는 뜻.

경 본문 何以故오 須菩提야 若菩薩이 有我相人相衆生相壽者相ᄒᆞ면 卽非菩薩이라

경 언해 :엇뎨·어·뇨 須슝菩뽕提똉·여 ·ᄒᆞ다·가 菩뽕薩·삻·이 我:앙相·샹·과 人ᅀᅵᆫ相·샹·과 衆·즁生싱相·샹·과 壽:쓩者:장相·샹·이 이시·면 ·곧 菩뽕薩·삻 아·니·라

경 직역 어째서인가? 須菩提야! 만약 菩薩이 我相과 人相과 衆生相과 壽者相이 있으면 곧 菩薩이 아니다.

경 의역 **어째서인가? 수보리(須菩提)야! 만약 보살이 아상(我相), 인상(人相), 중생상(衆生相), 수자상(壽者相)이 있으면 보살이 아니다.**

주 해

- 아상(我相), 인상(人相), 중생상(衆生相), 수자상(壽者相): 중생이 개체로서의 몸과 마음에 집착하는 네 가지 상. ① 아상(我相)은 '나'라는 상에 집착하는 것을 가리킨다. 불교에서 '나'는 오온이 화합하여 이루어진 가변적인 존재이므로 자기 자신을 실체인 것으로 생각하면 그릇되게 생각하는 것이다. 한편 자기가 증득한 것에 집착하여 잊지 않고 그것을 '나'라고 고집하는 것을 가리키기도 한다. ② 인상(人相)은 우리는 사람이기 때문에 지옥세계, 축생세계와 다르다고 집착하는 것을 말한다. 한편 '나는 오도(悟道)에 집착하지 않는다' 따위의 상념에 사로잡혀 또 다른 집착을 일으키는 것을 말하기도 한다. 불교에서는 '나는 성불해야 한다는 상념에 대한 집착까지도 버린 경지가 수승의 경지이다. ③ 중생상(衆生相)은 중생들이 '나의 몸은 오온이 가합된 상태'임을 집착하여 그릇된 허무 공관에 빠지는 것을 집착을 가리킨다. ④ 수자상(壽者相)은 '우리는 선천적으로 길고 짧던 간에 일정한 목숨을 받았다'라는 숙명론적인 집착을 말한다. 사상(四相)은 불교인들이 범하기 쉬운 집착상을 경계하는 것으로 고래로 선사들은 사상을 넘어야 할 네 개의 산[四山]으로 표현하고 있다. 구마라집의 金剛經의 '相'은 싼쓰끄리뜨 samjña로, 팔리어에 근거해서 '산냐'라 한다. '산냐'는 불교의 중요한 개념임에도 불구하고 구마라집 역본에서 소홀히 다루어 온 감이 있다. 여기에 대해서는 각묵(2001:76-85) 참조.

주 본문 衆生佛性이 本無有異언마른 緣有四相ᄒᆞ야 不入無餘涅槃ᄒᆞᄂᆞ니

有四相ᄒᆞ면 卽是衆生이오 無四相【金剛經 20ㄴ】☞ ᄒᆞ면 卽是佛이니 迷ᄒᆞ면 則佛이 是衆生이오 悟ᄒᆞ면 則衆生이 是佛이라 迷人은 恃有財寶學問族姓ᄒᆞ야 輕慢一切人ᄒᆞᄂᆞ니 名我相이오 雖行仁義禮智信ᄒᆞ나 而意高自負ᄒᆞ야 不行普敬ᄒᆞ야 言我ㅣ 解行仁義禮智信ᄒᆞ가니 不合敬爾라ᄒᆞᄂᆞ니 名人相이오 好事란 歸已ᄒᆞ고 惡事란 施於人ᄒᆞᄂᆞ니 名衆生相이오 對境ᄒᆞ야 取捨分別ᄒᆞᄂᆞ니 名壽者相이니 是謂凡夫四相이라 修行人도 亦有四相ᄒᆞ니 心有能所ᄒᆞ야 輕慢衆【金剛經 21ㄱ】☞ 生ᄒᆞᆯ시 名我相이오 自恃持戒ᄒᆞ야 輕破戒者ᄒᆞᆯ시 名人相이오 猒三塗苦ᄒᆞ야 願生諸天ᄒᆞᆯ시 是衆生相이오 心愛長年ᄒᆞ야 而勤修福業ᄒᆞ야 諸執을 不忘ᄒᆞᆯ시 是壽者相이니 有四相ᄒᆞ면 卽是衆生이오 無四相ᄒᆞ면 卽是佛이라

주 언해 衆·즁生싱·과 부텨·왓 性·셩·이 本:본來ᄅᆡᆼ 달·오미 :업·건마·ᄅᆞᆫ 四·ᄉᆞᆼ相·샹 이·슈·믈 브·터 無뭉餘영涅·녀ᇙ槃빤·애 ·드디 :몯·ᄒᆞᄂᆞ·니 四ᄉᆞᆼ相·샹 이시·면 ·곧 ·이 衆·즁生싱·이·오 四·ᄉᆞᆼ相·샹 :업스·면 ·곧 ·이 부:톄·니 迷몡ᄒᆞ·면 부:톄 ·이 衆·즁生싱·이·오 :알·면 衆·즁生싱·이 ·이 부:톄·라 迷몡ᄒᆞᆫ :사ᄅᆞ·ᄆᆞᆫ 財ᄶᆡᆼ寶:봉·와 學·ᅘᅡᆨ問·문·과 族·쪽姓·셩 :두·믈 미·더 一·ᅙᅵᇙ切·쳉 人ᅀᅵᆫ·을 므던·히 너·기ᄂᆞ·니 일·후·미 我【金剛經 21ㄴ】:앙相·샹·이·오 비·록 仁ᅀᅵᆫ 義·읭 禮:롕 智·딩 信·신·을 行ᅘᆡᆼᄒᆞ·나 ·ᄠᅳ·디 노·파 :제 미·더 너·비 恭공敬·경·을 行ᅘᆡᆼ·티 아·니·ᄒᆞ·야 닐·오·ᄃᆡ ·내 仁ᅀᅵᆫ 義·읭 禮:롕 智·딩 信·신·을 아·라 行ᅘᆡᆼ·ᄒᆞ가·니 너·를 恭공敬·경·호미 ·맛당·티 아·니ᄒᆞ·니·라 ·ᄒᆞᄂᆞ·니 일·후·미 人ᅀᅵᆫ相·샹·이·오 :됴ᄒᆞᆫ :일·란 내게 보·내·오 구·즌 :일·란 ᄂᆞ·ᄆᆡ·게 ·주ᄂᆞ·니 일·후·미 衆·즁生싱相·샹·이·오 境:경·을 對·됭·ᄒᆞ·야 取:츙ᄒᆞ·며 捨:샹·ᄒᆞ·야 分분別·볋·ᄒᆞᄂᆞ·니 일·후미 壽:쓩者:장相·샹·이·니 ·이·ᄅᆞᆯ 닐·온 凡뻠夫붕 四·ᄉᆞᆼ相·샹·이·라 修슐行ᅘᆡᆼ人ᅀᅵᆫ·도 ·ᄯᅩ 四·ᄉᆞᆼ相·샹·이 잇ᄂᆞ·니 ᄆᆞᅀᆞ·미 能능所:송ㅣ 이·셔 衆·즁生싱·ᄋᆞᆯ 므던·히 너·길 ·ᄊᆡ 일·후·미 我:앙相·샹·이·오 :제 持띵戒·갱·ᄅᆞᆯ 미·더 破·팡戒·갱ᄒᆞ·닐 므던·히 너·길 ·ᄊᆡ 일·후·미 人ᅀᅵᆫ相·샹·이·오 三삼塗똥ㅅ 受:쓩苦:콩·ᄅᆞᆯ ·슬·ᄒᆞ·야 諸졍天텬·에 나·고·져 願:원ᄒᆞᆯ ·ᄊᆡ ·이 衆·즁生싱相·샹·이·오 ᄆᆞᅀᆞ·매 長땽壽:쓩·를 ᄃᆞ【金剛經 22ㄱ】·ᅀᅡ 福복業업·을 브즈

러니 닷·가 한 執·집·을 닛·디 :몯홀 ·씨 ·이 壽:쓩者:쟝相·샹·이·니 四·ᄉᆞᆼ相·샹 이시·면 ·곧 ·이 衆·즁生싱·이·오 四·ᄉᆞᆼ相·샹 :업스·면 ·곧 ·이 부:톄·라

주 직역 衆生과 부처님의 性이 本來 다름이 없건마는 四相이 있음으로부터 無餘 涅槃에 들지 못하니, 四相이 있으면 곧 이는 衆生이고, 四相이 없으면 곧 이는 부처님이니, 迷하면 부처님이 이는 衆生이고, 알면 衆生이 이는 부처님이다. 迷한 사람은 財寶와 學問과 族姓을 가짐을 믿어 一切의 사람을 무던히 여기니 이름이 我相이고, 비록 仁·義·禮·智·信을 行하나 뜻이 높아, 스스로가 믿어 널리 恭敬을 行하지 아니하여, 이르되 내가 仁·義·禮·智·信을 알아 行하거니 너를 恭敬함이 마땅하지 않다 하니, 이름이 人相이고, 좋은 일은 내게 보내고 궂은 일은 남에게 주니 이름이 衆生相이고, 境을 對하여 取하며 捨하여 分別하니, 이름이 壽者相이니, 이를 일러서, 凡夫의 四相이다. 修行人도 또 四相이 있으니, 마음이 能所가 있어 衆生을 무던히 여기는 것이 이름이 我相이고, 제 持戒를 믿어 破戒하는 것을 무던히 여기는 것이 이름이 人相이고, 三塗의 受苦를 슬퍼하여 諸天에 나고자 願하는 것이 衆生相이고, 마음에 長壽를 좋아하여 福業을 부지런히 닦아 많은 執을 잊지 못하는 것이, 이것이 壽者相이니, 四相이 있으면 곧 이는 衆生이고, 四相이 없으면 이는 부처님이다.

주 의역 중생과 불성이 본래 다르지 않지만 중생은 사상(四相)이 있기 때문에 무여 열반에 들어가지 못하니, 사상이 있으면 곧 중생이고 사상이 없으면 곧 부처님이니, 미혹되면 부처님이 중생이고, 깨달으면 중생이 부처님이다. 미혹된 사람은 재보와 학문과 문벌이 있음을 믿어 모든 사람들을 경멸하고 업신여기기 때문에 나라는 상이라 말하고, 인·의·예·지·신을 행(行)하지만 뜻이 너무 높아, 자부하여 널리 공경을 행(行)하지 않아, 내가 인·의·예·지·신을 알아 행(行)하기 때문에 너를 공경함이 마땅하지 않다고 말하는 것을 사람이라는 상이라 하고, 좋은 일은 자기에게 돌리고 궂은 일은 남에게 돌리는 것을 중생이라는 상이라 하고, 경계에 대면하여 취사하며 분별하기 때문에 오래 산다는 상이라 하니, 이를 범부의 사상이라 한다. 수행하는 사람도 역시 사상(四相)이 있으니, 마음에 행위를 하는 이와 행위를 받는 대상[能所]이 있어 중생을 경멸하고 업신여기는 것

을 나라는 상이라 하고, 자기가 지계를 믿어 파계하는 것을 경멸하고 업신여기는 것을 사람이라는 상이라 하고, 삼도(三塗)의 수고를 슬퍼하여 제천에 나고자 원하는 것이 중생이라는 상이고, 마음으로 장수를 좋아하여 복업을 부지런히 닦아 많은 집착을 잊지 못하는 것이 이것이 오래 산다는 상이다. 사상(四相)이 있으면 이는 중생이고, 사상이 없으면 이는 부처님이다.

주 해

- 行ᄒᆞ가니: 行하거니(와). 구결의 '言我ㅣ 解行仁義禮智信ᄒᆞ가니' 참조.
- 迷ᄒᆞ면 부톄 이 衆生이오 알면 衆生이 이 부톄라: 미혹하면 부처가 바로 이와 같은 사상에 집착하는 중생이고, 알면 중생이 바로 이와 같은 사상을 여읜 부처라는 뜻.

妙行無住分 第四(묘행무주분 제사)

경 본문 復次須菩提야 菩薩이 於法에 應無所住ᄒᆞ야 行於布施니 所謂不住色布施와 不住聲香味觸法布施니

경 언해 ·ᄯᅩ 버·거 須슝菩뽕提똉·여 菩뽕薩·삻·이 法·법·에 반·ᄃᆞ기 住·뜡·홀 ·곧 :업시 ·ᄒᆞ·야 布·봉施·싱ᄅᆞᆯ 行ᅘᆡᇰ·홀 띠·니 닐·온 色·식·애 住·뜡·티 아·니ᄒᆞᆫ 布·봉施·싱·와 聲셩 香향 味·밍 觸·쵹 法·법·에 住·뜡·티 아·니ᄒᆞᆫ 布·봉施·싱·니

경 직역 또 다음으로 須菩提야! 菩薩이 法에 마땅히 住한 곳 없이 하여 布施를 行할 것이니, 소위 色에 住하지 않는 布施와 聲・香・味・觸・法에 住하지 않는 布施니,

경 의역 **그리고 또 수보리야! 보살은 모든 것[法]에 머무르지 않고 마땅히 보시를 행(行)해야 한다. 이른바 형체[色]에 머무르지 않는 보시와 성(聲)・향(香)・미(味)・촉(觸)・법(法)에 머무르지 않는 보시다.**

주 해

- 버거: 다음으로, 벅 + 어. '벅다'는 '다음으로 하다'.
- 보시(布施): dāna. 자비심으로 복과 이익을 다른 사람에게 주는 것. 일반적으로 보시는 부처님이 우바새 등에게 법을 행하는 방법으로 권하는 것으로 원래의 뜻은 옷이나 음식을 대덕이나 가난한 사람에게 주는 것. 대승불교 시대에 오면 육바라밀의 하나로 정착된다.
- 菩薩이 法에 반ᄃᆞ기 住홀 곧 업시 ᄒᆞ야 布施ᄅᆞᆯ 行홀 띠니: 보시란 '남에게 베풀어 주는 일'을 말하는데, '法에 반ᄃᆞ기 住홀 곧 업시 ᄒᆞ야' 보시를 행하는 것은 '法에 머물지 않는 보시를 행하는' 것으로 한문으로는 '無住相布施'라 하여 불교의 상식 용어처럼 쓰인다. 원래의 뜻은 '내가 무엇을 베풀었다는 자만 없이 순전히 자비스러운 마음에서 보시하다'이다.

주 본문 【金剛經 22ㄴ】 ☞ 凡夫布施ᄂᆞᆫ 以求身相端嚴과 五欲快樂故로 報盡ᄒᆞ면 却墮三塗ᄒᆞᆯᄉᆡ 世尊이 大慈로 敎行無相布施者ᄂᆞᆫ 不求身相端嚴과

五欲快樂ᄒᆞ고 但令內破慳心ᄒᆞ고 外利益一切衆生이시니 如是相應이 名不住色布施라

(주 언해) 凡뻠夫붕·의 布·봉施·싱·ᄂᆞᆫ 身신相·샹·이 端돤正·졍ᄒᆞ·며 싁싁·홈·과 五:옹欲·욕 快·쾡樂·락·올 求끃·ᄒᆞᄂᆞᆫ 젼·ᄎᆞ·로 報·볼ㅣ 다ᄋᆞ·면 도로 三삼塗똥·애 떠·러딜·씨 世솅尊존·이 大·땡慈쭝·로 無뭉相·샹 布·봉施·싱 行혱·호·ᄆᆞᆯ ᄀᆞᄅᆞ·치샤·ᄆᆞᆫ 身신相·샹 端돤正·졍ᄒᆞ·며 싁싁·홈·과 五:옹欲·욕 快·쾡樂·락·올 求끃·티 아·니ᄒᆞ·고 오·직 ·안ᄒᆞ·로 慳칸貪탐ᄒᆞᆫ ᄆᆞᅀᆞ·ᄆᆞᆯ 【金剛經 23ㄱ】 ☞ :헐·오 밧·ㄱ·로 一·힗切·쳉 衆·즁生싱·ᄋᆞᆯ 利·링益·혁게 ·ᄒᆞ시·니 ·이·ᄀᆞ티 相샹應·픙·호미 일·후·미 色·식·애 住뜡·티 아·니ᄒᆞᆫ 布·봉施·싱·라

(주 직역) 凡夫의 布施는 身相이 端正하며 嚴肅함과 五欲 快樂을 求하는 까닭으로 報가 다하면 도로 三塗에 떨어지므로, 世尊이 大慈로 無相 布施를 行함을 가르치심은, 身相이 端正하며 嚴肅함과 五欲의 快樂을 求하지 않고 오직 안으로 慳貪한 마음을 헐고 밖으로 一切 衆生을 利益되게 하시니, 이와 같이 相應함이, 이름이 色에 머무르지 않는 布施다.

(주 의역) 범부의 보시는 신체 모양의 단정 · 엄숙함과 물질에 대한 욕구, 소리에 대한 욕구, 냄새에 대한 욕구, 음식에 대한 욕구, 접촉에 대한 욕구가 있는 까닭으로, 그 과보가 다하면 지옥계, 아귀계, 축생계에 떨어진다. 세존께서 큰 자비로움으로 집착 없는 보시를 행(行)하는 것을 가르치는 것은, 신체 모양의 단정 · 엄숙함이나 오욕에 대한 쾌락을 구하지 않고, 오직 안으로는 아끼고 탐내는 마음을 없애고 밖으로는 일체 중생을 이익되게 하신 것이니, 이와 같이 안팎이 상응하는 것이 색(色)에 머무르지 않는 보시이다.

주 해

- 싁싁홈과: 엄숙함과. 싁싁ᄒᆞ + 옴 + 과.
- 다ᄋᆞ면: 다하면. 다ᄋᆞ + 면. '다ᄋᆞ다'와 '다ᄒᆞ다'는 쌍형어(동음이의어).
- 一切 衆生ᄋᆞᆯ 利益게 ᄒᆞ시니: 모든 중생을 이익되게 하시니. '利益게'는 'ㄱ' 아래에서 'ᄒᆞ다' 동사의 'ᄒᆞ'가 탈락한 형태, '利益ᄒᆞ다'는 자동-타동 양용동사.

- 報ㅣ 다ᄋᆞ면 도로 三塗애 떠러딜씨: 과거에 쌓은 선업으로 인간계에 있을 수 있었는데, 그 과보가 다하면 도로 지옥계, 아귀계, 축생계에 떨어진다는 뜻.
- 신상(身相): 소승불교에서는 역사적으로 실존했던 석가모니가 죽은 후에는 미래불인 미륵 이외에는 다른 어떠한 부처님도 인정하지 않지만, 대승불교에서는 역사적으로 존재했던 석가모니를 색신(色身)이라 하고, 석가모니가 설한 진리 자체를 법신(法身)이라고 하며, 역사적 존재로서의 세존은 과거의 무수한 수행을 통해 성불한 보신(報身)으로 보고 있다. 그러므로 과거의 수행으로 깨달음을 이룬 석가모니의 육신은 멸했지만 진리 그 자체는 멸하지 않는다. 그렇기 때문에 육신[身相]으로 여래를 보려는 것은 망견(妄見)이 된다.
- 오욕(五欲): pañca kāmāḥ. 색・성・향・미・촉 등 오경(五境)으로 일어나는 다섯 가지 情欲. 즉 ① 색욕(色欲, rūpa-kāma), 현(玄)・황(黃)・주(朱)・자(紫) 등 색깔에 대한 욕구와 남녀 간의 정욕. ② 성욕(聲欲, śabda-kāma), 기악이나 성악을 듣고자 하는 욕구. ③ 향욕(香欲, gandha-kāma), 냄새에 대한 욕구. ④ 미욕(味欲, rasa-kāma), 음식에 대한 욕구. ⑤ 촉욕(觸欲, spraṣṭavya-kāma), 신체 등의 접촉에 대한 욕구.
- 쾌락(快樂): 정신적 즐거움과 육체적 즐거움.
- 과보(果報): vipāka. 과거에 쌓은 업인(業因)에 의한 현재에 나타나는 결과.
- 간탐(慳貪): mātsarya-rāga. 아끼고 탐하여 애착을 느끼는 것. 즉 물건을 아껴서 다른 사람에게 보시하지 않고, 물건을 탐하여 구하며 만족할 줄 모르는 것.

경 본문 須菩提야 菩薩이 應如是布施ᄒᆞ고 不住於相이니

경 언해 須슝菩뽕提똉·여 菩뽕薩·삻·이 반·ᄃᆞ기 ·이·ᄀᆞ티 布·봉施·싱ᄒᆞ·고 相·샹·애 住·티 아·니·홀 띠·니

경 직역 須菩提야! 菩薩이 반드시 이같이 布施하고 相에 머무르지 않을 것이니,

경 의역 **수보리(須菩提)야! 보살이 반드시 이같이 보시하고 상(相)에 머무르지 말아야 할 것이니,**

주 본문 應如無相心布施者ᄂᆞᆫ 爲無能施之心ᄒᆞ며 不見有施之物ᄒᆞ며 不分別受施之人이 是名不住相布施也ㅣ라

주 언해 반·ᄃᆞ기 相·샹 :업슨 ᄆᆞᅀᆞ·ᄆᆞ·로 布·봉施·싱·홈 ·ᄀᆞᆮ·호·ᄆᆞᆫ 能능·히 施·싱·ᄒᆞᄂᆞᆫ ᄆᆞᅀᆞᆷ :업스·며 施·싱·ᄒᆞᄂᆞᆫ 物·뭃 이·쇼·ᄆᆞᆯ 보·디 :몯ᄒᆞ·며 施·싱·ᄅᆞᆯ 受:쓭·ᄒᆞᄂᆞᆫ :사ᄅᆞᆷ 分분別·볋 아·니·호미 ·이【金剛經 23ㄴ】☞ 일·후미 相샹·애 住·뜡·티 아·니ᄒᆞᆫ 布·봉施·싱·라

주 직역 반드시 相이 없는 마음으로 布施함과 같음은 能히 布施하는 마음이 없으며 布施하는 物件이 있음을 보지 못하며, 布施를 받는 사람이 分別을 않음이 이것이 이름이 相에 머무르지 않는 布施다.

주 의역 상(相)이 없는 마음으로 보시하는 것과 반드시 같다는 것은 능히 보시하는 마음도 없으며, 보시하는 물건이 있음을 보지 못하며, 보시를 받는 사람을 분별하지 않는 것이다. 이것을 일컬어 상(相)에 머무르지 않는 보시라고 한다.

주 해

- 相애 住티 아니ᄒᆞᆫ 布施(不住相布施/無住相布施): 내가 어떤 것을 위해 베풀었다는 자만이 없는 완전히 자비로운 상태에서 하는 보시. 내가 남을 위해서 보시를 하면 진정한 보시라고 할 수 없는데, 그것은 '보시했다'는 의식이 있는 채로 보시하는 것 자체가 집착이기 때문이다. 내가 어떤 것을 위해서 베풀었다는 자만이 없는 완전히 자비로운 상태에서 하는 보시[無住相布施]는 금강경의 여러 곳에서 반복하여 설명하고 있다. [금강경]의 보시에 대한 설명은, 대승 불교가 완전하게 발달한 단계에 해당하는 용수(Nāgārjuna)의 [대지도론]의 보시에 대한 설명과 대조해 보면 아직도 덜 발달될 보시의 개념을 볼 수 있는데, 이것은 [금강경]이 대승 경전 중에서도 초기에 속하는 경전임을 말해 준다.

경 본문 何以故오 若菩薩이 不住相布施ᄒᆞ면 其福德이 不可思量이니라

경 언해 :엇뎨어·뇨 ·ᄒᆞ다·가 菩뽕薩·삻·이 相·샹·애 住·뜡·티 아·니·ᄒᆞ·야 布·봉施·싱ᄒᆞ·면 그 福·복德·득·이 思ᄉᆞ量량 :몯ᄒᆞ·리·라

경 직역 어째서인가? 만약 菩薩이 相에 住하지 않고 布施하면 그 福德이 思量 못할 것이다.

경 의역 어째서인가? 만약 보살이 상(相)에 머무르지 않으면서 보시하면,

그 복덕(福德)이 생각으로 헤아리지 못할 것이다.

주 해

- 복덕(福德): 과거세(過去世)와 현재세(現在世)에 행한 모든 선행과 모든 선행으로부터 얻은 복과 이익.

주 본문 菩薩行施는 心無所希求홀시 其所獲福德이 如十方虛空ᄒᆞ야 不可較量이라 言復次者는 連前起後之辭ㅣ라 一說에 布者는 普也ㅣ오 施者는 散也ㅣ니 能普散盡心中妄念ᄒᆞ야 習氣煩惱와 四相이【金剛經 24ㄱ】☞ 泯絶ᄒᆞ야 無所蘊積이 是眞布施니라 又說호ᄃᆡ 布施者는 由不住六塵境界ᄒᆞ며 又不有漏分別코 惟當返本淸淨ᄒᆞ야 了萬法空寂이니 若不了此意ᄒᆞ면 惟增諸業ᄒᆞ릴ᄊᆡ 故로 須內除貪愛ᄒᆞ고 外行布施ᄒᆞ야 內外相應ᄒᆞ야ᅀᅡ 獲福無量ᄒᆞ리라 見人作惡ᄒᆞ고 不見其過ᄒᆞ며 自性에 不生分別이 是名離相이며 依敎修行ᄒᆞ야 心無能所ㅣ 卽是善法이오 修行人이 心有能所ᄒᆞ면 不名善法이니 能所心이 不滅ᄒᆞ면【金剛經 24ㄴ】☞ 終未得解脫ᄒᆞ리니 念念에 常行般若智ᄒᆞ면 其福이 無量無邊ᄒᆞ리니 依如是修行ᄒᆞ면 感得一切人天의 恭敬供養ᄒᆞ리니 是名爲福德이니라 常行不住相布施ᄒᆞ야 普敬一切含生ᄒᆞ면 其功德이 無有邊際ᄒᆞ야 不可稱計리라

주 언해 菩뽕薩·삻ㅅ 布·봉施·싱 行혱·호·ᄆᆞᆫ ᄆᆞᅀᆞ·미 ·ᄇᆞ라·옴 :업슬·ᄊᆡ 그 :어·둔 福·복德·득·이 十·씹方방 虛헝空콩 ·ᄀᆞᆮ·ᄒᆞ·야 마·초아 :혜아·리·디 :몯ᄒᆞ·리·라 ·ᄯᅩ 버·게·라 니ᄅᆞ·샤·ᄆᆞᆫ 알·ᄑᆞᆯ 니·ᅀᅥ :뒤·ᄒᆞᆯ 니ᄅᆞ와ᄃᆞ·시·ᄂᆞᆫ :마리·라 ᄒᆞᆫ :마·래 布·봉·ᄂᆞᆫ 너·블 씨·오 施·싱·ᄂᆞᆫ ᄒᆞ·틀 씨·니 能능·히 너·비 心심 中듕·엣 妄·망念·념·을 ᄒᆞ·텨 :업게 ·ᄒᆞ·야 習·씹氣·킝·와 煩뻔惱·놓·와 四·ᄉᆞᆼ相·샹·이【金剛經 25ㄱ】☞ 그·처 :업서 싸·홈 :업수·미 ·이 眞진實·씷ㅅ 布·봉施·싱·라 ·ᄯᅩ 닐·오·ᄃᆡ 布·봉施·싱·ᄂᆞᆫ 六·륙塵띤 境:경界·갱·예 住·뜡·티 아·니ᄒᆞ·며 ·ᄯᅩ 漏·룽 잇ᄂᆞᆫ 分분別·볋 아·니·코 반·ᄃᆞ기 本:본來링 淸청淨·쪙·에 도·라·가 萬·먼法·법·이 空콩寂·쪅ᄒᆞᆫ ·ᄃᆞᆯ 아·롤 ᄯᅵ·니 ·ᄒᆞ다·가 ·이 ·ᄠᅳ·들 :아디 :몯ᄒᆞ·면 한 業·업·을 더으·릴·ᄊᆡ 모·로·매 ·안ᄒᆞ·로 貪탐愛·ᄋᆡᆼ·ᄅᆞᆯ :덜·오 밧·ᄀᆞ로 布·봉施·싱·ᄅᆞᆯ 行혱·ᄒᆞ·야 ·안팟기 相샹

應·ᅙᅳᆼ·ᄒᆞ야·ᅀᅡ 福·복 :어두·미 無뭉量·량ᄒᆞ·리·라 :사ᄅᆞ미 ·모딘 :일 ·ᄒᆞ욤 보·고 그 허·므·를 보·디 아·니ᄒᆞ·며 제 性·셩·에 分분別·볋 :내·디 아·니ᄒᆞ·미 ·이 일·후미 相·샹 여·희·요미·며 敎·ᄀᆞᇢ·ᄅᆞᆯ 브·터 修ᄉᆕᇢ行ᅘᆡᆼ·ᄒᆞ·야 ᄆᆞᅀᆞ·미 能능所:송 :업수·미 ·곧 ·이 善:쎤法·법·이·오 修ᄉᆕᇢ行ᅘᆡᆼ人ᅀᅵᆫ·이 ᄆᆞᅀᆞ·미 能능所:송 이시·면 善:쎤法·법·이라 일·훔 :몯ᄒᆞ·리·니 能능所:송心심·이 :업·디 아·니ᄒᆞ·면 ᄆᆞ·ᄎᆞᆷ·내 解:ᅘᆡᆼ脫·ᄐᆞᇙ·ᄋᆞᆯ 得·득·디 :몯ᄒᆞ·리·니 念·념念·념 【金剛經 25ㄴ】 ☞ ·에 샹·녜 般·반若:ᅀᅣᆼ智·딩·ᄅᆞᆯ 行ᅘᆡᆼᄒᆞ·면 그 福·복·이 無뭉量·량 無뭉邊변ᄒᆞ·리·니 ·이 ·ᄀᆞᆮ·호·ᄆᆞᆯ 브·터 修ᄉᆕᇢ行ᅘᆡᆼᄒᆞ·면 一·ᅙᅵᇙ切·쳉 人ᅀᅵᆫ 天텬·의 恭공敬·경 供공養·양·호·ᄆᆞᆯ 感:감·ᄒᆞ·야 得·득ᄒᆞ·리·니 ·이 일·후미 福·복德·득·이·라 샹·녜 相·샹·애 住·뜡·티 아·니ᄒᆞᆫ 布·봉施·싱·ᄅᆞᆯ 行ᅘᆡᆼ·ᄒᆞ·야 一·ᅙᅵᇙ切·쳉 含ᅘᅡᆷ生ᄉᆡᆼ·ᄋᆞᆯ 너·비 恭공敬·경·ᄒᆞ·면 그 功공德·득·이 :ᄀᆞᅀᅵ :업서 둘며 :혜·디 :몯ᄒᆞ·리·라

주 직역 菩薩의 布施 行함은 마음이 바람이 없으므로 그 얻은 福德이 十方 虛空과 같아 비교하여 헤아리지 못할 것이다. 또 다음이라 이르심은 앞을 이어 뒤를 일으키시는 말이다. 한 말에 布는 넓은 것이고, 施는 흩는 것이니, 能히 널리 心 中에 있는 妄念을 흩어져 없게 하여, 習氣와 煩惱와 四相이 끊어져 없어져, 쌓임이 없음이 이것이 眞實의 布施다. 또 이르되 布施는 六塵 境界에 머무르지 아니하며 또 漏가 있는 分別을 않고 반드시 本來 淸淨에 돌아가 萬法이 空寂한 것을 아는 것이니, 만약 이 뜻을 알지 못하면, 많은 業을 增加시키므로 모름지기 안으로 貪愛를 덜고 밖으로 布施를 行하여 안팎이 相應하여야 福 얻음이 無量할 것이다. 사람이 모진 일을 함을 보고, 그 허물을 보지 아니하며, 제 性에 分別을 내지 아니함이 이 이름이 相을 여읨이며, 敎로부터 修行하여 마음이 能所가 없음이 곧 이것이 善法이고, 修行人이 마음이 能所가 없으면 善法이다 이름 못할 것이니, 能所心이 없지 않으면 마침내 解脫을 得하지 못할 것이니 念念에 항상 般若智를 行하면 그 福이 無量 無邊할 것이니, 이 같음으로부터 修行하면 一切 人과 天의 恭敬 供養함을 感하여 得할 것이니, 이것이 이름이 福德이다. 항상 相에 머무르지 않는 布施를 行하여 一切 含生을 널리 恭敬하면, 그

功德이 가없어 달며 헤아리지 못할 것이다.

주 의역 '보살이 보시를 행(行)한다는 것'은 마음에 바라는 것이 없으므로 얻은 복덕이 시방 허공과 같아 헤아릴 수 없는 것이다. '또 다음이라 말씀하신 것'은 앞을 이어서 뒤를 일으킨 말이다. 일설에 보(布)는 넓은 것[普]이고, 시(施)는 흩는 것[散]이니, 널리 마음속에 있는 모든 망념을 흩어버려 없게 하여 습기와 번뇌와 사상(四相)이 끊어져 없어져서 오온에 집착하여 쌓임이 없는 것을 참 보시라 한다. 또 말하기를 보시는 육진(六塵) 경계에 머무르지 아니하며 또 번뇌가 있는 분별을 하지 않고 반드시 본래 청정에 돌아가 일체[萬法]가 공적한 것을 아는 것이라 하니, 만약 이 뜻을 알지 못하면 모든 업만 증가시키므로, 모름지기 안으로 탐애를 제거하고 밖으로 보시를 행(行)하여 안팎이 상응하여야 복을 얻는 것이 무량할 것이다. 사람들이 악한 일을 하는 것을 보고도, 그 허물을 보지 아니하며, 자성에 분별을 내지 않는 것을 상(相)을 여의었다고 말하며, 교(教)로부터 수행하여 마음에 행동을 하는 것과 행동을 받는 대상[能所]이 없는 것을 선법(善法)이라 하고, 수행하는 사람이 마음에 행동을 하는 것과 행동을 받는 대상[能所]이 없으면 선법이다 말하지 못할 것이니, 능소심(能所心)이 멸하지 않으면 마침내 해탈을 얻지 못할 것이니 생각 생각마다 항상 반야지혜를 행(行)하면 그 복이 무량하고 무변할 것이다. 이와 같은 것으로부터 수행하면 일체 인간과 천상의 공경 공양함을 감득할 것이니 이것을 복덕이라 한다. 항상 상에 집착하지 않는 보시를 행(行)하여 모든 생명을 널리 공경하면, 그 공덕이 가없어 저울로 달거나 헤아리지 못할 것이다.

주 해

- 萬法이 空寂흔 둘 아롤 띠니: 일체 만물이 공한 것임을 아는 것이니.
- 능소(能所): 어떤 동작의 주체를 '能'이라 하고, 어떤 동작의 대상을 '所'라 한다. 예를 들면, 보는 데 있어, '눈'은 '능견(能見)'이 되고, 보는 물건은 '소견(所見)'이 된다.
- 인(人)·천(天): 지옥도(地獄道), 아귀도(餓鬼道), 축생도(畜生道), 아수라도(阿修羅道), 인도(人道), 천도(天道) 등 육도 중 상위의 두 개. 천은 육도 중에서는 최상의 세계이지만 이것 역시 미혹한 세계이므로 여기에서조차 벗어

나는 것이 불교의 목표이다.

- 또 버게라 니르샤문 알풀 니어 뒤흘 니르와드시는 마리라: '言復次者는 連前起後之辭ㅣ라'를 번역한 말로, 실제 이 말은 【금강경 22ㄱ】☞ 에 나옴.
- 함생(含生): 생명을 함유하는 모든 것. = 중생.

경 본문 須菩提야 於意에 云何오 東方虛空을 可思量가 不아 不也ㅣ이다 世尊하

경 언해 須슝菩뽕提똉·여 쁘·데 :엇더·뇨 東동方방 虛헝空콩·올 어·루 思숭量량ᄒᆞ·려 :몯ᄒᆞ·려 아·니이·다 世·솅尊존·하

경 직역 須菩提야! 뜻에 어떠한가? 東方 虛空을 능히 思量하겠는가? 못하겠는가? "아닙니다, 세존이시여!"

경 의역 "수보리(須菩提)야! 어떻게 생각하는가? 동방(東方) 허공(虛空)을 생각으로 헤아리겠는가? 헤아릴 수 없겠는가?" "헤아릴 수 없습니다, 세존이시여!"

주 본문 緣不住相布施의 所得功德이 不可稱量ᄒᆞ샤 佛 【金剛經 26ㄱ】☞ 이 以東方虛空으로 爲譬喩ᄒᆞ실ᄉᆡ 故로 問須菩提ᄒᆞ샤ᄃᆡ 東方虛空을 可思量가 不아 ᄒᆞ시니라 不也世尊者ᄂᆞᆫ 須菩提ㅣ 言ᄒᆞᅀᆞ오ᄃᆡ 東方虛空을 不可思量也ㅣ니이다 ᄒᆞ니라

주 언해 住·뜡相·샹 아·니ᄒᆞᆫ 布·봉施·싱·의 得·득·ᄒᆞᆫ 功공德·득·이 稱·칭量량 :몯·호·ᄆᆞᆯ 브트·샤 부:톄 東동方방 虛헝空콩·ᄋᆞ·로 譬·핑喩·융·ᄒᆞ실·ᄊᆡ 須슝菩뽕提똉ᄃᆞ·려 :무·르샤·ᄃᆡ 東동方방 虛헝空콩·ᄋᆞᆯ 어·루 思숭量량ᄒᆞ·려 :몯ᄒᆞ·려 ·ᄒᆞ·시니·라 不·붏也:양 世·솅尊존·ᄋᆞᆫ 須슝菩뽕提똉ㅣ ᄉᆞᆯ·오·ᄃᆡ 東동方방 虛헝空콩·ᄋᆞᆯ 思숭量량 :몯ᄒᆞ·리이·다 ᄒᆞ·니·라

주 직역 住相 않는 布施의 得한 功德이 稱量 못함으로부터 부처님이 東方 虛空으로 譬喩하셨으므로 須菩提에게 물으시되 東方 虛空을 능히 思量하겠는가 못하겠는가 하셨다. 不也 世尊은 須菩提가 사뢰되 東方 虛空을 思量 못하겠습니다 한 것이다.

주 의역 상에 집착하지 않는 보시로부터 얻은 공덕이 헤아릴 수 없기 때문에 부처님이 동방 허공을 비유하셨으므로 수보리에게 "동방 허공을 능히 생각으로 헤아리겠는가? 헤아릴 수 없겠는가?"라고 물으셨다. "헤아릴 수 없습니다, 세존이시여!"라고 말한 것은 수보리가 동방 허공을 생각으로 헤아릴 수 없음을 말한 것이다.

경 본문 須菩提야 南西北方四維上下虛空을 可思量가 【金剛經 26ㄴ】 ☞ 不아 不也世尊하 須菩提야 菩薩無住相布施福德도 亦復如是ᄒᆞ야 不可思量이니

경 언해 須슝菩뽕提뗑·여 南남 西솅 北븍方방·과 四ᄉᆞᆼ維윙 上·썅下:행ㅅ 虛헝空콩·ᄋᆞᆯ 어·루 思ᄉᆞᆼ量량ᄒᆞ·려 :몯ᄒᆞ·려 아·니이·다 世·솅尊존·하 須슝菩뽕提뗑·여 菩뽕薩·삻·ᄋᆡ 住뜡相·샹 :업슨 布·봉施·싱ㅅ 福·복德·득·도 ·ᄯᅩ ·이 ·ᄀᆞᆮ·ᄒᆞ·야 思ᄉᆞᆼ量량 :몯ᄒᆞ·리·니

경 직역 "須菩提야! 南 · 西 · 北方과 四維 · 上 · 下의 虛空을 능히 思量하겠는가, 못하겠는가?" "아닙니다, 세존이시여!" "須菩提야! 菩薩의 住相 없는 布施의 福德도 또 이와 같아 思量 못할 것이니,"

경 의역 "수보리(須菩提)야! 남(南) · 서(西) · 북방(北方)과 사유(四維) · 상(上) · 하(下)의 허공을 생각으로 헤아리겠는가? 헤아릴 수 없겠는가?" "헤아릴 수 없습니다, 세존이시여!" "수보리(須菩提)야! 보살이 상에 집착하지 않고 하는 보시의 복덕도 또 이와 같아 생각으로 헤아리지 못할 것이다."

주 해

- 사유(四維): catasro vidiśaḥ. 동서남북 사방의 중간. 즉 동남, 서남, 서북, 동북. 동서남북에 동남, 서남, 서북, 동북을 합치면 8방이 되고, 여기에 상 · 하 2방을 합치면 10방이 된다.
- 須菩提여 南 · 西 · 北方과 四維 · 上下ㅅ 虛空ᄋᆞᆯ 어루 思量ᄒᆞ려 몯ᄒᆞ려: 시방 모든 곳에 있는 허공에 가득한 것의 본래의 성품은 相 없이 머무는 것이기 때문에 생각으로 헤아릴 수 없다는 뜻.
- 菩薩의 住相 업슨 布施ㅅ 福德: 보살이 상에 머무르지 않고 만물에 머무르면

서 중생들에게 보시를 행하는 복덕.

(주 본문) 佛言ᄒᆞ샤ᄃᆡ 虛空이 無有邊際ᄒᆞ야 不可度量이니 菩薩無住相布施의 所得功德도 亦如虛空의 不可度量ᄒᆞ야 無邊際也ᄒᆞ니라 世界中에 大者ㅣ 莫【金剛經 27ㄱ】☞ 過虛空ᄒᆞ며 一切性中에 大者ㅣ 莫過佛性ᄒᆞ니 何以故오 凡有形相者ᄂᆞᆫ 不得名爲大어니와 虛空ᄋᆞᆫ 無形相故로 得名爲大며 一切諸性은 皆有限量홀ᄉᆡ 不得名爲大어니와 佛性은 無有限量홀ᄉᆡ 故名爲大니라 此虛空中에 本無東西南北ᄒᆞ니 若見東西南北ᄒᆞ면 亦是住相이라 不得解脫이며 佛性도 本無我人衆生壽者ᄒᆞ니 若有此四相可見이면 卽是衆生性이라 不名佛性이니 亦所謂住相布施【金剛經 27ㄴ】☞ 也ㅣ니라 雖於妄心中에 說有東西南北ᄒᆞ나 在理ᄒᆞ얀 則何有ㅣ리오 所謂東西ㅣ 不眞이오 南北이 曷異리오 自性이 本來空寂ᄒᆞ야 混融ᄒᆞ야 無所分別이니 故로 如來ㅣ 深讚不生分別也ᄒᆞ시니라

(주 언해) 부:톄 니ᄅᆞ·샤·ᄃᆡ 虛헝空콩·이 :ᄀᆞᇫ:업서 :혜아·리·디 :몯ᄒᆞ·리·니 菩뽕薩·삻ㅅ 住·뜡相·샹 :업슨 布·봉施·싱·의 得·득·혼 功공德·득·도 ·ᄯᅩ 虛헝空콩·ᄋᆡ :혜아·리·디 :몯·ᄒᆞ야 :ᄀᆞᇫ:업숨 ·ᄀᆞᆮᄒᆞ·니·라 世·솅界·갱 中듕·에 ·큰 거시 虛헝空콩·애 너·므·니 :업스·며 一·ᅙᅵᇙ切·쳉 性·셩 中듕·에 ·큰 거·시 佛·뿛性·셩·에 너·므·니 :업스·니 :엇뎨어·뇨 믈읫 形혱相·샹 잇ᄂᆞᆫ 거·슨 ·크·다 일·훔 :몯ᄒᆞ·려니와 虛헝空콩·ᄋᆞᆫ 形혱相·샹 :업슬·ᄊᆡ ·크·다 일·훔ᄒᆞ·며【金剛經 28ㄱ】☞ 一·ᅙᅵᇙ切·쳉ㅅ 한 性·셩·은 :다 限:핸量·량 이실·ᄊᆡ ·크·다 일·훔 :몯ᄒᆞ·려니·와 佛·뿛性·셩·은 限:핸量·량 :업슬·ᄊᆡ ·크·다 일·훔·ᄒᆞ·ᄂᆞ니·라 ·이 虛헝空콩 中듕·에 本:본來랭 東동西솅南남北·븍 :업스·니 ·ᄒᆞ다·가 東동西솅南남北·븍·을 보·면 ·ᄯᅩ ·이 住·뜡相·샹·이·라 解:갱脫·탏·올 得·득·디 :몯ᄒᆞ·리·며 佛·뿛性·셩·도 本:본來랭 我:앙와 人신·과 衆·즁生싱·과 壽:쓯者:쟝·왜 :업스·니 ·ᄒᆞ다·가 ·이 四·ᄉᆞᆼ相·샹 어·루 :보·미 이시·면 ·곧 ·이 衆·즁生싱性·셩·이·라 佛·뿛性·셩·이·라 일·훔 :몯ᄒᆞ·리·니 ·ᄯᅩ 닐·온 住·뜡相·샹 布·봉施·싱·라 비·록 妄·망心심 中듕·에 東동西솅南남北븍·이 잇·다 니ᄅᆞ·나 理:링·예 이·션 :엇·뎨 이시·리·오 닐·온 東동西

솅ㅣ 眞진實·씷 아·니·오 南남北·븍·이 :엇·뎨 다ᄅᆞ·리·오 自·ᄍᆞᆼ性·셩·이 本:본來ᄅᆡᇰ 空콩寂·쪅·ᄒᆞ·야 모·다 노·가 分분別·볋·홀 ·ᄭᅩᆮ :업스·니 ·이럴·ᄊᆡ 如영來ᄅᆡᇰㅣ 分분別·볋 :내·디 아·니·호·ᄆᆞᆯ 기·피 기【金剛經 28ㄴ】☞ ·리시·니·라

(주 직역) 부처님이 이르시기를, "虛空이 가없어 헤아리지 못할 것이니, 菩薩의 住相이 없는 布施의 得한 功德도 또 虛空의 헤아리지 못하여 가없음과 같을 것이다." 世界 中에 큰 것이 虛空보다 넘는 것이 없으며 一切 性 中에 큰 것이 佛性에 넘는 것이 없으니 어째서인가? 무릇 形相이 있는 것은 크다 이르지 못할 것이며, 虛空은 形相이 없으므로 크다 이름하며, 一切의 많은 性은 다 限量이 있으므로 크다 이르지 못할 것이며, 佛性은 限量이 없으므로 크다 이른다. 이 虛空 中에 本來 東西南北이 없으니 만약 東西南北을 보면 또 이것은 住相이다. 解脫을 得하지 못할 것이며, 佛性도 本來 我와 人과 衆生과 壽者가 없으니, 만약 이 四相을 능히 봄이 있으면 곧 이는 衆生의 性이라 佛性이라 이르지 못할 것이니, 또 일러서 住相 布施다. 비록 妄心 中에 東西南北이 있다 이르나, 理에 있어서는 어찌 있겠는가? 일러 東西가 眞實 아니고, 南北이 어찌 다르겠는가? 自性이 本來 空寂하여 모두 녹아 分別할 곳이 없으니 이러므로 如來가 分別을 내지 아니함을 깊이 기리셨다.

(주 의역) 부처님이 말씀하시기를, "허공이 가없어 생각으로 헤아릴 수 없으니, 보살이 상(相)에 집착함이 없는 보시가 얻은 공덕도 역시 허공을 헤아릴 수 없어 가없음과 같다."고 하셨다. 세상에서 큰 것으로 허공보다 큰 것이 없으며, 일체 성품 가운데 큰 것으로 불성(佛性)보다 큰 것이 없으니 무슨 까닭인가? 무릇 모양이 있는 것은 크다고 할 수 없으나 허공은 모양이 없으므로 크다고 말하며, 일체의 많은 성품은 다 한량이 있으므로 크다 이르지 못할 것이나 불성은 한량이 없으므로 크다고 말한다. 허공 가운데 본래 동서남북이 없으니 만약 동서남북을 보면 역시 이것은 상(相)에 집착하는 것이다. 해탈을 얻을 수 없으며, 불성도 본래부터 나[我]다, 사람[人]이다, 중생[衆生]이다, 오래 산다는 것[壽者]이 없으니 만약 사상(四相)을 볼 수 있으면 곧 이는 중생의 성품이라서 불성이라 말할 수 없으니, 역시

상(相)에 집착하는 보시다. 비록 망심 가운데 동서남북이 있다고 말하나, 이치에 있어서는 어찌 동서남북이 있겠는가? 이른바 동서가 참이 아니고, 남북도 동서와 어찌 다르겠는가? 자성이 본래 공적하여 모두 녹아 분별할 곳이 없으므로 여래가 분별을 내지 아니함을 깊이 찬탄하신 것이다.

경 본문 須菩提야 菩薩ᄋᆞᆫ 但應如所教住ㅣ니라

경 언해 須슝菩뽕提똉·여 菩뽕薩·사ᇙ·은 오·직 ᄀᆞᄅᆞ·촘 ·ᄀᆞ티 住·뜡·홀 ·띠니·라

경 직역 須菩提야! 菩薩은 오직 가르침 같이 住할 것이다.

경 의역 須菩提야! 보살은 오직 부처님의 가르침과 같이 머물러야 할 것이다.

주 본문 應者ᄂᆞᆫ 唯也ㅣ니 但唯如上所說之教ᄒᆞ야 住無相布施ᄒᆞ면 卽是菩薩也ㅣ니라

주 언해 應흥·은 오·직 홀 ·씨·니 오·직 우·희 니ᄅᆞ·샨 ᄀᆞᄅᆞ·치샴 ·ᄀᆞ티 ·ᄒᆞ·야 無뭉相·샹 布·봉施·싱·예 住·뜡ᄒᆞ·면 ·곤 ·이 菩뽕薩·사ᇙ·이·라

주 직역 應은 오직 하는 것이니, 오직 위에 이르신 가르치심과 같이 하여 無相 布施에 住하면 곧 이는 菩薩이다.

주 의역 '응(應)'은 오직 따르기만 하는 것이니 다만 위에 말씀하신 가르치심과 같이 하여 무상 보시에 머무르면 곧 이는 보살인 것이다.

如理實見分 第五(여리실견분 제오)

경 본문 須菩提야 於意云何오 可以身相으로 見如來아 不【金剛經 29ㄱ】☞ 아 不也世尊하 不可以身相으로 得見如來니

경 언해 須슝菩뽕提똉·여 쁘·데 :엇더·뇨 어·루 身신相·샹·ᄋ·로 如셩來링·를 보·려 :몯ᄒ·려 아·니이·다 世·솅尊존·하 身신相·샹·ᄋ·로 如셩來링·를 시·러 ·보ᅀᆞᆸ·디 :몯ᄒ·리·니

경 직역 "須菩提야! 뜻에 어떠한가? 가히 身相으로 如來를 보겠는가? 못 보겠는가?" "아닙니다, 세존이시여! 身相으로 如來를 능히 보지 못할 것이니"

경 의역 "수보리(須菩提)야! 어떻게 생각하는가? 가히 몸의 모양[身相]으로 여래를 볼 수 있겠는가? 볼 수 없겠는가?" "볼 수 없습니다. 세존이시여! 몸의 모양[身相]으로 여래를 능히 보지 못할 것입니다."

주 해

- 어루 身相ᄋ로 如來를 보려 몯ᄒ려: 부처님의 말씀을 의심하는 사람들은 몸의 형상으로 부처님을 보려 함으로 이를 막기 위하여 몸의 형상으로서의 여래를 볼 수 없음을 말한 것이다.

주 본문 色身은 卽有相이오 法身은 卽無相이니 色身者ᄂᆞᆫ 四大和合ᄒ야 父母所生이라 肉眼所見이오 法身者ᄂᆞᆫ 無有形段ᄒ며 非有青黃赤白이며 無一切相貌ᄒ야 非肉眼의 能見이라 慧眼이사 乃能見之ᄒᄂ니 凡夫ᄂᆞᆫ 但見色身如來ᄒᅀᆞᆸ고 不見法身如來ᄒᅀᆞᆸᄂ니【金剛經 29ㄴ】☞ 法身은 量等虛空ᄒ실ᄊ 是故로 佛이 問須菩提ᄒ샤ᄃᆡ 可以身相으로 見如來아 不아ᄒ야시ᄂᆞᆯ 須菩提ㅣ 知凡夫의 但見色身如來ᄒᅀᆞᆸ고 不見法身如來故로 言호ᄃᆡ 不也世尊하 不可以身相으로 得見如來이다ᄒ니라

주 언해 色·식身신·은 ·곧 相·샹·이 잇·고 法·법身신·은 ·곧 相·샹·이 :업스·니 色·식身신·은 四·ᄉᆞ大·땡 和홯合·햅·ᄒ·야 父:뿡母:뭏ㅅ 나·혼 거·시·라

肉·ᅌᅲᆨ眼:안·ᄋᆡ ·보ᄂᆞᆫ ·고디·오 法·법身신·은 얼굴 :업스·며 靑청黃ᅘᅪᇰ赤·쳑 白·ᄈᆡᆨ 잇·디 아·니ᄒᆞ·며 一·ᅙᅵᇙ切·쳉 相·샹貌·뫃ㅣ :업서 肉·ᅌᅲᆨ眼:안·이 能능·히 ·볼 ·껏 아·니·라 慧·ᅘᅰᆼ眼:안·이·ᅀᅡ 能능·히 ·보ᄂᆞ·니 凡뻠夫붕는 오·직 色ᄉᆡᆨ身신如ᅀᅧᆼ來ᄅᆡᆼᄅᆞᆯ 【金剛經 30ㄱ】 ☞ ·보ᅀᆞᆸ·고 法·법身신如ᅀᅧᆼ來ᄅᆡᆼ·ᄅᆞᆯ ·보ᅀᆞᆸ·디 :몯·ᄒᆞᄂᆞ·니 法법身신·은 量·량·이 虛헝空콩·과 ·ᄀᆞᆮ·ᄒᆞ실·씨 ·이럴·씨 부:톄 須슝菩뽕提똉ᄃᆞ·려 :무·르샤·ᄃᆡ 어·루 身신相:샹·ᄋᆞ로 如ᅀᅧᆼ來ᄅᆡᆼ·ᄅᆞᆯ 보·려 :몯ᄒᆞ·려 ·ᄒᆞ·야시·ᄂᆞᆯ 須슝菩뽕提똉ㅣ 凡뻠夫붕·의 오·직 色·ᄉᆡᆨ身신如ᅀᅧᆼ來ᄅᆡᆼ·ᄅᆞᆯ ·보ᅀᆞᆸ·고 法·법身신如ᅀᅧᆼ來ᄅᆡᆼ·ᄅᆞᆯ ·보ᅀᆞᆸ·디 :몯·ᄒᆞᄂᆞᆫ ·ᄃᆞᆯ :알·씨 ᄉᆞᆯ·오·ᄃᆡ 아·니이·다 世·솅尊존·하 身신相·샹·ᄋᆞ·로 如ᅀᅧᆼ來ᄅᆡᆼ·ᄅᆞᆯ 시·러 ·보ᅀᆞᆸ·디 :몯·ᄒᆞ·ᅀᆞ오·리이·다 ᄒᆞ·니·라

(주 직역) 色身은 곧 相이 있고 法身은 곧 相이 없으니, 色身은 四大가 和合하여 父母의 낳은 것이라서 肉眼으로 보는 것이고, 法身은 형체 없으며 靑・黃・赤・白이 있지 않으며 一切 相貌가 없어 肉眼으로 能히 볼 것 아니다. 慧眼이어야 能히 보니, 凡夫는 오직 色身如來를 보고 法身如來를 보지 못하니, 法身은 量이 虛空과 같으므로 이러므로 부처님이 須菩提더러 물으시되, '가히 身相으로 如來를 보겠는가? 못 보겠는가?' 하시거늘 須菩提가 凡夫의 오직 色身如來를 보고 法身如來를 보지 못하는 줄을 알므로, 사뢰되 '아닙니다, 세존이시여. 身相으로 如來를 능히 보지 못할 것입니다' 했다.

(주 의역) 색신(色身)은 곧 상(相)이 있고 법신은 곧 상(相)이 없다. 색신은 4대(四大)가 화합하여 부모가 낳은 것이라서 육안으로 보이는 것이고, 법신은 형체가 없으며 청(靑)・황(黃)・적(赤)・백(白) 등 색깔이 없으며 일체 형상과 모양이 없어 육안으로 능히 보이지 않는다. 혜안(慧眼)으로만 능히 볼 수 있다. 범부는 오직 색신여래(色身如來)를 보고 법신여래(法身如來)를 보지 못하기 때문에, 법신은 생각[量]이 허공과 같다. 그러므로 부처님이 수보리에게 '가히 몸의 모양[身相]으로서의 여래를 볼 수 있겠는가? 볼 수 없겠는가?' 하고 물으셨는데 수보리가 범부는 오직 색신여래(色身如來)를 보고 법신여래(法身如來)를 보지 못하는 줄을 알기 때문에, '볼

수 없습니다, 세존이시여! 몸의 모양으로 여래를 볼 수 없습니다'라고 사뢰었다.

주 해

- 색신(色身): rūpa-kāya. 형체가 있는 몸, 즉 육신(肉身) ↔ 법신(法身).
- 법신(法身): dharma-kāya. 부처님께서 설하신 정법(正法), 부처님께서 얻으신 무루법(無漏法), 부처님의 자성(自性), 진여(眞如), 여래장(如來藏) 등을 가리킨다. 형체가 없으므로 색신(色身)과 반대되는 개념이다.
- 혜안(慧眼): prajñā-cakṣus. 지혜의 눈.
- 청황적백(靑黃赤白): 오온(五蘊)의 하나인 색(色)은 현색(顯色)과 형색(形色)으로 이루어져 있는데, 전자는 청황적백(靑黃赤白)으로 이루어져 있고, 후자는 ① 장(長), ② 단(短), ③ 방(方), ④ 원(圓), ⑤ 고(高), ⑥ 하(下), ⑦ 정(正), ⑧ 부정(不正) 등으로 이루어져 있다.
- 량(量): 크기. 현대국어의 '양이 적다' 등의 '양'과 같은 뜻이다. 이것을 현량(現量)과 비량(比量)의 두 가지 양으로 보는 것은 잘못이다.

경 본문 何以故ㅣ어뇨 如來所說身相이 卽非身相이니이다

경 언해 :엇데어·뇨 如셩來링 니ᄅ·샨 身신相샹·이 ·곧 身신相샹·이 아·니·니이·다

경 직역 "어째서인가? 如來께서 이르신 身相이 곧 身相이 아닙니다."

경 의역 "어째서인가? 여래께서 설하신 몸의 모양[身相]이 곧 몸의 모양[身相]이 아닙니다."

주 해

- 如來 니ᄅ샨 身相이 곧 身相이 아니니이다: 일반적으로 부처님의 몸은 32상(相) 80종호(種好)가 있다고 말하나 여기서 부처님이 말씀하시는 여래는 법신을 말하는 것이고 법신은 상이 없다는 뜻.

주 본문 色身은 是相이오 法身은 是性이니 一切善惡이 盡【金剛經 30ㄴ】☞ 由法身ᄒᆞ고 不由色身ᄒᆞᄂᆞ니 法身이 若作惡ᄒᆞ면 色身이 不生善處ᄒᆞ고 法身이 作善ᄒᆞ면 色身이 不墮惡處ᄒᆞᄂᆞ니 凡夫ᄂᆞᆫ 唯見色身ᄒᆞ고 不見

法身홀시 不能行無住相布施ᄒᆞ며 不能於一切處에 行平等行ᄒᆞ며 不能普敬一切衆生커니와 見法身者는 卽能行無住相布施ᄒᆞ며 卽能普敬一切衆生ᄒᆞ며 卽能修般若波羅蜜行ᄒᆞ야 方信一切衆生이 同一眞性이라 本來淸淨ᄒᆞ야 無有垢穢ᄒᆞ야 具足恒河妙 【金剛經 31ㄱ】 ☞ 用ᄒᆞᄂᆞ니라

주 언해 色·ᄉᆡᆨ身신·은 ·이 相·샹·이·오 法·법身신·은 ·이 性·셩·이·니 一·ᅙᅵᇙ切·쳉 善:쎤惡·악·이 :다 法·법身신·ᄋᆞᆯ 븓·고 色·ᄉᆡᆨ身신 븓·디 아·니·ᄒᆞᄂᆞ·니 法·법身신·이 ·ᄒᆞ다·가 惡·악·ᄋᆞᆯ 지·ᅀᅳ·면 色·ᄉᆡᆨ身신·이 善:쎤處·쳥·에 나·디 :몯·고 法·법身신·이 善:쎤·을 지·ᅀᅳ·면 色·ᄉᆡᆨ身신·이 惡·악處·쳥·에 ᄠᅥ·러디·디 아니·ᄒᆞᄂᆞ·니 凡뻠夫붕·는 오·직 色·ᄉᆡᆨ身신·ᄋᆞᆯ 보·고 法·법身신·을 :몯 볼·ᄊᆡ 能능·히 住·뜡相·샹 :업슨 布·봉施·싱·ᄅᆞᆯ 行ᅘᅢᇰ·티 :몯ᄒᆞ·며 能능·히 一·ᅙᅵᇙ切·쳉 處·쳥·에 平뼝等:등行·ᅘᅢᇰ·ᄋᆞᆯ 行ᅘᅢᇰ·티 :몯ᄒᆞ·며 能능·히 一·ᅙᅵᇙ切·쳉 衆·즁生ᄉᆡᆼ·ᄋᆞᆯ 너·비 恭공敬·경 :몯·거니·와 法·법身신 보·닌 ·곧 能능·히 無뭉住·뜡相·샹 布·봉施·싱·ᄅᆞᆯ 行ᅘᅢᇰᄒᆞ·며 ·곧 能능·히 一·ᅙᅵᇙ切·쳉 衆·즁生ᄉᆡᆼ·ᄋᆞᆯ 너·비 恭공敬·경ᄒᆞ·며 ·곧 能능·히 般·반若:샹波방羅랑蜜·밇行·ᅘᅢᇰ·ᄋᆞᆯ 닷·가 비·르서 一·ᅙᅵᇙ切·쳉 衆·즁生ᄉᆡᆼ·이 ᄒᆞᆫ가·지·로 ᄒᆞᆫ 眞진性·셩·이·라 【金剛經 31ㄴ】 ☞ 本:본來·ᄅᆡᆼ 淸쳥淨·쪙·ᄒᆞ·야 :더러·움 :업서 恒ᅘᅳᇰ河ᅘᅡᆼ 微밍妙·묳ᄒᆞᆫ 用·용·이 ᄀᆞ·ᄌᆞᆫ ·둘 信·신·ᄒᆞ·ᄂᆞ니·라

주 직역 色身은 이것은 相이고, 法身은 이것은 性이니, 一切 善惡이 다 法身을 말미암고 色身을 말미암지 않으니, 法身이 만약 惡을 지으면 色身이 善處에 나지 못하고, 法身이 善을 지으면 色身이 惡處에 떨어지지 않으니, 凡夫는 오직 色身을 보고 法身을 못 봄으로 能히 住相이 없는 布施를 行하지 못하며, 能히 一切 處에 平等行을 行하지 못하며, 能히 一切 衆生을 널리 恭敬하지 못하거니와, 法身을 본 이는 곧 能히 無住相 布施를 行하며, 곧 能히 一切 衆生을 널리 恭敬하며, 곧 能히 般若波羅蜜行을 닦아, 비로소 一切 衆生이 한결같이 한 眞性이다. 本來 淸淨하여 더러움이 없어 恒河의 微妙한 用을 갖춘 것을 信한다.

주 의역 색신(色身)은 이것은 모양[相]이고 법신(法身)은 이것은 법성(法性)이다. 일체 선악이 다 법신을 말미암고 색신을 말미암지 않으니, 법신이

만약 악을 지으면 색신이 좋은 곳에 나지 못하고, 법신이 선을 지으면 색신이 나쁜 곳에 떨어지지 않는다. 범부는 오직 색신을 보고 법신을 보지 못하므로 상(相)에 집착하지 않는 보시를 행(行)하지 못하며, 일체 모든 곳에 평등한 행(行)을 행(行)하지 못하며, 능히 일체 중생을 널리 공경하지 못한다. 법신을 보는 이는 곧 능히 상에 머무는 것이 없는 보시[無住相布施]를 행(行)하며, 곧 능히 일체 중생을 널리 공경하며, 능히 반야바라밀행(般若波羅蜜行)을 닦아, 비로소 일체 중생이 동일한 참된 성품(性品)이다. 본래 청정하여 더러움이 없고 항하 같은 미묘한 작용이 갖추어졌음을 믿는다.

주 해

- 能히 住相 업슨 布施를 行티 몯ᄒᆞ며: 상에 머무르지 않고 보시를 능히 행하지 못하며.
- 무주상(無住相) 보시(布施): 상에 머무르지 않은 상태에서의 보시.
- 本來 淸淨ᄒᆞ야 더러움 업서 恒河 微妙ᄒᆞᆫ 用이 ᄀᆞ존 ᄃᆞᆯ 信ᄒᆞᄂᆞ니라: 본래 청정하여 더러움이 없기 때문에 항하사 수와 같은 미묘한 작용을 갖춘 것을 믿는다.
- 恒河: Gaṅgā. = 갠지즈 강. 갠지즈 강 유역의 땅이 풍성하여 고대 인도 국가의 도읍이 이 부근에서 많이 세워졌으며, 수천 년간 인도 문명의 중심이 되었고, 불교를 비롯한 많은 종교 철학이 이곳에서 발생하였다.
- 법성(法性): 항상 변하지 않는 진리의 성품.

경 본문 佛告須菩提ᄒᆞ사ᄃᆡ 凡所有相이 皆是虛妄이니 若見諸相의 非相ᄒᆞ면 卽見如來리라

경 언해 부:톄 須슝菩뽕提뗑ᄃᆞ·려 니ᄅᆞ샤·ᄃᆡ 믈읫 잇ᄂᆞᆫ 相·샹·이 :다 ·이 虛헝妄·망·이·니 ·ᄒᆞ다·가 諸졍相·샹·의 相·샹 아·닌 ·ᄃᆞᆯ 보·면 ·곧 如셩來링·ᄅᆞᆯ 보·리·라

경 직역 부처님이 須菩提더러 이르시되, "무릇 相이 다 이는 虛妄이니 만약 諸相의 相이 아닌 줄을 보면, 곧 如來를 보리라."

경 의역 부처님이 수보리에게 이르시길, "무릇 모든 형상[相]이 있는 것은 다 허망한 것이다. 만약 모든 형상[相]이 진실한 형상[相]이 아닌 것임

을 보면, 곧 여래를 볼 것이다."

주 해

- 凡所有相 皆是虛妄 若見諸相 非相 卽見如來: 금강경 전문 중에서도 가장 빈번히 인용되는 구절의 하나이다.

주 본문 如來ㅣ 欲顯法身故로 說一切諸相이 皆是虛妄ᄒᆞ시니 若見一切諸相의 虛妄不實ᄒᆞ면 卽見如來ㅅ 無相之理也ᄒᆞ리라

주 언해 如ᅀᅧᆼ來ᄅᆡᆼㅣ 法·법身신·ᄋᆞᆯ 나·토고·져 ·ᄒᆞ신 젼·ᄎᆞ·로 一·ᅙᅵᇙ切·쳉諸졍相·샹·이 :다 ·이 虛헝妄·망·이·라 니ᄅᆞ·시·니 ·ᄒᆞ다·가 一·ᅙᅵᇙ切·쳉 諸졍相·샹·의 虛헝 【金剛經 32ㄱ】 ☞ 妄·망·ᄒᆞ·야 實·씷·티 아·니ᄒᆞᆫ ·돌 보·면 ·곧 如ᅀᅧᆼ來ᄅᆡᆼㅅ 相·샹 업슨 理:링·롤 보·리·라

주 직역 如來가 法身을 나타내고자 하신 까닭으로, 一切 諸相이 다 이는 虛妄이라 이르시니, 만약 一切 諸相이 虛妄하여 眞實하지 않은 것을 보면 곧 如來의 相이 없는 理致를 볼 것이다.

주 의역 여래께서 법신을 나타내고자 하신 까닭으로, '일체 모든 형상(相)이 이는 다 허망한 것이라' 말씀하시니, 만약 일체 모든 형상(相)이 허망하여 진실이 아님을 깨달으면 곧 여래의 형상(相)이 없는 도리를 볼 것이다.

正信希有分 第六(정신희유분 제육)

경 본문 須菩提ㅣ 白佛言ᄒᆞᄉᆞ오ᄃᆡ 世尊하 頗有衆生이 得聞如是言說章句ᄒᆞᄉᆞᆸ고 生實信不ㅣ잇가

경 언해 須슝菩뽕提똉ㅣ 부텨·긔 ᄉᆞᆯ·오·ᄃᆡ 世·솅尊존·하 ᄌᆞ모 衆·중生ᄉᆡᆼ·이 ·이 ·ᄀᆞᆮᄒᆞᆫ :말ᄊᆞᆷ 章쟝句·궁 듣:ᄌᆞᆸ·고 實·씷ᄒᆞᆫ 信·신·올 :내·리 이시·리잇·가 :몯ᄒᆞ·리잇·가

경 직역 須菩提가 부처님께 사뢰되, "세존이시여! 많은 衆生이 이 같은 말씀 章句를 듣고, 眞實한 信心을 내는 사람이 있겠습니까? 있지 못하겠습니까?"

경 의역 수보리가 부처님께 말씀드리기를, "세존이시여! 많은 중생이 이와 같은 말씀과 글귀를 듣고, 진실한 믿음을 내는 사람이 있겠습니까? 없겠습니까?"

주 해

- ᄌᆞ모: 많은. 'ᄌᆞ모'는 현대국어 '자못'과 연결됨.

주 본문 須菩提ㅣ 問ᄒᆞᄉᆞ오ᄃᆡ 此法이 甚深ᄒᆞ야 難信難解니 末世凡夫ㅣ 智慧微劣커시니 云何信入ᄒᆞ리잇고 佛 【金剛經 32ㄴ】 ☞ 荅이 在次下ᄒᆞ시니라

주 언해 須슝菩뽕提똉ㅣ :묻ᄌᆞ·오·ᄃᆡ ·이 法·법·이 甚·씸·히 기·퍼 信·신·홈 어·려우·며 아·롬 어·려우·니 末·맗世·솅 凡뻠夫붕ㅣ 智·딩慧·쮕 微밍劣·뤓·커시·니 :엇뎨 信·신·ᄒᆞ·야 들·리잇·고 부텨 對됭答·답·이 버·근 아·래 :겨·시니·라

주 직역 須菩提가 묻되, '이 法이 甚히 깊어 信함이 어려우며, 앎이 어려우니, 末世 凡夫가 智慧가 微劣하므로 어찌 信하여 들겠습니까?' 부처님의 對答이 다음 아래 있으시다.

주 의역 수보리가 묻기를, '이 법이 매우 깊어 믿기 어려우며, 알기 어려우니, 말세의 사람이 지혜가 적고 하열(下劣)하니 어떻게 믿어 불문(佛門)에 들어가겠습니까?'라 한 것이다. 부처님의 대답이 아래에 있다.

주 해

- 末世 凡夫ㅣ 智慧 微劣커시니 엇뎨 信ᄒᆞ야 들리잇고: 말세 범부가 지혜가 미렬하므로 어찌 믿어서 부처님의 세계에 들어오겠습니까? '들다'는 현대국어에서도 쓰이나 분포에 제약이 있기 때문에 '들어오다, 들어가다' 등의 복합동사를 사용하여 번역해야 되는 대표적인 동사.

경 본문 佛告須菩提ᄒᆞ샤ᄃᆡ 莫作是說ᄒᆞ라 如來滅後後五百歲예 有持戒修福者ㅣ면 於此章句에 能生信心ᄒᆞ리니 以此爲實ᄒᆞ라 當知是人은 不於一佛二佛三四五佛에 而種善根이라 已於無量千萬佛所애 種諸善根ᄒᆞ야 聞是章句ᄒᆞ고 乃至一念이나 生淨信者ㅣ니라

경 언해 【金剛經 33ㄱ】☞ 부:톄 須슝菩뽕提똉ᄃᆞ·려 니ᄅᆞ·샤·ᄃᆡ ·이 :말ᄒᆞ·디 :말라 如셩來링 滅·며ᇙᄒᆞᆫ 後:ᅘᅮᆼㅅ 後:ᅘᅮᆼ 五:옹百·ᄇᆡᆨ 歲·솅·예 持띵戒·갱ᄒᆞ·며 福·복 닷·ᄀᆞ·리 이시·면 ·이 章쟝句궁·에 能능·히 信·신心심 :내리·니 ·일·로 實·씨ᇙ 사·ᄆᆞ·라 ·이 :사ᄅᆞ·ᄆᆞᆫ 一·ᅙᅵᇙ佛·뿌ᇙ 二·ᅀᅵᆼ佛·뿌ᇙ 三삼 四·ᄉᆞᆼ 五:옹佛·뿌ᇙ·ᄭᅴ 善:쎤根ᄀᆞᆫ·ᄋᆞᆯ 심·군 ·디 아·니·라 ᄒᆞ마 無뭉量·량千쳔萬·만佛·뿌ᇙᄭᅴ 한 善:쎤根ᄀᆞᆫ·ᄋᆞᆯ 심·거 ·이 章쟝句궁·ᄅᆞᆯ 듣·고 ᄒᆞᆫ 念·념·에 니·르·리·나 ·조ᄒᆞᆫ 信·신·ᄋᆞᆯ :내·ᄂᆞᆫ ·ᄃᆞᆯ 반·ᄃᆞ기 아·롤 ·띠니라

경 직역 부처님이 須菩提더러 이르시되, "이 말 하지 말라. 如來가 滅度한 後의 後 五百 歲에, 持戒하며 福을 닦을 사람이 있으면, 이 章句에 能히 信心을 낼 것이니, 이것으로 實을 삼아라. 이 사람은 一佛 二佛 三・四・五佛께 善根을 심은 것이 아니라, 이미 無量 千萬佛께 많은 善根을 심어, 이 章句를 듣고 한 念까지에 깨끗한 信을 내는 줄 반드시 알 것이다."

경 의역 부처님이 수보리에게 말씀하시기를, "이런 말을 하지 말라. 여래가 입멸한 뒤의 후 오백 년에, 계를 지키며 복을 닦는 사람이 있어서, 이 글귀에 능히 믿는 마음을 내어 이것으로 진실을 삼을 것이다. 이 사람은

한 부처님, 두 부처님, 셋, 넷, 다섯 부처님께 선근을 심었을 뿐만 아니라, 이미 한량없는 천만 부처님께 많은 선근을 심어, 이 글귀를 듣고 한 생각에 이르기까지 깨끗한 믿음을 낼 것임을 반드시 알아야 한다."

주 해

- 如來 滅흔 後ㅅ 後 五百歲: 여래께서 멸도하신 다음의 2500년 후. 부처님이 멸도하신 후 5백년 단위로 구분하여 다섯 시기로 나눌 때, 마지막 시기인 다섯 째 5백년을 가리키며, 흔히 불법이 쇠미하여 논쟁이 많은 시기를 말함.
- 善根: 좋은 과보를 받을 수 있는 좋은 인(因). 불교에서는 선인(善因)으로 선과(善果)를 받고, 악인(惡因)으로 악과(惡果)를 받는다. 부처님이 깨달음을 이루신 것도 현세의 노력만으로 이룬 것이 아니라 과거로부터 헤아릴 수 없는 많은 수행으로 선근을 심었기 때문이다.

(주 본문) 於我滅後後五百歲예 若復有人이 能持大乘無相戒ᄒᆞ야 不妄取諸相ᄒᆞ야 不造生死業ᄒᆞ고 一切時中에 心常空寂ᄒᆞ야 不被諸相의 所縛호미 卽是【金剛經 33ㄴ】☞ 無所住心이니 於如來深法에 心能信入ᄒᆞ리니 此人所有言說이 眞實可信이라 何以故오 此人이 不於一劫二劫三四五劫에 而種善根이라 已於無量千萬億劫에 種諸善根이니 是故로 如來ㅣ 說ᄒᆞ샤ᄃᆡ 我滅後後五百歲예 有能離相修行者ㅣ면 當知是人은 不於一二三四五佛에 種諸善根이라ᄒᆞ시니라 何名種諸善根고 略述次下ᄒᆞ노니 所謂於諸佛所애 一心供養ᄒᆞᅀᆞ와 隨順教法ᄒᆞᅀᆞ오며【金剛經 34ㄱ】☞ 於諸菩薩善知識師僧父母耆年宿德尊長之處에 常行恭敬供養ᄒᆞ야 承順教命ᄒᆞ야 不違其意홀시 是名種諸善根이며 於一切貧苦衆生애 起慈愍心ᄒᆞ고 不生輕猒ᄒᆞ며 有所須求ㅣ어든 隨力惠施홀시 是名種諸善根이며 於一切惡類예 自行和柔忍辱ᄒᆞ야 歡喜逢迎ᄒᆞ야 不逆其意ᄒᆞ야 令彼로 發歡喜心ᄒᆞ고 息剛戾心케홀시 是名種諸善根이며 於六道衆生애 不加殺害ᄒᆞ며 不欺不賤不毁不辱不【金剛經 34ㄴ】☞ 騎不箠不食其肉ᄒᆞ고 常行饒益홀시 是名種諸善根이라 信心者ᄂᆞᆫ 信般若波羅蜜이 能除一切煩惱ᄒᆞ며 信般若波羅蜜이 能成就一切出世功德ᄒᆞ며 信般若波羅蜜이 能出生一切諸佛ᄒᆞ며 信自身中佛性이 本來淸淨ᄒᆞ

야 無有染汚ᄒᆞ야 與諸佛性과 平等無二ᄒᆞ며 信六道衆生이 本來無相ᄒᆞ며 信一切衆生이 盡能成佛ᄒᆞᆯ시 是名淨信心也ㅣ라

(주 언해) 나 滅·멿ᄒᆞᆫ 後:ᅘᅮᇢㅅ 後:ᅘᅮᇢ 五:ᅌᅩᆼ百·ᄇᆡᆨ 歲·ᄉᆒᆼ·예 ·ᄒᆞ다·가 ·ᄯᅩ :사ᄅᆞ·미 能능·히 大·땡乘씽無뭉相·샹戒 【金剛經 35ㄱ】 ☞ ·갱·롤 디·녀 간·대로 諸졍相·샹·ᄋᆞᆯ 取:츙·티 아니·ᄒᆞ·야 生ᄉᆡᆼ:死ᄉᆞᆼㅅ 業·업·을 :짓·디 아·니·코 一·ᅙᅵᇙ切·촁 時씽 中듕·에 ᄆᆞᅀᆞ·미 샹·녜 空콩寂·쩍·ᄒᆞ·야 諸졍相·샹·ᄋᆡ 미·욤 닙·디 아·니·호미 ·곧 ·이 住·뜡·혼 ·ᄃᆡ :업·슨 ᄆᆞᅀᆞ·미·니 如ᅀᅧᆼ來ᄅᆡᆼㅅ ·기픈 法·법·에 ᄆᆞᅀᆞ·미 能능·히 信신·ᄒᆞ·야 ·들리·니 ·이 :사ᄅᆞ·ᄆᆡ ·뒷논 :마리 眞진實·씷·ᄒᆞ·야 믿브·리·라 :엇뎨어·뇨 ·이 :사ᄅᆞ·미 一·ᅙᅵᇙ劫·겁 二·ᅀᅵᆼ劫·겁 三삼 四·ᄉᆞᆼ 五:ᅌᅩᆼ劫·겁·에 善:쎤根ᄀᆞᆫ·을 심군 ·디 아니라 ᄒᆞ·마 無뭉量·량千쳔萬·먼億·흑劫·겁·에 한 善쎤根근을 시므니 ·이런·ᄃᆞ·로 如ᅀᅧᆼ來ᄅᆡᆼㅣ 니ᄅᆞ샤·ᄃᆡ 나 滅·멿度·똥ᄒᆞᆫ 後:ᅘᅮᇢㅅ 後:ᅘᅮᇢ 五:ᅌᅩᆼ百·ᄇᆡᆨ 歲·ᄉᆒᆼ예· 能능·히 相·샹·ᄋᆞᆯ 여·희·여 修슝行ᅘᆡᆼᄒᆞ·리 이시면 이 ·사ᄅᆞ·ᄆᆞᆫ 一·ᅙᅵᇙ 二·ᅀᅵᆼ 三삼 四·ᄉᆞᆼ 五:ᅌᅩᆼ佛·뿛·ᄭᅴ 한 善:쎤根근·을 심·군 ·디 아·닌 ·ᄃᆞᆯ 반·ᄃᆞ기 :알리·라 ·ᄒᆞ·시니라 :엇뎨 일·후·미 한 善·쎤根근 심·굼·고 버·거 아래 略·략·히 니ᄅᆞ 【金剛經 35ㄴ】 ☞ ·노·니 닐·온 諸졍佛·뿛·ᄭᅴ 一·ᅙᅵᇙ心심·으·로 供공養·양·ᄒᆞᅀᆞ·와 教·ᄀᆞᇢ法·법·을 조·차 順쓘·ᄒᆞ·ᅀᆞ오며 諸졍菩뽕薩·삻·와 善:쎤知딩識·식·과 師ᄉᆞᆼ僧승·과 父:뿡母:뭏·와 ·나 늘·근 德·득 오·란 尊존長:댱ㅅ 處·쳥·에 샹·녜 恭공敬·경 供공養·양·ᄋᆞᆯ 行ᅘᆡᆼ·ᄒᆞ·야 ᄀᆞᄅᆞ·치논 命·명·을 바·다 順·쓘·ᄒᆞ·야 그 ·ᄠᅳ·들 거·스·디 아·니홀 ·씨 ·이 일·후미 한 善:쎤根ᄀᆞᆫ 심·구미·며 一·ᅙᅵᇙ切·촁 艱간難난ᄒᆞᆫ 受:슣苦:콩ㅅ 衆·즁生ᄉᆡᆼ·의게 慈ᄍᆞᆼ悲빙ㅅ ᄆᆞᅀᆞ·ᄆᆞᆯ 니ᄅᆞ왇·고 ᄆᆞ던·히 너·기·며 아·쳐로·ᄆᆞᆯ :내·디 아·니ᄒᆞ·며 求꿓·호미 잇거·든 ·히·믈 조·차 ·주어 施ᄉᆡᆼ홀 ·씨 ·이 일·후미 한 善:쎤根ᄀᆞᆫ 심·구미·며 一ᅙᅵᇙ切·촁 :모딘 類·ᄅᆔᆼ·예 ·내 부·드러·이 忍:ᅀᅵᆫ辱·쇽·ᄋᆞᆯ 行ᅘᆡᆼ·ᄒᆞ·야 歡환喜:힁·ᄒᆞ·야 마·자 그 ᄠᅳ·들 거·스·디 아·니·ᄒᆞ·야 ·뎌 歡환喜:힁心심·을 發·벓ᄒᆞ·고 구·든 거·슬·ᄣᅳᆫ ᄆᆞᅀᆞ·ᄆᆞᆯ 그·치·게 홀 ·씨 ·이 일후미 한 善:쎤根ᄀᆞᆫ 심·구미·며 六·륙道:ᄯᅩᇢ 衆·즁 【金剛經 36ㄱ】 ☞ 生ᄉᆡᆼ·에 殺·삻害·ᅘᆡᆼ·ᄅᆞᆯ 더으·디 아·니ᄒᆞ·며 소·기·디 아·니

ᄒᆞ·며 ᄂᆞᆽ가·이 너·기·디 아·니ᄒᆞ·며 할·아·디 아·니ᄒᆞ·며 辱·쇽ᄒᆞ·디 아·니ᄒᆞ·며 ·ᄐᆞ디 아·니ᄒᆞ·며 ·티디 아·니ᄒᆞ·며 그 고·기 먹·디 아·니ᄒᆞ·고 饒ᅀᅸᇢ益·혁·을 샹·녜 行ᅘᆡᇰᄒᆞᆯ ·씨 ·이 일·후미 한 善:쎤根ᄀᆞᆫ 심·구미·라 信·신心심·은 般ᄇᆞᆫ若ᅀᅣᇰ波방羅랑蜜·ᄆᆞᇙ·이 能능·히 一·ᅙᅵᇙ切·쳉 煩뻔惱:ᄂᆞᇢ 더·로·ᄆᆞᆯ 信·신ᄒᆞ·며 般·ᄇᆞᆫ若:ᅀᅣᇰ波방羅랑蜜·ᄆᆞᇙ·이 能능·히 一·ᅙᅵᇙ切·쳉 出·ᄎᆔᇙ世·솅 功공德·득 일·우·믈 信·신ᄒᆞ·며 般ᄇᆞᆫ若:ᅀᅣᇰ波방羅랑蜜·ᄆᆞᇙ·이 能능·히 一·ᅙᅵᇙ切·쳉 諸졍佛·뿛 :내요·ᄆᆞᆯ 信·신ᄒᆞ·며 自·ᄍᆞᆼ身신 中듕·엣 佛뿛性·셩·이 本:본來ᄅᆡᆼ 淸쳥淨·쪙·ᄒᆞ·야 :더러·움 :업서 諸졍佛뿛性·셩과 平뼝等·등·ᄒᆞ·야 :둘 :업수·믈 信·신ᄒᆞ·며 六·륙道ᄄᅗᇢ 衆·즁生ᄉᆡᆼ·이 本:본來ᄅᆡᆼ 相·샹 :업수·믈 信·신ᄒᆞ·며 一·ᅙᅵᇙ切·쳉 衆·즁生ᄉᆡᆼ·이 :다 能능·히 成쎵佛뿛·호·ᄆᆞᆯ 信·신ᄒᆞᆯ 씨 ·이 일·후미 ·조ᄒᆞᆫ 信【金剛經 36ㄴ】☞ ·신心심·이·라

(주 직역) 나 滅度한 後의 後 五百 歲에 만약 또 사람이 能히 大乘의 無相戒를 지녀 허망되게 諸相을 取하지 않아, 生死의 業을 짓지 않고, 一切 時間 中에 마음이 항상 空寂하여 諸相에 의해 매임을 당하지 않음이, 곧 이것이 住한 데 없는 마음이니, 如來의 깊은 法에 마음이 能히 信하여 들 것이니, 이 사람의 소유한 말이 眞實하여 미더울 것이다. 어째서인가? 이 사람이 一劫, 二劫, 三・四・五劫에 善根을 심은 것이 아니라, 이미 無量 千萬億劫에 많은 善根을 심었으니, 이런 까닭으로 如來가 이르시되, '나 滅度한 後의 後 五百 년에 能히 相을 여의어 修行하는 이가 있으면, 이 사람은 一・二・三・四・五佛께 많은 善根을 심은 것이 아닌 줄 반드시 알 것이다.' 하셨다. 어찌 이름이 많은 善根을 심음인가? 다음 아래 簡略히 이르니 즉, 諸佛께 一心으로 供養하여 敎法을 좇아 隨順하며, 諸菩薩과 善知識과 師僧과 父母와 나이 늙고 德이 오래 된 尊長의 處所에 항상 恭敬 供養을 行하여, 가르치는 命을 받아 隨順하여 그 뜻을 거스르지 않음으로, 이것은 이름이 '많은 善根을 심음'이며, 一切 艱難하고 受苦하는 衆生에게 慈悲의 마음을 일으키고 무던히 여기며 싫어함을 내지 않으며, 求함이 있거든 힘 닿는 대로 주어 布施하는 것이, 이것이 이름이 '많은 善根을 심음'이며, 一切 惡한 무리에게 내가 부드럽게 忍辱을 行하여 歡喜하면서 맞이하여 그

뜻을 거스르지 않아, 그들이 歡喜心을 發하고 굳은 거스르는 마음을 그치게 하는 것이, 이것이 이름이 '많은 善根을 심음'이며, 六道 衆生에게 殺害를 가하지 않으며 속이지 않으며 낮추어 여기지 않으며 비방하지 않으며 辱하지 않으며 타지 않으며 치지 않으며 그 고기 먹지 않고 饒益을 항상 行하는 것이, 이것이 이름이 '많은 善根을 심음'이다. 信心은 般若波羅蜜이 能히 一切 煩惱를 제거함을 信하며, 般若波羅蜜이 能히 一切 出世 功德을 이룸을 信하며, 般若波羅蜜이 能히 一切 諸佛을 나게 함을 信하며, 自身中의 佛性이 本來 淸淨하여 더러움 없어 모든 佛性과 平等하여 둘 없음을 信하며, 六道 衆生이 本來 相 없음을 信하며, 一切 衆生이 다 能히 成佛함을 信하는 것이, 이것이 이름이 '깨끗한 信心'이다.

주 의역 부처님이 멸도한 뒤 후 오백 세에 만약 어떤 사람이 능히 대승의 상 없는 계[無相戒]를 지녀 허망한 모든 상을 취하지 않으며 생사의 업을 짓지 않고 일체의 시간 가운데 마음이 항상 고요하여 모든 상에 얽히지 않는 것이 이것이 곧 머무는 데 없는 마음이다. 여래의 깊은 법에 능히 마음으로 믿어 불문(佛門)에 들어갈 것이니, 이 사람의 말이 진실해서 미더울 것이다. 어째서인가? 이 사람이 한 겁이나 두 겁, 세, 네, 다섯 겁에 선근을 심었을 뿐 아니라, 이미 한량 없는 천만억 겁에 많은 선근을 심었으니, 이런 까닭으로 여래가 '내가 멸도한 뒤의 후 오백 세에 능히 상을 여의고 수행하는 이가 있으면, 이 사람은 한, 둘, 셋, 넷, 다섯 부처님께만 많은 선근을 심은 것이 아닌 줄 반드시 알 것이다.'라 하셨다. 어째서 이름이 '많은 선근을 심은 것'이라 하는가? 아래에 간략히 말한다. 즉, 모든 부처님 처소에 일심으로 공양하여 가르치신 법을 따라 모든 보살과 선지식과 스승인 스님[師僧]과 부모님과 나이 많고 덕이 높은 존경하는 어른들의 처소에 항상 공경하고 공양하여, 가르치는 명(命)[높은 가르침]을 받아 그것을 따라 그 뜻을 어기지 않으므로, 이름이 많은 선근을 심는 것이라 하며, 곤란을 겪으며 고통 받는 모든 중생에게 자비의 마음을 일으키고, 가벼이 여기거나 싫어하지 않으며 중생이 구하거든 힘닿는 대로 주어서 보시하는 것이, 이름이 많은 선근을 심는 것이라 하며, 모든 악한 무리에 대해 내가 부드럽게 인욕을 행(行)하여 환희하면서 맞이하여 그 뜻을 거스리지 않아 그로 하여금 환희심을 내어 굳게 거스리는 마음을 끊게 하는 것이, 이름이 많은 선근을 심는다 하며, 육도 중생에게 해를 가하지 않으며 속이지 않으며 낮추어 대하지 않으며 비방하지 않으며 辱하지 않으며 억누르지 않으며 때리지 않으며 고기 먹지 않고 항상 이익을 행(行)하는 것이 이름이 많은 선근을 심는 것이라 한다. 믿는 마음[信心]은 반야바라밀이 능히 일체 번뇌를 없애는 것을 믿으며, 반야바라밀이 능히 일체 출세 공덕을 이루는 것을 믿으며, 반야바라밀이 능히 일체 모든 부처님을 태어나게 하는 것을 믿으며, 자기 몸 가운데 불성이 본래 청정하여 더러움이 없어 모든 불성과 평등하여 둘이 없음을 믿으며, 육도 중생이 본래 상이 없음을 믿으며, 일체 중생이 다 능히 성불함을 믿는 것이, 이름이 '깨끗한 믿는 마음'이라 하는 것이다.

주 해

- 아쳐로몰: 싫어함을. '아쳗[厭]-' + '-옴' + '-올'.
- 歡喜ᄒᆞ야 마자(歡喜逢迎ᄒᆞ야): 환희하면서 맞이하여.
- 거슬쯘: 거스른. '거슬-' + '-ᄠᅳ-'(강세접미사) + '-은'.
- ᄆᆞ던히: 가벼이. 여기서는 부정적 의미로 쓰였음.
- 衆生에 殺害ᄅᆞᆯ 더으디 아니ᄒᆞ며 소기디 아니ᄒᆞ며 ᄂᆞᆾ가이 너기디 아니ᄒᆞ며 할아디 아니ᄒᆞ며 辱ᄒᆞ디 아니ᄒᆞ며 ᄐᆞ디 아니ᄒᆞ며 티디 아니ᄒᆞ며(於六道衆生애 不加殺害ᄒᆞ며 不欺不賤不毁不辱不騎不箠不食其肉ᄒᆞ고): 衆生에게 害를 더하지 않으며, 속이지 않으며, 가볍게 여기지 않으며, 비방하지 않으며, 욕보이지 않으며, 타지 않으며, 치지 않으며. '할아다'는 '비방하다, 훼방하다.'
- 諸相의 ᄆᆡ욤 닙디 아니호미(不被諸相의 所縛호미): 모든 상에 의해 매임을 받지 않음이. 이른바 '所 피동문'.
- 般若波羅蜜이 能히 一切 諸佛 내요ᄆᆞᆯ 信ᄒᆞ며: 모든 부처님은 반야바라밀로부터 나옴을 믿으며.
- 忍辱: kṣānti. 음역하여 찬제(羼提)라고 하기도 함. 6 바라밀의 하나. 마음을 안온(安穩)하게 해서 외부에 있는 모욕이나 뇌해(惱害) 등 모든 고통을 참는 수행.
- ᄐᆞ디 아니ᄒᆞ며 티디 아니ᄒᆞ며(不騎不箠): 탈 짐승도 중생이며, 치면 맞는 대상도 중생이므로 타는 짐승[衆生]을 타지 않고 때리지도 않으며.

경 본문 須菩提야 如來ㅣ 悉知悉見ᄒᆞᄂᆞ니 是諸衆生이 得如是無量福德ᄒᆞ리니 何以故오 是諸衆生이 無復我相人相衆生相壽者相ᄒᆞ며 無法相ᄒᆞ며 亦無非法相ᄒᆞ리라

경 언해 須슝菩뽕提뗑·여 如셩來링ㅣ :다 :알·며 :다 ·보ᄂᆞ·니 ·이 한 衆·즁生싱·이 ·이 ·ᄀᆞᆮᄒᆞᆫ 無뭉量·량 福·복德·득·을 得·득ᄒᆞ·리·니 :엇·뎨어·뇨 ·이 한 衆·즁生싱·이 ᄂᆞ외 我:앙相·샹·과 人신相·샹·과 衆·즁生싱相·샹·과 壽:쓩者:쟝相·샹·이 :업스·며 法·법相·샹 :업스·며 ·또 非빙法·법相·샹 :업·스리·라

경 직역 須菩提야! 如來가 다 알며 다 보니 이 여러 衆生이 이 같은 無量福德을 得할 것이니, 어째서인가? 이 여러 衆生이 다시 我相과 人相과 衆生相과 壽者相이 없으며 法相이 없으며 또 非法相이 없을 것이다.

경 의역 수보리야! 여래는 다 알며 다 보고 있으니, 이 모든 중생이 이와 같은 한량없는 복덕을 얻을 것이다. 어째서인가? 이 모든 중생이 다시 나라는 상[我相]과 사람이라는 상[人相]과 자기 몸이 오온의 화합이라는 상[衆生相]과 죽지 않고 오래 산다는 상[壽者相]이 없으며, 법상(法相)도 없으며 또 비법상(非法相)도 없다.

주 해

- 法相: 일체 만물의 모습.
- 非法相: 진리가 아닌 모습. 이때의 법은 반야바라밀(진리)을 가리킨다.

주 본문 若有人이 於如來滅後에 發般若波羅蜜心ᄒᆞ며 【金剛經 37ㄱ】 ☞ 行般若波羅蜜行ᄒᆞ야 修習悟解ᄒᆞ야 得佛深意者ᄂᆞᆫ 諸佛이 無不知之ᄒᆞ시ᄂᆞ니 若有人이 聞上乘法ᄒᆞ고 一心受持ᄒᆞ면 卽能行般若波羅蜜無相無著之行ᄒᆞ야 了無我人衆生壽者四相ᄒᆞ리니 無我者ᄂᆞᆫ 無色受想行識也ㅣ오 無人者ᄂᆞᆫ 了四大ㅣ 不實ᄒᆞ야 終歸地水火風也ㅣ오 無衆生者ᄂᆞᆫ 無生滅心也ㅣ오 無壽者ᄂᆞᆫ 我身夲無커니 寧有壽者ㅣ리오ᄒᆞ시니 四相이 旣亡ᄒᆞ면 卽法眼이 明徹ᄒᆞ야 不著有無 【金剛經 37ㄴ】 ☞ ᄒᆞ야 遠離二邊ᄒᆞ야 自心如來ㅣ 自悟自覺ᄒᆞ야 永離塵勞妄念ᄒᆞ야 自然得福이 無邊ᄒᆞ리라 無法相者ᄂᆞᆫ 離名絶相ᄒᆞ야 不拘文字也ㅣ오 亦無非法相者ᄂᆞᆫ 不得言無般若波羅蜜法이니 若言

無般若波羅蜜法者ㅣ면 卽是謗法이라

(주 언해) ·ᄒᆞ다·가 :사ᄅᆞ·미 如ᅀᅧᆼ來ᄅᆡᆼ 滅·몛 後:ᅘᅮᇢ·에 般·밣若:ᅀᅣᇰ波방羅랑蜜·밇心심·을 發·벓ᄒᆞ·며 般·밣若:ᅀᅣᇰ波방羅랑蜜·밇行·ᅘᆡᇰ·올 行ᅘᆡᇰ·ᄒᆞ·야 닷·가 니·겨 아·라 부텻 기·픈 ·ᄠᅳ·들 得·득ᄒᆞ·닌 諸졍佛·뿛·이 모·ᄅᆞ시·리 :업·스·시ᄂᆞ·니 ·ᄒᆞ다·가 :사ᄅᆞ·미 上·쌰ᇰ乘씽法·법·을 듣·고 一·ᅙᅵᇙ心심·으·로 受:쓔ᇢ持띵ᄒᆞ·면 ·곧 能ᄂᆞᇰ·히 般·밣若:ᅀᅣᇰ波방羅랑蜜·밇 無뭉相【金剛經 38ㄱ】☞ ·샹 無뭉着·댝行·ᅘᆡᇰ·올 行ᅘᆡᇰ·ᄒᆞ·야 我:ᅌᅡᆼ·와 人ᅀᅵᆫ과 衆·즁生ᄉᆡᆼ·과 壽:쓔ᇢ者:쟝ㅅ 四·ᄉᆞᆼ相·샹 :업수·믈 :알리·니 我ᅌᅡᆼ :업수·믄 色·ᄉᆡᆨ·과 受:쓔ᇢ·와 想:샹·과 行·ᅘᆡᇰ·과 識·식·괘 :업·슬 씨·오 人ᅀᅵᆫ :업수·믄 四·ᄉᆞᆼ大·땡 實ᄴᅵᇙ·티 아·니·ᄒᆞ·야 ᄆᆞ·ᄎᆞ·매 地·띵·와 水:쉉·와 火:황·와 風봉·에 갈 ·ᄄᆞᆯ :알 씨·오 衆·즁生ᄉᆡᆼ :업수·믄 生ᄉᆡᆼ滅·몛心심 :업슬 씨·오 壽:쓔ᇢ者:쟝 :업수·믄 내 ·모미 本:본來ᄅᆡᆼ :업거·니 :엇뎨 壽:쓔ᇢ者:쟝ㅣ 이시·리·오 홀 ·씨·니 四·ᄉᆞᆼ相·샹·이 ·ᄒᆞ마 :업스·면 ·곧 法·법眼:ᅌᅡᆫ·이 볼·가 ᄉᆞ只·차 有:ᅌᅮᇢ無뭉·에 着·댝·디 아·니·ᄒᆞ·야 二·ᅀᅵᆼ邊변·에 머·리 여·희·여 自·ᄍᆞᆼ心심 如ᅀᅧᆼ來ᄅᆡᆼㅣ ·내 ·ᄡᅵ·며 ·내 아·라 塵띤勞ᄅᆞᇢ妄·망念·념·을 永:ᅌᅯᆼ·히 여·희·여 自·ᄍᆞᆼ然ᅀᅧᆫ·히 福·복 得·득·호미 :ᄀᆞᆺ:업·스리·라 法·법相·샹 :업수·믄 일·훔 여·희·며 相·샹 그·처 文문字·ᄍᆞᆼ·애 :거·디 아니홀 ·씨·오 ·또 非빙法·법相·샹 :업수믄 般·밣若·ᅀᅣᇰ波방羅랑蜜·밇法·법 :업·다 닐【金剛經 38ㄴ】☞ ·오미 :몯 ᄒᆞ리·니 ·ᄒᆞ다·가 般·밣若:ᅀᅣᇰ波방羅랑蜜·밇法·법·이 :업·다 니ᄅᆞ·면 ·곧 ·이 法·법·을 誹빙謗·방·호미·라

(주 직역) 만약 어떤 사람이 如來 滅後에 般若波羅蜜心을 發하며, 般若波羅蜜行을 行하여 닦아 익혀 알아 부처님의 깊은 뜻을 得한 이는, 諸佛이 모르실 분이 없으시므로, 만약 어떤 사람이 上乘法을 듣고 一心으로 受持하면 곧 能히 般若波羅蜜의 無相 無着行을 行하여 我와 人과 衆生과 壽者의 四相이 없음을 알 것이니, 我相이 없음은 色과 受와 想과 行과 識이 없는 것이고, 人相이 없음은 四大 實體가 없어 마침내 땅과 물과 불과 바람에 갈 것을 아는 것이고, 衆生相이 없음은 生滅心이 없는 것이고, 壽者相이 없음은 '내 몸이 本來 없으니 어찌 壽命이 있겠는가' 하는 것이니, 四相

이 이미 없으면 곧 法眼이 밝아 통찰하여 有無에 執着하지 않아 二邊에서 멀리 떠나 自心의 如來가, 내가 깨달으며 내가 아라, 塵勞妄念을 永遠히 여의어 自然히 福을 得함이 가없을 것이다. 法相 없음은 이름을 여의며 相을 끊어 文字에 걸리지 않는 것이고, 또 非法相이 없음은 般若波羅蜜法이 없다 이르지 못할 것이니, 만약 般若波羅蜜法이 없다 이르면 곧 이것은 法을 誹謗함이다.

주 의역 만약 어떤 사람이 여래의 입멸 후에 반야바라밀의 마음을 내며 반야바라밀의 행(行)을 행(行)하여 닦아 익혀 알고 깨달아서 부처님의 깊은 뜻을 얻은 이는 모든 부처님이 그를 알 것이다. 만약 어떤 사람이 높은 가르침[上乘法]을 듣고 일심으로 받아 지니면 곧 능히 반야바라밀의 상이 없고 집착 없는 행(行)을 행(行)하여 아상(我相), 인상(人相), 중생상(衆生相), 수자상(壽者相) 등의 사상(四相)이 없음을 알 것이다. '나'라는 상이 없는 것[無我相]은 물질[色]과 감각[受]과 생각[想]과 행위[行]와 인식[識]이 없는 것이다. 사람이라는 상[人相]이 없다는 것은 사대(四大)가 실재하지 않아 마침내 지(地)와 수(水)와 화(火)와 풍(風)에 돌아갈 것을 아는 것이다. 중생상(衆生相)이 없다는 것은 생멸심이 없는 것이다. 수자상(壽者相)이 없다는 것은 내 몸이 본래 없으니 어찌 오래 사는 것[壽者]이 있겠는가 하는 것이다. 사상(四相)이 이미 없으면 곧 법안(法眼)이 밝고 투철하여 유무(有無)에 집착하지 않아 이변(二邊)을 멀리 여의게 되고 자기 마음인 여래를 스스로 깨달으며 스스로 알아 번뇌 망념을 영원히 여의게 되어 저절로 복을 얻는 것이 가 없을 것이다. 법상이 없다는 것[無法相]은 이름을 여의며 相을 끊어 문자에 매이지 않는 것이고, 또 비법상(非法相)이 없다는 것은 반야바라밀법이 없다고 말하지 못할 것이니 만약 반야바라밀법이 없다고 말하면 곧 이것은 법을 비방하는 것이 된다.

주 해

- 거디: 걸리지. '걸다'는 ㄹ탈락 동사, 자동-타동 양용동사.
- 상승법(上乘法): 높은 가르침. 승은 교(敎)의 뜻.

경 본문 何以故오 是諸衆生이 若心取相ᄒᆞ면 則爲著我人衆生壽者ㅣ며 若

取法相ᄒᆞ면 則著我人衆生壽者ㅣ니 何以故오 若取非法相ᄒᆞ면 卽著我人衆生壽者ㅣ리니

경 언해 :엇데어·뇨 ·이 한 衆·즁生ᄉᆡᆼ·이 ·ᄒᆞ다·가 ᄆᆞᅀᆞ·매 相·샹·ᄋᆞᆯ 取:츙ᄒᆞ·면 ·곧 我:앙 人ᅀᅵᆫ 衆:즁生ᄉᆡᆼ 壽:쓩者:쟝·애 着·땩ᄒᆞ·리·며 ·ᄒᆞ다·가 法·법相·샹·ᄋᆞᆯ 取:츙ᄒᆞ·면 ·곧 :我앙 人ᅀᅵᆫ 衆·즁生ᄉᆡᆼ 壽:쓩者:쟝·애 着·땩ᄒᆞ·리·니 :엇데어·뇨 ·ᄒᆞ다·가 非빙法법相·샹·ᄋᆞᆯ 取·츙ᄒᆞ·면 ·곧 我:앙 人ᅀᅵᆫ 衆·즁生ᄉᆡᆼ 壽:쓩者:쟝·애 着·땩ᄒᆞ·리·니

경 직역 어째서인가? 이 많은 衆生이 만약 마음에 相을 取하면 곧 我 人 衆生 壽者에 執着할 것이며 만약 法相을 取하면 곧 我 人 衆生 壽者애 執着할 것이니, 어째서인가? 만약 非法相을 取하면 곧 我 人 衆生 壽者애 執着할 것이니

경 의역 어째서인가? 이 모든 중생이 만약 마음에 상을 취하면 곧 나다[我], 사람이다[人], 오온으로 화합되었다[衆生], 오래 산다[壽者] 등에 집착할 것이며, 만약 법상(法相)을 취하면 곧 나다[我], 사람이다[人], 오온으로 화합되었다[衆生], 오래 산다[壽者] 등에 집착할 것이다. 어째서인가? 만약 비법상(非法相)을 취하면 곧 나다[我], 사람이다[人], 오온으로 화합되었다[衆生], 오래 산다[壽者] 등에 집착하는 것이다.

주 해

- ᄆᆞᅀᆞ매 相ᄋᆞᆯ 取ᄒᆞ면 곧 我 人 衆生 壽者애 着ᄒᆞ리며 ᄒᆞ다가 法相ᄋᆞᆯ 取ᄒᆞ면 곧 我 人 衆生 壽者애 着ᄒᆞ리니 엇데어뇨 ᄒᆞ다가 非法相ᄋᆞᆯ 取ᄒᆞ면 곧 我 人 衆生 壽者애 着ᄒᆞ리니: 마음에 사물에 대한 상이 있거나, 반야바라밀법이 없다는 생각이 있으면 결국 역시 상에 붙들린다는 뜻.

주 본문 【金剛經 39ㄱ】 ☞ 取此三相ᄒᆞ면 並著邪見ᄒᆞ리니 盡是迷人의 不悟經意ㄹ시니 故로 修行人이 不得愛著如來ㅅ 三十二相이며 不得言我ㅣ解般若波羅蜜法이며 亦不得言不行般若波羅蜜行ᄒᆞ야 而得成佛이니라

주 언해 ·이 :세 相·샹·ᄋᆞᆯ 取:츙ᄒᆞ·면 :다 邪쌍見·견·에 着·땩ᄒᆞ·리·니 :다·이 迷몡ᄒᆞᆫ :사ᄅᆞ·미 經경 ·ᄠᅳᆮ :아디 :몯ᄒᆞᆯ·ᄊᆡ·니 이럴·씨 修슐行ᅘᆡᆼ人ᅀᅵᆫ·이

如셩來링ㅅ 三삼十·씹二·싱相·샹·애 드·사 着·딱·호미 :몯ᄒᆞ·리·며 ·내 般·밣若:샹波방羅랑蜜·밇法·법·을 :아노·라 닐·오미 :몯ᄒᆞ·리·며 ·ᄯᅩ 般·밣若:샹波방羅랑蜜·밇行·혱·올 行혱·티 아·니·ᄒᆞ야 成쎵佛·뿛·을 得·득·호·려 닐·오미 :몯ᄒᆞ·리·라

주 직역 이 세 相을 取하면 다 邪見에 붙을 것이니, 다 이 迷惑한 사람이 經의 뜻을 알지 못하기 때문이니, 이러므로 修行人이 如來의 三十二相을 아껴 執着하지 못할 것이며, 내가 般若波羅蜜法을 안다 이르지 못할 것이며, 또 般若波羅蜜行을 行하지 않고 成佛을 得한다 이르지 못할 것이다.

주 의역 이 세 相을 취하면 다 사견(邪見)에 집착할 것이니 이 미혹한 사람이 다 경(經)의 뜻을 알지 못하기 때문이다. 그러므로 수행인이 여래의 三十二相에 애착을 느껴 집착하면 안 될 것이며, 내가 반야바라밀법을 안다고 말하면 안될 것이며, 또 반야바라밀행을 행(行)하지 않아도 성불한다 말하면 안 될 것이다.

주 해

- 이 세 相: 사상(四相)과 법상(法相)과 비법상(非法相).

경 본문 【金剛經 39ㄴ】 ☞ 是故로 不應取法이며 不應取非法이니 以是義故로 如來ㅣ 常說호ᄃᆡ 汝等比丘ㅣ 知我說法이 如筏喩者ㅣ면 法尙應捨ㅣ어니 何況非法이여

경 언해 이럴·씨 法·법·을 取:츙·호미 ·맛당·티 :몯ᄒᆞ·며 非빙法·법·을 取:츙·호미 ·맛당·티 :몯ᄒᆞ·니 ·이 ·ᄠᅳ·딘 젼·ᄎᆞ·로 如셩來링ㅣ 샹·네 닐·오ᄃᆡ 너희·돌 比·삥丘쿻ㅣ 내 說쉻法·법·이 筏·뻟·로 가·졸·봄 ·ᄀᆞᆮ·호·몰 :알·면 【筏·뻟·은 ·떼·라】 法·법·도 ·오히·려 반·ᄃᆞ기 ᄇᆞ·룔 ·띠어·니 ·ᄒᆞ몰·며 非빙法·법·이ᄯᆞ·녀

경 직역 이러므로 法을 取함이 마땅하지 못하며 非法을 取함이 마땅하지 못하니 이 뜻인 까닭으로 如來가 항상 이르되 너희들 比丘가 내 說法이 筏로 비유함과 같음을 알면 【筏은 뗏목이다】 法도 오히려 반드시 버릴 것이니 하물며 非法이랴?

경 의역 그러므로 마땅히 법(法)[眞理]을 취하지 말며, 마땅히 비법(非法)을 취하지 말아야 한다. 그러므로 여래가 항상 말하기를, "너희들 비구가 나의 설법이 뗏목으로 비유되는 것을 알라" 하시니, 법도 오히려 마땅히 버릴 것이니 하물며 법 아닌 것에 있어서겠는가?

주 해

- ᄩᅦ: 뗏목. 거성. 평성의 'ᄩᅦ'[群]는 '무리'의 뜻.
- -이ᄯᆞ녀: 수사의문법 어미로 보통 'ᄒᆞ물며'와 호응하여, '하물며 ~은 말할 필요가 있겠느냐?'의 의미. '-이ᄯᆞ니ᅌᅵᆺ가'는 'ᄒᆞ쇼셔'체, '-이ᄯᆞᆫ'은 'ᄒᆞ라'체이며, '-이ᄯᆞ녀'는 '-이ᄯᆞᆫ'보다는 조금 높은 등급임.
- 내 說法이 筏로 가ᄌᆞᆯ봄 ᄀᆞᆮ호ᄆᆞᆯ 알면: 부처님의 설법이 뗏목의 비유로 이루어져 있음을 알면.
- 너희ᄃᆞᆯ 比丘ㅣ 내 說法이 筏로 가ᄌᆞᆯ봄 ᄀᆞᆮ호ᄆᆞᆯ 알면: 생사윤회의 이 언덕에서 청정무구의 저 언덕으로 가기 위해서는 보시(布施), 지계(持戒), 인욕(忍辱), 정진(精進), 선정(禪定), 지혜(智慧) 등의 많은 수행이 필요하다. 그러나 이런 수행들은 이 언덕에서 저 언덕으로 가기 위한 뗏목에 불과하다. 언덕에 도달한 후에는 뗏목이 필요하지 않은 것처럼 깨달았다면 부처님의 가르침은 뗏목에 불과할 뿐이다.

주 본문 法者ᄂᆞᆫ 是般若波羅蜜法이오 非法者ᄂᆞᆫ 生天等法이니 般若波羅蜜法은 能令一切衆生ᄋᆞ로 過生【金剛經 40ㄱ】☞ 死大海케ᄒᆞᄂᆞ니 既得過已ᄒᆞ얀 尙不應住ㅣ온 何況生天等法을 而得樂著가

주 언해 法·법·은 ·이 般·바ᇙ若:ᅀᅣᆼ波방羅랑蜜·미ᇙ法·법·이·오 非빙法·법·은 生싱天텬·ᄃᆞᆯ·햇 法·법·이니 般·바ᇙ若:ᅀᅣᆼ波방羅랑蜜·미ᇙ法·법·은 能ᄂᆞᆼ·히 一·ᅙᅵᇙ切·쳉 衆·즁生싱·ᄋᆞ·로 生싱死:ᄉᆞᆼ 大·땡海:ᄒᆡᆼ·ᄅᆞᆯ :디나·게 ·ᄒᆞᄂᆞ·니 ᄒᆞ·마 :디나·ᄆᆞᆯ 得·득·ᄒᆞ·얀 ·오히·려 住·뜡·호미 ·맛당·티 아·니ᄒᆞ·곤 ·ᄒᆞᄆᆞᆯ·며 生싱天텬·ᄃᆞᆯ·햇 法·법·을 ·즐겨 着·딱ᄒᆞ·리·여

주 직역 法은 이것이 般若波羅蜜法이고, 非法은 生天들의 法이니, 般若波羅蜜法은 能히 一切 衆生으로 하여금 生死 大海를 지나게 하니, 이미 지남을 得하여서는 오히려 住함이 마땅하지 않는다. 하물며 生天들의 法을 즐

겨 執着하겠는가?

주 의역 법은 반야바라밀법이고 비법(非法)은 천상에 태어남 등 법이다. 반야바라밀법은 능히 일체 중생으로 하여금 생사의 큰 바다를 건너가게 하는 것이니, 이미 건너감을 증득하여서는 오히려 머무름이 마땅하지 않으니 하물며 천상에 태어나는 등의 법을 즐겨 집착하랴?

주 해

- 非法은 生天돌햇 法이니: 法이 아니라는 것은 천상에 태어나겠다는 등과 같은 집착하는 법이니.

無得無說分 第七(무득무설분 제칠)

경 본문 須菩提야 於意云何오 如來得阿耨多羅三藐三菩提耶아 如來有所說法耶아 須菩提ㅣ 言ᄒᆞᅀᆞ오ᄃᆡ 【金剛經 40ㄴ】 ☞ 如我解佛所說義ᄂᆞᆫ 無有定法이 名阿耨多羅三藐三菩提며 亦無有定法이 如來可說이니

경 언해 須슝菩뽕提똉여 ᄠᅳ·데 :엇더·뇨 如셩來링ㅣ 阿항耨·녹多당羅랑三삼藐:먁三삼菩뽕提똉ᄅᆞᆯ 得·득ᄒᆞ니·여 如셩來링ㅣ 說·쉻法·법·호·미 잇ᄂᆞ·녀 須슝菩뽕提똉ㅣ ᄉᆞᆯ·오·ᄃᆡ ·내 부텻 니ᄅᆞ·샨 ·ᄠᅳᆮ 아·로·ᄆᆞᆫ 一·힗定·뗭ᄒᆞᆫ 法·법·이 일·후미 阿항耨·녹多당羅랑三삼藐·먁三삼菩뽕提똉ㅣ :업스·며 ·ᄯᅩ 一·힗定·뗭ᄒᆞᆫ 法·법·이 如셩來링 니ᄅᆞ·샤·미 :업·스시·니

경 직역 "須菩提야 뜻에 어떠한가? 如來가 阿耨多羅三藐三菩提를 得했는가? 如來가 說法함이 있는가?" 須菩提가 사뢰되, "내 부처님의 이르신 뜻을 앎은 一定한 法이 이름이 阿耨多羅三藐三菩提가 없으며 또 一定한 法이 如來가 이르심이 없으시니"

경 의역 "수보리야! 어떻게 생각하는가? 여래가 아뇩다라삼먁삼보리를 얻었는가? 여래가 설한 법이 있는가?" 수보리가 말씀드리기를, "제가 부처님이 설하신 뜻을 아는 범위에서는 아뇩다라삼먁삼보리라고 할 만한 정해진 법이 없으며, 또 여래께서 말씀하셨다고 할 만한 법이 없습니다."

주 본문 阿耨多羅ᄂᆞᆫ 非從外得이라 但心無我所ㅣ 卽是也ㅣ니 秖緣對病設藥ᄒᆞ샤 隨宜爲說이어신뎡 何有定 【金剛經 41ㄱ】 ☞ 法乎ㅣ리오 如來ㅣ 說無上正法ᄒᆞ샤ᄃᆡ 心本無得ᄒᆞ시며 亦不言不得이어신마ᄅᆞᆫ 但爲衆生의 所見不同ᄒᆞ샤 如來ㅣ 應彼根性ᄒᆞ샤 種種方便으로 開誘化導ᄒᆞ샤 俾其離諸執著ᄒᆞ시며 指示一切衆生의 妄心生滅이 不停ᄒᆞ야 逐境界ᄒᆞ야 動ᄒᆞ야 前念이 瞥起어든 後念이 應覺ᄒᆞᄂᆞ니 覺旣不住ᄒᆞ면 見亦不存ᄒᆞ시니 若爾면 豈有定法이 爲如來可說也ㅣ리오 阿者ᄂᆞᆫ 心無妄念이오 耨多羅者ᄂᆞᆫ 心無驕慢

이오 三【金剛經 41ㄴ】☞ 者ᄂᆞᆫ 心常在正定이오 藐者ᄂᆞᆫ 心常在正慧오 三菩提者ᄂᆞᆫ 心常空寂이니 一念에 凡心이 頓除ᄒᆞ면 卽見佛性ᄒᆞ리라

주 언해 阿항耨·녹多당羅랑·ᄂᆞᆫ 밧·글 브·터 得·득·홀 ·ᄯᅵ 아·니·라 오·직 ᄆᆞᅀᆞ·매 我·앙所:송 :업수·미 곧 ·이·니 오·직 病·뼝을 對·됭·ᄒᆞ·야 藥·약 ᄆᆡᇰ·ᄀᆞ·ᄅᆞ샤·몰 브트·샤 ·맛당·호·몰 조ᄎᆞ·샤 니ᄅᆞ·실 :ᄲᅮ니·어신·뎡 :엇뎨 一·ᅙᅵᇙ定·뗭ᄒᆞᆫ 法·법·이 :겨·시리·오 如ᅀᅧᆼ來ᄅᆡᆼㅣ 無뭉上·썅 正·졍法·법·을 니ᄅᆞ·샤·ᄃᆡ ᄆᆞᅀᆞ·매 本:본來ᄅᆡᆼ 得·득 :업·스시·며 ᄯᅩ 得·득 아·니ᄒᆞ샤·몰 니르·디 아·니·커신마·ᄅᆞᆫ 오·직 衆·즁生ᄉᆡᆼ·의 ·보미 ·ᄀᆞᆮ디 아·니호·몰 爲·윙·ᄒᆞ·샤 如ᅀᅧᆼ來ᄅᆡᆼㅣ ·뎌 根ᄀᆞᆫ性·셩·을 應·ᅙᅳᆼ·ᄒᆞ·샤 種:죵種:죵 方방便·뼌·으·로 여·러 달·애·샤 化·황·ᄒᆞ·샤 引:인導·또ᇢ·ᄒᆞ·샤 한 執·집着·딱·ᄋᆞᆯ 여·희·에 ·ᄒᆞ시·며 一·ᅙᅵᇙ【金剛經 42ㄱ】☞ 切·쳉 衆·즁生ᄉᆡᆼ·의 妄·망心심 生ᄉᆡᆼ滅·멿·이 머·므·디 아·니·ᄒᆞ·야 境:경界·갱 조:차 뮈·여 前쪈念·념·이 믄·득 :닐어든 後:ᅘᅮᇢ念·념·이 반·ᄃᆞ기 :아ᄂᆞ·니 아·로·미 ᄒᆞ·마 머·므·디 아·니ᄒᆞ·면 :보미 ·ᄯᅩ 잇·디 아·니·호·몰 ᄀᆞᄅᆞ·쳐 :뵈시·니 ·이 ·ᄀᆞᆮᄒᆞ·면 :엇뎨 一·ᅙᅵᇙ定·뗭ᄒᆞᆫ 法·법·이 如ᅀᅧᆼ來ᄅᆡᆼ 니ᄅᆞ·샤미 :겨·시리·오 阿항·ᄂᆞᆫ ᄆᆞᅀᆞ·미 妄·망念·념 :업수미·오 耨·녹多당羅랑·ᄂᆞᆫ ᄆᆞᅀᆞ·미 驕귷慢·만 :업·수미·오 三삼·ᄋᆞᆫ ᄆᆞᅀᆞ·미 샹·녜 正·졍定·뗭·에 이·슈미·오 藐·먁·ᄋᆞᆫ ᄆᆞᅀᆞ·미 샹·녜 正·졍慧·ᅘᅰᆼ·에 이·슈미·오 三삼菩뽕提똉·ᄂᆞᆫ ᄆᆞᅀᆞ·미 샹·녜 空콩寂·쪅·호미·니 一·ᅙᅵᇙ念·념·에 凡뻠夫붕ㅅ ᄆᆞᅀᆞ·미 :다 :업스·면 ·곧 佛·뿛性·셩·ᄋᆞᆯ 보·리·라

주 직역 阿耨多羅는 밖으로부터 얻는 것이 아니라 오직 마음에 我所가 없음이 곧 이것이니, 오직 病을 對하여 藥을 만드심으로부터 마땅함을 좇으시어 이르실 뿐이지 어찌 一定한 法이 있겠는가? 如來가 無上 正法을 이르시되 마음에 本來 얻은 것이 없으시며, 또 얻지 않으심을 이르지 않았건만 오직 衆生의 所見이 같지 않기 때문에 如來가 저 根性에 應하시어 種種 方便을 써 달래시어 敎化하시어 引導하시어 많은 執着을 여의게 하시며, 一切 衆生의 妄心의 生滅이 머무르지 않아 境界를 좇아 움직여 前念이 문득 일어나거든 後念이 반드시 아니, 앎이 이미 머무르지 않으면 봄이 또

있지 않음을 가리켜 보이시니, 이와 같으면 어찌 一定한 法이 如來가 이르심이 있겠는가? 阿는 마음이 妄念이 없음이고, 耨多羅는 마음이 驕慢이 없음이고, 三은 마음이 항상 正定에 있음이고 藐은 마음이 항상 正慧에 있음이고, 三菩提는 마음이 항상 空寂함이니, 一念에 凡夫의 마음이 다 없어지면 곧 佛性을 볼 것이다.

주 의역 '아뇩다라(阿耨多羅)'는 밖으로부터 얻는 것이 아니라 오직 마음에 나와 대상으로서의 나[我所]가 없는 것이 곧 이것이다. 오직 병에 대하여 약을 만드심으로 인하여, 마땅함을 따라 말씀하실 뿐이지 어찌 정해진 법이 있겠는가? 여래께서 위없는 바른 법[無上正法]을 설하시어 마음에 본래 얻을 것이 없으며 또 얻지 못함을 설하지 않으셨는데, 오직 중생의 소견(所見)이 같지 않기 때문에 여래가 성품의 근기에 따라 갖가지 방편으로 교화·인도하시어 중생들이 모든 집착을 여의게 하셨다. 일체 중생의 허망된 마음의 생멸이 멈추지 않아 경계를 따라 움직여, 전념(前念)이 문득 일어나면 후념(後念)이 마땅히 깨닫게 되니, 깨달음이 이미 머무르지 않으면 봄이 또 있지 않음을 가리켜 보이셨다. 이와 같으면 어째서 정해진 법이 있어 여래께서 말씀하셨겠는가? '아(阿)'는 마음에 망념이 없음이고, '뇩다라(耨多羅)'는 마음에 교만이 없음이고, '삼(三)'은 마음에 항상 바르게 고정되어 있음이고, '먁(藐)'은 마음에 항상 바른 지혜가 있음이고, '삼보리(三菩提)'는 마음이 항상 비어 있고 고요한 것이니 한 생각에 범부의 마음이 문득 다 없어지면 곧 불성을 보는 것이다.

주 해

- 오직 衆生의 보미 곧디 아니호물 爲ᄒᆞ샤(但爲衆生의 所見不同ᄒᆞ샤): 다만 중생들 중에는 잘못 아는 이들이 많아 이 때문에. 여기서의 '爲ᄒᆞ샤'는 '때문에'로 해석됨.

경 본문 何以故ㅣ어뇨 如來所說法이 皆不可取며 不可說이며 非法이며 非非法이니

경 언해 :엇데어·뇨 如셩來링 니ᄅᆞ·샨 法·법·이 :다 取:츙·티 몯:ᄒᆞ·며 【金剛經 42ㄴ】☞ 니ᄅᆞ·디 :몯ᄒᆞ·며 法·법 아·니·며 非빙法·법 아·니·니

경 직역 어째서인가? 如來 이르신 法이 다 取하지 못하며 이르지 못하며 法이 아니며 非法이 아니니,

경 의역 어째서인가? 여래께서 설하신 법이 모두 취할 수 있는 것이 아니며, 말할 수 있는 것이 아니며, 법이 아니며, 법 아닌 것도 아닙니다.

주 해

- 法 아니며 非法 아니니: 여래께서 설법하신 법이 법이 아니며, 법이 아닌 것도 아니니.

주 본문 恐人이 執著如來ㅅ 所說文字章句ᄒᆞ고 不悟無相之理ᄒᆞ야 妄生知解故로 言不可取라 如來ㅣ 爲化種種衆生ᄒᆞ샤 應機隨量ᄒᆞ샤 所有言說이 亦何有定乎ㅣ시리오 學人이 不解如來ㅅ 深意ᄒᆞᅀᆞ와 但誦如來ㅅ 所說教法ᄒᆞᅀᆞᆸ고 不了本心ᄒᆞ야 終不成佛故로 言不可說也ㅣ니라 口誦ᄒᆞ고 心不行이 卽非法이오 口誦心行ᄒᆞ야 了無所得이 卽非非法【金剛經 43ㄱ】☞ 이라

주 언해 :사ᄅᆞ·미 如ᅀᅧᆼ來ᄅᆞᆼㅅ ·니ᄅᆞ샨 文문字·ᄍᆞᆼ 章쟝句·궁에 執·집著·땩ᄒᆞ·고 無뭉相·샹ㅅ 理:링·롤 :아디 :몯·ᄒᆞ·야 간·대·로 아·로·ᄆᆞᆯ :낼·까 저·혼 젼·ᄎᆞ·로 ᄉᆞᆯ·오·ᄃᆡ 取:츙·티 :몯ᄒᆞ·리·라 如ᅀᅧᆼ來ᄅᆞᆼㅣ 種:죵種:죵 衆·즁生ᄉᆡᆼ 化·황·호·ᄆᆞᆯ 爲·윙·ᄒᆞ·샤 機긩·ᄅᆞᆯ 應·ᅙᅳᆼ·ᄒᆞ시·며 量·량·ᄋᆞᆯ 조ᄎᆞ·샤 ·두샨 :말ᄊᆞ·미 ·ᄯᅩ :엇뎨 一·ᅙᅵᇙ定·뗭·ᄒᆞ샴 :겨·시리·오 ᄇᆡ·홀 :ᄊᆞᄅᆞ·미 如ᅀᅧᆼ來ᄅᆞᆼㅅ 기·픈 ·ᄠᅳᆮ :아디 :몯·ᄒᆞᅀᆞ·와 오·직 如ᅀᅧᆼ來ᄅᆞᆼㅅ 니ᄅᆞ샨 敎·괄法·법·을 외·오ᅀᆞᆸ·고 本:본心심을 :아디 :몯·ᄒᆞ·야 ᄆᆞ·ᄎᆞᆷ·내 成쎵佛·ᄲᅮᇙ :몯ᄒᆞ·린 젼·ᄎᆞ·로 니르·디 :몯ᄒᆞ·리라 ᄉᆞᆯ·오니·라 이·베 외·오·고 ᄆᆞᅀᆞ·매 行ᅘᆡᆼ·티 아·니·호미 ·곧 法·법 아·니·오 이·베 외·오·고 ᄆᆞᅀᆞ·매 行ᅘᆡᆼ·ᄒᆞ·야 得·득·혼 ·곧 :업숨 아·로·미 곧 非빙法·법 아·니·라

주 직역 사람이 如來가 이르신 文字 章句에 執著하고, 無相의 理致를 알지 못하여 虛妄하게 앎을 낼까 두려운 까닭으로 사뢰되 取하지 못할 것이다. 如來가 種種 衆生을 敎化함을 爲하시어 根機에 應하시며 量을 좇으시어 하신 말씀이 또 어찌 一定하심이 있겠는가? 배울 사람이 如來의 깊은 뜻을 알지 못하여 오직 如來의 이르신 教法을 외우고 本心을 알지 못하여

마침내 成佛을 못하는 까닭으로, '이르지 못할 것이다' 사뢰니, 입으로 외우고 마음으로 行하지 않음이 곧 法이 아니고, 입으로 외우고 마음으로 行하여 得한 곳 없음을 앎이 곧 非法이 아니다.

주 의역 사람들이 여래께서 설하신 문자와 글귀에 집착하여 무상의 도리를 깨닫지 못하여 허망되게 알음알이를 낼까 염려하였기 때문에 취하지 못할 것[不可取]이라 말씀하신 것이다. 여래께서 갖가지 중생들을 교화하기 위하여 근기에 따라 응하시며 생각[量]을 따라 하신 말씀이 또 어째서 정해진 것이 있겠는가? 배우는 사람이 여래의 깊은 뜻을 알지 못하여 오직 여래께서 설하신 교법을 외우고 본심을 알지 못하여 마침내 성불하지 못하는 까닭으로 말할 수 없을 것[不可說]이라 하는 것이다. 입으로만 외우고 마음에 행(行)하지 않는 것은 法이 아니고, 입에 외우고 마음에 행(行)하여 얻는 것이 없다는 것을 아는 것이 곧 진리가 아님이 아닌 것[非非法]이다.

주 해

- 이베 외오고 ᄆᆞᅀᆞ매 行티 아니호미 곧 法 아니오 이베 외오고 ᄆᆞᅀᆞ매 行ᄒᆞ야 得혼 곧 업숨 아로미 곧 非法 아니라: 입으로만 외우고 마음으로 행하지 않는 것은 진리가 아니고, 입으로 외우고 마음으로 행(行)하여 얻는 것이 없다는 것을 아는 것이 바로 진리다.

경 본문 所以者何ㅣ어뇨 一切賢聖이 皆以無爲法으로 而有【金剛經 43ㄴ】☞ 差別이시니이다

경 언해 :엇데어·뇨 一·힗切·쳉 賢현聖·셩·이 :다 ·ᄒᆞ욤 :업슨 法·법·으·로 差창別·뼗·이 :겨시·니이·다

경 직역 "어째서인가? 一切 賢聖이 다 함 없는 法으로 差別이 있습니다."

경 의역 "어째서인가? 모든 현인과 성인은 차별이 없는 무위법으로 차별을 둡니다."

주 해

- 一切 賢聖이 다 ᄒᆞ욤 업슨 法으로 差別이 겨시니이다: 모든 현인과 성인은 차별이 없는 무위법 가운데서 차별을 둡니다. 무위법은 원래 차별이 없는 법이다.

- 무위법(無爲法): asamskrta-dharma. '만들어진 것으로 있지 않은 존재', 현상으로 나타난 있는 존재[有爲法, samskrta-dharma]가 아니라, 현상의 배후에 있는 '절대적인 것', '무한정적인 것', '존재의 근원으로서의 무규정한 것'을 가리킴.

(주 본문) 三乘根性의 所解ㅣ 不同ᄒᆞ며 見이 有深淺故로 言差別ᄒᆞ니라 佛說無爲法者ᄂᆞᆫ 卽是無住ㅣ니 無住ㅣ 卽是無相이오 無相이 卽無起오 無起ㅣ 卽無滅이니 蕩然空寂ᄒᆞ야 照用을 齊施ᄒᆞ며 鑒覺이 無礙ᄒᆞ야 乃眞是解脫佛性이니 佛이 卽是覺이오 覺이 卽是觀照ㅣ오 觀照ㅣ 卽是智慧오 智慧ㅣ 卽是 【金剛經 44ㄱ】 ☞ 般若波羅蜜多ㅣ라 又本애 云ᄒᆞᄃᆡ 聖賢說法이 具一切智萬法ᄒᆞ시니 在性ᄒᆞ샤 隨問差別ᄒᆞ샤 令人으로 心開ᄒᆞ야 各自見性케ᄒᆞ시ᄂᆞ니라

(주 언해) 三삼乘씽根ᄀᆞᆫ性·셩의 아·로·미 ·ᄀᆞᆮ·디 아·니ᄒᆞ·며 :보미 기프·며 녀·투·미 이실·씨 差창別·볋·이·라 니ᄅᆞ·니·라 부텨 니ᄅᆞ·샨 ·ᄒᆞ·욤 :업슨 法·법·은 ·곧 ·이 住·뜡 :업수미·니 住·뜡 :업수·미 ·곧 ·이 相·샹 :업·수미·오 相·샹 :업수·미 ·곧 니르와·돔 :업·수미·오 니르와·돔 :업수·미 ·곧 滅·멿 :업수미·니 훤히 空콩寂·쩍·ᄒᆞ·야 비·취·여 ·ᄡᅳ·믈 ᄒᆞᆫ·ᄢᅴ 펴·며 비·취·여 아·로미 ᄀᆞ·룜 :업서 眞진實·씷ㅅ ·이 解:행脫·퇋佛·뿛性·셩·이·니 佛·뿛·이 ·곧 ·이 覺·각·이·오 覺·각·이 ·곧 ·이 觀관照·쟣ㅣ·오 觀관照·쟣ㅣ ·곧 ·이 智·딩慧·휑오 智·딩慧·휑 ·곧 ·이 般·반若:샹波방羅랑蜜·밇多당ㅣ·라 【金剛經 44ㄴ】 ☞ ·ᄯᅩ 本:본·애 닐·오·ᄃᆡ 聖·셩賢현說·셿法·법이 一·흻切·촁智·딩萬·먼法·법이 ᄀᆞᄌᆞ·시·니 性·셩·에 :겨·샤 무·루·믈 조ᄎᆞ·샤 差창別·볋·ᄒᆞ·샤 :사·ᄅᆞᄆᆞ·로 ᄆᆞᅀᆞ·미 여·러 各·각各·각 :제 見·견性·셩케 ·ᄒᆞ·시ᄂᆞ·니·라

(주 직역) 三乘이 根性의 앎이 같지 않으며 봄이 깊으며 옅음이 있으므로, 差別이라 이른다. 부처 이르신 '行함 없는 法'은 곧 이것이 住가 없음이니, 住가 없음이 곧 이것이 相이 없음이고, 相이 없음이 곧 일으킴이 없음이고, 일으킴이 없음이 곧 滅이 없음이니, 훤히 空寂하여 비치어 作用함을 함께 펴며 비치어 앎이 가림이 없어, 眞實로 이것이 解脫佛性이니, 佛이 곧 이

것이 覺이고, 覺이 곧 이것이 觀照이고, 觀照가 곧 이것이 智慧고, 智慧가 곧 이것이 般若波羅蜜多이다. 또 本에 이르되 聖賢 說法이 一切智의 萬法을 갖추니 本性에 있어, 물음을 좇으시어 差別하시어 사람으로 하여금 마음이 열리어 各各 스스로가 見性하게 하시는 것이다.

주 의역 삼성(三乘)들의 성품의 근기가 아는 것이 같지 않으며 견해가 깊고 옅음이 있으므로 차별이라 말했다. 부처님이 설하신 함이 없는 법[無爲法]은 곧 머무름이 없음[無住]이니 머무름이 없음이 곧 상이 없음[無相]이고, 상이 없음이 곧 일으킴이 없음[無起]이고, 일으킴이 없음이 곧 멸함이 없음[無滅]이니, 훤히 비어 고요하여 체[照]와 작용[用]을 함께 펴며 비치어 깨달음에 가림이 없어 이것이 진실한 해탈(解脫)이며 불성(佛性)이다. 불(佛)이 곧 각(覺)이고 각(覺)이 곧 관조(觀照)이고 관조(觀照)가 곧 지혜고 지혜가 곧 반야바라밀다(般若波羅蜜多)이다. 또 한 책에 말하기를, 성현(聖賢)의 설법이 모든 지혜와 만법(萬法)을 갖추니 성품(性品)에 있어 묻는 것에 따라 차별을 두고 사람으로 하여금 마음을 열어 각각 스스로 견성하게 하신다.

주 해

- 견성(見性): 자기의 성품을 보는 것. 선종에서는 자성(自性)을 보는 것이 곧 성불하는 것임.
- 무기(無起): 생각을 일으키지 않음. 무기(無記)와는 다름.
- 聖賢 說法이 一切智 萬法이 ᄀᆞᄌᆞ시니: 성현의 설법이 일체지로서 만법을 갖추시니. 'ᄀᆞᆽ다'는 대표적인 능격동사.
- 佛이 곧 이 覺이오 覺이 곧 이 觀照ㅣ오 觀照ㅣ 곧 이 智慧오 智慧 곧 이 般若波羅蜜多ㅣ라: 부처가 바로 깨달음이고, 깨달음은 사물을 관(觀)하는 것으로 할 수 있고, 사물을 관하면 지혜를 얻을 수 있고, 지혜는 금강경에서 말하는 반야바라밀다이다.

依法出生分 第八(의법출생분 제팔)

경 본문 須菩提야 於意云何오 若人이 滿三千大千世界七寶ᄒᆞ야 以用布施ᄒᆞ면 是人所得福德이 寧爲多아 不아 須菩提ㅣ 言ᄒᆞᄉᆞ오ᄃᆡ 甚多ᄒᆞ이다 世尊하 何以故ㅣ어뇨 是福德이 卽非福德性일ᄉᆡ 是故로 如來ㅣ 說福德多ㅣ시니이다

경 언해 須슝菩뽕提똉·여 ᄠᅳ·데 ·엇더·뇨 ·ᄒᆞ다·가 :사ᄅᆞ·미 三삼千쳔大·땡【金剛經 45ㄱ】☞ 千쳔世·솅界·갱·예 七·칧寶:봉·ᄅᆞᆯ ᄀᆞᄃᆞ·기 ·ᄒᆞ야 ·ᄡᅧ 布봉施·싱ᄒᆞ·면 ·이 :사ᄅᆞ·미 得·득·ᄒᆞᆫ 福·복德·득·이 하·려 :몯 하·려 須슝菩뽕提똉ㅣ ᄉᆞᆯ·오·ᄃᆡ 甚·씸·히 하이·다 世·솅尊존·하 :엇뎨어·뇨 ·이 福·복德득·이 곧 福·복德득性·셩 아·닐·ᄊᆡ ·이럴·ᄊᆡ 如셩來링ㅣ 福·복德·득 하·다 니ᄅᆞ·시ᄂᆞ·니이·다

경 직역 "須菩提야 뜻에 어떠한가? 만약 사람이 三千大千世界에 七寶를 가득히 하여 그것으로써 布施하면 이 사람의 得한 福德이 많은가? 많지 못한가?" 須菩提가 사뢰되, "甚히 많습니다, 세존이시여! 어째서인가? 이 福德이 곧 福德性 아니므로 이러므로 如來가 福德이 많다 이르십니다."

경 의역 **"수보리야! 어떻게 생각하는가? 만약 사람이 삼천대천세계에 칠보를 가득 채워 그것으로써 보시하면 이 사람이 얻는 복덕이 많은가? 많지 않는가?" 수보리가 말씀드리기를, "심히 많습니다, 세존이시여! 어째서인가? 이 복덕이 곧 복덕의 성품이 아니므로 여래께서 복덕이 많다고 말씀하신 것입니다."**

주 해

- ᄒᆞ다가 사ᄅᆞ미 三千大千世界예 七寶ᄅᆞᆯ ᄀᆞᄃᆞ기 ᄒᆞ야 ᄡᅧ 布施ᄒᆞ면 이 사ᄅᆞ미 得ᄒᆞᆫ 福德이 하려 몯 하려 須菩提ㅣ ᄉᆞᆯ오ᄃᆡ 甚히 하이다 世尊하 엇뎨어뇨 이 福德이 곧 福德性 아닐ᄊᆡ 이럴ᄊᆡ 如來ㅣ 福德 하다 니ᄅᆞ시ᄂᆞ니이다: 삼천대천세계를 칠보로만 채워서 보시하는 것은 복덕을 얻는 것이 많기는 하지만 마하반야바라밀로 수행해서 윤회를 벗어나야 진실로 복덕의 성품을 얻으

므로 여래께서는 칠보로 삼천대천세계에 보시하는 것에 대해 복덕이 많다고 하셨다.

- 三千大千世界: trisāhasra-mahā-sāhasra-loka-dhātu. 전 세계를 천 개 모은 것이 소천세계(小千世界)이고, 소천세계가 천 개 모인 것이 중천세계(中千世界)이며, 중천세계가 천 개 모인 것이 대천세계(大千世界)이다. 이 대천세계는 천을 세 번 한다고 하여 삼천대천세계라 하므로 삼천의 뜻은 없다.

주 본문 三千大千世界七寶로 持用布施는 得福이 雖多ᄒᆞ나 於性上앤 一無利益거니와 依摩訶般若波羅蜜ᄒᆞ야 修行ᄒᆞ야 令自性으로 不墮諸有ᄒᆞ면 是名福德性이니 心有能所ᄒᆞ면 卽非福德性이오 能所心이 滅ᄒᆞ면 是名福德性이며 心依佛敎ᄒᆞ야 行同佛行ᄒᆞ면 【金剛經 45ㄴ】 ☞ 是名福德性이오 不依佛敎ᄒᆞ야 不能踐履佛行ᄒᆞ면 卽非福德性이라

주 언해 三삼千쳔大·땡千쳔世·솅界·갱ㅅ 七·칧寶:뵬·로 가·져 布·봉施·싱ᄒᆞ·닌 福·복 得·득·호미 비·록 하·나 性·셩上·썅·앤 ᄒᆞᆫ 利·링益·혁·도 :업·거니·와 摩망訶항般·밣若:샹波방羅랑蜜·밇·올 브·터 修슣行·ᅘᆡᆼ·ᄒᆞ·야 自·ᄍᆞᆼ性·셩·으·로 諸졍有:웋·에 뻐·러디·디 아·니·케 ᄒᆞ·면 ·이 일·후미 福·복德·득性·셩·이·니 ᄆᆞᅀᆞ·미 能능所:송ㅣ 이시·면 ·곧 福·복德·득性·셩 아·니·오 能능所:송ㅅ ᄆᆞᅀᆞ·미 :업스·면 ·이 일·후미 福·복德·득性셩이며 ᄆᆞᅀᆞ·미 부텻 敎·꾱·를 브·터 行·ᅘᆡᆼ·이 부텻 行·ᅘᆡᆼ이 ·ᄀᆞᆮᄒᆞ·면 ·이 ·일·후미 福·복德·득性·셩이·오 부텻 敎·꾱·를 븓·디 아·니·ᄒᆞ·야 能능·히 부텻 行·ᅘᆡᆼ·ᄋᆞᆯ :ᄇᆞᆲ디 ·몯ᄒᆞ·면 ·곧 福·복德·득性·셩 아·니·라

주 직역 三千大千世界를 七寶를 가지고 布施하는 것은 福을 得함이 비록 많으나 本性에는 한 利益도 없거니와 摩訶般若波羅蜜을 의지하여 修行하여 自性으로 諸有에 떨어지지 않게 하면, 이것이 이름이 福德性이니, 마음이 能所가 있으면 곧 福德性이 아니고, 能所의 마음이 없으면 이것이 이름이 福德性이며, 마음이 부처님의 敎를 의지하여 行이 부처님의 行과 같으면 이것이 이름이 福德性이고, 부처님의 敎를 의지하지 않아 能히 부처님의 行을 밟지 못하면 곧 福德性이 아니다

주 의역 삼천대천세계(三千大千世界)를 칠보로 보시하는 이는 비록 복을 얻음이 많으나 성품에는 하나도 이익되는 것이 없으며 마하반야바라밀(摩訶般若波羅蜜)을 의지하여 수행하며 자성으로 하여금 모든 유(有)에 떨어지지 않게 하면 이름이 복덕성(福德性)이니, 마음에 능소(能所)가 있으면 곧 복덕성(福德性)이 아니고 능소(能所)의 마음이 없으면 이름이 복덕성(福德性)이다. 마음이 부처님의 가르침에 의지하여 행(行)이 부처님의 행(行)과 같으면 이름이 복덕성(福德性)이고 부처님의 가르침을 의지하지 않아 능히 부처님의 행(行)을 밟지 못하면 복덕성(福德性)이 아니다.

경 본문 【金剛經 46ㄱ】 ☞ 若復有人이 於此經中에 受持乃至四句偈等ᄒᆞ야 爲他人說ᄒᆞ면 其福이 勝彼ᄒᆞ리니

경 언해 ·ᄒᆞ다·가 ·ᄯᅩ :사ᄅᆞ·미 ·이 經경 中듕·에 四·ᄉᆞᆼ句·궁偈·꼥·둘·해 니·르·리 受:쓯持띵·ᄒᆞ·야 다ᄅᆞᆫ :사ᄅᆞᆷ 爲·윙·ᄒᆞ·야 니ᄅᆞ·면 그 福·복·이 ·뎌에 더으·리·니

경 직역 "만약 또 사람이 이 經 中에 四句偈들에까지 受持하여 다른 사람 爲하여 이르면 그 福이 저보다 우세할 것이니,

경 의역 만약 또 어떤 사람이 이 경 가운데 사구게(四句偈)에까지라도 받아 지녀 다른 사람을 위하여 설해 주면 그 복이 앞서의 사람보다 뛰어날 것이니,

주 해

- 四句偈: 금강경 중에서 어떤 사구게를 말하는지에 대한 견해는 분분하다. 명구로 꼽히는 사구게로는 다음과 같은 것이 있다. ① '凡所有相 皆是虛妄 若見諸相非相 卽見如來'(여리실현분) ② '應無所住 而生其心'(장엄정토분) ③ '若以色見我 以音聲求我 是人行邪道 不能見如來'(법신비상분) ④ '一切有爲法 如夢幻泡影 如露亦如電 應作如是觀'(응화비진분)

주 본문 十二部敎大意ㅣ 盡在四句之中ᄒᆞ니 何以知其然고 以諸經中에 讚歎四句偈ㅣ 卽是摩訶般若波羅蜜多ㅣ니 以摩訶般若ㅣ 爲諸佛母ㅣ실ᄊᆡ니 三

世諸佛이 皆依此經ᄒᆞ샤 修行ᄒᆞ샤ᅀᅡ 方得成佛ᄒᆞ시ᄂᆞ니라 般若心經에 云호ᄃᆡ 三世諸佛이 依般若【金剛經 46ㄴ】☞ 波羅蜜多故로 得阿耨多羅三藐三菩提라ᄒᆞ니라 從師所學曰受ㅣ오 解義修行曰持오 自解自行이 是自利오 爲人演說이 是利他ㅣ니 功德이 廣大ᄒᆞ야 無有邊際ᄒᆞ니라

(주 언해) 十·씹二·싱部:뽕教·푷ㅅ ·큰 ·ᄠᅳ디 四·ᄉᆞᆼ句·궁ㅅ 中듕·에 :다 ·잇ᄂᆞ·니 :엇·뎨 그·러·호·ᄆᆞᆯ :알·료 諸졍經경 中듕·에 讚·잔歎·탄·ᄒᆞ샨 四·ᄉᆞᆼ句·궁偈·꼥 ·곧 ·이 摩망訶항般·밣若:샹波방羅랑蜜·밇多당ㅣ니 摩망訶항般·밣若:샹ㅣ 諸졍佛·뿛ㅅ 母:뭏ㅣᆯ·ᄊᆡ·니 三삼世·솅 諸졍佛·뿛·이 :다 ·이 經경·을 브트·샤 修슣行ᅘᆡᆼ·ᄒᆞ샤·ᅀᅡ 비·르서 成쎵佛·뿛·을 得·득·ᄒᆞ·시ᄂᆞ·니·라 般·밣若:샹心심經경·에 닐·오·ᄃᆡ 三삼世·솅 諸졍佛·뿛·이 般·밣若:샹波방羅랑蜜·밇多당ᄅᆞᆯ 브【金剛經 47ㄱ】☞ 트·신 젼·ᄎᆞ·로 阿항耨·녹多당羅랑三삼藐·먁三삼菩뽕提똉·ᄅᆞᆯ 得·득·ᄒᆞ시·다 ᄒᆞ·니·라 스스·을 조·차 ᄇᆡ·호·ᄆᆞᆯ 닐·오·ᄃᆡ 受:쓯ㅣ·오 ·ᄠᅳ·들 아·라 修슣行ᅘᆡᆼ·호·ᄆᆞᆯ 닐·오·ᄃᆡ 持띵·오 :제 아·라 :제 行ᅘᆡᆼ·호미 ·이 제 利·링·오 :사ᄅᆞᆷ 爲윙·ᄒᆞ·야 ·펴 닐·오·미 ·이 ·ᄂᆞ·ᄆᆞᆯ 利·링·호미·니 功공德·득이 넙·고 ·커 :ᄀᆞᆺ:업·스니·라

(주 직역) 十二部教의 큰 뜻이 四句의 中에 다 있으니 어찌 그러함을 알겠는가? 諸經 中에 讚歎하신 四句偈가 곧 이것이 摩訶般若波羅蜜多이니, 摩訶般若가 諸佛의 어머니이기 때문이니, 三世 諸佛이 다 이 經을 의지하여 修行하여야만 비로소 成佛을 得하신다. 般若心經에 이르되, 三世 諸佛이 般若波羅蜜多를 의지하신 까닭으로 阿耨多羅三藐三菩提를 得하셨다 했다. 스승을 좇아 배움을 이르되 '受'이고, 뜻을 알아 修行함을 이르되 '持'이고, 스스로가 알아 스스로가 行함이 이것이 '스스로의 利'고, 사람들을 爲하여 펴 이름이 이것이 남을 이롭게 함이니, 功德이 넓고 커 가없다.

(주 의역) 십이부(十二部)의 가르침의 큰 뜻이 모두 글 네 마디 가운데 있으니 어찌하여 그러하다는 것을 알겠는가? 모든 경 가운데 찬탄하신 글 네 마디가 곧 마하반야바라밀다(摩訶般若波羅蜜多)이니 마하반야(摩訶般若)가 모든 부처님의 어머니이기 때문이다. 삼세(三世)의 모든 부처님이 다 이 경에 의지하여 수행하시어서 비로소 부처를 성취하셨다. 반야심경

(般若心經)에서 말하길, 삼세의 모든 부처님이 반야바라밀다(般若波羅蜜多)를 의지하신 까닭으로 아뇩다라삼먁삼보리(阿耨多羅三藐三菩提)를 얻으셨다고 한다. 스승을 따라 배움에 이르는 것이 수(受)이고, 뜻을 알아 수행하는 것이 지(持)이고, 스스로 알아 스스로 행(行)하는 것이 자기를 이익되게 하는 것이고 사람들을 위하여 연설하는 것은 남을 이롭게 하는 것이니 공덕이 넓고 커 가 없는 것이다.

주 해

- 삼세(三世): Trayo-dhvanah. 과거, 현재, 미래. '世'는 '흐른다'는 뜻으로 현상계의 사물은 잠간도 정지하지 않고 생기면 반드시 멸하는 것을 봄. 따라서 '과거'는 법이 멸했거나 작용이 그친 시기이고, '현재'는 법이 생겨서 지금 작용하고 있는 순간이며, '미래'는 법이 아직 나지 않아서 작용하지 않는 시기.
- 십이부교(十二部教): dvādaśāṅga-buddha-vacana. 십이부경(十二部經)이라고도 함. 부처님이 설법하신 형식을 12 가지로 나누어 놓은 것. ① 계경(契經, sūtra), ② 응송(應頌, keya,), ③ 기별(記別, vyākaraṇa), ④ 풍송(諷頌, gāthā), ⑤ 자설(自說, udāna), ⑥ 인연(因緣, nidāna), ⑦ 비유(譬喩, avadāna), ⑧ 본사(本事, itivṛttaka), ⑨ 본생(本生, jātaka), ⑩ 방광(方廣, vaipulya), ⑪ 희유법(希有法, adbhuta-dharma), ⑫ 논의(論議, upadeśa).

경 본문 何以故오 須菩提야 一切諸佛와 及諸佛阿耨多羅三藐三菩提法이 皆從此經出ᄒᆞᄂᆞ니라

경 언해 엇뎨어·뇨 須슝菩뽕提똉·여 一·ᅙᅵᇙ切·쳉 諸정佛·ᄲᅮᇙ·와 諸정佛·ᄲᅮᇙㅅ 阿항耨·녹多당羅랑三삼藐·막三삼菩뽕提똉法·법·이 :다 ·이 經경 브·터 ·나·ᄂᆞ니·라

경 직역 어째서인가? 須菩提야, 一切 諸佛과 諸佛의 阿耨多羅三藐三菩提法이 다 이 經으로부터 나느니라.

경 의역 어째서인가? 수보리야! 모든 부처님과 모든 부처님의 아뇩다라삼먁삼보리법이 다 이 경으로부터 나온 것이기 때문이다.

주 본문 此経者는 非指此一卷之文也ㅣ라 要顯當人의 【金剛經 47ㄴ】☞

佛性이 從體起用ᄒᆞ야 妙利無窮이시니라 般若者는 卽智慧也ㅣ니 智以方便으로 爲功ᄒᆞ고 慧以決斷으로 위爲用ᄒᆞᄂᆞ니 卽一切時中에 覺照心이 是니 一切諸佛와 及阿耨多羅三藐三菩提法이 皆從覺照ᄒᆞ야 生故로 云從此経出ㅣ니라

주 언해 이 經경·은 ·이 一·힗卷·권ㅅ ·그·를 ᄀᆞᄅᆞ·치샨 ·디 아·니·라 當당ᄒᆞᆫ ·사ᄅᆞ·미 佛·뿛性·셩이 體:톙롤 브·터 用·용·올 니ᄅᆞ와·다 微밍妙·묠ᄒᆞᆫ 利·링ㅣ 無뭉窮꿍호·몰 나·토·려 ·ᄒᆞ·시니·라 般밚若:샹·는 ·곧 智·딩慧·뼹·니 智·딩·는 方방便뼌·으·로 功공 삼·고 慧·뼹·는 決·궗斷·돤·호ᄆᆞ·로 用·용 :삼ᄂᆞ·니 ·곧 一·힗切·쳉 時씽 中듕·에 아·라 비취·는 【金剛經 48ㄱ】 ☞ ᄆᆞᅀᆞ·미 ·이·니 一·힗切·쳉 諸졍佛·뿛와 阿항耨·녹多당羅랑三삼藐·막三삼菩뽕提뗑法·법·이 :다 아·라 비·취·욤 브·터 날·씨 니ᄅᆞ·샤·ᄃᆡ ·이 經경 브·터 나·다 ·ᄒᆞ·시니·라

주 직역 이 經은 이 한 卷의 글을 가리키신 것이 아니라, 當한 사람의 佛性이 體로부터 作用을 일으켜 微妙한 利가 無窮함을 나타내려 하셨다. 般若는 곧 智慧니 智는 方便으로 功을 삼고, 慧는 決斷함으로 用을 삼으니, 곧 一切 時間 中에 알아 비추는 마음이 이것이니, 一切 諸佛과 阿耨多羅三藐三菩提法이 다 알아 비춤으로부터 나므로, 이르시되 "이 經으로부터 나온다" 하셨다.

주 의역 이 경은 이 한 권의 글을 가리키신 것이 아니라, 당(當)한 사람의 불성(佛性)이 체(體)로부터 작용[用]을 일으켜 미묘한 이익이 무궁함을 나타내려 하신 것이다. 반야는 곧 지혜니 지(智)는 방편으로 공(功)을 삼고 혜(慧)는 결단으로 작용[用]을 삼으니 곧 모든 시간 가운데 깨달아 비추는 마음이 이것이다. 모든 부처님과 아뇩다라삼먁삼보리법이 모두 깨달아 비춤으로부터 나므로 말씀하시기를, "이 경으로부터 나온다"고 하셨다.

주 해

- '一切諸佛와 及阿耨多羅三藐三菩提法이 皆從覺照ᄒᆞ야 生故로 云從此經出ㅣ니라'의 'ㅣ니라'가 불갑사 소장본 이후의 판본에는 'ㅣ시니라'로 되어 있다.
- 當ᄒᆞᆫ 사ᄅᆞ미: 불경을 읽게 된 사람의.

경 본문 須菩提야 所謂佛法者ㅣ 卽非佛法이라

경 언해 須슝菩뽕提똉·여 닐온 佛·뿛法·법·이 ·곧 佛·뿛法·법 아·니·라

경 직역 須菩提야! 이른바 佛法이 곧 佛法이 아니다.

경 의역 수보리(須菩提)야! 불법이라고 말을 하는 것은 곧 불법이 아닌 것이다.

주 해

- 닐온 佛法이 곧 佛法 아니라: 모든 진리는 이름을 붙이기 이전에 이미 존재하는 것이어서, 진리라는 것은 있는 그대로 일 뿐, 말이나 생각으로 표현하고자 하면 바로 허물을 짓는 것이다.

주 본문 所說一切文字章句ᄂᆞᆫ 如標如指ᄒᆞ니 標指者ᄂᆞᆫ 影響之義니 依標取物ᄒᆞ고 依指觀月이언뎡 月이 不是指며 標ㅣ 不是法이니 但依経取法이언뎡 経이 不是法이니라 経文은 卽肉眼이 可見이어니와 法 【金剛經 48ㄴ】 ☞ 은 則慧眼이ᅀᅡ 能見ᄒᆞ리니 若無慧眼者ᄂᆞᆫ 但見其文ᄒᆞ고 不見其法ᄒᆞ리니 若不見法ᄒᆞ면 卽不解佛意ᄒᆞᅀᆞ오리니 不解佛意ᄒᆞᅀᆞ오면 卽誦経ᄒᆞ야도 不成佛道ᄒᆞ리라

주 언해 니ᄅᆞ샨 一·힗切·쳉 文문字·쯩 章쟝句·궁·ᄂᆞᆫ 標볼 ·ᄀᆞᆮᄒᆞ·며 솏가락 ·ᄀᆞᆮᄒᆞ·니 【標볼·ᄂᆞᆫ ·보·라미·라】 標볼·와 솏가라·ᄀᆞᆫ 그 그리·메·와 :뫼·ᅀᅡ리·왓 ·ᄠᅳ디·니 標볼·ᄅᆞᆯ 브·터 物·뭃을 取:츙ᄒᆞ·고 솏가라·ᄀᆞᆯ 브·터 ·ᄃᆞ·ᄅᆞᆯ 볼 :ᄲᅮᆫ·니언·뎡 ·ᄃᆞ·리 ·이 솏가락 아·니·며 標볼ㅣ ·이 法·법 아·니·니 오·직 經경·을 브·터 法·법·을 取·츙홀 :ᄲᅮᆫ·니언·뎡 經경·이 ·이 法·법 아·니니·라 經경文문·은 肉·슉眼:안·이 어·루 보·려니·와 法·법·은 慧·쮕眼:안·이·ᅀᅡ 能능·히 보·리·니 ·ᄒᆞ다·가 慧·쮕眼:안 :업스·닌 오·직 그 文문·을 보·고 그 法·법 【金剛經 49ㄱ】 ☞ ·을 보·디 :몯ᄒᆞ·리·니 ·ᄒᆞ다·가 法·법·을 보·디 :몯ᄒᆞ·면 ·곧 부텻 ·ᄠᅳ·들 :아디 :몯·ᄒᆞᅀᆞ·오리·니 부텻 ·ᄠᅳ·들 :아디 ·몯·ᄒᆞ·ᅀᆞ오·면 經경·을 외·와·도 佛·뿛道:똫·ᄅᆞᆯ 일·우·디 :몯ᄒᆞ·리·라

주 직역 이르신 一切 文字 章句는 標와 같으며 손가락과 같으니 【標는 표시다】 標와 손가락은 그 그림자와 메아리의 뜻이니, 標에 의지하여 物을

取하고 손가락에 의지하여 달을 볼 뿐, 달이 이것이 손가락이 아니며 摽가 이것이 法이 아니니, 오직 經에 의지하여 法을 取할 뿐 經이 이것이 法이 아니다. 經文은 肉眼이 능히 볼 수 있으나, 法은 慧眼이어야 能히 볼 것이니, 만약 慧眼이 없는 이는 오직 그 글을 보고 그 法을 보지 못할 것이니, 만약 法을 보지 못하면 곧 부처의 뜻을 알지 못할 것이니, 부처의 뜻을 알지 못하면 經을 외워도 佛道를 이루지 못할 것이다.

주 의역 여기서 말한 모든 문자와 글귀는 표식과 같으며 손가락과 같으니 【摽는 특징이다】 표식과 손가락은 그림자와 메아리의 뜻이다. 표식에 의해서 사물을 취하고 손가락에 의해서 달을 보는 것일 뿐 달이 가리키는 손가락이 아니며, 표식 자체가, 법은 아닌 것이다. 오직 경에 의해서 법을 취할 수 있을 뿐 경 자체가 법은 아니다. 경문(經文)은 육안으로 능히 볼 수 있으나 법은 혜안으로만 볼 수 있다. 만약 혜안이 없는 이는 오직 경문(經文)만 보고 그 법을 보지 못할 것이다. 만약 法을 보지 못하면 부처님의 뜻을 알지 못할 것이니, 부처님의 뜻을 알지 못하면 경문(經文)을 외워도 불도(佛道)를 이루지 못할 것이다.

주 해

- 摽: 어떤 것을 표시하는 물건. 참조. 이정표.

一相無相分 第九(일상무상분 제구)

경 본문 須菩提야 於意云何오 須陀洹이 能作是念호ᄃᆡ 我ㅣ 得須陀洹果아 不아 須菩提ㅣ 言ᄒᆞᅀᆞ오ᄃᆡ 不也世尊하

경 언해 須슝菩뽕提똉·여 ᄠᅳ·데 :엇더·뇨 須슝陁땅洹퐌·이 能능·히 ·이 念·념·을 ·호·ᄃᆡ ·내 須슝陁땅洹퐌果:광·ᄅᆞᆯ 得·득·호·라 ·ᄒᆞᄂᆞ·녀 아·닌ᄂᆞ·녀 須슝菩뽕提똉ㅣ ᄉᆞᆯ·오·ᄃᆡ 아·니이·다 世·솅尊존·하

경 직역 "須菩提야! 뜻에 어떠한가? 須陁洹이 能히 이 念을 하되 내 須陁洹果를 得하였다 하는가? 않는가?" 須菩提가 사뢰되, "아닙니다, 세존이시여!"

경 의역 **"수보리야! 어떻게 생각하는가? 수다원(須陁洹)에 대해서 생각하기를, 내가 수다원과(須陁洹果)를 얻었다고 하겠는가? 할 수 없겠는가?" 수보리가 말씀드리기를, "할 수 없습니다, 세존이시여!"**

주 해

- 須陁洹이 能히 이 念을 호ᄃᆡ 내 須陁洹果를 得호라 ᄒᆞᄂᆞ녀 아닌ᄂᆞ녀: 수다원은 수행인의 초과(初果)로서 그 과를 얻었을 때는 이미 얻었다는 생각을 여윈 경지가 된다. 이후로는 수행인이 증득하는 과위를 순서대로 나열하였다.
- 수다원(須陁洹): srota-āpanna. 원어는 '흐름에 들어간'의 뜻이다. 성문승의 사과(四果)인 수다원(須陀洹), 사다함(斯陀含), 사나함(阿那含), 아라한(阿羅漢) 중 첫 번째 것. 견혹(見惑)을 모두 끊은 성자가 얻는 과위.

주 본문 須陀洹者ᄂᆞᆫ 梵語ㅣ니 唐言逆流ㅣ니 逆生死流ᄒᆞ야【金剛經 49ㄴ】☞ 不染六塵ᄒᆞ야 一向修無漏業ᄒᆞ야 得麁重煩惱ㅣ 不生ᄒᆞ야 決定不受地獄畜生修羅異類之身홀시 名須陀洹果ㅣ라 若了無相法ᄒᆞ면 卽無得果之心ᄒᆞ리니 微有得果之心ᄒᆞ면 卽不名須陀洹故로 言不也ᄒᆞ니라

주 언해 須슝陁땅洹퐌·ᄋᆞᆫ 梵·뻠語:엉ㅣ·니 唐땅 :마랜 流륳·에 거·스·류미·니 生ᄉᆡᇰ死:ᄉᆞᆼ流륳·에 거·스·려 六·륙塵·띤에 :더럽·디 아·니·ᄒᆞ·야 ᄒᆞᆫ갓

無뭉漏·룽業·업·을 닷·가 麤총ᄒᆞ·며 ·므거·운 煩뻔惱:놓ㅣ 나·디 아·니·호·몰 得·득·ᄒᆞ·야 決·겷定·뗭·히 地·띵獄·옥 畜·흉生싱 脩슝羅랑 다ᄅᆞᆫ 類·륑ㅅ ·모·몰 受:쓯·티 아·니홀 ·씨 일·후미 須슝陀땅洹횐果:광ㅣ·라 ·ᄒᆞ다·가 無뭉相·샹法·법·을 :알·면 【金剛經 50ㄱ】 ☞ ·곧 果:광 得·득·ᄒᆞᆫ ᄆᆞᅀᆞᆷ :업·스리·니 :져기 果:광 得·득·ᄒᆞᆫ ᄆᆞᅀᆞᆷ 두·면 ·곧 須슝陀땅洹횐·이·라 일·훔 :몯ᄒᆞ·릴·씨 不·붏也:양ㅣ·라 ᄉᆞᆲ·오·니·라

주 직역 須陀洹은 梵語이니 唐말엔 '流에 거스름'이니, 生死流를 거슬러 六塵에 더럽혀지지 않아 한결같이 無漏業을 닦아 麤하며 무거운 煩惱가 나지 않음을 得하여 決定코 地獄, 畜生, 脩羅 등 다른 類의 몸을 受하지 않는 것이 이름이 須陀洹果이다. 만약 無相法을 알면 곧 果를 得한 마음이 없을 것이니, 적이 果를 得한 마음을 두면 곧 須陀洹이다 이르지 못할 것이므로 "不也이다"라 사뢰었다.

주 의역 수다원(須陀洹)은 싼쓰끄리뜨어이니 중국어로는 유(流)에 거스름[逆流]이다. 생사의 흐름[生死流]을 거슬러 육진(六塵)에 더럽혀지지 않고 한결같이 샘이 없는 업[無漏業]만 닦아 거칠고 무거운 번뇌가 나지 않게 되어 확실히 지옥(地獄), 축생(畜生), 아수라(阿修羅) 등 다른 종류의 몸을 받지 않는 것의 이름이 수다원과(須陀洹果)이다. 만약 상이 없는 법[無相法]을 깨달으면 과(果)를 얻었다는 마음이 없을 것이니 조금이라도 과(果)를 얻었다는 마음을 가지면 수다원(須陀洹)이라 이름할 수 없으므로 "아닙니다"라 말했다.

주 해

- 六塵에 더럽디 아니ᄒᆞ야: 동일한 부분이 '六·륙塵띤·에 :더러·여 '로 표현되기도 하였음.
- 無漏業: 번뇌가 없는 업.
- 地獄 畜生 脩羅 다ᄅᆞᆫ 類ㅅ 모몰 受티 아니홀 씨: 육도 중 인간계보다 하열(下劣)한 세계인 지옥 세계, 아귀 세계, 축생 세계, 아수라 세계에 떨어지지 않는 것.
- 아수라(阿修羅): Asura. 육도(六道)의 하나. 아수라(阿修羅)는 원시 인도-유럽어를 구사하던 사람들에게는 절대적인 존재로서의 '하늘'을 뜻한 듯하며,

아직도 페르시아어(이란어)에서는 이러한 뜻이 남아 있다. 인도에서도 리그베다 등에서는 '가장 수승한 성령'이라는 뜻으로 사용되었는데, 중기 이후 무서운 귀신으로 인식되었다. 불경에서는 통상적으로 악신으로 묘사되며 불법을 수호하는 제석천(帝釋天, 因陀羅神)과 쉬지 않고 싸운다. 이 신이 출현하면 난장판이 되므로 아수라장(阿修羅場), 수라장(修羅場) 등의 말이 생겼다. = 수라(修羅).

- ᄒᆞᆫ갓: 한결같이.

경 본문 何以故ㅣ어뇨 須陀洹을 名爲入流ㅣ로ᄃᆡ 而無所入ᄒᆞ니 不入色聲香味觸法이 是名須陀洹이이다

경 언해 :엇뎨어·뇨 須슝陁땅洹환·을 일·후미 流륳·에 드로·미로·ᄃᆡ ·드론 ·곧 :업스·니 色·식·과 聲셩·과 香향·과 味·밍·와 觸·쵹·과 法·법·에 ·드디 아·니·호·미 ·이 일·후미 須슝陁땅洹환·이이·다

경 직역 "어째서인가? 須陁洹을 이름이 流에 듦이되 든 곳 없으니 色과 聲과 香과 味와 觸과 法에 들지 않음이 이 이름이 須陁洹입니다."

경 의역 **"어째서인가? 수다원(須陁洹)을 말하는 것이 성인의 지위[流]에 들어간 것이되, 들어간 것이 없으니, 색(色), 성(聲), 향(香), 미(味), 촉(觸), 법(法)에 들어가지 않은 것을 말하는 것이 수다원(須陁洹)입니다."**

주 본문 流者ᄂᆞᆫ 聖流也ㅣ니 須陀洹人이 已離麁重煩惱홀ᄉᆡ 故로 得入聖流호ᄃᆡ 而無所入者ᄂᆞᆫ 無得果之【金剛經 50ㄴ】☞ 心也ㅣ라 須陀洹者ᄂᆞᆫ 乃修行人의 初果也ㅣ라

주 언해 流륳·ᄂᆞᆫ 聖·셩人신ㅅ ·무리·니 須슝陁땅洹환ㅅ :사ᄅᆞ·미 ᄒᆞ·마 麁총ᄒᆞ·며 ·므거·운 煩뻔惱:놓·ᄅᆞᆯ 여·흴·ᄊᆡ 聖·셩人신ㅅ ·무레 ·드로·ᄃᆡ ·드론 ·곧 :업수·믄 果:광 得·득·혼 ᄆᆞᅀᆞᆷ :업·슬 씨·라 須슝陁땅洹환·ᄋᆞᆫ 修슝行ᅘᆡᇰ홀 :ᄊᆞᄅᆞ·미 ·첫 果:광ㅣ·라

주 직역 流는 聖人의 무리니 須陁洹의 사람이 이미 麁하며 무거운 煩惱를 여의었으므로 聖人의 무리에 들되 든 곳 없음은 果를 得한 마음이 없기

때문이다. 須陁洹은 修行하는 사람의 첫 果이다.

주 의역 유(流)는 성인의 무리이니 수다원(須陁洹)이 된 사람이 이미 거칠고 무거운 번뇌를 여의었음으로 성인의 무리에 들어가되 들어간 곳 없음은 과(果)를 얻었다는 마음이 없기 때문이다. 수다원(須陁洹)은 수행하는 사람의 첫 과(果)이다.

경 본문 須菩提야 於意云何오 斯陀含이 能作是念호ᄃᆡ 我ㅣ 得斯陀含果不아 須菩提言不也世尊하 何以故ㅣ어뇨 斯陀含을 名一往來로ᄃᆡ 而實無往來ᄒᆞᆯᄉᆡ 是名斯陀含이이다

경 언해 須슝菩뽕提똉·여 ᄠᅳ·데 :엇더·뇨 斯ᄉᆼ陁땅含ᅘᅡᆷ·이 能ᄂᆼ·히 ·이 念·념·을 【金剛經 51ㄱ】 ☞ ·호·ᄃᆡ ·내 斯ᄉᆼ陁땅含ᅘᅡᆷ果:광ᄅᆞᆯ 得·득·호·라 ·ᄒᆞᄂᆞ·녀 아·닌ᄂᆞ·녀 須슝菩뽕提똉ㅣ ᄉᆞᆯ·오·ᄃᆡ 아·니이·다 世·솅尊존·하 :엇·뎨어·뇨 斯ᄉᆼ陁땅含ᅘᅡᆷ·ᄋᆞᆯ 일·후미 ᄒᆞᆫ 번 가·며 :오·미로·ᄃᆡ 實·씷·로 가·며 :오미 :업슬·ᄊᆡ ·이 일·후미 斯ᄉᆼ陁땅含ᅘᅡᆷ·이·니이·다

경 직역 "須菩提야! 뜻에 어떠한가? 斯陁含이 能히 이 念을 하되 내 斯陁含果를 得했다 하는가? 않는가?" 須菩提가 사뢰되, "아닙니다, 세존이시여! 어째서인가? 斯陁含을 이름이 한 번 가며 옴이되 實로 가며 옴이 없으므로 이 이름이 斯陁含입니다."

경 의역 "수보리야! 어떻게 생각하는가? 사다함(斯陁含)에 대해 생각하기를, '내가 사다함과(斯陁含果)를 얻었다'고 하겠는가? 할 수 없겠는가?" 수보리가 말씀드리기를, "할 수 없습니다, 세존이시여! 어째서인가? 사다함(斯陁含)은 한 번 갔다가 오는 것[一往來]이되, 실제로는 갔다가 오는 것이 없으므로 이름이 사다함(斯陁含)입니다."

주 해

- 사다함(斯陀含): sakṛd-āgāmin. 원어는 '한 번 오는 자'의 뜻. 인도 철학에서는 '깨달은 성자'가 다시 태어남을 받는 일이 없다고 설해져 있으나 사다함은 천계이든 인계이든 다시 한 번 태어나서 '깨달은' 이후에 다른 어떤 세계에서도 태어남이 없다. 성문승 사과 중 두 번째 것. 즉 수다원과의 성자가 나

아가서 다시 욕계 일품에서 오품까지의 수혹(修惑)을 끊는 것과 욕계 육품의 수혹을 끊는 것 등으로 나뉜다. = 일래(一來), 일왕래(一往來).

주 본문 斯陀含者ᄂᆞᆫ 梵語ㅣ니 唐言一往來니 捨三界結縛ᄒᆞ야 三界結이 盡ᄒᆞᆯᄉᆡ 故名斯陀含이라 斯陀含을 名一往來ᄂᆞᆫ 往從天上ᄒᆞ야 却到人間生ᄒᆞ고 從人間死ᄒᆞ야 却生天上竟ᄒᆞ야 遂出生死ᄒᆞ야 三界業이 盡ᄒᆞᆯᄉᆡ 名斯陀含果ㅣ라 大乘斯陀含者ᄂᆞᆫ 目覩諸【金剛經 51ㄴ】☞ 境ᄒᆞ고 心有一生一滅ᄒᆞ야 無第二生滅ᄒᆞᆯᄉᆡ 故名一往來니 前念이 起妄ᄒᆞ야ᄃᆞᆫ 後念이 卽止ᄒᆞ며 前念이 有著거든 後念이 卽離ᄒᆞᆯᄉᆡ 故로 實無往來니라

주 언해 斯ᄉᆞᆼ陁당含ᅘᅡᆷ·ᄋᆞᆫ 梵·뻠語:엉ㅣ·니 唐땅 :마·랜 ᄒᆞᆫ 번 가·며 :오미·니 三삼界·갱ㅅ ᄆᆡ·요·ᄆᆞᆯ ᄇᆞ·려 三삼界·갱ㅅ ᄆᆡ·요·미 다ᄋᆞᆯ·ᄊᆡ 일후미 斯ᄉᆞᆼ陁땅含ᅘᅡᆷ·이·라 斯ᄉᆞᆼ陁땅含ᅘᅡᆷ·ᄋᆞᆯ ᄒᆞᆫ 번 가·며 오·다 일·훔·호ᄆᆞᆫ ·가 天텬上·썅·ᄋᆞᆯ 조·차 도로 人ᅀᅵᆫ間간·애 ·와 나·고 人ᅀᅵᆫ間간·ᄋᆞᆯ 브·터 주·거 도로 天텬上·썅·애 ·나 ᄆᆞ·차 生ᄉᆡᆼ死:ᄉᆞᆼ·애 ·나 三삼界·갱業·업·이 다ᄋᆞᆯ·ᄊᆡ 일·후미 斯ᄉᆞᆼ陁당含ᅘᅡᆷ果:광ㅣ·라 大·땡乘씽斯ᄉᆞᆼ陁당含ᅘᅡᆷ·ᄋᆞᆫ 누·네 諸졍境:경·을 보·고 ᄆᆞᅀᆞ·매 一·ᅙᅵᇙ生ᄉᆡᆼ 一·ᅙᅵᇙ滅·ᄆᆑᇙ·이 이·셔 第·똉二·ᅀᅵᆼ生ᄉᆡᆼ滅·ᄆᆑᇙ 【金剛經 52ㄱ】☞ ·이 :업슬·ᄊᆡ 일·후미 ᄒᆞᆫ 번 가·며 :오미·니 前쪈念·념·이 妄·망·ᄋᆞᆯ 니ᄅᆞ와·다·ᄃᆞᆫ 後:ᅘᅮᇢ念·념·이 ·곧 그·치·며 前쪈念·념·이 着·땩 잇거·든 後:ᅘᅮᇢ念·념·이 ·곧 여흴·ᄊᆡ 實·씷·로 가·며 :오미 :업·스니·라

주 직역 斯陁含은 梵語이니 唐말엔 '한 번 가며 옴'이니, 三界의 매임을 버려 三界의 매임이 다하므로 이름이 斯陁含이다. 斯陁含을 한 번 가며 오다 이름함은 가서 天上을 따라 도로 人間 세상에 와 나고, 人間 세상으로부터 죽어 도로 天上에 나, 마침내 生死에서 벗어나서 三界業이 다하므로 이름이 斯陁含果이다. 大乘斯陁含은 눈에 諸境을 보고 마음에 一生 一滅이 있어 第二 生滅이 없으므로 이름이 한 번 가며 옴이니, 前念이 妄을 일으키면 後念이 곧 그치며, 前念이 執着이 있거든 後念이 곧 여의므로 實로 가며 옴이 없다.

주 의역 **사다함(斯陁含)은 싼쓰끄리뜨어이니 중국어로는 한 번 갔다가**

오는 것이다. 삼계의 속박을 버렸기 때문에 삼계의 속박이 다했으므로 이름이 사다함(斯陁含)이다. 사다함(斯陁含)을 한 번 갔다 오다[一往來]라고 말하는 것은 인간이 죽어 천상에 나고 천상에서 도로 人間 世上에 태어나고 人間 世相으로 태어나서 죽어 도로 천상에 나 마침내 생사(生死)를 초월하여 삼계의 업(業)이 다했으므로 이름이 사다함과(斯陁含果)이다. 대승(大乘)인 사다함(斯陁含)은 눈으로 모든 경계를 보고 마음에 한번 났다가 한번 멸하는 것이 있어 두 번째의 생멸[第二 生滅]이 없으므로 이름이 한 번 갔다가 오는 것이니 앞생각[前念]이 망념(妄念)을 일으키면 뒷생각[後念]이 여의게 하니 앞생각[前念]이 집착이 있으면 뒷생각[後念]이 여의므로 실제로는 갔다는 오는 것이 없다.

주 해

- 니ᄅᆞ와다ᄃᆞᆫ: 일으키면. 닐-[起] + (ᄋᆞ)왇 + 아ᄃᆞᆫ.
- 그치면: 긇어면. ‘그치다’는 ‘긇다’와 ‘그만두다’의 뜻을 가진 ‘긏다’의 사동사.

경 본문 須菩提야 於意云何오 阿那含이 能作是念호ᄃᆡ 我ㅣ 得阿那含果不아 須菩提言不也世尊하 何以故ㅣ어뇨 阿那含ᄋᆞᆯ 名爲不來로ᄃᆡ 而實無不來ᄒᆞᆯᄉᆡ 是故로 名阿那含이이다

경 언해 須슝菩뽕提뗑·여 ᄠᅳ·데 :엇더·뇨 阿항那낭含함·이 能능·히 ·이 念·념을 ·호·ᄃᆡ ·내 阿항那낭含함果:광·ᄅᆞᆯ 得·득·호·라 ·ᄒᆞᄂᆞ·녀 아·닌ᄂᆞ·녀 須슝菩뽕提뗑ㅣ ᄉᆞᆯ·오·ᄃᆡ 아·니이·다 世·솅尊존·하 :엇뎨어·뇨 阿항那낭含함·ᄋᆞᆯ 일·후미 오·디 아·니·호미로·ᄃᆡ 實·씷·로 오·디 아·니·홈【金剛經 52ㄴ】☞ :업슬·씨 ·이럴·씨 일·후·미 阿항那낭含함·이·니이·다

경 직역 “須菩提야! 뜻에 어떠한가? 阿那含이 能히 이 念을 하되 내 阿那含果를 得했다 하는가? 않는가?” 須菩提가 사뢰되, “아닙니다, 세존이시여! 어째서인가? 阿那含을 이름이 오지 아니함이되 實로 오지 아니함이 없으므로 이러므로 이름이 阿那含입니다.”

경 의역 “수보리야! 어떻게 생각하는가? 아나함(阿那含)에 대해 생각하기를, ‘내가 아나함과(阿那含果)를 얻었다’고 하겠는가? 할 수 없겠는가?”

수보리(須菩提)가 말씀드리기를, "할 수 없습니다, 세존이시여! 어째서인가? 아나함(阿那含)이란 것은 오지 않는 것이되, 실제로는 오지 않는 것이 없으므로 이름이 아나함(阿那含)이기 때문입니다."

주 해

- 아나함(阿那含): anāgāmin. 원어의 뜻은 '결코 다시 돌아오지 않는 자'이다. 성문승(聲聞僧) 사과(四果) 가운데 세 번째 것. 욕계(欲界) 구품(九品)의 수혹(修惑)을 이미 끊은 성자는 다시 욕계에 생을 받아 태어나지 않는다. = 불환(不還), 불래(不來).

주 본문 阿那含은 梵語ㅣ니 唐言不還이며 亦名出欲이니 出欲者ᄂᆞᆫ 外不見可欲之境ᄒᆞ고 內無欲心可得ᄒᆞ야 定不向欲界ᄒᆞ야 受生ᄒᆞᆯᄉᆡ 故名不來로ᄃᆡ 而實無來ᄒᆞ니라 亦名不還이니 以欲習이 永盡ᄒᆞ야 決定不來受生ᄒᆞᆯᄉᆡ 是故로 名阿那含이라

주 언해 阿항那낭含함·ᄋᆞᆫ 梵·뻠語:ᅌᅥᆼㅣ·니 唐땅 :마랜 도·라오·디 아니·ᄒᆞ미며 ·ᄯᅩ 일·후미 欲·욕·애 :나미니 欲·욕·애 :나·ᄆᆞᆫ ᄇᆞᆺ·ᄀᆞ·로 欲·욕·ᄒᆞ얌·직ᄒᆞᆫ 境:경 보·디 :몯ᄒᆞ·고 ·안ᄒᆞ·로 欲·욕心심·이 得·득·ᄒᆞᆯ 껏 :업·서 一·ᅙᅵᇙ定·뗭·히 欲·욕界·갱·를 向·향·ᄒᆞ·야 【金剛經 53ㄱ】 ☞ 受·쓯生ᄉᆡᆼ 아·니ᄒᆞᆯ·ᄊᆡ 일·후미 오·디 아·니·ᄒᆞ·미로·ᄃᆡ 實·씷·로 :옴 :업·스니·라 ·ᄯᅩ 일·후·미 도·라오·디 아·니·ᄒᆞ미·니 欲·욕習·씹·이 永·ᅌᅯᆼ·히 :업서 決·궗定·뗭·히 ·와 受:쓯生ᄉᆡᆼ 아·니ᄒᆞᆯ·ᄊᆡ ·이럴·ᄊᆡ 일·후미 阿항那낭含함·이·라

주 직역 阿那含은 梵語이니 唐말에는 돌아오지 아니함이며, 또 이름이 欲에 남이니 欲에 남은 밖으로 欲함직 한 境을 보지 못하고, 안으로 欲心이 得할 것이 없어 一定하게 欲界를 向하여 受生을 아니하므로 이름이 오지 아니함이되 實際로 옴이 없다. 또 이름이 돌아오지 아니함이니 欲習이 永遠히 없어 決定하게 와 受生을 아니하므로 이러므로 이름이 阿那含이다.

주 의역 **아나함(阿那含)은 싼쓰끄리뜨어이니 중국어로는 돌아오지 않는 것이며, 또 말하기를 욕계에서 벗어남이다. 욕계에서 벗어난다는 것은 밖으로는 욕심낼 만한 경계를 보지 않고 안으로는 얻어 가지고자 하는 욕심**

이 없어, 확실하게 욕계에서 생을 받지 않으므로 오지 않는 것이되 실제로는 오는 것이 없다. 또 말하기를 돌아오지 않는 것이니 욕(欲)의 습기(濕氣)가 영원히 없어져 확실히 와서 생을 받지 않으므로 이름이 아나함(阿那含)이다.

주 해

- 欲애 나문 밧ᄀᆞ로 欲ᄒᆞ얌직 ᄒᆞᆫ 境 보디 몯ᄒᆞ고(出欲者는 外不見可欲之境ᄒᆞ고): 욕계에 난다는 것은 밖으로는 바랄 수 있는 어떤 경계를 보지 못하고.

경 본문 須菩提야 於意云何오 阿羅漢이 能作是念호ᄃᆡ 我ㅣ 得阿羅漢道不아 須菩提言不也世尊하

경 언해 須슝菩뽕提똉·여 ᄠᅳ·데 :엇더·뇨 阿항羅랑漢·한·이 能능·히 이 念·념·을 ·호·ᄃᆡ ·내 阿항羅랑漢·한道:뚱·롤 得·득·호·라 ·ᄒᆞᄂᆞ·녀 아·니ᄂᆞ·녀 須슝菩뽕提똉ㅣ ᄉᆞᆯ·오·ᄃᆡ 아·니이·다 世·솅尊존·하

경 직역 "須菩提야 뜻에 어떠한가? 阿羅漢이 能히 이 念을 하되 내가 阿羅漢道를 得했다 하는가? 않는가?" 須菩提가 사뢰되, "아닙니다, 세존이시여!"

경 의역 "수보리야! 어떻게 생각하는가? 아라한(阿羅漢)에 대해 생각하기를, '내가 아라한도(阿羅漢道)를 얻었다' 하겠는가? 할 수 없겠는가?" 수보리가 말씀드리기를, "할 수 없습니다, 세존이시여!"

주 본문 諸漏ㅣ 已盡ᄒᆞ야 無復煩惱ㅣ 名阿羅漢이니 阿羅【金剛經 53ㄴ】☞ 漢者ᄂᆞᆫ 煩惱ㅣ 永盡ᄒᆞ야 與物無諍ᄒᆞ니 若作得果之心ᄒᆞ면 卽是有諍이라

주 언해 諸졍漏·룽ㅣ ᄒᆞ·마 다·아 ᄂᆞ외·야 煩뻔惱:놓 :업수·미 일·후미 阿항羅랑漢·한·이·니 阿항羅랑漢·한·ᄋᆞᆫ 煩뻔惱:놓ㅣ 永:윙·히 :업서 物·뭃·와 ᄃᆞ·톰 :업스·니 ·ᄒᆞ다·가 果:광 得·득·ᄒᆞᆫ ᄆᆞᅀᆞ·믈 지·ᅀᅳ·면 ·곧 ·이 ᄃᆞ·톰 이·슈미·라

주 직역 諸漏가 이미 다하여 다시 煩惱가 없음이 이름이 阿羅漢이니, 阿

羅漢은 煩惱가 永遠히 없어 物과 다툼이 없으니 만약 果를 得한 마음을 지으면 곧 이것은 다툼이 있음이다.

주 의역 모든 번뇌[諸漏]가 이미 다하여 다시 번뇌가 없는 것이 아라한(阿羅漢)이다. 아라한(阿羅漢)은 번뇌가 영원히 없어 사물과 다툼이 없으니, 만약 과(果)를 얻었다는 마음이 있으면 이것은 다툼이 있는 것이다.

주 해

- 육조 혜능의 구결이 현대역에 따라 차이가 나는 부분이다. 巨芙 譯註(2000:221-222)에는 '若作得果之心ᄒᆞ면 卽是有諍이라' 다음에 '若有諍이면 非阿羅漢이라'는 한 구절이 더 있다.
- 아라한(阿羅漢): arhat. 원어의 뜻은 '존경을 받을 만한 사람'이다. 성문승(聲聞僧) 사과(四果)의 네 번째 것. 삼계의 견(見)과 과(思)의 수혹(修惑)을 끊은 것. 소승불교에서는 최고의 과위(果位)이지만 대승불교에서는 최고의 과위는 아니며 해석에서도 종파간의 차이가 있다. = 나한(羅漢), 응공(應供), 살적(殺賊), 무학(無學).

경 본문 何以故ㅣ어뇨 實無有法이 名阿羅漢이니 世尊하 若阿羅漢이 作是念호ᄃᆡ 我ㅣ 得阿羅漢道ㅣ라ᄒᆞ면 卽爲著我人衆生壽者ㅣ니이다

경 언해 :엇뎨어·뇨 實·씷·로 法·법 이·슘 :업수·미 일·후미 阿항羅랑漢·한·이·니 世·솅尊존·하 ·ᄒᆞ다·가 阿항羅랑漢·한·이 ·이 念·념·을 ·호·ᄃᆡ ·내 阿항羅랑漢·한道:뜧·롤 得【金剛經 54ㄱ】☞ ·득·호·라 ᄒᆞ·면 ·곧 我:앙人신 衆·즁生싱 壽:쓩者:쟝·애 着·딱·호미·니이·다

경 직역 어째서인가? 實로 法이 있음이 없음이 이름이 阿羅漢이니, 세존이시여! 만약 阿羅漢이 이 念을 하되 내 阿羅漢道를 得했다 하면 곧 我 人 衆生 壽者에 着함입니다.

경 의역 어째서인가? 실제로는 모든 것[法]이 있지 않는 것이 아라한(阿羅漢)입니다. 세존이시여! 만약 아라한(阿羅漢)에 대해 생각하기를, '내가 아라한도(阿羅漢道)를 얻었다' 하면 곧 아상(我相), 인상(人相), 중생상(衆生相), 수자상(壽者相)에 집착한 것입니다.

주 본문 阿羅漢은 梵語ㅣ니 唐言無諍이니 無煩惱可斷ᄒᆞ며 無貪嗔可離ᄒᆞ야 性無違順ᄒᆞ야 心境이 俱空ᄒᆞ야 內外常寂ᄒᆞ니 若有得果之心ᄒᆞ면 卽同凡夫故로 言不也ᄒᆞ니라

주 언해 阿항羅랑漢·한·ᄋᆞᆫ 梵뻠語:엉ㅣ·니 唐땅 :마랜 無뭉諍·징·이·니 煩뻔惱:놓ㅣ 그·출 껏 :업스·며 貪탐嗔친·이 여·희·욜 껏 :업서 性·셩·이 어·긔·며 順·쓘·호미 :업서 心심·과 境:경·괘 :다 空콩·ᄒᆞ·야 안팟·기 샹·녜 괴외ᄒᆞ·니 ·ᄒᆞ다·가 果:광 得·득·ᄒᆞᆫ ᄆᆞᅀᆞᆷ 이시·면 ·곧 凡뻠夫붕·와 ·ᄀᆞᄐᆞᆯ·ᄊᆡ 不·붏也·양ㅣ·라 ᄉᆞᆯ·오니·라

주 직역 阿羅漢은 梵語이니 唐말엔 無諍이니 煩惱가 끊어진 것이 없으며 貪嗔이 여읜 것이 없어 本性이 어기며 順함이 없어 心과 境이 다 空하여 안팎이 항상 고요하니 만약 果를 得한 마음이 있으면 곧 凡夫와 같으므로 '不也이다' 사뢰었다.

주 의역 아라한(阿羅漢)은 싼쓰끄리뜨어이니 중국어로는 다툼이 없는 것[無諍]이다. 번뇌가 끊어질 것이 없으며 탐(貪) · 진(嗔) · 치(癡)가 없으며 성품(性品)이 어기거나 따를 것이 없어 마음과 경계가 모두 공(空)하여 안팎이 항상 고요한 것이다. 만약 과(果)를 얻었다는 마음이 있으면 곧 범부와 같으므로 '그렇지 않습니다'라고 하였다.

경 본문 【金剛經 54ㄴ】 ☞ 世尊하 佛說我ᄅᆞᆯ 得無諍三昧ᄒᆞ야 人中에 最爲第一이라ᄒᆞ시ᄂᆞ니 是第一離欲阿羅漢이니 世尊하 我ㅣ 不作是念호ᄃᆡ 我ㅣ 是離欲阿羅漢이로라ᄒᆞ노이다

경 언해 世·솅尊존·하 부:톄 :나·ᄅᆞᆯ 無뭉諍·징三삼昧·밍·ᄅᆞᆯ 得·득·ᄒᆞ·야 人신中듕·에 ·ᄆᆞᆺ 第·뗑一·ᇙ·이·라 ·ᄒᆞ·시ᄂᆞ·니 ·이 第·뗑一·ᇙ 欲·욕 여·흰 阿항羅랑漢·한·이·니 世·솅尊존·하 ·내 ·이 念·념·을 ·호·ᄃᆡ ·내 ·이 欲·욕 여·흰 阿항羅랑漢·한·이로·라 아·니·ᄒᆞ·노이·다

경 직역 세존이시여! 부처님이 나를 無諍三昧를 得하여 人 中에 가장 第一이다 하시니, 이는 第一 欲 여읜 阿羅漢이니, 세존이시여! 내 이 念을 하되 제가 이 欲 여읜 阿羅漢이다 아니합니다.

경 의역 세존이시여! 부처님이 저를 다툼이 없는 삼매를 얻은 사람 가운데 제일이다 하시어, 욕심을 떠난 제일의 아라한이라 하시나, 세존이시여! 저는 그렇게 생각하지 않습니다. 저는 욕심을 여읜 아라한이 아닙니다.

주 해

- 나ᄅᆞᆯ 無諍三昧ᄅᆞᆯ 得ᄒᆞ야 人中에 ᄆᆞᆺ 第一이라 ᄒᆞ시ᄂᆞ니: 무쟁삼매(無諍三昧)는 싼쓰끄리뜨어로 araṇā-vihārinān agryah인데 직역하면 '싸움이 없는 상태에 머무는 사람들 가운데에서 최상의 사람'이다. 아라나(araṇā)는 '싸움이 없는 것'인데 무쟁(無諍)으로 번역되었다. 싸움이 없다는 것은 마음속에 갈등이 없는 것 즉 미혹이 없는 것이다.

주 본문 何名無諍三昧오 謂阿羅漢이 心無生滅去來ᄒᆞ고 唯有本覺이 常照ᄒᆞᆯᄉᆡ 故名無諍三昧라 三昧ᄂᆞᆫ 梵語ㅣ니 此云正受ㅣ며 亦云正見이니 遠離九十【金剛經 55ㄱ】☞ 五種邪見이 是名正見이라 然이나 空中에 亦有明暗諍ᄒᆞ며 性中에 有邪正諍ᄒᆞ니 念念이 常正ᄒᆞ야 無一念邪心이 即是無諍三昧니 修此三昧ᄒᆞ면 人中에 最爲第一이니 若有一念이나 得果之心ᄒᆞ면 即不名無諍三昧니라

주 언해 :엇뎨 일·후미 無뭉諍·징三삼昧·밍·오 닐·오·ᄃᆡ 阿항羅랑漢·한·이 ᄆᆞᅀᆞ·미 生싱滅·멿去·컹來링 :업·고 오·직 本:본覺·각·이 샹·녜 비·췰·씨 일·후미 無뭉諍·징三삼昧·밍라 三삼昧·밍·ᄂᆞᆫ 梵·뻠語:엉ㅣ·니 예·셔 닐·오맨 正·졍ᄒᆞᆫ 受:쓯ㅣ·며 ·ᄯᅩ 닐·오맨 正·졍ᄒᆞᆫ 見·견·이·니 九:궁十·씹五·옹種:죵 邪썅見견 머·리 여·희요·미 ·이 일·후미 正·졍見·견이라 그러나 空콩 中【金剛經 55ㄴ】☞ 듕·에 ·ᄯᅩ ᄇᆞᆯ·ᄀᆞ·며 어·드운 諍·징·이 이시·며 性·셩中듕·에 邪썅ᄒᆞ·며 正·졍ᄒᆞᆫ 諍·징·이 잇ᄂᆞ·니 念·념念·념·이 샹·녜 正·졍·ᄒᆞ야 ᄒᆞᆫ 念·념ㅅ 邪썅ᄒᆞᆫ ᄆᆞᅀᆞᆷ :업수·미 ·곧 ·이 無뭉諍·징三삼昧·밍·니 ·이 三삼昧·밍·ᄅᆞᆯ 닷·ᄀᆞ·면 人ᅀᅵᆫ 中듕·에 ·ᄆᆞᆺ 第·뗑一·ᅙᅵᇙ·이니 ·ᄒᆞ다·가 ᄒᆞᆫ 念·념·이·나 果:광 得·득·ᄒᆞᆫ ᄆᆞᅀᆞᆷ 두·면 ·곧 無뭉諍·징三삼昧·밍·라 일·훔 :몯ᄒᆞ·리·라

주 직역 어찌 이름이 無諍三昧인가? 이르되 阿羅漢이 마음이 生滅去來가

없고 오직 本覺이 항상 비치므로 이름이 無諍三昧다. 三昧는 梵語이니 여기서 이름엔 正한 受이며 또 이름엔 正한 見이니 九十五種 邪見을 멀리 여읨이 이것이 이름이 正見이다. 그러나 空 中에 또 밝으며 어두운 諍이 있으며, 性 中에 邪하며 正한 諍이 있으니, 念念이 항상 正하여 한 念의 邪한 마음이 없음이 곧 이것이 無諍三昧이니, 이 三昧를 닦으면 人 中에 가장 第一이니 만약 한 念이라도 果를 得한 마음을 두면 곧 無諍三昧라 이르지 못할 것이다.

(주 의역) **어째서 이름이 다툼 없는 삼매[無諍三昧]인가? 아라한(阿羅漢)이 마음에 나고 멸하고 가고 오는 것[生滅去來]이 없고 오직 본성[本覺]이 항상 비추므로 이름이 다툼 없는 삼매[無諍三昧]다. 삼매는 싼쓰끄리뜨어이니 중국어로는 바르게 받아들임[正受]이며 또 바른 견해[正見]이니, 95가지의 사견을 멀리 여의는 것이 이름이 바른 견해[正見]이다. 그러나 공 가운데 또 밝고 어두운 다툼이 있으며, 성품 가운데 삿됨과 바름의 다툼이 있으니, 생각 생각을 항상 바르게 하여 한 생각도 삿된 마음이 없는 것이 곧 다툼 없는 삼매[無諍三昧]이다. 이 삼매를 닦으면 사람 가운데 제일이니, 만약 한 생각이라도 과(果)를 얻었다는 마음을 가지면 곧 다툼 없는 삼매[無諍三昧]라 할 수 없다.**

주 해

- 삼매(三昧): samādhi. 마음을 한 곳에 두어서 생긴 안정된 상태. = 삼마지(三摩地), 삼마제(三摩提), 정(定).
- 무쟁삼매(無諍三昧): araṇa-samādhi. 공리에 머물러 다른 이와 다투지 않는 삼매. 불제자 가운데서는 解空 제일의 수보리가 공리를 잘 알아서 무쟁삼매를 얻었다 한다.
- 구십오종 사견(九十五種 邪見): 불교에서 불교 이외의 외도들의 견해를 종합하여 말할 때 쓰는 표현.

(경 본문) 世尊하 我ㅣ 若作是念호ᄃᆡ 我ㅣ 得阿羅漢道호라ᄒᆞ면 世尊이 卽不說須菩提ㅣ 是樂阿蘭那行者ㅣ라ᄒᆞ시려놀 以須菩提ㅣ 實無所行홀ᄉᆡ 而名須菩提ᄒᆞ샤ᄃᆡ 是樂阿蘭那行이라ᄒᆞ시ᄂᆞ이다

경 언해 世·솅尊존·하 ·내 ·ᄒᆞ다·가 ·이 念·념·을 ·호·ᄃᆡ ·내 阿항羅랑【金剛經 56ㄱ】☞ 漢·한道:똫를 得·득·호·라 ᄒᆞ·면 世·솅尊존·이 곧 須슝菩뽕提똉ㅣ ·이 阿항蘭란那낭行·혱·올 ·즐·기ᄂᆞ니·라 니ᄅᆞ·디 아·니·ᄒᆞ·시려·늘 須슝菩뽕提똉ㅣ 實·씷·로 行혱·혼 ·곧 :업슬·씨 須슝菩뽕提똉·를 일·훔·ᄒᆞ샤·ᄃᆡ ·이 阿항蘭란那낭行·혱·올 ·즐·기ᄂᆞ·니·라 ·ᄒᆞ시·ᄂᆞ이·다

경 직역 "세존이시여! 내가 만약 이 念을 하되, '내 阿羅漢道를 得했다' 하면 世尊이 곧 須菩提가 '이 阿蘭那行을 즐긴다' 이르지 아니하시거늘 須菩提가 實로 行한 곧 없으므로 須菩提를 이름하시되 '이 阿蘭那行을 즐긴다' 하셨습니다."

경 의역 "세존이시여! 제가 만약 생각하기를 '내가 아라한도를 얻었다'고 하면, 세존께서는 곧 '수보리가 다툼 없는 행[阿蘭那行]을 즐긴다'고 말씀하시지 않았을 것이나, 수보리가 실제로 행(行)한 것이 없으므로 수보리를 '아란야행(阿蘭那行)을 즐긴다'라고 하신 것입니다."

주 해

- 아란나(阿蘭那): araṇya. 원래는 산림, 황야의 뜻. 출가인이 속세의 번잡함을 피해 거주하고 수행하기에 적합한 장소. = 원리처(遠離處), 적정처(寂靜處), 무쟁처(無諍處), 아란야(阿蘭若).

주 본문 阿蘭那는 是梵語ㅣ니 唐言無諍行이니 無諍이 卽是清淨行이라 清淨行者는 爲除去有所得心也ㅣ니 若存有所得心ᄒᆞ면 卽是有諍이니 有諍이 卽非清淨道ㅣ니 常行無所得心ᄒᆞ면 卽是無諍行也ㅣ라

주 언해 阿항蘭란那낭·는 ·이 梵·뻠語:엉ㅣ·니 唐·땅 :마랜 無뭉諍·징行·혱·이·니 無뭉諍·징·이 ·곧 ·이 清쳥【金剛經 56ㄴ】☞ 淨·쪙行·혱·이·라 清쳥淨·쪙行·혱·은 得·득·홈 ·뒷는 ᄆᆞᅀᆞᆷ 더·러 ᄇᆞ·릴 씨·니 ·ᄒᆞ다·가 得·득·홈 잇는 ᄆᆞᅀᆞᆷ ·두·면 ·곧 ·이 有:웋諍·징이니 有:웋諍·징·이 ·곧 清쳥淨·쪙道:뜰 아·니·니 샹·네 得·득·홈 :업·슨 ᄆᆞᅀᆞ·믈 行혱ᄒᆞ·면 ·곧 ·이 無뭉諍·징行·혱·이·라

주 직역 阿蘭那는 이것은 梵語이니 唐말엔 無諍行이니, 無諍이 곧 이것

이 淸淨行이다. 淸淨行은 得함을 가지고 있는 마음을 제거하여 버리는 것이니, 만약 得함이 있는 마음을 가지면 곧 이것이 有諍이니, 有諍이 곧 淸淨道가 아니니 항상 得함이 없는 마음을 行하면 곧 이것이 無諍行이다.

주 의역 아란야(阿蘭那)는 싼쓰끄리뜨어이니 중국어로는 다툼이 없는 행[無諍行]이다. 다툼이 없음[無諍]이 곧 청정한 행[淸淨行]이다. 청정행(淸淨行)은 얻었다는 마음을 제거하여 버리는 것이다. 만약 얻었다는 마음을 가지면 곧 다툼이 있음[有諍]이니 다툼이 있음[有諍]이 곧 청정한 도가 아니니 항상 얻었다는 것이 없는 마음을 행(行)하면 곧 다툼 없는 행[無諍行]이다.

莊嚴淨土分 第十(장엄정토분 제십)

경 본문 佛告須菩提ᄒᆞ샤ᄃᆡ 於意云何오 如來ㅣ 昔在然燈佛所ᄒᆞ야 於法에 有所得가 不아 不也世尊하 如來ㅣ 在然燈佛所ᄒᆞ샤 於法에 實無所得ᄒᆞ시니이다

경 언해 부:톄 須슝菩뽕提똉 ᄃᆞ·려 니ᄅᆞ·샤·ᄃᆡ ᄠᅳ·데 :엇더·뇨 如ᅀᅧᆼ來ᄅᆡᆼ ㅣ :녜 然ᅀᅧᆫ燈등佛·뿛所:송·애 이·셔 法·법·에 得·득·혼 【金剛經 57ㄱ】 ☞ ·고·디 잇ᄂᆞ·녀 아·니·녀 아·니이·다 世·솅尊존·하 如ᅀᅧᆼ來ᄅᆡᆼㅣ 然ᅀᅧᆫ燈등佛·뿛所:송·애 :겨샤 法·법·에 實·씷·로 得·득·ᄒᆞ샨 ·곧 :업·스시·니이·다

경 직역 부처님이 須菩提더러 이르시되, "뜻에 어떠한가? 如來가 옛 然燈佛所에 있어 法에 得한 것이 있느냐? 아니냐?" "아닙니다, 세존이시여! 如來가 然燈佛所에 계시어 法에 實로 得하신 것이 없으십니다."

경 의역 **부처님이 수보리에게 말씀하시기를, "어떻게 생각하는가? 여래가 옛날 연등불의 처소에 계실 때 법을 얻은 것이 있었겠는가? 없었겠는가?" "없었습니다, 세존이시여! 여래께서 연등불의 처소에 계실 때 법을 실제로 얻은 것 없으십니다."**

주 해

- 연등불(然燈佛): Dīpaṃkara Tathāgata. 과거에 석가모니 부처님의 전생 때 석가모니 부처님께 수기를 하신 부처님. 수행본기경(修行本起經) 권상(卷上)에 제화위국(提和衛國)에 등성왕(燈盛王)이 임종 시에 나라를 정광태자(錠光太子)에게 주었으나 태자는 세상의 무상함을 깨닫고 나라를 아우에게 주고 출가하여 사문이 되었다. 후에 불과(佛果)를 이루었는데, 그때 어린 소년이 연등불(然燈佛)에게 꽃을 사서 공양하므로 정광불이 미래세에 성불하리라는 수기를 주었다. 이 어린 소년이 석가모니 부처님이었다. = 보광불(普光佛), 정광불(錠光佛).

주 본문 佛이 恐須菩提ㅣ 有得法之心ᄒᆞ샤 爲遣此疑故로 問之ᄒᆞ야시늘

須菩提ㅣ 知法의 無所得ᄒᆞ야 而白佛言ᄒᆞᅀᆞ오ᄃᆡ 不也ㅣ라ᄒᆞ니라 然燈佛은 是釋迦佛ㅅ 授記之師ㅣ시니 故로 問須菩提ᄒᆞ샤ᄃᆡ 我於師處에 聽法ᄒᆞ야 有法可得가 不아ᄒᆞ야시ᄂᆞᆯ 須菩提ㅣ 卽謂호ᄃᆡ 法은 因師開示ᄒᆞ나 而實無所得ᄒᆞ니 但悟自【金剛經 57ㄴ】☞ 性이 本來淸淨ᄒᆞ며 本無塵勞ᄒᆞ야 寂然常照ᄒᆞ면 卽自成佛ᄒᆞ리니 當知世尊이 在然燈佛所ᄒᆞ샤 於法에 實無所得이샷다 如來法者ᄂᆞᆫ 譬如日光明照ㅣ 無有邊際ᄐᆞᆺᄒᆞ야 而不可取니라

(주 언해) 부:톄 須슝菩뽕提똉ㅣ 法·법 得·득·혼 ᄆᆞᅀᆞᆷ 둘·까 저흐·샤 이 疑읭心심 아·ᅀᆞ·ᄆᆞᆯ 爲·윙·ᄒᆞ시·ᄂᆞᆫ 젼·ᄎᆞ·로 무·러시·ᄂᆞᆯ 須슝菩뽕提똉ㅣ 法·법·의 得·득·혼 ·곧 :업수·믈 아·라 부텨·ᄭᅴ ᄉᆞᆯ·오·ᄃᆡ 아·니이·다 ᄒᆞ·니·라 然연燈둥佛·뿛·은 ·이 釋·셕迦강佛·뿛ㅅ 授·쓯記·긩·ᄒᆞ신 스ᄉᆞ·이시·니 ·이럴·ᄊᆡ 須슝菩뽕提똉 ᄃᆞ·려 :무·르샤·ᄃᆡ ·내 스승·ᄭᅴ 法·법·을 드·러 法·법·이 어·루 得·득·호·미 잇ᄂᆞ·녀 아·니·녀 ·ᄒᆞ·야시·ᄂᆞᆯ 須슝菩뽕提똉ㅣ ·즉자·히 ᄉᆞᆯ·오·ᄃᆡ【金剛經 58ㄱ】☞ 法·법·은 스ᄉᆞ·의 여·러 :뵈·요·ᄆᆞᆯ 因ᄒᆞ·나 實·씷·로 得·득·혼 ·곧 :업스·니 오·직 自·ᄍᆞᆼ性·셩·이 本:본來ᄅᆡᆼ 淸쳥淨·쪙ᄒᆞ·며 本:본來ᄅᆡᆼ 塵띤勞롷 :업서 괴외히 샹·녜 비·취는 ·돌 :알·면 ·곧 :제 成쎵佛·뿛ᄒᆞ·리·니 반·ᄃᆞ기 :아·ᅀᆞ오·리로·다 世·솅尊존·이 然연燈둥佛·뿛所:송·애 :겨샤 法·법·에 實·씷·로 得·득·ᄒᆞ샨 ·곧 :업·스샷·다 如셩來ᄅᆡᆼㅅ 法·법·은 가·졸·비건·댄 ·ᄒᆡᆺ 光광明명 ᄇᆞᆯ·기 비·취요·미 :ᄀᆞᆺ:업·ᄃᆞᆺ ·ᄒᆞ·야 取:츙·티 :몯ᄒᆞ·리·라

(주 직역) 부처님이 須菩提가 法을 得한 마음을 가질까 두려우시어, 이 疑心을 빼앗음을 爲하시는 까닭으로 물으시거늘 須菩提가 法의 得한 곳이 없음을 알아 부처님께 사뢰되 '아닙니다'라 했다. 然燈佛은 이 분은 釋迦佛에게 授記하신 스승이시니 이러므로 須菩提더러 물으시되 '내 스승의 法을 들어 法이 능히 得함이 있는가? 아닌가?' 하시거늘 須菩提가 즉시 사뢰되, '法은 스승이 열어 보임을 因하나 實로 得한 것이 없으니', 오직 自性이 本來 淸淨하며 本來 塵勞가 없어 고요히 항상 비치는 줄을 알면 곧 스스로가 成佛할 것이니 마땅히 알 것이다. 世尊이 然燈佛所에 계시어 法에 實로 得하신 것이 없으셨다. 如來의 法은 비유하건댄 해가 光明이 밝게 비침이 가

없듯 하여 取하지 못할 것이다.

주 의역 부처님께서 수보리가 法을 얻었다는 마음을 가질까 염려해서 이런 의심을 없애기 위한 까닭으로 물었지만 수보리가 법을 얻은 것이 없음을 알고 부처님께 "아닙니다"라고 말했다. 연등불은 석가모니 부처님께 수기를 하신 스승이다. 그러므로 수보리에게 묻기를, "내가 스승의 法을 들을 때 능히 法을 얻었는가? 아닌가?" 하시니 수보리가 즉시 말하기를, "法은 스승의 열어 보임으로 인하기는 하나 실제로 얻는 것이 없으니 오직 자성(自性)이 본래 청정하며 본래 진로(塵勞)가 없어 항상 고요히 비치는 줄 알면 곧 스스로 성불할 것이다. 세존이 연등불의 처소에 계실 때 실제로 法을 얻은 것이 없었다. 여래의 法은 비유하면 햇빛이 밝게 비추어 끝이 없으나 가히 잡지 못하는 것과 같다."

경 본문 須菩提야 於意云何오 菩薩이 莊嚴佛土아 不아 不也世尊하 何以故오 莊嚴佛土者ㅣ 則非莊嚴이라 是名莊嚴이니이다

경 언해 須슝菩뽕提뗑·여 쁘·데 :엇더·뇨 菩뽕薩·삻·이 佛·뿛土:똥·롤 莊【金剛經 58ㄴ】☞ 장嚴엄·ᄒᆞᄂᆞ·녀 아·닌ᄂᆞ·녀 아·니이·다 世·솅尊존·하 :엇뎨어·뇨 佛·뿛土:똥·롤 莊장嚴엄·호미 ·곧 莊장嚴엄·이 아·니·라 ·이 일·후미 莊장嚴엄·이·니이·다

경 직역 "須菩提야 뜻에 어떠한가? 菩薩이 佛土를 莊嚴하는가? 않는가?" "아닙니다, 세존이시여! 어째서인가? 佛土를 莊嚴함이 곧 莊嚴이 아니라 이는 이름이 莊嚴입니다."

경 의역 "수보리야! 어떻게 생각하는가? 보살이 부처님의 땅을 꾸미는가? 꾸미지 않는가?" "꾸미지 않습니다, 세존이시여! 어째서인가? 부처님의 땅을 꾸미는 것이, 곧 꾸미는 것이 아니라 이름이 꾸밈일 뿐입니다."

주 본문 清淨佛土는 無相無形커니 何物이 而能莊嚴耶ㅣ리오 唯以定慧之資로 假名莊嚴ᄒᆞᄂᆞ니 事理莊嚴이 有三ᄒᆞ니 第一은 莊嚴世間佛土ㅣ니 造寺寫経ᄒᆞ며 布施供養이 是也ㅣ오 第二는 莊嚴身佛土ㅣ니 見一切人ᄒᆞ야

普行恭敬이 是也ㅣ오 第三은 莊嚴心佛土ㅣ니 心淨ᄒᆞ면 卽佛土ㅣ 淨ᄒᆞᄂᆞ니 念念에 【金剛經 59ㄱ】 ☞ 常行佛心이 是也ㅣ라

주 언해 清쳥淨·쪙ᄒᆞᆫ 佛·뿛土:통·ᄂᆞᆫ 相·샹 :업스·며 形형 :업거니 어·느 物·뭀·이 能능·히 莊장嚴엄ᄒᆞ·리·오 오·직 定·뗭慧·쀙 財찡寶:볼·로 莊장嚴엄·이·라 비·러 일·훔·ᄒᆞᄂᆞ·니 事·쏭·와 理:링·왓 莊장嚴엄·이 :세·히 잇ᄂᆞ·니 第·뗑一·힗·은 世·솅間간佛뿛土:통 莊장嚴엄·호미·니 ·뎔 지·ᅀᅳ·며 經경 ·쓰·며 布·봉施·싱ᄒᆞ·며 供공養·양·호미 ·이·오 第·뗑二·싱·는 身신佛·뿛土:통 莊장嚴엄·호미·니 一·힗切·쳉 人신·을 ·보아 ·너·비 恭공敬·경·을 行헹·호미 ·이·오 第·뗑三삼·은 心심佛·뿛土:통 莊장嚴엄·호미·니 ᄆᆞᅀᆞ·미 ·조ᄒᆞ·면 ·곧 佛·뿛土:통ㅣ ·조ᄒᆞᄂᆞ·니 念·념念·념·에 샹·녜 부텻 ᄆᆞᅀᆞᆷ 行헹·호미 ·이·라

주 직역 清淨한 佛土는 相이 없으며 形이 없으니 어느 事物이 能히 裝飾할 것인가? 오직 定慧의 財寶로 裝飾이라 거짓으로 이름하니, 事와 理의 裝飾이 셋이 있으니, 第一은 世間佛土를 裝飾함이니 절을 지으며 經을 쓰며 布施하며 供養함이 이것이고, 第二는 身佛土를 莊嚴함이니 一切 사람을 보아 널리 恭敬을 行함이 이것이고, 第三은 心佛土를 莊嚴함이니 마음이 깨끗하면 곧 佛土가 깨끗하니 끊임없이 항상 부처님의 마음을 行함이 이것이다.

주 의역 청정한 불토는 모습[相]이 없으며 형체[形]가 없으니 어느 물건으로 능히 꾸밀 것인가? 오직 정(定)과 혜(慧)의 보배로 빌려서 꾸밈이라 부르는 것이다. 事와 理의 꾸밈에는 세 가지가 있다. 첫째는 세간불토(世間佛土)로써 꾸미는 것이니 절을 짓고 경(經)을 쓰며 보시하고 공양하는 것이고, 둘째는 신불토(身佛土)로써 꾸미는 것이니 모든 사람을 보고 널리 공경하는 것이고, 셋째는 심불토(心佛土)로써 꾸미는 것이니 마음이 깨끗하면 곧 불토가 깨끗하니 생각 생각에 항상 부처님의 마음을 행(行)하는 것이 이것이다.

주 해

- 事와 理왓 莊嚴이(事理莊嚴이): 현상과 이치로서의 꾸밈이. 즉 눈에 보이는

꾸밈과 눈에 보이지 않는 꾸밈이.

경 본문 是故로 須菩提야 諸菩薩摩訶薩이 應如是生淸【金剛經 59ㄴ】☞ 淨心이니 不應住色生心ᄒᆞ며 不應住聲香味觸法生心이니 應無所住ᄒᆞ야 而生其心이라

경 언해 ·이럴·씨 須슝菩뽕提뗑·여 諸졍菩뽕薩·삻 摩망訶항薩·삻·이 반·ᄃᆞ기 ·이·ᄀᆞ티 淸쳥淨·쪙心심·을 :내·욜 띠·니 色·식·애 住·뜡·ᄒᆞ·야 ᄆᆞᅀᆞᆷ :내요·미 :몯ᄒᆞ·리·며 聲셩·과 香향·과 味·밍·와 觸·쵹·과 法·법·에 住·뜡·ᄒᆞ·야 ᄆᆞᅀᆞᆷ :내요·미 :몯ᄒᆞ·리·니 반·ᄃᆞ기 住·뜡·ᄒᆞᆫ ·곧 :업시 ·ᄒᆞ·야 그 ᄆᆞᅀᆞᆷ :내욜 ·띠니·라

경 직역 "이러므로 須菩提야! 모든 菩薩摩訶薩이 반드시 이와 같이 清淨心을 낼 것이니, 色에 住하여 마음을 내지 못할 것이며 聲과 香과 味와 觸과 法에 住하여 마음을 내지 못할 것이니, 반드시 住한 곳이 없이 하여 그 마음을 낼 것이다.

경 의역 **"그러므로 수보리야! 모든 보살마하살은 마땅히 이와 같이 청정한 마음을 낼 것이니, 색(色)에 머물러 생각을 내지 말며, 성(聲), 향(香), 미(味), 촉(觸), 법(法)에 머물러 생각을 내지 말 것이니, 반드시 머문 곳이 없이 하여 그 생각을 낼 것이다."**

주 해

- 應無所住ᄒᆞ야 而生其心이라: 금강경의 대표적인 사구게의 하나. 육조 혜능대사가 이 구절을 듣고 대오를 얻었다고 한다. 집착을 떠난 구극의 경지를 설명한 구절.

주 본문 此는 修行人이 不應見佗是非ᄒᆞ고 自言호ᄃᆡ 我能我解로라ᄒᆞ야 心輕未學이니 此ㅣ 非淸淨心也ㅣ오 自性에 常生智慧ᄒᆞ야 行平等慈ᄒᆞ야 下心恭敬一切【金剛經 60ㄱ】☞ 衆生호미 是修行人의 淸淨心也ㅣ라 若不自淨其心ᄒᆞ고 愛著淸淨處ᄒᆞ야 心有所住ᄒᆞ면 卽是著法相이니 見色著色ᄒᆞ야 住色生心ᄒᆞ면 卽是迷人이오 見色離色ᄒᆞ야 不住色生心ᄒᆞ면 卽是悟人이

니 住色生心은 如雲蔽天ᄒᆞ고 不住色生心은 如空無雲ᄒᆞ야 日月이 長照ᄃᆞᆺᄒᆞ니 住色生心은 卽是妄念이오 不住色生心은 卽是眞智니 妄念이 生ᄒᆞ면 則暗이오 眞智ㅣ 照ᄒᆞ면 卽明이니 明ᄒᆞ면 卽煩惱ㅣ 不生ᄒᆞ고 暗ᄒᆞ면 【金剛經 60ㄴ】 ☞ 則於塵에 競起ᄒᆞᄂᆞ니라

주 언해 ·이ᄂᆞᆫ 修슣行ᄒᆡᇰ홀 :싸ᄅᆞ·미 ᄂᆞ·ᄆᆡ 是:씽非빙 보·고 :제 닐·오·ᄃᆡ ·내 能능ᄒᆞ·며 ·내 :아노·라 ·ᄒᆞ·야 ᄆᆞᅀᆞ·매 末·맗學·ᅘᅡᆨ·ᄋᆞᆯ ᄆᆞ던·히 너·교미 ·맛당·티 아·니ᄒᆞ·니 ·이 淸쳥淨·쪙心심·이 아·니·오 自·ᄍᆞᆼ性·셩·에 샹·네 智·딩慧·ᅘᅰᆼ·롤 :내·야 平뼝等:둥慈ᄍᆞᆼ·롤 行ᄒᆡᇰ·ᄒᆞ·야 ᄆᆞᅀᆞ·ᄆᆞᆯ ᄂᆞᄌᆞ기 ·ᄒᆞ·야 一·ᅙᅵᇙ切·쳉 衆·즁生싱·ᄋᆞᆯ 恭공敬·경·호미 ·이 修슣行ᄒᆡᇰ홀 :싸ᄅᆞ·ᄆᆡ 淸쳥淨·쪙心심이·라 ·ᄒᆞ다·가 :제 그 ᄆᆞᅀᆞ·ᄆᆞᆯ ·조히 아·니코 淸쳥淨·쪙ᄒᆞᆫ ·고·ᄃᆞᆯ ᄃᆞ·ᅀᅡ 著·땩·ᄒᆞ·야 ᄆᆞᅀᆞ·미 住·뜡·ᄒᆞᆫ ·곧 이시·면 ·곧 이 法·법相·샹·애 著·땩·호미·니 色·ᄉᆡᆨ·ᄋᆞᆯ 보·고 色·ᄉᆡᆨ·애 著·땩·ᄒᆞ·야 色·ᄉᆡᆨ·애 住·뜡·ᄒᆞ·야 ᄆᆞᅀᆞᆷ :내·면 ·곧 ·이 迷몡ᄒᆞᆫ :사·ᄅᆞ미·오 色·ᄉᆡᆨ·ᄋᆞᆯ 보·고 色·ᄉᆡᆨ·ᄋᆞᆯ 여·희·여 色·ᄉᆡᆨ·애 住·뜡·티 아·니·ᄒᆞ·야 ᄆᆞᅀᆞᆷ :내·면 ·곧 ·이 :안 ·사·ᄅᆞ미·니 色·ᄉᆡᆨ애 住·뜡·ᄒᆞ·야 ᄆᆞᅀᆞᆷ :내요·ᄆᆞᆫ ·구루·미 하·ᄂᆞᆯ ᄀᆞ·리·옴 ·ᄀᆞᆮ고 色·ᄉᆡᆨ애 住·뜡·티 아 【金剛經 61ㄱ】 ☞ ·니·ᄒᆞ야 ᄆᆞᅀᆞᆷ :내요·ᄆᆞᆫ 虛헝空콩·애 ·구룸 :업서 日·ᅀᅵᇙ月·ᅌᅯᇙ·이 댱샹 비·취·ᄃᆞᆺ ᄒᆞ·니 色·ᄉᆡᆨ·애 住·뜡·ᄒᆞ·야 ᄆᆞᅀᆞᆷ :내요·ᄆᆞᆫ ·곧 ·이 妄·망念·념·이·오 色·ᄉᆡᆨ·애 住·뜡·티 아·니·ᄒᆞ·야 ᄆᆞᅀᆞᆷ :내요·ᄆᆞᆫ ·곧 ·이 眞진實·씷ㅅ 智·딩·니 妄·망念·념·이 나·면 어·드·우미·오 眞진實·씷ㅅ 智·딩 비·취·면 ·곧 ᄇᆞᆯ·고미·니 ᄇᆞᆯ·ᄀᆞ·면 ·곧 煩뻔惱:놓ㅣ 나·디 아·니·코 어·드우·면 듣그·레 난겻 :니·ᄂᆞ니·라

주 직역 이는 修行할 사람이 남의 是非를 보고 스스로가 이르되 내가 能하며 내 아노라 하여 마음에 末學을 가벼이 여김이 마땅하지 아니하니, 이것은 淸淨心이 아니고 自性에 항상 智慧를 내어 平等慈를 行하여 마음을 낮추어 一切 衆生을 恭敬함이 이것이 修行할 사람의 淸淨心이다. 만약 스스로가 그 마음을 깨끗이 않고 淸淨한 곳을 아껴 執著하여 마음이 住한 곳이 있으면 곧 이것은 法相에 執著함이니, 色을 보고 色에 執著하여 色에 住하여 마음을 내면 곧 이는 迷惑한 사람이고, 色을 보고 色을 여의어 色

에 住하지 않아 마음 내면, 곧 이는 아는 사람이니, 色에 住하여 마음을 냄은 구름이 하늘을 가림과 같고, 色에 住하지 않고 마음을 냄은 虛空에 구름이 없어 日月이 항상 비치듯 하니, 色에 住하여 마음을 냄은 곧 이것은 妄念이고 色에 住하지 않아 마음을 냄은 곧 이것은 眞實의 智니, 妄念이 나면 어두움이고 眞實의 智가 비치면 곧 밝음이니, 밝으면 곧 煩惱가 나지 않고 어두우면 티끌에 다투어 인다.

주 의역 모든 수행하는 사람은 남의 옳고 그름을 보고 스스로 말하기를, "내가 능하며 내가 안다" 하여 마음에 배우지 못한 사람을 가볍게 여기는 것이 마땅하지 않으니 이것은 청정한 마음이 아니다. 자성(自性)에서 항상 지혜를 내어 평등한 자비를 행(行)하여 마음을 낮추어 일체 중생을 공경하는 것이 수행할 사람의 청정한 마음이다. 만약 스스로 그 마음을 깨끗이 하지 않고 청정한 곳에 애착을 느껴 집착하여 마음에 머무는 곳이 있으면 모든 것[法相]에 집착하는 것이니 색(色)을 보고 색(色)에 집착하여 색(色)에 머물러 마음을 내면 곧 이는 미혹한 사람이고, 색(色)을 보고 색(色)을 여의어 색(色)에 머무르지 않고 마음을 내면 곧 이는 깨달은 사람이다. 색(色)에 머물러 마음을 내는 것은 구름이 하늘을 가리는 것과 같고 색(色)에 머무르지 않아 마음을 내는 것은 허공에 구름이 없어 해와 달이 항상 비추는 것과 같으니, 색(色)에 머물러 마음을 내는 것은 망념이고 색(色)에 머무르지 않고 마음을 내는 것은 진실의 지혜이니, 망념이 나면 어두움이고 진실의 지혜가 비치면 밝음이니, 밝으면 번뇌가 나지 않고 어두우면 육진(六塵)이 다투어 일어난다.

주 해

- 어드우면 듣그레 난겻 니ᄂᆞ니라: 마음에 망념이 나면 띠끌로 비유되는 색, 성, 향, 미, 촉, 법 등이 서로 다투어 일어난다.
- 此ᄂᆞᆫ 修行人이 不應見佗是非ᄒᆞ고 自言호ᄃᆡ 我能我解로라ᄒᆞ야 心輕未學이니: 무비(1992:239)에는 諸修行人이 不應說他是非하니 自言我能我解라 하야 심경미학(心輕未學)이면(모든 수행인은 응당히 남의 是非를 말하지 말리니, 스스로 말하되 나는 能하고 나는 잘 안다 하여 마음으로 배우지 못한 사람을 가벼이 여기면 이것은 청정심이 아니로다로 되어 있다.

경 본문 須菩提야 譬如有人이 身如須彌山王ᄒᆞ면 於意云何오 是身이 爲大아 不아 須菩提ㅣ 言ᄒᆞᄉᆞ오ᄃᆡ 甚大ᄒᆞ이다 世尊하 何以故ㅣ어뇨 佛說이 非身이라 是名大身이니이다

경 언해 須슝菩뽕提뗑·여 가·쥴·비건·댄 :사ᄅᆞ·미 ·모미 須슝彌밍山산王왕 ·ᄀᆞᆮᄒᆞ·면 ᄠᅳ·데 :엇【金剛經 61ㄴ】☞ 더·뇨 ·이 ·모미 ·크·녀 아·니·녀 須슝菩뽕提뗑ㅣ ᄉᆞᆯ·오·ᄃᆡ 甚·씸·히 ·크이·다 世·솅尊존·하 :엇뎨어·뇨 부텨 니ᄅᆞ샤미 ·몸 아·니·라 ·이 일·후미 ·큰 ·모미·니이·다

경 직역 "須菩提야! 비유하면 사람이 몸이 須彌山王과 같으면 뜻에 어떠한가? 이 몸이 큰가 아닌가?" 須菩提가 사뢰되, "甚히 큽니다, 세존이시여! 어째서인가? 부처님 이르심이 몸이 아니라 이것이 이름이 큰 몸입니다."

경 의역 "수보리야! 비유하면 어떤 사람이 몸이 수미산왕(須彌山王) 같으면 어떻게 생각하는가? 이 몸이 큰가? 크지 않는가?" 수보리가 말하기를, "매우 큽니다, 세존이시여! 어째서인가? 부처님께서 말씀하시는 것이, 몸이 아니라 이것의 이름이 큰 몸이기 때문입니다."

주 해

- 사ᄅᆞ미 모미 須彌山王 ᄀᆞᆮᄒᆞ면: 어떤 사람의 몸이 수미산과 같이 크면. 須彌山王의 '王'은 '임금'의 뜻이 아니라 '크다, 위대하다'의 뜻.
- 수미산(須彌山): Sumeru. 원래 인도 신화 가운데 나오는 산이나 불교의 우주관을 설명할 때 사용한다. 하나의 소천세계(小天世界)의 가운데 우뚝 솟은 산. 이 산을 중심으로 여덟 개의 산과 여덟 개의 바다 등이 둘러싸서 하나의 세계를 이룬다. 불교의 우주관에서는 이러한 소천세계(小天世界) 천 개가 모이면 하나의 중천세계(中天世界)가 되고, 중천세계 천 개가 모이면 하나의 대천세계(大千世界)가 된다. 대천세계는 소천세계, 중천세계가 모여서 이루어진 것이므로 삼천대천세계(三千大天世界)라 한다. 대천세계가 부처님 한 분의 경계이며, 이 세계의 밑에는 풍륜(風輪), 수륜(水輪), 금륜(金輪)이 있고 그 위에는 산, 바다, 대륙 등 대지를 구성하는 것들이 있다. 수미산은 이 세계들의 중앙에 있다. 여기에 대해서는 『월인석보(月印釋譜)』 권1에 설명이 나온다.

주 본문 色身이 雖大ᄒᆞ나 內心이 量小ᄒᆞ면 不名大身이오 內心이 量大ᄒᆞ야ᅀᅡ 方名大身이리라

주 언해 色·ᄉᆡᆨ身신·이 비·록 ·크·나 ·안 ᄆᆞᅀᆞ·미 量·량·이 :져그·면 ·큰 ·모미·라 일·훔 :몯ᄒᆞ·리·오 ·안 ᄆᆞᅀᆞ·미 量·량이 ·커·ᅀᅡ 비·르서 일·후·미 ·큰 ·모·미리·라

주 직역 色身이 비록 크나 속마음이 量이 작으면 큰 몸이라 이름하지 못할 것이고, 속마음이 量이 커야 비로소 이름이 큰 몸일 것이다.

주 의역 몸[色身]이 비록 크나 속마음의 양(量)이 작으면 큰 몸이라 말하지 못할 것이고, 속마음의 양(量)이 커야 비로소 큰 몸이라 부를 수 있다.

無爲福勝分 第十一(무위복승분 제십일)

경 본문 須菩提야 如恒河中所有沙數ᄒᆞ야 如是沙等恒河를 於意云何오 是諸恒河沙ㅣ 寧爲多아 不아 須【金剛經 62ㄱ】☞ 菩提ㅣ 言ᄒᆞᄉᆞ오ᄃᆡ 甚多ᄒᆞ이다 世尊하 但諸恒河도 尙多無數ㅣ온 何況其沙ㅣ잇가 須菩提야 我今實言告汝ᄒᆞ노니 若有善男子善女人이 以七寶로 滿爾所恒河沙數三千大千世界ᄒᆞ야 以用布施ᄒᆞ면 得福이 多아 不아 須菩提言甚多世尊하 佛告須菩提ᄒᆞ샤ᄃᆡ 若善男子善女人이 於此経中에 乃至受持四句偈等ᄒᆞ야 爲他人說ᄒᆞ면 而此福德이 勝前福德ᄒᆞ니라

경 언해 須슝菩뽕提똉·여 恒ᅘᅳᆼ河ᅘᅡᆼ 中듕·에 잇ᄂᆞᆫ ᄆᆞᆯ·앳 數·숭 ·ᄀᆞᆮ·ᄒᆞ·야 ·이 ᄆᆞᆯ·애·ᄃᆞᆯ ·ᄀᆞᄐᆞᆫ 恒ᅘᅳᆼ河ᅘᅡᆼ·ᄅᆞᆯ ᄠᅳ·데【金剛經 62ㄴ】☞ :엇더·뇨 ·이 한 恒ᅘᅳᆼ河ᅘᅡᆼㅅ ᄆᆞᆯ·애 하·려 ·몯 하·려 須슝菩뽕提똉ㅣ ᄉᆞᆲ·오·ᄃᆡ 甚·씸·히 하이·다 世·솅尊존·하 오·직 한 恒ᅘᅳᆼ河ᅘᅡᆼ:ᄲᅮᆫ·도 ·오히·려 ·하 數·숭 :업·곤 ·ᄒᆞ 믈·며 그 ᄆᆞᆯ·애 ᄯᆞ·니잇·가 須슝菩뽕提똉·여 ·내 ·이제 實·씷ᄒᆞᆫ :마·ᄅᆞᆯ 너 ᄃᆞ·려 니ᄅᆞ·노·니 ·ᄒᆞ다·가 善:쎤男남子:ᄌᆞᆼ 善:쎤女:녕人ᅀᅵᆫ·이 七·칧寶:봉·로 ·이런 恒ᅘᅳᆼ河ᅘᅡᆼㅅ ᄆᆞᆯ·애 數·숭ㅅ 三삼千쳔大땡千쳔世솅界·갱·예 ᄎᆡ·와 ·ᄡᅥ 布·봉施·싱ᄒᆞ·면 福·복 得·득·호미 하·려 :몯 하·려 須슝菩뽕提똉ㅣ ᄉᆞᆲ·오·ᄃᆡ 甚씸히 하이·다 世·솅尊존·하 부:톄 須슝菩뽕提똉ᄃᆞ·려 니ᄅᆞ·샤·ᄃᆡ ·ᄒᆞ다·가 善:쎤男남子:ᄌᆞᆼ 善:쎤女:녕人ᅀᅵᆫ·이 ·이 經경 中듕·에 四·ᄉᆞᆼ句·궁偈·꼥·돌·ᄒᆞᆯ 受·쓯持띵·ᄒᆞ·야 다ᄅᆞᆫ :사ᄅᆞᆷ 爲·윙·ᄒᆞ·야 닐·우·매 니·르·면 ·이 福·복德·득·이 알·ᄑᆡᆺ 福·복德·득·에 더으·니·라

경 직역 "須菩提야 恒河 中에 있는 모래의 數 같아 이 모래들 같은 恒河를 뜻에 어떠한가? 이 많은 恒河의 모래가 많은가? 많지 못한가?" 須菩提가 사뢰되, "甚히 많습니다, 세존이시여! 오직 많은 恒河도 오히려 매우 無數한데 하물며 그 모래이겠습니까?" "須菩提야! 내가 이제 眞實한 말을 너더러 이르니 만약 善男子 善女人이 七寶로 이런 恒河의 모래 數의 三千大千世界에 채워 그것으로써 布施하면 福을 得함이 많겠는가? 많지 못하겠

는가?" 須菩提가 사뢰되, "甚히 많습니다, 세존이시여!" 부처님이 須菩提더러 이르시되, "만약 善男子 善女人이 이 經 中에 四句偈들을 受持하여 다른 사람을 爲하여 이름에 이르면 이 福德이 앞의 福德보다 나을 것이다."

경 의역 "수보리야! 항하(갠지즈강, 恒河)에 있는 모래의 수와 같아 이 모래의 수와 같은 항하를 어떻게 생각하는가? 이 많은 항하의 모래가 많은가? 많지 않은가?" 수보리가 말하기를, "매우 많습니다, 세존이시여! 단지 많은 항하도 오히려 매우 많은데 하물며 그 모래를 헤아릴 수 있겠습니까?" "수보리야! 내가 이제 진실한 말을 너에게 하니, 만약 선남자 선여인이 칠보로 이런 항하(恒河)의 모래의 수와 같은 많은 삼천대천세계를 채워 그것으로써 보시하면 복을 얻는 것이 많겠는가? 많지 않겠는가?" 수보리가 말씀드리기를, "매우 많습니다, 세존이시여!" 부처님이 수보리에게 말씀하시기를, "만약 선남자 선여인이 이 경(經) 가운데 네 글귀[四句偈]라도 받아 지녀 다른 사람을 위하여 말하는 것에 이르면, 이 복덕이 앞서의 복덕보다 나을 것이다."

주 해

- 하: 많이. '하'와 '해'는 쌍형어.

주 본문 布施七寶ᄒᆞ면 得三界中엣 富貴報ᄒᆞ고 講說大乘【金剛經 63ㄱ】☞ 経典ᄒᆞ면 令諸聞者로 生大智慧ᄒᆞ야 成無上道케ᄒᆞ리니 當知受持福德이 勝前七寶福德也이로다

주 언해 七·칧寶:봉·ᄅᆞᆯ 布·봉施·싱ᄒᆞ·면 三삼界·갱 中듕·엣 富·븅貴·귕報·봉·ᄅᆞᆯ 得·득ᄒᆞ·고 大·땡乘씽經경典:뎐·을 講:강說·ᄉᆑᇙᄒᆞ·면 한 드르·니·로 ·큰 智·딩慧·ᅘᆌᆼ·ᄅᆞᆯ :내·야 우 :업슨 道:똫·ᄅᆞᆯ 일·우·게 ᄒᆞ·리·니 受:쓯持띵·ᄒᆞᆫ 福·복德·득·이 알·퓟 七·칧寶:봉ㅅ 福·복德·득·에 더은 ·ᄃᆞᆯ 반·ᄃᆞ기 :알·리로·다

주 직역 七寶를 布施하면 三界 中에 있는 富貴報를 得하고, 大乘經典을 講說하면 들은 많은 사람으로 하여금 큰 智慧를 내어 위없는 道를 이루게 할 것이니, 受持한 福德이 앞에 있는 七寶의 福德보다 나은 줄을 반드시

알 것이다.

주 의역 칠보를 보시하면 삼계 중에 있는 부귀보(富貴報)를 얻고 대승경전을 강설하면 많은 들은 사람으로 하여금 큰 지혜를 내어 위없는 도를 이루게 할 것이니 수지(受持)한 복덕이 앞에 있는 칠보를 보시하는 복덕보다 나은 줄 반드시 알 것이다.

주 해

- 칠보(七寶): sapta ratnāni. 세상의 일곱 가지 귀한 보배. 경마다 조금씩 다르다. 아미타경(阿彌陀經), 대지도론(大智度論) 등에서는 ① 금(金), ② 은(銀), ③ 유리(琉璃), ④ 파리(頗梨), ⑤ 차거(硨磲), ⑥ 적진주(赤眞珠), ⑦ 마노(碼瑙) 등을 말하고, 법화경(法華經)에서는 금, 은, 유리, 차거, 마노, 진주, 매괴(玫瑰) 등을 말했다.

尊重正教分 第十二(존중정교분 제십이)

경 본문 復次須菩提야 隨說是経ᄒᆞ야 乃至四句偈等히 當知此處ᄂᆞᆫ 一切世間天人阿修羅ㅣ 皆應供養호ᄃᆡ 【金剛經 63ㄴ】 ☞ 如佛塔廟ㅣ니

경 언해 ·ᄯᅩ 버·거 須슝菩뽕提똉·여 조·차 ·이 經경·을 닐·어 四·ᅀᆞᆼ句·궁偈·꼥·돌·해 니·르리 반·ᄃᆞ기 :알·라 ·이 ·고ᄃᆞᆫ 一ᅙᅵᇙ切·쳉 世·솅間간ㅅ 天텬 人ᅀᅵᆫ 阿항修슝羅랑ㅣ :다 반·ᄃᆞ기 供공養·양·호·ᄃᆡ 부텻 塔·탑廟·묳 ·ᄀᆞ티 ᄒᆞ·리·니

경 직역 "또 다음으로 須菩提야! 좇아 이 經을 일러 四句偈들까지 반드시 알라. 이것은 一切 世間의 天 人 阿修羅가 다 반드시 供養하되 부처님의 塔廟같이 할 것이니,"

경 의역 **"또 수보리야! 이 경(經)을 따라 이 경을 설하여 네 글귀[四句偈]들에까지 마땅히 알라. 이것은 모든 세간의 하늘, 사람, 아수라(阿修羅)들이 모두 반드시 부처님의 탑묘(塔廟)처럼 공양할 것이니,"**

주 해

- 天: deva. 일반적으로 지옥, 아귀, 축생, 아수라, 인간, 천 등의 육도의 天으로 보고 있으나, 이때의 天이 육도의 최상위인 天이 아니라 천지만물을 주재하는 신적인 존재의 총칭이라 보는 견해(이기영 1978/1997:401)도 있다.
- 탑묘(塔廟): caitya-bhūta. 불교에서 불타 또는 불제자의 유골을 담는 거대한 무덤을 stūpa라 부르고, 그 밖의 다른 것 즉 발우, 경전 등을 넣는 건물을 차이뜨냐라 부른다. 그러나 후세에는 이것이 혼동되어 쓰였다. 원래는 탑의 안에 석존의 사리를 봉안했으며, 불상이 없던 시절에는 불상을 대신해서 숭배의 대상이 되었다. 따라서 이 부분은 '최대의 존경과 예배를 받는 탑묘와 동일한 존경을 받는 이'란 뜻이 된다.

주 본문 所在之處에 如有人이어든 卽說是経호ᄃᆡ 若念念에 常行無念心과 無所得心과 不作能所心ᄒᆞ야 說이니 若能遠離諸心ᄒᆞ고 常依無所得心ᄒᆞ면

卽此身中에 有如來全身舍利故로 言如佛塔廟ㅣ라ᄒᆞ시니라 以無所得心으로 說此経者ᄂᆞᆫ 感得天龍八【金剛經 64ㄱ】☞ 部ㅣ 悉來聽受ᄒᆞ려니와 心若不淸淨ᄒᆞ고 但爲名聲利益ᄒᆞ야 而說是経者ᄂᆞᆫ 死墮三塗ᄒᆞ리어니 有何利益이리오 心若淸淨ᄒᆞ야 爲說是経ᄒᆞ야 令諸聽者로 除迷妄心ᄒᆞ고 悟得本來佛性ᄒᆞ야 常行眞實케ᄒᆞ면 感得天人阿脩羅等이 皆來供養持経之人也ᄒᆞ리라

주 언해 잇·논 고·대 ·ᄒᆞ다·가 :사ᄅᆞ·미 잇거·든 ·곧 ·이 經경·을 닐·오·ᄃᆡ 念·념念·념·에 念·념 :업·슨 ᄆᆞᅀᆞᆷ·과 得·득·ᄒᆞᆫ ·곧 :업슨 ᄆᆞᅀᆞᆷ·과 能능所:송 :짓·디 아·니ᄒᆞᆫ ᄆᆞᅀᆞ·ᄆᆞᆯ 샹·녜 行ᅘᆡᆼ·ᄒᆞ·야 닐·올 ᄯᅵ·니 ·ᄒᆞ다·가 能능·히 여·러 ᄆᆞᅀᆞ·ᄆᆞᆯ 머·리 여·희·오 샹·녜 得·득·ᄒᆞᆫ ·곧 :업·슨 ᄆᆞᅀᆞ·ᄆᆞᆯ 브·트·면 ·곧 ·이 身신 中듕·에 如ᅀᅧᆼ來 【金剛經 64ㄴ】☞ ᄅᆡᆼㅅ 全쭨身신舍·샹利·링 :겨신 젼·ᄎᆞ·로 니ᄅᆞ·샤·ᄃᆡ 부텻 塔·탑廟·묳 ·ᄀᆞᆮ·다 ·ᄒᆞ·시니·라 得·득·ᄒᆞᆫ ·곧 :업·슨 ᄆᆞᅀᆞᄆᆞ·로 ·이 經경 니ᄅᆞᄂᆞ·닌 天텬 龍룡 八·밣部:뽕ㅣ :다 ·와 드·러 受:쓯·호·ᄆᆞᆯ 感:감得·득ᄒᆞ·려니·와 ᄆᆞᅀᆞ·미 ·ᄒᆞ다·가 淸청淨·쪙·티 :몯·고 오직 名명聲셩·과 利·링益·혁 爲·윙·ᄒᆞ·야 ·이 經경 니ᄅᆞᄂᆞ·닌 주·거 三삼塗똥·애 ᄡᅥ·러디·려·니 므·슴 利링益·혁 이시·리·오 ᄆᆞᅀᆞ·미 ·ᄒᆞ다·가 淸청淨·쪙·ᄒᆞ·야 爲윙·ᄒᆞ·야 ·이 經경·을 닐·어 한 드르·니·로 迷몡妄·망ᄒᆞᆫ ᄆᆞᅀᆞ·ᄆᆞᆯ :덜·오 本:본來ᄅᆡᆼㅅ 佛·뿛性·셩ᄋᆞᆯ 아·라 샹녜 眞진實·씷·을 行ᅘᆡᆼ·케 ᄒᆞ·면 天텬 人ᅀᅵᆫ 阿ᅙᅡᆼ脩슣羅랑 等:등·이 :다 ·와 持띵經경ᄒᆞᆯ :싸ᄅᆞᆷ 供공養·양·호·ᄆᆞᆯ 感:감得·득ᄒᆞ·리·라

주 직역 존재하고 있는 곳에 만약 사람이 있거든 곧 이 經을 이르되 찰나 찰나에 念이 없는 마음과 得한 것이 없는 마음과 能所를 만들지 않는 마음을 항상 行하여 이를 것이니, 만약 能히 여러 마음을 멀리 여의고 항상 得한 것이 없는 마음을 의지하면 곧 이 몸 가운데 如來의 全身舍利가 있으신 까닭으로 이르시되 '부처님의 塔廟와 같다' 하셨다. 得한 곳 없는 마음으로 이 經을 이르는 이는 天, 龍, 八部가 다 와 들어 受함을 感得하려니와, 만약 마음이 淸淨하지 못하고 오직 名聲과 利益을 爲하여 이 經을 이르는 이는 죽어 三塗에 떨어질 것이니 무슨 利益이 있겠는가? 만약 마

음이 淸淨하여 중생들을 爲하여 이 經을 설하여 많은 듣는 이로 하여금 迷妄한 마음을 제거하고 本來의 佛性을 알아 항상 眞實을 行하게 하면 天, 人, 阿脩羅 等이 다 와 持經하는 사람을 供養함을 感得할 것이다.

주 의역 있는 곳에서 사람을 보게 되면 곧 이 경(經)을 설하되, 생각 생각에 항상 생각 없는 마음[無念心]과 얻은 것이 없는 마음[無所得心]과 능소(能所)를 만들지 않는 마음[無能所心]을 항상 행(行)할 것이니, 만약 능히 모든 마음을 멀리 여의고 항상 얻은 것이 없는 마음에 의지하면 곧 이 몸 가운데 여래의 전신사리(全身舍利)가 있다. 그러므로 부처님의 탑묘(塔廟)와 같다고 하셨다. 얻은 것이 없는 마음으로 이 경(經)을 말하는 이는 하늘, 사람, 용 등 팔부(八部)가 모두 와 듣고 감득(感得)하니, 마음이 만약 청정하지 못하고 오직 명성과 이익을 위하여 이 경(經)을 설한 사람은 죽어 삼악도[三塗]에 떨어질 것이니 무슨 이익이 있겠는가? 마음이 만약 청정하여 이 경(經)을 설한 사람은 모든 듣는 사람으로 하여금 미혹되고 망령된 마음을 제거하고 본래의 불성을 깨달아 항상 진실을 행(行)하게 하면 천인 아수라 등이 모두 와 감득(感得)하여 공양할 것이다.

주 해

- 팔부중(八部衆): 불법(佛法)을 수호하는 여덟 종류의 신(神). 천(天, deva), 용(龍, nāga), 야차(夜叉, yakṣa), 건달바(乾闥婆, gandharva), 아수라(阿修羅, asura), 가루라(迦樓羅, garuḍa), 긴나라(緊那羅, kiṃnara), 마후라(摩睺羅伽, mahoraga) 등. 이들은 원래 불교를 믿지 않았으나 부처님의 위덕에 교화되어 부처님의 권속이 되어 부처님의 땅을 지키고 불법을 보호하는 임무를 맡았다.

경 본문 何況有人이 盡能受持讀誦ᄒᆞ미여 須菩提야 當知【金剛經 65ㄱ】☞ 是人이 成就最上第一希有之法이니 若是経典所在之處ᄂᆞᆫ 則爲有佛若尊重弟子ㅣ니라

경 언해 ·ᄒᆞ믈·며 :사ᄅᆞ·미 :다 能능·히 受:쓯持띵 讀·똑誦·쏭·호·미ᄯᆞ·녀 須슝菩뽕提똉·여 ·이 :사ᄅᆞ·미 ·ᄆᆞᆺ 노·ᄑᆞᆫ 第·똉一·힗 希힁有:웋ᄒᆞᆫ 法·법·을 일·울 ·ᄯᅩᆯ 반·ᄃᆞ기 아·롤 ᄯᅵ·니 ·ᄒᆞ다·가 ·이 經경典:뎐 잇ᄂᆞᆫ ·고·ᄃᆞᆫ 부텨·와

尊존重·뜡ᄒᆞᆫ 弟:뗑子:중 이·슈·미니·라

경 직역 "하물며 사람이 다 能히 受持 讀誦함이겠는가? 須菩提야! 이 사람이 가장 높은 第一 希有한 法을 이룰 줄 반드시 알 것이니 만약 이 經典이 있는 곳이라면 부처님과 尊重하는 弟子가 있음이다."

경 의역 "하물며 어떤 사람이 능히 이 경을 받아 지녀 독송함에 있어서이겠는가? 수보리야! 이 사람은 가장 희유한 법을 이루는 것을 마땅히 알아야 할 것이니, 만약 이 경전이 있는 곳이면 부처님과 존중하는 제자가 있는 것이다."

주 본문 自心에 誦得此経ᄒᆞ며 自心에 解得経義ᄒᆞ며 自心에 體得無著無相之理ᄒᆞ야 所在之處에 常修佛行ᄒᆞ야 念念에 心無有間歇ᄒᆞ면 則自心이 是佛故【金剛經 65ㄴ】☞ 로 言所在之處ㅣ 卽爲有佛이라ᄒᆞ시니라

주 언해 제 ᄆᆞᅀᆞ·매 ·이 経경·을 외·오·며 제 ᄆᆞᅀᆞ·매 経경ㅅ ·ᄠᅳ·들 :알·며 제 ᄆᆞᅀᆞ·매 無뭉著·땩 無뭉相·샹ㅅ 理:링·를 體:톙得·득·ᄒᆞ야 잇·논 고·대 샹녜 부텨 行·ᅘᆡᇰ·올 닷·가 念·념念·념·에 ᄆᆞᅀᆞ·미 그·처 歇·헗·홈 :업스·면 제 ᄆᆞᅀᆞ·미 ·이 부:톄·론 젼·ᄎᆞ·로 니ᄅᆞ·샤·ᄃᆡ 잇·논 ·고ᄃᆡ 부텨 이·슈미·라 ·ᄒᆞ·시니·라

주 직역 제 마음에 이 經을 외우며 제 마음에 經의 뜻을 알며 제 마음에 無著 無相의 理致를 體得하여 있는 곳에서 항상 부처님의 行을 닦아 찰나 찰나에 마음이 끊어져 歇함이 없으면, 제 마음이 이것이 부처인 까닭으로 이르시되 '있는 곳이 부처가 있음이다'라 하셨다.

주 의역 자기 마음으로 이 경을 외우며, 자기 마음으로 경의 뜻을 알며, 자기 마음으로 상이 없고 집착이 없는 이치를 체득하여, 있는 곳마다 항상 부처님의 행(行)을 닦아 생각 생각에 마음이 끊어져 쉴 사이가 없게 하면 자기 마음이 부처인 까닭으로 말씀하시기를 '있는 곳에 곧 부처님이 계신다'고 하셨다.

如法受持分 第十三(여법수지분 제십삼)

경 본문 爾時須菩提ㅣ 白佛言ᄒᆞᅀᆞ오ᄃᆡ 世尊하 當何名此経ᄒᆞ며 我等이 云何奉持잇고 佛告須菩提ᄒᆞ샤ᄃᆡ 是經이 名爲金剛般若波羅蜜이니 以是名字로 汝當奉持【金剛經 66ㄱ】☞ 니라 所以者何오 須菩提야 佛說般若波羅蜜이 卽非般若波羅蜜이라 是名般若波羅蜜이니라

경 언해 그 ·ᄢᅴ 須슝菩뽕提똉ㅣ 부텻·긔 ᄉᆞᆯ·오·ᄃᆡ 世·솅尊존·하 반·ᄃᆞ기 이 經경을 :엇데 일·훔ᄒᆞ·며 우·리·ᄃᆞᆯ·히 :엇뎨 奉:뽕持띵ᄒᆞ·리잇·고 부:톄 須슝菩뽕提똉ᄃᆞ·려 니ᄅᆞ·샤·ᄃᆡ ·이 経경·이 일·후미 金금剛강般·밣若:샹波방羅랑蜜·밇·이·니 ·이 名명字·쫑·로 :네 반·ᄃᆞ기 奉:뽕持띵·홀 ·띠니·라 :엇·데어·뇨 須슝菩뽕提똉·여 부텨 니ᄅᆞ·논 般·밣若:샹波방羅랑蜜·밇·이 곧 般·밣若:샹波방羅랑蜜·밇·이 아·니·라 ·이 일·후미 般·밣若:샹波방羅랑蜜·밇·이니·라

경 직역 그 때 須菩提가 부처님께 사뢰되, "세존이시여! 반드시 이 經을 어찌 이름하며, 우리들이 어찌 奉持하겠습니까?" 부처님이 須菩提더러 이르시되, "이 經이 이름이 金剛般若波羅蜜이니 이 名字로 네가 반드시 奉持할 것이다. 어째서인가? 須菩提야! 부처가 이른 般若波羅蜜이 곧 般若波羅蜜이 아니라, 이것이 이름이 般若波羅蜜이다."

경 의역 그 때 수보리가 부처님께 "세존이시여! 마땅히 이 경을 어떻게 부르며 우리들이 어떻게 받들어 지녀야 하겠습니까?"라고 여쭈었다. 부처님이 수보리에게 말씀하시기를, "이 경의 이름이 금강반야바라밀이다. 이 이름으로 네가 반드시 받들어 지녀야 할 것이다. 어째서인가? 수보리야! 부처가 말한 반야바라밀이 곧 반야바라밀이 아니라, 이름이 반야바라밀이기 때문이다."

주 해

- 경전 본문에서 차이가 나는 부분이다. '是名般若波羅蜜이니라'가 『금강경언해』에는 있으나 고려대장경 등의 대장경에는 없다. 김용옥(1999:264-267)

참조.

- 名字: 이름.

주 본문 佛說般若波羅蜜은 令諸學人으로 用智慧ᄒᆞ야 除【金剛經 66ㄴ】☞ 却愚心生滅이시니 生滅이 除盡이 卽到彼岸이니 若心有所得ᄒᆞ면 卽不到彼岸이오 心無一法可得ᄒᆞ면 卽是彼岸이니 口說心行ᄒᆞ야ᅀᅡ 乃是到彼岸이라

주 언해 부텨 니ᄅᆞ·샨 般·반若:ᅀᅣᇰ波방羅랑蜜·밇·ᄋᆞᆫ 한 ᄇᆡ·홀 :싸·ᄅᆞᄆᆞ·로 智·딩慧·ᅘᆒᆼ·ᄅᆞᆯ ·ᄡᅥ 어·린 ᄆᆞᅀᆞᆷ 生ᄉᆡᇰ滅·멿·을 :덜·에 ·ᄒᆞ시·니 生ᄉᆡᇰ滅·멿·이 더·러 :업수·미 ·곧 ·뎌 :ᄀᆞ·ᅀᅢ :가미·니 ·ᄒᆞ다·가 ᄆᆞᅀᆞ·미 得·득·ᄒᆞᆫ ·곧 이시·면 ·곧 ·뎌 :ᄀᆞᅀᅢ :감 아·니·오 ᄆᆞᅀᆞ·미 ᄒᆞᆫ 法·법·도 得·득·홈 :업스·면 ·곧 ·이 ·뎌 :ᄀᆞᅀᅵ·니 이·베 니ᄅᆞ·고 ᄆᆞᅀᆞ·매 行ᅘᆡᇰ·ᄒᆞ야·ᅀᅡ ·이 ·뎌 :ᄀᆞᅀᅢ :가미·라

주 직역 부처님이 이르신 般若波羅蜜은 많은 배우는 사람으로 하여금 智慧를 써서 어리석은 마음의 生滅을 제거하게 하시니, 生滅이 제거되어 없음이 곧 저 가에 감이니, 만약 마음이 得한 곳이 있으면 곧 저 가애 감이 아니고 마음이 한 法도 得함이 없으면 저 가이니, 입에 이르고 마음에 行하여야 이것이 저 가에 감이다.

주 의역 부처님이 설하신 반야바라밀은 많은 배우는 사람으로 하여금 지혜로써 어리석은 마음이 나고 멸하는 것을 제거하게 하신다. 나고 멸하는 것이 제거되어 없어지는 것이 곧 저쪽 가[彼岸]에 가는 것이니, 만약 마음에 얻은 곳이 있으면 저쪽 가에 가는 것이 아니며 마음에 한 법도 얻은 것이 없으면 저쪽 가에 간 것이니, 입으로 말하고 마음에 행(行)하여야 이것이 저쪽 가에 가는 것이다.

주 해

- 곧 이 뎌 ᄀᆞᅀᅵ니: 바로 이것이 저 가이니.

경 본문 須菩提야 於意云何오 如來ㅣ 有所說法가 不아【金剛經 67ㄱ】☞

須菩提ㅣ 白佛言ᄒᆞᅀᆞ오ᄃᆡ 世尊하 如來ㅣ 無所說ᄒᆞ시니이다

경 언해 須슝菩뽕提똉·여 ᄠᅳ·데 :엇더·뇨 如셩來ᄅᆡᆼㅣ 法·법 닐·옴 잇ᄂᆞ·녀 아·니·녀 須슝菩뽕提똉ㅣ 부텻·긔 ᄉᆞᆯ·오·ᄃᆡ 世·솅尊존·하 如셩來ᄅᆡᆼㅣ 니르·샴 :업·스시·니이·다

경 직역 "須菩提야 뜻에 어떠한가? 如來가 法을 이름이 있는가? 아닌가?" 須菩提가 부처님께 사뢰되, "세존이시여! 如來가 이르심이 없으십니다."

경 의역 "수보리야! 어떻게 생각하는가? 여래가 법을 설한 것이 있는가? 없는가?" 수보리가 부처님께 말씀드리기를, "세존이시여! 여래가 설한 것이 없으십니다."

주 본문 佛問須菩提ᄒᆞ샤ᄃᆡ 如來說法이 心有所得가 不아 須菩提ㅣ 知如來說法이 心無所得故로 言無所說也ᄒᆞᅀᆞ오니라 如來意者ᄂᆞᆫ 欲令世人으로 離有所得之心故로 說般若波羅蜜法ᄒᆞ샤 令一切人으로 聞之ᄒᆞᄋᆞᆸ고 皆發菩提心ᄒᆞ야 悟無生理ᄒᆞ야 成【金剛經 67ㄴ】☞ 無上道ㅣ시니라

주 언해 부톄 須슝菩뽕提똉ᄃᆞ·려 :무·르샤·ᄃᆡ 如셩來ᄅᆡᆼ 說·쉃法·법·이 ᄆᆞᅀᆞ·매 得·득·홈 잇ᄂᆞ·녀 아·니·녀 須슝菩뽕提똉ㅣ 如셩來ᄅᆡᆼㅅ 說·쉃法·법·이 ᄆᆞᅀᆞ·매 得·득·ᄒᆞ·샴 :업·스신 ·돌 :아·ᅀᆞ올·씨 니르·샴 :업·스시·다 ᄉᆞᆯ·오니·라 如셩來ᄅᆡᆼㅅ ·ᄠᅳ·든 世·솅·옛 :사·ᄅᆞᄆᆞ·로 得·득·홈 잇ᄂᆞᆫ ᄆᆞᅀᆞᆷ 여·희·에 ·코져 ·ᄒᆞ실·씨 般·밚若:샹波방羅랑蜜·밇法·법·을 니르·샤 一·ᅙᅵᇙ切·쳉ㅅ :사·ᄅᆞᄆᆞ·로 듣:ᄌᆞᆸ·고 :다 菩뽕提똉心심·을 發·벓·ᄒᆞ·야 無뭉生ᄉᆡᆼ理:ᄅᆡᆼ·ᄅᆞᆯ 아·라 우 :업슨 道:ᄯᅩᇢ·ᄅᆞᆯ 일·우·게 ·ᄒᆞ·시니·라

주 직역 부처님이 須菩提더러 물으시되, '如來의 說法이 마음에 得함이 있는가? 아닌가?' 須菩提가 如來의 說法이 마음에 得하심이 없으신 줄을 알므로 '이르심이 없으시다'고 사뢰었다. 如來의 뜻은 世上에 있는 사람들로 하여금 得함이 있는 마음을 여의게 하고자 하므로 般若波羅蜜法을 이르시어 一切의 사람으로 하여금 듣고 다 菩提心을 發하여 無生理를 알아 위없는 道를 이루게 하셨다.

주 의역 부처님이 수보리에게 물으시기를, "여래의 설법을 마음에 얻은 것이 있는가? 없는가?" 수보리가 여래의 설법이 마음에 얻은 것이 없는 줄 알므로 설하신 것이 없으시다고 말하였다. 여래의 뜻은 세상 사람으로 하여금 얻은 것이 있는 마음을 여의게 하고자 하는 것이므로 반야바라밀법(般若波羅蜜法)을 설하시어 모든 사람으로 하여금 듣고 모두 보리심을 내어 무생(無生)의 이치를 깨달아 위 없는 도를 이루게 하셨다.

경 본문 須菩提야 於意云何오 三千大千世界예 所有微塵이 是爲多아 不아 須菩提ㅣ 言ᄒᆞᅀᆞ오ᄃᆡ 甚多ᄒᆞ이다 世尊하 須菩提야 諸微塵을 如來說이 非微塵이라 【金剛經 68ㄱ】 ☞ 是名微塵이며 如來說世界ㅣ 非世界라 是名世界니라

경 언해 須슝菩뽕提똉·여 ᄠᅳ·데 :엇더·뇨 三삼千천大·땡千천世·솅界·갱·엣 잇ᄂᆞᆫ 微밍塵띤·이 이 하·녀 아·니·녀 須슝菩뽕提똉ㅣ ᄉᆞᆯ·오·ᄃᆡ 甚·씸·히 하이·다 世·솅尊존·하 須슝菩뽕提똉·여 諸졍微밍塵띵·을 如ᅀᅧᆼ來ᄅᆡᆼㅣ 니ᄅᆞᄂᆞ·니 微밍塵띵 아·니·라 이 일·후미 微밍塵띵·이·며 如ᅀᅧᆼ來ᄅᆡᆼ 니ᄅᆞᆫ 世·솅界·갱 世·솅界·갱 아·니·라 이 일·후미 世·솅界·갱니·라

경 직역 "須菩提야 뜻에 어떠한가? 三千大千世界에 있는 微塵이 이것이 많은가? 아닌가?" 須菩提가 사뢰되 "甚히 많습니다, 세존이시여!" "須菩提야 모든 微塵을 如來가 이르니 微塵이 아니라 이것이 이름이 微塵이며, 如來가 이르는 世界가 世界가 아니라 이름이 世界이다."

경 의역 "수보리야! 어떻게 생각하는가? 삼천대천세계에 있는 작은 먼지가 많은가? 많지 않은가?" 수보리가 말씀드리기를, "매우 많습니다, 세존이시여!" "수보리야, 여래가 모든 작은 먼지를 말하니, 이것은 작은 먼지가 아니라 단지 이름이 작은 먼지이며, 여래가 말하는 세계가, 세계가 아니라 단지 이름이 세계일뿐이다."

주 본문 如來ㅣ 說ᄒᆞ샤ᄃᆡ 衆生性中에 妄念이 如三千大千世界中엣 所有微塵ᄒᆞ니 一切衆生이 被妄念微塵의 起滅이 不停ᄒᆞ야 遮蔽佛性ᄒᆞ야 不得

解脫【金剛經 68ㄴ】☞ ᄒᆞᄂᆞ니 若能念念이 眞正ᄒᆞ야 修般若波羅蜜無著無相之行ᄒᆞ야 了妄念塵勞ㅣ 卽淸淨法性인ᄃᆞᆯᄒᆞ야 妄念이 旣無ᄒᆞ면 卽非微塵이니라 是名微塵은 了眞이 卽妄이며 了妄이 卽眞ᄒᆞ야 眞妄이 俱泯ᄒᆞ야 無別有法故로 云是名微塵이라 性中에 無塵勞ᄒᆞ면 卽是佛世界오 心中에 有塵勞ᄒᆞ면 卽是衆生世界니 了諸妄念의 空寂故로 云非世界오 證得如來ㅅ 法身이 普見塵刹ᄒᆞ샤 應用無方ᄒᆞ면 是名【金剛經 69ㄱ】☞ 世界라

주 언해 如ᅀᅧᆼ來ᄅᆡᆼㅣ 니ᄅᆞ·샤·ᄃᆡ 衆·쥬ᇰ生ᄉᆡᆼ性·셩 中듀ᇰ·에 妄·망念·념·이 三삼千쳔大·땡千쳔世·솅界·갱 中듀ᇰ·엣 잇ᄂᆞᆫ 微밍塵띵 ·ᄀᆞᆮᄒᆞ·니 一·ᅙᅵᇙ切·촁 衆·쥬ᇰ生ᄉᆡᆼ·이 妄·망念·념微밍塵띵·의 니·룸·과 滅·며ᇙ·호미 그ᇫ·디 아·니·호·ᄆᆞᆯ 니·버 佛·뿛性·셩·을 ᄀᆞ·리·와 解:ᅘᆡᆼ脫·퇋·ᄋᆞᆯ 得·득·디 :몯·ᄒᆞᄂᆞ·니 ·ᄒᆞ다·가 能능·히 念·념念·념·이 眞진實·씷ᄒᆞ·며 正·졍·ᄒᆞ·야 般·바ᇙ若:ᅀᅣᇰ波방羅랑蜜·밇ㅅ 無뭉著·땩 無뭉相·샹ㅅ 行·ᅘᆡᆼ·ᄋᆞᆯ 다ᇫ·가 妄·망念·념塵띤勞롱ㅣ ·곧 淸쳥淨·쪙法·법性·셩·인 ·ᄃᆞᆯ 아·라 妄·망念·념·이 ᄒᆞ·마 :업스·면 ·곧 微밍塵띵·이 아·니니·라 ·이 일·후미 微밍塵띵·은 眞진·이 ·곧 妄·망·인 ·ᄃᆞᆯ :알며 妄·망·이 ·곧 眞진·인 ·ᄃᆞᆯ 아·라 眞진妄·망·이 :다 :업·서 各·각別·볋ᄒᆞᆫ 法·법·이 :업슬·ᄊᆡ 니ᄅᆞ·샤·ᄃᆡ ·이 일·후미 微밍塵띵·이·라 性·셩 中듀ᇰ·에 塵띤勞롱 :업스·면 ·곧 ·이 佛·뿛世·솅界·갱·오 心심 中듀ᇰ·에 塵띤勞롱 이시【金剛經 69ㄴ】☞ ·면 ·곧 ·이 衆·쥬ᇰ生ᄉᆡᆼ 世·솅界·갱·니 한 妄·망念·념·의 空콩寂·쪅·을 :알·ᄊᆡ 니ᄅᆞ·샤·ᄃᆡ 世·솅界·갱 아·니·오 如ᅀᅧᆼ來ᄅᆡᆼㅅ 法·법身신·이 塵띤刹·찷·애 너·비 現·현·ᄒᆞ·샤 應·ᅙᅳᆼ·ᄒᆞ·샤 ·ᄡᅳ샤·미 덛덛·홈 :업·스샤·ᄆᆞᆯ 證·징得·득ᄒᆞ·면 ·이 일·후미 世·솅界·갱·라

주 직역 如來가 이르시되 衆生性 中에 妄念이 三千大千世界 中에 있는 微塵과 같으니 一切 衆生이 妄念微塵의 일어남과 滅함이 그치지 않음을 당하여 佛性이 가려져 解脫을 得하지 못하니, 만약 能히 찰나 찰나가 眞實하며 正하여 般若波羅蜜의 無著 無相의 行을 닦아 妄念塵勞가 곧 淸淨法性인 줄 알아 妄念이 이미 없으면 곧 微塵이 아니다. 이것이 이름이 微塵은, 眞이 곧 妄인 줄 알며 妄이 곧 眞인 줄 알아, 眞妄이 다 없어 各別한 法이 없으므로 이르시되 이것이 이름이 微塵이다. 性 中에 塵勞가 없으면

곧 이것이 佛世界이고, 心 中에 塵勞가 있으면 곧 이것이 衆生 世界이니, 많은 妄念의 空寂을 알므로 이르시되 世界가 아니고 如來의 法身이 塵刹에 널리 現하시어 應하시어 쓰심이 항상함이 없으심을 證得하면 이것이 이름이 世界이다.

주 의역 여래가 말씀하시기를, 중생의 성품 가운데 망념이 삼천대천세계(三千大千世界) 가운데 있는 작은 먼지와 같으니 일체 중생이 작은 먼지와 같이 많은 망념의 일어남과 멸함이 그치지 않게 되어 불성(佛性)을 막고 가려서 해탈을 얻지 못하니 만약 능히 생각 생각에 진실하고 바르게 하여 반야바라밀(般若波羅蜜)의 집착 없고 상(相) 없는 행(行)을 닦아, 작은 먼지와 같은 많은 망념이 곧 청정한 법성(法性)인 줄 알아 망념이 이미 없으면 곧 작은 먼지가 아니다. 이것의 이름이 작은 먼지임은 진(眞)이 곧 망(妄)인 줄 알며, 망(妄)이 곧 진(眞)인 줄 알아 진(眞)과 망(妄)이 모두 없어 서로 구분되는 법이 없으므로 말씀하시기를, "이것의 이름이 작은 먼지라 하셨다." 성품 가운데 작은 먼지가 없으면 곧 부처님의 세계이고 마음 가운데 작은 먼지가 있으면 곧 중생의 세계이다. 모든 망념이 공적(空寂)임을 깨달았으므로 말하기를, '세계가 아니다'라고 한 것이고 여래의 법신이 먼지 같은 많은 세계에 널리 나타나시어 중생들의 근기에 감응하시어 쓰심이 막힘이 없으신 것을 증득하면 이것의 이름이 세계다.

주 해

- 덛덛ᄒᆞᆷ: 恒常함. '덛덛ᄒᆞ다'는 현대국어의 '떳떳하다'와 연결됨.
- 각별(各別): 15세기의 한자어 '各別'은 현대국어와는 달리 '각각 다르다'는 뜻이다.
- ᄡᅳ샤미 덛덛ᄒᆞᆷ 업스샤ᄆᆞᆯ 證得ᄒᆞ면 이 일후미 世界라: 무비(1992:274)에는 '응용함이 막힘이 없으므로 이를 세계라 이름한 것이니라'로 해석되어 있다.

경 본문 須菩提야 於意云何오 可以三十二相으로 見如來아 不아 不也世尊하 不可以三十二相으로 得見如來ᄒᆞᅀᆞ오리니 何以故ㅣ어뇨 如來說三十二相이 卽是非相이라 是名三十二相이시니이다

경 언해 須슝菩뽕提뗑·여 ᄠᅳ·데 :엇더·뇨 어·루 三삼十·씹二·ᅀᅵᆼ相·샹·으·로

如셩來링를 보·려 :몯ᄒᆞ·려 아·니이·다 世·솅尊존·하 三삼十·씹二·싱相·샹·으【金剛經 70ㄱ】☞ ·로 如셩來링·를 시·러 ·보ᅀᆞᆸ·디 :몯·ᄒᆞᅀᆞ·오리·니 :엇데어·뇨 如셩來링 니ᄅᆞ·시논 三삼十·씹二·싱相·샹·이 ·곧 ·이 相·샹 아·니·라 ·이 일·후미 三삼十·씹二·싱相·샹·이시·니이·다

경 직역 "須菩提야! 뜻에 어떠한가? 가히 三十二相으로 如來를 보겠는가? 못 보겠는가?" "아닙니다, 세존이시여! 三十二相으로 如來를 가히 보지 못할 것이니 어째서인가? 如來 이르시는 三十二相이 곧 이것이 相이 아니라 이것이 이름이 三十二相이십니다."

경 의역 "수보리야! 어떻게 생각하는가? 삼십이상(三十二相)으로 여래를 볼 수 있겠는가? 볼 수 없겠는가?" "볼 수 없습니다, 세존이시여! 삼십이상으로 여래를 보지 못할 것이니, 어째서인가? 여래께서 설하시는 삼십이상이 곧 상(相)이 아니라 단지 이름이 삼십이상이기 때문입니다."

주 본문 三十二相者ᄂᆞᆫ 是三十二淸淨行이시니 三十二淸淨行者ᄂᆞᆫ 於五根中에 修六波羅蜜ᄒᆞ시며 於意根中에 修無相無爲ᄒᆞ시니 是名三十二淸淨行이시니 常修此三十二淸淨行이 卽是成佛이시고 若不修三十二相淸淨行ᄒᆞ면 終不成佛ᄒᆞ리니 但愛著如來ㅅ 三十二相ᄒᆞᅀᆞᆸ고 自不修三十二【金剛經 70ㄴ】☞ 行ᄒᆞ면 終不得見如來ᄒᆞᅀᆞ오리라

주 언해 三삼十·씹二·싱相·샹·ᄋᆞᆫ ·이 三삼十·씹二·싱淸청淨·쪙行·ᅘᅵᆼ·이시·니 三삼十·씹二·싱淸청淨·쪙行·ᅘᅵᆼ·ᄋᆞᆫ 五:옹根ᄀᆞᆫ 中듕·에 六·륙波방羅랑蜜·밇·올 닷ᄀᆞ·시·며 意·ᅙᅴᆼ根ᄀᆞᆫ 中듕·에 無뭉相·샹 無뭉爲윙·를 닷ᄀᆞ·시·니 ·이 일·후미 三삼十·씹二·싱淸청淨·쪙行·ᅘᅵᆼ·이시·니 샹·녜 ·이 三삼十·씹二·싱淸청淨·쪙行·ᅘᅵᆼ올 닷·고미 ·곧 ·이 成셩佛·뿛·이시·고 ·ᄒᆞ다·가 三삼十·씹二·싱相·샹淸청淨·쪙行·ᅘᅵᆼ·올 닷·디 아·니ᄒᆞ·면 ᄆᆞ·ᄎᆞᆷ내 成셩佛·뿛 :몯ᄒᆞ·리·니 오·직 如셩來링ㅅ 三삼十·씹二·싱相·샹·올 ᄃᆞ·ᅀᅡ 着·땩·ᄒᆞᅀᆞᆸ·고 :제 三삼十·씹二·싱行·ᅘᅵᆼ·올 닷·디 아·니ᄒᆞ·면 ᄆᆞ·ᄎᆞᆷ·내 如셩來링·를 시·러 ·보ᅀᆞᆸ·디 :몯·ᄒᆞᅀᆞ·오리·라

주 직역 三十二相은 이 三十二 淸淨行이시니 三十二 淸淨行은 五根 中에

六波羅蜜을 닦으시며 意根 中에 無相 無爲를 닦으시니 이것이 이름이 三十二 淸淨行이시니, 항상 이 三十二相 淸淨行을 닦음이 곧 이것이 成佛이시고, 만약 三十二 相淸淨行을 닦지 않으면 마침내 成佛을 못할 것이니, 오직 如來의 三十二相을 아껴 執着하고 스스로가 三十二行을 닦지 않으면 마침내 如來를 가히 보지 못할 것이다.

주 의역 삼십이상(三十二相)은 서른 두 가지 청정한 행(行)이다. 서른 두 가지 청정한 행(行)은 오근(五根) 가운데 육바라밀(六波羅蜜)을 닦으시며, 의근(意根) 가운데 상(相) 없고 함 없음[無爲]을 닦으시는 것이니, 이것의 이름이 삼십이청정행(三十二淸淨行)이다. 항상 이 삼십이청정행(三十二淸淨行)을 닦음이 곧 성불이시고 만약 삼십이상청정행(三十二相淸淨行)을 닦지 않으면 마침내 성불하지 못할 것이니 오직 여래의 삼십이상에만 애착을 가지고 스스로 삼십이행(三十二行)을 닦지 않으면 마침내 여래를 가히 보지 못할 것이다.

주 해

- 三十二 淸淨行은 五根 中에 六波羅蜜올 닷ᄀ시며 意根 中에 無相 無爲를 닷ᄀ시니(三十二淸淨者ᄂ 於五根中에 修六波羅蜜ᄒ시며 於意根中에 修無相無爲ᄒ시니): 삼십이 청정행은 오근 중에서는 륙파라밀을 닦으시며 의근 중에서는 무상 무위를 닦으시니. 32상이란 숫자는 5근 × 6바라밀 + (無相, 無爲)의 결과이다.

경 본문 須菩提야 若有善男子善女人이 以恒河沙等身【金剛經 71ㄱ】☞命으로 布施ᄒ야도 若復有人이 於此経中에 乃至受持四句偈等ᄒ야 爲他人說ᄒ면 其福이 甚多ᄒ니라

경 언해 須슝菩뽕提똉·여 ·ᄒ다·가 善:쎤男남子:ᄌ 善:쎤女:녕人신·이 恒ᄛ河항沙상·ᄃᆞᆯ 身신命·명·으·로 布·봉施·싱·ᄒ야·도 ·ᄒ다·가 ·ᄯᅩ :사ᄅᆞ·미 ·이 經·경 中듕에 四·ᄉᆞᆼ句·궁偈·꼥·ᄃᆞᆯ·ᄒᆞᆯ :受쓯持띵·ᄒ·야 다ᄅᆞᆫ :사ᄅᆞᆷ 爲·윙·ᄒ·야 닐·우·매 니·를·면 그 福·복·이 甚·씸·히 하·니·라

경 직역 "須菩提야! 만약 善男子 善女人이 恒河沙들의 身命으로 布施하여도 만약 또 사람이 이 經 中에 四句偈들을 受持하여 다른 사람을 爲하여

이ᄃᆞᆯ에 이르면 그 福이 甚히 많다."

경 의역 "수보리야! 만약 선남자 선여인이 수많은 신명(身命)으로 보시하여도 만약 이 사람이 이 경 가운데 네 글귀라도 받아 지녀 다른 사람을 위하여 말해 주기에 이르면 그 복이 매우 많은 것이다."

주 본문 世間重者ㅣ 莫過於身命ᄒᆞ니 菩薩이 爲法ᄒᆞ야 於無量劫中에 捨施身命ᄒᆞ야 與一切衆生ᄒᆞᄂᆞ니 其福이 雖多ᄒᆞ나 亦不如受持此経四句之福ᄒᆞ니 多【金剛經 71ㄴ】☞ 劫에 捨身ᄒᆞ야도 不了空義ᄒᆞ야 妄心을 不除ᄒᆞ면 尤是衆生이어니와 一念持経ᄒᆞ야 我人이 頓盡ᄒᆞ야 妄想을 旣除ᄒᆞ면 言下애 成佛ᄒᆞ릴ᄉᆡ 故知多劫捨身이 不如持経四句之福이로다

주 언해 世·솅間간·애 重:뜡ᄒᆞ·니 身신命·명·에 너·므니 :업스·니 菩뽕薩·삻·이 法·법을 爲·윙·ᄒᆞ·야 無뭉量·량劫·겁 中듕·에 身신命·명·을 ᄇᆞ·려 施·싱·ᄒᆞ·야 一·힗切·쳉 衆·즁生싱·ᄋᆞᆯ ·주ᄂᆞ·니 그 福·복·이 비·록 하·나 ·ᄯᅩ ·이 經경ㅅ 四·ᄉᆞᆼ句·궁 受:쓩持띵·ᄒᆞᆫ 福:복 ·ᄀᆞᆮ·디 :몯ᄒᆞ·니 한 劫·겁·에 ·모·ᄆᆞᆯ ᄇᆞ·려·도 空콩ㅅ ·ᄠᅳᆮ :아디 :몯·ᄒᆞ·야 妄·망心심·을 :더디 :몯ᄒᆞ·면 ᄉᆞᆫ·지 ·이 衆·즁生싱·이어·니·와 ᄒᆞᆫ 念·념·에 經경·을 디·녀 我:앙人신·이 :다 :업서 妄·망想:샹·ᄋᆞᆯ ᄒᆞ·마 :덜·면 :말ᄊᆞ【金剛經 72ㄱ】☞ ·매 成쎵佛·뿛ᄒᆞ·릴·ᄊᆡ 한 劫·겁·에 ·몸 ᄇᆞ·료미 經경 四·ᄉᆞᆼ句·궁 디·뇨 福·복 ·ᄀᆞᆮ·디 :몯·호·ᄆᆞᆯ :알·리로·다

주 직역 世間에 重要한 것이 身命보다 더한 것이 없으니, 菩薩이 法을 爲하여 無量劫 中에 身命을 버려 布施하여 一切 衆生을 주니 그 福이 비록 많으나, 또 이 經의 四句를 受持한 福만 같지 못하니 많은 劫에 몸을 버려도 空의 뜻을 알지 못하여 妄心을 제거하지 못하면, 오히려 이 사람이 衆生이거니와 한 찰나에 經을 지녀 我, 人이 다 없어 妄想을 이미 제거하면 그 말씀에 成佛할 것이므로 많은 劫에 몸을 버림이 經의 四句를 지닌 福만 같지 못함을 알 것이다.

주 의역 세간에 중히 여기는 것으로 목숨보다 더한 것이 없으니 보살이 법을 위하여 무량겁(無量劫) 동안 목숨을 버려 보시하여 일체 중생을 주

니, 그 복이 비록 많으나, 이 경의 네 글귀를 받아 지닌 복만 같지 못하니, 많은 세월 동안 몸을 버려도 공의 뜻을 알지 못하여 망심을 제거하지 못하면 오히려 이 사람이 중생이며 한 생각에 경을 지녀 나와 남이 모두 없어 망상을 이미 제거하면 말하자마자 성불할 것이므로 많은 겁에 몸을 버려 보시함이 경의 네 글귀를 지닌 복과 같지 못함을 알 것이다.

離相寂滅分 第十四(이상적멸분 제십사)

경 본문 爾時須菩提ㅣ 聞說是經ᄒᆞ숩고 深解義趣ᄒᆞ야 涕淚悲泣ᄒᆞ야 而白佛言ᄒᆞᅀᆞ오ᄃᆡ 希有ᄒᆞ신 世尊하 佛說如是甚深經典을 我從昔來예 所得慧眼으로 未曾得聞如是之經ᄒᆞᅀᆞ왯다니 世尊하 若復有人이 得聞是經ᄒᆞ숩고 信心淸淨ᄒᆞ면 卽生實相ᄒᆞ리니 當知是人은 成就第一希有功德이로소이다

경 언해 그 ·쁴 須슝菩뽕提뗑ㅣ ·이 經경 니ᄅᆞ·샤·ᄆᆞᆯ 듣:ᄌᆞᆸ【金剛經 72ㄴ】☞ ·고 ·ᄠᅳ·들 기·피 아·라 ·ᄂᆞᆫ·믈 흘·려 슬·피 우·러 부텻·긔 ᄉᆞᆯ·오·ᄃᆡ 希힁有:ᇢ·ᄒᆞ신 世·솅尊존·하 부:톄 ·이 ·ᄀᆞᄐᆞᆫ 甚·씸·히 기·픈 經경典:뎐 니ᄅᆞ·샤·ᄆᆞᆯ ·내 :녜브·터 :오매 得·득·ᄒᆞᆫ 慧·휑眼:안·ᄋᆞ·로 일·쯕 ·이 ·ᄀᆞᄐᆞᆫ 經경·을 시·러 듣:ᄌᆞᆸ·디 :몯·ᄒᆞᅀᆞ·왯다·니 世·솅尊존·하 ·ᄒᆞ다·가 ·ᄯᅩ :사ᄅᆞ·미 ·이 經경·을 시러 듣:ᄌᆞᆸ·고 信·신心심·이 淸청淨·쪙ᄒᆞ·면 ·곧 實·씷相·샹·이 나·리·니 ·이 :사ᄅᆞ·ᄆᆞᆫ 第똉一·힗 希힁有:ᇢᄒᆞᆫ 功공德·득 일·울 ·ᄯᆞᆯ 반·ᄃᆞ기 :알리·로소이·다

경 직역 그 때 須菩提가 이 經 이르심을 듣고 뜻을 깊이 알아 눈물을 흘려 슬피 울어 부처님께 사뢰되, "希有하신 세존이시여! 부처님이 이 같은 甚히 깊은 經典을 이르심을, 제가 옛날부터 옴에 得한 慧眼으로 일찍 이 같은 經을 가히 듣지 못하였더니, 세존이시여! 만약 또 사람이 이 經을 가히 듣고 信心이 淸淨하면 곧 實相이 날 것이니, 이 사람은 第一 希有한 功德을 이룰 줄 반드시 알 것입니다."

경 의역 그 때 수보리가 부처님께서 이 경을 설하시는 것을 듣고 뜻을 깊이 깨달아 눈물을 흘리며 슬피 울면서 부처님께 말하기를, "희유하신 세존이시여! 부처님께서 이와 같은 매우 깊은 경전을 설하시는 것을 제가 옛날부터 지나오면서 얻은 지혜의 눈으로 일찍이 이와 같은 경을 듣지 못하였습니다. 세존이시여! 만약 또 어떤 사람이 이 경을 듣고 믿는 마음이 청정하면 곧 실상(實相)이 날 것이니, 이 사람은 가장 희유한 공덕을 이루는 것을 반드시 알겠습니다."

주 본문 自性不癡ㅣ 名慧眼이오 聞法自悟ㅣ 名法眼이니 須菩提ᄂᆞᆫ 是阿羅漢이라 於五百弟子中에 解空第一이라 已曾勤奉多佛ᄒᆞᅀᆞ오니 豈得不聞如是深法이완ᄃᆡ 豈於釋迦牟尼佛所애 始言聞也오 然【金剛經 73ㄱ】☞ 이나 或是須菩提ㅣ 於往昔所得은 乃聲聞慧眼이라가 至今ᄒᆞ야ᅀᅡ 方悟佛意ᄒᆞᅀᆞ올ᄉᆡ 故로 始得聞如是深経ᄒᆞᅀᆞᆸ고 悲昔未悟ᄒᆞ야 故로 涕淚悲泣ᄒᆞ니라 聞経諦念이 謂之淸淨이니 從淸淨體中ᄒᆞ야 流出般若波羅蜜多深法ᄒᆞᄂᆞ니 當知決定成就諸佛功德也ㅣ로다

주 언해 自·ᄍᆞᆼ性·셩 어·리·디 아·니·호미 일·후미 慧·ᅘᅰᆼ眼:안·이·오 法·법 듣·고 :제 아·로미 일·후미 法·법眼:안·이니 須슝菩뽕提똉·는 ·이 阿항羅랑漢·한·이·라 五:옹百·ᄇᆡᆨ 弟:똉子:ᄌᆞᆼ 中듕·에 空콩 아·로미 第·똉一·ᅙᅵᇙ·이·라 ᄒᆞ·마 한 부텨·를 브즈러니 셤·기ᅀᆞ·오·니 :엇뎨 ·이 ·ᄀᆞᄐᆞᆫ 기·픈 法【金剛經 73ㄴ】☞ ·법·을 듣:ᄌᆞᆸ·디 :몯ᄒᆞ·관·ᄃᆡ :엇뎨 釋·셕迦강牟뭉尼닝佛·뿛所:송·애 비·르서 듣ᄌᆞ·오·몰 ᄉᆞᆯ·오·뇨 그·러나 시·혹 ·이 須슝菩뽕提똉ㅣ :녜 得·득·혼 거·슨 聲셩聞문·의 慧·ᅘᅰᆼ眼:안·이·라 ·가 ·이제 니·르러·ᅀᅡ 비·르서 부텻 ·ᄠᅳ들 :아·ᅀᆞ올·ᄊᆡ 비·르서 ·이 ·ᄀᆞᄐᆞᆫ 기·픈 經경 듣:ᄌᆞᆸ·고 :아·ᄅᆡ :아디 :몯·호ᄆᆞᆯ 슬·허 ·이럴·ᄊᆡ 눉·므를 흘·려 슬·피 :우니·라 經경 듣·고 仔:ᄌᆞᆼ細·솅·히 念·념·호미 닐·오·ᄃᆡ 淸쳥淨·쪙·이·니 淸쳥淨·쪙體:톙 中듕·을 브·터 般·밣若:샹波방羅·랑蜜·밇多당ㅅ 기·픈 法·법·이 흘·러 ·나ᄂᆞ·니 決·궗定·뗑·히 諸졍佛·뿛ㅅ 功공德·득 일·울 ·ᄯᆞᆯ 반·ᄃᆞ기 :알·리로·다

주 직역 自性이 어리석지 않음이 이름이 慧眼이고, 法을 듣고 스스로가 앎이 이름이 法眼이니, 須菩提는 이 사람은 阿羅漢이다. 五百 弟子 中에 空을 앎이 第一이다. 이미 많은 부처를 부지런히 섬기니 어찌 이와 같은 깊은 法을 듣지 못하였고, 어찌 釋迦牟尼佛所에 비로소 들음을 사뢸 것인가? 그러나 혹 이 須菩提가 옛날에 得한 것은 聲聞의 慧眼이라서 가서 이제에 이르러야 비로소 부처의 뜻을 알므로 비로소 이 같은 깊은 經을 듣고 예전에 알지 못함을 슬퍼하여 이러므로 눈물을 흘려 슬피 우는 것이다. 經을 듣고 仔細히 念함이 이르되 淸淨이니 淸淨體 中으로부터 般若波羅蜜多의 깊은 法이 흐르니 반드시 諸佛의 功德을 이룰 줄을 반드시 알 것이다.

주 의역 자성(自性)이 어리석지 않은 것을 지혜의 눈[慧眼]이라 하고 법을 듣고 스스로 아는 것을 법안(法眼)이라 하니, 수보리는 아라한이어서 오백 제자 가운데 공(空)을 아는 것이 제일이다. 이미 많은 부처님을 부지런히 섬겼으니 어떻게 이 같은 깊은 법을 듣지 못하고 어떻게 석가모니 부처님의 처소에 지금에야 들어갔다고 말할 것인가? 그러나 수보리가 옛날에 증득한 것은 성문의 지혜의 눈이라서 지금에 이르러서야 비로소 부처님의 뜻을 깨닫게 되어 비로소 이 같은 깊은 경을 듣고 예전에 알지 못한 것을 슬퍼하여 눈물을 흘리면서 슬피 운 것이다. 경을 듣고 자세히 생각하는 것이 청정이니, 청정한 몸 가운데서부터 반야바라밀다의 깊은 법이 흐르니, 확실히 수보리가 모든 부처님의 공덕을 이룰 것을 반드시 알 것이다.

주 해

- 아릐: 전에, 일찍. 지금도 동남방언에서는 '얼마 전에'의 의미로 쓰인다.
- 決定히: 반드시. '決定'의 뜻이 15세기와 현대국어가 다르다.

경 본문 世尊하 是實相者ㅣ 則是非相일식 是故로 如來ㅣ 說名實相ᄒᆞ시ᄂᆞ니이다

경 언해 世·솅尊존·하 ·이 實·씷相·샹·이 ·곧 ·이 相·샹 아·닐·씨 ·이럴·씨 如셩 【金剛經 74ㄱ】 ☞ 來링ㅣ 니ᄅᆞ·샤·ᄃᆡ 일·후미 實·씷相·샹·이·라 ·ᄒᆞ·시ᄂᆞ·니이·다

경 직역 세존이시여! 이 實相이 곧 이것이 相이 아니므로, 이러므로 如來가 이르시되 이름이 實相이라 하십니다.

경 의역 세존이시여! 이 진실한 모습이 곧 상(相)이 아니므로 여래께서 말씀하시기를, 진실한 모습이라 하셨습니다.

주 해

- ᄒᆞ시ᄂᆞ니이다: ᄒᆞ + (ᄋᆞ/으)시 + ᄂᆞ + 니 + 이 + 다. '이'는 청자대우 선어말어미로서 'ᄒᆞ라'체, 'ᄒᆞ야쎠'체, 'ᄒᆞ쇼셔'체 가운데 주로 가장 높은 등급인 'ᄒᆞ쇼셔'체를 만드는 데 쓰임.

주 본문 雖行淸淨行ᄒᆞ나 若見垢淨ᄒᆞ야 二相이 當情ᄒᆞ면 並是垢心이라 卽非淸淨心也ㅣ며 但心有所得ᄒᆞ면 卽非實相也ㅣ라

주 언해 비·록 淸쳥淨·쪙行·ᅘᅵᆼ·ᄋᆞᆯ 行ᅘᅵᆼᄒᆞ·나 ·ᄒᆞ다·가 :더·러우·며 ·조·호·ᄆᆞᆯ ·보·아 :두 相·샹·이 ᄠᅳ·데 當당ᄒᆞ·면 :다 ·이 :더러·운 ᄆᆞᅀᆞ·미·라 ·곧 淸쳥淨·쪙心심·이 아·니·며 오·직 ᄆᆞᅀᆞ·매 得·득·홈 이시·면 ·곧 實·씷相·샹 아·니·라

주 직역 비록 淸淨行을 行하나 만약 더러우며 깨끗함을 보아 두 相이 뜻에 맞으면 다 이것은 더러운 마음이다. 곧 淸淨心이 아니며 오직 마음에 得함이 있으면 곧 實相이 아니다.

주 의역 **비록 청정한 행(行)을 행(行)하나 만약 더러우며 깨끗함을 보아 두 상(相)이 알음알이에 맞으면 이것은 모두 더러운 마음이다. 곧 청정한 마음이 아니며, 오직 마음에 얻은 것이 있으면 곧 진실한 모습이 아니다.**

경 본문 世尊하 我今得聞如是經典ᄒᆞᅀᆞᆸ고 信解受持ᅀᆞ 不足爲難이어니와 若當來世後五百歲예 其有衆生이 【金剛經 74ㄴ】☞ 得聞是經ᄒᆞ고 信解受持ᄒᆞ면 是人은 卽爲第一希有ㅣ니 何以故ㅣ어뇨 此人이 無我相ᄒᆞ며 無人相ᄒᆞ며 無衆生相ᄒᆞ며 無壽者相이니 所以者何ㅣ어뇨 我相이 卽是非相이며 人相衆生相壽者相이 卽是非相이니 何以故ㅣ어뇨 離一切諸相이 卽名諸佛이시니이다

경 언해 世·솅尊존·하 ·내 ·이제 ·이 ·ᄀᆞᄐᆞᆫ 經경典:뎐·을 시·러 듣:ᄌᆞᆸ·고 信·신·ᄒᆞ·야 아·라 受:쓯持띵·호미·ᅀᆞ 足·죡·히 어·렵·디 아·니커·니·와 ·ᄒᆞ다·가 當당來ᄅᆡᆼ世·솅ㅅ 後:ᅘᅮᇢ 五:옹百·ᄇᆡᆨ 歲·쉥·에 그 衆·즁生ᄉᆡᆼ·이 ·이 經경·을 시·러 듣·고 信·신·ᄒᆞ·야 아·라 受:쓯持띵ᄒᆞ·면 이 :사ᄅᆞ·ᄆᆞᆫ ·곧 第·똉一·ᅙᅵᇙ 希희有:웋ㅣ·니 :엇·데어·뇨 ·이 :사ᄅᆞ·미 我:ᅌᅡᆼ相·샹 업스·며 人【金剛經 75ㄱ】☞ ᅀᅵᆫ相·샹 :업스·며 衆·즁生ᄉᆡᆼ相·샹 :업스·며 壽:쓯者:쟝相·샹 :업스·니 :엇·데어·뇨 我:ᅌᅡᆼ相·샹·이 ·곧 ·이 相·샹 아·니·며 人ᅀᅵᆫ相·샹 衆·즁生ᄉᆡᆼ相·샹 壽:쓯者:쟝相·샹·이 ·곧 ·이 相·샹 아·니·니 :엇데어·뇨 一·ᅙᅵᇙ切·쳉 諸졍相·샹 여·희요·미 ·곧 일·후·미 諸졍佛·뿛·이·니이·다

경 직역 "세존이시여! 내 이제 이 같은 經典을 가히 듣고 믿어 알아 受持함이야 足히 어렵지 않거니와, 만약 當來世의 後 五百 歲에 그 衆生이 이 經을 가히 듣고 信하여 알아 受持하면, 이 사람은 곧 第一 希有이니 어째서인가? 이 사람이 我相이 없으며 人相이 없으며 衆生相이 없으며 壽者相이 없으니 어째서인가? 我相이 곧 이것이 相이 아니며 人相, 衆生相, 壽者相이 곧 이것이 相 아니니, 어째서인가? 一切 諸相을 여윔이 곧 이름이 諸佛입니다."

경 의역 "세존이시여! 제가 지금 이와 같은 경전을 듣고 신해(信解)하여 수지(受持)함이야 어렵지 않으나 만약 다음 세상의 후 오백 년에 중생이 이 경을 듣고 신해하여 수지하면 이 사람은 곧 가장 희유하게 될 것이니, 어째서인가? 이 사람은 나라는 상[我相]이 없으며, 사람이라는 상[人相]이 없으며, 오온이 화합하여 내가 이루어졌다는 상[衆生相]이 없으며, 내가 오래 살 것이라는 상[壽者相]이 없을 것이니, 어째서인가? 나라는 상[我相]이 곧 이것이 상(相)이 아니며, 사람이라는 상[人相], 오온이 화합하여 내가 이루어졌다는 상[衆生相], 내가 오래 살 것이라는 상[壽者相] 등이 곧 상(相)이 아니니, 어째서인가? 모든 상을 여읜 것을 일러서 모든 부처라 하기 때문입니다."

주 해

- 當來世ㅅ 後 五百 歲예: 마땅히 올 오백 년 후의 세상에.

주 본문 須菩提ㅣ 深悟佛意ᄒᆞᅀᆞ오니 盖自見業盡垢除ᄒᆞ야 慧眼이 明徹ᄒᆞᆯᄉᆡ 信解受持ㅣ 卽無難也ㅣ로다 世尊이 在世ᄒᆞ샤 說法之時예도 亦有無量衆生이 不能信解受持ᄒᆞ니 何必獨言後五百歲오 盖佛在之日엔 雖有中下根이 不信ᄒᆞ며 及懷疑者ᄒᆞ야도 【金剛經 75ㄴ】 ☞ 卽往問佛ᄒᆞᅀᆞ와든 佛이 卽隨宜爲說ᄒᆞ야시든 無不契悟ᄒᆞ야니와 佛滅度後後五百歲엔 漸至末法ᄒᆞ야 去聖이 遙遠ᄒᆞ야 但存言敎ᄒᆞ니 人若有疑라도 無處咨決ᄒᆞ야 愚迷抱執ᄒᆞ야 不悟無生ᄒᆞ야 著相馳求ᄒᆞ야 輪迴諸有ᄒᆞᄂᆞ니 於此時中엔 得聞深經ᄒᆞ고 淸心敬信ᄒᆞ야 悟無生理者ㅣ 甚爲希有ᄒᆞᆯᄉᆡ 故로 言第一希有ㅣ라ᄒᆞ

니라 於如來滅後後五百歲예 若復有人이 能於般若波羅蜜甚深経典에 信解受持【金剛經 76ㄱ】☞ 者ᄂᆞᆫ 卽知此人이 無我人衆生壽者之相이니 無此四相호미 是名實相이며 卽是佛心일ᄉᆡ 故로 曰離一切諸相이 卽名諸佛이라 ᄒᆞ니라

(주 언해) 須슝菩뽕提뗑ㅣ 부텻 ·ᄠᅳ·들 기·피 :아ᅀᆞ·오·니 ·ᄌᆞ개 業·업·이 다ᄋᆞ·며 ·ᄢᅵ :업·서 慧·휑眼:안·이 ᄇᆞᆯ·가 ᄉᆞᄆᆞ·ᄎᆞᆯ·ᄊᆡ 信·신·ᄒᆞ·야 아·라 受:쓩持띵·호미 ·곧 어·렵·디 아·니ᄒᆞᆫ ·ᄃᆞᆯ ·보도·다 世·솅尊존·이 世·솅·예 :겨샤 說·쉃法·법·ᄒᆞ·실 쩨·도 ·ᄯᅩ 無뭉量·량 衆·즁生싱·이 能능·히 信·신·ᄒᆞ·야 아·라 受:쓩持띵 :몯ᄒᆞ·리 이시·니 :엇뎨 구·틔·여 ᄒᆞ오·ᅀᅡ 後:ᅘᅮᇢ 五:옹百·ᄇᆡᆨ 歲·솅·롤 니ᄅᆞ·뇨 부텨 :겨신 나·랜 비·록 中듕 下:ᅘᅡᆼ根ᄀᆞᆫ·이 信·신·티 아·니ᄒᆞ·며 ·ᄯᅩ 疑읭心심 머·그·리 이·셔·도 ·즉재 ·가 부텻·긔 :묻·ᄌᆞ와·든 부:톄 ·즉재 ·맛당·호·ᄆᆞᆯ 조·차 爲·윙·ᄒᆞ·야 닐·어시·든 마·초【金剛經 76ㄴ】☞ :아·디 아·니ᄒᆞ·리 :업·서니·와 부텨 滅·멿度·똥 後:ᅘᅮᇢㅅ 後:ᅘᅮᇢ 五:옹百·ᄇᆡᆨ 歲·솅·옌 漸:쪔漸:쪔 末·맗法·법·에 니·르러 聖·셩人ᅀᅵᆫ 버·으로·미 머·러 오·직 :말·ᄊᆞᆷ ᄀᆞ르·치샤 ·이시·니 :사ᄅᆞ·미 ·ᄒᆞ다·가 疑읭心심 이·셔·도 무·러 決·궗·호 ·ᄭᅳᆮ :업·서 어·리여 執·집·을 가·져 無뭉生싱·ᄋᆞᆯ :아·디 :몯·ᄒᆞ·야 相·샹·애 着·ᄠᅣᆨ·ᄒᆞ야 ᄃᆞᆯ·여 求꿍·ᄒᆞ·야 諸졍有:웋·에 그우·니ᄂᆞ·니 이 時씽 中듕·엔 기·픈 經경·을 듣·고 ᄆᆞᅀᆞᆷ ᄆᆞᆯ·겨 恭공敬·경·ᄒᆞ·야 信·신·ᄒᆞ·야 無뭉生싱理:링 :알·리 甚·씸·히 希흿有:웋·호·ᄊᆡ 닐·오·ᄃᆡ 第·똉一·ᅙᅵᇙ 希흿有:웋ㅣ라 ᄒᆞ니라 如영來링 滅·멿後:ᅘᅮᇢㅅ 後:ᅘᅮᇢ 五:옹百·ᄇᆡᆨ 歲·솅·예 ·ᄒᆞ다·가 ·ᄯᅩ :사ᄅᆞ·미 能능·히 般·반若:샹波방羅랑蜜·밇 甚·씸·히 기·픈 經경典:뎐·에 信·신·ᄒᆞ·야 아·라 受:쓩持띵ᄒᆞ·린 ·곧 이 :사ᄅᆞ·미 我:앙 人ᅀᅵᆫ 衆·즁生싱 壽:쓩者:쟝ㅅ 相·샹 :업슨 ·ᄃᆞᆯ 아·롤 띠·니 ·이 四·ᄉᆞᆼ相·샹 :업수·미 ·이 일·후미 實·씷相·샹·이·며【金剛經 77ㄱ】☞ ·곧 ·이 佛·뿛心심·일·ᄊᆡ 술·오·ᄃᆡ 一·ᅙᅵᇙ切·쳉 諸졍相·샹 여·희요·미 ·곧 일·후미 諸졍佛·뿛·이·라 ᄒᆞ·니·라

(주 직역) 須菩提가 부처님의 뜻을 깊이 아니 자기 業이 다하며 번뇌가 없어 慧眼이 밝아 꿰뚫으므로 信하여 알아 受持함이 곧 어렵지 않은 줄을 보았다. 世尊이 世上에 계시어 說法하실 때도 또 無量 衆生이 能히 信하여

알아 受持 못할 이가 있으니, 어찌 구태여 혼자 後 五百 년을 이르겠는가? 부처님이 계신 날엔 비록 中·下根이 信하지 않으며 또 疑心할 사람이 있어도 즉시 가 부처님께 물으면 부처님이 즉시 마땅함을 따라 물은 사람을 爲하여 이르시면 알맞게 알지 못할 이가 없거니와, 부처님의 滅度 後의 後 五百 년엔 漸漸 末法에 이르러 聖人과 벌어짐이 멀어 오직 말씀과 가르치심이 있으니 사람이 만약 疑心이 있어도 물어서 알 곳이 없어 어리석어 執을 가져 無生을 알지 못하여 相애 執着하여 쫓기어 求하여 諸有에 굴러다니니, 이 時間 中엔 깊이 經을 듣고 마음을 맑게 하여 恭敬하여 信하여 無生理를 알 이가 甚히 希有하므로 이르되 第一 希有라 했다. 如來 滅後의 後 五百 년에 만약 또 어떤 사람이 能히 般若波羅蜜의 甚히 깊은 經典을 信하여 알아 受持할 이는 곧 사람이 我·人·衆生·壽者의 相이 없는 줄 알 것이니 이 四相이 없음이 이것이 이름이 實相이며 곧 이것이 佛心이므로 사뢰되 '一切 諸相을 여읨이 곧 이름이 諸佛이라' 했다.

주 의역 수보리가 부처님의 뜻을 깊이 깨달아 자기의 업(業)이 다하고 때[垢]를 없애 지혜의 눈으로 밝게 통하여 믿고 알아 받아 지님이 어렵지 않은 줄을 보았다. 세존이 세상에 계시면서 설법하실 때도 한량없는 중생이 능히 믿고 알아 받아 지니지 못할 사람이 있으니, 어찌 구태여 혼자 後 五百 歲를 말했겠는가? 부처님이 계실 때에는 비록 중근기(中根機)와 하근기(下根機) 사람들이 믿지 않으며 또 의심할 사람이 있어도 즉시 부처님께 가서 물으면 부처님께서 근기(根機)에 따라 그들을 위하여 말하시면 근기에 맞게 깨닫지 못할 사람이 없었으나, 부처님 멸도 후의 후 오백 세에는 점점 말법시대에 이르게 되어 성인과 벌어짐이 아득하게 멀어져 오직 부처님의 말씀만 남아 있다. 만약 어떤 사람이 의심이 있어도 물어서 알 곳이 없어, 어리석고 어두워 집착(執着)을 가져 태어남이 없는 이치를 깨닫지 못하고 상(相)에 집착하여 분주하게 구하여 육도를 윤회할 것이니, 이때에는 심오한 경전의 말씀을 듣고 마음을 맑게 하여 공경하고 믿어 태어남이 없는 이치를 알 수 있는 사람이 심히 희유(稀有)하므로 말씀하시기를, '가장 희유하다'고 하셨다. 여래 멸도 후의 후 오백 세에 또 만약 어떤 사람이 능히 반야바라밀의 심히 깊은 경전을 믿고 알아 받아 지닐 사람은

곧 나이다, 사람이다, 오온의 화합으로 이루어진 중생이다, 죽지 않고 오래 산다는 상이 없는 줄 알 것이다. 이와 같은 사상(四相)이 없는 것을 실상(實相)이라 하며 이것이 곧 불심(佛心)이므로 말하기를, '일체의 모든 상을 여의는 것을 모든 부처라'고 했다.

주 해

- ᄉᆞᄆᆞ출씨: ᄉᆞᄆᆞᆾ + (ᄋᆞ/으)ㄹ씨. 'ᄉᆞᄆᆞᆾ-'은 현대국어 '사무치다'에 연결되는데, 주로 '관통하다, 꿰뚫다, 사무치다'의 뜻으로 쓰인다. 불가에서는 지금도 '관통하다, 꿰뚫다'의 뜻으로 '사무치다'를 사용하고 있다.
- 근기(根機): 연(緣)을 만나 발동할 가능성 즉 부처님의 교법을 듣고 깨우칠 소질이나 능력으로 그 정도에 따라 상근기, 중근기, 하근기로 나뉜다.
- 말법(末法): saddharma-vipralopa. 불법이 쇠퇴하는 시기. 불교에서는 교법이 정법(正法), 상법(像法), 말법(末法)의 세 시기가 변천하는 것으로 설명한다.
- 相애 着ᄒᆞ야 둘여 求ᄒᆞ야 諸有에 그우니ᄂᆞ니: 아상, 인상, 중생상, 수자상과 같은 상에 집착하여, 相이 있다고 여겨 그 상에 끌리고, 그 상을 구하여 하늘 세계, 인간 세계, 아수라 세계, 축생 세계, 아귀 세계, 지옥 세계를 유희하니.

경 본문 佛告須菩提ᄒᆞ샤ᄃᆡ 如是如是타

경 언해 부:톄 須슝菩뽕提똉ᄃᆞ·려 니ᄅᆞ·샤·ᄃᆡ ·이·ᄀᆞᆮ·다 ·이·ᄀᆞᆮ·다

경 직역 부처님이 須菩提더러 이르시되, "이와 같다. 이와 같다."

경 의역 **부처님께서 수보리에게 말씀하시기를, "그렇다, 그렇다."**

주 본문 佛이 印可須菩提의 所解ㅣ 善契我心ᄒᆞ실ᄊᆡ 故로 重言如是也ᄒᆞ시니라

주 언해 부:톄 須슝菩뽕提똉·의 아·로·미 이·대 내 ᄆᆞᅀᆞ·매 마·조·ᄆᆞᆯ 印·힌可:캉·ᄒᆞ실·ᄊᆡ 다·시 如셩是:씽·라 니ᄅᆞ·시니·라

주 직역 부처님이 須菩提의 앎이 부처님의 마음에 잘 맞음을 印可하시므로 다시 如是라 이르셨다.

주 의역 **부처님께서 수보리가 깨달은 것이 자기의 마음에 잘 계합(契合)한 것임을 인가하셨으므로 거듭 말씀하시기를 '그렇다'라고 하신 것이다.**

주 해

• 이대: 잘.

경 본문 若復有人이 得聞是経ᄒᆞ고 不驚不怖不畏ᄒᆞ면 當知是人은 甚爲希有ㅣ니

경 언해 ·ᄒᆞ다·가 ·ᄯᅩ :사ᄅᆞ·미 ·이 經경·을 시·러 듣·고 놀라·디 아·니ᄒᆞ 【金剛經 77ㄴ】 ☞ ·며 두·리·디 아·니ᄒᆞ·며 저·티 아·니ᄒᆞ·면 ·이 :사ᄅᆞ·ᄆᆞᆫ 甚·씸·히 希힁有:울ᄒᆞᆫ ·둘 반·ᄃᆞ기 아·롤 띠·니

경 직역 만약 또 사람이 이 經을 가히 듣고 놀라지 않으며, 두려워하지 않으며, 무서워하지 않으면, 이 사람은 甚히 希有한 줄 반드시 알 것이니,

경 의역 **만약 또 어떤 사람이 이 경을 듣고 놀라지 않고, 두려워하지 않고, 무서워하지 않으면, 이 사람은 심히 희유한 줄을 반드시 알 것이다.**

주 해

• 두리디: 두려워하지.
• 저티: 두려워하지. 기본형은 '젛다'.

주 본문 聲聞은 久著法相ᄒᆞ야 執有爲解ᄒᆞ고 不了諸法의 本空ᄒᆞ야 一切文字ㅣ 皆是假立인ᄃᆞᆯ홀ᄉᆡ 忽聞深経에 諸相이 不生ᄒᆞ면 言下애 卽佛ᄒᆞᅀᆞ올ᄉᆡ 所以驚怖ㅣ어니와 唯是上根菩薩은 得聞此理ᄒᆞᅀᆞᆸ고 歡喜受持ᄒᆞ야 心無畏怖退轉ᄒᆞ니 如此之流ㅣ 甚爲希有ᄒᆞ니라

주 언해 聲셩聞문·은 오·래 法·법相·샹·애 著·땩·ᄒᆞ·야 有:울·를 자·바 아·롬 :삼·고 諸졍法·법·의 本:본來링 空콩·ᄒᆞ·야 一·힗切·쳉 文문字·ᄍᆞㅣ :다 ·이 :거·즛 것 :셴 ·둘 :아·디 :몯홀·씨 기·픈 經경·에 諸졍相·샹 【金剛經 78ㄱ】 ☞ ·이 나·디 아·니ᄒᆞ·면 :말ᄊᆞ·매 ·곧 부:톄·라 ·ᄒᆞ샤·ᄆᆞᆯ 믄·득 듣ᄌᆞ·올·씨 :놀·라 두·리거·니·와 오·직 ·이 上·썅根ᄀᆫ菩뽕薩·삻·ᄋᆞᆫ ·이 理:링 시·러 듣:ᄌᆞᆸ·고 歡환喜:힁·ᄒᆞ야 受:쓩持띵·ᄒᆞ·야 ᄆᆞᅀᆞ·미 저·허 믈·리 그우·룸 :업스·니 ·이 ·ᄀᆞᄐᆞᆫ ·무리 甚·씸·히 希힁有:울ᄒᆞ·니·라

주 직역 聲聞은 오래 法相에 執着하여 有爲를 앎으로 삼고 諸法이 本來

空하여 一切 文字가 다 이것이 거짓 것을 세운 것인 줄을 알지 못하므로 심오한 經典에 諸相이 나지 않으면 말씀에 곧 부처이라 하심을 문득 들으므로 놀라 두려워하거니와, 오직 이 上根菩薩은 이 理致를 가히 듣고 歡喜하여 受持하여 마음이 무서워 退轉함이 없으니 이와 같은 무리는 매우 希有하다.

주 의역 **성문은 오랫동안 법상(法相)에 집착하여 함이 있음[有]을 알아 집착하고 모든 것이 본래 공(空)하여 일체의 문자가 다 거짓으로 세운 것인 줄 알지 못하므로 심오한 경전을 듣고 모든 상(相)이 나지 않으면, 말씀 중에 곧 부처라 하심을 문득 들으므로 놀라 두려워하는 것이다. 오직 상근기(上根機)의 보살은 이 이치를 듣고 환희하여 받아 지녀 마음에 겁을 내어 퇴전함이 없으니 이 같은 이들은 심히 희유한 것이다.**

주 해

- 有를 자바 아롬 삼고: 성문은 일체 사물의 모습이 실재적인 것으로 잘못 생각하여 有爲의 알음알이에 집착하여.
- 믈리 그우름: 물러나게 굴림. '믈리'는 '물러나서, 물러나게'의 뜻을 가진 부사, '그우름'은 '굴리다'의 뜻인 '그우르다'의 파생명사로, 불교 용어인 '退轉'을 번역하는 데 사용된다. 불교에서는 불교를 전파하는 것을 수레바퀴를 굴리는 것으로 비유하는데, '退轉하지 않는 것'은 수레바퀴를 물러나게 굴리지 않는다는 뜻이므로 결국 불교를 전파하는데 물러서지 않는다는 뜻이 된다.
- 一切 文字ㅣ 다 이 거즛 것 셴 둘 아디 몯홀씨(不了諸法의 本空ᄒᆞ야 一切文字ㅣ 皆是假立인둘홀시): 모든 문자가 다 이 허위의 것을 세운 줄 알지 못하므로.

경 본문 何以故오 須菩提야 如來說第一波羅蜜이 卽非第一波羅蜜이라 是名第一波羅蜜이라

경 언해 :엇뎨어·뇨 須슝菩뽕提똉·여 如셩來링 니ᄅᆞ는 第·뗑一·ᅙᅙᅵᇙ波방羅랑蜜·밇·이 ·곧 第·뗑一·ᅙᅙᅵᇙ波방羅랑蜜·밇 아·니·라 ·이 일·후미 第·뗑一·ᅙᅙᅵᇙ波방羅랑蜜·밇·이·라

경 직역 어째서인가? 須菩提야! 如來가 이르는 第一 波羅蜜이 곧 第一

波羅蜜이 아니라, 이것이 이름이 第一波羅蜜이다.

경 의역 어째서인가? 수보리야! 여래께서 말씀하시는 제일 바라밀(第一波羅蜜)이 곧 제일 바라밀이 아니라 이름이 제일 바라밀일 뿐이다.

주 본문 口說心不行은 卽非오 口說心行은 卽是며 心【金剛經 78ㄴ】☞ 有能所는 卽非오 心無能所는 卽是라

주 언해 이·베 니ᄅᆞ·고 ᄆᆞᅀᆞ·매 行ᅘᆡᆼ·티 아·니·호ᄆᆞᆫ ·곧 아·니·오 이·베 니ᄅᆞ·고 ᄆᆞᅀᆞ·매 行ᅘᆡᆼ·호ᄆᆞᆫ ·곧 ·이·며 ᄆᆞᅀᆞ·매 能ᄂᆞᆼ所:소ᇰ 이·쇼ᄆᆞᆫ ·곧 아·니오 ᄆᆞᅀᆞ·매 能ᄂᆞᆼ所:소ᇰ :업수·믄 ·이·라

주 직역 입으로 이르고 마음에 行하지 않음은 곧 잘못이고 입으로 이르고 마음에 行함은 곧 이것이며, 마음에 能所가 있음은 곧 잘못이고, 마음에 能所가 없음은 이것이다.

주 의역 입으로 말하고 마음으로 행(行)하지 않으면 곧 잘못이고, 입으로 말하고 마음으로 행(行)하면 곧 옳은 것이며, 마음에 능(能)과 소(所)가 있으면 곧 잘못이고 마음에 능(能)과 소(所)가 없으면 옳은 것이다.

경 본문 須菩提야 忍辱波羅蜜이 如來說이 非忍辱波羅蜜이라 是名忍辱波羅蜜이라

경 언해 須슈ᇰ菩뽀ᇰ提뗴ᇰ·여 忍:ᅀᅵᆫ辱·ᅀᅭᆨ波바ᇰ羅라ᇰ蜜·미ᇙ·이 如ᅀᅧᆼ來ᄅᆡᇰ 니ᄅᆞ ᄂᆞ·니 忍:ᅀᅵᆫ辱·ᅀᅭᆨ波바ᇰ羅라ᇰ蜜·미ᇙ 아·니·라 ·이 일·후미 忍:ᅀᅵᆫ辱·ᅀᅭᆨ波바ᇰ羅라ᇰ蜜·미ᇙ·이·라

경 직역 須菩提야! 忍辱波羅蜜이 如來가 이르니 忍辱波羅蜜이 아니라, 이것이 이름이 忍辱波羅蜜이다.

경 의역 수보리야! 인욕바라밀(忍辱波羅蜜)이라 하는 것도 여래가 말한 것은 인욕바라밀이 아니라 이름이 인욕바라밀일 뿐이다.

주 본문 見有辱境當情이 卽非오 不見辱境當情이 卽是며 見有身相의 當彼所害ㅣ 卽非오 不見有【金剛經 79ㄱ】☞ 身相의 當彼所害ㅣ 卽是라

주 언해 辱·쇽ᄃᆞ왼 境:경·이 ᄠᅳ·데 當당ᄒᆞ·니 이·슈·믈 :보미 ·곧 아·니·오 辱·쇽ᄃᆞ왼 境:경·이 ᄠᅳ·데 當당·호·ᄆᆞᆯ 보·디 :몯·호미 ·곧 ·이·며 身신相·샹·의 ·뎌 害·ᅘᆡᆼ·호·ᄆᆞᆯ 當당ᄒᆞ·리 이·쇼·ᄆᆞᆯ :보미 ·곧 아·니·오 身신相·샹·의 ·뎌 害·ᅘᆡᆼ·호·ᄆᆞᆯ 當당ᄒᆞ·리 이·쇼·ᄆᆞᆯ 보·디 :몯·호미 ·곧 ·이·라

주 직역 辱된 境界가 뜻에 合當한 것이 있음을 봄이 곧 잘못이고 辱된 境界가 뜻에 合當함을 보지 못함이 곧 이것이며, 身相이 그 害함을 當하는 것이 있음을 봄이 곧 잘못이고 身相의 그 害함을 當하는 것이 있음을 보지 않음이 곧 이것이다.

주 의역 치욕스런 경계가 응당 있다는 소견이 곧 잘못이고, 치욕스런 경계가 응당 있다는 소견이 없으면 곧 옳은 것이다. 몸이 있다고 생각하고 해를 당한다고 생각하면 곧 잘못이고, 몸이 있다고 생각하지 않고 해를 당한다면 곧 옳은 것이다.

경 본문 何以故오 須菩提야 如我ㅣ 昔爲歌利王의 割截身體ᄒᆞ야 我於爾時예 無我相無人相無衆生相無壽者相ᄒᆞ다니 何以故오 我於往昔節節支解時예 若有我相人相衆生相壽者相ᄒᆞ던댄 應生嗔恨ᄒᆞ리러니라

경 언해 :엇데어·뇨 須슝菩뽕提똉·여 ·내 :녜 歌강利·링王왕·의 身신體:톙·를 버·효·미 ᄃᆞ외·야 ·내 그 ·ᄢᅴ 【金剛經 79ㄴ】☞ 我:앙相·샹 :업스·며 人싄相·샹 :업스·며 衆·즁生싱相·샹 :업스·며 壽:쓩者:쟝相·샹 :업다·니 :엇데어·뇨 ·내 :녜 ᄆᆞ디 ᄆᆞ디 ·활기 ·ᄣᅳ·즐 ·쩨 ·ᄒᆞ다·가 我:앙相·샹 人싄相·샹 衆·즁生싱相·샹 壽:쓩者:쟝相·샹 잇·던·댄 반·ᄃᆞ기 瞋친心심·ᄒᆞ·야 믜·유·믈 :내·리러·니·라

경 직역 어째서인가? 須菩提야! 내가 옛 歌利王의 身體를 벰이 되어, 그 때 我相이 없으며, 人相이 없으며, 衆生相이 없으며, 壽者相이 없더니, 어째서인가? 내가 옛날에 마디 마디 사지가 찢어질 때, 만약 我相, 人相, 衆生相, 壽者相이 있었으면, 반드시 瞋心하여 미움을 내었을 것이다.

경 의역 어째서인가? 수보리야! 내가 전생에 가리왕(歌利王)에게 몸을 베이고 찢기었으나, 그 때 나라는 상이 없었으며, 사람이라는 상이 없었으

며, 내가 오온이 화합하여 내가 되었다는 상이 없었으며, 내 목숨이 오래 갈 것이라는 상이 없었다. 어째서인가? 내가 옛날에 사지가 마디 마디 베이고 찢어질 때 만약 나라는 상, 사람이라는 상, 오온(五蘊)이 화합하여 중생이 되었다는 상, 목숨이 오래 갈 것이라는 상이 있었다면 마땅히 화를 내고 미워했을 것이기 때문이다.

주 해

- ᄆᆞᄃᆡ ᄆᆞᄃᆡ: 마디 마디. ᄆᆞᄃᆡ > ᄆᆞ듸 > 마디.
- 활기: 활개. 사지(四肢).
- ᄡᅳ즐 ᄢᅦ: 찢어질 때. ‘ᄡᅳᆽ다’는 자・타동 양용동사.
- 잇던댄: 있었더라면. 잇- + 더 + -ㄴ댄.
- 반ᄃᆞ기 瞋心ᄒᆞ야 믜유믈 내리러니라(應生嗔恨ᄒᆞ리러니라): 반드시 성냄과 원망하는 생각을 내었을 것이다.
- 가리왕(歌利王): Kalingarāja. 부처님의 본생담(本生譚) 중에 나오는 왕. 부처님이 과거세에 인욕선인(忍辱仙人)이었을 당시에 가리왕은 악역무도하였다고 함.

주 본문 如來ㅣ 因中에 在初地時예 爲忍辱仙人ᄒᆞ샤 被歌利王의 割截身體ᄒᆞ샤ᄃᆡ 無一念痛惱之心ᄒᆞ시니 若有痛惱之心ᄒᆞ시면 卽生瞋恨ᄒᆞ시리러니라 歌利王은 是梵語ㅣ니 此云無道極惡君也ㅣ라 一說에 如來ㅣ 因中에 曾爲國王ᄒᆞ샤 常行十善ᄒᆞ샤 利【金剛經 80ㄱ】☞ 益蒼生ᄒᆞ실ᄉᆡ 國人이 歌讚此王故로 云歌利라 王이 求無上菩提ᄒᆞ샤 修忍辱行ᄒᆞ시더니 爾時天帝釋이 化作旃陀羅ᄒᆞ야 乞王의 身肉ᄒᆞᆫ대 王이 卽割施ᄒᆞ샤 殊無嗔惱ㅣ라ᄒᆞ니 今存二說ᄒᆞ노니 於理예 俱通ᄒᆞ니라

주 언해 如ᅀᅧᆼ來ᄅᆡᆼㅣ 因힌 中듕·에 初총地·띵·예 :겨신 제 忍:ᅀᅵᆫ辱·ᅀᅭᆨ仙션人ᅀᅵᆫ·이 ᄃᆞ외·샤 歌강利·링王왕·ᄋᆡ 身신體:톙 버·효·믈 니브·샤·ᄃᆡ ᄒᆞᆫ 念·념ㅅ :셜·운 ᄆᆞᅀᆞ·미 :업·스시·니 ·ᄒᆞ다·가 :셜·운 ᄆᆞᅀᆞ·미 :겨시·면 ·곧 嗔친心심·ᄒᆞ·야 믜·요·믈 :내시·리러·니·라 歌강利·링王왕·ᄋᆞᆫ ·이 梵·뻠語·엉ㅣ·니 예·셔 닐·오·맨 無뭉道:뚷ᄒᆞᆫ ᄀᆞ·장 :모딘 :님·그미·라 ᄒᆞᆫ :마래 如ᅀᅧᆼ來ᄅᆡᆼㅣ 因힌 中듕·에 일·ᄍᆞᆨ 國·귁【金剛經 80ㄴ】☞ 王왕·이 ᄃᆞ외·샤 샹·녜

十·씹善:쎤·을 行혱·ᄒᆞ·샤 蒼창生싱·ᄋᆞᆯ 利·링益·혁·ᄒᆞ실·씨【蒼창生싱·ᄋᆞᆫ ·퍼러·히 :살 씨·니 머·리 ·보ᄂᆞᆫ ·ᄠᅳ디·라】나·랏 :사ᄅᆞ·미 ·이 王왕·ᄋᆞᆯ 놀·애 블·러 기·리ᅀᆞ·ᄫᆞᆯ·씨 ᄉᆞᆯ·오·ᄃᆡ 歌강利·링·라 王왕·이 無뭉上·썅菩뽕提뗑·롤 求끃·ᄒᆞ·샤 忍:신辱·쇽行·혱·ᄋᆞᆯ 닷·더시·니 그 ·ᄢᅴ 天텬帝·뎽釋·셕·이 化·황·ᄒᆞ·야 旃젼陁땅羅랑ㅣ ᄃᆞ외·야 王왕·의 身신肉·슉·을 :비·ᅀᆞᄫᆞᆫ·대 王왕·이 ·곧 버·혀 ·주샤 :잢간·도 嗔친心심·ᄒᆞ·야 :셜·워·홈 :업·스시·니·라 ᄒᆞ·니 ·이제 :두 :마·롤 ·두노·니 理:링·예 :다 通통ᄒᆞ·니·라

주 직역 如來가 因 中에 初地에 계셨을 때, 忍辱仙人이 되시어 歌利王에게 身體를 베이시되 한 찰나의 서러운 마음이 없으시니 만약 서러운 마음이 있으시면 곧 嗔心하여 미움을 내셨을 것이다. 歌利王은 이것은 梵語이니 여기서 이름엔 無道한 매우 惡한 임금이다. 어떤 말에 如來가 因 中에 일찍 國王이 되시어 항상 十善을 行하시어 蒼生을 利益되게 하시므로【蒼生은 파랗게 사는 것이니 멀리 보는 뜻이다】나라의 사람이 이 王을 노래 불러 기리므로 사뢰되 歌利다. 王이 無上菩提를 求하시어 忍辱行을 닦으시더니, 그 때 天帝釋이 變化하여 旃陁羅가 되어 王의 身肉을 비니 王이 곧 베어 주시어 잠간도 嗔心하여 서러워함이 없으셨다 하니, 이제 두 말이 있으니 理致에 다 通한다.

주 의역 여래가 인욕행을 닦던 중에 초지보살(初地菩薩)로 계셨을 때, 인욕선인(忍辱仙人)이셨을 때, 가리왕(歌利王)에게 신체가 베이고 찢기었으나 한 생각도 괴로운 마음이 없으셨으니 만약 괴롭다는 마음이 있으시면 곧 화를 내고 원망하였을 것이다. 가리왕(歌利王)은 싼쓰끄리뜨어인데 중국어로는 극악무도한 임금이라는 뜻이다. 일설에는 여래가 전생에 일찍이 국왕이 되어 항상 십선(十善)을 행(行)하여 중생[蒼生]을 이익되게 하시므로【창생(蒼生)은 파랗게 사는 것이니 멀리 보는 뜻이다】국민들이 왕을 노래 불러 찬탄하므로 말하기를, '가리(歌利)'라 한다. 왕이 위없는 보리를 구하시어 인욕행을 닦으니 그 때 제석천이 포악한 전다라(旃陁羅)가 되어 왕의 살을 받기를 원하므로 왕이 곧 베어 주시되 조금도 성내거나 괴로워하지 않으셨다 한다. 지금 두 설이 있는데 이치에 다 통한다.

주 해

- 퍼러히: 퍼렇게, 푸르게. 퍼렁 + 이(부사화 접미사).
- 如來ㅣ 因 中에 初地예 겨신 제: 과거에 여래께서 忍辱行을 닦으면서 初地菩薩로 계셨을 때.
- 蒼生을 利益하시므로: 중생을 이익되게 하시므로.
- 천제석(天帝釋): Śakkra Devānāmindra. 음역하여 석가제환인타라(釋迦提桓因陀羅)라 하며 줄여서 석제환인이라 한다. 본래는 힌두교의 신. 고대 인도 신화에서 인드라를 가리키며 이후 불교에 수용되었다. 제석천은 원래 마가타국의 바라문으로 보시 등의 복덕을 닦아 도리천에 태어나서 삼십삼천의 주인이 되었다. 불교를 수호하는 주신(主神)으로 수미산 꼭대기의 도리천에 살며 그 성을 선견성(善見城)이라 한다. = 제석천(帝釋天)
- 전다라(旃陁羅): caṇḍāla. 인도의 카스트 계급 중에서 최하위인 수드라(수다라 首陀羅 śūdra) 계급 중에서도 가장 하위의 계급. 주로 옥졸, 도살, 어로 등의 일을 함.

경 본문 須菩提야 又念過去於五百世예 作忍辱仙人ᄒᆞ야 於爾所世예 無我相無人相無衆生相無壽者相ᄒᆞ다니

경 언해 須슝菩뽕提똉·여 ·또 念·념·ᄒᆞ·니 過·광去·컹에 五:옹百·빅 世·솅·예 忍:신辱·쇽仙션人신·이 ᄃᆞ외【金剛經 81ㄱ】☞ ·야 ·이런 世·솅예 我:앙相·샹 :업스·며 人신相·샹 :업스·며 衆·즁生싱相·샹 :업스·며 壽:슝者:쟝相·샹 :업다·니

경 직역 須菩提야! 또 念하니, 過去에 五百 世에 忍辱仙人이 되어, 이런 世上에 我相이 없으며, 人相이 없으며, 衆生相이 없으며, 壽者相이 없더니,

경 의역 **수보리야! 또 생각하니 과거 오백 세에 인욕선인이었을 때 그때의 세상에서도 나라는 상이 없었으며, 사람이라는 상이 없었으며, 오온이 화합하여 중생이 되었다는 상도 없었으며, 오래 산다는 상도 없었다.**

주 해

- 업다니: 없더니. 없 + 더 + 오(1인칭) + 니. '-다-'는 회상시제 선어말어미는 '-더-'와 1인칭 또는 의도법 선어말어미로 알려져 있는 '-오-'가 결합된 형

태임.

주 본문 世者는 生也ㅣ라 如來ㅣ 因中에 於五百世예 修行忍辱波羅蜜ᄒᆞ샤 以得四相이 不生ᄒᆞ시니라 如來ㅣ 自述往因者는 欲令一切修行人으로 成就忍辱波羅蜜이시니 行忍辱波羅蜜人이 旣行忍辱行者는 不見一切人의 過惡ᄒᆞ야 冤親平等ᄒᆞ야 無是無非ᄒᆞ야 被他의 打罵殘害ᄒᆞ야도 歡喜受之ᄒᆞ야 倍加恭敬이니 行如是行者ㅣᅀᅡ 卽能成就忍辱波 【金剛經 81ㄴ】 ☞ 羅蜜ᄒᆞ리라

주 언해 世·솅·는 生싱·이·라 如ᅀᅧᆼ來ᄅᆡᆼㅣ 因힌 中듕·에 五:옹百·ᄇᆡᆨ 世·솅·예 忍:ᅀᅵᆫ辱·ᅀᅭᆨ波방羅랑蜜·밇·을 修ᅟᅲᇢ行ᅘᆡᆼ·ᄒᆞ·샤 四·ᄉᆞᆼ相·샹·이 나·디 아·니·ᄒᆞ샤·몰 得·득·ᄒᆞ·시니·라 如ᅀᅧᆼ來ᄅᆡᆼㅣ ·ᄌᆞ개 :녯 因힌·을 니ᄅᆞ·샤·ᄆᆞᆫ 一·ᅙᅵᇙ切·쳉ㅅ 修ᅟᅲᇢ行ᅘᆡᆼᄒᆞᇙ :싸·ᄅᆞ·ᄆᆞ·로 忍:ᅀᅵᆫ辱·ᅀᅭᆨ波방羅랑蜜·밇·을 일·우·게 ·코져 ·ᄒᆞ시·니 忍:ᅀᅵᆫ辱·ᅀᅭᆨ波방羅랑蜜·밇 行ᅘᆡᆼᄒᆞᇙ :싸ᄅᆞ·미 ᄒᆞ·마 忍:ᅀᅵᆫ辱·ᅀᅭᆨ行·ᅘᆡᆼ·ᄋᆞᆯ 行ᅘᆡᆼ·ᄒᆞᄂᆞ·닌 一·ᅙᅵᇙ切·쳉 人ᅀᅵᆫ·의 過·광惡·학·ᄋᆞᆯ 보·디 아·니·ᄒᆞ·야 冤ᅙᅯᆫ讎쓔ᇢ·와 親친·을 平뼝等:등·히 ·ᄒᆞ·야 ·올·홈 :업스·며 외·욤 :업서 ·ᄂᆞ·ᄆᆡ ·티·며 구·지·저 殘짠害·ᅘᆡᆼ·ᄅᆞᆯ 니·버·도 歡환喜:힁·ᄒᆞ야 바·다 恭공敬·경·을 倍:뼹·히 더·ᄒᆞᄂᆞ·니 ·이 ·ᄀᆞᄐᆞᆫ 行·ᅘᆡᆼ·ᄋᆞᆯ 行ᅘᆡᆼᄒᆞ·리·ᅀᅡ ·곧 能ᄂᆞᆼ·히 忍:ᅀᅵᆫ辱·ᅀᅭᆨ波방羅랑蜜·밇·을 일·우리·라

주 직역 世는 生이다. 如來가 因 中에 五百 世上에서 忍辱波羅蜜을 修行하시어 四相이 나지 않으심을 得하셨다. 如來가 자기가 옛 因을 이르심은 一切의 修行할 사람으로 하여금 忍辱波羅蜜을 이루게 하고자 하시는 것이니, 忍辱波羅蜜을 行할 사람이 이미 忍辱行을 行한 이는 모든 사람의 過惡을 보지 않아 寃讎와 親舊를 平等히 하여 옳음이 없으며 잘못됨이 없어 남이 치며 꾸짖어 殘害를 입어도 歡喜하여 받아 恭敬을 倍로 더하니 이와 같은 行을 行할 이어야 곧 能히 忍辱波羅蜜을 이룰 것이다.

주 의역 세(世)는 태어남[生]이다. 여래가 전생에 오백 세에 인욕바라밀(忍辱波羅蜜)을 행(行)하시어 사상(四相)이 나지 않음을 얻어셨다. 여래 자신이 옛날의 인(因)을 말씀하시는 것은 일체 수행하는 사람으로 하여금 인

욕바라밀(忍辱波羅蜜)을 이루게 하고자 하시는 것이다. 인욕바라밀(忍辱波羅蜜)을 행(行)할 사람이 이미 인욕행(忍辱行)을 행(行)한 사람은 모든 사람의 과오를 보지 않아 원수와 친한 사람을 평등하게 대우하여, 옳음도 없으며 잘못됨도 없어, 다른 사람이 치며 꾸짖어서 상해를 당해도 환희하면서 그것을 받아들여 공경을 더욱 더 하니, 이 같은 행(行)을 행(行)하는 사람이어야 능히 인욕바라밀(忍辱波羅蜜)을 이루는 것이다.

주 해

- '冤훤讎쓩·와 親친·을 平뼝等:둥·히 ·ᄒᆞ·야 ·올·홈 :업스·며 외·욤 :업서 ·더·의 ·티·며 구·지·저'의 '·더·의'가 다른 판본에는 'ᄂᆞ·믜'로 고쳐졌음.
- ᄂᆞᄆᆡ 티며 구지저 殘害ᄅᆞᆯ 니버도(被他의 打罵殘害ᄒᆞ야도): 나에게 맞으며 꾸짖음을 당해도. 한문 원문은 '被' 피동문.

경 본문 是故로 須菩提야 菩薩이 應離一切相ᄒᆞ야 發阿耨【金剛經 82ㄱ】☞ 多羅三藐三菩提心이니 不應住色生心ᄒᆞ며 不應住聲香味觸法生心이니 應生無所住心이니라

경 언해 이럴·씨 須슝菩뽕提뗑·여 菩뽕薩·삻·이 반·ᄃᆞ기 一·힗切·쳉 相·샹·ᄋᆞᆯ 여·희·여 阿항耨·녹多당羅랑三삼藐·먁三삼菩뽕提뗑ㅅ ᄆᆞᅀᆞᆷ 發·벓 홀 띠·니 色·식·애 住·뜡·ᄒᆞ·야 ᄆᆞᅀᆞᆷ :내요·미 :몯ᄒᆞ·리·며 聲셩·과 香향·과 味·밍·와 觸·쵹·과 法·법·에 住·뜡·ᄒᆞ·야 ᄆᆞᅀᆞᆷ :내요·미 :몯ᄒᆞ·리·니 반·ᄃᆞ기 住·뜡·혼 ·곧 :업·슨 ᄆᆞᅀᆞᆷ·ᄋᆞᆯ :내욜 :띠니·라

경 직역 이러므로 須菩提야! 菩薩이 반드시 一切 相을 여의어 阿耨多羅三藐三菩提의 마음을 發할 것이니, 色에 住하여 마음을 내지 못할 것이며, 聲과 香과 味와 觸과 法에 住하여 마음을 내지 못할 것이니, 반드시 머문 곳 없는 마음을 낼 것이다.

경 의역 그러므로 수보리야! 보살이 마땅히 일체의 상을 여의어 아뇩다라삼먁삼보리의 마음을 낼 것이니, 형상에 머물러서 생각을 내지 말며, 소리, 냄새, 맛, 촉감과 모든 것에 머물러서 생각을 내지 말며, 마땅히 머무는 곳 없는 생각을 내어야 할 것이다.

주 해

- '·곧 :업·슨 ᄆᆞᅀᆞᆷ·ᄆᆞᆯ :내욤 :ᄣᅵ니·라'의 'ᄆᆞᅀᆞᆷ·ᄆᆞᆯ'이 다른 판본에서는 'ᄆᆞᅀᆞᆷ·ᄋᆞᆯ'로 판각되었다.

주 본문 不應住色生心者ᄂᆞᆫ 是ᄂᆞᆫ 都標也ㅣ시고 聲香等은 別列其名也ㅣ시니라 於此六塵에 起憎愛心ᄒᆞ야 由此妄心ᄒᆞ야 積集無量業結ᄒᆞ야 覆盖佛性ᄒᆞ야 雖【金剛經 82ㄴ】☞ 種種勤苦修行ᄒᆞ야도 不除心垢ᄒᆞᆯᄉᆡ 終無解脫之理ᄒᆞ니 推其根本컨댄 都由色上애 住心이니라 如能念念에 常行般若波羅蜜ᄒᆞ야 推諸法空ᄒᆞ야 不生計著ᄒᆞ야 念念에 常自精進ᄒᆞ야 一心守護ᄒᆞ야 無令放逸이니 淨名經에 云호ᄃᆡ 求一切智호ᄃᆡ 無非時求ㅣ라ᄒᆞ며 大般若經에 云호ᄃᆡ 菩薩摩訶薩이 晝夜精勤ᄒᆞ야 常住般若波羅蜜多ᄒᆞ야 相應作意ᄒᆞ야 無時暫捨ㅣ라ᄒᆞ니라

주 언해 반·ᄃᆞ기 色·식·애 住·뜡·ᄒᆞ·야 ᄆᆞᅀᆞᆷ :내·욤 :몯ᄒᆞ·리·라 ·ᄒᆞ샤·ᄆᆞᆫ ·이ᄂᆞᆫ 뫼·화 標【金剛經 83ㄱ】☞ ·ᄒᆞ시·고 聲셩 香향·둘ᄒᆞᆫ 各·각別·볋·히 그 일·후·믈 :버·리시·니·라 ·이 六·륙塵띤·에 믜·며 :ᄃᆞᅀᆞᆫ ᄆᆞᅀᆞᆷ 니ᄅᆞ와·다·이 妄·망心심·을 브·터 無뭉量·량業·업 ᄆᆡ·요·ᄆᆞᆯ 뫼·화 佛·뿛性·셩·을 두·퍼 비·록 種:죵種:죵·ᄋᆞ·로 勤끈苦·콩·히 修슣行ᅘᆡᇰ·ᄒᆞ야·도 ᄆᆞᅀᆞᆷ·ᄋᆡᆺ ·ᄢᅵ·롤 :더·디 아·니ᄒᆞᆯ·ᄊᆡ ᄆᆞ·ᄎᆞᆷ내 解:ᅘᆡᆼ脫·퇋·ᄒᆞᆯ 理:링 :업스·니 根근本:본·ᄋᆞᆯ 推췽尋씸컨·댄 :다 色·식 上·썅·애 ᄆᆞᅀᆞᆷ 住·뜡·호·ᄆᆞᆯ 브·트니·라 ·ᄒᆞ다·가 能능·히 念·념念·념·에 般·반若:샹波방羅랑蜜·밇·을 샹·녜 行ᅘᆡᇰ·ᄒᆞ·야 諸졍法·법·의 空콩·ᄋᆞᆯ 推췽尋씸·ᄒᆞ·야 :혜아·려 着·딱·호·ᄆᆞᆯ :내·디 아·니·ᄒᆞ야 念·념念·념·에 샹·녜 :제 精졍進·진·ᄒᆞ·야 一·ᅙᅵᇙ心심·ᄋᆞ·로 간슈·ᄒᆞ·야 放·방蕩·땅·히 노·호·ᄆᆞᆯ :업게 ·ᄒᆞᆯ ᄯᅵ·니 淨·쪙名명經경·에 닐·오·ᄃᆡ 一·ᅙᅵᇙ切·쳉智·딩·롤 求끃·호·ᄃᆡ 時씽節·졇 아·닌 求끃·호미 :업·다 ᄒᆞ·며 大·땡般·반若:샹經경·에 닐·오·ᄃᆡ 菩뽕薩·삻摩망訶항薩·삻·이 ·밤【金剛經 83ㄴ】☞ 나·재 精졍勤끈·ᄒᆞ야 샹·녜 般·반若:샹波방羅랑蜜·밇多당·애 住:뜡·ᄒᆞ·야 서르 맛·게 ·ᄠᅳᆮ 지·ᅀᅥ :잢간·도 ᄇᆞ·릴 ·ᄢᅵ :업·스니·라 ᄒᆞ·니·라

주 직역 반드시 色에 住하여 마음을 냄을 못할 것이다 하심은 이는 모아

標하시고 聲, 香들은 따로 그 이름을 나열하셨다. 이 六塵에 미워하며 아끼는 마음을 일어키어 이 妄心을 말미암아 無量한 業을 맺음을 모아 佛性을 덮어 비록 種種으로 勤苦히 修行하여도 마음에 있는 때를 제거하지 못하므로 마침내 解脫할 理治가 없으니, 根本을 推尋하면 다 色 上에 마음이 住함을 말미암았다. 만약 能히 찰나 찰나에 般若波羅蜜을 항상 行하여 諸法의 空을 推尋하여 헤아려 着함을 내지 않아 念念에 항상 스스로가 精進하여 一心으로 守護하여 放蕩히 놓음을 없게 할 것이니, 淨名經에 이르되 '一切 智를 求하되 時節이 아닌 求함이 없다' 하며, 大般若經에 이르되, '菩薩摩訶薩이 밤낮에 精勤하여 항상 般若波羅蜜多에 住하여 서로 맞게 뜻을 지어 잠깐도 버릴 때가 없다' 하셨다.

주 의역 '마땅히 형상[色]에 머물러 생각을 내지 말라'고 하신 것은 이는 모두 통틀어 표한 것이고, 소리, 냄새 등은 따로 그 이름을 나열한 것이다. 육진에서 미워하며 아끼는 마음을 일으켜 이 망심을 말미암아 한량없는 업(業)이 맺어져 불성(佛性)을 덮어, 비록 가지가지로 힘들게 수행하여도 마음에 때를 제거하지 못하면 마침내 해탈할 이치가 없는 것이다. 근본을 미루어 보면 다 색(色) 위에 마음이 머무름을 말미암았다. 만약 능히 생각 생각이 반야바라밀(般若波羅蜜)을 항상 행(行)하여 모든 법의 공함을 미루어 헤아려 집착하는 생각을 내지 않으며, 생각 생각에 항상 스스로 정진하고 일심으로 수호하여 방일함이 없게 할 것이다. 유마경[淨名經]에 '모든 지혜를 구하되 때 아님이 없이 구해야 한다'고 했으며 대반야경(大般若經)에 '보살마하살이 밤낮으로 정진하여 항상 반야바라밀다에 머물러 서로 맞게 뜻을 지어 잠깐도 버릴 때가 없게 하라'고 하셨다.

주 해

- 믜며: 미워하며. '믜다'는 '미워하다'.
- ᄃᆞ온: 사랑하는, 아끼는. 기본형은 'ᄃᆞᆺ다'.
- :제: 스스로가, 자기가. 상성의 '제' 즉 ':제'는 1인칭 재귀대명사와 속격 조사가 결합된 것임.
- 추심(推尋): 찾아내어 가지거나 받음.
- '應住色生心者ㄴ 是ㄴ 都標也ㅣ시고'의 '標'가 다른 판본에는 '摽' 되어 있음.

- 정명경(淨名經): 유마힐소설경(유마경)의 주인공인 유마힐 거사를 의역하여 정명(淨名)이라 한다. = 유마힐소설경(Vimalakīrti-nirdeaśa. 維摩詰所說經).
- 대반야경: 600권. 반야부 경전을 집대성한 경전. 금강경도 대반야경의 제577품에 해당한다.

경 본문 若心이 有住ᄒᆞ면 卽爲非住ㅣ니

경 언해 ·ᄒᆞ다·가 ᄆᆞᅀᆞ·미 住·뜡 이시·면 ·곧 住·뜡ㅣ 아·니·니

경 직역 만약 마음이 머묾이 있으면 곧 머묾이 아니니,

경 의역 **만약 마음에 머무는 것[집착]이 있으면 곧 머무는 것[應無所住]이 아니니,**

주 해

- ᄒᆞ다가 ᄆᆞᅀᆞ미 住 이시면 곧 住ㅣ 아니니: 앞의 '住'는 집착하는 것에 머무는 것을 말하고, 뒤의 '住'는 '應無所住' 즉 두루하게 머무는 것을 말한다.

주 본문 若心住涅槃ᄒᆞ면 非是菩薩住處ㅣ니 不住涅槃ᄒᆞ며 不住諸法ᄒᆞ야 一切處에 不住ᄒᆞ야ᅀᅡ 方是菩薩住處ㅣ니 上文에 說ᄒᆞ샨 應無所住而生其心이 是也ㅣ라

주 언해 ·ᄒᆞ다·가 ᄆᆞᅀᆞ·미 涅·녏槃·빤·애 住뜡ᄒᆞ·면 ·이 菩뽕薩·삻ㅅ 住·뜡·홀 ·꼳 아·니·니 涅·녏槃·빤·애 住·뜡·티 아·니ᄒᆞ·며 諸졍法·법·에 住·뜡·티 아·니·ᄒᆞ·야 一·힗切·쳉 處·청·에 住·뜡·티 아·니·ᄒᆞ야·ᅀᅡ 비·르【金剛經 84ㄱ】☞ 서 ·이 菩뽕薩·삻ㅅ 住·뜡·홀 ·꼬디·니 웃 ·그레 니ᄅᆞ·샨 반·ᄃᆞ기 住·뜡·혼 ·곧 :업시 ·ᄒᆞ·야 그 ᄆᆞᅀᆞᆷ :내요·미 ·이·라

주 직역 만약 마음이 涅槃에 住하면 이것은 菩薩의 住할 곳이 아니니, 涅槃에 住하지 않으며 諸法에 住하지 않고 一切 處에 住하지 아니하여야 비로소 이곳은 菩薩이 住할 곳이니, 윗글에 이르신 '반드시 住한 곳이 없이 하여 그 마음을 냄'이 이것이다.

주 의역 **만약 마음이 열반에만 머무르면 이것은 보살이 머물 곳이 아니니, 열반에 머무르지 않으며 모든 곳에 머무르지 않아야 비로소 이것이 보**

살이 머물 곳이니, 윗글에서 설하신 '마땅히 머물 곳이 없이 그 마음을 낸다'는 것이 이것이다.

주 해

- ᄒᆞ다가 ᄆᆞᅀᆞ미 涅槃애 住ᄒᆞ면: 만약 마음이 열반에만 집착하면.

경 본문 是故로 佛說菩薩心은 不應住色布施니 須菩提야 菩薩이 爲利益一切衆生故로 應如是布施니라

경 언해 ·이럴·씨 부:톄 菩뽕薩·삻ㅅ ᄆᆞᅀᆞ·ᄆᆞᆫ 色·식·애 住·뜡·ᄒᆞ·야 布·봉施·싱·호미 :몯ᄒᆞ·리·라 니ᄅᆞ·ᄂᆞ·니 須슝菩뽕提똉·여 菩뽕薩·삻·이 一·힗切·쳉 衆·즁生싱 利·링益·혁·호·ᄆᆞᆯ 爲·윙ᄒᆞᆫ 젼·ᄎᆞ·로 반·ᄃᆞ기 ·이·ᄀᆞ티 布·봉施·싱·홀 ·띠니·라

경 직역 이러므로 부처님이 '菩薩의 마음은 色에 머물러 布施하지 못할 것이다' 이르니, 須菩提야! 菩薩이 一切 衆生을 利益되게 함을 爲한 까닭으로 반드시 이와 같이 布施할 것이다.

경 의역 **그러므로 부처님이 '보살의 마음은 형상[色]에 머물러 보시하지 못할 것이다'고 하셨으니, 수보리야! 보살이 일체 중생을 이익되게 하기 위하여 마땅히 이와 같이 보시할 것이다.**

주 본문 菩薩이 不爲求望自身五欲快樂ᄒᆞ야 而行布施【金剛經 84ㄴ】☞ ᄒᆞ고 但爲內破慳心ᄒᆞ며 外利益一切衆生ᄒᆞ야 而行布施ᄒᆞᄂᆞ니라 菩薩者行은 法財ᄅᆞᆯ 等施ᄒᆞ야 利益無彊ᄒᆞᄂᆞ니 若作能利益心ᄒᆞ면 卽是非法이니 不作利益心이 是名無住ㅣ니 無住ㅣ 卽是佛心이라

주 언해 菩뽕薩·삻·이 내 모·맷 五:옹欲·욕 快·쾡樂·락 求끃望·망·호·ᄆᆞᆯ 爲·윙·ᄒᆞ·야 布·봉施·싱 行ᅘᆡᇰ·티 아·니·코 오·직 ·안ᄒᆞ·로 慳칸貪탐ㅅ ᄆᆞᅀᆞᆷ :헐·며 밧·ᄀᆞ·로 一·힗切·쳉 衆·즁生싱 利·링益·혁·호·ᄆᆞᆯ 爲·윙·ᄒᆞ·야 布·봉施·싱 行ᅘᆡᇰ·ᄒᆞ·ᄂᆞ니·라 菩뽕薩·삻ㅅ 行·ᅘᆡᇰ·ᄋᆞᆫ 法·법財찡·ᄅᆞᆯ 平뼝等:등·히 施·싱·ᄒᆞ·야 利·링益·혁·을 :ᄀᆞᆺ:업시 ·ᄒᆞᄂᆞ·니 ·ᄒᆞ다·가 能능·히 利·링益·혁·ᄒᆞ논 ᄆᆞᅀᆞ·ᄆᆞᆯ 지·ᅀᅳ·면 ·곧 ·이 法·법 아·니·니 利·링益·혁·ᄒᆞ

논 ᄆᆞᅀᆞᆷ【金剛經 85ㄱ】☞ :짓·디 아·니·호미 ·이 일·후미 住·뜡 :업·수미·니 住·뜡 :업수·미 ·곧 ·이 부텻 ᄆᆞᅀᆞ·미·라

(주 직역) 菩薩은 내 몸에 있는 五欲의 快樂을 求望함을 爲하여 布施를 行하지 않고 오직 안으로 慳貪의 마음을 헐며 밖으로 一切 衆生을 利益되게 함을 爲하여 布施를 行한다. 菩薩의 行은 法財를 平等히 布施하여 利益을 가없이 하니 만약 能히 利益되는 마음을 지으면 곧 이것은 法이 아니니, 利益되는 마음을 짓지 않음이 이것이 이름이 '住 없음'이니 '住 없음'이 곧 이것이 부처님의 마음이다.

(주 의역) **보살이 자신의 몸에 있는 오욕의 쾌락을 구하기 위하여 보시를 행(行)하지 않고, 다만 안으로 아끼는 마음을 깨뜨리고 밖으로 일체 중생을 이익되게 하기 위하여 보시를 행(行)한다. 보살의 행(行)은 법과 재물을 평등하게 베풀어 이익을 한량없이 하는 것이나, 만약 능히 이익되게 한다는 마음을 지으면 곧 이것은 법이 아니니, 이익되게 한다는 마음을 짓지 않는 것이 이것을 머무름이 없음이라 하니, 머무는 곳 없는 것이 부처님의 마음이다.**

경 본문 如來說一切諸相이 則是非相이며 又說一切衆生이 則非衆生이라

경 언해 如셩來링 니ᄅᆞ논 一·흻切·쳉 諸졍相·샹·이 ·곧 ·이 相·샹 아·니·며 ·ᄯᅩ 니ᄅᆞ논 一·흻切·쳉 衆·즁生싱·이 ·곧 衆·즁生싱 아·니·라

경 직역 如來 이르는 一切 諸相이 곧 이것이 相이 아니며, 또 이르는 一切 衆生이 곧 衆生이 아니다.

경 의역 **여래가 설하시는 일체의 모든 상이 곧 이것이 상이 아니며, 또 설하시는 모든 중생이 곧 중생이 아니다.**

주 해

- 如來 니ᄅᆞ논 一切 諸相이 곧 이 相 아니며 ᄯᅩ 니ᄅᆞ논 一切 衆生이 곧 衆生 아니라: 여래께서 설하시는 형상이나 심지어 중생 등은 본질적으로 성품이 공하여 원래는 모양도 이름도 없다.

(주 본문) 如者ᄂᆞᆫ 不生이오 來者ᄂᆞᆫ 不滅이니 不生者ᄂᆞᆫ 我人이 不生이오

不滅者ᄂᆞᆫ 覺照ㅣ 不滅이라 下文에 云ᄒᆞ샤ᄃᆡ 如來者ᄂᆞᆫ 無所從來ᄒᆞ며 亦無所去ᄒᆞᆯᄉᆡ 故名如來라ᄒᆞ시니 如來說我人等相이 畢竟에 可破 【金剛經 85ㄴ】 ☞ 壞라 非眞實體也ㅣ며 一切衆生이 盡是假名이니 若離妄心ᄒᆞ면 卽無衆生可得일ᄉᆡ 故로 言卽非衆生也이라ᄒᆞ시니라

(주 언해) 如셩·ᄂᆞᆫ 生ᄉᆡᇰ 아·니·호미·오 來ᄅᆡᇰ·ᄂᆞᆫ 滅·멿 아·니·호미·니 生ᄉᆡᇰ 아·니·호·ᄆᆞᆫ 我:앙 人ᅀᅵᆫ·이 生ᄉᆡᇰ·티 아·니·호미·오 滅·멿 아·니·호·ᄆᆞᆫ 覺·각照·졓ㅣ 滅·멿 아·니·호미·라 아·랫 ·그레 니ᄅᆞ·샤·ᄃᆡ 如셩來ᄅᆡᇰ·ᄂᆞᆫ 브·터 :온 ·ᄃᆡ :업스·며 ·ᄯᅩ :간 ·ᄃᆡ :업슬·ᄊᆡ 일·후미 如셩來ᄅᆡᇰ·라 ·ᄒᆞ시·니 如셩來ᄅᆡᇰ 니ᄅᆞ·시ᄂᆞᆫ 我:앙 人ᅀᅵᆫ·ᄃᆞᆯ 相·샹·이 ᄆᆞ·ᄎᆞ·매 어·루 허·롤 ᄯᅵ·라 眞진實·씷ㅅ 體·톙 아·니시·며 一·ᅙᅵᇙ切·촁 衆·즁生ᄉᆡᇰ·이 :다 ·이 :거즛 일·후미·니 ·ᄒᆞ다·가 妄·망心심·을 여·희·면 ·곧 衆·즁生ᄉᆡᇰ·이 어·루 得·득·홀 껏 :업·스릴·ᄊᆡ 니ᄅᆞ·샤·ᄃᆡ ·곧 衆·즁生ᄉᆡᇰ 아·니·라 ·ᄒᆞ·시니·라

(주 직역) 如는 生 않음이고 來는 滅 않음이니, 生 않음은 我, 人이 生하지 않음이고 滅 않음은 覺照가 滅 않음이다. 아래의 글에 이르시되 如來는 어디로부터 온 곳이 없으며 또 간 곳이 없으므로 이름이 如來이다 하시니, 如來가 이르시는 我, 人들의 相이 마침내 가히 헐릴 것이다. 眞實의 體가 아니며 一切 衆生이 다 이 거짓 이름이니 만약 妄心을 여의면 곧 衆生이 가히 得할 것이 없을 것이므로 이르시되 곧 衆生이 아니다 하셨다.

(주 의역) '여(如)'는 나지 않는 것이고 '래(來)'는 없어지지 않는 것이니, 나지 않음은 나라는 상, 사람이라는 상이 나지 않는다는 것이고, 없어지지 않는다는 것은 깨달아 비추는 것이 없어지지 않는다는 것이다. 아래 글에서 말씀하시되 여래는 어디로부터 온 곳이 없으며 또 가는 곳도 없으므로 여래(如來)라 하니, 여래께서 설하시는 나라는 상, 사람이라는 상 등이 마침내 가히 무너질 것이다. 진실된 체(體)가 아니며 일체 중생이 다 거짓 이름이다. 만약 망심을 여의면 곧 중생이 가히 얻을 것 없으므로 '중생'이 아니라고 하셨다.

주 해

- 어루: 가히. '어루'는 주로 '可'자의 언해에 쓰임.

경 본문 【金剛經 86ㄱ】 ☞ 須菩提야 如來ᄂᆞᆫ 是眞語者ㅣ며 實語者ㅣ며 如語者ㅣ며 不誑語者ㅣ며 不異語者ㅣ니라

경 언해 須슝菩뽕提뗑·여 如ᅀᅧᆼ來ᄅᆡᆼ·ᄂᆞᆫ ·이 眞진ᄒᆞᆫ :말 ·ᄒᆞ·ᄂᆞ니며 實·씷ᄒᆞᆫ :말 ·ᄒᆞ·ᄂᆞ니·며 如ᅀᅧᆼᄒᆞᆫ :말 ·ᄒᆞ·ᄂᆞ니·며 소·기·디 아·닌·ᄂᆞᆫ :말 ·ᄒᆞ·ᄂᆞ니·며 다ᄅᆞ·디 아·니ᄒᆞᆫ :말 ·ᄒᆞ·ᄂᆞ니·라

경 직역 須菩提야! 如來는 이는 眞한 말 하는 이며, 實한 말 하는 이며, 如如한 말 하는 이며, 속이지 않는 말 하는 이며, 다르지 않은 말 하는 이다.

경 의역 수보리야! 여래는 참다운 말을 하는 이며, 진실된 말을 하는 이며, 진여의 말을 하는 이며, 속이지 않는 말을 하는 이며, 다르지 않는 말을 하는 이다.

주 본문 眞語者ᄂᆞᆫ 說一切有情無情이 皆有佛性이시고 實語者ᄂᆞᆫ 說衆生이 造惡業ᄒᆞ면 定受苦報ㅣ시고 如語者ᄂᆞᆫ 說衆生이 修善法ᄒᆞ면 定有樂報ㅣ시고 不誑語者ᄂᆞᆫ 說般若波羅蜜法이 出生三世佛 【金剛經 86ㄴ】 ☞ ᄒᆞ야 決定不虛ㅣ시고 不異語者ᄂᆞᆫ 如來所說ᄒᆞ샨 初善中善後善이 旨意微妙ᄒᆞ야 一切天魔外道ㅣ 無有能超勝ᄒᆞ며 及破壞佛語者ㅣ시니라

주 언해 眞진·ᄒᆞ신 :마ᄅᆞᆫ 一·ᅙᅵᇙ切·쳉ㅅ 有:ᅌᅮᇢ情쪙 無뭉情쪙·이 :다 佛·뿛性·셩 잇·다 니ᄅᆞ·실 씨·오 實·씷·ᄒᆞ신 :마ᄅᆞᆫ 衆·즁生ᄉᆡᆼ·이 惡·ᅙᅡᆨ業·ᅌᅥᆸ·을 지·ᅀᅳ·면 一·ᅙᅵᇙ定·뗭·히 苦:콩報·보ᇢ·ᄅᆞᆯ 受:쓔ᇢ·ᄒᆞ·ᄂᆞ니·라 니ᄅᆞ·실 씨·오 如ᅀᅧᆼ·ᄒᆞ신 :마ᄅᆞᆫ 衆·즁生ᄉᆡᆼ·이 善:쎤法·법·을 닷·ᄀᆞ·면 一·ᅙᅵᇙ定·뗭·히 ·즐거·운 報·보ᇢㅣ 잇ᄂᆞ·니·라 니ᄅᆞ·실 씨·오 소·기·디 아·니·ᄒᆞ·시ᄂᆞᆫ :마ᄅᆞᆫ 般·밣若:ᅀᅣᆼ 波방羅랑蜜·밇法·법·이 三삼世·솅佛·뿛·을 ·내·야 決·궗定·뗭·히 虛헝·티 아·니·타 니ᄅᆞ·실 씨·오 다ᄅᆞ·디 아니·ᄒᆞ신 :마ᄅᆞᆫ 如ᅀᅧᆼ來ᄅᆡᆼ 니ᄅᆞ·샨 初총善:쎤 中듕善:쎤 後:ᅘᅮᇢ善:쎤 【金剛經 87ㄱ】 ☞ ·이 ·ᄠᅳ디 微밍妙·묘ᇢ·ᄒᆞ·야 一·ᅙᅵᇙ切·쳉ㅅ 天텬魔망·와 外·ᅌᅬᆼ道:ᄯᅩᇢ·왜 能능·히 :건·너 더으·며 ·ᄯᅩ 부텻 :말ᄊᆞᆷ :허·ᅀᆞ오·리 :업스·니시·니·라

주 직역 眞하신 말은 一切의 有情, 無情이 다 佛性이 있다 이르시는 것이

고, 實하신 말은 衆生이 惡業을 지으면 一定히 苦報를 受한다 이르시는 것이고, 如하신 말은 衆生이 善法을 닦으면 一定히 즐거운 報가 있다 이르시는 것이고, 속이지 않으시는 말은 般若波羅蜜法이 三世佛을 나게 하여 決定코 虛하지 않다고 이르시는 것이고, 다르지 않으신 말은 如來가 이르신 初善 中善 後善이 뜻이 微妙하여 一切의 天魔와 外道가 能히 건너 이기며 또 부처님의 말씀 헐 이가 없으신 것이다.

주 의역 진(眞)하신 말이란 일체의 유정(有情)과 무정(無情)이 다 불성(佛性)이 있다고 설하시는 것이고, 실(實)하신 말이란 중생이 악업을 지으면 분명히 과보를 받음을 설하신 것이고, 진여(眞如)의 말은 중생이 선법을 닦으면 분명히 즐거움의 과보가 있다고 설하시는 것이고, 속이지 않는다는 말은 반야바라밀이 삼세(三世)의 모든 부처님을 출현시키되 분명히 허(虛)하지 않는다고 말씀하시는 것이고, 다르지 않다고 하신 말은 여래께서 말씀하신 초선(初善), 중선(中善), 후선(後善)이 뜻이 미묘하여 일체의 천마(天魔)와 외도(外道)가 능히 초월하여 이기며 또 부처님의 말씀 헐 사람이 없으신 것이다.

주 해

- 初善 中善 後善: 경문을 칭찬하는 말. 첫째 신(身)·어(語)·의(意)의 삼밀(三蜜)을 배합한 것, 둘째 계(戒)·정(定)·혜(慧)의 순서에 의하여 초선(初善)·중선(中善)·후선(後善)이 되는 것, 셋째 한 경의 서분·정종분·류통분을 배합한 것 등 세 가지 해석이 있다.

경 본문 須菩提야 如來所得法이 此法이 無實無虛ᄒᆞ니라

경 언해 須슝菩뽕提똉·여 如셩來링 得·득·혼 法·법·이 ·이 法·법·이 實·씷·홈 :업스·며 虛헝·홈 :업·스니·라

경 직역 須菩提야! 如來가 得한 法이, 이 法이 實함 없으며 虛함 없다.

경 의역 수보리야! 여래가 얻은 법이 진실함도 없으며 헛됨도 없다.

주 해

- 須菩提여 如來 得혼 法이 이 法이 實홈 업스며 虛홈 업스니라: '實함이 없다'는 것은 결국 여래께서 한 말은 방편이므로 실상이 아니기 때문이고, '虛함

이 없다'는 말은 비록 방편이기는 하나 거짓은 아니기 때문이다.

주 본문 無實者ᄂᆞᆫ 以法體ㅣ 空寂ᄒᆞ야 無相可得이니 然이나 中有恒沙性德이 用之不匱ᄒᆞᆯᄉᆡ 故言無虛ㅣ시니라 欲言其實ᄒᆞ야도 無相可得이며 欲言其虛ᄒᆞ야도 用而無間ᄒᆞ니 是故로 不得言無ㅣ며 不得言有ㅣ니 有【金剛經87ㄴ】☞ 而不有ᄒᆞ며 無而不無ᄒᆞ야 言譬不及者ㅣ 其惟眞智乎ᅟᅵᆫ뎌 若不離相修行ᄒᆞ면 無由臻此ᄒᆞ니라

주 언해 實·씷·홈 :업수·믄 法·법體:톙 空콩寂·쩍·ᄒᆞ·야 相·샹·이 ·어·루 得·득·홀 껏 :업슬·씨·니 그·러·나 中듕·에 恒ᅘᅳᆼ沙상 性·셩德·득·이 ·ᄡᅳ·딕 다ᄋᆞ·디 아·니·홈 이실·씨 虛헝·홈 :업·다 니ᄅᆞ·시니·라 그 實·씷·을 닐·오려 ·ᄒᆞ야·도 相·샹·이 어·루 得·득·홀 껏 :업스·며 그 虛헝·를 ·닐·오려 ᄒᆞ야·도 ·ᄡᅳ·딕 긋·디 아·니ᄒᆞ·니 ·이럴·씨 :업·다 닐·오미 :몯ᄒᆞ·리·며 잇·다 닐·오·미 :몯ᄒᆞ·리·니 이·쇼·딕 잇·디 아·니ᄒᆞ·며 :업수·딕 :업디 아·니·ᄒᆞ·야 :말씀·과 가·줄·뵤ᄆᆞ·로 밋·디 :몯홀 꺼·시 그 眞진實·씷ㅅ 智·딩ㄴ·뎌 ·ᄒᆞ다·가 相·샹 여·흰 修슝行ᅘᅵᆼ 아·니·면 이에 니·르·롤 ·쭐 :업·스니·라

주 직역 實함 없음은 法體가 空寂하여 相이 가히 得할 것이 없기 때문이다. 그러나 中에 恒沙 性德이 쓰되 다하지 않음이 있으므로 虛함이 없다 이르셨다. 그 實을 이르려 하여도 相이 가히 得할 것 없으며 그 虛를 이르려 하여도 쓰되 그치지 않으니 이러므로 없다 이르지 못할 것이며, 있다 이르지 못할 것이니 있으되 있지 않으며 없되 없지 않아야 말씀과 비유함으로 믿지 못할 것이 그 眞實의 智이다. 만약 相을 여읜 修行이 아니면 이에 이를 수가 없다.

주 의역 '진실함이 없다'는 것은 법(法)의 체(體)가 비어 있고 고요하여 가히 얻을 상(相)이 없기 때문이다. 그러나 그 가운데는 항하사 같은 덕성(德性)이 있어서 그것을 써도 다함이 없으므로 헛됨이 없다고 말한 것이다. 그 진실을 말하고자 하여도 얻은 상(相)이 없으며, 그 비어 있음[虛]을 말하고자 하여도 써도 끊기지 않는다. 그러므로 없다고 말하지 못할 것이며 있다고 말하지 못할 것이다. 있되 있지 않으며 없되 없지 않아야 말씀

과 비유함으로 미치지 못하는 것이 진실한 지혜이다. 만약 상(相)을 여의고 수행(修行)하지 않으면 여기에 이를 수가 없다.

경 본문 【金剛經 88ㄱ】 ☞ 須菩提야 若菩薩이 心住於法ᄒᆞ야 而行布施ᄒᆞ면 如人이 入闇ᄒᆞ야 卽無所見이어니와

경 언해 須슝菩뽕提똉·여 ·ᄒᆞ다·가 菩뽕薩·삻·이 ᄆᆞᅀᆞ·ᄆᆞᆯ 法·법·에 住·뜡·ᄒᆞ·야 布·봉施·싱 行ᅘᆡᆼᄒᆞ·면 :사ᄅᆞ·미 어·드운 ·ᄃᆡ ·드러 ·곧 :봄 :업·숨 ᄀᆞᆮ·거니·와

경 직역 須菩提야! 만약 菩薩이 마음을 法에 머물러 布施를 行하면, 사람이 어두운 곳에 들어 곧 봄이 없음과 같거니와,

경 의역 수보리야! 만약 보살이 마음을 모든 것[法]에 집착하여 보시를 행(行)하면, 사람이 어두운 곳에 들어가면 보이는 것이 없는 것과 같으며,

주 본문 於一切法에 心有住著ᄒᆞ면 則不了三輪體空ᄒᆞ야 如盲者ㅣ 處暗ᄒᆞ야 無所曉了ᄐᆞᆺᄒᆞ니 華嚴経에 云호ᄃᆡ 聲聞이 在如來會中ᄒᆞ야 聞法호ᄃᆡ 如盲如聾이라ᄒᆞ니 爲住諸法相故也ㅣ라

주 언해 一·힗切·쳉法·법·에 ᄆᆞᅀᆞ·미 住·뜡著·딱 이시·면 三삼輪륜体:톙空콩ᄒᆞᆫ ·ᄃᆞᆯ :아디 :몯·ᄒᆞ야 눈 :머니 어·드운 ·ᄃᆡ 이·셔 아·롬 :업·숨 ·ᄀᆞᆮᄒᆞ·니 華ᅘᆞᆼ嚴엄経 【金剛經 88ㄴ】 ☞ 경·에 닐·오·ᄃᆡ 聲셩聞문·이 如ᅀᅧᆼ來ᄅᆡᆼㅅ 會·ᅘᅬᆼ 中듕·에 이·셔 法·법 듣ᄌᆞ·오·ᄃᆡ ·눈 :머니 ·ᄀᆞᆮᄒᆞ·며 ·귀 머·그니 ·ᄀᆞᆮ·다 ᄒᆞ·니 諸졍法·법相·샹·애 住·뜡·호·ᄆᆞᆯ 爲·윙ᄒᆞᆫ 젼·ᄎᆡ·라

주 직역 一切法에 마음이 住著이 있으면 三輪體가 空한 줄을 알지 못하여, 눈이 머니 어두운 곳에 있어 앎이 없음과 같으니, 華嚴經에 이르되, "聲聞이 如來의 모임 가운데서 法을 듣되 눈 먼 이와 같으며 귀 먹은 이와 같다" 하니 諸法相에 住함을 爲한 까닭이다.

주 의역 모든 것[一切法]에 마음이 머물러 집착함이 있으면 곧 삼륜(三輪)의 주체가 비어 있는[空] 줄 알지 못하여 눈먼 사람이 어두운 곳에 있어 밝게 아는 것이 없는 것과 같으니, 화엄경에 말하기를, "성문이 여래가

계신 가운데에서 법(法)을 들으나 눈먼 사람과 같으며 귀 먹은 사람과 같다"고 하니, 모든 법상(法相)에 집착하기 때문이다.

주 해

- 삼륜체공(三輪體空): 보시를 할 때 보시를 하는 사람, 보시를 받는 사람, 보시하는 물건이 공(空)함을 관(觀)하여 집착을 버리는 것. 삼륜(三輪)은 ① 시공(施空), ② 수공(受空), ③ 시물공(施物空).

경 본문 若菩薩이 心不住法ᄒᆞ야 而行布施ᄒᆞ면 如人이 有目거든 日光이 明照ᄒᆞ야 見種種色ᄃᆞᆺᄒᆞ니라

경 언해 ·ᄒᆞ다·가 菩뽕薩·삻·이 ᄆᆞᅀᆞ·ᄆᆞᆯ 法·법·에 住·뜡·티 아·니·ᄒᆞ·야 布·봉施·싱 行ᅘᆡᇰᄒᆞ·면 :사ᄅᆞ·미 ·누니 잇거·든 ·ᄒᆡᆺ 光광明명·이 ᄇᆞᆯ·기 비·취·여 種:죵種:죵 ·비·ᄎᆞᆯ ·보·ᄃᆞᆺ ᄒᆞ·니·라

경 직역 만약 菩薩이 마음을 法에 머물게 하지 않아, 布施를 行하면 사람이 눈이 있거든 해의 光明이 밝게 비치어 온갖 빛을 보는 듯한다.

경 의역 만약 보살이 마음에 모든 것[法]을 집착하지 않고 보시를 행(行)하면, 사람이 눈이 있고 햇빛이 밝게 비치면 온갖 물체를 볼 수 있는 것과 같다.

주 본문 若菩薩이 常行般若波羅蜜多無著無相行ᄒᆞ면 如人이 有目ᄒᆞ야 處於皎日之中커니 何所不見也【金剛經 89ㄱ】☞ ㅣ리오

주 언해 ·ᄒᆞ다·가 菩뽕薩·삻이 般·밣若:ᅀᅣ波방羅랑蜜·밇多당ㅅ 無뭉著·땩 無뭉相·샹 行·ᅘᆡᇰ·ᄋᆞᆯ 샹·녜 行ᅘᆡᇰᄒᆞ·면 :사ᄅᆞ·미 ·눈 이·셔 ᄇᆞᆯ·ᄀᆞᆫ ·ᄒᆡᆺ 中듕·에 處:쳥·홈 ·ᄀᆞᆮ거·니 어·드·ᄅᆞᆯ 보·디 :몯ᄒᆞ·료

주 직역 만약 菩薩이 般若波羅蜜多의 無著 無相行을 항상 行하는 사람이 눈이 있어 밝은 해 가운데 處함과 같거니 어디를 보지 못하겠는가?

주 의역 만약 보살이 반야바라밀다의 집착 없고 상(相) 없는 행(行)을 항상 행(行)하여, 사람이 눈이 있고 밝은 햇빛 가운데 있는 것과 같으니 어디를 보지 못하겠는가?

경 본문 須菩提야 當來之世예 若有善男子善女人이 能於此経에 受持讀誦ᄒᆞ면 卽爲如來ㅣ 以佛智慧로 悉知是人ᄒᆞ며 悉見是人ᄒᆞᄂᆞ니 皆得成就無量無邊功德ᄒᆞ리라

경 언해 須슝菩뽕提뗑·여 當당來링世·솅·예 ·ᄒᆞ다·가 善:션男남子:ᄌᆞᆼ 善:션女:녕人신·이 能능·히 ·이 經경·에 受:쓯持띵 讀·똑誦·쑝ᄒᆞ·면 ·곧 如셩來링ㅣ 佛·뿛智·딩慧·쀙로 이 :사ᄅᆞ·ᄆᆞᆯ :다 :알·며 ·이 :사ᄅᆞ·ᄆᆞᆯ :다 ·보ᄂᆞ·니 :다 無뭉量·량 無뭉邊변 功공德·득·을 일·우리·라

경 직역 須菩提야! 當來世에 만약 善男子, 善女人이 能히 이 經에 受持讀誦하면 곧 如來께서 佛智慧로 이 사람을 다 알며, 이 사람을 다 보니, 다 無量 無邊 功德을 이룰 것이다.

경 의역 수보리야! 오는 세상에 만약 선남자 선여인이 능히 이 경을 받아 지니고 읽고 외우면, 곧 여래께서 부처님의 지혜로 이 사람을 다 알며 이 사람을 다 보는 것이니, 이 사람은 한량없고 끝없는 공덕을 이룰 것이다.

주 본문 【金剛經 89ㄴ】☞ 當來之世者ᄂᆞᆫ 如來滅後後五百歲濁惡之世예 邪法이 競起ᄒᆞ야 正法이 難行ᄒᆞ리니 於此時中에 若有善男子善女人이 得遇此経ᄒᆞ야 從師稟授ᄒᆞ야 讀誦在心ᄒᆞ야 精進不忘ᄒᆞ야 依義修行ᄒᆞ야 悟入佛之知見ᄒᆞ면 則能成就阿耨菩提ᄒᆞ리니 以是로 三世諸佛이 無不知之시니라

주 언해 當당來링世·솅·ᄂᆞᆫ 如셩來링 滅·멿後:ᅘᅮᇢㅅ 後:ᅘᅮᇢ 五:옹百·빅 歲·쇙 濁·쫙惡·학ᄒᆞᆫ 世·솅·예 邪썅ᄒᆞᆫ 法·법·이 난겻 니·러 正·졍法·법·이 行ᅘᆡᇰ·호미 어·려·우리·니 ·이 時씽節·졇ㅅ 中듕·에 ·ᄒᆞ다·가 善:션男남子:ᄌᆞᆼ 善:션女녕人신·이 ·이 經경 【金剛經 90ㄱ】☞ ·을 맛·나 스스·을 조·차 바·다 受:쓯·ᄒᆞ·야 讀·똑誦·쑝·ᄒᆞ·야 ᄆᆞᅀᆞ·매 ·두어 精졍進·진·ᄒᆞ·야 :거츠·리 아·니·ᄒᆞ·야 ·ᄠᅳ·들 브·터 修슐行ᅘᆡᇰ·ᄒᆞ·야 부텻 知딩見·견·에 아·라 ·들·면 能능·히 阿항耨·녹菩뽕提뗑·롤 일·우리·니 이럴·씨 三삼世·솅 諸졍佛·뿛·이 모·ᄅᆞ시·리 :업·스시·니·라

(주 직역) 當來世는 如來 滅後의 後 五百 年 濁惡한 世上에 삿된 法이 다투어 일어나 正法이 行해짐이 어려울 것이니, 이 時節 가운데 만약 善男子 善女人이 이 經을 만나 스승을 좇아 받아 受하여 讀誦하여 마음에 지니고 精進하여 妄念되이 아니하여 뜻에 의지하여 修行하여 부처님의 知見에 悟入하면 能히 阿耨菩提를 이룰 것이니 이러므로 三世 諸佛이 모르실 이가 없으시다.

(주 의역) 장차 오는 세상[當來世]은 여래가 입멸하신 뒤 후 오백 년의 혼탁하고 악한 때이니 삿된 법이 다투어 일어나서 정법이 행(行)해지기 어려울 때이다. 이 때에 만약 선남자 선여인이 이 경을 만나 스승으로부터 가르침을 받고 독송하여 마음에 두고 정진하여 잊지 않고 그 뜻에 의지하고 수행하여 부처님의 지견(知見)에 깨달아 들어가면 능히 아뇩다라삼먁삼보리를 이룰 것이다. 그러므로 삼세의 모든 부처님이 모르실 분이 없으시다.

주 해

• 난겻: 다투어.

【金剛經 90ㄴ】 ☞ 공면

持經功德分 第十五(지경공덕분 제십오)

경 본문 【金剛經 91ㄱ】 ☞ 須菩提야 若有善男子善女人이 初日分에 以恒河沙等身으로 布施ᄒᆞ고 中日分에 復以恒河沙等身으로 布施ᄒᆞ고 後日分에 亦以恒河沙等身으로 布施ᄒᆞ야 如是無量百千萬億劫에 以身布施ᄒᆞ야도 若復有人이 聞此経典ᄒᆞ고 信心不逆ᄒᆞ면 其福勝彼ᄒᆞ리니 何況書寫受持讀誦ᄒᆞ야 爲人解說이여

경 언해 須슝菩뽕提똉·여 ·ᄒᆞ다·가 善:쎤男남子:중 善:쎤女:녕人ᅀᅵᆫ·이 初총日·ᅀᅵᇙ分·뿐·에 恒ᅘᅳᆼ河ᅘᅡᆼ沙상 等:둥 ·모ᄆᆞ·로 布·봉施·싱ᄒᆞ·고 中듕 【金剛經 91ㄴ】 ☞ 日·ᅀᅵᇙ分·뿐·에 ·ᄯᅩ 恒ᅘᅳᆼ河ᅘᅡᆼ沙상 等:둥 ·모ᄆᆞ·로 布·봉施·싱ᄒᆞ·고 後:ᅘᅮᇢ 日·ᅀᅵᇙ分·뿐·에 ·ᄯᅩ 恒ᅘᅳᆼ河ᅘᅡᆼ沙상 等:둥 ·모ᄆᆞ·로 布·봉施·싱·ᄒᆞ·야 ·이·ᄀᆞ티 無뭉量·량百·ᄇᆡᆨ千쳔萬·먼億·흑劫·겁·에 ·모ᄆᆞ·로 布·봉施·싱·ᄒᆞ야·도 ·ᄒᆞ다·가 ·ᄯᅩ :사ᄅᆞ·미 ·이 經경典:뎐 듣·고 信·신心심·이 거·스·디 아·니ᄒᆞ·면 그 福·복·이 뎌에 더으·리·니 ·ᄒᆞ몰·며 書셩寫:샹ᄒᆞ·며 受:ᄊᆕᇢ持띵ᄒᆞ·며 讀·똑誦·쑝·ᄒᆞ·야 :사ᄅᆞᆷ 爲·윙·ᄒᆞ·야 사·겨 닐·오·미ᄯᆞ·녀

경 직역 須菩提야! 만약 善男子 善女人이 初日分에 恒河沙 等 몸으로 布施하고, 中日分에 또 恒河沙 等 몸으로 布施하고, 後日分에 또 恒河沙 等 몸으로 布施하여, 이와 같이 無量 百千萬億 劫에 몸으로 布施하거든, 만약 또 사람이 이 經典을 듣고 信心이 거슬리지 않으면, 그 福이 저보다 더할 것이니, 하물며 書寫하며 受持하며 讀誦하여 사람들을 爲하여 새겨 이름이랴?

경 의역 수보리야! 만약 선남자 선여인이 아침에 갠지즈 강 모래의 수와 같은 몸으로 보시하고, 낮에 다시 갠지즈 강 모래의 수와 같은 몸으로 보시하고, 저녁에 또 갠지즈 강의 모래 수와 같은 몸으로 보시하기를 이와 같이 한량없는 백천만억 겁을 몸으로써 보시하더라도, 만약 또 어떤 사람이 이 경전을 듣고 믿는 마음을 거스르지 않으면 그 복이 앞의 복보다 더욱 나을 것이니, 하물며 쓰고 받아 지니고 읽고 외워서 남을 위해 새겨 이

름에 있어서이겠는가?

주 해

- 初日分: 하루를 24시간으로 보고 3등분 할 때, 최초의 1/3. 즉 자정 이후부터 아침 나절까지.
- 信心이 거스디 아니ᄒᆞ면(信心不逆ᄒᆞ면): 믿는 마음이 금강경에서 말하는 내용을 거스르지 않으면.

주 본문 佛說ᄒᆞ샤ᄃᆡ 末法之時예 得聞此経ᄒᆞ고 信心不逆ᄒᆞ야 四相이 不生ᄒᆞ면 卽是佛之知見이라 此人功德이 勝前엣 多劫을 捨身功德ᄒᆞ야 百千萬億으로 不可譬喩ㅣ니 一念聞経ᄒᆞ야도 其福이 尙多콘 何況【金剛經 92ㄱ】☞ 更能書寫受持讀誦ᄒᆞ야 爲人解說이여 當知此人은 決定成就阿耨多羅三藐三菩提ㄹ시 所以種種方便으로 爲說如是甚深経典ᄒᆞ야 俾離諸相ᄒᆞ야 得阿耨多羅三藐三菩提니 所得福德이 無有邊際ᄒᆞ니라 盖緣多劫을 捨身ᄒᆞ야도 不了諸法本空ᄒᆞ야 心有能所ᄒᆞ면 未離衆生之見이어니와 如能聞経悟道ᄒᆞ야 我人이 頓盡ᄒᆞ면 言下애 卽佛이리니 將捨身有漏之福ᄒᆞ야 比持経無漏之慧컨댄 實不可【金剛經 92ㄴ】☞ 及일시 故로 雖十方애 聚寶ᄒᆞ며 三世롤 捨身ᄒᆞ야도 不如持經四句偈ᄒᆞ니라 注에 云心有能所四字롤 一本애 云호ᄃᆡ 有能捨所捨心이 在ᄒᆞ면 元未離衆生之見이라 ᄒᆞ니 此解ㅣ 意又分明故로 兩存之ᄒᆞ노라

주 언해 부:톄 니ᄅᆞ·샤:ᄃᆡ 末·ᄆᆞᇙ法·법時씽·예 ·이 經경·을 시·러 듣·고 信·신心심·이 거·스·디 아·니·ᄒᆞ·야 四·ᄉᆞᆼ相·샹·이 나·디 아·니ᄒᆞ·면 ·곧 ·이 부텻 知딩見·견·이·라 ·이 :사ᄅᆞ·ᄆᆡ 功공德·득·이 알·ᄑᆡᆺ 한 劫·겁·을 ·몸 ᄇᆞ·린 功공德·득·에 더·어 百·ᄇᆡᆨ千천萬·먼億·흑·으·로 가·졸·봄 :몯ᄒᆞ·리·니 ᄒᆞᆫ 念·념·에 經경 드·러·도 그 福·복·이 ·오히·려 하·곤 ·ᄒᆞ몰·며 ᄯᅩ 能능·히 書셩寫:샹ᄒᆞ·며 受:쓯持띵ᄒᆞ·며 讀·ᄯᅩᆨ誦·쑝·ᄒᆞ·야 :사【金剛經 93ㄱ】☞ ᄅᆞᆷ 爲·윙·ᄒᆞ·야 사·겨 닐·오·미ᄯᆞ·녀 반·ᄃᆞ기 :알·라 ·이 :사ᄅᆞ·ᄆᆞᆫ 決·궗定·뗭·히 阿항耨·녹多당羅랑三삼藐·먁三삼菩뽕提뗑·롤 일·우릴·ᄊᆡ 種:죵種:죵 方방便·뼌·으·로 ·이 ·ᄀᆞᆮᄒᆞᆫ 甚·씸·히 기·픈 經경典:뎐·을 爲·윙·ᄒᆞ·야

닐·이 諸경相·샹 여·희·여 阿항耨·녹多당羅랑三삼藐·먁三삼菩뽕提뗑·롤 得·득·게 ᄒᆞ·니 得·득·ᄒᆞᆫ 福·복德·득이 :ᄀᆞᆺ:업·스니·라 한 劫·겁·을 ·모·뭘 ᄇᆞ·려·도 諸졍法·법·의 本:본來랭 空콩ᄒᆞᆫ ·둘 :아디 :몯·호·ᄆᆞᆯ 브·터 ᄆᆞᅀᆞ·미 能능所:송 이시·면 衆·즁生싱·ᄋᆡ 見·견·올 여·희·디 :몯·거니·와 ·ᄒᆞ다·가 能능히 經경·을 듣·고 道:똫·롤 아·라 我:앙 人신·이 :다 :업스·면 :말ᄊᆞ·매 ·곧 부:톄리·니 ·몸 ᄇᆞ·린 漏·릏 잇ᄂᆞᆫ 福·복·올 가·져 經경 디·닌 漏·릏 :업슨 慧·쀙·예 가·졸·비건·댄 實·씷·로 밋·디 ·몯ᄒᆞ·릴·씨 비·록 十·씹方방·애 :보·빌 뫼·호·며 三삼世·셍·롤 ·몸 ᄇᆞ·려·도 經경 四·ᄉᆞᆼ句·궁偈·꼥 디·뇸 ·ᄀᆞᆮ디 :몯ᄒᆞ·니·라 注·즁·에 닐·온 【金剛經 93ㄴ】 ☞ 心심有:웋能능所:송ㅅ :네 字·쭝·롤 一·읧本:본애 닐·오·ᄃᆡ 能능捨:샹·와 所:송捨:샹ㅅ ᄆᆞᅀᆞ·미 이시·면 本:본來랭 衆·즁生싱·ᄋᆡ 見·견을 여·희·디 :몯ᄒᆞ·니·라 ᄒᆞ·니 ·이 사·교미 ·ᄠᅳ·디 ·ᄯᅩ 分분明명ᄒᆞᆯ·씨 :둘·흘 ·두노·라

(주 직역) 부처님이 이르시되 末法 時節에 이 經을 능히 듣고 信心이 거슬리지 않아 四相이 나지 않으면 곧 이는 부처님의 知見이다. 이 사람이 功德이 앞의 많은 劫에서 몸을 버린 功德보다 더하여 百千萬億으로 비유하지 못할 것이니 한 찰나에 經을 들어도 그 福이 오히려 많으니 하물며 또 能히 書寫하며 受持하며 讀誦하여 사람들을 爲하여 새겨 이름이겠는가? 반드시 알라. 이 사람은 틀림없이 阿耨多羅三藐三菩提를 이루므로 種種 方便으로 이와 같은 매우 깊은 經典을 중생들을 爲하여 일러 諸相을 여의어 阿耨多羅三藐三菩提를 得하게 하니 得한 福德이 가없다. 많은 劫을 몸을 버려도 諸法이 本來 空한 줄을 알지 못함을 緣하여 마음이 能所가 있으면 衆生의 見을 여의지 못하나 만약 能히 經을 듣고 道를 알아 我, 人이 능히 다 없으면 말씀에 의하면 곧 부처님일 것이니, 몸을 버린 漏가 없는 慧에 비유하면 實로 미치지 못하므로 비록 十方에 보배를 모으며 三世에 몸을 버려도 經의 四句偈 지님과 같지 못할 것이다. 注에 이른 心有能所의 네 字를 一本에 이르되, "能捨와 所捨의 마음이 있으면 本來 衆生의 見을 여의지 못할 것이다" 하니, 이 새김이 뜻이 또 分明하므로 둘로 새겨 둔다.

(주 의역) **부처님이 설하시기를 말법 시절에 이 경을 능히 듣고 믿는 마음**

이 거슬리지 않으면 사상(四相)이 나지 않을 것이니, 곧 이것은 부처님의 지견(知見)이다. 이 사람의 功德이 앞의 많은 겁(劫) 동안 몸을 버린 공덕보다 더 뛰어나 백천만억 겁으로도 비유하지 못할 것이다. 한 순간에 경에 들어가도 그 복이 오히려 이렇게 많으니, 하물며 또 능히 쓰며 받아 지니며 읽고 외워 다른 사람을 위하여 새겨 이름에 있어서이겠는가? 마땅히 알아라. 이 사람은 분명히 아뇩다라삼먁삼보리를 이루게 된다. 그러므로 가지가지 방편으로 이와 같이 심히 깊은 경전을 설하시어, 모든 상(相)을 여의고 나서 아뇩다라삼먁삼보리를 얻게 하시니, 얻게 되는 복덕이 끝이 없는 것이다. 많은 겁을 몸을 버려 보시하여도 모든 것이 본래 비어 있는[空] 줄을 알지 못하면 마음에 능히 하는 것[能]과 하는 대상이 되는 것[所]이 있게 되어 원래 중생의 소견을 여의지 못하게 되지만 만약 능히 경을 듣고 도(道)를 깨달아 사상(四相)을 문득 다하면 곧 부처님인 것이다. 몸을 버린 유루(有漏)의 복을 가지고서 무루(無漏)의 지혜에 비교한다는 것은 실제로 가히 미치지 못하므로, 비록 시방세계에 보배를 모으며 삼세(三世)가 지나도록 몸을 버려도 경(經)의 네 글귀 지님과 같지 못할 것이다. 육조 혜능 스님의 주해에서 말한 마음에 능소(能所)가 있다[心有能所]는 네 글자를 일설(一說)에 말하기를 "능사(能捨)와 소사(所捨)의 마음이 있으면 본래 중생의 소견을 여의지 못할 것이다." 하니, 이렇게 새기는 뜻이 또 분명하므로 주해에 둘 다 밝혀 둔다.

주 해

- 시러: 능히. '시러'는 주로 '能'의 언해에, '어루'는 주로 '可'의 언해에 사용되었음.
- 더어: 더하여. 더으- + 어.

경 본문 須菩提야 以要言之컨댄 是經이 有不可思議不可稱量無邊功德ᄒᆞ니

경 언해 須슝菩뽕提뗑·여 조ᄾᆞᄅᆞ외·요ᄆᆞ·로 니ᄅᆞ건·댄 이 經경·이 어·루 思ᄉᆞᆼ議·읭 :몯ᄒᆞ·며 어·루 稱·칭量량 :몯ᄒᆞᆯ 無뭉邊변ᄒᆞᆫ 功공德·득·이 잇ᄂᆞ·니

경 직역 須菩提야! 중요함으로 이르면, "이 經이 가히 思議를 못하며, 가

히 稱量을 못할 無邊 功德이 있으니,"

경 의역 **수보리야! 중요한 것으로 말하면 이 경은 가히 생각으로 헤아릴 수 없고, 가히 말로써 할 수도 없고, 한량없고 끝이 없는 공덕이 있으니,**

주 해

- 조ᄉᆞᄅᆞ외요ᄆᆞ로: 긴요함으로, 종요로움으로. 조ᄉᆞᄅᆞᆸ- + 옴 + ᄋᆞ로, '조ᄉᆞᄅᆞ외-'는 '조ᄉᆞᄅᆞᆸ-'이 불규칙활용한 결과이며, '욤'은 명사형 '옴'이 'ㅣ' 모음이나 하향이중모음의 주음 'y' 뒤에서 순행동화를 일으킨 결과임.

주 본문 持経之人이 心無我所ᄒᆞ니 無我所故로 是佛心이니 佛心功德이 無有邊際故로 言不可稱量이라【金剛經 94ㄱ】☞ ᄒᆞ시니라

주 언해 持띵經경ᄒᆞᆯ :싸ᄅᆞ·미 ᄆᆞᅀᆞ미 我:ᅌᅡᆼ所:송ㅣ :업스·니 我:ᅌᅡᆼ所:송 :업슬·씨 ·이 佛·뿛心심·이·니 佛·뿛心심ㅅ 功공德·득·이 :ᄀᆞᆺ:업슬·씨 니ᄅᆞ·샤·ᄃᆡ 不·붏可:캉稱·칭量량·이·라 ·ᄒᆞ·시니·라

주 직역 持經할 사람이 마음이 我所가 없으니 我所가 없으므로 이는 佛心이니 佛心의 功德이 가없으므로 이르시되 不可稱量이라 하셨다.

주 의역 **경(經)을 지니는 사람은 마음에 내 것[我所]이 없게 되니, 내 것이 없으므로 곧 이것은 불심(佛心)이니 불심공덕(佛心功德)이 끝이 없으므로 말씀하시기를 '헤아릴 수 없다[不可稱量].'고 하셨다.**

경 본문 如來爲發大乘者ᄒᆞ야 說ᄒᆞ며 爲發最上乘者ᄒᆞ야 說ᄒᆞᄂᆞ니 若有人이 能受持讀誦ᄒᆞ야 廣爲人說ᄒᆞ면 如來ㅣ 悉知是人ᄒᆞ며 悉見是人ᄒᆞᄂᆞ니 皆得成就不可量不可稱無有邊不可思議功德ᄒᆞ리니 如是人等은 卽爲荷檐如來阿耨多羅三藐三菩提니

경 언해 如ᅀᅧᆼ來링ㅣ 大·땡乘씽 發·벓ᄒᆞ·리 爲·윙·ᄒᆞ·야 니ᄅᆞ며 最·죙上·썅乘씽發벓ᄒᆞ·리 爲·윙ᄒᆞ·야 니라ᄂᆞ·니 ·ᄒᆞ다·가 :사ᄅᆞ·미 能능【金剛經 94ㄴ】☞ ·히 受:쓯持띵 讀·똑誦·쑝·ᄒᆞ·야 너·비 ·ᄂᆞᆷ 爲:윙·ᄒᆞ·야 니ᄅᆞ·면 如ᅀᅧᆼ來링ㅣ ·이 :사ᄅᆞ·ᄆᆞᆯ :다 :알·며 ·이 :사ᄅᆞ·ᄆᆞᆯ :다 ·보ᄂᆞ·니 :다 어·루 量량·티 :몯ᄒᆞ·며 어·루 稱·칭·티 :몯ᄒᆞ·며 :ᄀᆞᆺ:업·슨 不·붏可:캉思ᄉᆞᆼ議·읭功

공德·득·을 일·우리·니 이 ·ᄀᆞᄐᆞᆫ :사ᄅᆞᆷ·ᄃᆞᆯᄒᆞᆫ ·곧 如셩來링ㅅ 阿항耨·녹多당羅랑三삼藐·먁三삼菩뽕提똉·를 머·유미·니

경 직역 如來께서 大乘을 發할 이를 爲하여 이르며 最上乘 發할 이를 爲하여 이르니, 만약 사람이 能히 受持 讀誦하여 널리 남을 爲하여 이르면, 如來가 이 사람을 다 알며 이 사람을 다 보니, 다 가히 헤아리지 못하며 가히 稱하지 못하며 가 없는 不可思議 功德을 이룰 것이니, 이 같은 사람들은 곧 如來의 阿耨多羅三藐三菩提를 짊어질 것이니,

경 의역 여래가 대승심(大乘心)을 일으킨 사람을 위하여 설하니, 만약 어떤 사람이 능히 받아 지녀 읽고 외워 널리 다른 사람을 위하여 말하면, 여래가 이 사람을 다 알며 이 사람을 다 보니 다 가히 헤아리지 못하며 가히 일컫지 못하며 끝없이 헤아릴 수 없는 공덕을 이룰 것이니, 이 같은 사람들은 곧 여래의 아뇩다라삼먁삼보리를 짊어질 것이다.

주 해

- 머유미니: 짊어짐이니. '머윰'은 '머-'와 명사형 '-움'의 결합으로 보이며 '머-'는 '메-'와 관련이 있는 듯하다.

주 본문 大乘者ᄂᆞᆫ 智慧廣大ᄒᆞ야 善能建立一切法이오 最上乘者ᄂᆞᆫ 不見垢法이 可猒ᄒᆞ며 不見淨法이 可求ᄒᆞ며 不見衆生이 可度ᄒᆞ며 不見涅槃이 可證ᄒᆞ며 不作度衆生心ᄒᆞ며 亦不作不度衆生心ᄒᆞᄂᆞ니 是名最上乘이며 亦名一切智며 亦名無生忍이며 亦【金剛經 95ㄱ】☞ 名大般若ㅣ니 若有人이 發心求佛無上道호ᄃᆡ 聞此無相無爲甚深之法ᄒᆞ고 卽當信解受持ᄒᆞ야 爲人解說ᄒᆞ야 令其深悟ᄒᆞ야 不生毁謗ᄒᆞ야 得大忍力과 大智慧力과 大方便力게 ᄒᆞ야ᅀᅡ 方能通流此経也ㅣ니라 上根之人이 聞此経典ᄒᆞ고 得深悟佛意ᄒᆞ야 持自心経ᄒᆞ야 見性究竟ᄒᆞ고 復起利他之行ᄒᆞ야 能爲人解說ᄒᆞ야 令諸學者로 自悟無相之理ᄒᆞ야 得見本性如來ᄒᆞ야 成無上道케ᄒᆞᄂᆞ니 當知說法之【金剛經 95ㄴ】☞ 人의 所得功德이 無有邊際ᄒᆞ야 不可稱量이로다 聞経解義ᄒᆞ야 如教修行ᄒᆞ고 復能廣爲人說ᄒᆞ야 令諸衆生으로 得悟修行無相無著之行케ᄒᆞ니 以能行此行者ㅣ 有大智慧光明ᄒᆞ야 出離塵勞ᄒᆞ야 雖離塵勞ᄒᆞ나 不

作離塵勞之念ᄒᆞ야 卽得阿耨多羅三藐三菩提ᄒᆞᆯ시 故名荷檐如來니 當知持経之人이 自有無量無邊不可思議功德이로다

주 언해 大·땡乘씽·은 智·딩慧·ᅘᅰᆼ 넙·고 ·커 이·대 능·히 一·ᅙᅵᇙ切·촁 法·법·을 :셰유·미·오 最·죙上·썅 乘씽·은 :더러·운 法·법 【金剛經 96ㄱ】 ☞ ·이 어·루 ·슬호·ᄆᆞᆯ 보·디 :몯ᄒᆞ·며 ·조ᄒᆞᆫ 法·법·이 어·루 求꾸ᇢ·호·ᄆᆞᆯ 보·디 :몯ᄒᆞ·며 衆·쥬ᇰ生ᄉᆡᆼ·이 어·루 濟·졩度·또ᇢ·호·ᄆᆞᆯ 보·디 :몯ᄒᆞ·며 涅·넗槃빤·이 어·루 證·징·호·ᄆᆞᆯ 보·디 :몯ᄒᆞ며 衆·쥬ᇰ生ᄉᆡᆼ 濟·졩度·또ᇢㅅ ᄆᆞᅀᆞ·ᄆᆞᆯ :짓·디 :말·며 ·ᄯᅩ 衆·쥬ᇰ生ᄉᆡᆼ 濟·졩度·또ᇢ 아·니·ᄒᆞᆫ ᄆᆞᅀᆞ·ᄆᆞᆯ :짓·디 :마ᄂᆞ·니 ·이 일·후·미 最·죙上·썅 乘씽·이·며 ·ᄯᅩ 일·후·미 一·ᅙᅵᇙ切·촁智·딩·며 ·ᄯᅩ 일·후·미 無뭉生ᄉᆡᆼ忍:ᅀᅵᆫ·이·며 ·ᄯᅩ 일·후·미 大·땡般·밣若:ᅀᅣᆼㅣ·니 ·ᄒᆞ다·가 :사ᄅᆞ·미 發·벓心심·ᄒᆞ·야 부텻 無뭉上·썅道:똫·ᄅᆞᆯ 求꾸ᇢ·호·ᄃᆡ ·이 相·샹 :업스·며 ·ᄒᆞ욤 :업·슨 甚·씸·히 기·픈 法·법·을 듣·고 ·곧 반·ᄃᆞ기 信·신解:ᅘᆡᆼ受:쓯持띵·ᄒᆞ·야 ·ᄂᆞᆷ 爲·윙·ᄒᆞ·야 사·겨 닐·어 기·피 아·라 허·러 구·지조·ᄆᆞᆯ :내·디 아·니·ᄒᆞ·야 大·땡忍:ᅀᅵᆫ力·륵·과 大·땡智·딩慧·ᅘᅰᆼ力·륵과 大·땡方방便·뼌力·륵·을 得·득·게 ·ᄒᆞ야·ᅀᅡ 能능·히 ·이 經경·을 流률通통ᄒᆞ·리·라 上·썅根근·엣 :사ᄅᆞ·미 ·이 經경典:뎐·을 듣 【金剛經 96ㄴ】 ☞ ·고 기·피 부텻 ·ᄠᅳᆮ :아·ᅀᆞ오·ᄆᆞᆯ 得·득·ᄒᆞ·야 自·ᄍᆞᆼ心심經경·을 디·녀 性·셩·을 ·보·아 ᄆᆞᆺ·고 ·ᄯᅩ ·ᄂᆞᆷ 利·링:히·ᄂᆞᆫ 行·ᅘᆡᆼ·ᄋᆞᆯ 니ᄅᆞ와·다 能능·히 :사ᄅᆞᆷ 爲·윙·ᄒᆞ·야 사·겨 닐·어 비·홀 :싸ᄅᆞᆷ·ᄃᆞᆯᄒᆞ·로 :제 無뭉相·샹 理:링·ᄅᆞᆯ 아·라 本:본性·셩 如ᅀᅧᆼ來ᄅᆡᆼ·ᄅᆞᆯ 시·러 ·보·아 無뭉上·썅 道:똫·ᄅᆞᆯ 일·우게 ·ᄒᆞᄂᆞ·니 說·ᄉᆑᇙ法·법 ᄒᆞᆯ :싸ᄅᆞ·ᄆᆡ 得·득ᄒᆞᆫ 功공德·득·이 :ᄀᆞ·ᅀᅵ :업서 어·루 稱·칭量량 :몯ᄒᆞᆯ ·ᄯᅩᆯ 반·ᄃᆞ기 :알·리로·다 經경 듣·고 ·ᄠᅳᆮ 아·라 ᄀᆞᄅᆞ·치·샴 다·이 行·ᅘᆡᆼ ᄃᆞᆺ·고 ·ᄯᅩ 能능·히 너·비 :사ᄅᆞᆷ 爲·윙·ᄒᆞ·야 닐어 衆·쥬ᇰ生ᄉᆡᆼ·ᄃᆞᆯᄒᆞ·로 아·로·ᄆᆞᆯ 得·득·ᄒᆞ·야 無뭉相·샹 無뭉著·땩行·ᅘᆡᆼ·ᄋᆞᆯ 修슐行ᅘᆡᆼ·케 ᄒᆞ·니 ·이 行·ᅘᆡᆼ·ᄋᆞᆯ 能능·히 行ᅘᆡᆼᄒᆞᆯ :싸ᄅᆞ·미 ·큰 智·딩慧·ᅘᅰᆼ 光광明명·이 이·셔 塵띤勞롷·애 ·나 여·희여 비·록 塵띤勞롷·ᄅᆞᆯ 여·희·나 塵띤勞롷 여·흰 念·념·을 :짓·디 아·니·ᄒᆞ·야 ·즉재 阿항耨·녹多당羅랑三삼藐·먁三삼菩뽕提똉·ᄅᆞᆯ 得·득 ᄒᆞᆯ·ᄊᆡ 일·후·미 荷·ᅘᅡᆼ檐 【金剛經 97ㄱ】 ☞ ·담如ᅀᅧᆼ來ᄅᆡᆼ·니 持띵經경·ᄒᆞᄂᆞᆫ

:사ᄅᆞ·미 :제 無뭉量·량 無뭉邊변 不·붏可:캉思ᄉᆞ議·읭 功공德·득·을 ·뒷ᄂᆞᆫ ·ᄃᆞᆯ 반·ᄃᆞ기 아·롤 ·ᄯᅵ로·다

(주 직역) 大乘은 智慧가 넓고 커 능히 잘 一切法을 세움이고, 最上乘은 더러운 法이 가히 싫음을 보지 못하며 깨끗한 法이 가히 求함을 보지 못하며 衆生이 가히 濟度함을 보지 못하며 涅槃이 가히 證得함을 보지 못하며 衆生 濟度의 마음을 짓지 말며 또 衆生을 濟度하지 않은 마음을 짓지 마니, 이것은 이름이 最上乘이며 또 이름이 一切智며 또 이름이 無生忍이며 또 이름이 大般若이니 만약 사람이 發心하여 부처님의 無上道를 求하되 이것이 相이 없으며 함이 없는 甚히 깊은 法을 듣고 곧 반드시 信解 受持하여 남을 爲하여 새겨 일러 깊이 알아 헐어 꾸짖음을 내지 않아 大忍力과 大智慧力과 大方便力을 得하게 하여야 能히 이 經을 流通할 것이다. 上根에 있는 사람이 이 經典을 듣고 깊이 부처의 뜻을 앎을 得하여 自心經을 지녀 性을 보아 마치고 또 남을 이롭게 하는 行을 일으켜 能히 사람을 爲하여 새겨 일러 배우는 사람들로 스스로가 無相理를 알아 本性如來를 능히 보아 無上道를 이루게 하니 說法할 사람이 得할 줄 반드시 알 것이다. 經을 듣고 뜻을 알아 가르치심과 같이 行을 닦고 또 能히 널리 사람들을 爲하여 無相 無著行을 修行하게 하니, 이 行을 能히 修行할 사람이 큰 智慧 光明이 있어 塵勞를 여의나 塵勞를 여읜 念을 짓지 않아 즉시 阿耨多羅三藐三菩提를 得하므로 이름이 荷擔如來이니 持經하는 사람이 스스로가 無量 無邊 不可思議 功德을 두고 있는 줄을 반드시 알 것이다.

(주 의역) **대승이란 지혜가 넓고 커 능히 잘 일체법을 바르게 세우는 것이고, 최상승(最上乘)은 더러운 법이 가히 싫어하는 소견을 보지 않으며, 깨끗한 법을 구하는 소견을 보지 않으며, 제도할 중생이란 소견도 보지 않으며, 열반을 가히 증득한다는 소견도 보지 않으며, 중생을 제도한다는 마음도 짓지 않으며, 또 중생을 제도하지 않는다는 마음도 내지 않는 것이니, 이것을 최상승(最上乘)이라 하며, 또 일체지(一切智)라 하며, 또 무생인(無生忍)이라 하며, 또 대반야(大般若)라 한다. 만약 어떤 사람이 발심하여 부처님의 무상도(無上道)를 구하되 이것이 상(相)이 없으며 함이 없는 심히 깊은 법임을 듣고서 곧 바로 믿고 알고 받아 지녀 남을 위하여 새겨 일러**

그로 하여금 깊이 깨달아 무너뜨려 훼방하게 하지 않아 크게 참는 힘[大忍力]과 큰 지혜의 힘[大智慧力]과 큰 방편의 힘[大方便力]을 얻게 하여야 능히 이 경을 유통하는 것이다. 상근기(上根機)에 있는 사람이 이 경전을 듣고 부처님의 뜻을 깊이 깨달아 얻어 자기 마음에 경[自心經]을 지녀 필경에는 견성(見性)하여 다시 남을 이롭게 하는 행(行)을 일으켜 능히 다른 사람을 위하여 새겨 일러 배우는 사람들로 하여금 스스로 상(相)이 없는 이치를 알게 하여 본래 성품인 여래를 능히 보아 위없는 도리[無上道]를 이루게 하니, 설법하는 사람이 반드시 최상승(最上乘)을 얻을 것임을 알 수 있다. 경을 듣고 뜻을 알아 가르치심과 같이, 행(行)을 닦고 또 능히 널리 다른 사람을 위하여 상(相)이 없고 집착이 없는 행(行)을 행(行)하게 되니, 이 행(行)을 능히 행(行)할 사람은 큰 지혜 광명이 있어서 비록 진로(塵勞)를 여의나 진로(塵勞)를 여의었다는 생각을 하지 않아 즉시 아뇩다라삼먁삼보리를 얻으므로 하담여래(荷擔如來)라 한다. 경을 지니는 사람이 스스로 한량없고 끝이 없는 생각조차 할 수 없는 공덕을 가지고 있는 줄을 반드시 알 것이다.

주 해

- 슬호ᄆᆞᆯ: 싫어함을. 슳- + 옴 + ᄋᆞᆯ.
- 다이: 답게.
- 무생인(無生忍): anutpattika-dharma-kṣānti. 제법이 태어남이 없고 멸함도 없는 이치를 관하는 것. = 무생법인(無生法忍).
- 자심경(自心經): 자기 마음의 경전 즉 금강경.
- 하담여래(荷擔如來): 여래의 아뇩다라삼먁삼보리를 짊어짐.

경 본문 何以故오 須菩提야 若樂小法者ᄂᆞᆫ 著我見人見衆生見壽者見ᄒᆞᆯᄉᆡ 卽於此経에 不能聽受讀誦ᄒᆞ야 爲人解說ᄒᆞᄂᆞ니라

경 언해 :엇·뎨어·뇨 須슝菩뽕提똉·여 ·ᄒᆞ다·가 :小숗法·법 즐기·ᄂᆞᆫ :사ᄅᆞ·ᄆᆞᆫ 我:앙見·견 人신見·견 衆·즁生ᄉᆡᇰ見·견 壽:쓩者:쟝見·견·에 著·땩ᄒᆞᆯ·ᄊᆡ ·곧 ·이 經경·에 能능·히 드·러 바·다 닐·그·며 외·와 ·ᄂᆞᆷ 爲·윙·ᄒᆞ·야 사·겨 니ᄅᆞ·디 :몯·ᄒᆞ·ᄂᆞ니·라

경 직역 어째서인가? 須菩提야! 만약 小法을 즐기는 사람은 我見, 人見, 衆生見, 壽者見에 執著하므로 곧 이 經에 能히 들어 받아 읽으며 외워 남을 爲하여 새겨 이르지 못하느니라.

경 의역 어째서인가? 수보리야! 만약 소승법(小乘法)을 좋아하는 사람은 나라는 소견, 사람이라는 소견, 오온이 화합한 것이 중생이라는 소견, 오래 산다는 소견에 집착하므로, 곧 이 경에 능히 들어와 받아 듣고 읽고 외워서 남을 위해 해설하지 못하는 것이다.

주 본문 何名樂小法者오 爲二乘聲聞人이 樂小果ᄒᆞ고【金剛經 97ㄴ】☞ 不發大心故로 卽於如來ㅅ 深法에 不能受持讀誦ᄒᆞ야 爲人解說ᄒᆞᄂᆞ니라

주 언해 므·스·기 일·후·미 小:숗法·법 ·즐·기ᄂᆞ·니·오 二·싱乘씽 聲셩聞문·엣 :사ᄅᆞ·미 小:숗果:광·ᄅᆞᆯ 즐기·고 大·땡心심·을 發·벓·티 :몯홀·ᄊᆡ ·곧 如셩來랭ㅅ 기·픈 法·법·에 能능·히 受:쓯持띵 讀·똑誦·쏭·ᄒᆞ·야 ·ᄂᆞᆷ 爲·윙·ᄒᆞ·야 사·겨 니ᄅᆞ·디 :몯·ᄒᆞ·ᄂᆞ니·라

주 직역 무엇이 이름이 小法을 즐기는 이인가? 二乘 聲聞에 있는 사람이 小果를 즐기고 大心을 發하지 못하므로 곧 如來의 깊은 法에 能히 受持 讀誦하여 남을 爲하여 새겨 이르지 못한다.

주 의역 무엇을 소승법(小乘法)을 즐기는 사람이라 하는가? 이승(二乘)의 성문(聲聞)인 사람은 작은 과(果)를 즐기고 큰 마음을 일으키지 못하므로, 곧 여래의 깊은 법에 대해 능히 받아 지니고 읽고 외워서 남을 위해 새겨 말하지 못한다.

경 본문 須菩提야 在在處處에 若有此經ᄒᆞ면 一切世間天人阿修羅의 所應供養이니 當知此處ㅣ 卽爲是塔이라 皆應恭敬作禮圍繞ᄒᆞ야 以諸華香으로 而散其處ㅣ니라

경 언해 須슝菩뽕提똉·여 在:찡在:찡處·청處·청·에 ·ᄒᆞ다·가 ·이 經경·이 이시·면 一·힗切·쳉 世·솅間간【金剛經 98ㄱ】☞ 天텬 人신 阿항修슝羅랑·의 供공養·양·홀 띠·니 반·ᄃᆞ기 :알·라 ·이 ·고디 ·곧 ·이 塔·탑·이·라

:다 恭공敬·경·ᄒᆞ·야 禮:롕數·숭ᄒᆞ·고 圍윙繞:ᅀᅟᅭᇢ·ᄒᆞ·야 華뽱香향·둘ᄒᆞ·로 그 고·대 ᄒᆞ·톨 ·띠니·라

경 직역 須菩提야! 在在處處에 만약 이 經이 있으면, 一切 世間 天 人 阿修羅가 供養할 것이니, 반드시 알라, 이곳이 곧 이 塔이다. 다 恭敬하여 禮拜하고 圍繞하여 華香들로 그곳에 흩을 것이다.

경 의역 **수보리야! 어느 곳이든지[在在處處] 만약 이 경이 있다면 모든 세간의 하늘, 사람, 아수라(阿修羅)가 마땅히 공양할 것이니, 마땅히 알아라. 이것이 곧 불탑(佛塔)과 같아 모두가 공경하고 예배하고 주위를 돌고 그곳을 꽃과 향으로 흩을 것이다.**

주 해

- 一切 世間 天 人 阿修羅의 供養홀 띠니(一切世間天人阿修羅의 所應供養이니): 모든 세간의 하늘, 사람, 아수라에 의해 공양을 받을 것이니. 원문은 무표적 피동문이다.
- 다 恭敬ᄒᆞ야 禮數ᄒᆞ고 圍繞ᄒᆞ야 華香둘ᄒᆞ로 그 고대 ᄒᆞ톨 띠니라: 다 공경하여 예의를 표하고, 둘러싸서 꽃을 흩을 것이다.

주 본문 若人이 口誦般若ᄒᆞ고 心行般若ᄒᆞ야 在在處處에 常行無爲無相之行ᄒᆞ면 此人所在之處ㅣ 如有佛塔ᄒᆞ야 感得一切天人이 各持供養ᄒᆞ야 作禮恭敬ᄒᆞ야 與佛無異ᄒᆞ리니 能受持經者ᄂᆞᆫ 是人心中에 自有世尊故로 云如佛塔廟ㅣ라ᄒᆞ시니 當知所得福德이 無量無邊也ㅣ로다

주 언해 ·ᄒᆞ다·가 :사ᄅᆞ·미 이·베 般·밣若:샹·ᄅᆞᆯ 외【金剛經 98ㄴ】☞ ·오·고 ·ᄆᆞᅀᆞ·매 般·밣若:샹·ᄅᆞᆯ 行ᅘᆡᇰ·ᄒᆞ·야 在:ᄍᆡᇰ在:ᄍᆡᇰ處·쳥處·쳥·에 샹·녜 無뭉爲윙 無뭉相·샹行·ᅘᆡᇰ·ᄋᆞᆯ 行ᅘᆡᇰᄒᆞ·면 ·이 :사ᄅᆞ·미 잇·ᄂᆞᆫ ·고디 부텻 塔·탑 이·슈미 ·ᄀᆞᆮ·ᄒᆞ·야 一·ᅙᅵᇙ切·쳉 天텬 人ᅀᅵᆫ·이 各·각各·각 供공養·양 가·져 禮:롕數·숭·ᄒᆞ·야 恭공敬·경·ᄒᆞ야 부텨·와 달·옴 :업수·믈 感:감·ᄒᆞ·야 :어·드리·니 能능·히 經경 受:쓯持띵·ᄒᆞᄂᆞ·닌 ·이 :사ᄅᆞ·ᄆᆡ 心심 中듕·에 :제 世·솅尊존·이 :겨실·씨 如셩佛·뿛塔·탑廟·묠ㅣ·라 니ᄅᆞ·시·니 得·득·혼 福·복德·득·이 無뭉量·량 無뭉邊변ᄒᆞᆫ ·둘 반·ᄃᆞ기 아·롤 ·띠로·다

주 직역 만약 사람이 입에 般若를 외우고 마음에 般若를 行하여 在在處處에 항상 無爲 無相行을 行하면 이 사람의 있는 곳이 부처님의 塔이 있음과 같아 一切 天, 人이 各各 供養을 가져 禮拜하여 恭敬하여 부처님과 다름 없음을 感하여 얻을 것이니 能히 經을 受持하는 이는 이 사람의 心 中에 스스로가 世尊이 계시므로 부처님의 塔廟라 이르시니, 得한 福德이 無量 無邊한 줄 반드시 알 것이다.

주 의역 만약 사람이 입으로 반야를 외우고 마음으로 반야를 행(行)하여 어느 곳이든지 항상 함이 없고[無爲] 상이 없는[無相] 행(行)을 행(行)하면 이 사람이 있는 곳은 부처님의 탑이 있음과 같은 것이다. 은혜를 느낀 모든 인간과 천상이 각각 공양하고 예를 올려 공경하여 부처님과 더불어 다름없이 느껴 얻을 것이다. 능히 경(經)을 받아 지니는 사람은 이 사람의 마음 가운데 스스로 세존이 계시므로 부처님의 탑묘와 같다고 말씀하시니 얻은 복덕이 한량없고 가 없는 줄 반드시 알 것이다.

주 해

- 이슈미 ᄀᆞᆮᄒᆞ야: 있음과 같아야. 15세기의 'ᄀᆞᆮᄒᆞ-'는 현대국어와는 달리 '-이'를 지배하였음.
- 能히 經 受持ᄒᆞᄂᆞ닌 이 사ᄅᆞ믹 心 中에 제 世尊이 겨실씨: 한 생각이 바를 때 바로 그 한 생각이 부처이므로, 경의 내용을 바로 알아 수행하면 이 사람의 마음속에는 바로 부처가 있다.

能淨業障分 第十六(능정업장분 제십육)

경 본문 復次須菩提야 若善男子善女人이 受持讀誦此経호ᄃᆡ 若爲人輕賤ᄒᆞ면 是人의 先世罪業이 應墮惡 【金剛經 99ㄱ】 ☞ 道ㅣ언마ᄅᆞᆫ 以今世人輕賤故로 先世罪業이 卽爲消滅ᄒᆞ야 當得阿耨多羅三藐三菩提ᄒᆞ리라

경 언해 ·ᄯᅩ 버·거 須슝菩뽕提똉·여 善:썬男남子:ᄌᆞᆼ 善:썬女:녕人신·이 ·이 経경·을 受:쓩持띵 讀·똑誦·쑝·호·ᄃᆡ ·ᄒᆞ다·가 ᄂᆞ·ᄆᆡ 가·ᄇᆡ야·이 ᄂᆞᆯ·아·이 너·교·미 ᄃᆞ외·면 ·이 :사ᄅᆞ·ᄆᆡ 先션世·솅 罪:쬥業·업·이 惡·학道:똫·애 ᄠᅥ·러디·리언마·ᄅᆞᆫ 今금世·솅·예 ·ᄂᆞᄆᆡ 가·ᄇᆡ야·이 ᄂᆞᆯ·아·이 너·길·씨 先션世·솅 罪:쬥業·업·이 ·곧 消숗滅·멿·ᄒᆞ야 반·ᄃᆞ기 阿항耨·녹多당羅랑三삼藐·막三삼菩뽕提똉·ᄅᆞᆯ 得·득ᄒᆞ·리·라

경 직역 또 다음에 須菩提야! 善男子 善女人이 이 經을 受持 讀誦하되 만약 남에게 가볍게 賤하게 여김을 당하면, 이 사람이 先世 罪業이 惡道에 떨어질 것이지만, 今世에 남이 가볍게 여기고 賤視하기 때문에 先世 罪業이 곧 消滅하여 반드시 阿耨多羅三藐三菩提를 得하리라.

경 의역 또 수보리야! 선남자 선여인이 이 경을 받아 지니고 읽고 외우더라도 만약 남에게 업신여김을 당하면 이 사람은 전생에 지은 죄업으로 마땅히 악도에 떨어질 것이지만, 금세에 사람들이 가볍게 여기고 천시하기 때문에 전생의 죄업이 소멸하여 반드시 아뇩다라삼먁삼보리를 증득할 것이다.

주 해

- ᄂᆞᆯ아이: 천하게.
- ᄂᆞᄆᆡ 가ᄇᆡ야이 ᄂᆞᆯ아이 너교미 ᄃᆞ외면(若爲人輕賤ᄒᆞ면): 남에게 가볍고 賤하게 여김을 당하면, 원문의 '爲' 피동문이다. 고전 중국어의 '爲' 피동문은 불경에서 대부분 '爲…所…'의 형태로 나오나 여기서와 같이 '爲+피동문의 동작 명사구' 형태로도 표현된다.

(주 본문) 佛言ᄒᆞ샤ᄃᆡ 持経之人이 合得一切天人의 恭敬供養이로ᄃᆡ 爲前生애 有重業障故로 今生에 雖【金剛經 99ㄴ】☞ 得受持諸佛如來ㅅ 甚深経典ᄒᆞ나 常被人의 輕賤ᄒᆞ며 不得人의 恭敬供養ᄒᆞ야도 自以受持経典故로 不起人我等相ᄒᆞ야 不問冤親ᄒᆞ야 常行恭敬ᄒᆞ야 心無惱恨ᄒᆞ야 蕩然無所計較ᄒᆞ야 念念에 常行般若波羅蜜行ᄒᆞ야 曾無退轉ᄒᆞ니 以能如是修行故로 得無量劫으로 以至今生히 所有極重惡罪障이 竝能消滅ᄒᆞᄂᆞ니라 又約理而言컨댄 先世ᄂᆞᆫ 卽是前念妄心이오 今世者ᄂᆞᆫ 卽是後念覺心이니 以後念【金剛經 100ㄱ】☞ 覺心으로 輕賤前念妄心ᄒᆞ야 妄이 不得住故로 云先世罪業이 卽爲消滅이라ᄒᆞ시니 妄念이 旣滅ᄒᆞ면 罪業이 不成ᄒᆞ야 卽得菩提也ᄒᆞ리라

(주 언해) 부:톄 니ᄅᆞ·샤·ᄃᆡ 經경 디·닐 :싸ᄅᆞ·미 一·힗切·쳉 天텬 人신·의 恭공敬·경 供공養·양 得·득·호미 ·맛당ᄒᆞ·니로·ᄃᆡ 前쪈生싱·애 重:뜡ᄒᆞᆫ 業·업障·쟝·이 이실·ᄊᆡ 今금生싱·애 비·록 諸졍佛·뿛如셩來링ㅅ 甚·씸深심 經경典:뎐 受:쓩持띵·호·ᄆᆞᆯ 得·득ᄒᆞ·나 샹·녜 ᄂᆞ·ᄆᆡ 輕켱賤·쪈·호·ᄆᆞᆯ 니·브·며 ᄂᆞ·ᄆᆡ 恭공敬·경 供공養·양·ᄋᆞᆯ 得·득·디 ·몯·ᄒᆞ야·도 :제 經경典:뎐을 受:쓩持띵·ᄒᆞᄂᆞᆫ 젼·ᄎᆞ·로 人신 我:앙 等:등 相·샹·ᄋᆞᆯ 니ᄅᆞ왇·디 아·니·ᄒᆞ·야 冤원讐쓭·와 아·ᅀᆞᆷ·과 :묻·디 아·니·ᄒᆞ·야 샹·녜 恭공敬·경·을 行ᅘᆡᆼ·ᄒᆞ·야 ᄆᆞᅀᆞ·매 측·호미 :업서 훤히 :혜·미【金剛經 100ㄴ】☞ :업서 念·념念·념·에 샹·녜 般·밠若:샹波방羅랑蜜·밇行·ᅘᆡᆼ·ᄋᆞᆯ 行ᅘᆡᆼ·ᄒᆞ·야 :잢간·도 믈·리 그우·루·미 :업스·니 能능·히 ·이·ᄀᆞ티 修슣行ᅘᆡᆼ·ᄒᆞᄂᆞᆫ 젼·ᄎᆞ·로 無뭉量·량劫·겁·으·로 今금生싱·애 니·르릿 ·뒷·논 至·징極·끅 :모딘 罪:쬥障·쟝·이 :다 能능·히 消숗滅·몷·호·ᄆᆞᆯ 得·득·ᄒᆞ·ᄂᆞ니·라 ·ᄯᅩ 理:링·를 자·바 니ᄅᆞ건·댄 先션世·솅·ᄂᆞᆫ ·곧 ·이 앒 念·념ㅅ :거·즛 ᄆᆞᅀᆞ·미·오 今금世·솅·ᄂᆞᆫ ·곧 ·이 後:ᅘᆗ念·념 :아ᄂᆞᆫ ᄆᆞᅀᆞ·미·니 後:ᅘᆗ念·념 覺·각心심·으·로 前쪈念·념 妄·망心심·을 輕켱賤·쪈·히 너·겨 妄·망·이 住·뜡·티 :몯ᄒᆞᆯ·ᄊᆡ 先션世·솅 罪:쬥業·업·이 ·곧 消숗滅·몷·이·라 니ᄅᆞ·시·니 妄·망念·념·이 ᄒᆞ·마 :업스·면 罪:쬥業·업·이 :이·디 :몯·ᄒᆞ·야 ·곧 菩뽕提똉·를 得·득ᄒᆞ·리·라

(주 직역) 부처님이 이르시되 經을 지닐 사람이 一切 天, 人의 恭敬 供養을

得함이 마땅한 것이되, 前生에 重要한 業障이 있으므로 今生에 비록 모든 佛如來의 깊은 經典을 受持함을 得하나 항상 남의 輕賤함을 입으며 남의 恭敬 供養을 得하지 못하여도 스스로가 經典을 受持하는 까닭으로 人 我 等 相을 일으키지 않아, 冤讐와 知人을 묻지 않아 항상 恭敬을 行하여 마음에 恨스러움이 없어 훤히 헤아림이 없어 念念에 항상 般若波羅蜜行을 行하여 잠깐도 물러나게 굴림이 없으니, 能히 이같이 修行하는 까닭으로 無量劫으로 今生에 이르는 것의 두고 있는 至極 모진 罪障이 이것이 다 能히 消滅함을 得하느니라. 또 理를 잡아 이르면 先世는 곧 이 앞 念의 거짓 마음이고 今世는 곧 이 후념 아는 마음이니 後念 覺心으로 前念 妄心을 輕賤히 여겨 妄이 住하지 못하므로 先世 罪業이 곧 이것이 消滅이라 이르시니 妄念이 이미 없으면 罪業이 일지 못하여 곧 菩提를 得하리라

주 의역 부처님이 설하시기를, "경을 지닌 사람이 모든 하늘과 사람의 공경과 공양을 받는 것이 마땅한 것이나, 지나온 많은 생에서 무거운 업장이 있으므로 금생에 비록 모든 여래의 깊은 경전을 받아 지녔으나 항상 남의 공경과 공양을 받지 못하여도 스스로 경전을 받아 지닌 까닭으로 나라는 상(相), 사람이라는 상(相) 등을 일으키지 않아 원수와 친한 사람을 가리지 않고 항상 공경을 행(行)하여 마음에 번뇌와 한이 없어 흔적도 없이 훤히 이리조리 생각을 굴리지 않아 생각 생각 항상 반야바라밀을 행(行)하여 잠깐도 물러남이 없으니, 능히 이와 같이 수행하는 까닭으로 무량겁으로부터 금생에 이르기까지 가진 극히 무겁고 모진 장애가 모두 소멸하게 된다. 또 이치로써 말하면 전생[先世]은 곧 이 앞생각[過去]의 거짓된 마음이고 금세(今世)는 곧 뒷생각의 깨달은 마음이니, 뒷생각의 깨달은 마음으로 앞생각의 거짓된 마음을 업신여겨서 망심이 머무르지 못하게 하니, 그러므로 선세(先世)의 죄업이 소멸된다고 이른다. 망념이 이미 없어지면 죄업이 일어나지 못하여 곧 보리를 얻게 된다."

주 해

- 아숨: 친척. 여기서는 '친척'의 의미에 국한되기보다는 '친한 사람' 정도의 의미로 쓰였음.
- 니르릿 뒷논: 이르도록 두고 있는. '니르릿'은 부사 '니르리'에 음성적인 이유

로 'ㅅ'이 첨가된 것으로 보임.

- ᄆᆞᅀᆞ매 측호미 업서(心無惱恨ᄒᆞ야): 마음에 번뇌를 한하는 것이 없어.

경 본문 須菩提야 我念過去無量阿僧祇劫에 於然燈佛【金剛經 101ㄱ】☞ 前에 得值八百四千萬億那由他諸佛ᄒᆞᅀᆞ와 悉皆供養承事ᄒᆞ야 無空過者호니 若復有人이 於後末世예 能受持讀誦此經ᄒᆞ면 所得功德이 於我所供養諸佛功德에 百分에 不及一ᄒᆞ며 千萬億分이며 乃至算數譬喩의 所不能及이리라

경 언해 須슝菩뽕提뗑·여 ·내 念·념·호·ᄃᆡ 過·광去·컹 無뭉量·량 阿항僧ᅌᅳᆼ祇낑劫·겁·에 然ᅀᅧᆫ燈ᄃᆼ佛·뿛ㅅ 알·ᄑᆡ 八·밣百·ᄇᆡᆨ四·ᄉᆼ千쳔萬·먼億·ᅙᅳᆨ 那낭由융他탕 諸졍佛·뿛·을 맛·나ᅀᆞ·와 :다 供공養·양·ᄒᆞᅀᆞ·와 바·다 셤·기ᅀᆞ·와 空콩·히 :디내·니 :업수·니 ·ᄒᆞ다·가 ·ᄯᅩ :사ᄅᆞ·미 後:ᅘᅮᇢ 末·맗世·솅예 能ᄂᆼ·히 ·이 經경·을 受:쑤ᇢ持띵 讀·똑誦·쑈ᇰᄒᆞ·면 得·득·ᄒᆞᆫ 功공德·득·이 내 諸졍【金剛經 101ㄴ】☞ 佛·뿛 供공養·양·ᄒᆞᅀᆞ·온 功공德·득·에 百·ᄇᆡᆨ分·뿐·에 ᄒᆞ나·토 :몯 미·츠·며 千쳔萬·먼億·ᅙᅳᆨ分·뿐·이·며 算·솬數·숭 譬·핑喩·융의 能ᄂᆼ·히 밋·디 :몯·호매 니·르리·라

경 직역 須菩提야! 내 念하되, '過去 無量 阿僧祇劫에 然燈佛의 앞에 八百四千萬億 那由他 諸佛을 만나, 다 供養하여 받아 섬겨, 空히 지내는 이 없으니, 만약 또 사람이 後末世에 能히 이 經을 受持 讀誦하면, 得한 功德이 내가 諸佛을 供養하는 功德에 百分에 하나도 못 미치며, 千萬億分이며 算數 譬喩의 能히 미치지 못함에 이르리라.

경 의역 수보리야! 내가 생각하기를, 과거의 한량없는 아승기겁에 연등불(然燈佛) 이전에 팔백사천만억(八百四千萬億) 나유타의 모든 부처님을 만나 다 공양하고 받들어 섬겨 헛되이 지내지 않았으나, 만약 또 어떤 사람이 뒤의 말세에 능히 이 경을 받아 지니고 읽고 외우면, 얻는 공덕이 내가 모든 부처님께 공양하는 공덕에 비해 백분의 일도 미치지 못하며 천만억분 더 나아가서 숫자로는 능히 미치지 못함에 이를 것이다.

주 해

- 得혼 功德이 내 諸佛 供養ᄒᆞᅀᆞ온 功德에 百分에 ᄒᆞ나토 몯 미츠며 千萬億分

이며 算數 譬喩의 能히 밋디 몯호매 니를리라: 아무리 큰 복덕이라도 여기에 미치지 못한다는 뜻으로, 무상의 도의 깨달음은 무여 열반에 이르는 것으로 비유가 불가능한 경지다. 즉 이 공덕 가운데 모든 복덕이 갖추어져 있기 때문이다. 이 구절의 경 본문에서 '諸佛'이 '讀佛'로 잘못 새기어졌으나 '안심사본'에서는 '諸佛'로 교정되어 있다.

주 본문 供養恒沙諸佛ᄒᆞᅀᆞ오며 施寶ㅣ 滿三千界ᄒᆞ며 捨身이 如微塵數ᄒᆞ야 種種福德도 不及持経ᄒᆞ야 一念에 悟無生理ᄒᆞ야 息希望心ᄒᆞ야 遠離衆生의 顚倒知見ᄒᆞ야 卽到波羅彼岸ᄒᆞ야 永出三塗ᄒᆞ야 證無餘涅槃也ᄒᆞ리라

주 언해 恒흥沙상 諸졍佛·뿛 供공養·양·ᄒᆞ·ᅀᆞ오·며 :보ᄇᆡ 施·싱·호·미 三삼千쳔界·갱·예 ᄀᆞ득ᄒᆞ·며 ·몸 ᄇᆞ·료미 微밍塵띤數·숭ㅣ ·ᄀᆞᆮ·ᄒᆞ·야 種:죵種:죵 福·복德·득·도 經경 디·녀 一·ᅙᅵᇙ 【金剛經 102ㄱ】 ☞ 念·념·에 無뭉生싱理:링·롤 아·라 ·ᄇᆞ라·ᄂᆞᆫ ᄆᆞᅀᆞ·ᄆᆞᆯ 그·쳐 衆·즁生싱·ᄋᆡ 갓·ᄀᆞᆫ 知딩見·견·을 머·리 여·희·여 ·즉재 波방羅랑 ·뎌 :ᄀᆞ△ㅒ 다ᄃᆞ·라 三삼塗똥·애 기·리 ·나 無뭉餘영 涅·녏槃빤 證·징·호매 밋·디 :몯ᄒᆞ·리·라

주 직역 恒沙 諸佛을 供養하며 보배를 布施함이 三千界에 가득하며 몸을 버림이 微塵數와 같아 種種 福德도, 經을 지녀 一念에 無生理를 알아 바라는 마음을 끊어 衆生의 顚倒된 知見을 멀리 여의어 즉시 波羅 저 가에 다다라 三途에 길이 나 無餘 涅槃함에 미치지 못하리라.

주 의역 항하의 모래 수 같은 부처님들께 공양하며, 보배를 보시함이 삼천대천세계(三千大天世界)에 가득하며 몸 버리기를 티끌 같은 수와 같이 하여 가지 가지 복덕도 경을 지녀 한 순간에 나지 않는 이치[無生理]를 알아 바라는 마음을 끊어 중생의 전도(顚倒)된 지견(知見)을 멀리 여의어 즉시 저 언덕에 이르러 삼악도에 길이 벗어나 무여 열반을 증득함에 미치지 못할 것이다.

주 해

- 갓ᄀᆞᆫ: 거꾸러진. 기본형은 '갓ᄀᆞᆯ-'로 현대국어의 '거꾸러지다'에 연결됨.
- ᄀᆞ△ㅒ: 'ᄀᆞᅀᆡ'의 오자. '안심사본'에는 'ᄀᆞᅀᆡ'로 교정되어 있다.

경 본문 須菩提야 若善男子善女人이 於後末世예 有受持讀誦此経ᄒᆞ야 所得功徳을 我若具説者ㅣ면 或有人이 聞ᄒᆞ면 心卽狂亂ᄒᆞ야 狐疑不信ᄒᆞ리라

경 언해 須슝菩뽕提뗑·여 ·ᄒᆞ다·가 善:쎤男남子:ᄌᆞᆼ 善:쎤女:녕人신·이 後:ᅘᅮᇢ末·맗世·솅·예 ·이 經경·을 受:ᄊᆖᇢ持띵 讀·똑誦·쑝ᄒᆞ·리 이·셔 得·득·혼 功공德·득을 ·내 ·ᄒᆞ다·가 ᄀᆞ·초 닐·올 띠·면 시·혹 :사ᄅᆞ·미 드르·면 ᄆᆞᅀᆞ·미 ·곧 미·쳐 ·어·즈러·워 狐薨【金剛經 102ㄴ】☞ 疑읭·ᄒᆞ·야 信·신·티 아·니ᄒᆞ·리·라

경 직역 須菩提야! 만약 善男子 善女人이 後末世에 이 經을 受持 讀誦할 이가 있어, 得한 功德을 내가 만약 갖추어 이를 것이면, 혹시 사람이 들으면 마음이 곧 미쳐 어지러워 狐疑하여 믿지 않으리라.

경 의역 수보리야! 만약 선남자 선여인이 뒤에 올 말세 시절에 이 경을 받아 지니고 읽고 외울 사람이 있어서 얻은 공덕을 내가 모두 갖추어 말한다면, 혹 어떤 사람이 들으면 마음이 곧 혼란하고 어지러워 의심하고 믿지 않을 것이다.

주 본문 佛言ᄒᆞ샤ᄃᆡ 末法衆生이 德薄垢重ᄒᆞ며 嫉妬ㅣ 彌深ᄒᆞᆯᄊᆡ 衆聖이 潛隱ᄒᆞ시고 邪見이 熾盛ᄒᆞ리니 於此時中에 如有善男子善女人이 受持讀誦此経ᄒᆞ야 圓成法相ᄒᆞ야 了無所得ᄒᆞ야 念念에 常行慈悲喜捨ᄒᆞ야 謙下柔和ᄒᆞ면 究竟에 成就無上菩提ᄒᆞ리니 或有人이 不知如來ㅅ 正法이 常在不滅ᄒᆞ야 聞說如來滅後後五百歲예 有人이 能成就無【金剛經 103ㄱ】☞ 相心ᄒᆞ야 行無相行ᄒᆞ야 得阿耨多羅三藐三菩提라ᄒᆞ면 則必心生驚怖ᄒᆞ야 狐疑不信ᄒᆞ리라

주 언해 부:톄 니ᄅᆞ·샤·ᄃᆡ 末·맗法·법 衆·즁生싱·이 德·득이 :젹·고 ·ᄢᅵ·므·거우·며 새·오·미 더·욱 기·플·씨 衆·즁聖·셩·이 ·수·므시·고 邪썅見·견·이 盛·쎵ᄒᆞ·리·니 ·이 時씽節·졇·에 ·ᄒᆞ다·가 善:쎤男남子:ᄌᆞᆼ 善:쎤女:녕人신·이 ·이 經경·을 受:ᄊᆖᇢ持띵 讀·똑誦·쑝·ᄒᆞ·야 法·법相·샹 두·려·이 일·워 得·득·홈 :업수·믈 ᄉᆞᄆᆞᆺ 아·라 念·념念·념·에 샹·녜 慈ᄍᆞᆼ 悲빙 喜:힝 捨:샹:ᄅᆞᆯ 行ᅘᆡᇰ·ᄒᆞ·야 辭쌍讓·샹·ᄒᆞ·야 ᄂᆞᄌᆞᆨ·ᄒᆞ·야 부·드러·이 和ᅘᅪᇰᄒᆞ·리 이

시·면 :내죵·애 無뭉上·썅 菩뽕提똉·롤 일·우리·니 시·혹 :사ᄅᆞ·미 如ᅀᅧᆼ來링ㅅ 正·졍法·법·이 샹·녜 이·셔 滅·멿·티 아·니·호·ᄆᆞᆯ :아·디 :몯·ᄒᆞ·야 如ᅀᅧᆼ來링 滅멿後:ᅘᅮᇢ 後:ᅘᅮᇢ 五:옹百·빅 歲·솅·예 :사ᄅᆞ·미 能능·히 無뭉相·샹【金剛經 103ㄴ】☞ 心심·을 일·워 無뭉相·샹行·ᅘᆡᆼ·ᄋᆞᆯ 行ᅘᆡᆼ·ᄒᆞ·야 阿항耨·녹多당羅랑三삼藐·먁三삼菩뽕提똉·롤 得·득ᄒᆞ·리·라 니ᄅᆞ거·든 드르·면 반·ᄃᆞ기 ᄆᆞᅀᆞ·매 :놀·라 두·류·믈 :내·야 狐ᅘᅩᆼ疑읭·ᄒᆞ·야 信·신·티 아·니ᄒᆞ·리·라

(주 직역) 부처님이 이르시되 末法 衆生이 德이 적고 번뇌가 무거우며 시샘이 더욱 깊으므로 衆聖이 숨으시고 邪見이 盛할 것이니, 이 時節에 만약 善男子 善女人이 이 經을 受持 讀誦하여 法相을 원만하게 이루어 得함 없음을 통하게 알아 念念에 항상 慈 悲 喜 捨를 行하여 辭讓하여 나직이 부드럽게 和할 이가 있으면 끝내는 無上 菩提를 이룰 것이니, 혹시 사람이 如來의 正法이 항상 있어 滅하지 않음을 알지 못하여 如來 滅後 後 五百年에 사람이 能히 無相心을 이뤄 無相行을 行하여 阿耨多羅三藐三菩提를 得하리라, 이르거든 들으면 반드시 마음에 놀라 두려워함을 내어 狐疑하여 信하지 않으리라

(주 의역) 부처님이 말씀하시기를, "말법 시절의 중생이 덕이 엷고 번뇌는 무거우며 시샘이 더욱 깊음으로 많은 성인들은 숨어 버리시고 삿된 소견은 성할 것이니, 이 때에 만약 선남자 선여인이 이 경을 받아 지니고 읽고 외워 법상(法相)을 원만히 이루어 얻은 것이 없음을 훤히 알아 생각 생각 항상 자(慈), 비(悲), 희(喜), 사(捨)를 행(行)하여 사양하며 나직이 부드럽게 온화할 사람이 있으면 끝내는 위 없는 보리를 이룰 것이니, 혹 어떤 사람이 여래의 정법이 항상 있어 소멸하지 않는 것임을 알지 못하여 여래가 입멸한 후 오백 년에 어떤 사람이 있어 능히 상(相) 없는 마음을 성취하고 상(相) 없는 행(行)을 행(行)하면 아뇩다라삼먁삼보리(阿耨多羅三藐三菩提)를 얻을 것이라고 듣게 되면 반드시 두려운 마음을 내어 의심하고 믿지 않을 것이다."

(주 해)

- 새오미: 질투함이. '새-'는 '시샘하다, 질투하다'의 뜻.

- 두려이: 원만히, 정확히. '두려이'는 '두렵-' + '-이'(부사화접미사)로 분석되는데, 주로 '圓滿'을 언해하는 데 사용되었다. 불경 언해에 사용된 '圓滿ᄒᆞ-'는 '정확하다, 철저하다'의 의미로 쓰였으므로, '두려이'는 '둥글둥글하게'의 의미가 아니라 '정확하고 철저하게'의 의미로 쓰였다.
- 두류믈 내야: 두려워함을 내어. 두리- + 움 + 을.

경 본문 須菩提야 當知是経義ㅣ 不可思議며 果報ㅣ 亦不可思議니라

경 언해 須슝菩뽕提뗑·여 반·ᄃᆞ기 :알라 ·이 経경ㅅ ·ᄠᅳ디 不·붏可:캉思ᄉᆞ議·읭·며 果:광報·볼ㅣ ·ᄯᅩ 不·붏可:캉思ᄉᆞ議·읭니·라

경 직역 "須菩提야! 반드시 알라. 이 經의 뜻이 不可思議며 果報가 또 不可思議니라."

경 의역 "수보리야! 마땅히 알아라. 이 경의 뜻이 가히 생각으로 미칠 수 없으며 과보 역시 생각으로 미칠 수 없는 것이다."

주 본문 是経義者ᄂᆞᆫ 卽無著無相行也ㅣ라 云不可思議者ᄂᆞᆫ 讚歎無著無相行이 能成就阿耨多羅三【金剛經 104ㄱ】☞ 藐三菩提ᄒᆞ시니라

주 언해 ·이 経경ㅅ ·ᄠᅳ든 ·곧 無뭉著·땩 無뭉相·샹行·ᅘᆡᆼ·이·라 不·붏可:캉思ᄉᆞ議·읭·라 니ᄅᆞ·샤·문 無뭉著·땩 無뭉相·샹行·ᅘᆡᆼ·이 能능·히 阿항耨·녹多당羅랑三삼藐·먁三삼菩뽕提뗑·롤 일·우·믈 기·리시·니·라

주 직역 이 經의 뜻은 곧 無著 無相行이다. 不可思議라 이르심은 無著 無相行이 能히 阿耨多羅三藐三菩提를 이룸을 기리시니라

주 의역 이 경의 뜻은 곧 집착이 없고 상(相)이 없는 행(行)이다. 가히 생각으로 미칠 수 없다[不可思議]고 말씀하신 것은 집착이 없고 상(相)이 없는 행(行)이 능히 아뇩다라삼먁삼보리(阿耨多羅三藐三菩提)를 이룬다는 것을 찬탄하신 것이다.

究竟無我分 第十七(구경무아분 제십칠)

경 본문 爾時須菩提ㅣ 白佛言ᄒᆞᅀᆞ오ᄃᆡ 世尊하 善男子善女人이 發阿耨多羅三藐三菩提心인댄 云何應住ㅣ며 云何降伏其心이리잇고 佛告須菩提ᄒᆞ샤ᄃᆡ 善男子善女人이 發阿耨多羅三藐三菩提心者ᄂᆞᆫ 當生如【金剛經 104ㄴ】☞ 是心호리니 我應滅度一切衆生ᄒᆞ며 滅度一切衆生已호ᄃᆡ 而無有一衆生이 實滅度者ㅣ니

경 언해 그 ·ᄢᅴ 須슝菩뽕提똉ㅣ 부텻·긔 ᄉᆞᆲ·오·ᄃᆡ 世·솅尊존·하 善:쎤男남子:ᄌᆞᆼ 善:쎤女:녕人ᅀᅵᆫ·이 阿항耨·녹多당羅랑三삼藐·먁三삼菩뽕提똉 ᄆᆞᅀᆞ·ᄆᆞᆯ 發·벓·홇딘·댄 :엇뎨 반·ᄃᆞ기 住·뜡ᄒᆞ·며 :엇뎨 ᄆᆞᅀᆞ·ᄆᆞᆯ 降ᅘᅡᆼ伏·뽁:히·리잇·고 부:톄 須슝菩뽕提똉ᄃᆞ·려 니ᄅᆞ·샤·ᄃᆡ 善:쎤男남子:ᄌᆞᆼ 善:쎤女:녕人ᅀᅵᆫ·이 阿항耨·녹多당羅랑三삼藐·먁三삼菩뽕提똉心심·을 發·벓·ᄒᆞᄂᆞ·닌 반·ᄃᆞ기 ·이 ·ᄀᆞᄐᆞᆫ ᄆᆞᅀᆞ·ᄆᆞᆯ :내·요리·니 ·내 一·ᅙᅵᇙ切·쳉 衆·즁生ᄉᆡᆼ·ᄋᆞᆯ 滅·멿度·똥·호·려 ᄒᆞ·며 一·ᅙᅵᇙ切·쳉 衆·즁生ᄉᆡᆼ·ᄋᆞᆯ 滅·멿度·똥·호ᄃᆡ ᄒᆞᆫ 衆·즁生ᄉᆡᆼ·이 實·씷·로 滅·멿度·똥ᄒᆞ·니 :업스·니

경 직역 그 때 須菩提가 부처님께 사뢰되, "세존이시여! 善男子 善女人이 阿耨多羅三藐三菩提 마음을 發하는데, 어찌 반드시 머무르며, 어찌 마음을 降伏시키겠습니까?" 부처님이 須菩提더러 이르시되, "善男子 善女人이 阿耨多羅三藐三菩提心을 發하는 이는 반드시 이 같은 마음을 낼 것이니, 내가 一切 衆生을 滅度하려 하며, 一切 衆生을 滅度하되, 한 衆生이 實로 滅度된 이가 없으니,"

경 의역 그때 수보리가 부처님께 말씀드리기를, "세존이시여! 선남자 선여인이 아뇩다라삼먁삼보리의 마음을 일으킨다면 반드시 어떻게 머무르며, 어떻게 마음을 항복시키겠습니까?" 부처님께서 수보리에게 말씀하시기를, "선남자 선여인이 아뇩다라삼먁삼보리를 일으키는 사람은 반드시 이와 같은 마음을 낼 것이니, 내가 일체 중생을 제도하려 하며 일체 중생을 제도해 마쳐도 실제로는 한 중생도 제도된 이가 없는 것이다."

주 해

- 내 一切 衆生올 滅度호려 ᄒᆞ며 一切 衆生올 滅度호ᄃᆡ ᄒᆞᆫ 衆生이 實로 滅度ᄒᆞ니 업스니: 내가 일체 중생을 끝까지 제도하려고 하며, 일체 중생을 끝까지 제도하더라도, 실제로는 한 사람도 제도한 사람이 없다고 생각해야 한다는 뜻으로, 일체 중생을 제도한다고 하여도 제도할 사람도, 제도 받을 사람도 모두 본래 일체를 구족하고 공적하기 때문에 없는 것이다. 있는 것이 없는데 주객을 세우면 이것은 『금강경』에서 말하는 4相이 있는 것이기 때문에 보살이 아니다.

주 본문 須菩提ㅣ 問佛ᄒᆞᅀᆞ오ᄃᆡ 如來滅後後五百歲예 若【金剛經 105ㄱ】☞ 有人이 發阿耨多羅三藐三菩提心인댄 依何法而住ᄒᆞ며 如何降伏其心ᄒᆞ리잇고 佛言ᄒᆞ샤ᄃᆡ 當發度脫一切衆生心ᄒᆞ며 度脫一切衆生ᄒᆞ야 盡得成佛已호ᄃᆡ 不得見有一衆生이 是我滅度者ㅣ라ᄒᆞ시니 何以故오 爲除能所心也ㅣ며 除有衆生心也ㅣ며 亦除我見心也ㅣ라

주 언해 須슝菩뽕提똉ㅣ 부텻·긔 :묻·ᄌᆞ오·ᄃᆡ 如셩來ᄅᆡᇰ 滅·멿後:ᅘᅮᇢ 後:ᅘᅮᇢ 五:옹百·빅 歲·솅·예 ·ᄒᆞ다·가 :사ᄅᆞ·미 阿항耨·녹多당羅랑三삼藐·막三삼菩뽕提똉心심·을 發·벓·홀띤·댄 어·느 法·법·을 브·터 住·뜡ᄒᆞ·며 :엇뎨 ᄆᆞᅀᆞ·ᄆᆞᆯ 降ᅘᅡᇰ伏·뽁:히·리잇·고 부:톄 니ᄅᆞ·샤·ᄃᆡ【金剛經 105ㄴ】☞ 一·ᅙᅵᇙ切·쳉 衆·즁生싱·ᄋᆞᆯ 度:똥脫·퇋·홀 ᄆᆞᅀᆞ·ᄆᆞᆯ 반·ᄃᆞ기 發·벓ᄒᆞ·며 一·ᅙᅵᇙ切·쳉 衆·즁生싱·ᄋᆞᆯ 度·똥脫·퇋·ᄒᆞ·야 :다 成쎵佛·뿛·케 ·호·ᄃᆡ ᄒᆞᆫ 衆·즁生싱·이 ·이 내 滅·멿度·똥ᄒᆞᆫ ·둘 보·디 :몯·ᄒᆞ·ᄂᆞ니·라 ·ᄒᆞ·시·니 :엇뎨어·뇨 能ᄂᆞᇰ所:송心심·을 더·루미·며 有:ᅌᅮᇢ衆·즁生싱心심·을 더·루미·며 我:앙見·견心심 더·루·믈 爲·윙·ᄒᆞ·시니·라

주 직역 須菩提가 부처님께 묻되, "如來 滅後 後 五百 年에 만약 사람이 阿耨多羅三藐三菩提心을 發할진대 어느 法에 의지하여 住하며, 어찌 마음을 降伏시키겠습니까?" 부처님이 이르시되, "一切 衆生을 度脫할 마음을 반드시 發하며, 一切 衆生을 度脫하여, 다 成佛하게 하되, 한 衆生도 이것은 내가 滅度한 것인 줄 보지 못한다." 하시니, 어째서인가? 能所心을 제거

함이며 有衆生心을 제거함이며 我見心을 제거하기 때문이다.

주 의역 수보리가 부처님께 여쭙기를, "여래가 멸도한 뒤 후 오백 년에 만약 어떤 사람이 아뇩다라삼먁삼보리(阿耨多羅三藐三菩提)의 마음을 일으키면 어떤 법에 의지하여 머무르며 어떻게 그 마음을 항복시키겠습니까?" 하니 부처님이 말씀하시기를, "마땅히 일체 중생을 제도하여 해탈시킬 마음을 내며, 일체 중생을 제도하여 해탈시켜 모두 성불하게 하더라도 한 사람도 내가 제도했다는 생각을 하지 않아야 한다 하셨는데 어째서인가?" 이것은 능소심(能所心)을 제거하는 것이며, 중생이 있다는 생각[有衆生心]을 제거하는 것이며, 또한 나라는 생각[我見心]을 제거하여야 하기 때문이다.

주 해

- 我見心 더루믈 爲ᄒᆞ시니라: 我見心을 제거하기 때문이다. '爲ᄒᆞ다'는 '때문이다'의 뜻.
- '부텻·긔 붇ᄌᆞ오ᄃᆡ'의 '붇'은 '묻'의 오각이다. <안심사판>은 '묻'으로 되어 있다.
- '엇톄'는 '엇뎨'의 오각이다. <안심사판>은 '엇뎨'로 되어 있다.

경 본문 何以故오 須菩提야 若菩薩이 有我相人相衆生相壽者相ᄒᆞ면 卽非菩薩이니

경 언해 :엇뎨어·뇨 須슝菩뽕提뗑·여 ·ᄒᆞ다·가 菩뽕薩·삻·이 我:앙相·샹 人싄相·샹 衆·즁生싱相·샹 壽:쓭者:쟝相·샹·이 이시·면 곧 菩뽕薩·삻·이 아·니·니

경 직역 어째서인가? 須菩提야! 만약 菩薩이 我相 人相 衆生相 壽者相이 있으면 곧 菩薩이 아니니,

경 의역 어째서인가? 수보리야! 만약 보살이 나라는 상(相), 사람이라는 상(相), 오온이 화합한 것이 중생이라는 상(相), 오래 산다는 상(相)이 있으면 곧 보살이 아니기 때문이다.

(주 본문) 菩薩이 若見有衆生이 可度者ㅣ면 卽是我相이오【金剛經 106ㄱ】☞ 有能度衆生心ᄒᆞ면 卽是人相이오 謂涅槃可求ㅣ라ᄒᆞ면 卽是衆生相이오 有涅槃可證이라ᄒᆞ면 卽是壽者相이니 有此四相ᄒᆞ면 卽非菩薩이라

(주 언해) 菩뽕薩·삻·이 ·ᄒᆞ다·가 衆·즁生싱·이 어·루 濟·졩度·똥·호미 잇ᄂᆞ·니·라 보·면 ·곧 ·이 我:앙相·샹·이·오 衆·즁生싱ᄋᆞᆯ 能능·히 度·똥脫·퇋·ᄒᆞᆫ ᄆᆞᅀᆞ·미 이시·면 ·곧 ·이 人ᅀᅵᆫ相·샹·이·오 涅·녏槃빤·이 어·루 求꾷ᄒᆞ·리·라 너·기·면 ·곧 ·이 衆·즁生싱相·샹·이·오 涅녏槃빤·이 어·루 證·징·호미 잇ᄂᆞ·니·라 ᄒᆞ·면 ·곧 ·이 壽:쓯者:쟝相·샹·이·니 ·이 四·ᅀᆞᆼ相·샹·이 이시·면 ·곧 菩뽕薩·삻·이 아·니·라

(주 직역) 菩薩이 만약 衆生이 가히 濟度함이 있는 것이라 보면 곧 이것은 我相이고, 衆生을 能히 度脫한 마음이 있으면 곧 이것은 人相이고, 涅槃이 가히 求하리라 여기면 곧 이것은 衆生相이고, 涅槃이 가히 證得함이 있다 하면 곧 이것은 壽者相이니, 이 四相이 있으면 곧 菩薩이 아니다.

(주 의역) 만약 보살이 제도할 중생이 있다는 소견이 있으면, 이는 곧 나라는 상(相)이고, 능히 중생을 제도할 것이 있다는 마음이 있으면 곧 이는 사람이라는 상(相)이고, 구할 만한 열반이 있다고 여기면 곧 이는 오온이 화합한 것이 중생이라는 상(相)이고, 증득할 만한 열반이 있다고 생각하면 곧 이는 오래 산다는 상(相)이다. 이 사상(四相)이 있으면 곧 보살이 아니다.

[경 본문] 所以者何오 須菩提야 實無有法ᄒᆞ야 發阿耨多羅【金剛經 106ㄴ】☞ 三藐三菩提心者ᄒᆞ니라

[경 언해] :엇뎨어·뇨 須슝菩뽕提똉·여 實·씷·로 法·법 이·셔 阿항耨·녹多당羅랑三삼藐·막三삼菩뽕提똉心심 發·벓·호미 :업·스니·라

[경 직역] 어째서인가? 須菩提야! 實로 法이 있어 阿耨多羅三藐三菩提心를 發함이 없으니라.

[경 의역] 어째서인가? 수보리야! 실제로 법이 있어 아뇩다라삼먁삼보리의 마음을 일으키는 사람이 없기 때문이다.

주 해

- 實로 法 이셔 阿耨多羅三藐三菩提心 發호미 업스니라: '실제로 법이 있어 아뇩다라삼먁삼보리의 마음을 일으키는 사람이 있는 것은 아니다'라는 뜻이다.

주 본문 有法者는 我人等四法이 是也ㅣ니 不除四法ᄒᆞ면 終不得菩提ᄒᆞ리니 若言我ㅣ 不發菩提心者ㅣ라도 亦是人我等法이니 我人等法이 是煩惱根本이라

주 언해 法·법이 이·쇼·믄 我:앙 人ᅀᅵᆫ 等:등 :네 法·법이 ·이·니 :네 法·법·을 :더디 :몯ᄒᆞ·면 :내죵·내 菩뽕提똉·롤 得·득디 :몯ᄒᆞ·리·니 ·ᄒᆞ다·가 닐·오·ᄃᆡ ·내 菩뽕提똉心심·을 發·벓·티 아·니·ᄒᆞ노·라 ·ᄒᆞ야·도 ·또 ·이 人ᅀᅵᆫ 我:앙 等:등 法·법·이·니 人ᅀᅵᆫ 我:앙 等:등 法·법·이 ·이 煩뻔惱:놓ㅅ 불·휘·라

주 직역 法이 있음은 我, 人 等 네 法이 이것이니, 네 法을 제거하지 못하면 끝내 菩提를 得하지 못할 것이니, 만약 이르되 내가 菩提心을 發하지 못할 것이다 하여도 또 이것은 人, 我 等 法이니 人, 我 等 法이 이것이 煩惱의 뿌리다.

주 의역 법(法)이 있다는 것은 나라는 상, 사람이라는 상 등 네 가지 법이 이것이다. 네 가지 법을 제거하지 못하면 끝내 보리를 증득하지 못할 것이다. 만약 '내가 보리심을 일으키지 않는다'고 하여도 또 이것은 나라는 상, 사람이라는 상 등 네 가지 법이니 이것이 번뇌의 뿌리다.

주 해

- 내죵내: 끝끝내, 나중까지.

경 본문 【金剛經 107ㄱ】 ☞ 須菩提야 於意云何오 如來ㅣ 於然燈佛所애 有法ᄒᆞ야 得阿耨多羅三藐三菩提아 不아 不也世尊하 如我解佛所說義ᄂᆞᆫ 佛이 於然燈佛所애 無有法ᄒᆞ야 得阿耨多羅三藐三菩提시니이다 佛言如是如是타

경 언해 須슝菩뽕提똉·여 ᄠᅳ·데 :엇더·뇨 如셩來링ㅣ 然션燈등佛·뿛所:송·애 法·법 이·셔 阿항耨·녹多당羅랑三삼藐·막三삼菩뽕提똉·롤 得·득ᄒᆞ·녀

:몯ᄒᆞ·녀 아·니이·다 世·솅尊존·하 ·내 부텨 니ᄅᆞ·시·논 ·ᄠᅳᆮ :아·ᅀᆞ오·믄 부:톄 然연燈등佛·뿛所:송·애 法·법 이·셔 阿항耨·녹多당羅랑三삼藐·먁三삼菩뽕提똉·ᄅᆞᆯ 得·득·ᄒᆞ샤·미 :업·스시·니이·다 부:톄 니ᄅᆞ·샤·ᄃᆡ 이 ·ᄀᆞᆮ·다 ·이 ·ᄀᆞᆮ·다

경 직역 "須菩提야! 뜻에 어떠한가? 如來가 然燈佛所에 法이 있어 阿耨多羅三藐三菩提를 得했는가? 못 했는가?" "아닙니다, 세존이시여! 내가 부처님께서 이르신 뜻을 앎은, 부처님이 然燈佛所에 法이 있어 阿耨多羅三藐三菩提를 得하심 없으십니다." 부처님이 이르시되, "이 같다. 이 같다."

경 의역 **"수보리야! 어떻게 생각하는가? 여래가 연등불 처소에서 아뇩다라삼먁삼보리의 법을 증득했는가? 하지 못했는가?" "증득하지 못했습니다, 세존이시여! 제가 부처님께서 설하신 뜻을 알기로는, 부처님이 연등불의 처소에서 아뇩다라삼먁삼보리의 법을 증득하심이 없으십니다." 부처님이 말씀하시기를, "그렇다, 그렇다."**

주 해

- 내 부텨 니ᄅᆞ시논 ᄠᅳᆮ 아ᅀᆞ오ᄆᆞᆫ: 제가 부처님이 말씀하신 뜻을 이해하기에는.
- 부톄 然燈佛所애 法 이셔 阿耨多羅三藐三菩提ᄅᆞᆯ 得ᄒᆞ샤미 업스시니이다(佛이 於然燈佛所애 無有法ᄒᆞ야 得阿耨多羅三藐三菩提시니이다 佛言如是如是타): 연등불 처소에 법이 있어 부처님이 무상정등정각을 득한 것이 아니다. 즉 정각은 얻는 것이 아니라 무아, 무상으로 분별심을 여의는 것이고, '법'은 상(相)이 있는 것이 아니기 때문이다.

주 본문 【金剛經 107ㄴ】 ☞ 佛告須菩提ᄒᆞ샤ᄃᆡ 我於師處에 不除四相ᄒᆞ야 得受記아 不아 ᄒᆞ야시ᄂᆞᆯ 須菩提ㅣ 深解無相之理故로 言不也ㅣ이다ᄒᆞ니 善契佛意故로 佛言如是如是ᄒᆞ시니 言是ᄂᆞᆫ 印可之辭ㅣ라

주 언해 부:톄 須슝菩뽕提똉ᄃᆞ·려 니ᄅᆞ·샤·ᄃᆡ ·내 스승께 四·ᄉᆞᆼ相·샹·ᄋᆞᆯ :더·디 :몯·ᄒᆞ·야 受:쓯記·긩·ᄅᆞᆯ 得·득ᄒᆞ·녀 :몯ᄒᆞ·녀 ·ᄒᆞ·야시·ᄂᆞᆯ 須슝菩뽕提똉ㅣ 相·샹 :업슨 理:링·ᄅᆞᆯ 기·피 :알·씨 ᄉᆞᆯ·오·ᄃᆡ 아·니이·다 ᄒᆞ·니 부텻 ᄠᅳ·데 이·대 마ᄍᆞ·ᄫᆞᆯ·씨 부:톄 如셩是:씽 如셩是:씽·라 니ᄅᆞ·시·니 是:씽·라

니ᄅᆞ·샤·ᄃᆡ 印·힌可:캉·ᄒᆞ시·논 :마리·라

주 직역 부처님이 須菩提더러 이르시되, "내가 스승께, 四相을 제거하지 못하여 受記를 得했는가? 못했는가?" 하시거늘, 須菩提가 相이 없는 理를 깊이 알므로 사뢰되, "아닙니다" 하니, 부처님의 뜻에 잘 맞으니, 부처님이 "如是 如是"라 이르시니, '是'라 이르심은 印可하시는 말이다.

주 의역 부처님이 수보리에게 말씀하시기를, "내가 스승의 처소에서 사상(四相)을 제거하지 못하고도 수기(受記)를 얻었는가? 얻지 못했는가?" 하시니 수보리가 상(相) 없는 이치를 깊이 알고 있으므로 말씀드리기를, "증득하지 못했습니다"고 하니, 이것은 부처님의 뜻에 맞으니, 부처님께서 "이것과 같다, 이것과 같다"라 말씀하셨으니, '이것'이라 말씀하신 것은 곧 인가(印可)하시는 말씀이다.

주 해

- 부텻 ᄠᅳ데 이대 마ᄍᆞᄫᆞᆯᄊᆡ: 부처님의 뜻에 잘 맞으므로. 맞- + ᄌᆞ오 + 오 + 을ᄊᆡ.

경 본문 須菩提야 實無有法ᄒᆞ야 如來得阿耨多羅三藐三【金剛經 108ㄱ】☞ 菩提니 須菩提야 若有法ᄒᆞ야 如來得阿耨多羅三藐三菩提者ㅣ면 然燈佛이 卽不與我授記ᄒᆞ샤ᄃᆡ 汝於來世예 當得作佛ᄒᆞ야 號釋迦牟尼라ᄒᆞ시리어늘 以實無有法ᄒᆞ야 得阿耨多羅三藐三菩提ㄹᄉᆡ 是故然燈佛이 與我受記ᄒᆞ샤 作是言ᄒᆞ샤ᄃᆡ 汝於來世예 當得作佛ᄒᆞ야 號釋迦牟尼리라ᄒᆞ시니 何以故오 如來者ᄂᆞᆫ 卽諸法如義니라

경 언해 須슝菩뽕提똉·여 實·씷·로 法·법 이·셔 如녕來링ㅣ 阿핳耨·녹多당羅랑三삼藐·막三삼菩뽕提똉·롤 得·득·호미 :업스·니 須슝菩뽕提똉·여 ·ᄒᆞ다·가 法·법 이·셔 如녕來링【金剛經 108ㄴ】☞ ㅣ 阿항耨·녹多당羅랑三삼藐·먁三삼菩뽕提똉·롤 得·득·호·미 이시·면 然션燈등佛·뿛·이 ·곧 :나·롤 受:쓩記·긩 ·주샤·ᄃᆡ :네 ·오ᄂᆞᆫ :뉘·예 반·ᄃᆞ기 부:톄 ᄃᆞ외·야 일·후미 釋·셕迦강牟뭏尼닝·라 아·니·ᄒᆞ시·리어·늘 實·씷·로 法·법 이·셔 阿항耨·녹多당羅랑三삼藐·먁三삼菩뽕提똉·롤 得·득·호미 :업슬·씨 ·이럴·씨 然션燈등佛·뿛·이 :나·롤 受:쓩記·긩·롤 ·주샤 ·이 :마·롤 ·ᄒᆞ샤·ᄃᆡ :네 ·오ᄂᆞᆫ :뉘·예

반·ᄃᆞ기 부:톄 ᄃᆞ외·야 일·후미 釋·셕迦강牟뭏尼닝리·라 ·ᄒᆞ시·니 :엇뎨어·뇨 如셩來링·는 ·곧 諸졍法·법·의 如셩ᄒᆞᆫ ·ᄠᅳ디·라

경 직역 須菩提야! 眞實로 法이 있어 如來가 阿耨多羅三藐三菩提를 得함이 없으니, 須菩提야! 만약 法이 있어 如來가 阿耨多羅三藐三菩提를 得함이 있으면, 然燈佛이 곧 나를 受記를 주시되, "네 오는 세상에 반드시 부처가 되어 이름이 釋迦牟尼라" 않으실 것이거늘, 眞實로 法이 있어 阿耨多羅三藐三菩提를 得함이 없으므로 이러므로 然燈佛이 나를 受記를 주시어 이 말을 하시되, "네 오는 세상에 반드시 부처가 되어 이름이 釋迦牟尼일 것이다" 하시니, 어째서인가? 如來는 곧 諸法과 같다는 뜻이다.

경 의역 수보리야! 실로 법이라는 것이 있어서 여래께서 아뇩다라삼먁삼보리를 증득한 것은 없다. 수보리야! 만약 법이라는 것이 있어 여래께서 아뇩다라삼먁삼보리를 증득한 것이 있으면 연등불이 곧 나에게 수기를 주시되 "네가 오는 세상에 반드시 부처가 되어 이름이 석가모니일 것이다"라 하지 않으셨을 것이므로 실로 법이라는 것이 있어 아뇩다라삼먁삼보리를 얻은 것은 없는 것이다. 그러므로 연등불이 나에게 수기를 주시어 "네가 오는 세상에 반드시 부처가 되어 이름을 석가모니라 할 것이다"라고 하셨으니, 어째서인가? 여래는 곧 모든 것[諸法]과 같다는 뜻이기 때문이다.

주 본문 佛言ᄒᆞ샤ᄃᆡ 實無我人衆生壽者ᄒᆞ야ᅀᅡ 始得受菩提記니 我若有發菩提心ᄒᆞ던뎐 然燈佛이 則不與我受記ᄒᆞ시리어늘 以實無所得ᄒᆞᆯᄉᆡ 然燈이 始與【金剛經 109ㄱ】☞ 我受記라ᄒᆞ시니 此一段文은 惣成須菩提의 無我義라 佛言諸法如義者ᄂᆞᆫ 諸法은 卽是色聲香味觸法이니 於此六塵中에 善能分別호ᄃᆡ 而本體湛然ᄒᆞ야 不染不著ᄒᆞ야 曾無變異ᄒᆞ야 如空不動ᄒᆞ야 圓通瑩徹ᄒᆞ야 歷劫常存ᄒᆞᆯᄉᆡ 是名諸法如義라 菩薩瓔珞経에 云호ᄃᆡ 毀譽不動이 是如來行이라ᄒᆞ며 入佛境界経에 云호ᄃᆡ 諸欲이 不染故로 敬禮예 無所觀이라ᄒᆞ니라

주 언해 부:톄 니ᄅᆞ·샤·ᄃᆡ 實·씷·로 我:앙 人ᅀᅵᆫ 衆·즁生싱 壽:쓩者:쟝ㅣ :업서·ᅀᅡ 비【金剛經 109ㄴ】☞ ·르서 菩뽕提똉記·긩 受:쓩·호ᄆᆞᆯ 得·득·ᄒᆞᄂᆞ·니

·내 ·ᄒᆞ다·가 菩뽕提뗑 發·벓ᄒᆞᆫ ᄆᆞᅀᆞ·미 잇·던·댄 然션燈둥佛·뿛·이 ·곧 :나·ᄅᆞᆯ 受:쓯記·긩 주·디 아·니·ᄒᆞ시·리어·늘 實·씷·로 得·득·ᄒᆞᆫ ·곧 :업슬·씨 然션燈둥·이 始:싱作·작·ᄒᆞ·야 :나·ᄅᆞᆯ 受:쓯記·긩 ·주·시니·라 ·ᄒᆞ시·니 ·이 ᄒᆞᆫ ·글 ·그른 須슝菩뽕提뗑·의 無뭉我:앙·ᄅᆞᆯ 모·도·아 일·우신 ·ᄠᅳ디·라 부텨 니ᄅᆞ·샨 諸졍法·법如셩義·읭·ᄂᆞᆫ 諸졍法·법은 ·곧 ·이 色·식 聲셩 香향 味·밍 觸·쵹 法·법·이·니 ·이 六·륙塵띤 中듕·에 이·대 能능·히 ᄀᆞᆯ·ᄒᆡ요·ᄃᆡ 本:본體:톙 ᄆᆞᆯ·가 :더럽·디 아·니ᄒᆞ·며 著·땩·디 아·니·ᄒᆞ·야 :잢간·도 變·변·ᄒᆞ·야 달·옴 :업서 虛헝·公공ᄋᆡ :뮈디 아·니·호미 ·ᄀᆞᆮ·ᄒᆞ·야 圓원通통·ᄒᆞ·야 ᄆᆞᆯ·기 ᄉᆞᄆᆞ·차 여러 劫·겁·에 샹·녜 이실 ·씨 ·이 일·후미 諸졍法·법如셩義·읭·라 菩뽕薩·삻瓔졍珞·락經경·에 닐·오·ᄃᆡ :헐·며 기·류미 뮈·우·디 :몯·호미 ·이 如셩來릥ㅅ 行·ᅘᆡᆼ·이·라 ᄒᆞ·며 入·십佛【金剛經 110ㄱ】 ☞ ·뿛境:경界·갱經경·에 닐·오·ᄃᆡ 여·러 欲·욕·이 :더·러이·디 :몯ᄒᆞᆯ·씨 敬·경禮·롕·ᄒᆞᅀᆞ·오·매 所:송觀관 :업·스니·라 ᄒᆞ·니·라

(주 직역) 부처님이 이르시되, "實로 我, 人, 衆生, 壽者가 없어야 비로소 菩提記를 受함을 得할 것이니, 내 만약 菩提를 發한 마음이 있었으면, 然燈佛이 곧 나를 受記를 주지 않았을 것이거늘, 實로 得한 것이 없으므로 然燈佛이 始作하여 나에게 受記를 주셨다" 하시니, 이 한 段의 글은 須菩提의 無我를 모아 이루신 뜻이다. 부처님이 이르신 諸法如義는, 諸法은 곧 이것은 色, 聲, 香, 味, 觸, 法이니, 이것이 六塵 中에 能히 잘 가리되 本體가 맑아 더럽지 않으며, 들러붙지 않아 잠깐도 變하여 다름이 없어 虛空의 움직이지 않음과 같아 圓通하여 맑게 통하여 여러 劫에 항상 있는 것이, 이것이 이름이 諸法如義다. 菩薩瓔珞經에 이르되, "헐며 기름이 움직이지 못함이 이는 如來의 行이다" 하며, 入佛境界經에 이르되, "여러 欲이 더럽히지 못하므로 敬禮함에 所觀이 없다." 하였다.

(주 의역) 부처님이 "실로 나다, 사람이다, 중생이다, 오래 산다 등이 없어야 비로소 보리의 수기를 얻을 것이다. 내가 만약 보리를 일으키려는 마음이 있었으면 연등불(然燈佛)이 곧 나에게 수기를 주지 않았을 것이다. 실로 얻은 것이 없으므로 연등불(然燈佛)이 나에게 수기를 주셨다."고 하시

니, 이 한 문단의 글은 수보리가 '나'라는 것이 없다는 뜻을 모두 드러낸 것이다. 부처님께서 말씀하신 '모든 것이 같다[諸法如]'는 뜻은 모든 것[諸法]이란 색(色), 성(聲), 향(香), 미(味), 촉(觸), 법(法) 등이다. 이것이 육진 가운데 이치를 가려 바르게 알면 그 본체(本體)가 맑고 더럽지 않으며 착(著)하지도 않아서 잠깐도 변하여 달라짐이 없어 허공이 움직이지 않음과 같이 원만히 통하여 훤히 밝게 알아 한량없는 겁에 항상 있는 것이, 이것을 모든 것이 같다[諸法如]라고 한다. 보살영락경(菩薩瓔珞經)에 말씀하시기를, "헐뜯거나 칭찬하는 것에 움직이지 않는 것이 여래의 행(行)이다"고 하며, 입불경계경(入佛境界經)에 말씀하시기를, "모든 하고자 함[欲]에 물들지 않으므로 경례하는 것에 볼 것[佛]이 없다."고 하셨다.

주 해

- 이 ᄒᆞᆫ 글 그른(此一段文은): 이 한 문단의 글은.
- 여러 欲이 더러이디 몯ᄒᆞᆯᄊᆡ 敬禮ᄒᆞᅀᆞ오매 所觀 업스니라 ᄒᆞ니라(諸欲이 不染故로 敬禮예 無所觀이라ᄒᆞ니라): 많은 욕이 오염시키지 못하기 때문에 공경하고 예배함에 볼 것이 없다.
- 菩薩瓔珞經: 2卷. 묘진(姚秦) 건원(建元) 12년~14년(376~378)에 천불념(竺佛念)이 번역. 보살의 계위(階位)와 삼취정계(三聚淨戒) 등의 인행(因行)을 서술함. '瓔珞本業'은 화엄경 계통의 용어로 이 경의 내용과 용어에는 화엄경의 敎相과 일치하는 것이 많음.
- 入佛境界經: 2卷. 북위(北魏) 담마류지(曇摩流支)가 경명(景明) 2년(501)에 번역. 부처님의 묘길상(妙吉祥)에 대해 문수 보살이 불생불멸의 법을 설한 경.

경 본문 若有人이 言호ᄃᆡ 如來ㅣ 得阿耨多羅三藐三菩提라ᄒᆞ면 須菩提야 實無有法ᄒᆞ야 佛得阿耨多羅三藐三菩提니 須菩提야 如來所得阿耨多羅三藐三菩提ㅣ 於是中에 無實無虛ᄒᆞ니

경 언해 ·ᄒᆞ다·가 :사ᄅᆞ·미 닐·오·ᄃᆡ 如ᅀᅧᆼ來ᄅᆡᆼㅣ 阿항耨·녹多당羅랑三삼藐·먁三삼菩뽕提똉·를 得·득ᄒᆞ·니·라 ᄒᆞ·면 須슝菩뽕提똉·여 實·씷·로 法·법이·셔 부:톄 阿항耨·녹多당羅랑三삼藐·먁三삼菩뽕提똉·를 得·득·호미 :업스니 須슝菩뽕提똉·여 【金剛經 110ㄴ】 ☞ 如ᅀᅧᆼ來ᄅᆡᆼ 得·득·혼 阿항耨·녹

多당羅랑三삼藐·먁三삼菩뽕提똉ㅣ ·이 中듕·에 實·씷 :업스·며 虛헝 :업스·니

경 직역 만약 사람이 이르되, "如來가 阿耨多羅三藐三菩提를 得했다." 하면, 須菩提야! 實로 法이 있어, 부처님이 阿耨多羅三藐三菩提를 得함이 없으니, 須菩提야 如來가 得한 阿耨多羅三藐三菩提가 이 中에 참됨이 없으며 거짓됨도 없으니,

경 의역 만약 어떤 사람이 말하기를, "여래가 아뇩다라삼먁삼보리를 얻었다."고 하면, 수보리야! 실제로는 법이란 것이 있어 부처님이 아뇩다라삼먁삼보리를 얻은 것이 아니다. 수보리야! 여래가 얻은 아뇩다라삼먁삼보리는 그 가운데 실(實)다움도 없으며 허(虛)함도 없다.

주 본문 佛言ᄒᆞ샤ᄃᆡ 實無所得心ᄒᆞ야 而得菩提니 以所得心이 不生ᄒᆞᆯᄉᆡ 是故로 得菩提니 離此心外예 更無菩提ㅣ 可得ᄒᆞᆯᄉᆡ 故로 言無實也ㅣ시고 所得心이 寂滅ᄒᆞ야 一切智ㅣ 本有ᄒᆞ야 萬行이 悉圓備ᄒᆞ야 恒沙德性이 用無乏少ᄒᆞᆯᄉᆡ 故로 言無虛也ㅣ시니라

주 언해 부:톄 니ᄅᆞ·샤ᄃᆡ 實·씷·로 得·득·혼 ᄆᆞᅀᆞ·미 :업서 菩뽕提똉·를 得·득ᄒᆞᄂᆞ·니 得·득·혼 ᄆᆞᅀᆞ·미 나·디【金剛經 111ㄱ】☞ 아·니ᄒᆞᆯ·ᄊᆡ ·이럴·ᄊᆡ 菩뽕提똉·를 得·득·ᄒᆞᄂᆞ·니 ·이 ᄆᆞᅀᆞᆷ 여·흰 外·욍·예 ᄂᆞ외·야 菩뽕提똉ㅣ 어·루 得·득·호미 :업슬·ᄊᆡ 實·씷 :업·다 니ᄅᆞ·시·고 得·득·혼 ᄆᆞᅀᆞ·미 괴외히 :업서 一·힗切·쳉智·딩ㅣ 本·본來랭 이·셔 萬·먼行·힝·이 :다 두·려·이 ᄀᆞ·자 恒흥沙상 德·득性·셩·이 用·용·이 :져근 ·ᄃᆡ :업슬·ᄊᆡ 虛헝 :업·다 니ᄅᆞ·시니·라

주 직역 부처님이 이르시되, "實로 得한 마음이 없어 菩提를 得하니, 得한 마음이 나지 아니하므로 이러므로 菩提를 得하니, 이것은 마음을 여읜 外에 다시 菩提가 가히 得함이 없으므로 實 없다 이르시고, 得한 마음이 고요히 없어 一切智가 本이 있어 萬行이 다 원만하게 갖추어져 恒沙 德性이 用이 적은 데 없으므로 虛가 없다." 이르셨다.

주 의역 부처님께서 말씀하시기를, "실로 얻은 마음이 없어 보리를 얻으

니, 얻었다는 마음이 나지 않으므로 보리를 얻었다고 하는 것이다. 이 마음을 여의고 밖으로는 다시 얻을 만한 보리가 없으므로 실(實)다음이 없다고 말씀하시고 얻었다는 마음이 고요히 없어지면 모든 지혜[一切智]가 본래 있으며 모든 행[萬行]이 다 원만히 갖추어져 항하의 모래 수 같은 덕성(德性)이 씀에 조금도 부족한 곳이 없으므로 허(虛)함이 없다."고 말씀하신 것이다.

주 해

- 두려이: 원만하게.
- 萬行: 불교의 수행자가 닦아야 할 일체의 행법.

경 본문 是故로 如來說一切法이 皆是佛法이라 須菩提야 所言一切法者ㅣ 卽非一切法이라 是故로 名一切法이니라

경 언해 ·이럴·씨 如셩來링 니ᄅᆞ·논 一·ᅙᅵᇙ切·쳉 法·법·이 :다 ·이 佛·뿛法·법·이·라 須슝菩뽕提똉·여 닐·온 一·ᅙᅵᇙ切·쳉 法·법·이 ·곧 一·ᅙᅵᇙ切·쳉 法·법·이 아·니·라 ·이럴·씨 일·후미 一·ᅙᅵᇙ切·쳉 法·법·이니·라

경 직역 이러므로 如來께서 이르는 一切法이 다 이것은 佛法이다. 須菩提야! 이른 一切法이 곧 一切法이 아니다. 이러므로 이름이 一切法이다.

경 의역 그러므로 여래가 설하기를, "모든 것[一切法]이 모두 다 불법(佛法)이다. 수보리야! 내가 말한 모든 법이 곧 모든 법이 아니다. 그러므로 모든 법[一切法]이라 한다."

주 본문 【金剛經 111ㄴ】☞ 能於諸法에 心無取捨ᄒᆞ며 亦無能所ᄒᆞ야 熾然建立一切法호ᄃᆡ 而心常空寂ᄒᆞ니 故知一切法이 皆是佛法이로다 恐迷者ㅣ 貪著一切法ᄒᆞ야 以爲佛法홀가ᄒᆞ샤 爲遣此病故로 言卽非一切法이라ᄒᆞ시니라 心無能所ᄒᆞ야 寂而常照ᄒᆞ야 定慧ㅣ 齊行ᄒᆞ야 體用이 一致ᄅᆞᆯᄉᆡ 是故名一切法이라

주 언해 能눙·히 諸졍法·법·에 ᄆᆞᅀᆞ·미 가·지·며 ᄇᆞ·료미 :업스·며 ·또 能능所:송ㅣ :업서 一·ᅙᅵᇙ切·쳉 法·법·을 盛·쎵·히 :세요·ᄃᆡ ᄆᆞᅀᆞ·미 샹·네 뷔·여

괴외ᄒᆞ·니 그·럴·씨 一·ᅙᅵᇙ切·쳉 法·법·이 :다 佛·뿛法·법·인 ·둘 :알·리로·다 迷몡惑·획ᄒᆞᆫ :사ᄅᆞ·미 一·ᅙᅵᇙ切·쳉 【金剛經 112ㄱ】 ☞ 法·법·에 貪탐着·딱·ᄒᆞ·야 佛·뿛法·법·을 사·몰·까 저ᄒᆞ·샤 ·이 病·뼝 아·소·몰 爲·윙·ᄒᆞ실·씨 ·곧 一·ᅙᅵᇙ切·쳉 法·법 아·니·라 니ᄅᆞ·시니·라 ᄆᆞᅀᆞ·매 能능所:송ㅣ :업서 괴외·호·ᄃᆡ 샹·녜 비·취·여 定·뗭·과 慧·휑·왜 ᄀᆞᆯ·와 行·ᄒᆞ·야 體:톙·와 用·용·괘 ᄒᆞᆫ ·ᄠᅳ딜·씨 ·이럴·씨 일·후미 一·ᅙᅵᇙ切·쳉 法·법·이·라

주 직역 能히 諸法에 마음이, 가지며 버림이 없으며, 또 能히 對象[所]이 없어 一切法을 茂盛히 세우되 마음이 항상 비어 고요하니, 그러므로 一切法이 다 佛法인 줄 알 것이다. 迷惑한 사람이 一切 法에 貪着하여 佛法을 삼을까 두려워하여 이 病을 없앰을 爲하시므로, 곧 一切法이 아니다 이르셨다. 마음에 能所가 없어 고요하되 항상 비추어 定과 慧가 나란히 行하여 體와 用이 한 뜻이므로 이러므로 이름이 一切法이다.

주 의역 능히 모든 법을 마음으로 취하고 버림이 없으며, 또 능소(能所)가 없으면 모든 것[一切法]을 무성히 세우되 마음이 항상 비어 고요하다. 그러므로 모든 것이 다 불법(佛法)인 줄을 알 것이다. 미혹한 사람이 모든 것에 탐착하여 불법(佛法)을 삼을까 두려워 이런 병을 고치기 위하시므로 곧 모든 것[一切法]이 아니다고 말씀하신 것이다. 마음에 능소(能所)가 없어 고요하되 항상 비추면 정(定)과 혜(慧)가 가지런히 행해지고 체(體)와 용(用)이 일치하게 된다. 그러므로 모든 것[一切法]이라 한다.

주 해

- ᄀᆞᆯ와: 나란히, 가지런히. ᄀᆞᇚ + 아. 'ᄀᆞᇚ-'은 '갋다'의 형태와 '대적하다'의 의미로 지금도 동남방언에 쓰임.

경 본문 須菩提야 譬如人身長大ᄒᆞ니라 須菩提ㅣ 言ᄒᆞᅀᆞ오ᄃᆡ 世尊하 如來說人身長大ㅣ 卽爲非大身이라 是名大身이니이다

경 언해 須슝菩뽕提똉·여 가·ᄌᆞᆯ·비건·댄 :사ᄅᆞ·ᄆᆡ ·모미 :길·오 ·쿠미 ·ᄀᆞᆮᄒᆞ·니·라 須슝菩뽕提똉ㅣ ᄉᆞᆯ·오·ᄃᆡ 世·솅尊존·하 如셩來렁 니ᄅᆞ·시·논 人신身신長땽大·땡 ·곧 大·땡身신·이 아·니·라 ·이 일·후미 大·땡身신·이·니·이·다

경 직역 須菩提야! 비유하건대 사람이 몸의 길고 큼과 같다. 須菩提가 사뢰되, "세존이시여! 如來께서 이르시는 人身長大가 곧 大身이 아니라 이는 이름이 大身입니다."

경 의역 **수보리야! 비유하건대 사람의 몸이 길고 크다고 하는 것과 같다." 수보리가 말씀드리기를, "세존이시여! 여래께서 말씀하시는 사람의 몸이 길고 크다[人身長大]는 것은 곧 큰 몸[大身]이 아니라 그 이름이 큰 몸일 뿐입니다."**

주 본문 【金剛經 112ㄴ】 ☞ 如來說人身長大則爲非大身者는 以顯一切衆生의 法身이 不二ᄒᆞ야 無有限量ᄒᆞ시니 是名大身이라 法身이 本無處所故로 言則非大身이라ᄒᆞ시니라 又以色身이 雖大라도 內無智慧ᄒᆞ면 卽非大身이오 色身이 雖小ㅣ라도 內有智慧ᄒᆞ면 得名大身이며 雖有智慧라도 不能依行ᄒᆞ면 卽非大身이오 依教修行ᄒᆞ야 悟入諸佛ㅅ 無上知見ᄒᆞ야 心無能所限量ᄒᆞ면 是名大身也ㅣ라

주 언해 如셩來링ㅣ 니ᄅᆞ·샤·ᄃᆡ 人신身신 長땽大·땡 ·곧 大·땡身신 아【金剛經 113ㄱ】 ☞ ·니·라 ·ᄒᆞ샤·문 一·ᅙᆳ切·쳉 衆·즁生싱·ᄋᆡ 法·법身신·이 :둘 아·니·라 그·지 :업슨 ·둘 나·토시·니 ·이 일·후미 大·땡身신·이·라 法·법身신·이 本:본來링 處·쳥所:송ㅣ :업슬·씨 ·곧 大·땡身신·이 아·니·라 니ᄅᆞ·시니·라 ·ᄯᅩ 色·식身신·이 비·록 ·커·도 안·해 智·딩慧·ᅘᅨ :업스·면 ·곧 大·땡身신·이 아·니·오 色·식身신·이 비·록 :져거·도 안·해 智·딩慧·ᅘᅨ 이 시·면 일·후미 大·땡身신·이·며 비·록 智·딩慧·ᅘᅨ 이·셔·도 能능·히 브·터 行ᅘᆡᆼ·티 :몯ᄒᆞ·면 ·곧 大·땡身신·이 아·니·오 ᄀᆞᄅᆞ·치샤·믈 브·터 修슐行ᅘᆡᆼ·ᄒᆞ·야 諸졍佛·뿛ㅅ 無뭉上·썅 知딩見·견에 아·라 ·드·러 ᄆᆞᅀᆞ·매 能능·과 所:송·와 그·지 :업스·면 ·이 일·후·미 大·땡身신·이·라

주 직역 如來가 이르시되, "人身長大가 곧 大身이 아니다." 하심은 一切衆生의 法身이 둘 아니라 끝없는 줄을 나타내시니, 이것이 이름이 大身이다. 法身이 本來 處所가 없으므로 곧 大身이 아니다 이르셨다. 또 色身이 이것이 비록 커도 안에 智慧가 없으면 곧 大身이 아니고, 色身이 비록 적

어도 안에 智慧가 있으면 이름이 大身이며, 비록 智慧가 있어도 能히 의지하여 行하지 못하면 곧 大身이 아니고, 가르치심을 의지하여 修行하여 諸佛의 無上 知見에 悟入하여 마음에 能과 所의 끝이 없으면, 이것이 이름이 大身이다.

(주 의역) 여래가 설하신 '사람의 몸이 큰 것이 곧 큰 몸이 아니다.'는 것은 일체 중생의 법신(法身)이 둘이 아니라서 끝이 없는 것임을 나타내시니 이것을 이름이 큰 몸이다. 법신(法身)이 본래 처소가 없는 것이므로 곧 큰 몸[大身]이 아니다고 말씀하셨다. 또 색신(色身)이 비록 커도 안으로 지혜가 없으면 곧 큰 몸이 아니고, 색신(色身)이 비록 적어도 안으로 지혜가 있으면 큰 몸이라 하며, 비록 지혜가 있어도 능히 의지하여 행하지 못하면 곧 큰 몸이 아니고, 가르침에 의지하여 수행하여 모든 부처님의 위 없는 지견(知見)에 깨달아 들어서 마음에 능(能)과 소(所)의 한량이 없게 되면 이를 큰 몸이라 한다.

(경 본문) 須菩提야 菩薩도 亦如是ᄒᆞ야 若作是言호ᄃᆡ 我ㅣ 當滅度無量衆生이라ᄒᆞ면 卽不名菩薩이니

(경 언해) 須슝菩뽕提똉·여 菩뽕 【金剛經 113ㄴ】 ☞ 薩·삻·도 ·ᄯᅩ ·이 ·ᄀᆞᆮ ·ᄒᆞ·야 ·ᄒᆞ다·가 ·이 :말·호·ᄃᆡ ·내 無뭉量·량 衆·즁生싱·ᄋᆞᆯ 滅·멿度·똥·호·라 ᄒᆞ·면 ·ᄀᆞᆮ 菩뽕薩·삻·이·라 일·훔 :몯ᄒᆞ·리·니

(경 직역) "須菩提야! 菩薩도 또 이와 같아, 만약 이 말을 하되, '내 無量 衆生을 滅度할 것이다.' 하면 곧 菩薩이라 이름 못할 것이니,"

(경 의역) "수보리야! 보살도 또 이와 같아 만약 말하기를, '내가 한량없는 중생을 멸도시킬 것이다.'라고 하면 곧 보살이라 일컫지 못할 것이다."

(주 본문) 菩薩이 若言호ᄃᆡ 因我說法ᄒᆞ야 除得彼人의 煩惱ㅣ라ᄒᆞ면 卽是法我ㅣ오 若言호ᄃᆡ 我ㅣ 度得衆生호라ᄒᆞ면 卽有我所ㅣ니 雖度脫衆生ᄒᆞ나 心有能所ᄒᆞ야 我人을 不除홀ᄉᆡ 不得名爲菩薩이니 熾然說種種方便ᄒᆞ야 化度衆生호ᄃᆡ 心無能所ᄒᆞ면 卽是菩薩也ㅣ니라

주 언해 菩뽕薩·삻이 ·ᄒᆞ다·가 닐·오·ᄃᆡ 내 說·셣法·법을 因힌·ᄒᆞ·야 ·뎌 :사ᄅᆞ·ᄆᆡ 煩뻔惱:놓·롤 더·루·라 ᄒᆞ·면 ·곧【金剛經 114ㄱ】☞ ·이 法·법我:앙ㅣ·오 ·ᄒᆞ다·가 닐·오·ᄃᆡ ·내 衆·즁生싱·ᄋᆞᆯ 度·똥脫·퇋·호·라 ᄒᆞ·면 ·곧 我:앙所:송 이·슈미·니 비·록 衆·즁生싱·ᄋᆞᆯ 度·똥脫·퇋ᄒᆞ·나 ᄆᆞᅀᆞ·매 能능所:송ㅣ 이·셔 我:앙 人신·을 :더디 :몯홀·ᄊᆡ 菩뽕薩·삻·이·라 일·훔 :몯ᄒᆞ·리·니 種:죵種:죵 方방便·뼌·을 盛·쎵·히 닐·어 衆·즁生싱 化·황度·똥·호·ᄃᆡ ᄆᆞᅀᆞ·매 能능所:송ㅣ :업스·면 ·곧 ·이 菩뽕薩·삻·이니·라

주 직역 菩薩이 만약 이르되, 내가 說法으로 因하여 저 사람의 煩惱를 제거할 것이다 하면 곧 이것은 法我이고, 만약 이르되 내가 衆生을 度脫하라 하면 곧 我所가 있음이니 비록 衆生을 度脫하나 마음에 能所가 있어 我, 人을 제거하지 못하므로 菩薩이라 이름 못할 것이니, 種種 方便을 盛히 일러 衆生을 化度하되 마음에 能所가 없으면 곧 이것은 菩薩이다.

주 의역 만약 보살이 말씀하시되 내 설법으로 인하여 저 사람의 번뇌를 제거할 것이다고 하면 곧 이는 법아(法我)이고 만약 이르되 내 중생을 제도한다고 생각하면 곧 아소(我所)가 있음이니, 비록 중생을 제도하나 마음에 능소(能所)가 있어 아(我)·인(人)을 제거하지 못하므로 보살이라 말하지 못할 것이니, 종종 방편을 무성하게 말하여 중생을 교화·제도하되 마음에 능소(能所)가 없으면 곧 이 사람은 보살이다.

경 본문 何以故오 須菩提야 實無有法이 名爲菩薩이니 是故로 佛說一切法은 無我無人無衆生無壽者ᄒᆞ니라 須菩提야 若菩薩이 作是言호ᄃᆡ 我ㅣ當莊嚴佛土ㅣ라ᄒᆞ면 是不名菩薩이니 何以故오 如來說莊嚴佛【金剛經 114ㄴ】☞ 土者ㅣ 卽非莊嚴이라 是名莊嚴이니라

경 언해 :엇데어·뇨 須슝菩뽕提똉·여 實·씷·로 法·법 이·숌 :업수·미 일·후미 菩뽕薩·삻·이·니 ·이럴·ᄊᆡ 부텨 닐·온 一·읧切·쳉 法·법·은 我:앙 :업스·며 人신 :업스·며 衆·즁生싱 :업스·며 壽:쓩者:쟝 :업·스니·라 須슝菩뽕提똉·여 ·ᄒᆞ다·가 菩뽕薩·삻·이 ·이 :말·호·ᄃᆡ ·내 佛·뿛土:통 莊장嚴엄·호·라 ᄒᆞ·면 ·이 菩뽕薩·삻·이·라 일·훔 :몯ᄒᆞ·리·니 :엇데어·뇨 如셩來링 닐·온

佛·뿛土:똥 莊장嚴엄·호미 ·곧 莊장嚴엄·이 아·니·라 ·이 일·후미 莊장嚴엄·이니·라

경 직역 어째서인가? 須菩提야! 實로 法 있음 없음이 이름이 菩薩이니, 그러므로 부처가 이른 一切法은 내가 없으며, 다른 사람이 없으며, 衆生이 없으며, 壽者가 없는 것이다. 須菩提야! 만약 菩薩이 이 말을 하되, '내가 佛土를 莊嚴했다'고 하면, 이 사람은 菩薩이라고 이를 수 없으니, 어째서인가? 如來가 이른 佛土를 莊嚴한다는 것이 곧 莊嚴이 아니라, 이것의 이름이 莊嚴이기 때문이다.

경 의역 어째서인가? 수보리야! 실로 법이 없는 것을 보살이라 말하기 때문이다. 그러므로 부처님께서 말씀하신 모든 것[一切法]은 내[我]가 없으며, 사람[人]이 없으며, 중생(衆生)이 없으며, 오래 사는 것[壽者]이 없다. 수보리야! 만약 보살이 말하기를, '내가 불토(佛土)를 꾸몄다'고 하면 이는 보살이라 일컫지 못할 것이다. 어째서인가? 여래께서 말씀하신 불토(佛土)를 꾸밈이 곧 꾸밈이 아니라, 이름이 꾸밈일 뿐이기 때문이다.

주 본문 菩薩이 若言호ᄃᆡ 我ㅣ 能建立世界者ㅣ면 卽非菩薩이니 雖然이나 建立世界호ᄃᆡ 心有能所ᄒᆞ면 卽非菩薩이오 熾然建立世界호ᄃᆡ 能所心이 不生ᄒᆞ면 是名 【金剛經 115ㄱ】 ☞ 菩薩이라 最勝妙定経에 云호ᄃᆡ 假使有人이 造得白銀精舍ᄒᆞ야 滿三千大千世界ᄒᆞ야도 不如一念禪定心이라ᄒᆞ니 心有能所ᄒᆞ면 卽非禪定이오 能所ㅣ 不生ᄒᆞ야ᅀᅡ 是名禪定이니 禪定이 卽是淸淨心也ㅣ라

주 언해 菩뽕薩·삻·이 ·ᄒᆞ다·가 닐·오·ᄃᆡ ·내 能능·히 世·솅界·갱·를 :세요·라 ᄒᆞ·면 ·곧 菩뽕薩·삻 아·니·니 비·록 그·러·나 世·솅界·갱 :세요·ᄃᆡ ᄆᆞᅀᆞ·매 能능所:송ㅣ 이시·면 ·곧 菩뽕薩·삻 아·니·오 世·솅界·갱·를 盛·쎵·히 :세요·ᄃᆡ 能능所:송ㅅ ᄆᆞᅀᆞ·미 나·디 아·니ᄒᆞ·면 ·이 일·후미 菩뽕薩·삻·이·라 最·죙勝·싱妙·묭定·뗭經경·에 닐·오·ᄃᆡ ·ᄒᆞ다·가 :사ᄅᆞ·미 白·뵉銀은精졍舍·샹·를 ᄆᆡᆼ·ᄀᆞ·라 三삼千쳔大·땡千쳔世·솅 【金剛經 115ㄴ】 ☞ 界·갱·예 ᄀᆞ독·ᄒᆞ야·도 一·ᅙᅵᇙ念·념禪쎤定·뗭心심·이 ·ᄀᆞᆮ디 :몯·다 ᄒᆞ·니 마ᅀᆞ·매 能

능所:송ㅣ 이시·면 ·곧 禪쎤定:뗭·이 아·니·오 能능所:송ㅣ 나·디 아·니·ᄒᆞ야·사 ·이 일·후미 禪쎤定·뗭·이·니 禪쎤定·뗭·이 ·곧 ·이 淸쳥淨·쪙心심·이·라

(주 직역) 菩薩이 만약 이르되, "내 能히 世界를 세우리라." 하면 곧 菩薩이 아니니, 비록 그러나 世界를 세우되 마음에 能所가 있으면 곧 菩薩이 아니고 世界를 盛히 세우되 能所의 마음이 나지 않으면 이것이 이름이 菩薩이다. 最勝妙定經에 이르되, "만약 사람이 白銀精舍를 만들어 三千大千世界에 가득하여도 一念 禪定心이 갖추어지지 못했다." 하니, 마음의 能所가 있으면 곧 禪定이 아니고 能所가 나지 않아야 이것이 이름이 禪定이니, 禪定이 곧 이것이 이름이 淸淨心이다.

(주 의역) 만약 보살이 말하기를, "내 능히 세계를 건립할 것이다."고 하면 곧 보살이 아니다. 그러나 비록 세계를 세우되 마음에 능소(能所)가 있으면 곧 보살이 아니고, 세계를 성히 세우되 마음에 능소(能所)가 나지 않으면 이를 보살이라 한다. 최승묘정경(最勝妙定經)에 말씀하시기를, "만약 사람이 백은(白銀)으로 정사를 만들어 삼천대천세계(三千大千世界)에 가득하여도 한 순간의 선정의 마음만 같이 못하다."고 하셨으니, 마음에 능소(能所)가 있으면 곧 선정이 아니고 능소(能所)가 나지 않아야 선정이니 선정이 곧 청정심이다.

(경 본문) 須菩提야 若菩薩이 通達無我法者ᄂᆞᆫ 如來ㅣ 說名眞是菩薩이라ᄒᆞᄂᆞ니라

(경 언해) 須슝菩뽕提똉·여 ·ᄒᆞ다·가 菩뽕薩·삻·이 無뭉我:앙法·법·을 通통達·딿ᄒᆞ·닌 如셩來렁ㅣ 닐·오·ᄃᆡ 일·후미 眞진實·씷ㅅ 이 菩뽕薩삻·이·라 ·ᄒᆞᄂᆞ·니·라

(경 직역) 須菩提야! 만약 菩薩이 無我法을 通達한 이는 如來가 이르되, "이름이 眞實의 이 菩薩이라 한다."

(경 의역) 수보리야! 만약 보살이 내가 없는 법[無我法]을 통달하면 이는 여래가 말씀하시는 참다운 보살이다.

주 본문 於諸法相애 無所滯礙ᄒᆞᆯ시 是名通達이오 不作解法心ᄒᆞᆯ시 是名無我法이니 無我法者如來說名眞【金剛經 116ㄱ】☞ 是菩薩은 隨分行持ᄒᆞ야도 亦得名爲菩薩이어니와 然이나 未爲眞菩薩ᄒᆞ니 解行이 圓滿ᄒᆞ야 一切能所心이 盡ᄒᆞ야ᅀᅡ 方得名眞是菩薩이니라

주 언해 諸졍法·법相·샹·애 걸·여 마·ᄀᆞᆫ ·ᄃᆡ :업슬 ·씨 ·이 일·후미 通통達·땷·이·오 法·법 :아·ᄂᆞᆫ ᄆᆞᅀᆞ·ᄆᆞᆯ :짓디 아·니ᄒᆞᆯ ·씨 ·이 일·후미 無뭉我:ᅌᅡᆼ法·법·이·니 無뭉我:ᅌᅡᆼ法·법者:쟝如ᅀᅧᆼ來ᄅᆡᆼ說·ᄉᆑᇙ名명眞진是:씽菩뽕薩·삻·은 分·뿐·을 조·차 行ᅘᆡᇰ·ᄒᆞ·야 디·녀·도 ·ᄯᅩ 시·러 일·후미 菩뽕薩·삻·이·리어·니·와 그·러나 眞진實·씷ㅅ 菩뽕薩·삻·이 ᄃᆞ외·디 :몯ᄒᆞ·니 아·롬·과 行·ᅘᆡᇰ·괘 ᄀᆞ·초 ᄀᆞᄃᆞᆨ·ᄒᆞ·야 一·ᅙᅵᇙ切·쳉 能능所:송ㅅ ᄆᆞᅀᆞ·미 다·아·ᅀᅡ 시·러 일·후미 眞진實·씷ㅅ 菩뽕薩·삻·이니·라

주 직역 法相에 걸려 막힌 데 없는 것이 이름이 通達이고, 法을 아는 마음을 짓지 않은 것이 이것이 이름이 無我法이니, 無我法者如來說名眞是菩薩은 分을 좇아 行하여 지녀도 또 가히 이름이 菩薩이거니와, 그러나 眞實한 菩薩이 되지 못하니 앎과 行이 갖추어져 가득하여 一切 能所의 마음이 다해야 가히 이름이 眞實한 菩薩이다.

주 의역 모든 법상(法相)에 걸려 막힌 데 없는 것이 이름이 통달이고, 법을 아는 마음을 짓지 않는 것이 이름이 무아법(無我法)이니, 무아법(無我法)은 여래가 말씀하신 참다운 보살이라는 이름을 얻게 되는 것이다. 그러나 아직 참다운 보살이 되지 못하니, 아는 것과 행하는 것을 갖추어 원만하여 일체 능소심(能所心)이 모두 다하여야 바야흐로 이름이 참다운 보살이다.

주 해

- 法相에 걸여 마ᄀᆞᆫ ᄃᆡ 업슬 씨 일후미 通達이오: 法相에 걸려 막힌 데 없는 것이 이름이 통달이고. '막다'는 자동-타동 양용동사.

一體同觀分 第十八(일체동관분 제십팔)

경 본문 【金剛經 116ㄴ】 ☞ 須菩提야 於意云何오 如來ㅣ 有肉眼가 不아 如是世尊하 如來ㅣ 有肉眼ᄒᆞ시니이다 須菩提야 於意云何오 如來ㅣ 有天眼가 不아 如是世尊하 如來ㅣ 有天眼ᄒᆞ시니이다 須菩提야 於意云何오 如來ㅣ 有慧眼不아 如是世尊하 如來ㅣ 有慧眼ᄒᆞ시니이다 須菩提야 於意云何오 如來ㅣ 有法眼不아 如是世尊하 如來ㅣ 有法眼ᄒᆞ시니이다 須菩提야 於意云【金剛經 117ㄱ】 ☞ 何오 如來ㅣ 有佛眼不아 如是世尊하 如來ㅣ 有佛眼ᄒᆞ시니이다

경 언해 須슝菩뽕提똉·여 ᄠᅳ·데 :엇더·뇨 如ᅀᅧᆼ來ᄅᆡᆼㅣ 肉·ᅀᅲᆨ眼:안·올 ·뒷ᄂᆞ·녀 :업스·녀 ·이 ·ᄀᆞᆮ·ᄒᆞ·시이·다 世·솅尊존·하 如ᅀᅧᆼ來ᄅᆡᆼㅣ 肉·ᅀᅲᆨ眼:안·올 ·두 겨시·니이·다 須슝菩뽕提똉·여 ᄠᅳ·데 :엇더·뇨 如ᅀᅧᆼ來ᄅᆡᆼㅣ 天텬眼:안·올 ·뒷ᄂᆞ·녀 :업스·녀 ·이 ·ᄀᆞᆮ·ᄒᆞ·시이·다 世·솅尊존·하 如ᅀᅧᆼ來ᄅᆡᆼㅣ 天텬眼:안·올 ·두 겨시·니이·다 須슝菩뽕提똉·여 ᄠᅳ·데 :엇더·뇨 如ᅀᅧᆼ來ᄅᆡᆼㅣ 慧·ᅘᅰᆼ眼:안·올 ·뒷ᄂᆞ·녀 :업스·녀 ·이 ·ᄀᆞᆮ·ᄒᆞ·시이·다 世·솅尊존·하 如ᅀᅧᆼ來ᄅᆡᆼㅣ 慧·ᅘᅰᆼ眼:안·올 ·두 겨시·니이·다 須슝菩뽕提똉·여 ᄠᅳ·데 :엇더·뇨 如ᅀᅧᆼ來ᄅᆡᆼㅣ 法·법眼:안·올 ·뒷ᄂᆞ·녀 :업스·녀 ·이 ·ᄀᆞᆮ·ᄒᆞ·시이·다 世·솅尊존·하 如ᅀᅧᆼ來ᄅᆡᆼㅣ 法·법眼:안·올 ·두 겨시·니이·다 須슝菩뽕提똉·여 ᄠᅳ·데 :엇더·뇨 如ᅀᅧᆼ來ᄅᆡᆼㅣ 佛·뿛眼:안·올 ·뒷ᄂᆞ·녀 :업스·녀 ·이 ·ᄀᆞᆮ·ᄒᆞ·시이·다 世·솅【金剛經 117ㄴ】 ☞ 尊존·하 如ᅀᅧᆼ來ᄅᆡᆼㅣ 佛·뿛眼:안·올 ·두 겨시·니이·다

경 직역 "須菩提야! 뜻에 어떠한가? 如來가 肉眼을 두고 있는가? 없는가?" "이와 같습니다, 세존이시여! 如來가 肉眼을 두고 계십니다." "須菩提야! 뜻에 어떠한가? 如來가 天眼을 두고 있는가? 없는가?" "이와 같습니다, 세존이시여! 如來가 天眼을 두고 계십니다." "須菩提야! 뜻에 어떠한가? 如來가 慧眼을 두고 있는가? 없는가?" "이와 같습니다, 세존이시여! 如來가 慧眼을 두고 계십니다." "須菩提야! 뜻에 어떠한가? 如來가 法眼을 두고 있는가? 없는가?" "이와 같습니다, 세존이시여! 如來가 法眼을 두고

계십니다." "須菩提야 뜻에 어떠한가? 如來가 佛眼을 두고 있는가? 없는가? 이와 같습니다, 세존이시여! 如來가 佛眼을 두고 계십니다."

경 의역 "수보리야! 어떻게 생각하는가? 여래가 육안(肉眼)을 가지고 있는가? 없는가?" "있습니다, 세존이시여! 여래가 육안을 가지고 계십니다." "수보리야! 어떻게 생각하는가? 여래가 천안(天眼)을 가지고 있는가? 없는가?" "있습니다, 세존이시여! 여래가 천안(天眼)을 가지고 계십니다." "수보리야! 어떻게 생각하는가? 여래가 혜안(慧眼)을 가지고 있는가? 없는가?" "있습니다, 세존이시여! 여래가 혜안(慧眼)을 가지고 계십니다." "수보리야! 어떻게 생각하는가? 여래가 법안(法眼)을 가지고 있는가? 없는가?" "있습니다, 세존이시여! 여래가 법안(法眼)을 가지고 계십니다." "수보리야! 어떻게 생각하는가? 여래가 불안(佛眼)을 가지고 있는가? 없는가?" "있습니다, 세존이시여! 여래가 불안(佛眼)을 가지고 계십니다."

주 해

- 육안(肉眼): 육신(肉身)의 눈. 맨눈과는 다름.
- 혜안(慧眼): 우주 사물의 진리를 밝히 보는 눈. 만유의 현상을 모두 공한 것이며, 무상한 것이며, 본래 생기지도 않고, 없어지지도 안는 것임을 깨달아서 모든 집착을 여의고, 차별적인 현상 세계를 비추어 보는 지혜의 눈인데, 이것은 성문과 연각 등 이승의 지혜로 얻는 까닭에 중생을 제도하지는 못한다고 함.
- 법안(法眼): 일체법을 분명하게 비추어 보는 눈. 보살은 이 법안으로 법의 실상을 요지하고 중생들을 제도함.
- 불안(佛眼): 모든 법의 참 모습을 밝히 보는 부처님의 지혜의 눈.

주 본문 一切人이 盡有五眼컨마른 爲迷所覆ᄒᆞ야 不能自見홀ᄉᆡ 故로 佛이 敎ᄒᆞ샤ᄃᆡ 除却迷心ᄒᆞ면 卽五眼이 開明이라ᄒᆞ시니 念念에 修行般若波羅蜜法ᄒᆞ야 初除迷心이 名爲第一肉眼이오 見一切衆生이 皆有佛性ᄒᆞ야 起憐愍心이 是名爲第二天眼이오 癡心不生을 名爲第三慧眼이오 著法心除ㅣ 名爲第四法眼이오 細惑이 永盡ᄒᆞ야 圓明徧照ㅣ 名爲【金剛經 118ㄱ】☞ 第五佛眼이라 又云호ᄃᆡ 見色身中에 有法身이 名爲肉眼이오 見一切衆生이

各具般若性이 名爲慧眼이오 見性明徹ᄒᆞ야 能所永除ㅣ 名爲天眼이오 一切佛法이 本來自備ㅣ 名爲法眼이오 見般若波羅蜜이 能生三世一切法이 名爲佛眼이라

주 언해 一·힗切·쳉ㅅ :사ᄅᆞ·미 :다 五:옹眼:안·올 ·뒷·건마·른 迷몡惑·획·이 두·푸·미 ᄃᆞ외·야 能능·히 :제 보·디 :몯ᄒᆞᆯ·ᄊᆡ 부:톄 ᄀᆞᄅᆞ·치샤·ᄃᆡ 迷몡惑·획 ᄆᆞᅀᆞ·ᄆᆞᆯ :덜·면 ·곧 五:옹眼:안·이 여·러 ᄇᆞᆯ·ᄀᆞ리·라 ·ᄒᆞ시·니 念·념念·념·에 般·밣若:샹波방羅랑蜜·밇法·법을 修슣行ᅘᆡᇰ·ᄒᆞ·야 ·처ᅀᅥᆷ 迷몡惑·획 ᄆᆞᅀᆞᆷ 더·루미 일·후미 第·뗑【金剛經 118ㄴ】☞ 一·힗 肉·ᅀᅲᆨ眼:안·이·오 一·힗切·쳉 衆·즁生ᄉᆡᇰ·이 :다 佛·뿛性·셩·이 잇ᄂᆞᆫ ·둘 ·보아 :어엿·븐 ᄆᆞᅀᆞᆷ 니ᄅᆞ와·도미 ·이 일·후미 第·뗑二·ᅀᅵᆼ 天텬眼:안·이·오 어·린 ᄆᆞᅀᆞ·미 나·디 아·니·호미 일·후미 第·뗑三삼 慧·쮕眼:안·이·오 法·법에 著·땩ᄒᆞᆫ ᄆᆞᅀᆞᆷ 더·루미 일·후미 第·뗑四·ᄉᆞᆼ 法·법眼:안·이·오 ·ᄀᆞᄂᆞᆫ 惑·획·이 기·리 다·아 두·려·이 ᄇᆞᆯ·가 :다 비·취요·미 일·후미 第·뗑五:옹 佛·뿛眼:안·이·라 ·ᄯᅩ 닐·오·ᄃᆡ 色·ᄉᆡᆨ身신 中듕·에 法·법身신 잇ᄂᆞᆫ ·둘 :보미 일·후미 肉·ᅀᅲᆨ眼:안·이·오 一·힗切·쳉 衆·즁生ᄉᆡᇰ·이 各·각各·각 般·밣若:샹性·셩 ᄀᆞ·존 ·둘 :보미 일·후미 慧·쮕眼:안·이·오 性·셩 :보미 ᄇᆞᆯ·기 ᄉᆞᄆᆞ·차 能능所:송ㅣ 기·리 더·루·미 일·후미 天텬眼:안·이·오 一·힗切·쳉 佛·뿛法·법·이 本:본來ᄅᆡᆼ :제 ᄀᆞ·조미 일·후미 法·법眼:안·이·오 般·밣若:샹波방羅랑蜜·밇·이 能능·히 三삼世·솅 一·힗切·쳉 法·법을 :내ᄂᆞᆫ ·둘 :보미 일·후미 佛·뿛眼:안·이·라

주 직역 一切의 사람이 다 五眼을 두고 있건마는 迷惑의 덮음이 되어 能히 스스로가 보지 못하므로, 부처님이 가르치시되, '迷惑한 마음을 제거하면 곧 五眼이 열려 밝으리라.' 하시니, 찰나 찰나에 般若波羅蜜法을 修行하여 처음 迷惑한 마음을 제거함이 이름이 第一 肉眼이고, 一切 衆生이 다 佛性이 있는 줄을 보아 가여운 마음을 일으킴이 이는 이름이 第二 天眼이고, 어리석은 마음이 나지 않음이 이름이 第三 慧眼이고, 法에 執着한 마음을 제거함이 이름이 第四 法眼이고, 가는 惑이 길이 다하여 원만하게 밝아 다 비침이 이름이 第五 佛眼이다. 또 이르되 色身 中에 法身이 있음을

봄이 이름이 肉眼이고, 一切 衆生이 各各 般若性을 가짐을 봄이 이름이 慧眼이고, 性을 봄이 밝게 통하여 能所가 길이 제거됨이 이름이 天眼이고, 一切 佛法이 本來 스스로가 가짐이 이름이 法眼이고, 見般若波羅蜜이 能히 三世 一切法을 내는 줄을 봄이 이름이 佛眼이다.

주 의역 모든 사람이 다 오안(五眼)이 있으나 미혹에 덮혀서 능히 스스로 보지 못하므로 부처님이 가르치시되 '미혹한 마음을 제거하면 곧 오안(五眼)이 열려 밝을 것이다' 하시니, 생각 생각 반야바라밀법(般若波羅蜜法)을 수행하여, 처음의 미혹한 마음을 제거하는 것을 첫 번째 육안(肉眼)이라 하고, 모든 중생이 다 불성(佛性)이 있는 줄을 보아 연민의 마음을 일으키는 것을 두 번째 천안(天眼)이라 하고, 어리석은 마음이 나지 않는 것을 세 번째 혜안(慧眼)이라 하고, 법(法)에 집착하는 마음을 제거하는 것을 네 번째 불안(法眼)이라 하고, 미세한 혹(惑)이 길이 다하여 원만하게 밝아 다 비치는 것을 다섯 번째 불안(佛眼)이라 하다. 또 말씀하시되 색신(色身) 가운데 법신(法身)이 있는 줄 보는 것을 육안(肉眼)이라 하고, 일체 중생이 각각 반야성(般若性)을 가진 줄 보는 것을 혜안(慧眼)이라 하고, 성(性)을 보는 것이 밝게 통하여 능소(能所)가 영원히 제거되는 것을 이름이 천안(天眼)이고, 모든 불법(佛法)이 본래 스스로 가지는 것을 이름이 법안(法眼)이고, 반야바라밀(般若波羅蜜)이 능히 삼세(三世)의 모든 것[一切法]을 내는 줄 보는 것을 이름이 불안(佛眼)이다.

경 본문 【金剛經 119ㄱ】 ☞ 須菩提야 於意云何오 如恒河中所有沙롤 佛說是沙아 不아 如是世尊하 如來ㅣ 說是沙ᄒᆞ시ᄂᆞ니이라 須菩提야 於意云何오 如一恒河中所有沙애 有如是沙等恒河ㅣ어든 是諸恒河所有沙數롤 佛世界ㅣ 如是ᄒᆞ면 寧爲多아 不아 甚多ᄒᆞ리이다 世尊하

경 언해 須슝菩뽕提똉·여 ᄠᅳ·데 :엇더·뇨 恒ᅘᅳᆼ河항 中듕·에 잇ᄂᆞᆫ 몰·애·롤 부:톄 ·이 몰·애·롤 니ᄅᆞᄂᆞ·녀 아·닌ᄂᆞ·녀 ·이 ·ᄀᆞᆮ·ᄒᆞ·시이·다 世·솅尊존·하 如셩來링ㅣ ·이 몰·애·롤 니ᄅᆞ·시ᄂᆞ·니이·다 須슝菩뽕提똉·여 ᄠᅳ·데 :엇더·뇨 ᄒᆞᆫ 恒ᅘᅳᆼ河항 中듕·에 잇ᄂᆞᆫ 몰·애·예 ·이 몰·애 ·ᄀᆞᆮᄒᆞᆫ 恒ᅘᅳᆼ河항ㅣ 잇

거·든 ·이 恒ᅘᅳᆼ河ᅘᅡᆼ·ᄃᆞᆯ·해 잇ᄂᆞᆫ 몰·앳 數·숭 【金剛經 119ㄴ】 ☞ ·ᄅᆞᆯ 佛·뿛世·솅界·갱·이 ·ᄀᆞᆮᄒᆞ·면 하·려 :몯하·려 甚·씸·히 하·리이·다 世·솅尊존·하

경 직역 "須菩提야! 뜻에 어떠한가? 恒河 中에 있는 모래를, 부처님이 이 모래를 이르는가? 아닌가?" "이와 같습니다, 世尊이시여! 如來가 이 모래를 이르셨습니다." "須菩提야! 뜻에 어떠한가? 한 恒河 中에 있는 모래에 이 모래 같은 恒河가 있거든, 이 恒河들에 있는 모래의 數를 佛世界와 같으면 많겠는가? 많지 않겠는가?" "甚히 많겠습니다, 世尊이시여!"

경 의역 "수보리야! 어떻게 생각하는가? 항하 가운데 있는 모래를, 부처님이 이 모래를 말하였는가? 말하지 않았는가?" "말씀하셨습니다, 세존이시여! 여래가 이 모래를 말씀하셨습니다." "수보리야! 어떻게 생각하는가? 한 항하 가운데 있는 모래에 이 모래의 수와 같은 항하가 있어, 이 모든 항하에 있는 모래 수의 부처님세계[佛世界]가 있음이 이와 같으면 많겠는가? 많지 않겠는가?" "매우 많습니다, 세존이시여!"

주 해

- '說是沙ᄒᆞ시ᄂᆞ니이라'는 '說是沙ᄒᆞ시ᄂᆞ니이다'의 오각이다. <안심사판>에는 '說是沙ᄒᆞ시ᄂᆞ니이다'로 되어 있다.

주 본문 恒河者ᄂᆞᆫ 西國祇洹精舍側近之河ㅣ니 如來ㅣ 說法ᄒᆞ실제 常指此河ᄒᆞ샤 爲喩ᄒᆞ시더니라 佛說ᄒᆞ샤ᄃᆡ 此河中沙ᄅᆞᆯ 一沙로 況一佛世界ᄒᆞ면 以爲多아 不아 須菩提ㅣ 言ᄒᆞᅀᆞ오ᄃᆡ 甚多ᄒᆞ리이다 世尊하ᄒᆞ니라 佛이 擧此衆多國土者ᄂᆞᆫ 欲明其中엣 所有衆生이 一一衆生이 皆有若許心數也ᄒᆞ시니라

주 언해 恒ᅘᅳᆼ河ᅘᅡᆼ·ᄂᆞᆫ 西솅國·귁 祇낑洹·ᅘᅪᆫ精졍舍·샹ㅅ 결 갓가·온 河ᅘᅡᆼㅣ·니 如ᅀᅧᆼ來ᄅᆡᆼㅣ 說·ᄉᆑᇙ法·법·ᄒᆞ·실 쩨 샹·녜 ·이 【金剛經 120ㄱ】 ☞ 河ᅘᅡᆼ·ᄅᆞᆯ ᄀᆞᄅᆞ·치·샤 譬·핑喩·융·ᄒᆞ·시더·니·라 부:톄 니ᄅᆞ·샤·ᄃᆡ ·이 河ᅘᅡᆼ 中ᄃᆞᇰ·엣 몰·애·ᄅᆞᆯ ᄒᆞᆫ 몰·애·로 ᄒᆞᆫ 佛·뿛世·솅界·갱·ᄅᆞᆯ 가ᄌᆞᆯ비·면 하·려 :몯하·려 須ᅌᅲᆼ菩뽕提뗑ㅣ ᄉᆞᆯ·오·ᄃᆡ 甚·씸·히 하·리이·다 世·솅尊존·하 ᄒᆞ·니·라 부:톄 ·이 :만ᄒᆞᆫ 國·귁土:똥·ᄅᆞᆯ 드·러 니ᄅᆞ·샤·ᄆᆞᆫ 그 中ᄃᆞᇰ·엣 잇ᄂᆞᆫ 衆·ᄌᆞᆼ生ᄉᆡᆼ·이 낫:낫 衆·ᄌᆞᆼ生ᄉᆡᆼ·이 :다 ·이런 心심數·숭 잇ᄂᆞᆫ ·ᄃᆞᆯ 뵈·기고·져 ·ᄒᆞ·시

니·라

(주 직역) 恒河는 西國 祇洹精舍의 곁 가까운 강이니, 如來가 說法하실 때에 항상 이 강을 가리키시어 譬喩하셨다. 부처님이 이르시되, "이 강 가운데 있는 모래를 한 모래로 한 佛世界를 비유하면 많겠는가? 못 많겠는가?" 須菩提가 사뢰되. "甚히 많겠습니다, 세존이시여!"라 했다. 부처가 이렇게 많은 國土를 거론하여 이르심은 그 中에 있는 衆生이 다 이런 心數가 있는 줄을 밝히고자 하신 것이다.

(주 의역) 항하는 인도의 기원정사(祇洹精舍) 옆에 있는 강이다. 여래께서 설법하실 때 항상 이 강을 가리켜 비유하셨다. 부처님이 말씀하시기를, "이 강 가운데 있는 모래를 한 모래로 한 불세계(佛世界)를 비유하면 많겠는가? 많지 않겠는가?" 수보리가 "매우 많겠습니다, 세존이시여!"라 했다. 부처님께서 이렇게 많은 국토를 거론하여 말씀하신 이유는 그 가운데 있는 중생이 다 이런 마음의 숫자가 있는 줄을 밝히고자 하셨다.

(경 본문) 佛告須菩提ᄒᆞ샤ᄃᆡ 爾所國土中엣 所有衆生의 若干種心을 如來ㅣ 悉知ᄒᆞᄂᆞ니 何以故오 如來說諸心이 皆爲非心이라 是名爲心이니

(경 언해) 부:톄 須슝菩뽕提똉ᄃᆞ·려 니ᄅᆞ·샤·ᄃᆡ ·뎌 國·귁土:통 中듕·엣 잇ᄂᆞᆫ 衆·즁生싱·의 여·러 가·짓 ᄆᆞᅀᆞ·ᄆᆞᆯ 如셩來링ㅣ :다 :아ᄂᆞ·니 ·엇뎨어·뇨 如셩 【金剛經 120ㄴ】 ☞ 來링 닐·온 ᄆᆞᅀᆞᆷ·ᄃᆞᆯ·히 :다 ᄆᆞᅀᆞ·미 아·니·라 ·이 일·후미 ᄆᆞᅀᆞ·미·니

(경 직역) 부처님이 須菩提더러 이르시되, "저 國土 中에 있는 衆生의 여러 가지의 마음을 如來가 다 아니, 어째서인가? 如來가 이른 마음들이 다 마음이 아니라 이것이 이름이 마음이니,

(경 의역) 부처님이 수보리에게 말씀하시기를, "저 국토 가운데 있는 중생의 가지가지 마음을 여래가 다 아니, 어째서인가? 여래가 말한 모든 마음이 모두 마음이 아니라 단지 이름이 마음일 뿐이다."라 하셨다.

주 해

- '·엇뎨어·뇨'는 '·엇'이 거성으로 되어 있는 것은 ':엇'의 잘못. <안삼사판>은

상성의 ':엇'으로 되어 있다.

(주 본문) 爾所國土中所有衆生이 一一衆生이 皆有若干差別心數ᄒᆞ니 心數ㅣ 雖多ᄒᆞ나 總名妄心이니 識得妄心의 非心ᄒᆞ면 是名爲心이니 此心이 卽是眞心常心佛心般若波羅蜜心情淨菩提涅槃心이라

(주 언해) ·뎌 國·귁土:통 中듕·엣 잇ᄂᆞᆫ 衆·즁生싱이 낫:낫 衆·즁生싱·이 :다 여·러 가·짓 差창別·뼗 心심數·숭ㅣ 잇ᄂᆞ·니 心심數·숭ㅣ 비·록 하·나 모·ᄃᆞᆫ 일·후미 妄·망心심·이·니 妄·망心심·의 ᄆᆞᅀᆞᆷ 아·닌 ·ᄃᆞᆯ :알·면 ·이 일·후미 ᄆᆞᅀᆞ·미·니 ·이 ᄆᆞᅀᆞ·미 ·곧 ·이 眞진心심·이·며 常쌍心심·이·며 佛·뿛心심·이·며 般·밣【金剛經 121ㄱ】☞ 若:샹波방羅랑蜜·밇心심·이·며 情쳥淨·쪙菩뽕提똉涅·녏槃빤心심·이·라

(주 직역) 저 國土 中에 있는 衆生이, 낱낱 衆生이 다 여러 가지의 差別 心數가 있으니, 心數가 비록 많으나 모든 이름이 妄心이니 妄心이 마음이 아닌 줄을 알면, 이것이 이름이 마음이니, 이 마음이 곧 이 眞心이며 常心이며 佛心이며 般若波羅蜜心이며 情淨菩提涅槃心이다.

(주 의역) **저 국토 가운데 있는 중생 가운데 낱낱 중생이 모두 약간의 차별된 마음의 수가 있으니 이 마음의 수[心數]가 비록 많으나, 이 모두를 망심이라 한다. 망심이 참다운 마음이 아닌 줄을 알면 이것을 마음이라 한다. 이 마음이 곧 참다운 마음[眞心]이며 항상 하는 마음[常心]이며 불심(佛心)이며 반야바라밀의 마음[般若波羅蜜心]이며 청정보리열반의 마음[情淨菩提涅槃心]이다.**

[경 본문] 所以者何오 須菩提야 過去心不可得이며 現在心不可得이며 未來心不可得이니라

[경 언해] :엇뎨어·뇨 須슝菩뽕提똉·여 過·광去·컹心심·을 得·득·디 :몯ᄒᆞ·리·며 現·현在:찡心심·을 得·득·디 :몯ᄒᆞ·리·며 未·밍來랭心심·을 得·득·디 :몯·ᄒᆞ·ᄂᆞ니·라

[경 직역] 어째서인가? 須菩提야! 過去心을 得하지 못할 것이며, 現在心을

得하시 못할 것이며, 未來心을 得하지 못할 것이다.

경 의역 어째서인가? 수보리야! 지나간 마음[過去心]을 얻을 수 없으며, 현재의 마음[現在心]도 얻을 수 없으며, 미래의 마음[未來心]도 얻을 수 없는 것이다.

주 본문 過去心不可得者ᄂᆞᆫ 前念妄心이 瞥爾已過ᄒᆞ야 追尋ᄒᆞ야도 無有處所ㅣ오 現在心不可得者 【金剛經 121ㄴ】 ☞ ᄂᆞᆫ 眞心이 無相커니 憑何得見이리오 未來心不可得者ᄂᆞᆫ 本無可得거늘 習氣已盡ᄒᆞ야 更不復生이니 了此三心의 皆不可得ᄒᆞ면 是名爲佛이라

주 언해 過·광去·컹心심不·붏可:캉得·득·은 前쪈念·념 妄·망心·심·이 믄·득 불·써 :디·나 미조·차 追쥉尋씸·ᄒᆞ야·도 處·쳥所:송ㅣ ·업고 現·현在:찡心심不·붏可·캉得·득·은 眞진心심이 相·샹 :업거·니 므·스·글 브·터 시·러 보·리·오 未·밍來링心심不·붏可:캉得·득·은 本:본來링 어·루 得·득·호미 :업거·늘 비·ᄒᆞ·샛 氣·킝分·뿐·이 ᄒᆞ·마 다·아 ᄂᆞ외·야 다·시 나·디 아·니홀 ·씨·니 ·이 :세 ᄆᆞᅀᆞ·미 :다 得·득·디 :몯홀 ·ᄯᅳᆯ ᄉᆞᄆᆞᆺ :알·면 ·이 일·후미 佛·뿛·이·라

주 직역 '過去心不可得'은 前念 妄心이 문득 벌써 지남이, 좇아 追尋하여도 處所가 없고, '現在心不可得'은 眞心이 相이 없으니 무엇을 의지하여 가히 보겠는가? '未來心不可得'은 本來 가히 得함이 없거늘 버릇의 氣分이 이미 다하여 다시 나지 않을 것이니, 이 세 마음의 다 得하지 못할 줄을 꿰뚫어 알면 이 이름이 佛이다.

주 의역 '지나간 마음[過去心]을 얻을 수 없다'는 것은 앞생각[前念]의 허망한 마음[妄心]이 문득 벌써 지났기 때문에 쫓아 찾아봐도 처소가 없고, '현재의 마음을 얻을 수 없다'는 것은 참마음은 상(相)이 없으니 무엇에 의지하여 볼 수 있겠는가? '미래의 마음을 얻을 수 없다'는 것은 본래 얻을 수 없는 것이므로 버릇의 기운[習氣]이 이미 다하여 다시 나지 않을 것이니 이 세 가지 마음을 다 얻을 수 없음을 깨달아 통달하면 이를 이름이 부처님[佛]이다.

주 해

- 미조차: 뒤따라. 미좇- + 아.
- ᄉᆞᄆᆞᆺ: 꿰뚫어, 통하여, 사뭇.

法界通化分 第十九(법계통화분 제십구)

경 본문 須菩提야 於意云何오 若有人이 滿三千大千世【金剛經 122ㄱ】☞ 界七寶로 以用布施ᄒᆞ면 是人이 以是因緣으로 得福이 多아 不아 如是ᄒᆞ이다 世尊하 此人이 以是因緣으로 得福이 甚多ᄒᆞ리이다 須菩提야 若福德이 有實ᄒᆞ면 如來ㅣ 不說得福德이 多ㅣ언마른 以福德이 無故로 如來ㅣ 說得福德이 多ㅣ라ᄒᆞᄂᆞ니라

경 언해 須슝菩뽕提뗑·여 ᄠᅳ·데 :엇더·뇨 ·ᄒᆞ다·가 :사ᄅᆞ·미 三삼千쳔大·땡千쳔世·솅界·갱·예 ᄀᆞ득ᄒᆞᆫ 七·칧寶:봉·로 ·ᄡᅧ 布·봉施·싱ᄒᆞ·면 ·이 :사ᄅᆞ·미 ·이 因ᅙᅵᆫ緣원·으·로 福·복 :어두·미 하·려 :몯하·려 ·이 ·ᄀᆞᆮᄒᆞ이·다 世·솅尊존·하 ·이 :사ᄅᆞ·미 ·이 因ᅙᅵᆫ緣원·으·로 福·복 :어두·미 甚·씸·히 하·리이·다 須슝菩뽕提뗑·여 ·ᄒᆞ다·가 福·복德·득·이 實·씷 이시·면 如셩來렁ㅣ 福·복【金剛經 122ㄴ】☞ 德·득 :어두·미 하·다 니ᄅᆞ·디 아·니ᄒᆞ·련마·른 福·복德·득·이 :업·순 젼·ᄎᆞ·로 如셩來렁ㅣ 닐·오·ᄃᆡ 福·복德·득 :어두·미 하·다 ·ᄒᆞ·ᄂᆞ니·라

경 직역 "須菩提야! 뜻에 어떠한가? 만약 사람이 三千大千世界에 가득한 七寶로 써 布施하면, 이 사람이 이 因緣으로 福을 얻음이 큰가? 아닌가?" "이와 같습니다. 세존이시여! 이 사람이 이 因緣으로 福을 얻음이 甚히 클 것입니다." "須菩提야! 만약 福德이 實이 있으면 如來가 福德을 얻음이 많다 이르지 않을 것이지마는, 福德이 없는 까닭으로 如來가 이르되, '福德 얻음이 많다' 한다."

경 의역 "수보리야! 어떻게 생각하는가? 만약 사람이 삼천대천세계에 칠보로써 가득히 보시한다면 이 사람이 이 인연으로 복을 얻음이 크겠는가? 크지 않겠는가?" "매우 큽니다, 세존이시여!" "수보리야! 만약 복덕이 실(實)다움이 있으면 여래가 복덕을 얻음이 많다고 말하지 않을 것이나, 복덕이라는 것이 없는 까닭으로 여래가 복덕을 얻음이 많다고 말한 것이다."

주 본문 七寶之福은 不能成就佛果菩提故로 言無也ㅣ시고 以其無量數限故로 名曰多ㅣ라ᄒᆞ시니 如能超過ᄒᆞ면 卽不說多也ᄒᆞ시리라

주 언해 七·치ᇙ寶:봉 福·복·이 能능·히 佛·뿌ᇙ果:광 菩뽕提똉·ᄅᆞᆯ 일·우디 :몯ᄒᆞᆯ·씨 無뭉ㅣ·라 니ᄅᆞ·시·고 量·량數·숭ㅅ 그·지 :업·ᄉᆞᆫ 젼·ᄎᆞ·로 일·후·믈 니ᄅᆞ·샤·ᄃᆡ 하·다 ·ᄒᆞ시·니 ·ᄒᆞ다·가 能능·히 :건·네뛰·여 :디나·면 ·곧 하·다 니ᄅᆞ·디 아·니·ᄒᆞ·시리·라

주 직역 七寶의 福이 能히 佛果인 菩提를 이루지 못하므로 無라 이르시고, 數量의 끝이 없는 까닭으로 이름을 이르시되 많다 하시니, 만약 能히 건너뛰어 지나면 곧 많다 이르지 않으셨을 것이다.

주 의역 칠보의 복은 능히 불과(佛果)인 보리를 이루지 못하므로 '없다'고 말하는 것이고, 그 끝이 없는 까닭으로 말씀하시기를 '많다'고 하시니, 만약 능히 수량을 초월하면 곧 많다고 말하지 않았을 것이다.

離色離相分 第二十(이색리상분 제이십)

경 본문 【金剛經 123ㄱ】 ☞ 須菩提야 於意云何오 佛을 可以具足色身으로 見가 不아 不也世尊하 如來를 不應以具足色身으로 見이니 何以故ㅣ어뇨 如來說具足色身이 卽非具足色身이라 是名具足色身이시니이다

경 언해 須슝菩뽕提뗑·여 ᄠᅳ·데 :엇더·뇨 부텨·를 어·루 具·꾸足·죡 色·식身신·으·로 보·려 :몯 보·려 아·니이·다 世·솅尊존·하 如셩來링·ᄅᆞᆯ 具·꾸足·죡 色·식身신·으·로 ·보ᅀᆞ오·미 :몯ᄒᆞ·리·니 :엇뎨어·뇨 如셩來링 니ᄅᆞ·샨 具·꾸足·죡 色·식身신·이 ·곧 具·꾸足·죡 色·식身신 아·니·라 ·이 일·후미 具·꾸足·죡 色·식身신·이시·니이·다

경 직역 "須菩提야 뜻에 어떠한가? 부처를 가히 具足 色身으로 보겠는가? 못 보겠는가?" "아닙니다. 世尊이시여! 如來를 具足 色身으로 보지 못할 것이니 어째서인가? 如來 이르신 具足 色身이 곧 具足 色身이 아니라 이것이 이름이 具足 色身입니다."

경 의역 "수보리야! 어떻게 생각하는가? 부처님을 색신(色身)으로 볼 수 있겠는가? 볼 수 없겠는가?" "볼 수 없습니다. 세존이시여! 여래를 색신(色身)으로는 볼 수 없으니 어째서인가? 여래께서 말씀하신 구족(具足) 색신(色身)이 구족(具足) 색신(色身)이 아니라 단지 이름이 구족(具足) 색신(色身)이라 했을 뿐입니다."

주 본문 佛意예 恐衆生이 不見法身ᄒᆞᅀᆞᆸ고 但見三十二 【金剛經 123ㄴ】 ☞ 相八十種好紫磨金輝ᄒᆞᅀᆞ와 以爲如來ㅅ 眞身홀가ᄒᆞ샤 爲遣此迷故로 問須菩提ᄒᆞ샤ᄃᆡ 佛을 可以具足色身相으로 見가 不아 三十二相이 卽非具足色身이라 內具三十二淨行ᄒᆞ야ᅀᅡ 是名具足色身이라ᄒᆞ시니 淨行者ᄂᆞᆫ 卽六波羅蜜이 是也ㅣ니 於五根中에 修六波羅蜜ᄒᆞ고 於意根中에 定慧ᄅᆞᆯ 雙修호미 是名具足色身이라 徒愛如來ㅅ 三十二相ᄒᆞᅀᆞᆸ고 內不行三十二淨行ᄒᆞ면 卽非具足色身 【金剛經 124ㄱ】 ☞ 이오 不愛如來ㅅ 色相ᄒᆞᅀᆞᆸ고 能自持淸

淨行ᄒᆞ면 亦得名具足色身也ㅣ니라

(주 언해) 부텻 ᄠᅳ·데 衆·쥬生싱·이 法·법身신·을 보·디 :몯·ᄒᆞᅀᆞᆸ·고 오·직 三삼十·씹二·싱相·샹 八·밣十·씹種:죵好:흫 紫:ᄌᆞᆼ磨망金금ㅅ ·비·측 ·보ᅀᆞ·와 如셩來링ㅅ 眞진身신·을 사·몰·까 저흐·샤 ·이 迷몡惑·획 아·소·몰 爲·윙·ᄒᆞ실·씨 須슝菩뽕提똉ᄃᆞ·려 :무·르샤·ᄃᆡ 부텨·를 어·루 具·꿍足·죡 色·식身신相·샹·으·로 보·려 :몯 보·려 三삼十·씹二·싱相·샹·이 ·곧 具·꿍足·죡 色·식身신·이 아·니·라 안·해 三삼十·씹二·싱 조ᄒᆞᆫ 行·ᅘᅵᆼ·이 ᄀᆞ·자·ᅀᅡ ·이 일·후미 具·꿍足·죡 色·식身신·이·라 ·ᄒᆞ시니 淨·쪙行·ᅘᅵᆼ·은 ·곧 六·륙波방羅랑蜜·밇·이 ·이·니 五:옹根근 中듕·에 六·륙波방羅랑蜜·밇·올 닷·고 意·ᅙᅵᆼ根근 中듕·에 定·뗭慧·ᅘᅨᆼ·롤 굴·와 닷·고미 ·이 일·후미 具·꿍足·죡 色·식身신·이·라 【金剛經 124ㄴ】 ☞ ᄒᆞᆫ갓 如셩來링ㅅ 三삼十·씹二·싱相·샹·올 :ᄉᆞ랑ᄒᆞ·ᅀᆞᆸ·고 안·해 三삼十·씹二·싱 淨·쪙行·ᅘᅵᆼ·올 行ᅘᅵᆼ·티 아·니ᄒᆞ·면 ·곧 具·꿍足·죡 色·식身신·이 아·니·오 如셩來링ㅅ 色·식相·샹·올 :ᄉᆞ랑ᄒᆞ·디 아니·ᄒᆞᅀᆞᆸ·고 能능·히 :제 淸청淨·쪙行·ᅘᅵᆼ·올 디·니·면 ·ᄯᅩ 일·후미 具·꿍足·죡 色·식身신·이니·라

(주 직역) 부처님의 뜻에 衆生이 法身을 보지 못하고 오직 三十二相 八十種好 紫磨金의 빛을 보아 如來의 眞身을 삼을까 두려워하여, 이 迷惑을 빼앗기 爲해서 須菩提더러 묻되, "부처를 가히 具足한 色身相으로 보겠는가? 못 보겠는가? 三十二相이 곧 具足한 色身이 아니라, 안에 三十二 가지의 깨끗한 行이 갖추어져야 이것이 이름이 具足한 色身이다." 하시니, 淨行은 곧 六波羅蜜이 이것이니, 五根 中에 六波羅蜜을 닦고 意根 中에 定慧를 병행하여 닦음이 이것이 이름이 具足한 色身이다. 한갓 如來의 三十二相을 생각하고 안에 三十二 淨行을 行하지 않으면 곧 具足한 色身이 아니고, 如來의 色相을 생각하지 않고 能히 스스로가 淸淨行을 지니면 또 이름이 具足한 色身이다.

(주 의역) **부처님의 뜻은 중생이 법신(法身)을 보지 못하고 오직 삼십이상(三十二相) 팔십종호(八十種好)의 자주색 황금(紫磨金) 빛의 몸만 보아 여래의 참 몸[眞身]으로 삼을까 염려되어, 이런 미혹에서 나아가기 위하시므**

로 수보리에게 '부처를 모든 것을 갖춘 색신상(色身相)으로 볼 수 있겠는가? 볼 수 없겠는가?'라고 물었다. 삼십이상(三十二相)은 곧 모든 것을 갖춘 색신(色身)이 아니다. '안에 서른두 가지의 깨끗한 行을 갖추어야 모든 것을 갖춘 색신(色身)이다.' 하시니, 청정한 행(行)이란 곧 육바라밀(六波羅蜜)이다. 오근(五根) 가운데 육바라밀(六波羅蜜)을 닦고, 의근(意根) 가운데 정(定)과 혜(慧)를 닦는 것을 모든 것을 갖춘 색신(色身)이라 한다. 다만 여래의 삼십이상(三十二相)을 생각하고 안에 서른두 가지의 청정한 행(行)을 행(行)하지 않으면 곧 모든 것을 갖춘 색신(色身)이 아니고, 여래의 색상(色相)을 생각하지 않고 능히 스스로 청정한 행(行)을 지니면 또 모든 것을 갖춘 색신(色身)이라 한다.

주 해

- 둣습고: 사랑하고, 아끼고. 둣- + 습 + 고.
- '內具三十二淨行ᄒᆞ야ᅀᅡ'의 '淨'은 오각된 글자를 칼로 도려낸 부분.

경 본문 須菩提야 於意云何오 如來를 可以具足諸相으로 見가 不아 不也世尊하 如來를 不應以具足諸相으로 見이니 何以故ㅣ어뇨 如來說諸相具足이 卽非具足이라 是名諸相具足이시니이다

경 언해 須슝菩뽕提뗑·여 쁘·데 :엇더·뇨 如셩來링·를 어·루 諸졍相·샹 ᄀᆞ·조ᄆᆞ·로 보·려 :몯 보·려 아·니이·다 世·솅尊존·하 如셩來링·를 具·꿍足·죡 諸졍相·샹 【金剛經 125ㄱ】 ☞ ·으·로 ·보·ᅀᆞ오·미 :몯 ᄒᆞ·리·니 :엇데어·뇨 如셩來링 니ᄅᆞ·신 諸졍相·샹 具·꿍足·죡·이 ·곧 具·꿍足·죡·이 아·니·라 ·이 일·후미 諸졍相·샹 具·꿍足·죡·이시·니이·다

경 직역 "須菩提야! 뜻에 어떠한가? 如來를 가히 諸相을 가짐으로 보겠는가? 못 보겠는가?" "아닙니다, 세존이시여! 如來를 具足 諸相으로 보지 못할 것이니, 어째서인가? 如來 이르신 諸相 具足이 곧 具足이 아니라 이것이 이름이 諸相 具足이십니다."

경 의역 "수보리야! 어떻게 생각하는가? 여래를 모든 상을 가진 것으로 볼 수 있겠는가? 볼 수 없겠는가?" "볼 수 없습니다, 세존이시여! 여래를

모든 것을 갖춘 모든 상(相)으로 보지 못할 것이니, 어째서인가? 여래께서 말씀하신 상을 구족하는 것이 곧 구족(具足)이 아니라 단지 이름이 모든 상을 구족함[諸相具足]일 뿐이기 때문입니다."

(주 본문) 如來者ᄂᆞᆫ 卽無相法身이 是也ㅣ시니 非肉眼의 所見이라 慧眼이ᅀᅡ 乃能見之ᄒᆞᅀᆞᆸᄂᆞ니 慧眼이 未明ᄒᆞ야 具足生我人等相ᄒᆞ야셔 以觀三十二相으로 爲如來者ᄂᆞᆫ 卽不名爲具足也ㅣ오 慧眼이 明徹ᄒᆞ야 我人等相이 不生ᄒᆞ야 正智光明이 常照ᄒᆞ면 是名諸相具足이라 三毒이 未泯ᄒᆞ야셔 言見如來眞身者【金剛經 125ㄴ】☞ ㅣ 固無此理ᄒᆞ니 縱能見者ㅣ라도 秖是化身이라 非眞實無相之法身也ㅣ시니라

(주 언해) 如ᅌᅧᆼ來ᄅᆡᆼ·ᄂᆞᆫ ·곧 相·샹 :업스·신 法·법身신·이 ·이시·니 肉·ᅀᅲᆨ眼:안·의 ·보·ᅀᆞ올 ·ᄧᅵ 아·니·라 慧·ᅘᅨᆼ眼:안·이·ᅀᅡ 能능·히 ·보ᅀᆞᆸᄂᆞ·니 慧ᅘᅨᆼ眼:안·이 ᄇᆞᆰ·디 :몯·ᄒᆞ·야 我:ᅌᅡᆼ 人ᅀᅵᆫ 等:둥 相·샹·이 ᄀᆞ·자 ·나셔 三삼十·씹二·ᅀᅵᆼ相·샹 ·보ᅀᆞ·오ᄆᆞ·로 如ᅌᅧᆼ來ᄅᆡᆼ :삼·ᅀᆞᆸᄂᆞ·닌 ·곧 具·꾸足·죡·이·라 일·훔 :몯ᄒᆞ·리·오 慧·ᅘᅨᆼ眼:안·이 ᄇᆞᆯ·가 ᄉᆞᄆᆞ·차 我:ᅌᅡᆼ 人ᅀᅵᆫ 等:둥 相·샹·이 나·디 아·니·ᄒᆞ·야 正·졍智·딩光광明명·이 샹·녜 비·취·면 ·이 일·후미 諸졍相·샹 具·꾸足·죡·이·라 三삼毒·똑·이 :업·디 :몯·ᄒᆞ야·셔 如ᅌᅧᆼ來ᄅᆡᆼㅅ 眞진身신 ·보·ᅀᆞᆸ노·라 니ᄅᆞ·리 實·씷·로 ·이 理:링 :업스·니 비·록 能능·히 ·보·ᅀᆞ와·도 오·직 ·이 化·황身신·이·라 眞진實·씷ㅅ 相·샹 :업스·신 法·법身신·이 아·니시·니·라

(주 직역) 如來는 곧 相이 없으신 法身이 이 분이시니, 肉眼의 볼 것이 아니며 慧眼이어야 能히 보니, 慧眼이 밝지 못하여 我, 人 等 相이 갖추어져 나서 三十二相을 봄으로 如來를 삼는 것은 곧 具足이라 이름 못할 것이고, 慧眼이 밝아 통하여 我, 人 等 相이 나지 않아, 正智光明이 항상 비치면 이것이 이름이 諸相具足이다. 三毒이 없지 못하여서 如來의 眞身을 본다 이르는 것이 實際로 이런 理致가 없으니, 비록 能히 보아도 오직 이것이 化身이라서 眞實의 相이 없으신 法身이 아니시다.

(주 의역) 여래란 곧 상(相)이 없는 법신(法身)이 이것이다. 육안(肉眼)으로

볼 것이 아니다. 혜안(慧眼)이라야 능히 볼 수 있으니, 혜안이 밝지 못하여 나[我] 사람[人] 등의 상(相)을 갖추고 나서 삼십이상(三十二相)을 보는 것으로 여래를 삼는 것은 구족(具足)이라고 칭하지 못할 것이다. 혜안이 밝아 통하여 나[我] 사람[人] 등 상(相)이 나지 않아 바른 지혜의 광명[正智光明]이 항상 비추면 이것을 모든 상(相)을 구족(具足)함이라 한다. 삼독(三毒)이 없어지지 않고 여래의 진신(眞身)을 본다고 말하는 것은 반드시 이런 이치가 없으니 비록 능히 본다고 하더라도 오직 이것은 화신(化身)일 뿐이라서 진실한 무상(無相)의 법신(法身)이 아니다.

非說所說分 第二十一(비설소설분 제이십일)

경 본문 【金剛經 126ㄱ】☞ 須菩提야 汝ㅣ 勿謂如來ㅣ 作是念호딕 我當有所說法이라ᄒᆞ라 莫作是念ᄒᆞ라 何以故오 若人이 言호딕 如來ㅣ 有所說法이라ᄒᆞ면 卽爲謗佛이리니 不能解我所說故ㅣ니 須菩提야 說法者ㅣ 無法可說이라 是名說法이니라

경 언해 須菩뽕提똉·여 :네 如셩來링ㅣ ·이 念·념·을 ·호·딕 ·내 반·ᄃᆞ기 說·쉻法·법·호미 이·슈·라 ·ᄒᆞᄂᆞ·다 너·기디 :말·라 ·이 念·념·을 :짓·디 :말·라 :엇데어·뇨 ·ᄒᆞ다·가 :사ᄅᆞ·미 닐·오·딕 如셩來링ㅣ 說·쉻法·법·호미 잇ᄂᆞ·니·라 ᄒᆞ·면 ·곧 부텨·를 허·루·미리·니 내 닐·오·몰 能ᄂᆞᆼ·히 :아디 :몯·ᄒᆞ논 젼·치·니 須슝菩뽕提똉【金剛經 126ㄴ】☞ ·여 說·쉻法·법·이 法·법·이 어·루 닐·우미 :업순 ·디·라 ·이 일·후미 說·쉻法·법·이니·라

경 직역 "須菩提야! 네가 如來가 이 念을 하되, '내 반드시 說法함이 있다.' 한다 여기지 말라. 이 念을 짓지 말라. 어째서인가? 만약 사람이 이르되, '如來가 說法함이 있다' 하면 곧 부처를 헒이니, 내 이름을 能히 알지 못하는 까닭이니, 須菩提야! 說法이 法이 가히 이름이 없는 것이라 이것이 이름이 說法이니라."

경 의역 "수보리야! 너는 여래가 생각하기를, '내가 반드시 설법한 법이 있다'고 여기지 말라. 어째서인가? 만약 어떤 사람이 '여래가 법을 설한 것이 있다'고 하면 곧 부처를 비방하는 것이니, 이것은 내가 설한 것을 알지 못하는 까닭이다. 수보리야! 설법(說法)이란 설할 것이 없는 법(法)을 일러 설법(說法)이라 하는 것이다."

주 본문 凡夫의 說法은 心有所得홀식 故로 告須菩提ᄒᆞ샤딕 如來ㅅ 說法은 心無所得이라ᄒᆞ시니 凡夫ᄂᆞᆫ 作能解心ᄒᆞ야 說커니와 如來ᄂᆞᆫ 語嘿이 皆如ᄒᆞ샤 所發言辭ㅣ 如響應聲ᄒᆞ샤 任用이 無心ᄒᆞ샤 不同凡夫의 作生滅心ᄒᆞ야 說이시니 若言如來ㅅ 說法이 心有生滅者ㅣ면 卽爲謗佛이리라 維摩

經에 云ᄒᆞᄃᆡ 夫說法者ㅣ 無說無示ᄒᆞ며 聽法者ㅣ 無聞無得이라 【金剛經 127ㄱ】 ☞ ᄒᆞ니 了萬法이 空寂ᄒᆞ야 一切名言이 皆是假立인ᄃᆞᆯᄒᆞ야 於自空性中에 熾然建立一切言辭ᄒᆞ야 演說諸法의 無相無爲ᄒᆞ야 開導迷人ᄒᆞ야 令見本性ᄒᆞ야 修證無上菩提케ᄒᆞᆯ시 是名說法이라

(주 언해) 凡뻠夫붕·의 說·쉃法·법·은 ᄆᆞᅀᆞ·매 得·득·호미 이실·ᄊᆡ 須슝菩뽕提똉ᄃᆞ·려 니ᄅᆞ·샤·ᄃᆡ 如셩來링ㅅ 說·쉃法·법·은 ᄆᆞᅀᆞ·매 得·득·호미 :업·스니·라 ·ᄒᆞ시·니 凡뻠夫붕·는 能능·히 :아·논 ᄆᆞᅀᆞ·ᄆᆞᆯ 지·ᅀᅥ 니ᄅᆞ거·니·와 如셩來링·ᄂᆞᆫ :말·ᄒᆞ시·며 ᄌᆞᆷᄌᆞᆷ·ᄒᆞ샤·미 :다 如셩·ᄒᆞ샤 :내시·논 :마리 :뫼·ᅀᆞ리 소·리 맛:굶·ᄃᆞᆺ ·ᄒᆞ샤 ·ᄡᅳ샤·미 ᄆᆞᅀᆞᆷ :업스·샤 凡뻠夫붕·의 生ᄉᆡᆼ滅·몛心심 지·ᅀᅥ 닐·옴 ·ᄀᆞᆮ디 아·니·ᄒᆞ시·니 ·ᄒᆞ다·가 닐·오·ᄃᆡ 如셩來링ㅅ 說·쉃 【金剛經 127ㄴ】 ☞ 法·법·이 ᄆᆞᅀᆞ·매 生ᄉᆡᆼ滅·몛·이 :겨시·다 ᄒᆞ·면 ·곧 부텨·를 허·로미 ᄃᆞ외·리·라 維윙摩망經경·에 닐·오·ᄃᆡ 法·법 니ᄅᆞ·리 닐·움 :업스·며 :뵈·욤 :업스·며 法·법 드르·리 드·룸 :업스·며 得·득 ᄒᆞᆷ :업·스니·라 ᄒᆞ·니 萬·먼法·법·이 空콩寂·쪅·ᄒᆞ·야 一·ᅙᅵᇙ切·촁 일·훔 :마리 :다 ·이 비·러 션 ·ᄃᆞᆯ ᄉᆞᄆᆞᆺ 아·라 제 :뷘 性·셩 中듕·에 一·ᅙᅵᇙ切·촁ㅅ :마·ᄅᆞᆯ 盛·쎵·히 :셰·여 諸졍法·법·의 相·샹 :업스·며 ·ᄒᆞ욤 :업수·믈 ·펴 닐·어 迷몡惑·획ᄒᆞᆫ :사ᄅᆞ·ᄆᆞᆯ 여·러 引:인導·뚷·ᄒᆞ·야 本:본性·셩·을 ·보아 無뭉上·썅 菩뽕提똉·ᄅᆞᆯ 닷·가 證·징·케 ᄒᆞᆯ 씨 이 일·후미 說·쉃法·법·이·라

(주 직역) 凡夫의 說法은 마음에 得함이 있으므로 須菩提더러 이르시되, "如來의 說法은 마음에 得함이 없다 하시니, 凡夫는 能히 아는 마음을 지어 이르거니와 如來는 말하시며 잠잠하심이 다 같으시어 내시는 말이 메아리 소리가 應하듯 하시어 쓰심이 마음이 없으시어 凡夫의 生滅心을 지어 이름과 같지 않으시니, 만약 이르되 如來의 說法이 마음에 生滅이 계시다 하면, 곧 부처를 헒이 되리라." 維摩經에 이르되, "法 이르는 이가 이름이 없으면 보임이 없으며, 法을 듣는 이가 들음이 없으며 得함이 없다." 하니, 萬法이 空寂하여 一切 이름과 말이 다 이것은 허위로 선 줄을 꿰뚫어 알아, 스스로의 빈 性 中에 一切의 말을 盛히 세어, 諸法의 相이 없으며 함이 없음을 펴 일러, 迷惑한 사람을 열어 引導하여 本性을 보아 無上菩提를

닦아 證得하게 하는 것이 이것이 이름이 說法이다.

주 의역 범부의 설법은 마음에 얻은 것이 있으므로 수보리에게 말씀하시기를, “여래의 설법은 마음에 얻는 것이 없다 하시니, 범부는 능히 안다는 마음을 지어 설하나, 여래는 말씀하시는 것과 침묵하시는 것이 다 같아서 내시는 말이 메아리가 소리에 응하듯 하시어 마음대로 쓰되 무심하시어 범부의 생멸심(生滅心)으로 설하는 것과 같지 않으니, 만약 말하기를 여래의 설법이 마음에 생멸이 있다고 하면 곧 부처를 비방하는 것이 될 것이다. 유마경(維摩經)에 말하기를, “설법이란 설할 것도 없고 보일 것도 없으며 청법(聽法)이란 들을 것도 없고 얻을 것도 없다.”고 하니, 만법이 비고 고요하여 일체의 이름과 말이 거짓으로 선 줄 밝게 깨달아[了達] 스스로 빈 성품(性品) 중에 무성하게 일체의 말을 세워 모든 법을 연설하되 상(相)이 없고 함이 없이 미혹한 사람을 깨우치고 인도하여서, 본성을 보게 하여 위없는 깨달음[無上菩提]를 닦아 증득하게 하는 것을 설법이라 한다.

주 해

- 맛굶듯 ᄒᆞ샤: 응하듯 하시어. 맛굶-[應] + 듯 + ᄒᆞ- + 시 + 오 + 아.

경 본문 爾時예 慧命須菩提ㅣ 白佛言ᄒᆞᅀᆞ오ᄃᆡ 世尊하 頗有衆生이 於未來世예 聞說是法ᄒᆞᅀᆞᆸ고 生信心ᄒᆞ리잇가【金剛經 128ㄱ】☞ 不ㅣ잇가 佛言ᄒᆞ샤ᄃᆡ 須菩提야 彼非衆生이며 非不衆生이니 何以故오 須菩提야 衆生衆生者ㅣ 如來說이 非衆生이라 是名衆生이니라

경 언해 그 ·쁴 慧·쮕命·명 須슝菩뽕提똉ㅣ 부텨·긔 ᄉᆞᆲ·오·ᄃᆡ 世·솅尊존·하 ᄌᆞ모 衆·즁生싱·이 未·밍來링世·솅·예 ·이 法·법 니ᄅᆞ·샤·ᄆᆞᆯ 듣:ᄌᆞᆸ·고 信·신心심·을 :내·리잇·가 :말·리잇·가 부:톄 니ᄅᆞ·샤·ᄃᆡ 須슝菩뽕提똉·여 ·뎌 衆·즁生싱 아·니·며 衆·즁生싱 아·니·도 아·니·니 :엇뎨어·뇨 須슝菩뽕提똉·여 衆·즁生싱 衆·즁生싱·이 如영來링 닐·오미 衆·즁生싱 아니·라 ·이 일·후미 衆·즁生싱·이니·라

경 직역 그 때 慧命 須菩提가 부처님께 사뢰되, “세존이시여! 자못 衆生이 未來世에 이 法을 이르심을 듣고 信心을 내겠습니까? 말겠습니까?” 부

처님이 이르시되, "須菩提야! 저들이 衆生이 아니며 衆生이 아닌 것도 아니니, 어째서인가? 須菩提야! 衆生 衆生이 如來가 말하기를, 衆生이 아니라, 이것이 이름이 衆生이니라."

경 의역 그 때 혜명(慧命) 수보리가 부처님께 말씀드리기를, "세존이시여! 자못 어떤 중생이 다음 세상에 이 법을 설하시는 것을 듣고 믿는 마음을 내겠습니까? 내지 못하겠습니까?" 부처님이 말씀하시기를, "수보리야! 그들이 원래 보는 마음에 청정한 마음을 가지고 있으므로 중생이 아닌 것이고, 아직은 자기 마음이 청정함을 보지 못하므로 중생이 아닌 것도 아니니, 어째서인가? 수보리야! 중생들은 여래가 설하기를 중생이 아니라, 단지 이름이 중생이라고 하기 때문이다."

주 해

- ᄌᆞ모: 자못.
- 혜명(慧命): āyuṣtat. 원어는 '장수하는'으로써 부를 때의 경칭.

주 본문 靈幽法師ㅣ 加此慧命須菩提六十二字ᄒᆞ니 是【金剛經 128ㄴ】☞ 長慶二年이러니 今에 見在濠州鍾離寺石碑上애 記ᄒᆞ얫ᄂᆞ니 六祖解ㅣ 在前故로 無解ᄒᆞ니 今亦存之ᄒᆞ노라

주 언해 靈령幽흫法·법師ᄉᆞᆼㅣ ·이 慧·쀙命·명 須슝菩뽕提뗑 여:슌 :두 字·쭝·ᄅᆞᆯ 더으·니 ·이 長땽慶·켱 二·싱年년·이러·니 ·이제 濠흫州즇 鍾죵離링寺·ᄉᆞᆼ ·돌碑빙 우·희 ·써 잇ᄂᆞ·니 六·륙祖:종解:갱ㅣ 前쪈·에 이실·씨 解:갱 :업스·니 ·이제 ·ᄯᅩ ·두노·라

주 직역 靈幽法師가 이 慧命 須菩提 예순 두 字를 더하니, 이는 長慶 二年이었는데, 지금 濠州 鍾離寺 돌碑 위에 써 있으니, 六祖解가 前에 있으므로 解에 없으니 이제 또 살려둔다.

주 의역 영유법사(靈幽法師)가 혜명(慧命) 수보리 등 예순두 자를 더하니 이는 장경(長慶) 2년이었는데 지금 호주(濠州) 종리사(鍾離寺) 돌비석 위에 씌어 있으니, 육조 스님의 주해가 그 전에 있었으므로 육조의 주해에는 없지만 지금 그대로 둔다.

주 해

- '爾時'부터 '是名衆生'까지의 62자는 구마라십의 번역본에 없다. 이 부분은 822년 영유법사(靈幽法師)가 보리류지의 번역본에 있는 것을 보입한 것이다.
- 장경(長慶) 2년: 당(唐) 목종(穆宗) 2년 A.D. 822년.

無法可得分 第二十二(무법가득분 제이십이)

경 본문 須菩提ㅣ 白佛言ᄒᆞᅀᆞ오ᄃᆡ 世尊하 佛得阿耨多羅三藐三菩提ᄒᆞ샤ᄃᆡ 爲無所得耶ㅣ잇가 佛言ᄒᆞ샤ᄃᆡ 如是【金剛經 129ㄱ】☞ 如是타 須菩提야 我於阿耨多羅三藐三菩提예 乃至無有少法도 可得이 是名阿耨多羅三藐三菩提라

경 언해 須슝菩뽕提똉ㅣ 부텻·긔 ᄉᆞᆯ·오·ᄃᆡ 世·솅尊존·하 부:톄 阿항耨·녹多당羅랑三삼藐·먁三삼菩뽕提똉·ᄅᆞᆯ 得·득·ᄒᆞ샤·ᄃᆡ 得·득·호미 :업·스시·니잇·가 부:톄 니ᄅᆞ·샤·ᄃᆡ ·이 ·ᄀᆞᆮ다 ·이 ·ᄀᆞᆮ다 須슝菩뽕提똉·여 :내 阿항耨·녹多당羅랑三삼藐·먁三삼菩뽕提똉·예 :져근 法·법도 어·루 得·득·홈 :업수·매 니·르로·미 ·이 일·후미 阿항耨·녹多당羅랑三삼藐·먁三삼菩뽕提똉·라

경 직역 須菩提가 부처님께 사뢰되, "세존이시여! 부처님이 阿耨多羅三藐三菩提를 得하시되 得함이 없으십니까?" 부처님이 이르시되, "이와 같다. 이와 같다. 須菩提야! 내 阿耨多羅三藐三菩提에 적은 法도 가히 得함이 없음에 이름이 이것이 이름이 阿耨多羅三藐三菩提다."

경 의역 수보리가 부처님께 말씀드리기를, "세존이시여! 부처님이 아뇩다라삼먁삼보리를 증득하시되, 증득한 것이 없으십니까?" 부처님이 말씀하시기를, "그렇다, 그렇다, 수보리야! 내가 아뇩다라삼먁삼보리에 해당하는 작은 법마저도 가히 얻지 못함에 이른 이것을 아뇩다라삼먁삼보리라 할 뿐이다."

주 본문 須菩提ㅣ 言ᄒᆞᅀᆞ오ᄃᆡ 所得心이 盡호미 卽是菩提이다ᄒᆞ야ᄂᆞᆯ 佛言ᄒᆞ샤ᄃᆡ 如是如是타 我於菩提예 實無【金剛經 129ㄴ】☞ 希求心ᄒᆞ며 亦無所得心호니 以如是故로 得名阿耨多羅三藐三菩提라ᄒᆞ시니라

주 언해 須슝菩뽕提똉ㅣ ᄉᆞᆯ·오·ᄃᆡ 得·득·혼 ᄆᆞᅀᆞ·미 다·오미 ·곧 ·이 菩뽕提똉이·다 ·ᄒᆞ야·ᄂᆞᆯ 부:톄 니ᄅᆞ·샤·ᄃᆡ 如영是:씽 如영是:씽·타 ·내 菩뽕

提뗑·예 實·씷·로 求꿓·ᄒᆞ·논 ᄆᆞᄉᆞᆷ :업스·며 ·ᄯᅩ 得·득·ᄒᆞᆫ ᄆᆞᄉᆞᆷ :업수·니 ·이 ·ᄀᆞᆮᄒᆞᆫ 젼·ᄎᆞ·로 일·후미 阿항耨·녹多당羅랑三삼藐·막三삼菩뽕提뗑·라 ·ᄒᆞ·시니·라

주 직역 須菩提가 사뢰되, "得한 마음이 다함이 곧 이것이 菩提다," 하거늘, 부처님이 이르시되, "如是 如是하다. 내 菩提에 實로 求하는 마음이 없으며 또 得한 마음이 없으니 이와 같은 까닭으로 이름이 阿耨多羅三藐三菩提다." 하셨다.

주 의역 수보리가 말씀드리기를, "얻은 마음이 다하는 것이 곧 보리"다 하니 부처님이 말씀하시기를, "그렇다, 그렇다. 내가 보리에 대해 실로 구하는 마음이 없으며 또 얻은 마음이 없으니 이 같은 까닭으로 이름이 아뇩다라삼먁삼보리다."고 하셨다.

淨心行善分 第二十三(정심행선분 제이십삼)

경 본문 復次須菩提야 是法이 平等ᄒᆞ야 無有高下ᄒᆞ니 是名阿耨多羅三藐三菩提니 以無我無人無衆生無【金剛經 130ㄱ】☞ 壽者로 修一切善法ᄒᆞ면 則得阿耨多羅三藐三菩提ᄒᆞ리라

경 언해 ·ᄯᅩ 버·거 須슝菩뽕提똉·여 ·이 法·법·이 平뼝等:등·ᄒᆞ·야 노·ᄑᆞ·니 ᄂᆞᆺ가·오니 :업스·니 ·이 일·후미 阿항耨·녹多당羅랑三삼藐·막三삼菩뽕提똉·니 我:앙 :업스며 人신 :업스·며 衆·즁生싱 :업스·며 壽:슝者:쟝 :업·수므·로 一·ᅙᅵᇙ切·쳉 善:션法·법·을 닷·ᄀᆞ·면 阿항耨·녹多당羅랑三삼藐·막三삼菩뽕提똉·롤 得·득ᄒᆞ·리·라

경 직역 또 다음에 須菩提야! 이 法이 平等하여 높은 것 낮은 것이 없으니, 이것이 이름이 阿耨多羅三藐三菩提니, 我가 없으며 人이 없으며 衆生이 없으며 壽者가 없음으로 一切 善法을 닦으면 阿耨多羅三藐三菩提를 得하리라.

경 의역 또 수보리야! 이 법이 평등하여 높은 것, 낮은 것이 없으니, 이것의 이름이 아뇩다라삼먁삼보리일 뿐이니, 나[我] 없으며, 사람[人] 없으며, 중생 없으며, 오래 산다는 것이 없음으로 모든 선법(善法)을 닦으면 아뇩다라삼먁삼보리를 증득할 것이다.

주 해

- 淨心行善: 깨끗한 마음으로 선법을 닦음.

주 본문 此菩提法者ᄂᆞᆫ 上至諸佛ᄒᆞ고 下至昆虫히 盡含種智ᄒᆞ야 與佛無異흘시 故로 言平等無有高下ㅣ라 ᄒᆞ시니 以菩提ㅣ 無二故로 但離四相ᄒᆞ고 修一【金剛經 130ㄴ】☞ 切善法ᄒᆞ면 則得菩提ᄒᆞ리라 若不離四相ᄒᆞ고 修一切善法ᄒᆞ면 轉增我人ᄒᆞ야 欲證解脫之心이라도 無由可得이어니와 若離四相ᄒᆞ고 而修一切善法ᄒᆞ면 解脫을 可期니라 修一切善法者ᄂᆞᆫ 於一切法에 無有染著ᄒᆞ야 對一切境ᄒᆞ야 不動不搖ᄒᆞ야 於出世法에 不貪不著不愛ᄒᆞ야

於一切處에 常行方便ᄒᆞ야 隨順衆生ᄒᆞ야 使之歡喜信服게ᄒᆞ야 爲說正法ᄒᆞ야 令悟菩提케ᄒᆞ시니 如是라ᅀᅡ 始名修行이니 故로 言修一【金剛經 131ㄱ】☞ 切善法이라ᄒᆞ시니라

(주 언해) ·이 菩뽕提뗑法·법·은 우·ᄒᆞ·로 諸졍佛·뿛·에 니·를·오 아·래·로 昆곤虫뜡·에 니·르리 :다 種:죵智·딩·롤 머·거 부텨·와 달·옴 :업슬·씨 平뼝等:등無뭉有:웋高골下:항ㅣ·라 니ᄅᆞ·시·니 菩뽕提뗑ㅣ :둘 :업슬·씨 오·직 四·ᄉᆞᆼ相·샹 여·희·오 一·힗切·쳉 善:션法·법·을 닷·ᄀᆞ·면 菩뽕提뗑·롤 得·득ᄒᆞ·리·라 ·ᄒᆞ다·가 四·ᄉᆞᆼ相·샹 여·희·디 :몯·고 一·힗切·쳉 善:션法·법·을 닷·ᄀᆞ·면 더·욱 我:앙 人신·을 더·어 解:행脫·톼ᇙ心심·을 證·징·코져 ·ᄒᆞ야·도 得·득·홀 쪈·치 :업·거니·와 ·ᄒᆞ다·가 四·ᄉᆞᆼ相·샹 여·희·오 一·힗切·쳉 善:션法·법·을 닷·ᄀᆞ·면 解:행脫·톼ᇙ·을 어·루 期끵約·약ᄒᆞ·리·라 一·힗切·쳉 善:션法·법 닷·고·ᄆᆞᆫ 一·힗切·쳉法·법·에 덜·머 著·땩·호미 :업서 一·힗切·쳉境:경·을 對·됭·ᄒᆞ·야 :뮈디 아·니ᄒᆞ·며 이·어·디 아·니·ᄒᆞ·야 出·츓世·솅法·법·에 貪탐·티 아·니ᄒᆞ·며 著·땩·디 아·니ᄒᆞ·며 :둣·디 아·니·ᄒᆞ·야 一·힗【金剛經 131ㄴ】☞ 切·쳉 處·쳥에 샹·녜 方방便·뼌을 行혱·ᄒᆞ·야 衆·즁生싱·을 隨쒱順·쓘·ᄒᆞ·야 깃·거 信·신·ᄒᆞ·야 降䢵伏·뽁·게 ·ᄒᆞ·야 爲·윙·ᄒᆞ·야 正·졍法·법 닐·어 菩뽕提뗑·롤 :알·에 홀 ·씨·니 ·이 ·ᄀᆞᆮ·ᄒᆞ야·ᅀᅡ 비·르서 修슣行혱·이·라 일·훔·ᄒᆞᄂᆞ·니 ·이럴·씨 一·힗切·쳉 善:션法·법·을 닷·다 니ᄅᆞ·시니·라

(주 직역) 이 菩提法은 위로 諸佛에 이르고 아래로 昆蟲에 이르는 것이 다 種智를 머금어 부처님과 다름이 없으므로 平等無有高下이라 이르시니, 菩提가 둘이 없으므로 오직 四相을 여의고, 一切 善法을 닦으면 菩提를 得할 것이다. 만약 四相을 여의지 못하고 一切 善法을 닦으면 더욱 我, 人을 증가하여 解脫心을 證得하고자 하여도 得할 까닭이 없거니와, 만약 四相을 여의고 一切 善法을 닦으면 解脫을 가히 期約할 것이다. 一切 善法을 닦음은, 一切法에 물들며 들러붙음이 없어 一切 境界에 對하여 움직이지 않으며, 흔들리지 않아 出世法에 貪하지 않으며, 執着하지 않으며 생각하지 않아 一切 處에 항상 方便을 行하여 衆生을 隨順하여 기뻐하여 信하여 降伏

하게 하여 爲하여 正法을 일러 菩提를 알게 하는 것이니, 이와 같아야 비로소 修行이라 이름하니 이러므로 一切 善法을 닦는다 이르셨다.

주 의역 이 보리법은 위로 모든 부처님에 이르고 아래로 벌레에 이르기까지 모두 일체 종지(種智)를 갖추고 있어 부처와 다르지 않으므로 '평등하여 높고 낮음이 없다[平等無有高下]'고 말씀하시니 보리가 둘이 없으므로 오직 사상(四相)을 여의고 모든 바른 법을 닦으면 곧 보리를 증득할 것이다. 만약 사상(四相)을 여의지 못하고 모든 선법(善法)을 닦으면 아(我)와 인(人)만 더욱 증가하여 해탈심을 증득하고자 하여도 증득할 까닭이 없다. 만약 사상(四相)을 여의고 모든 선법(善法)을 닦으면 해탈을 가히 기약할 것이다. 일체 선법을 닦는 것은 모든 법에 물들며 집착함이 없어 일체 경계에 대하여 동하지 않으며 흔들리지도 않아, 세간법과 세간을 떠난 법에 탐하지 않고 애착하지도 않으며 모든 곳에서 항상 방편을 행(行)하여 중생을 따라 기뻐하여 믿으며 항복하게 하여 중생을 위하여 정법을 설하여 보리를 알게 하는 것이니 이와 같아야 비로소 수행이라 말하니 그러므로 일체 선법(善法)을 닦는다고 하셨다.

주 해

- 덜머: 물들어. 덞-[染] + 어.
- 깃거: 기뻐, 기꺼이. 겄-[喜] + 어.
- 일체종지(一切種智): sarvathā-jnāna. 삼지(三智)의 하나로 일체 만법의 모습을 낱낱이 정밀하게 아는 지혜. =불지(佛智).

경 본문 須菩提야 所言善法者ㅣ 如來說이 卽非善法이라 是名善法이니라

경 언해 須슝菩뽕提똉·여 닐·온 善:쎤法·법·이 如셩來링 닐·오미 ·곧 善:쎤法·법 아·니·라 ·이 일·후·미 善:쎤法·법·이니·라

경 직역 須菩提야! 이른 善法이 如來를 이름이 곧 善法이 아니라, 이것이 이름이 善法이니라.

경 의역 수보리야! 여래가 설한 선법(善法)이 곧 선법(善法)이 아니라, 단지 선법(善法)이라 말할 뿐이다.

(주 본문) 修一切善法ᄒᆞ야 希望果報ㅣ 卽非善法이오 六度萬行을 熾然俱作ᄒᆞᄃᆡ 心不望報ㅣ 是名善法이라

(주 언해) 【金剛經 132ㄱ】 ☞ 一힗切쳉 善쎤法법을 닷가 果광報봏롤 ᄇᆞ라미 곧 善쎤法법 아니오 六륙度똥 萬먼行ᅘᆡᆼᄋᆞᆯ 盛쎵히 ᄒᆞᆫᄢᅴ 니ᄅᆞ와도ᄃᆡ ᄆᆞᅀᆞ매 果광報봏 ᄇᆞ라디 아니ᄒᆞ미 이 일후미 善쎤法법이라[18]

(주 직역) 一切 善法을 닦아 果報를 바람이 곧 善法이 아니고, 六度 萬行을 茂盛히 함께 일으키되 마음에 果報를 바라지 않음이 이것이 이름이 善法이다.

(주 의역) **일체 선법을 닦아 과보(果報)를 바라는 것은 곧 선법(善法)이 아니고, 육도(六度) 만행(萬行)을 성히 함께 하되 마음에 과보(果報)를 바라지 않으면 이것의 이름이 선법(善法)이다.**

18) '주 언해' 부분은 불갑사 소장 초쇄본에 누락되어 있다. 입력은 안심사판에 의거했으며 방점 표기는 생략하였다.

福智無比分 第二十四(복지무비분 제이십사)

경 본문 須菩提야 若三千大千世界中엣 所有諸須彌山王애 如是等七寶聚로 有人이 持用布施라도 若人이 以此般若波羅蜜経으로 乃至四句偈等이나 受持讀誦ᄒᆞ야 爲他人說ᄒᆞ면 於前福德에 百分에 不及一ᄒᆞ며 百千萬億分이며 乃至算數譬喩의 所不能及이리 【金剛經 132ㄴ】 ☞ 라[19]

경 언해 須슝菩뽕提뗑여 ᄒᆞ다가 三삼千쳔大땡千쳔世솅界갱 中듕엣 잇ᄂᆞᆫ 須슝彌밍山산王왕돌해 이 ᄀᆞᄐᆞᆫ 七치ᇙ寶봉聚쭝로 사ᄅᆞ미 가져 ᄡᅥ 布봉施싱ᄒᆞ야도 ᄒᆞ다가 사ᄅᆞ미 이 般바ᇙ若샹波방羅랑蜜미ᇙ経경으로 四숭句궁偈껭等등이나 受쓩持띵 讀똑誦쑝ᄒᆞ야 ᄂᆞᆷ 爲윙ᄒᆞ야 닐오매 니르면 알ᄑᆡᆺ 福복德득에 百빅分뿐에 ᄒᆞ나토 밋디 몯ᄒᆞ며 百빅千쳔萬먼億흑分뿐이며 算솬數숭 譬핑喩융의 能능히 밋디 몯호매 니를리라[20]

경 직역 須菩提야! 만약 三千大千世界 中에 있는 須彌山王들에 이와 같은 七寶聚로 사람이 가지고 써 布施하여도 만약 사람이 이 般若波羅蜜經으로 四句偈 等이나 受持 讀誦하여 남을 爲하여 이름에 이르면, 앞의 福德에 百分에 하나도 미치지 못하며 百千萬億分이며 算數 譬喩의 能히 미치지 못함에 이를 것이다.

경 의역 "수보리야! 만약 삼천대천세계 가운데 있는 수미산왕(須彌山王)들과 같이 큰 칠보로 어떤 사람이 가져와 보시하여도 만약 어떤 사람이 이 반야바라밀경의 네 글귀라도 받아 지녀 읽고 외워 남을 위하여 설하면, 앞의 복덕으로는 백분의 일에도 미치지 못하며 백천만억분 내지 수로써 헤아려 비유하는 것으로는 미치지 못할 것이다."

주 본문 大鐵圍山의 高廣이 二百二十四萬里오 小鐵圍山의 高廣이 一百一十二萬里오 須彌山의 高廣이 三百三十六萬里니 以此로 名爲三千[21] 【金剛

19) 불갑사 소장 초쇄본에 누락된 부분임.
20) 불갑사 소장 초쇄본에 누락된 부분임.

經 133ㄱ】 ☞ 大千世界ᄒᆞᄂᆞ니라 就理而言컨댄 卽貪嗔癡妄念이 各具一千也ᄒᆞ니라 如爾許山이 盡如須彌로 以況七寶數ᄒᆞ시니 持用布施혼 所得福德이 無量無邊ᄒᆞ나 終是有漏之因이라 而無解脫之理커니와 摩訶般若波羅蜜多四句ᄂᆞᆫ 経文이 雖少ᄒᆞ나 依之修行ᄒᆞ면 卽得成佛ᄒᆞ리니 是知持経之福이 能令衆生으로 證得菩提니 故로 不可比니라

(주 언해) 大·땡鐵·텷圍윙山산·의 노·핑·와 너븨 二·싱百·빅二·싱十·씹四·숭萬·먼 里:링·오 小:숗鐵·텷圍윙山산·의 高곻廣 【金剛經 133ㄴ】 ☞ :광·이 一·잃百·빅一·잃十·씹二·싱萬·먼 里:링·오 須슝彌밍山산·의 高곻廣:광·이 三삼百·빅三삼十·씹六·륙萬·먼 里:링·니 ·일·로 三삼千천大·땡千천世·솅界·갱·라 일·훔·ᄒᆞ·ᄂᆞ니·라 理:링·에 나·ᅀᅡ·가 니ᄅᆞ건·댄 ·곧 貪탐 嗔·친 癡팅 妄·망念·념·이 各·각各·각 一·잃千천·이 ᄀᆞ·ᄌᆞ니·라 ·뎌 ·ᄀᆞᆮᄒᆞᆫ 山산·이 ·다 須슝彌밍 ·ᄀᆞᆮᄒᆞ·니·로 七·칧寶:봄ㅅ 數·숭롤 가·ᄌᆞᆯ·비시·니 가·져 ·ᄡᅧ 布·봉施·싱·혼 得·득·혼 福·복德·득·이 無뭉量·량 無뭉邊변ᄒᆞ·니 :내죵·애 ·이 漏·룽 잇ᄂᆞᆫ 因힌·이·라 解:행脫·퇋·홀 理:링 :업·거니·와 摩망訶항般·반若:샹波방羅랑蜜·밇多당 :네 句·궁·는 経경文문·이 비·록 :져그·나 브·터 修·슝行ᅘᅵᆼᄒᆞ·면 ·곧 成쎵佛·뿛·을 得·득ᄒᆞ·리·니 ·이 持띵経경·혼 福·복·이 能능·히 衆·즁生싱·으·로 菩뽕提뗑 證·징·케 홀 ·ᄯᅩᆯ 아·롤 ᄯᅵ·니 그·럴·ᄊᆡ 가·ᄌᆞᆯ비디 :몯·호미·라

(주 직역) 大鐵圍山의 높이와 넓이가 二百二十四萬 里고, 小鐵圍山의 高廣이 一百一十二萬 里고, 須彌山의 高廣이 三百三十六萬 里니, 이것으로 三千大千世界라 이름한다. 理에 나아가 이르건대, 곧 貪, 嗔, 癡, 妄念이 各各 一千이 갖추어진다. 그와 같은 山이 다 須彌 같은 것으로 七寶의 數를 비유하시니 가지고서 布施하여 得한 福德이 無量 無邊하나 끝내 이것이 漏가 있는 因이라서 解脫할 理致가 없거니와, 摩訶般若波羅蜜多 네 句의 經文이 비록 적으나 의지하여 修行하면 곧 成佛을 得할 것이니, 이 持經한 福이 能히 衆生으로 하여금 菩提를 證得하게 할 줄을 알 것이니, 그러므로 비유하지 못함이다.

---

21) 불갑사 소장 초쇄본에 누락된 부분임.

주 의역 대철위산(大鐵圍山)의 높이와 넓이는 이백이십사만 리고 소철위산(小鐵圍山)의 높이와 넓이는 백십이만 리며 수미산(須彌山)의 높이와 넓이는 삼백삼십육만 리니, 이것으로 삼천대천세계(三千大千世界)라 말한다. 이치로 말하면 곧 탐(貪), 진(嗔), 치(癡)의 망념이 각각 일천을 갖춘 것이다. 그 같은 산이 다 수미산 같은 것으로 칠보의 수에 비유한 것이니 그것을 가져다 보시한 복덕이 한량없고 끝이 없으나 마침내 이것은 유루(有漏)한 인(因)이라 해탈할 이치가 없고 마하반야바라밀다(摩訶般若波羅蜜多)의 네 글귀는 경문이 비록 적으나 그것에 의지하여 수행하면 곧 성불하게 될 것이니, 이 경을 가지는 복덕이 능히 중생으로 하여금 보리를 증득케 하는 것이다. 그러므로 가히 비교할 수가 없다.

주 해

- 노·픠·와 너븨: 높이와 넓이. '노픠'와 '너븨'는 명사, '노피'와 '너비'는 부사임.

化無所化分 第二十五(화무소화분 제이십오)

경 본문 【金剛經 134ㄱ】 ☞ 須菩提야 於意云何오 汝等이 勿謂如來ㅣ 作是念호ᄃᆡ 我當度衆生이라ᄒᆞ라 須菩提야 莫作是念ᄒᆞ라 何以故오 實無有衆生이 如來度者ᄒᆞ니 若有衆生이 如來度者ㅣ라ᄒᆞ면 如來ㅣ 卽有我人衆生壽者ㅣ니라

경 언해 須슝菩뽕提똉·여 ᄠᅳ·데 :엇더·뇨 너:희 如셩來ᄅᆞᆼㅣ ·이 念·념·을 ·호·ᄃᆡ ·내 衆·즁生ᄉᆡᆼ·ᄋᆞᆯ 반·ᄃᆞ기 度·똥脫·퇋·ᄒᆞ노·라 ·ᄒᆞᄂᆞ·다 너·기디 :말·라 須슝菩뽕提똉·여 ·이 念·념·을 :짓디 :말·라 :엇뎨어·뇨 實·씷·로 衆·즁生ᄉᆡᆼ·이 如셩來ᄅᆞᆼ 度·똥脫·퇋ᄒᆞ·니 :업스·니 ·ᄒᆞ다·가 衆·즁生ᄉᆡᆼ·이 如셩來ᄅᆞᆼ 度·똥脫·퇋ᄒᆞ·니 잇·다ᄒᆞ·면 如셩來 【金剛經 134ㄴ】 ☞ ᄅᆞᆼㅣ ·곧 我:앙 人ᅀᅵᆫ 衆·즁生ᄉᆡᆼ 壽:쓭者:쟝·ᄅᆞᆯ ·뒷논·디니·라

경 직역 須菩提야! 뜻에 어떠한가? 너희가 如來가 이 念을 하되 '내가 衆生을 마땅히 度脫하노라.' 한다 여기지 마라. 須菩提야! 이 念을 짓지 마라. 어째서인가? 實로 衆生이 如來가 한 것이 없으니, 만약 衆生이 '如來가 度脫한 것이 있다' 하면, 如來가 곧 我, 人, 衆生, 壽者를 둔 것이니라.

경 의역 수보리야! 어떻게 생각하는가? 너희는 여래께서 '내가 마땅히 중생을 제도한다.'라고 생각한다고 여기지 말라. 수보리야! 이런 생각을 하지 말라. 왜냐하면 실제로 여래께서 제도할 중생이 없기 때문이니, 만약 여래께서 제도할 중생이 있다고 여기면, 곧 나다[我], 사람이다[人], 오온으로 화합되었다[衆生], 오래 산다[壽者] 등의 상이 있는 것이다.

주 해

- 化無所化: 보살이 중생을 교화하지만 실제로는 교화되는 이가 없음.

주 본문 須菩提ㅣ 意謂호ᄃᆡ 如來ㅣ 有度衆生心이라흘ᄉᆡ 佛이 爲遣須菩提의 如是疑心故로 言莫作是念ᄒᆞ라ᄒᆞ시니라 一切衆生이 本自是佛이니 若言如來ㅣ 度得衆生ᄒᆞ야 成佛이라ᄒᆞ면 卽爲妄語ㅣ니 以妄語故로 卽是我人

衆生壽者ㅣ니 此ㅣ 爲遣我所心也ㅣ라 夫一切衆生이 雖有佛性ᄒᆞ나 若不因諸佛說法ᄒᆞᅀᆞ오면 無由自悟ᄒᆞ니 憑何修行ᄒᆞ야 得成佛道【金剛經 135ㄱ】☞ ᄒᆞ리오

주 언해 須슝菩뽕提뗑ㅣ ᄠᅳ·데 너·교·ᄃᆡ 如ᅀᅧᆼ來ᄅᆡᆼㅣ 衆·즁生ᄉᆡᆼ 濟졩度·똥·ᄒᆞ·샨 ᄆᆞᅀᆞ·ᄆᆞᆯ ·두:겨시·다 ᄒᆞᆯ·ᄊᆡ 부:톄 須슝菩뽕提뗑·의 ·이 ·ᄀᆞᄐᆞᆫ 疑읭心심 아·ᅀᆞ·ᄆᆞᆯ 爲·윙·ᄒᆞ실·ᄊᆡ 니ᄅᆞ·샤·ᄃᆡ ·이 念·념·을 :짓·디 :말·라 ·ᄒᆞ·시니·라 一·ᅙᅵᇙ切·쳉 衆·즁生ᄉᆡᆼ·이 本:본來ᄅᆡᆼ :제 ·이 부:톄·니 ·ᄒᆞ다·가 닐·오·ᄃᆡ 如ᅀᅧᆼ來ᄅᆡᆼㅣ 衆·즁生ᄉᆡᆼ·ᄋᆞᆯ 度·똥脫·퇋·ᄒᆞ·야 成쎵佛·뿛·케 ·ᄒᆞ·시니·라 ᄒᆞ·면 ·곧 :거·즛 :마리·니 :거·즛 :마릴·ᄊᆡ ·곧 ·이 我:앙 人ᅀᅵᆫ 衆·즁生ᄉᆡᆼ 壽:쓩者:쟝ㅣ·니 ·이 我:앙所:송心심 아·ᅀᆞ·ᄆᆞᆯ 爲·윙·ᄒᆞ·샤미·라 一·ᅙᅵᇙ切·쳉 衆·즁生ᄉᆡᆼ·이 비·록 佛·뿛性·셩·이 이시·나 ·ᄒᆞ다·가 諸졍佛·뿛 說·ᄉᆔᇘ法·법·을 因ᅙᅵᆫ·티 아·니 ·ᄒᆞ·ᅀᆞ오·면 :제 아·롤 ·쭈리 :업스·니 므·스·글 브·터 修슣行ᅘᆡᆼ·ᄒᆞ·야 佛·뿛道:뚤·롤 일·우리·오

주 직역 須菩提가 뜻에 여기되, '如來가 衆生을 制度하시는 마음을 두고 계신다.' 하므로 부처가 須菩提의 이와 같은 疑心을 빼앗기 위하여 이르시되, '이 念을 짓지 말라' 하셨다. 一切 衆生이 본래 자기가 이 부처이니, 만약 이르되, '如來가 衆生을 度脫하여 成佛케 하셨다' 하면 곧 거짓말이니, 거짓말이므로 곧 이는 我, 人, 衆生, 壽者이니, 이는 我所心을 빼앗기 위하심이다. 一切 衆生이 비록 佛性이 있으나 만약 諸佛의 說法을 因하지 아니하면 자기가 알 수 없으니 무엇을 의지하여 修行하여 佛道를 이루겠는가?

주 의역 수보리는 '여래께서 중생을 제도할 마음이 있다'고 생각하므로 부처님께서 수보리의 이와 같은 의심을 풀어주시려고 '이런 생각을 하지 말라.'고 하셨다. 일체 중생이 본래 자기 자신이 부처이므로, 만약 여래께서 '중생을 제도하여 성불하게 하셨다.'고 하면 이것은 거짓말[妄語]이다. 거짓말이므로 나다[我], 사람이다[人], 오온으로 화합되었다[衆生], 오래 산다[壽者] 등이니, 이것은 나의 것이라는 마음[我所心]을 버리게 하기 위한 것이다. 일체 중생이 비록 불성이 있으나 만약 제불의 설법에 인하지 않았다면 스스로 알 수 없으니 무엇을 의지하여 수행하여 불도를 이루겠는가?

주 해

- 아ᅀᆞᄆᆞᆯ: 빼앗음을. 앗-[奪] + 옴 + ᄋᆞᆯ.

경 본문 須菩提야 如來說有我者ㅣ 卽非有我ㅣ어늘 而凡【金剛經 135ㄴ】☞ 夫之人이 以爲有我ᄒᆞᄂᆞ니 須菩提야 凡夫者ㅣ 如來說이 卽非凡夫ㅣ라 是名凡夫ㅣ니라

경 언해 須슝菩뽕提뗑·여 如셩來링 닐·온 나 이·슈미 ·곧 나 이·슈미 아·니어·늘 凡뻠夫붕ㅅ :사ᄅᆞ·미 나 이·슈·믈 :삼ᄂᆞ·니 須슝菩뽕提뗑·여 凡뻠夫붕ㅣ 如셩來링 닐·오미 ·곧 凡뻠夫붕ㅣ 아·니·라 ·이 일·후미 凡뻠夫붕ㅣ니·라

경 직역 須菩提야! 如來가 이른 내가 있음이 곧 내가 있음이 아니거늘, 凡夫의 사람이 내가 있음을 삼으니, 須菩提야! 凡夫가 如來를 이름이 곧 凡夫가 아니라, 이것이 이름이 凡夫다.

경 의역 수보리야! 여래께서 말씀하시는 '내가 있다.'고 하는 것은 곧 내가 있어서가 아닌데, 범부들이 여래께서 말씀하신 것을 근거로 '내가 있다.'고 하니, 수보리야! 여래께서 말씀하시는 범부는 범부가 아니라 단지 그 이름이 범부일 뿐이다.

주 본문 如來說有我者ᄂᆞᆫ 是ᄂᆞᆫ 自性清淨ᄒᆞ신 常樂我淨之我ㅣ샤 不同凡夫의 貪嗔無明虛妄不實之我ᄒᆞ시니 故로 言凡夫之人이 以爲有我ㅣ라ᄒᆞ시니라 有我人者ᄂᆞᆫ 卽是凡夫ㅣ오 我人不生이 卽非凡夫【金剛經 136ㄱ】☞ ㅣ며 心有生滅ᄒᆞ면 卽是凡夫ㅣ오 心無生滅ᄒᆞ면 卽非凡夫ㅣ며 不悟般若波羅蜜多ᄒᆞ면 卽是凡夫ㅣ오 若悟般若波羅蜜多ᄒᆞ면 卽非凡夫ㅣ며 心有能所ᄒᆞ면 卽是凡夫ㅣ오 心無能所ᄒᆞ면 卽非凡夫ㅣ라

주 언해 如셩來링 니ᄅᆞ·샨 有:웋我:앙·는 ·이는 自·쫑性·셩清쳥淨·쪙·ᄒᆞ신 常썅 樂·락 我:앙 淨·쪙 我:앙ㅣ·샤 凡뻠夫붕·의 貪탐 嗔친 無뭉明명 :거즛 實·씷·티 아·니ᄒᆞᆫ 我:앙ㅣ ·ᄀᆞᆮ·디 아·니·ᄒᆞ시·니 그·럴·씨 니ᄅᆞ·샤·ᄃᆡ 凡뻠夫붕ㅅ :사ᄅᆞ·미 有:웋我:앙·ᄅᆞᆯ :삼·ᄂᆞ니·라 ·ᄒᆞ·시니·라 我:앙 人신 ·뒷

ᄂᆞ·닌 ·곧 ·이 凡뻠夫붕ㅣ·오 我:앙 人ᅀᅵᆫ 나·디 아·니·호미 ·곧 凡뻠夫붕ㅣ 아·니·며 ᄆᆞᅀᆞ·매 生ᄉᆡᆼ滅·멿 이시·면 ·곧 ·이 凡뻠夫붕ㅣ·오 ᄆᆞᅀᆞ【金剛經 136ㄴ】☞ ·매 生ᄉᆡᆼ滅·멿 :업스·면 ·곧 凡뻠夫붕 아·니·며 般·밠若:ᅀᅣᇰ波방羅랑蜜·밇多당·ᄅᆞᆯ :아디 :몯ᄒᆞ·면 ·곧 ·이 凡뻠夫붕ㅣ·오 ·ᄒᆞ다·가 般·밠若:ᅀᅣᇰ波방羅랑蜜·밇多당·ᄅᆞᆯ :알·면 ·곧 凡뻠夫붕ㅣ 아·니·며 ᄆᆞᅀᆞ·매 能능所:송ㅣ 이시·면 ·곧 ·이 凡뻠夫붕ㅣ·오 ᄆᆞᅀᆞ·매 能능所:송ㅣ :업스·면 ·곧 凡뻠夫붕ㅣ 아·니·라

주 직역 如來가 이르신 有我는 이는 自性淸淨하신 常·樂·我·淨한 我시어, 凡夫의 貪, 嗔, 無明, 거짓의 眞實치 않은 我와 같지 않으시니, 그러므로 이르시되, '凡夫의 사람이 有我를 삼는다.'고 하셨다. 我, 人을 둔 이는 곧 이 사람은 凡夫이고 我, 人이 나지 아니함이 곧 凡夫가 아니며, 마음에 生滅이 있으면 곧 이는 凡夫이고, 마음에 生滅이 없으면 곧 凡夫가 아니며, 般若波羅蜜多를 알지 못하면 곧 이는 凡夫이고, 만약 般若波羅蜜多를 알면 곧 凡夫가 아니며, 마음에 能所가 있으면 곧 이는 凡夫이고, 마음에 能所가 없으면 곧 凡夫가 아니다.

주 의역 여래께서 '내가 있다.'고 말씀하신 것은 이것은 자성이 청정하여 항상 안락하고 맑은 내가 나이니 범부들이 말하는 탐하고 화내는 무명과 허망의 실답지 못한 나와는 같지 않다. 그러므로 범부가 '내가 있다.'고 생각하는 것이다. '나'이다, 사람이다 등을 생각하는 사람은 범부이고, '나'이다 사람이다 등의 생각이 나지 않는 사람이 범부가 아니며, 마음에 나는 것과 멸하는 것이 있으면 범부이고 마음에 나는 것과 멸하는 것이 없으면 범부가 아니며, 반야바라밀다를 알지 못하면 범부이고 반야바라밀다를 알면 범부가 아니며, 마음에 하는 것과 받는 대상[能所]이 있으면 범부이고 가려서 상대적으로 차별하는 마음[能所心]이 나지 않으면 범부가 아닌 것이다.

주 해

- 뒷ᄂᆞ닌: 두고 있는 사람은. 두-[有] + 잇-[有] + ᄂᆞᆫ + 이 + ㄴ.

法身非相分 第二十六(법신비상분 제이십육)

경 본문 須菩提야 於意云何오 可以三十二相으로 觀如來아 不아 須菩提ㅣ 言ᄒᆞᅀᆞ오ᄃᆡ 如是如是ᄒᆞ시니 以三十二相으로 觀如來ᄒᆞᅀᆞ오리이다 佛言ᄒᆞ샤ᄃᆡ 須菩提야 若以三十二相으로 觀如來者ㅣᆫ댄 轉輪聖王이 卽是如來【金剛經 137ㄱ】☞ 로다 須菩提ㅣ 白佛言ᄒᆞᅀᆞ오ᄃᆡ 世尊하 如我解佛所說義ᄂᆞᆫ 不應以三十二相으로 觀如來로소이다

경 언해 須슝菩뽕提똉·여 ᄠᅳ·데 :엇더·뇨 어·루 三삼十·씹二·ᅌᅵᆼ相·샹·ᄋᆞ·로 如ᅀᅧᆼ來ᄅᆡᆼ·ᄅᆞᆯ 보·려 :몯 보·려 須슝菩뽕提똉ㅣ ᄉᆞᆯ·오·ᄃᆡ ·이 ·ᄀᆞᆮ ·이 ·ᄀᆞᆮᄒᆞ시·니 三삼十·씹二·ᅌᅵᆼ相·샹·ᄋᆞ·로 如來·ᄅᆞᆯ ·보ᅀᆞ·오·리이·다 부:톄 니ᄅᆞ·샤·ᄃᆡ 須菩提·여 ·ᄒᆞ다·가 三삼十·씹二·ᅌᅵᆼ相·샹·ᄋᆞ·로 如ᅀᅧᆼ來ᄅᆡᆼ·ᄅᆞᆯ :볼 ᄯᅵᆫ·댄 轉:뒨輪륜聖·셩王왕·이 ·곧 ·이 如ᅀᅧᆼ來ᄅᆡᆼㅣ로·다 須슝菩뽕提똉ㅣ 부텻·긔 ᄉᆞᆯ·오·ᄃᆡ 世·솅尊존·하 ·내 부텻 니ᄅᆞ·샨 ·ᄠᅳᆮ :아·ᅀᆞ오·ᄆᆞᆫ 三삼十·씹二·ᅌᅵᆼ相·샹·ᄋᆞ·로 如ᅀᅧᆼ來ᄅᆡᆼ·ᄅᆞᆯ ·보ᅀᆞᆸ·디 :몯ᄒᆞ·리·로소이·다

경 직역 "須菩提야! 뜻에 어떠한가? 가히 三十二相으로 如來를 보겠는가? 못 보겠는가?" 須菩提가 사뢰되, "이와 같이, 이와 같으니, 三十二相으로 如來를 보겠습니다." 부처님이 이르시되, "須菩提야! 만약 三十二相으로 如來를 보면 轉輪聖王이 곧 이는 如來이구나." 須菩提가 부처님께 사뢰되, "세존이시여! 제가 부처의 이르신 뜻을 빼앗음은 三十二相으로 如來를 보지 못하겠습니다."

경 의역 "수보리야! 어떻게 생각하는가? 삼십이상으로 여래를 볼 수 있는가? 볼 수 없는가?" 수보리가 말씀드리기를, "이와 같습니다. 이와 같습니다. 삼십이상으로 여래를 볼 수 있습니다." 부처님께서 말씀하시기를, "수보리야! 만약 삼십이상으로 여래를 보면 전륜성왕이 바로 여래가 되는구나." 수보리가 부처님께 말씀드리기를, "세존이시여! 제가 부처님의 말씀하신 뜻을 알기로는 삼십이상으로는 여래를 볼 수 없습니다."

주 해

- 法身非相: 부처님의 법신은 32상으로 볼 수 없음.
- 볼띤댄: 볼 것이라면. 보- + ㄹ딘대 + ㄴ. '-ㄹ딘대'는 '-ㄹ진대'에 연결됨.

주 본문 世尊이 大慈ᄒᆞ샤 恐須菩提ㅣ 執相之病을 未除ᄒᆞ샤【金剛經 137ㄴ】☞ 故로 作此問ᄒᆞ야시ᄂᆞᆯ 須菩提ㅣ 未知佛意ᄒᆞᅀᆞ와 乃言如是ᄒᆞ니 如是之言이 早是迷心이어늘ᅀᅡ 更言以三十二相으로 觀如來라ᄒᆞ니 又是一重迷心이라 離眞이 轉遠홀ᄉᆡ 故로 如來ㅣ 爲說除彼迷心ᄒᆞ샤 若以三十二相으로 觀如來者ㅣ면 轉輪聖王이 卽是如來라ᄒᆞ시니 轉輪聖王이 雖有三十二相ᄒᆞᆫ돌 豈得同如來世尊ᄒᆞᅀᆞ오리오 引此言者ᄂᆞᆫ 以遣須菩提의 執相之病ᄒᆞ샤 令其所悟ㅣ 深徹케ᄒᆞ야시ᄂᆞᆯ 須菩提ㅣ 被問【金剛經 138ㄱ】☞ ᄒᆞᅀᆞ와 迷心이 頓釋홀ᄉᆡ 故로 云如我解佛所說義ᄂᆞᆫ 不應以三十二相으로 觀如來라ᄒᆞ니 須菩提ᄂᆞᆫ 是大阿羅漢이라 所悟ㅣ 甚深호ᄃᆡ 得方便ᄒᆞ야 不生迷路ᄒᆞ야 以異世尊ᄒᆞᅀᆞ와 除遣細惑ᄒᆞ야 令後世衆生으로 所見이 不謬也케ᄒᆞ니라

주 언해 世·솅尊존·이 大·땡慈쫑·ᄒᆞ·샤 須슝菩뽕提똉ㅣ 相·샹 자·븐 病·뼝·을 :더디 :몯홀·까 저ᄒᆞ·샤 그·럴·씨 ·이 무·루·믈 ·ᄒᆞ·야시·ᄂᆞᆯ 須슝菩뽕提똉ㅣ 부텻 ·ᄠᅳ·들 :아디 :몯·ᄒᆞᅀᆞ·와 如영是:씽·라 ᄉᆞᆯ·오·니 如영是:씽·랏 :마리 ᄇᆞᆯ·셔 迷멩惑·획ᄒᆞᆫ ᄆᆞᅀᆞ·미어·늘·ᅀᅡ 다·시 ᄉᆞᆯ·오·ᄃᆡ 三삼十·씹二·싱相·샹·ᄋᆞ·로 如영來렁·ᄅᆞᆯ ·보ᅀᆞ·오리·라 ᄒᆞ·니 ·ᄯᅩ 이 ᄒᆞᆫ ·ᄇᆞᆯ 迷멩惑【金剛經 138ㄴ】☞ ·획ᄒᆞᆫ ᄆᆞᅀᆞ·미·라 眞진·에 버·으로·미 더·욱 멀·씨 如영來렁ㅣ 爲·윙·ᄒᆞ·야 니ᄅᆞ·샤 ·뎌 迷멩惑·획 ᄆᆞᅀᆞ·ᄆᆞᆯ :더르·샤 ·ᄒᆞ다·가 三삼十·씹二·싱相·샹·ᄋᆞ·로 如영來렁·ᄅᆞᆯ :볼띠·면 轉:뒨輪륜聖·셩王왕·이 ·곧 ·이 如영來렁ㅣ로·다 ·ᄒᆞ시·니 轉:뒨輪륜聖·셩王왕·이 비·록 三삼十·씹二·싱相·샹·이 이신·돌 :엇뎨 如영來렁 世·솅尊존·ᄭᅴ ·ᄀᆞᆮᄌᆞ·오리·오 ·이·ᄅᆞᆯ ·ᅘᅧ 니ᄅᆞ·샤·ᄆᆞᆫ 須슝菩뽕提똉·의 相·샹 자·ᄇᆞᆫ 病·뼝·을 :아ᅀᆞ·샤 그 아·로미 기·피 ᄉᆞᄆᆞᆺ·게 ·ᄒᆞ·야시·ᄂᆞᆯ 須슝菩뽕提똉ㅣ :무·르샤·ᄆᆞᆯ 닙ᄉᆞ·와 迷멩惑·획 ᄆᆞᅀᆞ·미 :다 ·프·러딜·씨 ᄉᆞᆯ·오·ᄃᆡ ·내 부텻 니ᄅᆞ·샨 ·ᄠᅳᆮ :아·ᅀᆞ오·ᄆᆞᆫ 三삼十·씹二·싱相·샹·ᄋᆞ·로 如영來렁·ᄅᆞᆯ ·보·ᅀᆞ오·미 :몯 ᄒᆞ·리·로소이·다 ᄒᆞ·니

須슝菩뽕提똉·는 ·이 ·큰 阿항羅랑漢·한·이·라 아·로미 深·씸·히 기·프·ᄃᆡ 方방便·뼌·을 得·득·ᄒᆞ·야 迷몡ᄒᆞᆫ ·길ᄒᆞᆯ :내·야 世·솅尊존·씌 달·오·ᄃᆡ 아·니·ᄒᆞᅀᆞ·와 ·ᄀᆞᄂᆞᆫ 惑·획·ᄋᆞᆯ 더·러ᄇᆞ 【金剛經 139ㄱ】 ☞ ·려 後:흫世·솅 衆·즁生싱·ᄋᆞ·로 :보미 :외·디 아·니·케 ᄒᆞ·니·라

주 직역 世尊이 大慈하시어 須菩提가 相을 잡은 病을 덜지 못할까 두려워하시어 그러므로 이 물음을 하시거늘, 須菩提가 부처의 뜻을 알지 못하여 '如是'라 사뢰니, 如是라는 말이 벌써 迷惑한 마음이거늘 다시 사뢰되 '三十二相으로 如來를 볼 것이다.' 하니, 또 이는 한 겹의 迷惑한 마음이다. 眞에서 떠남이 더욱 멀므로 如來가 須菩提를 爲하여 이르시어, 저 迷惑한 마음을 제거하시어 만약 三十二相으로 如來를 볼 것이면 轉輪聖王이 곧 '이 분이 如來이다.' 하시니, 轉輪聖王이 비록 三十二相이 있은들 어찌 如來 世尊과 같을 것인가? 이를 인용하여 이르심은 須菩提의 相을 잡은 病을 빼앗으시어 그 앎이 깊이 꿰뚫게 하시거늘, 須菩提가 질문을 받아 迷惑한 마음이 다 풀어지므로, 사뢰되, "제가 부처의 이르신 뜻을 빼앗음은 三十二相으로 如來를 보지 못하겠습니다." 하니, 須菩提는 이는 큰 阿羅漢이라 앎이 深히 깊되 方便을 얻어 迷한 길을 내어 世尊께 다르지 아니하여 가는 혹을 제거해 버리어 後世 衆生으로 하여금 봄이 그릇되지 않게 했다.

주 의역 세존께서 수보리가 상에 집착하는 병을 없애지 못할까 염려하셨으므로 대자비로 이렇게 물으셨으나 수보리가 부처님의 뜻을 알지 못하여 "이와 같습니다."라고 말씀드렸다. 그러나 '이와 같다.'는 말이 벌써 미혹한 마음이므로, 다시 말씀드리기를 "삼십이상으로 여래를 볼 수 있겠습니다"라고 하니 이것 또한 거듭 미혹한 마음이다. 진실에서 멀어짐이 더하기 때문에 여래께서 수보리를 위하여 말씀하시기를, 저 미혹한 마음을 제거하고자 하여, "만약 삼십이상으로 여래를 볼 수 있다고 하면 전륜성왕도 바로 여래이구나"라고 하셨다. 비록 전륜성왕이 삼십이상을 가졌다 하더라도 어떻게 여래와 같을 수 있겠는가! 세존께서 이를 끌어오셔서 말씀하시는 것은 수보리가 상에 집착하는 병을 빼앗으시어 깨달음을 깊게 통하게 하고자 하시기 때문이다. 수보리가 세존의 물음에 대답하게 되어서는 미혹한

마음이 다 풀어졌으므로 말하기를 "제가 부처님의 말씀하신 뜻을 알기로는 마땅히 삼십이상으로 여래를 볼 수 없습니다."라고 한 것이다. 수보리는 대아라한이라서 깨달음이 매우 깊으나, 방편을 득하여 미혹한 길을 내어 세존과 다르지 않아, 미세한 미혹을 없애 버려 후세 중생으로 하여금 소견이 잘못되지 않게 했다.

주 해

- ᄒᆞᆫ ᄇᆞᆳ: 한 벌의, 한 겹의. 'ᄇᆞᆯ'은 단위성 의존명사인 '벌'.
- 버으로미: 벌어짐이. 버을- + 옴 + 이.
- ᅘᅧ 니ᄅᆞ샤ᄆᆞᆫ: 이끌어 말하시는 것은. 'ᅘᅧ'는 'ᅘᅧ + 어'로 '불을 켜다, 점화시키다, 끌다'의 뜻이 있음.
- 아ᅀᆞ샤: 없애시어, 빼앗아시어. 앗-[奪] + ᄋᆞ시 + 오 + 아.

경 본문 爾時世尊이 而說偈言하샤ᄃᆡ ○[22] 若以色見我ᄒᆞ며 以音聲求我ᄒᆞ면 是人은 行邪道ㅣ라 不能見如來리라

경 언해 그·ᄢᅴ 世·솅尊존·이 偈·꼥·ᄅᆞᆯ 니ᄅᆞ·샤·ᄃᆡ ○ ·ᄒᆞ다·가 色·ᄉᆡᆨ·으·로 :나·ᄅᆞᆯ 보·며 소·리·로 :나·ᄅᆞᆯ 求끃ᄒᆞ·면 ·이 :사ᄅᆞ·ᄆᆞᆫ 邪썅ᄒᆞᆫ 道:똫·ᄅᆞᆯ 行ᅘᆡᇰ·ᄒᆞ·ᄂᆞᆫ 디·라 如ᅀᅧᆼ來ᄅᆡᆼ·ᄅᆞᆯ 能ᄂᆼ·히 보·디 :몯 ᄒᆞ·리·라

경 직역 그 때 世尊이 偈를 이르시되, "만약 色으로 나를 보며 소리로 나를 求하면 이 사람은 삿된 道를 行하는 것이다. 如來를 能히 보지 못할 것이다.

경 의역 **그때 세존께서 게송을 읊으시기를, "만약 어떤 사람이 색(色)으로 나를 보거나 소리로 나를 구하면 이 사람은 삿된 도를 행(行)하는 것이라서 여래를 볼 수 없을 것이다.**

주 해

- 若以色見我ᄒᆞ며 以音聲求我ᄒᆞ면 是人은 行邪道ㅣ라 不能見如來리라: 금강경 사구게 중에서도 유명한 명구로 뽑히는 구절. 지금까지의 논리가 이 구절에 집약되어 있는데, 이것은 형상이나 개념을 넘어선 직관으로 진리를 증득하

22) 권점[○]은 대체로 경문과 언해문을 구분하는 표시로 사용되지만, 여기에서는 다음 구절이 게송임을 나타내기 위해서 권점을 사용하였다.

는 언어도단의 경지를 표현한 것.

(주 본문) 若以兩字ᄂᆞᆫ 是ᄂᆞᆫ 發語之端이라 色者ᄂᆞᆫ 相也ㅣ오 見者ᄂᆞᆫ 識也ㅣ오 我者ᄂᆞᆫ 是一切衆生身中에 自性이 淸淨ᄒᆞ야 無爲無相ᄒᆞᆫ 眞常之體라 不可高【金剛經 139ㄴ】☞ 聲念佛ᄒᆞ야 而得成就니 念은 須正念이 分明ᄒᆞ야ᅀᅡ 方得悟解ᄒᆞᄂᆞ니 若以色聲으로 求之ᄒᆞ면 不可見也ㅣ리니 是知於相中에 觀佛ᄒᆞᅀᆞ오며 聲中에 求法ᄒᆞ면 心有生滅이라 不悟如來矣로다

(주 언해) 若·약以:잉 :두 字·ᄍᆞᆼ·ᄂᆞᆫ ·이ᄂᆞᆫ :말 :내ᄂᆞᆫ ·그티·라 色·식·은 相·샹·이·오 見·견·은 識·식·이·오 我:앙·ᄂᆞᆫ ·이 一·잃切·쳉 衆·쥬ᇰ生싱 모·매 제 性·셩·이 淸쳥淨·쪙·ᄒᆞ·야 ·ᄒᆞ욤 :업스·며 相·샹 :업슨 眞진相쌍ᄒᆞᆫ 體:텡·라 :된소·리·로 念·념佛·뿛·ᄒᆞ·야 일·우·디 :몯ᄒᆞ·리·니 念·념·은 모·로매 正·졍念·념·이 分분明명·ᄒᆞ야·ᅀᅡ 아·로·ᄆᆞᆯ 得·득·ᄒᆞᄂᆞ·니 ·ᄒᆞ다·가 色·식性셩·으·로 求ᄁᆞᇂᄒᆞ·면 보·디 :몯ᄒᆞ·리·니 ·이 相·샹 中듀ᇰ·에 부텨·를 ·보·ᅀᆞ오·며 性셩 中듀ᇰ·에 法·법·을 求ᄁᆞᇂ【金剛經 140ㄱ】☞ ᄒᆞ·면 ᄆᆞᅀᆞ·매 生싱滅·멿·이 이·셔 如셩來링·ᄅᆞᆯ :아디 :몯ᄒᆞᆯ ·ᄯᅩ 아롤 ·ᄯᅵ로·다

(주 직역) '若'과 '以' 두 자는 이는 말을 내는 처음이다. 色은 相이고 見은 識이고 我는 이것은 一切 衆生의 몸에 자기의 性이 淸淨하여 함이 없으며 相이 없는 眞相한 體라서 큰 소리로 念佛하여 이루지 못할 것이니, 念은 모름지기 正念이 分明하여야 앎을 얻으니, 만일 色聲으로 求하면 보지 못할 것이니, 이것은 相 中에 부처를 보며 性 中에 法을 求하면 마음에 生滅이 있어 如來를 알지 못하는 것을 알 것이다.

(주 의역) '약이(若以)' 두 글자는 말을 시작할 때의 실마리이다. 색(色)은 상이고, '본다[見]'는 것은 알음알이[識]고, '나'라고 한 것은 일체 중생의 몸 가운데 자성이 맑고 깨끗하여 무위하고 무상한 참으로 항상 하는 바탕[體]이니 큰 소리로 염불해서 성취하는 것이 아니고, 모름지기 바른 지견으로 분명히 알아야 바야흐로 깨달아 알 수 있는 것이다. 만약 색(色)과 소리[聲]의 두 가지 상으로써 구한다면 볼 수 없는 것이다. 상 가운데 부처를 보며, 성(性) 가운데 법을 구하면, 마음에 생멸이 있어서 여래를 깨달을 수

없다는 것을 알 것이다.

주 해

- 된소리로: 높은 소리로.

無斷無滅分 第二十七(무단무멸분 제이십칠)

경 본문 須菩提야 汝ㅣ 若作是念호ᄃᆡ 如來ㅣ 不以具足相故로 得阿耨多羅三藐三菩提아 須菩提야 莫作是念호ᄃᆡ 如來ㅣ 不以具足相故로 得阿耨多羅三藐三菩提라ᄒᆞ라 須菩提야 汝ㅣ 若作是念호ᄃᆡ 發阿耨多羅三藐三菩提心者ᄂᆞᆫ 說諸法斷滅아 莫作是念ᄒᆞ라 何以故오 發阿耨多羅三藐三菩提心者【金剛經 140ㄴ】☞ ᄂᆞᆫ 於法에 不說斷滅相ᄒᆞᄂᆞ니라

경 언해 須슝菩뽕提뗑·여 :네 ·ᄒᆞ다·가 ·이 念·념·을 지·ᅀᅩ·ᄃᆡ 如셩來링ㅣ 具·꿍足·죡相·샹 젼·ᄎᆞ·로 阿항耨·녹多당羅랑三삼藐·막三삼菩뽕提뗑·를 得·득·디 아·니ᄒᆞ·리·라 ·ᄒᆞᄂᆞᆫ·다 須슝菩뽕提뗑·여 ·이 念·념을 지·ᅀᅩ·ᄃᆡ 如셩來링ㅣ 具·꿍足·죡相·샹 젼·ᄎᆞ·로 阿항耨·녹多당羅랑三삼藐·막三삼菩뽕提뗑·를 得·득·디 아·니·타 :말·라 須슝菩뽕提뗑·여 :네 ·ᄒᆞ다·가 ·이 念·념·을 지·ᅀᅩ·ᄃᆡ 阿항耨·녹多당羅랑三삼藐·막三삼菩뽕提뗑心심 發·벓ᄒᆞ·닌 諸졍法·법·의 그·처 :업수·믈 니ᄅᆞᄂᆞ·니·라 ·ᄒᆞᄂᆞᆫ·다 ·이 念·념·을 :짓·디 :말·라 :엇뎨어·뇨 阿항耨·녹多당羅랑三삼藐·막三삼菩뽕提뗑心심 發·벓ᄒᆞ·닌 法·법·에 斷:똰滅·멿相·샹·ᄋᆞᆯ 니ᄅᆞ·디 아·니·ᄒᆞ·ᄂᆞ니·라

경 직역 須菩提야! 네가 만약 이 念을 짓되, '如來가 具足相 때문에 阿耨多羅三藐三菩提를 얻지 아니할 것이다.' 하는가? 須菩提야! 이 念을 짓되, '如來가 具足相 때문에 阿耨多羅三藐三菩提를 얻지 않는다.' 말라. 須菩提야! 네가 만일 이 念을 짓되, '阿耨多羅三藐三菩提心을 發하는 이는 諸法이 끊어져 없음을 이르는 것이다.' 하는가? 이 念을 짓지 말라. 어째서인가? 阿耨多羅三藐三菩提心을 發하는 이는 法에 斷滅相을 이르지 않는 것이다.

경 의역 수보리야! 네가 생각하기를, '여래께서 상을 구족하셨기 때문에 아뇩다라삼먁삼보리를 얻지 않을 것이다.'라고 하는가? 수보리야! '여래께서 상을 구족하셨기 때문에 아뇩다라삼먁삼보리를 얻지 않는다.'라고 생각하지 말라. 수보리야! 네가 만약 '아뇩다라삼먁삼보리를 발한 사람은 모든 것이 끊어져 없어졌음을 말한다.'고 생각하는가? 이런 생각을 하지 말라.

왜냐하면 아뇩다라삼먁삼보리를 발한 사람은 '모든 것이 끊어져 없는 것이다.'라고 말하지 않기 때문이다.

주 본문 須菩提ㅣ 聞說眞身의 離相ᄒᆞ숩고 便謂호ᄃᆡ 不修【金剛經 141ㄱ】☞ 三十二 淸淨行ᄒᆞ샤 而得菩提라 홀시 佛語須菩提ᄒᆞ샤ᄃᆡ 莫言如來ㅣ 不修三十二淨行ᄒᆞ야 而得菩提라ᄒᆞ라 汝ㅣ 若言不修三十二淨行ᄒᆞ야 得阿耨菩提者ㄴᆞ댄 卽是斷滅佛種性이라 無有是處ᄒᆞ니라

주 언해 須슝菩뽕提똉ㅣ 眞진身신·의 相·샹 여·희·욤 니ᄅᆞ·샤·믈 듣:좁·고 믄·득 너·교·ᄃᆡ 三삼十·씹二·싱淸쳥淨·쪙行·ᅘᆡᇰ·올 닷·디 아·니·ᄒᆞ·샤 菩뽕提똉·롤 得·득·ᄒᆞ·시니·라 홀·씨 부:톄 須슝菩뽕提똉 ᄃᆞ·려 니라·샤·ᄃᆡ 如셩來링ㅣ 三삼十·씹二·싱淨·쪙行·ᅘᆡᇰ·올 닷·디 아·니·ᄒᆞ·야 菩뽕提똉·롤 得·득·다 니ᄅᆞ·디 :말·라 :네 ·ᄒᆞ다·가 三삼十·씹二·싱淨·쪙行·ᅘᆡᇰ·올 닷·디 아·니·ᄒᆞ·야 阿항耨·녹菩뽕提똉·롤 得·득·다 닐·올띤【金剛經 141ㄴ】☞ ·댄 ·곧 ·이 佛·뿛種:죵性·셩·을 긋·논 디·라 ·올ᄒᆞᆫ ·고디 잇·디 아·니ᄒᆞ·니·라

주 직역 須菩提가 眞身의 相을 여읨을 이르심을 듣고 문득 여기되, '三十二 淸淨行을 닦지 않으시어 菩提를 얻어신 것이다.' 하므로, 부처가 須菩提에게 이르시되, "如來가 三十二 淨行을 닦지 아니하여 菩提를 얻었다고 이르지 말라. 네가 만약 三十二 淨行을 닦지 아니하여 阿耨菩提를 얻었다고 이르면 곧 이는 佛種性을 끊는 것이다. 옳은 바가 있지 않은 것이다." 하셨다.

주 의역 수보리가 진신(眞身)은 상을 여읜 것이라 말씀하시는 것을 듣고, 문득 생각하기를, '32가지 청정행을 닦지 않고 보리를 얻었다고 할까' 하여 부처님께서 수보리에게 말씀하시기를, "여래가 32가지 청정행을 닦지 않고 보리를 얻었다고 말하지 말라. 네가 만약 32가지 청정행을 닦지 않고 아뇩다라삼먁삼보리를 얻었다고 말하면, 부처님이 되는 종자를 끊어 없애는 것이라서 옳은 것이 아니다."

주 해

• 닷디: 닦지. 닭- + 디.

不受不貪分 第二十八(불수불탐분 제이십팔)

경 본문 須菩提야 若菩薩이 以滿恒河沙等世界七寶로 持用布施라도 若復有人이 知一切法의 無我ᄒᆞ야 得成於忍ᄒᆞ면 此菩薩이 勝前菩薩所得功德ᄒᆞ리니 何以故오 須菩提야 以諸菩薩이 不受福德故ㅣ라 須菩提ㅣ 白佛言ᄒᆞᅀᆞ오ᄃᆡ 世尊하 云何菩薩이 不受福德이니잇고 須菩提야 菩薩所作福德은 不應貪著이니【金剛經 142ㄱ】☞ 是故로 說不受福德이니라

경 언해 須슝菩뽕提뗑·여 ·ᄒᆞ다·가 菩뽕薩·삸·이 恒ᅘᅳᆼ河ᅘᅡᆼ沙상等:둥 世·솅界·갱·예 ᄀᆞᄃᆞᆨᄒᆞᆫ 七·칧寶:봉·로 가·져 ·ᄡᅧ 布·봉施·싱·ᄒᆞ야·도 ·ᄒᆞ다·가 ·ᄯᅩ :사ᄅᆞ·미 一·잃切·쳉法·법·의 나 :업슨·둘 아·라 忍:신·을 일·우·면 ·이 菩뽕薩·삸·이 알·ᄑᆡ 菩뽕薩·삸·의 得·득·혼 功공德·득·에 더으·리·니 :엇데어·뇨 須슝菩뽕提뗑·여 諸졍菩뽕薩·삸·이 福·복德·득·을 受:쓯·티 아·니 ·ᄒᆞ논 젼·치·라 須슝菩뽕提뗑ㅣ 부텻·긔 ᄉᆞᆯ·오·ᄃᆡ 世·솅尊존·하 :엇데 菩뽕薩·삸·이 福·복德·득 受:쓯·티 아·니 ·호미·니잇·고 須슝菩뽕提뗑·여 菩뽕薩·삸 지·손 福·복德·득·은 貪탐着·땩·호미 :몯 ᄒᆞ·리·니 ·이럴·ᄊᆡ 닐·오·ᄃᆡ 福·복德·득·을 受:쓯·티 아·니 ·호·미니·라

경 직역 "須菩提야! 만약 菩薩이 恒河沙 등 世界에 가득한 七寶를 가지고 布施하여도 만약 또 사람이 一切法에 '나' 없는 줄을 알아 忍을 이루면, 이 菩薩이 앞의 菩薩이 얻은 功德보다 더할 것이니, 어째서인가? 須菩提야! 모든 菩薩이 福德을 받지 않는 까닭이다." 須菩提가 부처께 사뢰되, "세존이시여! 어째서 菩薩이 福德을 받지 않는 것입니까?" "須菩提야! 菩薩이 지은 福德은 貪着할 수 없으니 이러므로 이르되 福德을 받지 아니함이다."

경 의역 "수보리야! 보살이 항하사 세계에 가득 차게 칠보로 보시하여도 만약 어떤 보살이 일체법에 내가 없음을 알아 참고 깨달아 성취하게 되면, 이 보살이 앞의 보살이 얻은 공덕보다 나을 것이다. 왜냐하면 수보리야! 모든 보살이 복덕을 받지 않기 때문이다." 수보리가 부처님께 말씀드리기

를, "세존이시여! 어떻게 보살이 복덕을 받지 않습니까?" "수보리야! 보살이 지은 공덕은 탐착할 수 없을 것이므로 복덕을 받지 않는다"고 말한다.

주 해

- 不受不貪: 보살은 복덕을 받지 않으며, 복덕에 탐착하지 않음.

주 본문 通達一切法ᄒᆞ야 無能所心이 是名爲忍이니 此人【金剛經 142ㄴ】☞ 所得福德이 勝前七寶之福ᄒᆞ니라 菩薩所作福德은 不爲自己ᄒᆞ야 意在利益一切衆生故로 言不受福德이라 ᄒᆞ시니라

주 언해 一·ᅙᅵᇙ切·쳉法·법·을 通통達·따ᇙ·ᄒᆞ·야 能능所:송ㅅ ᄆᆞᅀᆞᆷ :업수·미 ·이 일·후미 忍:ᅀᅵᆫ·이·니 ·이 :사ᄅᆞᄆᆡ 得·득·ᄒᆞᆫ 福·복德·득·이 알·ᄑᆡᆺ 七·치ᇙ寶:보ᇢ福·복·애 더으·니·라 菩뽕薩·사ᇙ 지·ᅀᅳᆫ 福·복德·득·은 제 ·모·ᄆᆞᆯ 爲·윙·티 아·니·ᄒᆞ·야 ·ᄠᅳ디 一·ᅙᅵᇙ切·쳉 衆·즁生ᄉᆡᆼ 利·링益·ᅙᅧᆨ·호매 이실·ᄊᆡ 不·붏受:쓔ᇢ福·복德·득·이·라 니ᄅᆞ·시니·라

주 직역 一切法을 通達하여 能所의 마음이 없음이 이것이 이름이 忍이니, 이 사람이 얻은 福德이 앞의 七寶福보다 나은 것이다. 菩薩이 지은 福德은 자기의 몸을 위하지 않아서 뜻이 一切 衆生을 利益되게 함에 있으므로 不受福德이라 이르신 것이다.

주 의역 일체법을 통달하여 능소의 마음이 없는 것이 인(忍)이다. 이 사람이 얻은 복덕이 앞의 칠보로 공양한 공덕보다 낫다. 보살이 지은 복덕은 제 몸을 위하는 것이 아니라 뜻이 일체의 중생을 이익되게 하는 것에 있으므로 '복덕을 받지 않는다.'고 말씀하셨다.

威儀寂靜分 第二十九(위의적정분 제이십구)

경 본문 須菩提야 若有人이 言호딕 如來ㅣ 若來若去若坐【金剛經 143ㄱ】☞ 若臥ㅣ라ᄒᆞ면 是人은 不解我所說義니 何以故오 如來者ᄂᆞᆫ 無所從來ᄒᆞ며 亦無所去ᄒᆞᆯᄉᆡ 故名如來라

경 언해 須슝菩뽕提똉·여 ·ᄒᆞ다·가 :사ᄅᆞ·미 닐·오·딕 如셩來렁ㅣ 오·며 가·며 안ᄌᆞ·며 눕ᄂᆞ·니·라 ᄒᆞ·면 ·이 :사ᄅᆞ·ᄆᆞᆫ 내 니ᄅᆞ·논 ·ᄠᅳ·들 :아디 :몯·ᄒᆞᄂᆞ·니 :엇뎨어·뇨 如셩來렁·ᄂᆞᆫ ᄇᆞ·터 :온·딕 :업스·며 ·ᄯᅩ :간·딕 :업슬·ᄊᆡ 일·후미 如셩來렁·라

경 직역 須菩提야! 만약 사람이 이르되, "如來가 오며 가며 앉으며 눕는다." 하면, 이 사람은 내가 이르는 뜻을 알지 못하니, 어째서인가? 如來는 어디로부터 온 곳이 없으며, 또 간 곳이 없으므로 이름이 如來이다.

경 의역 **수보리야! 어떤 사람이 "여래께서 오며 가며 앉으며 누우신다." 라고 하면, 이 사람은 내가 말하는 뜻을 알지 못하는 것이다. 왜냐하면 여래는 어디로부터 오는 곳이 없으며, 가는 곳이 없기 때문에 여래라고 한다.**

주 해

- 威儀寂靜: 여래는 온 곳이 없으며, 간 곳이 없어서 위의가 적정(寂靜)함.

주 본문 如來者ᄂᆞᆫ 非來며 非不來며 非去ㅣ며 非不去ㅣ며 非坐ㅣ며 非不坐ㅣ며 非臥ㅣ며 非不臥ㅣ샤 行住坐臥四威儀中에 常在空寂ᄒᆞ샤미 卽是如來也ㅣ시니라

주 언해【金剛經 143ㄴ】☞ 如셩來렁·ᄂᆞᆫ ·오샤·미 아·니·며 아·니 ·오샤·미 아·니·며 ·가샤·미 아·니·며 아·니 ·가샤·미 아·니·며 안ᄌᆞ·샤·미 아·니·며 아·니 안ᄌᆞ·샤·미 아·니·며 누으·샤·미 아·니·며 아·니 누으·샤·미 아·니·샤 行ᅘᆡᇰ 住·뜡 坐:쫭 臥·왕 :네 威윙儀잉 中듕·에 샹·녜 空콩寂·쪅·에 :겨샤·미 ·곧 ·이 如셩來렁ㅣ 시·니·라

주 직역 如來는 오심이 아니며 아니 오심이 아니며, 가심이 아니며 아니 가심이 아니며, 앉으심이 아니며 누우심이 아니시어, 行·住·坐·臥 네 가지 威儀 중에 항상 空寂에 계심이, 곧 이 분이 如來이시다.

주 의역 여래는 오지 않으시며 오지 않지 않으시며, 가지 않으시며 가지 않지 않으시며, 앉지 않으시며 앉지 않지 않으시며, 눕지 않으시며 눕지 않지 않으시어, 행(行)하고 머무르고 앉고 눕는 네 가지 위의 가운데 항상 비어 고요하게 있으심이 곧 여래인 것이다.

一合相理分 第三十(일합상리분 제삼십)

경 본문 須菩提야 若善男子善女人이 以三千大千世界로 碎爲微塵ᄒᆞ면 於意云何오 是微塵衆이 寧爲多아 不아 須菩提ㅣ 言ᄒᆞᅀᆞ오ᄃᆡ 甚多ᄒᆞ이다 世尊하 何以故ㅣ어뇨 若是微塵衆이 實有者ㅣ면 佛이 卽不說是【金剛經 144ㄱ】☞ 微塵衆ᄒᆞ시리니 所以者何ㅣ어뇨 佛說微塵衆이 卽非微塵衆이라 是名微塵衆이니이다

경 언해 須슝菩뽕提똉·여 ·ᄒᆞ다·가 善:쎤男남子:ᄌᆞᆼ 善:쎤女:녕人신·이 三삼千쳔大·땡千쳔世·솅界·갱·로 ᄇᆞᇫ·아 ·ᄀᆞᄂᆞᆫ 듣그·를 ᄆᆡᆼ·ᄀᆞᆯ·면 ᄠᅳ·데 :엇더·뇨 ·이 微밍塵띤衆·즇·이 하·려 :몯 하·려 須슝菩뽕提똉ㅣ ᅀᆞᆲ·오·ᄃᆡ 甚·씸히 ·하이·다 世·솅尊존·하 :엇데어·뇨 ·ᄒᆞ다·가 ·이 微밍塵띤衆·즇이 眞진實·씷·로 이·슗·띠·면 부:톄 ·곧 ·이 微밍塵띤衆·즇·을 니ᄅᆞ·디 아·니·ᄒᆞ·시리·니 :엇데어·뇨 부텨 니ᄅᆞ·샨 微밍塵띤衆·즇·이 ·곧 微밍塵띤衆·즇·이 아·니·라 ·이 일·후미 微밍塵띤衆·즇·이·니이·다

경 직역 "須菩提야! 만약 善男子 善女人이 三千大千世界를 부수어 가는 티끌을 만들면 뜻에 어떠한가? 이 微塵衆이 많은가? 많지 않은가?" 須菩提가 사뢰되, "甚히 많습니다. 세존이시여! 어째서인가? 만약 이 微塵衆이 진실로 있으면 부처가 곧 이 微塵衆을 이르지 아니하실 것이니, 어째서인가? 부처가 이르신 微塵衆이 곧 微塵衆이 아니라, 이것이 이름이 微塵衆입니다."

경 의역 "수보리야! 만약 선남자 선여인이 삼천대천세계를 빻아 미세한 티끌을 만들면 이 미세한 티끌들이 많은가? 많지 않은가?" 수보리가 말씀드리기를, "매우 많습니다. 세존이시여! 왜냐하면 만약 이 미세한 티끌들이 진실로 있으면 부처님께서 미세한 티끌들을 말씀하시지 않으셨을 것이기 때문에, 부처님께서 말씀하신 미세한 티끌들이 바로 미세한 티끌들이 아니라, 단지 이름이 미세한 티끌들일 뿐이기 때문입니다."

주 해

- ᄫᆞ·아: 부수어. ᄫᆞᆺ-[碎] + 아.
- 一合相理: 세계는 한 곳에 어울린 상이 아니라는 이치.

주 본문 佛이 說三千大千世界ᄒᆞ샤 以喩一一衆生性上【金剛經 144ㄴ】☞ 앳 微塵之數ㅣ 如三千大千世界中엣 所有微塵ᄒᆞ시니 一切衆生의 性上앳 妄念微塵은 卽非微塵이어니와 聞經悟道ᄒᆞ야 覺慧常照ᄒᆞ야 趣向菩提ᄒᆞ야 念念不住ᄒᆞ야 常在淸淨홀시 如是淸淨微塵이ᅀᅡ 是名微塵衆이라

주 언해 부:톄 三삼千쳔大·땡千쳔世·셩界·갱·룰 니ᄅᆞ·샤 낫:낫 衆·즁生싱 性·셩上·썅·앳 微밍塵띤數·숭ㅣ 三삼千쳔大·땡千쳔世·셩界·갱 中듕·엣 잇ᄂᆞᆫ 微밍塵띤 ·ᄀᆞᆮᄒᆞᆫ ·둘 가·ᄌᆞᆯ·비시·니 一·뮳切·쳉 衆·즁生싱·의 性·셩 우·흿 妄·망念·념 微밍塵띤·은 ·곧 微밍塵띤·이 아·니어·니·와 經경 듣·고 道:똫 아·라 覺·각慧·휑 상·녜 비·취·여 菩뽕提똉·예 ·가 向·향·ᄒᆞ·야 念·념 念·념·이 住【金剛經 145ㄱ】☞ ·뜡 티 아·니·ᄒᆞ야 상·녜 淸청淨·쪙·에 이실 ·씨 이 ·ᄀᆞᆮᄒᆞᆫ 淸청淨·쪙 微밍塵띤·이·ᅀᅡ ·이 일·후미 微밍塵띤衆·즁·이·라

주 직역 부처가 三千大千世界를 이르시어 낱낱 衆生의 성품 위에 있는 微塵數가 三千大千世界 가운데 있는 微塵과 같은 줄을 비유하시니, 一切衆生의 성품 위에 있는 妄念 微塵은 곧 微塵이 아니거니와, 經을 듣고 道를 알아 覺慧를 항상 비추어 菩提에 가서 向하여 찰나 찰나가 住하지 아니하여 항상 淸淨함에 있는 것이, 이와 같은 淸淨 微塵이어야 이것이 이름이 微塵衆이다.

주 의역 부처님께서 삼천대천세계를 말씀하시어 각각의 중생의 성품에 있는 미진수가 삼천대천세계 중에 있는 미진 같은 줄 비유하셨기 때문에, 일체 중생의 성품 위의 망념 미진은 곧 미진이 아니며, 경을 듣고 도를 깨달아 깨달은 지혜가 항상 비추어 보리에 나아가 생각 생각에 머무르지 않아 항상 청정함에 머무는 것이, 이 같은 청정한 미세한 티끌이어야 미세한 티끌들이라 하는 것이다.

경 본문 世尊하 如來所說三千大千世界ㅣ 卽非世界라 是名世界니

경 언해 世·솅尊존·하 如셩來링 니르·샨 三삼千쳔大·땡千쳔世·솅界·갱 ·곧 世·솅界·갱 아·니·라 ·이 일·후미 世·솅界·갱니

경 직역 세존이시여! 如來께서 이르신 三千大千世界가 곧 世界가 아니라, 이것이 이름이 世界이니,

경 의역 "세존이시여! 여래께서 말씀하신 삼천대천세계가 세계가 아니라, 단지 이름만 세계일 뿐입니다."

주 본문 三千者는 約理而言컨댄 卽貪嗔癡妄念이 各具一千호 數也ㅣ라 心이 爲善惡之本이라 能作凡作聖호야 其動靜이 不可測度이라 廣大無邊故로 名【金剛經 145ㄴ】☞ 大千世界라

주 언해 三삼千쳔·은 理:링·롤 자·바 니르건·댄 ·곧 貪탐 嗔친 癡팅 妄·망念·념·이 各·각各·각 一·힗千·쳔·이 ᄀ·존 數·숭ㅣ·라 ᄆᆞᅀᆞ·미 善:쎤惡·학 미·티·라 能능·히 凡뻠·을 밍·ᄀᆞᆯ·며 聖·셩·을 밍·ᄀ·라 그 :뮈·며 ᄀᆞ문·호·미 :혜아·리·디 :몯·홀 띠·라 넙·고 ·쿠미 :ᄀᆞᆺ:업슬·씨 일·후미 大·땡千쳔世·솅界·갱·라

주 직역 三千은 이치를 잡아 이르면 곧 貪·嗔·癡 妄念이 各各 一千이 갖추어진 숫자다. 마음이 善惡의 근본이라서 能히 凡을 만들며 聖을 만들어 그 움직이며 가만히 있음이 헤아리지 못할 것이다. 넓고 큼이 가없으므로 이름이 大千世界이다.

주 의역 삼천(三千)은 理를 이치에 의거하여 말하면 곧 탐, 진, 치 등 망념이 각각 일천씩 갖추어진 숫자다. 마음은 선악의 근본이라서 능히 범인(凡人)을 만들며 성인(聖人)을 만들어, 움직이고 가만히 있음을 측량할 수 없어서, 넓고 큼이 무변하므로 대천세계라 한다.

주 해

- 미티라: 근본이다. '밑'은 '근본'의 뜻이며 '믿'은 현대국어의 '사물의 근본'을 의미하는 '밑'임.
- 자바 니르건댄(約理而言컨댄): 이치에 따라 이르면. '약'은 '따르다, 의거하다'

는 뜻.

경 본문 何以故ㅣ어뇨 若世界ㅣ 實有者ㅣ면 則是一合相이니 如來說一合相이 卽非一合相이라 是名一合相이니이다

경 언해 :엇데어·뇨 ·ᄒᆞ다·가 世·솅界·갱 眞진實·씷·로 이·슘띠·면 ·곧 ·이 ᄒᆞᆫ 게 어·운 相·샹·이·니 如셩來링 니ᄅᆞ·샨 一·흻合·햅相·샹·이 ·곧 一·흻合·햅相·샹·이 아·니·라 ·이 일·후미 一·흻合·햅相·샹·이·니이·다

경 직역 "어째서인가? 만일 世界가 眞實로 있는 것이면, 곧 이는 한 곳에 어울린 相이니, 如來께서 이르신 一合相이 곧 一合相이 아니라, 이것이 이름이 一合相입니다."

경 의역 왜냐하면 만약 세계가 진실로 있으면 곧 이것은 한 곳에 어울린 상[一合相]이기 때문에, 여래께서 말씀하신 한 곳에 어울린 상이 곧 한 곳에 어울린 상이 아니라 단지 한 곳에 어울린 상이라고 말하기 때문입니다.

주 해

- 게: 거기에, 그곳에.

주 본문 【金剛經 146ㄱ】☞ 心中明了ㅣ 莫過悲智二法ᄒᆞ니 由此二法ᄒᆞ야 而得菩提ᄒᆞᄂᆞ니 說一合相者ᄂᆞᆫ 心有所得홀시 故로 卽非一合相이오 心無所得ᄒᆞ면 是名一合相이니 一合相者ᄂᆞᆫ 不壞假名ᄒᆞ야 而談實相홀시라

주 언해 ᄆᆞᅀᆞ·매 ᄇᆞᆯ·기 아·로미 悲빙·와 智·딩·와 :두 法·법·에 너·므니 :업스·니 ·이 :두 法·법·을 브·터 菩뽕提똉·롤 得·득·ᄒᆞ·ᄂᆞ·니 니ᄅᆞ·샨 一·흻合·햅相·샹·ᄋᆞᆫ ᄆᆞᅀᆞ·매 得·득·호미 이실·씨 ·곧 一·흻合·햅相·샹·이 아·니·오 ᄆᆞᅀᆞ·매 得·득·호미 :업스·면 이 일·후미 一·흻合·햅相·샹·이·니 一·흻合·햅相·샹·ᄋᆞᆫ :거·즛 일·후·믈 :허디 아·니·ᄒᆞ·야 實·씷相·샹·ᄋᆞᆯ 니ᄅᆞᆯ·씨·라

주 직역 마음에 밝게 앎이 悲와 智 두 法에 넘는 것이 없으니, 이 두 法에 말미암아 菩提를 얻으니, 이르신 一合相은 마음에 얻음이 있으므로 곧 一合相이 아니고, 마음에 얻음이 없으면 이것이 이름이 一合相이니, 一合相은 거짓 이름을 헐지 아니하여 實相을 이른다.

주 의역 마음에 명료한 것은 자비와 지혜의 두 법을 뛰어넘는 것이 없으니, 이 두 법으로 말미암아 보리를 얻는 것이다. 일합상(一合相)이라 말하는 것은 마음에 얻을 바가 있으므로 곧 일합상(一合相)이 아니고, 마음에 얻을 바가 없음으로 이를 일합상(一合相)이라 하는 것이니, 일합상(一合相)이라고 하는 것은 거짓 이름을 무너뜨리지 않고 실상을 말하는 것이다.

경 본문 【金剛經 146ㄴ】 ☞ 須菩提야 一合相者는 卽是不可說이어늘 但凡夫之人이 貪着其事ᄒᆞᄂᆞ니라

경 언해 須슝菩뽕提똉·여 一·ᅙᅵᇙ合·햅相·샹·은 ·곧 ·이 니ᄅᆞ·디 :몯ᄒᆞᇙ 꺼·시어·늘 오·직 凡뻠夫뿡ㅅ :사ᄅᆞ·미 그 :이·롤 貪탐著·딱·ᄒᆞ·ᄂᆞ니·라

경 직역 須菩提야! 一合相은 곧 이것이 이르지 못할 것이거늘, 오직 凡夫의 사람이 그 일을 貪着하느니라.

경 의역 수보리야! 한 곳에 어울린 상은 곧 말로 하지 못할 것이나, 단지 범부들이 그 것을 탐착하고 있는 것이다.

주 본문 由悲智二法ᄒᆞ야 成就佛果菩提ᄒᆞ야 說不可盡이며 妙不可言이어늘 凡夫之人은 貪着文字事業ᄒᆞ야 不行悲智二法ᄒᆞᄂᆞ니 若不行悲智二法ᄒᆞ고 而求無上菩提ᄒᆞ면 何由可得이리오

주 언해 悲빙 智·딩 二·ᅀᅵᆼ法·법·을 브·터 佛·뿛果:광菩뽕提똉·롤 일·워 닐·어·도 :다 :몯ᄒᆞ·리·며 微밍妙·묳·롤 니ᄅᆞ·디 :몯ᄒᆞ·리어·늘 凡뻠夫뿡ㅅ :사ᄅᆞ·ᄆᆞᆫ 【金剛經 147ㄱ】 ☞ 文문字·쫑ㅅ :이·롤 貪탐著·딱·ᄒᆞ·야 悲빙 智·딩 二·ᅀᅵᆼ法·법·을 行ᅘᆡᆼ·티 아·니·ᄒᆞᄂᆞ·니 ·ᄒᆞ다·가 悲빙 智·딩 二·ᅀᅵᆼ法·법·을 行ᅘᆡᆼ·티 아·니·코 無뭉上·썅菩뽕提똉·롤 求끃ᄒᆞ·면 어·듸 브·터 어·루 得·득ᄒᆞ·리·오

주 직역 悲·智 二法으로 말미암아 佛果 菩提를 이루어서 말해도 다 못할 것이며, 微妙함을 이르지 못할 것이거늘, 凡夫의 사람은 文字의 일에 貪着하여 悲·智 二法을 行하지 않으니, 만약 悲·智 二法을 行하지 않고 無上 菩提를 求하면 어디에 말미암아 가히 얻을 것인가?

(주 의역) 자비와 지혜의 두 법으로부터 불과인 보리를 이루어 말하여도 다 못할 것이며, 그 미묘함을 다 말하지 못할 것인데, 범부들은 문자의 일에 탐착하여 자비와 지혜의 이법을 행(行)하지 않으니, 만약 자비와 지혜의 두 법을 행(行)하지 않고 무상보리를 구하면 무엇으로 말미암아 얻을 수 있겠는가?

知見不生分 第三十一(지견불생분 제삼십일)

경 본문 須菩提야 若人이 言호딕 佛說我見人見衆生見壽者見이라ᄒᆞᄂᆞ니 須菩提야 於意云何오 是人이 解我所說義아 不아 不也世尊하 是人이 不解如來所說義니 何以故ㅣ어뇨 世尊說我見人見衆生見壽者見이 卽非我見人見衆生見壽者見이라 是名我【金剛經 147ㄴ】☞ 見人見衆生見壽者見이시니이다

경 언해 湏슝菩뽕提뗑·여 ·ᄒᆞ다·가 :사ᄅᆞ·미 닐·오·딕 부:톄 我:앙見·견 人신見·견 衆·즁生싱見·견 壽:쓩者:쟝見·견·을 니ᄅᆞᄂᆞ·니·라 ·ᄒᆞᄂᆞ·니 湏슝菩뽕提뗑·여 ᄠᅳ·데 :엇더·뇨 ·이 :사ᄅᆞ·미 내 닐·온 ·ᄠᅳ·들 :아ᄂᆞ·녀 모·ᄅᆞᄂᆞ·녀 아·니이·다 世·솅尊존·하 ·이 :사ᄅᆞ·미 如셩來링 니ᄅᆞ·샨 ·ᄠᅳ·들 :아디 :몯·ᄒᆞᄂᆞ·니 :엇데어·뇨 世·솅尊존 니ᄅᆞ·샨 我:앙見·견 人신見·견 衆·즁生싱見·견 壽:쓩者:쟝見·견·이 ·곧 我:앙見·견 人신見·견 衆·즁生싱見·견 壽:쓩者:쟝見·견·이 아·니·라 ·이 일·후미 我:앙見·견 人신見·견 衆·즁生싱見·견 壽:쓩者:쟝見·견·이시·니이·다

경 직역 須菩提야! 만약 사람이 이르되, "부처가 我見, 人見, 衆生見, 壽者見을 일렀다." 하니, "湏菩提야! 뜻에 어떤가? 이 사람이 내가 이른 뜻을 아는가? 모르는가?" "아닙니다. 세존이시여! 이 사람이 如來께서 이르신 뜻을 알지 못하니, 어째서인가? 世尊께서 이르신 我見, 人見, 衆生見, 壽者見이 곧 我見, 人見, 衆生見, 壽者見이 아니라, 이것이 이름이 我見, 人見, 衆生見, 壽者見입니다."

경 의역 수보리야! 만약 어떤 사람이 말하기를, "부처가 나라는 소견, 사람이라는 소견, 중생이라는 소견, 오래 산다는 소견을 말씀하셨다" 하니, "수보리야! 어떻게 생각하느냐? 이 사람이 내가 말한 뜻을 아는가? 모르는가?" "모릅니다. 세존이시여! 이 사람이 여래께서 말씀하신 뜻을 알지 못하니, 왜냐하면 세존께서 말씀하신 나라는 소견, 사람이라는 소견, 중생이라는 소견, 오래 산다는 소견은 곧 나라는 소견, 사람이라는 소견, 중생이

라는 소견, 오래 산다는 소견이 아니라, 단지 나라는 소견, 사람이라는 소견, 중생이라는 소견, 오래 산다는 소견이라 말할 뿐이기 때문입니다."

(주 본문) 如來說此経者ᄂᆞᆫ 令一切衆生으로 自悟般若智慧ᄒᆞ며 自修行菩提之果ㅣ어시늘 凡夫之人이 不解【金剛經 148ㄱ】☞ 佛意ᄒᆞᅀᆞ와 便謂호ᄃᆡ 如來ㅣ 說我人等見이라코 不知如來ㅣ 說甚深無相無爲般若波羅蜜法ᄒᆞᄉᆞᆸᄂᆞ니 如來所說我人等見이 不同凡夫의 我人等見ᄒᆞ니 如來說一切衆生이 皆有佛性이 是眞我見이시고 說一切衆生이 有無漏智性ᄒᆞ야 本自具足이 是人見이시고 說一切衆生이 本無煩惱ㅣ 是衆生見이시고 說一切衆生性이 本不生不滅이 是壽者見이시니라

(주 언해) 如ᅀᅧᆼ來ᄅᆡᆼㅣ ·이 經경 니ᄅᆞ·샤·ᄆᆞᆫ 一·ᅙᅵᇙ切·쳉 衆·즁生ᄉᆡᆼ·ᄋᆞ【金剛經 148ㄴ】☞ ·로 :제 般·밣若:ᅀᅣ 智·딩慧·ᅘᅰ·ᄅᆞᆯ :알·며 :제 菩뽕提똉果:광·ᄅᆞᆯ 修슐行ᅘᆡᇰ·케·어시·ᄂᆞᆯ 凡뻠夫붕ㅅ :사ᄅᆞ·미 부텻 ·ᄠᅳ·들 :아·디 :몯·ᄒᆞᅀᆞ·와 ·곧 너·교·ᄃᆡ 如ᅀᅧᆼ來ᄅᆡᆼㅣ 我:ᅌᅡᆼ 人ᅀᅵᆫ 等:둥 見·견·을 니ᄅᆞ·시니·라 ·코 如ᅀᅧᆼ來ᄅᆡᆼㅣ 甚·씸·히 기·픈 無뭉相·샹 無뭉爲윙ᄒᆞᆫ 般·밣若:ᅀᅣ波방羅랑蜜·밇法·법 니ᄅᆞ·신 ·ᄃᆞᆯ :아·디 :몯·ᄒᆞ·ᄉᆞᆸᄂᆞ·니 如ᅀᅧᆼ來ᄅᆡᆼ 니ᄅᆞ·샨 我:ᅌᅡᆼ 人ᅀᅵᆫ 等:둥 見·견·이 凡뻠夫붕·의 我:ᅌᅡᆼ 人ᅀᅵᆫ 等:둥 見·견·에 ·ᄀᆞᆮ·디 아·니ᄒᆞ·니 如ᅀᅧᆼ來ᄅᆡᆼ 니ᄅᆞ·샨 一·ᅙᅵᇙ切·쳉 衆·즁生ᄉᆡᆼ·이 :다 佛·뿛性·셩 잇·다 ·ᄒᆞ샤·미 ·이ᄂᆞᆫ 眞진實·씷ㅅ 我:ᅌᅡᆼ見·견·이시·고 一·ᅙᅵᇙ切·쳉 衆·즁生ᄉᆡᆼ·이 漏·륳 :업슨 智·딩性·셩·이 이·셔 本:본來ᄅᆡᆼ :제 ᄀᆞ·ᄌᆞ니·라 니ᄅᆞ·샤·미 ·이ᄂᆞᆫ 人ᅀᅵᆫ 見·견·이시·고 一·ᅙᅵᇙ切·쳉 衆·즁生ᄉᆡᆼ·이 本:본來ᄅᆡᆼ 煩뻔惱:놓 :업·스니·라 니ᄅᆞ·샤미 ·이ᄂᆞᆫ 衆·즁生ᄉᆡᆼ見·견·이시고 一·ᅙᅵᇙ切·쳉 衆·즁生ᄉᆡᆼ·이 性·셩·이 本:본來ᄅᆡ 不·붏生ᄉᆡᆼ 不·붏【金剛經 149ㄱ】☞ 滅·멿ᄒᆞ·니·라 니ᄅᆞ·샤미 ·이ᄂᆞᆫ 壽:쓯者:쟝見·견·이시·니·라

(주 직역) 如來가 이 經을 이르심은, 一切 衆生으로 하여금 스스로가 般若智慧를 알며, 스스로가 菩提果를 修行하게 하시거늘, 凡夫의 사람이 부처의 뜻을 알지 못하여, 곧 여기되 '如來가 我, 人 等 見을 이르셨다.' 하고, 如來가 甚히 깊은 無相하고 無爲한 般若波羅蜜法을 이르신 줄을 알지 못

하니, 如來가 이르신 我, 人 等 見이 凡夫의 我, 人 等 見과 같지 아니하니, 如來가 이르신 一切 衆生이 다 佛性이 있다 하심이, 이것은 眞實의 我見이시고, 一切 衆生이 漏가 없는 智性이 있어 本來 스스로가 갖추었다 이르심이 이것은 人見이시고, 一切 衆生이 本來 煩惱가 없다 이르심이 이것은 衆生見이시고, 一切 衆生이 性이 本來 不生 不滅하다 이르심이 이것은 壽者見이다.

주 의역 여래께서 이 경을 말씀하신 것은 일체 중생으로 하여금 스스로 반야 지혜를 알게 하며 스스로 보리의 과를 수행케 하시는데 범부가 부처님의 뜻을 알지 못하여 곧 생각하기를, '여래께서 아견, 인견, 중생견, 수자견을 말씀하셨다.' 하고 여래께서 매우 깊은 무상 무위한 반야바라밀법을 말씀하신 것을 알지 못하니, 여래께서 말씀하신 아견, 인견, 중생견, 수자견이 범부가 말한 아견, 인견, 중생견, 수자견과 같지 않으니, 여래께서 말씀하신 '일체 중생이 다 불성이 있다' 하시는 것이 진실한 아견이고, '일체 중생이 번뇌 없는 지성을 본래 스스로 가졌다' 하시는 것이 인견이고, '일체 중생이 본래 번뇌 없다'고 하시는 것이 중생견이고, '일체 중생의 성품이 본래 나지도 멸하지도 않는다' 하시는 것이 수자견이다.

주 해

- 修行·케·어시·늘: 수행하게 하시거늘. '修行ᄒᆞ- + 게 + ᄒᆞ- + 거 + 시 + 늘'. '-어-'는 '-거-'의 'ㄱ'이 탈락 또는 약화된 것.

경 본문 須菩提야 發阿耨多羅三藐三菩提心者는 於一切法에 應如是知ᄒᆞ며 如是見ᄒᆞ며 如是信解ᄒᆞ야 不生法相이니 須菩提야 所言法相者ㅣ 如來說이 卽非法相이라 是名法相이니라

경 언해 須슝菩뽕提똉·여 阿항耨·녹多당羅랑三삼藐·먁三삼菩뽕提똉心심·을 發·벓ᄒᆞ·닌 一·ᄒᆞᇙ切·쳉法·법·에 반·ᄃᆞ기 ·이 ·ᄀᆞ티 :알·며 ·이 ·ᄀᆞ티 보·며 ·이 ·ᄀᆞ티 信·신解:ᅘᆡᆼ·ᄒᆞ·야 法·법相·샹·올 :내디 아·니 ·홀띠·니 須슝菩뽕提똉·여 닐·온 法·법相·샹·이 如셩來령 닐·오미 ·곧 法·법相·샹·이 아·니·라 ·이 일·후미 法·법相·샹·이니·라

경 직역 "須菩提야! 阿耨多羅三藐三菩提心을 發한 이는 一切法에 반드시 이와 같이 알며, 이와 같이 보며, 이와 같이 信解하여 法相을 내지 아니할 것이니, 須菩提야! 이른 法相이 如來 이름이 곧 法相이 아니라, 이것이 이름이 法相이니라."

경 의역 **수보리야! 아뇩다라삼먁삼보리를 발한 사람은 모든 것에 대해 마땅히 이와 같이 알며 이와 같이 보며 이와 같이 믿고 이해하여 모든 것에 대한 상을 내지 않아야 할 것이니, 수보리야! 내가 말한 모든 것에 대한 상이 여래께서 말한 모든 것에 대한 상이 아니라 단지 모든 것에 대한 상이라 말하기 때문이다.**

주 본문 【金剛經 149ㄴ】☞ 發菩提心者ᄂᆞᆫ 應見一切衆生이 皆有佛性ᄒᆞ며 應見一切衆生ᄋᆡ 無漏種智ㅣ 本自具足ᄒᆞ며 應信一切衆生ᄋᆡ 自性이 本無生滅ᄒᆞ야 雖行一切智慧方便ᄒᆞ야 接物利生ᄒᆞ야도 不依能所之心이니 口說無相法호ᄃᆡ 而心有能所ᄒᆞ면 卽非法相이오 口說無相法ᄒᆞ고 心行無相行호ᄃᆡ 而能所心이 滅ᄒᆞ면 是名法相也ㅣ니라

주 언해 菩뽕提뗑心심·을 發·벓ᄒᆞ·닌 一·힗切·쳉 衆·즁生싱·이 :다 佛·뿛性·셩 잇ᄂᆞᆫ ·ᄃᆞᆯ :볼 띠·며 一·힗切·쳉 衆·즁生싱·ᄋᆡ 漏·릏 :업슨 種:종智·딩ㅣ 本:본來ᄅᆡ :제 ᄀᆞ·존 ·ᄃᆞᆯ :볼 띠 【金剛經 150ㄱ】☞ ·며 一·힗切·쳉 衆·즁生싱·ᄋᆡ 제 性·셩·이 本:본來ᄅᆡ 生싱滅·몷 :업슨 ·ᄃᆞᆯ 信·신·ᄒᆞ·야 비·록 一·힗切·쳉 智·딩慧·휑 方방便·뼌·을 行·혱·ᄒᆞ·야 物·뭃 接·졉ᄒᆞ·며 生싱利·링·ᄒᆞ야·도 能능所:송ㅅ ᄆᆞᅀᆞ·ᄆᆞᆯ 븓·디 마·롤 띠·니 이·베 無뭉相·샹法·법·을 닐·오ᄃᆡ ᄆᆞᅀᆞ·매 能능所:송ㅣ 이시·면 ·곧 法·법相·샹 아·니·오 이·베 無뭉相·샹法·법·을 니ᄅᆞ·고 ᄆᆞᅀᆞ·매 無뭉相·샹行·혱·올 行혱·호·ᄃᆡ 能능所:송ㅅ ᄆᆞᅀᆞ·미 :업스·면 ·이 일·후미 法·법相·샹·이니·라

주 직역 菩提心을 發한 이는 一切 衆生이 다 佛性이 있는 줄 볼 것이며, 一切 衆生의 漏가 없는 種智가 本來 스스로가 갖춘 줄 볼 것이며, 一切 衆生의 스스로의 性이 本來 生滅이 없는 줄을 信하여 비록 一切 智慧 方便을 行하여 事物이 接하며 衆生이 이로워도 能所의 마음에 의지하지 말 것이

니, 입에 無相法을 이르되 마음에 能所가 있으면 곧 法相이 아니고, 입에 無相法을 이르고 마음에 無相行을 行하되 能所의 마음이 없으면 이것이 이름이 法相이다.

주 의역 보리심을 발한 사람은 마땅히 일체 중생이 모두 불성이 있는 줄을 볼 것이며 일체 중생이 번뇌 없는 종지를 본래 스스로 가진 줄을 볼 것이며 일체 중생이 스스로의 성품이 본래 생멸이 없는 줄을 믿어 비록 일체 지혜 방편을 행(行)하여 사물에 응하여 중생을 이롭게 하더라도 능소의 마음을 짓지 말아야 한다. 입으로 무법상(無法相)을 말하여도 마음에 능소가 있으면 곧 법상이 아니고, 입으로 무법상(無法相)을 말하고 마음에 무상행(無相行)을 행(行)하되 능소의 마음이 없으면 이것의 이름이 법상이다.

應化非眞分 第三十二(응화비진분 제삼십이)

경 본문 須菩提야 若有人이 以滿無量阿僧祇世界七寶로 持用布施라도 若有善男子善女人이 發菩提心 【金剛經 150ㄴ】 ☞ 者ㅣ 持於此経호ᄃᆡ 乃至四句偈等이나 受持讀誦ᄒᆞ야 爲人演說ᄒᆞ면 其福勝彼ᄒᆞ리니 云何爲人演說오 不取於相ᄒᆞ야 如如不動이니

경 언해 須슝菩뽕提뗑·여 ·ᄒᆞ다·가 :사ᄅᆞ·미 그·지 :업슨 阿항僧승祇낑世·솅界·갱·예 ᄀᆞ득ᄒᆞᆫ 七·칧寶:봉·로 가·져 ·뼈 布·봉施·싱·ᄒᆞ야·도 ·ᄒᆞ다·가 善:션男남子:ᄌᆞᆼ 善:션女:녕人신·이 菩뽕提뗑心심 發·벓ᄒᆞ·니 ·이 經경 디·뉴·ᄃᆡ 四·ᄉᆞᆼ句·궁偈·꼥·나 受:쓯持띵 讀·똑誦·쑝·ᄒᆞ·야 ·ᄂᆞᆷ 爲·윙·ᄒᆞ·야 ·펴 닐·오·매 니·를·면 그 福·복·이 뎌·셔 더으·리·니 :엇뎨 ·ᄂᆞᆷ 爲·윙·ᄒᆞ·야 ·펴 니ᄅᆞ·려·뇨 相·샹·애 取:츙·티 아·니·ᄒᆞ·야 如셩如셩·히 :뮈디 마·롤 띠·니

경 직역 須菩提야! 만약 사람이 그지없는 阿僧祇 世界에 가득한 七寶를 가지고 布施하여도, 만약 善男子 善女人이 菩提心을 發한 이가, 이 經을 지니되, 四句偈라도 受持 讀誦하여 남을 爲하여 펴 이름에 이르면, 그 福이 그것보다 더할 것이니, 어떻게 남을 爲하여 펴 이르겠는가? 相을 取하지 않아 如如히, 움직이지 말 것이니,

경 의역 수보리야! 만약 어떤 사람이 수많은 아승기 세계에 가득한 칠보로 보시하여도 만약 보리심을 발한 선남자 선여인이 이 경을 지니되 사구의 게송이라도 수지하고 독송하여 남을 위하여 펴서 말하기에 이르면 그 복이 앞의 사람보다 나을 것이니 어떻게 남을 위하여 펴서 말하겠는가? 상을 취하지 않고 있는 그대로[如如] 준동하지 말아야 할 것이다.

주 해

- 應化非眞: 인연에 의해 이루어진 진 것은 진실이 아님.

주 본문 七寶之福이 雖多ᄒᆞ나 不如有人이 發菩提心ᄒᆞ야 【金剛經 151

ㄱ】☞ 受持此経四句ᄒᆞ야 爲人演說ᄒᆞ니 其福이 勝彼ᄒᆞ야 百千萬億으로 不可譬喩ㅣ니라 說法善巧方便은 觀根應量ᄒᆞ야 種種隨宜니 是名爲人演說이라 所聽法人이 有種種相貌ㅣ 不等커든 不得作分別之心ᄒᆞ고 但了空寂如如之心ᄒᆞ야 無所得心ᄒᆞ며 無勝負心ᄒᆞ며 無希望心ᄒᆞ며 無生滅心홀시 是名如如不動也ㅣ라

(주 언해) 七·ᄎᆶ寶:봉福·복·이 비·록 하·나 :사ᄅᆞ·미 菩뽕提뗑心심 發·벓·ᄒᆞ·야 ·이 經경 四·ᄉᆞᆼ句궁 受:쓯持띵·ᄒᆞ·야 ·ᄂᆞᆷ 爲·윙·ᄒᆞ·야 ·펴 닐·오미 ·ᄀᆞᆮ디 :몯ᄒᆞ·니 그 福·복·이 뎌·셔 더·어 百·ᄇᆡᆨ千쳔【金剛經 151ㄴ】☞ 萬·먼億·ᅙᅳᆨ·으·로 가·줄비·디 :몯ᄒᆞ·리·라 法·법 니ᄅᆞ·논 이·든 工공巧:쿙ᄒᆞᆫ 方방便·뼌·은 根ᄀᆞᆫ·을 ·보아 量·량·올 맛갈·마 種:죵種:죵·ᄋᆞ·로 ·맛당·올 좃ᄂᆞ·니 ·이 일·후미 爲·윙人ᅀᅵᆫ演:연說·쉃·이니·라 法·법 듣논 :사ᄅᆞ·미 種:죵種:죵 相·샹貌·뫃ㅣ ·ᄀᆞᆮ디 아·니커·든 ᄀᆞᆯ·히·논 ᄆᆞᅀᆞ·몰 :짓디 :말·오 오·직 空콩寂·쪅如영如영ᄒᆞᆫ ᄆᆞᅀᆞ·몰 아·라 得·득·혼 ᄆᆞᅀᆞ·미 :업스·며 이·긔·며 계·우논 ᄆᆞᅀᆞ·미 :업스·며 ·ᄇᆞ라·논 ·ᄆᆞᅀᆞ·미 :업스·며 生싱滅·멿 ᄆᆞᅀᆞ·미 :업슬 ·씨 ·이 일·후미 如영如영不·붏動:똥·이·라

(주 직역) 七寶福이 비록 많으나, 어떤 사람이 菩提心을 發하여 이 經의 四句를 受持하여 남을 爲하여 펴서 이름과 같지 못하니, 그 福이 그것보다 더하여 百千萬億으로 비유하지 못할 것이다. 法을 이르는 좋은 工巧한 方便은 根을 보아 量을 응하여 種種으로 마땅함을 좇으니, 이것이 이름이 爲人演說이다. 法을 듣는 사람이 種種 相貌가 갖추어지지 않거든 가리는 마음을 짓지 말고, 오직 空寂 如如한 마음을 알아 得한 마음이 없으며, 이기며 지는 마음이 없으며, 바라는 마음이 없으며, 生滅 마음이 없으므로 이것이 이름이 如如不動이다.

(주 의역) 칠보의 복이 비록 많으나 어떤 사람이 보리심을 발하여 이 경의 사구게를 수지하여 사람들을 위하여 연설하는 것과 같지 못하니 그 복이 칠보로 보시하는 것보다 백천만억 배나 수승하여 비유할 수 없다. 설법의 바르고 공교한 방편으로 근기를 보고 기량에 응하여 가지가지로 마땅함을 따르는 것을 사람들을 위하여 연설하는 것이라 한다. 법을 들은 사람은 갖

가지 모습이 같지 않으나, 분별심을 짓지 말 것이며, 단지 공적하여 여여한 마음을 요달하고 이기고 지는 마음이 없고, 바라는 마음이 없으며, 나고 없어지는 마음이 없으면, 이를 여여부동(如如不動)이라 한다.

주 해

- 요달(了達): 철저하게 이해하는 것.

경 본문 何以故오 一切有爲法이 如夢幻泡影ᄒᆞ며 如露亦如電ᄒᆞ니 應作如是觀이니라

경 언해 :엇뎨어·뇨 一·ᅙᅵᇙ切·쳉 ·ᄒᆞ·욤 잇ᄂᆞᆫ 法·법·이 ·ᄭᅮᆷ 곡도 ·믌더·품 그리·메 ·ᄀᆞᆮᄒᆞ·며 이·슬 ·ᄀᆞᆮᄒᆞ·며 ·ᄯᅩ ·번게 ·ᄀᆞᆮᄒᆞ·니 반·ᄃᆞ기 ·이 ·ᄀᆞ티 :보·ᄆᆞᆯ 지·ᅀᅩᆯ ·ᄯᅵ니·라

경 직역 "어째서인가? 一切 함이 있는 法이 꿈, 꼭두각시, 물거품, 그림자와 같으며, 이슬 같으며, 또 번개 같으니, 반드시 이와 같이 봄을 지을 것이다."

경 의역 **"왜냐하면 일체의 유위법이 꿈, 환상, 물거품, 그림자와 같으며, 이슬, 번개와 같으니, 마땅히 이와 같이 볼 것이기 때문이다."**

주 본문 【金剛經 152ㄱ】 ☞ 夢者ᄂᆞᆫ 是妄身이오 幻者ᄂᆞᆫ 是妄念이오 泡者ᄂᆞᆫ 是煩惱ㅣ오 影者ᄂᆞᆫ 是業障이니 夢幻泡影業이 是名有爲法이니 眞實은 離名相ᄒᆞ니 悟者ᄂᆞᆫ 無諸業ᄒᆞ니라

주 언해 夢·몽·ᄋᆞᆫ ·이 :거즛 ·모미·오 곡도·ᄂᆞᆫ ·이 :거즛 念·념·이·오 ·믌 더·프·믄 ·이 煩뻔惱:놓ㅣ·오 그리·메·ᄂᆞᆫ ·이 業·업障·쟝·이·니 夢·몽 幻·ᅘᅪᆫ 泡퐇 影:ᅙᅧᆼ 業·업·이 ·이 일·후미 有:ᅌᅮᇢ爲ᅌᅱᆼ法·법·이·니 眞진實·씷·은 名명相·샹·ᄋᆞᆯ 여·희·니 :안 :사ᄅᆞ·ᄆᆞᆫ 諸졍業·업·이 :업·스니·라

주 직역 夢은 이것은 거짓 몸이고, 꼭두각시는 이것은 거짓 念이고, 물거품은 이것은 煩惱이고, 그림자는 이것은 業障이니, 夢・幻・泡・影・業이 이것이 이름이 有爲法이니, 眞實은 名相을 여의니, 안 사람은 諸業이 없다.

주 의역 **꿈은 망령된 몸이고, 환상은 망령된 생각이고, 물거품은 번뇌이**

며, 그림자는 업장이다. 꿈, 환상, 물거품, 그림자의 업을 유위라 하니, 진실이란 이름과 모양을 여읜 것이고, 깨달음은 모든 업이 없게 된 것이다.

경 본문 佛說是經已어시늘 長老須菩提와 及諸比丘比丘尼優婆塞優婆夷一切世間天人阿修羅ㅣ 聞佛【金剛經 152ㄴ】☞ 所說ᄒᆞ숩고 皆大歡喜ᄒᆞᅀᆞ와 信受奉行ᄒᆞᅀᆞ오니라

경 언해 부:톄 ·이 經경 닐·어시·늘 長:댱老롤 須슝菩뽕提똉·와 한 比·삥丘쿻 比·삥丘쿻尼닝·와 優흫婆빵塞·슥 優흫婆빵夷잉 一·힗切·쳉 世·솅間간 天텬 人ᅀᅵᆫ 阿항修슣羅랑ㅣ 부텨 니ᄅᆞ·샤·몰 듣:줍·고 :다 ᄀᆞ·장 깃ᄉᆞ·와 信·신受:쓯·ᄒᆞ·야 바·다 行ᅘᆡᇰ·ᄒᆞ·ᅀᆞ오·니·라

경 직역 부처님께서 이 經을 이르시거늘, 長老 須菩提와 많은 比丘, 比丘尼와 優婆塞, 優婆夷, 一切 世間의 하늘, 사람, 阿修羅가 부처님의 이르심을 듣고, 다 매우 기뻐하여 信受하여 받아 行하였다.

경 의역 부처님께서 이 경을 설하기를 마치시니, 장로 수보리와 모든 비구, 비구니, 우바새, 우바이와 일체 세간의 하늘, 사람 아수라가 부처님의 말씀하신 것을 듣고 모두 크게 환희하며 믿고 받아들여 받들어 행(行)하였다.

金剛般若波羅蜜經(금강반야바라밀경)

補闕眞言(보궐진언)

한문 원문 【金剛經 153ㄱ】 ☞ 南謨 喝囉怛那哆囉夜耶佉囉佉囉俱住俱住摩囉摩囉虎囉吽賀賀蘇但拏吽潑抹拏娑婆賀

한문 현대역 옴 호로호로 사야모게 사바하

주 해

- 보궐진언(補闕眞言): 금강경을 독송하고도 혹 모자라는 부분이 있으면 이를 보충하는 진언. 『眞言集』에 수록된 補闕眞言을 보이면 아래와 같다.
  唵虎嚕虎嚕社野目契娑嚩(二合)賀
  :옴。·호·로·호·로。·사:야:모·케。·ᄉᆞ:바(二合)·하

般若無盡藏眞言(반야무진장진언)

한문 원문 納謨 薄伽 伐帝 鉢唎若 波羅蜜多曳 怛姪他 唵 紇唎地唎 室唎戌嚕(二合上鼠出切下白鶻切)知 三蜜栗知 佛(方逸切)社曳 莎訶

한문 현대역 나모 바가 바제 바리야 바라미다예 다냐타 옴 하리다리 새리수로지 삼미리지 빌사예 사바하

주 해

- 『眞言集』에 수록된 般若無盡藏眞言을 제시하면 아래와 같다.
  納謨 伐帝 鉢唎(二合)若 波羅蜜多曳 怛姪他 唵 紇唎(二合)地唎(二合)戌嚕(二合)知三蜜栗知佛社曳娑嚩(二合)賀
  ·나·모。:바·가:바·뎨。ㅂ:리(二合):야。바·라:미다·예。다·냐·타。:옴。·ᄒᆞ:리。·ᄃᆞ:리。·싀:리。

金剛心眞言(금강심진언)

(한문 원문) 唵 烏倫尼 娑婆訶

(한문 현대역) 옴 오륜이 사바하

주 해

- 『眞言集』의 金剛心眞言을 제시하면 아래와 같다.
  唵 烏倫尼 娑嚩(二合)賀
  :옴。·옴·류:니。:바·하

普回向眞言(보회향진언)

(한문 원문) 唵 娑摩囉 娑摩囉 弭摩曩 薩縛訶 摩訶斫迦囉嚩 吽

(한문 현대역) 옴 삼마라 삼마라 미만나 사라마하 자거라바 훔

주 해

- 보회향진언(普回向眞言): 두루 공덕을 되돌려주는 진언. 『眞言集』에 수록된 普回向眞言을 보이면 아래와 같다.
  唵 沙摩(二合)囉沙摩(二合)囉 弭摩曩 娑囉摩訶左乞囉(二合)嚩 吽
  :옴。·ᄉ:마(二合)·라。·ᄉ:마(二合)·라。:미·마·나。:사·라·마·하。자ᄀ·라(二合)。:바:훔
- 금강경 독송을 마치고 나서 가지는 일련의 독송 부분으로 추정된다. 경 본문 앞의 '금강경계청'에서 '개경게'로 이어지는 부분과 마찬가지로 이 부분에 대한 정확한 이해에 도움을 주는 문헌을 찾지 못하였다.

【金剛經 153ㄴ】 ☞ 공면

六祖口訣後序(육조구결후서)

(주 본문) **1** 【金剛經後序 1ㄱ】 ☞ 法性이 圓寂ᄒᆞ야 本無生滅이언마ᄅᆞᆫ 因有生念ᄒᆞ야 遂有生緣ᄒᆞᆯᄊᆡ 故로 天得命之以生ᄒᆞᄂᆞ니 是故로 謂之命이라 天命이 旣立ᄒᆞ면 眞空이 入有ᄒᆞ야 前日生念이 轉而爲意識ᄒᆞ야 意識之用이 散而爲六根ᄒᆞ야 六根이 各有分別이어든 中有所惣持者ᄒᆞᆯᄊᆡ 是故로 謂之心이라

(주 언해) **1** 【金剛經後序 9ㄱ】 ☞ 法·법性·셩·이 圓원寂·쪅·ᄒᆞ·야 本:본來ᄅᆡ 生ᄉᆡᆼ滅·멿 :업·건마·ᄅᆞᆫ 生ᄉᆡᆼ念·념 이·슈·믈 因ᅙᅵᆫ·ᄒᆞ·야 生ᄉᆡᆼ緣ᅌᅯᆫ·이 이실·ᄊᆡ 하·ᄂᆞᆯ히 시·러 生ᄉᆡᆼ·ᄋᆞᆯ 命·명·ᄒᆞᄂᆞ·니 ·이럴·ᄊᆡ 닐·오·ᄃᆡ 命·명·이·라 天텬命·명·이 ᄒᆞ·마 셔·면 眞진空콩이 有:ᅌᅮᇢ·에 ·드러 前쪈日·ᅀᅵᇙ生ᄉᆡᆼ念·념·이 올·마 意·ᅙᅴᆼ識·식·이 ᄃᆞ외·야 意·ᅙᅴᆼ識·식用·용·이 흐·러 六·륙根ᄀᆞᆫ·이 ᄃᆞ외·야 六·륙根ᄀᆞᆫ·이 各·각各·각 分분別·볋·이 잇거·든 中듀ᇰ·에 모·도 자·ᄇᆞ·니 이실·ᄊᆡ ·이럴·ᄊᆡ 닐·오·ᄃᆡ 心심·이·라

(주 직역) **1** 法性이 圓寂하여 本來 生滅이 없건만, 生念이 있음을 因하여 生緣이 있으므로, 하늘이 가히 生을 命하니 이러므로 이르되 命이다. 天命이 이미 서면 眞空이 有에 들어 前日 生念이 옮아 意識이 되어, 意識用이 흩어져 六根이 되어, 六根이 各各 分別이 있거든, 中에 거느리는 것이 있으므로, 이러므로 이르되 心이다.

(주 의역) **1** 법의 성품이 원만하고 고요하여 본래 생멸이 없는데 생각을 내는 것으로 인하여 태어나는 인연이 있으므로 하늘이 능히 태어남을 명하니 그러므로 명(命)이라 이른다. 천명이 이미 섰으면 진공이 유(有)에 들어 옛날에 한 생각이 옮아 의식이 되어 의식 작용이 흩어져 육근이 되고, 육근이 각각 분별이 있으면 그 중에 총지(摠持)하는 것이 있으므로 마음이라 이른다.

주 해

- 진공(眞空): 유가 아닌 유를 묘유(妙有)라 하는 것에 대한 상대적인 개념으로 공이 아닌 공을 가리킴.
- 원적(圓寂): Parinirvāṇa. 덕(德)이 원만해서 악을 적멸시킴. 나중에는 전의되어 모든 번뇌를 제거한 경지로 비유되어 부처님이나 스님의 돌아가신 것을 뜻하게 됨. = 멸도(滅度), 입멸(入滅), 반열반(般涅槃).
- 의식(意識): 8식 가운데 제6식. 대상을 총괄하며 판단, 분별하는 심적 작용.

주 본문 **2** 心者ᄂᆞᆫ 念慮之所在也ㅣ며 神識之所舍也ㅣ며 眞妄之所共處者也ㅣ라 當凡【金剛經後序 1ㄴ】☞ 夫聖賢幾會之地也ㅣ니 一切衆生이 自無始來로 不能離生滅者ᄂᆞᆫ 皆爲此心所累ㄹ시 故로 諸佛이 惟敎人了此心ᄒᆞ시니 此心ᄋᆞᆯ 了ᄒᆞ면 卽見自性ᄒᆞ리니 見自性ᄒᆞ면 則是菩提也ㅣ니 此ㅣ 在性時예 皆自空寂ᄒᆞ야 而湛然若無ᄒᆞ니 緣有生念ᄒᆞ야 而後有者也ㅣ니라

주 언해 **2** 【金剛經後序 9ㄱ】心심·은 念·념慮·려·의 잇·논 ·고디·며 神씬識·식·의 잇·논 ·고디·며 眞진妄·망·의 어·우러 잇·논 ·고디·라 凡뻠夫붕·와 聖·셩賢현ㅅ 조가·개 當당ᄒᆞᆫ ·ᄯᅡ히·니 一·ᅙᅵᇙ切·쳉 衆·즁生싱·이 無뭉始:싱브·터 :오ᄆᆞ·로 能릉·히 生싱滅·멿 여·희·디 :몯·호ᄆᆞᆫ :다 ·이 ·ᄆᆞᅀᆞ미 :더·러요·미 ᄃᆞ욀·ᄊᆡ 諸졍佛·뿛·이 오·직 :사ᄅᆞ·ᄆᆞᆯ ᄀᆞᄅᆞ·쳐 ·이 ᄆᆞᅀᆞ·ᄆᆞᆯ :알·에 ·ᄒᆞ시·니 ·이 ᄆᆞᅀᆞ·ᄆᆞᆯ :알·면 ·곧 自·ᄍᆞᆼ性·셩·을【金剛經後序 9ㄴ】☞ 보·리·니 自·ᄍᆞᆼ性·셩·을 보·면 ·이 菩뽕提뗑·니 ·이 性·셩·에 이실 ·제 :다 :제 空콩寂·쩍·ᄒᆞ·야 ᄆᆞᆯ·가 :업슨·듯 ᄒᆞ·니 生싱念·념 이·슈·믈 브·튼 後:ᅘᅮᇢ에·ᅀᅡ 잇ᄂᆞᆫ 거·시니·라

주 직역 **2** 心은 念慮가 있는 곳이며, 神識이 있는 곳이며, 眞妄이 어우러져 있는 곳이다. 凡夫와 聖賢의 기틀에 當한 땅이니 一切 衆生이 無始부터 옴으로 能히 生滅을 여의지 못함은, 다 이 마음의 더러움이 되므로, 諸佛이 오직 사람을 가르쳐 이 마음을 알게 하시니 이 마음을 알면 곧 自性을 볼 것이니, 自性을 보면 이것이 菩提니, 이것이 性에 있을 때 다 스스로가 空寂하여 맑아 없는 듯하니, 生念이 있음을 의지한 後에야 있는 것이다.

주 의역 **2** 마음은 생각이 있는 곳이며 알음알이 정신이 있는 곳이며 진

(眞)과 망(妄)이 함께 있는 곳이다. 범부와 성현의 기틀이 모인 곳이니, 모든 중생이 시작이 없는 옛날로부터 오면서 능히 생멸을 여의지 못하는 것은 모두 이 마음에 묶였기 때문이며, 모든 부처님이 오직 사람으로 하여금 이 마음을 깨달아 알게 하시니, 이 마음을 알면 곧 자성(自性)을 볼 것이니, 자성을 보면 이것이 보리(菩提)니, 이것이 성품에 있을 때 모두 스스로 비어 있고, 고요하여 맑아서 없는 듯하다가 생각을 내는 것을 인연으로 이후에 있음이 되는 것이다.

주 해

- 조각: 어떤 일의 가장 중요한 계기나 조건. 즉 기틀. 원문의 '幾'는 '機'와 같음.
- 공적(空寂): 우주 만물은 모두 실체가 없기 때문에 분별할 대상이 아님을 가리키는 말.

주 본문 **3** 有生ᄒᆞ면 則有形ᄒᆞᄂᆞ니 形者ᄂᆞᆫ 地水火風之聚沫也ㅣ니 以血氣로 爲體ᄒᆞ야 有生者之所託也ㅣ니 血氣足則精足ᄒᆞ고 精足則生神ᄒᆞ고 神【金剛經後序 2ㄱ】☞ 足ᄒᆞ면 生妙用ᄒᆞᄂᆞ니 然則妙用者ᄂᆞᆫ 卽在吾圓寂時之眞我也ㅣ니 因形之遇物故로 見之於作爲而已니라 但凡夫ᄂᆞᆫ 迷而逐物ᄒᆞ고 聖賢ᄋᆞᆫ 明而應物ᄒᆞᄂᆞ니 逐物者ᄂᆞᆫ 自彼ᄒᆞ고 應物者ᄂᆞᆫ 自我ᄒᆞᄂᆞ니 自彼者ᄂᆞᆫ 著於所見ᄒᆞᆯᄉᆡ 故受輪迴ᄒᆞ고 自我者ᄂᆞᆫ 當体常空ᄒᆞ야 萬劫에 如一이니 合而觀之ᄒᆞ건댄 皆心之妙用也ㅣ니라

주 언해 **3** 【金剛經後序 9ㄴ】生싱·이 이시·면 얼구·리 잇ᄂᆞ·니 얼구·른 地·띵 水:쉉 火:황 風봉 모·ᄃᆞᆫ 더·푸미·니 血·훯氣·킝·로 體:톙·ᄅᆞᆯ 사·마 有:웋生싱·의 브·튼 ·고디·니 血·훯氣·킝 足·죡ᄒᆞ·면 精졍·이 足·죡ᄒᆞ·고 精졍·이 足·죡ᄒᆞ·면 神씬·이 나·고 神씬·이 足·죡ᄒᆞ·면 妙·묭用·용·이 ·나ᄂᆞ·니 그·러ᄒᆞ·면 妙·묭用·용·ᄋᆞᆫ ·곧 내 圓원寂·쪅 時씽·예 잇ᄂᆞᆫ 眞진我:앙ㅣ·니 形혱·의 物·뭃 맛:나·ᄆᆞᆯ 因힌ᄒᆞᆫ 젼·ᄎᆞ·로 作·작爲윙·예 나·ᄐᆞᆯ ᄯᆞᄅᆞ·미니·라 오·직 凡뺌夫붕·는 어·리·여 物·뭃·을 좃·고 聖·셩賢현·은 ᄇᆞᆯ·가 物·뭃·을 應·ᅙᅳᆼ·ᄒᆞᄂᆞ·니 物·뭃 좃ᄂᆞ·닌 ·뎌·를 븓·고 物·뭃 應·ᅙᅳᆼ·ᄒᆞᄂᆞ·닌 :나·ᄅᆞᆯ 븓ᄂᆞ·니 ·뎌 븓ᄂᆞ·닌 所:송見·견·에 著·땩ᄒᆞᆯ·ᄊᆡ 輪륜迴횅·ᄅᆞᆯ 受:쓯

ᄒᆞ·고 :날 브ᄂᆞ·닌 當당ᄒᆞᆫ 體:톙ㅣ 샹·녜 空콩·ᄒᆞ·야【金剛經後序 10ㄱ】☞ 萬·먼劫·겁·에 ᄒᆞᆫ :양 ·ᄀᆞᆮᄒᆞ·니 뫼·화 ·보건·댄 :다 ᄆᆞᅀᆞ·미 妙·몸用·용·이니·라

(주 직역) **3** 生이 있으면 형상이 있으니, 형상은 地, 水, 火, 風이 모인 거품이니, 血氣로 體를 삼아 生命이 있는 것이 의지하는 곳이니, 血氣가 足하면 精이 足하고, 精이 足하면 神이 나고, 神이 足하면 妙用이 나니, 그러면 妙用은 곧 내가 圓寂했을 때의 眞我이니, 形이 物을 만남을 因한 까닭으로 作爲에 나타날 따름이다. 다만 凡夫는 어리석어 物을 좇고 聖賢은 밝아 物에 應하니, 物을 좇는 이는 그것에 의지하고, 物에 應하는 이는 나에게 의지하니, 그것에 의지하는 이는 所見에 執着하므로 輪迴를 받고, 나에게 의지하는 이는 當한 體가 항상 空하여 萬劫에 한결 같으니, 모아 보면 다 마음의 妙用이다.

(주 의역) **3** 나는 것이 있음은 곧 형상이 있는 것이니, 형상이라는 것은 지(地), 수(水), 화(火), 풍(風)이 거품처럼 모인 것이다. 혈기로 몸을 삼으니 태어난 사람이 의지할 곳이 있게 된 것이다. 혈기가 족하면 아는 것이 갖추어지고 아는 것이 족하면 영묘함을 내고, 영묘함이 족하면 묘용이 생기니, 그렇다면 묘용이란 것은 곧 내가 원만하고 고요한 때에 있는 참다운 나인 것이다. 형상이 사물을 만남을 인한 것이므로 행위에서 그것을 볼 따름이나 다만 범부는 미혹하여 사물을 쫓고 성현은 밝게 사물에 응하는 것이다. 사물을 쫓는 이는 아상(我相)에 의지하고, 사물에 응하는 사람은 자아에 의지하니, 그것에 의지하는 이는 소견에 집착하므로 윤회를 받고 자아에 의지하는 이는 당(當)한 체가 항상 비어 만겁에 한결 같으니, 모아서 관(觀)하면 모두가 마음의 묘한 작용인 것이다.

주 해

- 얼구리: 형상이. '얼굴'은 '모양, 형상'의 뜻.
- 나톨: 나타날. 낟 + 올. '낟-'의 사동사는 '나토-'.
- 진아(眞我): 외도와 범부의 망아(妄我)에 대해 보살이나 사문이 8 자재(自在)를 갖춘 진실한 '나'를 가리킴.

(주 본문) **4** 是故로 當其未生之時ᄒᆞ야 所謂性者ㅣ 圓滿具足ᄒᆞ야 空然無物ᄒᆞ야 湛乎自 【金剛經後序 2ㄴ】 ☞ 然ᄒᆞ야 其廣大ㅣ 與虛空等ᄒᆞ야 往來變化ㅣ 一切自由ㅣ니 天雖欲命我以生ᄒᆞᆫ들 其可得乎아 天猶不能命我以生이온 況於四大乎ㅣ며 況於五行乎ㅣ여 旣有生念ᄒᆞ면 又有生緣홀시 故로 天得以生ᄋᆞ로 命我ᄒᆞ며 四大得以氣로 形我ᄒᆞ며 五行이 得以數로 約我ᄒᆞᄂᆞ니 此有生者之所以有滅也ㅣ니라

(주 언해) **4** 【金剛經後序 10ㄱ】 이런·ᄃᆞ·로 生ᄉᆡᇰ·티 아·니ᄒᆞᆫ ·제 當댱·ᄒᆞ·야 니ᄅᆞ·논 性·셩·이 圓원滿:만 具·궁足·죡·ᄒᆞ·야 뷔·여 物·묺·이 :업서 ᄆᆞᆯ·기 自·ᄍᆞᆼ然연·ᄒᆞ·야 너·브·며 ·쿠미 虛헝空콩·과 等:등·ᄒᆞ·야 가·며 오·며 變·변化·황·호미 一·ᄒᆞᇙ切·쳉·롤 :제 ·ᄒᆞᄂᆞ·니 하·ᄂᆞᆯ·히 비·록 :나·롤 生ᄉᆡᇰ·올 命명·코져 ᄒᆞᆫ·ᄃᆞᆯ 得·득ᄒᆞ·려 하·ᄂᆞᆯ·히 ·오히·려 能ᄂᆞᆼ·히 生ᄉᆡᇰ·으·로 :나·롤 命·명·티 :몯ᄒᆞ·곤 ·ᄒᆞ믈·며 四·ᄉᆞᆼ大·땡·며 ·ᄒᆞ믈·며 五:옹行ᅘᆡᇰ·이ᄯᆞ·녀 ᄒᆞ·마 生ᄉᆡᇰ念·념·이 이시·면 ·ᄯᅩ 生ᄉᆡᇰ緣연이 이실ᄊᆡ 하·ᄂᆞᆯ히 시·러 生ᄉᆡᇰ·으·로 :나·롤 命·명ᄒᆞ·며 四·ᄉᆞᆼ大·땡 시·러 氣·킝·로 :나·롤 形ᅘᆡᇰᄒᆞ·며 五:옹行ᅘᆡᇰ·이 시·러 數·숭·로 :나·롤 잡ᄂᆞ·니 ·이 生ᄉᆡᇰ 잇ᄂᆞ·니 滅·몷 이·쇼·미니·라

(주 직역) **4** 이러므로 生하지 않은 자기의 當하여 이르는 性이 圓滿을 구족하여 비어 物이 없어 맑게 自然하여, 넓으며 큼이 虛空과 같아, 가며오며 變化함이 一切를 자기가 하니, 하늘이 비록 나를, 生을 命하고자 한들 得하겠는가? 하늘이 오히려 能히 生으로 나를 命하지 못하거든, 하물며 四大며 하물며 五行이겠는가? 이미 生念이 있으면 또 生緣이 있으므로 하늘이 능히 生으로 나를 命하며, 四大가 가히 氣로 나를 形하며, 五行이 능히 數로 나를 잡으니, 이 生이 있는 이것이 滅이 있음이다.

(주 의역) **4** 그러므로 나지 않았을 때에 이른바 성품이 원만하고 구족하여 비어 사물이 없어 맑게 자연스러우며 넓으며 큼이 허공과 같아서 가며 오며 변화하는 것이 모두가 자유로우니 하늘이 비록 나에게 명(命)하여 나게 하고자 하나 얻을 수 있겠는가? 하늘도 오히려 능히 나에게 명(命)하여 나게 하지 못하거늘 하물며 사대나 오행이 가능하겠는가? 이미 생각을 내는 것이 있고 또한 태어나는 인연이 있으므로 하늘이 나에게 명(命)하여

나게 할 수 있으며, 사대가 가히 기(氣)로써 나를 형성하게 할 수 있으며, 오행이 수로써 나를 묶을 수 있으니, 이것은 생(生)이 있음으로써 멸(滅)이 있게 되는 까닭이다.

(주 본문) 5 然乎生滅則一이로ᄃᆡ 在凡夫聖賢之所以生滅則殊ᄒᆞ니 凡夫之人ᄋᆞᆫ 生緣念有ᄒᆞ며 識隨業變ᄒᆞ야 習氣【金剛經後序 3ㄱ】☞ 薰染이 因生愈甚홀ᄉᆡ 故로 旣生之後에 心著諸妄ᄒᆞ야 妄認四大ᄒᆞ야 以爲我身ᄒᆞ며 妄認六親ᄒᆞ야 以爲我有ᄒᆞ며 妄認聲色ᄒᆞ야 以爲快樂ᄒᆞ며 妄認塵勞ᄒᆞ야 以爲富貴ᄒᆞ야 心目知見이 無所不妄ᄒᆞ야 諸妄旣起ᄒᆞ야 煩惱萬差ᄒᆞ니 妄念이 奪眞ᄒᆞ야 眞性이 遂隱ᄒᆞ야 人我爲主ᄒᆞ고 眞識爲客ᄒᆞ야 三業이 前引ᄒᆞ고 百業이 後隨ᄒᆞ야 流浪生死ᄒᆞ야 無有涯際ᄒᆞ니 生盡則滅ᄒᆞ고 滅盡復生ᄒᆞ야 生滅相尋ᄒᆞ야 至墮諸趣【金剛經後序 3ㄴ】☞ ᄒᆞᄂᆞ니 在於諸趣ᄒᆞ야 轉轉不知ᄒᆞ야 愈恣無明ᄒᆞ야 造諸業罟ᄒᆞ야 遂至塵沙劫盡ᄒᆞ야도 不復人身ᄒᆞᄂᆞ니라

(주 언해) 5 【金剛經後序 10ㄱ】 그·러나 生ᄉᆡᇰ滅·멿·은 ᄒᆞ나·히로·ᄃᆡ 凡뻠夫붕·와 聖·셩賢현ㅅ 生ᄉᆡᇰ滅·멿에 이·션 다ᄅᆞ·니 凡뻠夫붕 :사ᄅᆞ·ᄆᆞᆫ 生ᄉᆡᇰ이 念·념·을 브【金剛經後序 10ㄴ】☞ ·터 이시·며 識·식·이 業·업·을 조·차 變·변·ᄒᆞ·야 習·씹氣·킝ㅣ 薰훈·ᄒᆞ·야 :더·러요·미 生ᄉᆡᇰ·ᄋᆞᆯ 因힌·ᄒᆞ·야 더·욱 甚·씸홀·ᄊᆡ ᄒᆞ·마 生ᄉᆡᇰᄒᆞᆫ 後:ᅘᅮᇢ에 ᄆᆞᅀᆞ·미 諸졍妄·망·애 著·땩·ᄒᆞ·야 四·ᄉᆞᆼ大·땡·ᄅᆞᆯ 간·대·로 아·라 내 ·모·ᄆᆞᆯ 사·ᄆᆞ·며 六·륙親친·ᄋᆞᆯ 간·대·로 아·라 내 :두·믈 사·ᄆᆞ·며 聲셩色·식·ᄋᆞᆯ 간·대·로 아·라 快·쾡樂·락·ᄋᆞᆯ 사·ᄆᆞ·며 塵띤勞롷·ᄅᆞᆯ 간·대·로 아·라 富·붕貴·귕·ᄅᆞᆯ 사·마 ᄆᆞᅀᆞᆷ·과 ·누ᇇ 知딩見·견·이 妄·망 아·니·니 :업서 諸졍妄·망·이 ᄒᆞ·마 니·러 煩뻔惱:놓ㅣ 萬·먼·으·로 差창ᄒᆞ·니 妄·망念·념·이 眞진·ᄋᆞᆯ 아·ᅀᅡ 眞진性·셩·이 ·수머 人ᅀᅵᆫ我:앙ㅣ 主:쥬ㅣ ᄃᆞ외·오 眞진識·식·이 客·킥·이 ᄃᆞ외·야 三삼業·업·이 알·ᄑᆡ 혀·고 百·ᄇᆡᆨ業·업·이 :뒤·헤 조·차 生ᄉᆡᇰ死:ᄉᆞᆼ·애 흘·러 :ᄀᆞᇫ :업스·니 生ᄉᆡᇰ·이 盡:찐ᄒᆞ·면 滅·멿ᄒᆞ·고 滅·멿·이 盡:찐ᄒᆞ·면 ·ᄯᅩ ·나 生ᄉᆡᇰ滅·멿·이 서르 조·차 諸졍趣·츙·에 ·ᄠᅥ:듀·메 니·르ᄂᆞ·니 諸졍趣·츙·에 이·셔 올·ᄆᆞ·며 【金剛經

後序 11ㄱ】 ☞ 올·마 :아디 :몯·ᄒᆞ·야 더·욱 無뭉明명·을 ᄀᆞ·장·ᄒᆞ·야 여·러 業·업 ·그므·를 지·ᅀᅥ 塵띤沙상劫·겁 다·오·매 니·르러·도 人ᅀᅵᆫ身신·ᄋᆞᆯ 다·시 :몯 ·ᄒᆞ·ᄂᆞ니·라

주 직역 **5** 그러나 生滅은 하나이되, 凡夫와 聖賢의 生滅에 있어서는 다르니, 凡夫 사람은 生이 念으로부터 있으며, 識이 業을 좇아 變하여 習氣가 薰하여 더럽힘이 生을 因하여 더욱 甚하므로, 이미 生한 後에 마음이 諸妄에 著하여 四大를 허망되게 알아, 내 몸을 삼으며 六親을 허망되게 알아 내 둠을 삼으며, 聲色을 허망되게 알아 快樂을 삼으며, 塵勞를 허망되게 알아 富貴를 삼아, 마음과 눈의 知見이 妄이 아닌 것이 없어, 모든 妄이 이미 일어 煩惱가 萬으로 差하니, 妄念이 眞을 빼앗아 眞性이 숨어, 人我가 主가 되고 眞識이 客이 되어, 三業이 앞에 끌고 百業이 뒤에 좇아, 生死에 흘러 가 없으니, 生이 盡하면 滅하고 滅이 盡하면 또 나, 生滅이 서로 좇아 모든 趣에 떨어짐에 이르니, 모든 趣에서 옮으며 옮아 알지 못하여 더욱 無明을 마음대로 하여 여러 業의 그물을 만들어, 塵沙劫을 다함에 이르러도 人身을 다시 못한다.

주 의역 **5** 그러나 나고 멸하는 것은 하나이되 범부와 성현의 생명에 있어서는 다른 것이니, 범부는 나는 것이 생각으로부터 있으며 앎은 업(業)을 따라 변하여 버릇이 들어 더럽힘이 남으로 인하여 더욱 심하므로 이미 태어난 후에 마음이 모든 망(妄)에 집착하는 것이니, 사대(四大)를 허망되게 인식하여 내 몸을 삼으며, 부모 형제를 허망되게 알아 나의 소유로 삼으며, 성색(聲色)을 허망되게 알아 쾌락을 삼으며, 번뇌를 허망되게 알아 부귀라 여기어 마음과 눈의 알고 보는 것이 망(妄)이 아닌 것이 없어, 모든 망(妄)이 이미 일어 번뇌가 천차만별이 되니 망념이 참된 성품을 빼앗아 참된 성품이 숨어 남과 내가 주인이 되고 참으로 앎이 객이 되며, 삼업(三業)이 앞에서 끌고 백업(百業)이 뒤에서 따라 생사에 유랑함이 끝이 없으니, 생이 다하면 멸하고 멸이 다하면 다시 태어나 생멸이 서로 찾아 여러 곳에 떨어짐에 이르니, 여러 곳에서 옮으며 옮아 알지 못하여 더욱 무명으로 방일하여, 모든 업의 그물을 만들어서 모래 티끌만한 겁이 다하도록 사람의 몸으로 돌아오지 못한다.

주 해

- 간대로: 함부로. 허망하게. 그르게. 되는 대로.
- ᄀᆞ장ᄒᆞ야: 마음대로 하여, 자의대로 하여.
- 식(識): 사물에 대하여 인식하는 마음의 작용.
- 업(業): 신(身), 구(口), 의(意)로 짓는 말, 동작, 생각 등의 세력.
- 삼업(三業): 신업(身業), 구업(口業), 의업(意業).

주 본문 **6** 聖賢則不然ᄒᆞ시니 聖賢은 生不因念ᄒᆞ샤 應迹而生ᄒᆞ샤 欲生則生ᄒᆞ샤 不待彼命ᄒᆞ실ᄊᆡ 故로 旣生之後에 圓寂之性이 依舊湛然ᄒᆞ샤 無體相ᄒᆞ시며 無罣礙ᄒᆞ샤 其照萬法이 如靑天白日ᄒᆞ샤 無毫髮隱滯ᄒᆞ실ᄊᆡ 故로 能建立一切善法ᄒᆞ샤 徧於沙界ᄒᆞ샤ᄃᆡ 不見其少ᄒᆞ시며 攝受一切衆生ᄒᆞ샤 歸於寂滅 【金剛經後序 4ㄱ】 ☞ ᄒᆞ샤ᄃᆡ 不以爲多ᄒᆞ시며 驅之ᄒᆞ야도 不能來ᄒᆞ며 逐之ᄒᆞ야도 不能去ᄒᆞ야 雖託四大爲形ᄒᆞ시며 五行爲養ᄒᆞ시나 皆我所假ㅣ라 未嘗妄認ᄒᆞ샤 我緣苟盡ᄒᆞ면 我迹當滅이샤 委而去之ᄒᆞ샤미 如來去耳시니 於我何與哉리오

주 언해 **6** 【金剛經後序 11ㄱ】 聖·셩賢현·은 그·러·티 아·니·ᄒᆞ시·니 聖·셩賢현·은 生ᄉᆡᆼ·이 念·념·을 因힌·티 아·니·ᄒᆞ·샤 자·최·롤 應·ᅙᅳᆼ·ᄒᆞ·야 生ᄉᆡᆼ·ᄒᆞ샤 生ᄉᆡᆼ·코져 ·ᄒᆞ시·면 生ᄉᆡᆼ·ᄒᆞ샤 ·뎌 命·명·을 기·들우·디 아·니·ᄒᆞ실·ᄊᆡ ᄒᆞ·마 生ᄉᆡᆼ·ᄒᆞ신 後:ᅘᅮᇢ·에 圓원寂·쪅ᄒᆞᆫ 性·셩·이 :녜 ·ᄀᆞ티 ᄆᆞᆯᄀᆞ·샤 얼굴 :업·스시·며 ᄀᆞ·룜 :업·스·샤 萬·먼法·법 照·쭇·ᄒᆞ샤·미 靑청天텬 白·ᄈᆡᆨ日·ᅀᅵᇙ ·ᄀᆞᆮ·ᄒᆞ샤 毫ᅘᅩᇢ髮·벒·도 그ᅀᅳᆨᄒᆞ·며 :걸ᄃᆡ :업·스실·ᄊᆡ 能능·히 一·ᅙᅵᇙ切·쳉 善:쎤法·법·을 :셰·샤 沙상界·갱·예 ᄀᆞ독·게 ·ᄒᆞ샤·ᄃᆡ :져고·몰 보·디 :몯·ᄒᆞ시·며 一·ᅙᅵᇙ切쳉 衆·쥬ᇰ生ᄉᆡᆼ·올 자·바 바ᄃᆞ·샤 寂·쪅滅·멿·에 ·가샤·ᄃᆡ 하·다 아·니·ᄒᆞ시·며 모·라·도 能능·히 ·오시·게 :몯ᄒᆞ·며 ᄧᅩ·차·도 能능·히 ·가·시·게 :몯·ᄒᆞ야 비·록 四·ᄉᆞᆼ大·땡·롤 브·터 形혱·ᄒᆞ시·며 【金剛經後序 11ㄴ】 ☞ 五:옹行ᅘᆡᆼ·으·로 養·양·ᄒᆞ시·나 :다 내·의 비·룬 거·시·라 일·쯕 간·대·로 :아디 아·니·ᄒᆞ샤 내 緣원·이 ·ᄒᆞ다·가 다ᄋᆞ·면 내 자·최 반·ᄃᆞ기 滅·멿·ᄒᆞ·야 ᄇᆞ리·고 ·가샤·미 오·며 :감 ·ᄀᆞᆮ·ᄒᆞ시·니 내게 :엇뎨 브·트리·오

주 직역 **6** 聖賢은 그렇지 아니하시니 聖賢은 生이 念을 因하지 아니하시어 자취에 應하여 生하시어, 生하고자 하시면 生하시어 저 命을 기다리지 아니하시므로, 이미 生하신 後에 圓寂한 性이 옛날같이 맑으시어 형체가 없으시며 가림이 없으시어, 萬法 비치심이 靑天 白日과 같으시어 毫髮도 그윽하며 걸린 곳이 없으므로, 能히 一切 善法을 세우시어 沙界에 가득하게 하시되, 적음을 보지 못하시며, 一切 衆生을 잡아 받으시어 寂滅에 가시되, 많다 아니하시며 몰아도 능히 오시게 못하며 쫓아도 能히 가시게 못하여, 비록 四大로부터 形狀을 이루시며, 五行으로 기르시나, 다 내가 빌린 것이라 일찍 허망되게 알지 아니하시어, 내 緣이 만약 다하면 내 자취 반드시 滅하여 버리고, 가심이 오며 감과 같으시니 내게 어찌 의지하겠는가?

주 의역 **6** 성현은 그렇지 않으시니, 성현은 태어남이 생각으로 인하지 않으시어, 자취에 응하여 태어나시어 나고자 하시면 나시어, 저 명(命)을 기다리지 않으시므로 이미 나신 후에 원만하고 고요한 성(性)이 예전같이 맑으시어, 형체가 없으시며 가림이 없으시어 만법을 비춤이 푸른 하늘의 밝은 해와 같으시어, 조금도 숨기거나 막힌 데가 없으시므로, 능히 모든 선법을 세우시어 모래 수 같은 대천세계에 가득하게 하시되 작음을 보지 않으며, 일체 중생을 섭수하여 적멸에 돌아가게 하되 많다는 것으로 여기지 않으시며, 몰아도 능히 오시게 못하며 쫓아도 능히 가시게 못하여, 비록 사대로부터 형상을 이루시며 오행으로 기르시나 모두가 내가 빌린 것이다. 일찍이 허망되게 알지 않으시어 만약 내 인연이 다하면 내 자취는 마땅히 멸하는 것이다. 버리고 가시는 것이 오며 가는 것과 같으시니 나에게 어찌 의지하겠는가?

주 해

- 기들우디: 기다리지. 기들우- + 지.
- 모라도: 몰아도. 몰-[驅] + 아도.
- 비록 四大롤 브터 形ᄒᆞ시며 五行으로 養ᄒᆞ시나 다 내의 비룬 거시라: '다 내의 비룬 거시라'의 '내의'는 내포문의 주어가 속격을 취한 것임.

주 본문 **7** 是故로 凡夫ᄂᆞᆫ 有生則有滅ᄒᆞ야 滅者ㅣ 不能不生ᄒᆞ거니와 聖

賢은 有生ᄒᆞ시며 亦有滅ᄒᆞ샤ᄃᆡ 滅者ㅣ 歸於眞空ᄒᆞ시ᄂᆞ니 是故로 凡夫生滅은 如身中影ᄒᆞ야 出入相隨ᄒᆞ야 無有盡時ᄒᆞ고 聖賢【金剛經後序 4ㄴ】☞ 生滅은 如空中雷ᄒᆞ샤 自發自止ᄒᆞ야 不累於物ᄒᆞ시ᄂᆞ니 世人은 不知生滅之如此ᄒᆞ야 而以生滅로 爲煩惱大患ᄒᆞᄂᆞ니 蓋不自覺也ㅣ로다 覺則見生滅ᄒᆞ요ᄃᆡ 如身上塵ᄒᆞ야 當一振奮耳니 何能累我性哉리오

주 언해 **7**【金剛經後序 11ㄴ】·이럴·씨 凡뻠夫붕·ᄂᆞᆫ 生ᄉᆡᆼ·이 이시·면 滅·멿·이 이·셔 滅·멿ᄒᆞ·니 能능·히 生ᄉᆡᆼ·티 아·니ᄒᆞ·디 :몯·ᄒᆞ·거니·와 聖·셩賢현·은 生ᄉᆡᆼ·이 :겨시·며 ·ᄯᅩ 滅·멿이 :겨샤·ᄃᆡ 滅·멿·은 眞진空콩·애 ·가·시ᄂᆞ·니 ·이럴·씨 凡뻠夫붕 生ᄉᆡᆼ滅·멿·은 身신 中듕·엣 그르·메 ·ᄀᆞᆮ·ᄒᆞ·야 出·츓入·ᅀᅵᆸ·에 서르 조·차 다ᄋᆞᆯ 時씽節·졇·이 :업·고 聖·셩賢현 生ᄉᆡᆼ滅·멿·은 空콩 中듕·엣 ·울에 ·ᄀᆞᆮ·ᄒᆞ샤 ·내 :내·며 ·내 그·쳐 物·뭃·에 :더럽·디 아·니 ·ᄒᆞ·시ᄂᆞ·니 世·솅人ᅀᅵᆫ·ᄋᆞᆫ 生ᄉᆡᆼ滅·멿·의 ·이 ·ᄀᆞᆮ·호·ᄆᆞᆯ :몰·라 生ᄉᆡᆼ滅·멿·로 煩뻔惱:놓 ·큰 病·뼝 :삼ᄂᆞ·니 :제 :아디 :몯·ᄒᆞ도·다 :알·면 生ᄉᆡᆼ滅·멿:보ᄃᆡ ·몸 우·흿 듣글 ·ᄀᆞ티 ·ᄒᆞ·야 반·ᄃᆞ기 ᄒᆞᆫ 적 :ᄠᅥᆯ ᄯᆞᄅᆞ·미리·니 :엇데 能능·히【金剛經後序 12ㄱ】☞ 내 性·셩·을 :더러 ·이리·오

주 직역 **7** 이러므로 凡夫는 生이 있으면 滅이 있어 滅하니, 能히 生하지 않지 못하나, 聖賢은 生이 계시며 또 滅이 계시되 滅은 眞空애 가시니, 이러므로 凡夫 生滅은 몸 가운데의 그림자와 같아, 出入에 서로 좇아 다할 때가 없고, 聖賢 生滅은 空 中의 우뢰와 같으시어, 내가 내며 끊어 무리에 더럽혀지지 아니하시니, 世人은 生滅의 이와 같음을 몰라 生滅로 煩惱의 큰 病을 삼으니, 스스로가 알지 못하는구나! 알면 生滅을 보되 몸 위의 티끌같이 하여 반드시 한 번 떨 따름일 것이니, 어찌 能히 내 性을 더럽게 하겠는가?

주 의역 **7** 그러므로 범부는 생이 있으면 멸이 있어 멸하면 능히 나지 않지 못하나, 성현은 생이 있으며 또 멸함이 있으되 멸하면 진공에 돌아가는 것이므로, 범부의 생멸은 몸 가운데 그림자 같아 출입하는 데 서로 좇아 다할 때가 없고, 성현의 생멸은 허공 가운데 우레 같으시어, 스스로 일어나고 스스로 그쳐서 사물에 더럽혀지지 않으시니, 세인은 생멸의 이와

갈음을 알지 못하여 생멸로 번뇌의 큰 병을 삼으니 스스로 알지 못하는 것이다. 알면 생멸을 보되 몸 위의 티끌같이 하여 반드시 한 번 털어 버릴 따름이니, 어찌 능히 나의 성을 더럽게 하겠는가?

주 해

- 그르메: 그림자. 쌍형어로 '그리메'도 있음.
- 울에: 우레.

(주 본문) **8** 昔我如來ㅣ 以大慈悲心ᄋᆞ로 閔一切衆生의 迷錯顚倒ᄒᆞ야 流浪生死之如此ᄒᆞ시며 又見一切衆生이 本有快樂自在性ᄒᆞ야 皆可修證成佛ᄒᆞ시고 欲一切衆生ᄋᆞ로 盡爲聖賢生滅ᄒᆞ고 不爲凡夫【金剛經後序 5ㄱ】☞ 生滅ᄒᆞ샤ᄃᆡ 猶慮一切衆生이 無始以來예 流浪日久ᄒᆞ야 其種性이 已差ᄒᆞ야 未能以一法ᄋᆞ로 速悟ᄒᆞᆯᄉᆡ 故로 爲說八萬四千法門ᄒᆞ시니 門門이 可入이라 皆可到眞如之地니 每說一法門ᄒᆞ샤매 莫非丁寧實語ㅣ샤 欲使一切衆生ᄋᆞ로 各隨所見法門ᄒᆞ야 入自心地ᄒᆞ야 到自心地ᄒᆞ며 見自性佛ᄒᆞ야 證自身佛ᄒᆞ면 卽同如來케ᄒᆞ시니 是故로 如來ㅣ 於諸経에 說有者ᄂᆞᆫ 欲使一切衆生ᄋᆞ로 覩相生善이시고【金剛經後序 5ㄴ】☞ 說無者ᄂᆞᆫ 欲使一切衆生ᄋᆞ로 離相見性이시니 所說色空도 亦復如是ᄒᆞ니라

(주 언해) **8**【金剛經後序 12ㄱ】:네 ·우리 如셩來ᄅᆡᆼ ㅣ 大·땡慈ᄍᆞᆼ悲빙心심·으·로 一·읧切·쳉 衆·즁生싱·의 迷몡錯·착顚뎐倒:돌·ᄒᆞ·야 生싱死:ᄉᆞᆼ·애 흘·루·미 ·이 ·ᄀᆞᆮ·호·ᄆᆞᆯ :어엿·비 너·기시·며 ·ᄯᅩ 一·읧切·쳉 衆·즁生싱·이 本:본來ᄅᆡᆼ 快·쾡樂·락ᄒᆞᆫ 自·ᄍᆞᆼ在:ᄍᆡᆼ性·셩·이 이·셔 :다 어·루 修슣證·징·ᄒᆞ·야 成쎵佛·뿛ᄒᆞᆯ ·ᄯᆞᆯ ·보시·고 一·읧切·쳉 衆·즁生싱·으·로 :다 聖·셩賢현ㅅ 生싱滅·멿·이 ᄃᆞ외·오 凡뻠夫붕 生싱滅·멿 ᄃᆞ외·디 아·니케 ·호려 ·ᄒᆞ샤·ᄃᆡ ·오히·려 一·읧切·쳉 衆·즁生싱·이 無뭉始:싱·로 :오매 흘·루미 ·나·리오·라 種:죵性·셩·이 ᄒᆞ·마 외·야 能능·히 ᄒᆞᆫ 法·법·으·로 ᄲᆞᆯ·리 :알·에 :몯 ᄒᆞᆯ·까 분·별·ᄒᆞ실·ᄊᆡ 爲·윙·ᄒᆞ·야 八·밣萬·먼四·ᄉᆞᆼ千쳔 法·법門몬·을 니ᄅᆞ·시·니 門몬:마다 어·루 ·드롤 ·ᄯᅵ·라 :다 어·루 眞진如셩ㅅ ᄯᅡ·해 가·리·니 :ᄆᆡ샹 ᄒᆞᆫ 法·법門몬 니ᄅᆞ·샤·매 丁뎡寧녕·ᄒᆞ신 實·씷語:엉 아·니·니 :업스·샤

一·힗切·쳉 衆·즁生싱【金剛經後序 12ㄴ】☞ ·ᄋᆞ·로 各·각各·각 :본 法·법門몬·ᄋᆞᆯ 조·차 제 心심地·띵·예 ·드·러 제 心심地·띵·예 가·며 제 佛·뿛性·셩·을 ·보아 自·ᄍᆞᆼ身신 佛·뿛·을 證·징ᄒᆞ·면 ·곧 如셩來링 ·ᄀᆞᆮ·게 ·코·져 ·ᄒᆞ시·니 ·이럴·씨 如셩來링ㅣ 諸졍經경·에 有:울 니ᄅᆞ·샤·ᄆᆞᆫ 一·힗切·쳉 衆·즁生싱·ᄋᆞ·로 相·샹 ·보·아 善:쎤·을 :내·에 ·코져 ·ᄒᆞ시·고 無뭉 니ᄅᆞ·샤·ᄆᆞᆫ 一·힗切·쳉 衆·즁生싱·ᄋᆞ·로 相·샹 여·희·여 性·셩 보·게 ·코져 ·ᄒᆞ시·니 니ᄅᆞ·샨 色·식空콩·도 ·ᄯᅩ ·이 ·ᄀᆞᆮᄒᆞ·니·라

주 직역 **8** 옛 우리 如來가 大慈悲心으로 一切 衆生의 迷錯顚倒하여 生死에 흐름이 이와 같음을 불쌍하게 여기시며, 또 一切 衆生이 本來 快樂하는 自在性이 있어 다 능히 修證하여 成佛할 줄 보시고, 一切 衆生으로 다 聖賢의 生滅이 되고 凡夫 生滅이 되지 아니하게 하려 하시되, 오히려 一切 衆生이 無始로 옴에 흐름이 날이 오래되어 種性이 이미 잘못되어 能히 한 法으로 빨리 알게 못할까 분별하시므로, 중생을 爲하여 八萬四千 法門을 이르시니 法門마다 능히 들을 것이다. 다 능히 眞如의 땅에 갈 것이니, 매양 한 法門 이르심에 丁寧하신 實語가 아닌 것이 없으시어, 一切 衆生으로 各各 본 法門을 좇아 자기의 心地에 들어 자기의 心地에 가며, 자기의 佛性을 보아 自身에서 佛을 證하면 곧 如來 같게 하고자 하시니, 이러므로 如來가 諸經에 有를 이르심은 一切 衆生으로 相을 보아 善을 내게 하고자 하시고, 無를 이르심은 一切 衆生으로 相을 여희여 性을 보게 하고자 하시니, 이르신 色과 空도 또 이와 같다.

주 의역 **8** 옛날 우리 여래께서 대자비심으로 일체 중생이 미혹으로 어긋나고 뒤집혀서 생사에 유랑함이 이와 같음을 불쌍하게 여기시며, 또한 일체 중생을 보시니 쾌락하고 자재로운 성품이 있어서 모두 닦아 증득하면 성불할 수 있으므로, 일체 중생이 모두 성현의 생멸이 되게 하고 범부의 생멸이 되지 않게 하고자 하시되 오히려 일체 중생이 무시 이래로 유랑하는 날들이 오래 되어 성품의 종자가 이미 잘못되어 능히 한 법으로 빨리 알게 하지 못할까 걱정하시므로 중생들을 위하여 팔만사천 법문을 말씀하시니, 법문마다 가히 들어갈 수 있어 모두 진여의 땅에 갈 수 있을 것이니,

매양 한 법문을 말씀하심에 친절하신 실한 말씀 아니신 것이 없으시어, 일체 중생으로 각각 본 법문을 따라 자기의 마음 자리에 들어가며, 자기의 마음 자리에 가며, 자신의 불성을 보아 자기의 부처를 증득하면 곧 여래 같게 하고자 하시니, 그러므로 여래께서 모든 경에 유(有)를 말씀하심은 일체 중생으로 하여금 상(相)을 보아 선(善)을 내게 하고자 하시고, 무(無)를 말씀하심은 일체 중생으로 하여금 상을 여의여 성을 보게 하고자 하시니, 말씀하신 색(色)과 공(空)도 또 이와 같다.

주 해

- 수증(修證): 수행(修行)과 증오(證悟). '증(證)'은 바로 그 자리에서 확실히 아는 것을 가리키고 이에 대하여 '계(計)'는 외도들이 잘못 아는 것을 가리킴.

(주 본문) **9** 然而衆生은 執着ᄒᆞ야 見有ㅣ 非眞有ㅣ며 見無ㅣ 非眞無ㅣ니 其見色見空이 皆如是執着ᄒᆞ야 復起斷常二見ᄒᆞ야 轉爲生死根蔕ᄒᆞ니 不示以無二法門ᄒᆞ면 又將迷錯顚倒ᄒᆞ야 流浪生死ㅣ 甚於前日일ᄉᆡ 故로 如來ㅣ 又爲說大般若法ᄒᆞ샤 破斷常二見ᄒᆞ샤 使一切衆生ᄋᆞ로 知眞有眞無와 眞色眞空이 本來無二ᄒᆞ며 亦不遠人【金剛經後序 6ㄱ】☞ ᄒᆞ야 湛然寂靜ᄒᆞ야 只在自己性中ᄒᆞ시니 但以自己性智慧로 照破諸妄ᄒᆞ면 則曉然自見ᄒᆞ리니

(주 언해) **9**【金剛經後序 12ㄴ】그·러나 衆·즁生싱·은 執·집着·땩·ᄒᆞ·야 有:웋 :보미 眞진實·씷ㅅ 有:웋ㅣ 아·니·며 無뭉 :보미 眞진實·씷ㅅ 無뭉ㅣ 아·니·니 色·싁 보·며 空콩 :보미 :다 ·이 ·ᄀᆞ티 執·집着·땩·ᄒᆞ·야 ·ᄯᅩ 斷:똰常썅 :두 見·견·을 니ᄅᆞ와·다 올·마 生싱死:ᄉᆞᆼㅅ 불·휘 ᄃᆞ외ᄂᆞ·니 :둘 :업슨 法·법門몬·으·로 :뵈·디 아·니ᄒᆞ·면 ·ᄯᅩ 쟝·ᄎᆞ 迷몡錯·착顚뎐倒:도ᇢ·ᄒᆞ·야 生싱死:ᄉᆞᆼ·애 흘·루미 :아·래·셔 甚·씸ᄒᆞ·릴·ᄊᆡ 如셩來링ㅣ ·ᄯᅩ 爲·윙【金剛經後序 13ㄱ】☞ ·ᄒᆞ·샤 大·땡般·밣若:샹法·법·을 니ᄅᆞ·샤 斷:똰常썅 二·싱 見·견·을 :허르·샤 一·ᅙᅵᇙ切·쳉 衆·즁生싱·ᄋᆞ·로 眞진有:웋 眞진無뭉·와 眞진色·싁 眞진空콩·이 本:본來ᄅᆡ :둘 :업스·며 ·ᄯᅩ :사ᄅᆞ·미게 :머·디 아·니·ᄒᆞ·야 ᄆᆞᆯ·기 寂·쩍靜·쪙·ᄒᆞ·야 오·직 제 性·셩 中듕·에 잇·논 ·ᄃᆞᆯ :알·에 ·ᄒᆞ시·니 오·직 제 性·셩ㅅ 智·딩慧·ᅘᆌᆼ·로 諸졍妄·망·올 照·ᅗᅽᇢ·ᄒᆞ·야 :헐·면 ·번·드

기 :제 보·리·니

(주 직역) 9 그러나 衆生은 執着하여 有를 봄이 眞實의 有가 아니며, 無를 봄이 眞實의 無가 아니니, 色을 보며 空을 보미 다 이와 같이 執着하여, 또 斷·常 두 見을 일으켜, 옮아 生死의 뿌리가 되니, 둘이 없는 法門으로 보이지 아니하면, 또 장차 迷錯顚倒하여 生死에 흐름이 예전보다 甚할 것이므로 如來가 또 중생을 爲하시어 大般若法을 이르시어 斷·常 二見을 허시어, 一切 衆生으로 眞有 眞無와 眞色 眞空이 本來 둘이 없으며, 또 사람에게 멀지 아니하여 맑게 寂靜하여, 오직 스스로의 性 中에 있는 줄 알게 하시니, 오직 스스로의 性의 智慧로 諸妄을 照하여 헐면, 밝게 스스로가 볼 것이니,

(주 의역) 9 그러나 중생은 집착하여 유를 보는 것이 진실한 유가 아니며 무를 보는 것이 진실한 무가 아니니, 색을 보며 공을 보는 것이 다 이와 같이 집착하여, 또 단견(斷見)과 상견(常見)을 일으키어 돌고 돌아 생사의 뿌리가 되니, 둘이 없는 법문으로 보이지 않으면 또 장차 미혹되고 어긋나고 뒤바뀌어 생사에 유랑함이 예전보다 심할 것이므로 여래가 또 이를 위하여 대반야법을 말씀하시어 아예 없다는 단견과 항상 있다는 상견을 깨뜨려, 일체 중생으로 하여금 참으로 있다는 것과 참으로 없다는 것과 참다운 색과 참다운 공이 본래 둘이 없으며 또한 사람과 멀지 않음을 알게 하여 맑고 고요하고 조용하여 단지 자기 자성 가운데 있는 것을 다만 자기 성품의 지혜로써 모든 망을 비추어 깨뜨리면 곧 스스로 밝게 볼 수 있게 한 것이다.

(주 해)

- 단상이견(斷常二見): 만물은 무상한 것과 같이 사람도 무상하여 영원하지 않다는 견해가 단견(斷見)이고, 만물은 불명하며 사람도 다시 태어나서 항상 사람의 상태를 유지한다고 보는 견해가 상견(常見)임. 불교에서는 이 두 가지 견해가 모두 사견(邪見)임.

(주 본문) 10 是故로 大般若経六百卷이 皆如來ㅣ 爲菩薩果人ᄒᆞ샤 說佛性ᄒᆞ시니 然而其間애 猶有爲頓漸者說이어시니와 惟金剛経은 爲發大乘者說

ᄒᆞ시며 爲發最上乘者說ᄒᆞ시니 是故로 其経이 先說四生四相ᄒᆞ시고 次云凡所有相이 皆是虛妄이니 若見諸相非相ᄒᆞ면 卽見如來라ᄒᆞ시니 蓋現一切法ᄒᆞ야【金剛經後序 6ㄴ】☞ 至無所住ᄒᆞ야ᅀᅡ 是爲眞諦ㄹᄊᆡ 故로 如來ㅣ 於此経에 凡說涉有ㅣ어든 卽破之以非ᄒᆞ샤 直取實相ᄒᆞ샤 以示衆生ᄒᆞ시니 蓋恐衆生이 不解佛所說ᄒᆞ야 其心이 反有所住故也ㅣ니라 如所謂佛法이 卽非佛法之類ㅣ 是也ㅣ니라

(주 언해) **10**【金剛經後序 13ㄱ】·이럴·ᄊᆡ 大·땡般·밣若:ᅀᅣ經경 六륙百·빅卷·권·이 :다 如ᅀᅧᆼ來ᄅᆡᆼㅣ 菩뽕薩·삻果:광ㅅ :사ᄅᆞ·ᄆᆞᆯ 爲·윙·ᄒᆞ·샤 佛·뿛性·셩·을 니ᄅᆞ·시·니 그·러나 그 ᄉᆞ·ᅀᅵ·예 ·오히·려 頓·돈漸:쪔·을 爲·윙·ᄒᆞ·야 니ᄅᆞ·샤·니 :겨·시거·니·와 오·직 金금剛강經경·은 大땡乘씽·ᄋᆞᆯ 發·벓ᄒᆞ·닐 爲·윙·ᄒᆞ·야 니ᄅᆞ·시·며 最·죙上·썅乘씽·ᄋᆞᆯ 發·벓ᄒᆞ·닐 爲·윙·ᄒᆞ·야 니ᄅᆞ·시·니 그·럴·ᄊᆡ 그 經경·이 몬져 四·ᄉᆞᆼ生ᄉᆡᆼ 四·ᄉᆞᆼ相·샹 니ᄅᆞ·시·고 버·거 니ᄅᆞ·샤·ᄃᆡ 믈읫 有:ᅌᅮᇹ相·샹·이 ·다 ·이 虛헝妄·망·이·니【金剛經後序 13ㄴ】☞ 諸졍相·샹·의 相샹 아·뇨·ᄆᆞᆯ 보·면 곧 如ᅀᅧᆼ來ᄅᆡᆼ·ᄅᆞᆯ ·보ᅀᆞ·오리·라 ·ᄒᆞ시·니 一·ᅙᅵᇙ切·쳉 法·법·을 現·현·ᄒᆞ야 住·뜡 :업수·메 ·가ᅀᅡ ·이 眞진諦·뎽ㄹ·ᄊᆡ 如ᅀᅧᆼ來ᄅᆡᆼㅣ ·이 經경·에 믈읫 :마리 有:ᅌᅮᇹ·에 븓거·든 ·곧 허·로·ᄃᆡ 非빙·로 ·ᄒᆞ·샤 바ᄅᆞ 實·씷相·샹 取:츙·ᄒᆞ·샤 衆·즁生ᄉᆡᆼ·ᄋᆞᆯ :뵈시·니 衆·즁生ᄉᆡᆼ·이 부텨 니ᄅᆞ·샤·ᄆᆞᆯ :아·디 :몯 ·ᄒᆞ·야 ᄆᆞᅀᆞ·미 도ᄅᆞ·ᅘᅧ 住·뜡ᄒᆞᆫ ·ᄃᆡ 이실·까 저ᄒᆞ·샨 젼·ᄎᆡ·라 닐·온 佛·뿛法·법·이 ·곧 佛·뿛法·법 아·니라 ·ᄒᆞᆫ 類·륭ㅣ ·이·라[23)]

(주 직역) **10** 이러므로 大般若經 六百卷이 다 如來께서 菩薩果의 사람을 爲하시어 佛性을 이르시니, 그러나 그 사이에 오히려 頓漸을 爲하여 이르신 이가 계시거니와, 오직 金剛經은 大乘을 發하는 이를 爲하여 이르시며, 最上乘을 發하는 이를 爲하여 이르시니, 그러므로 그 經이 먼저 四生, 四相을 이르시고 다음에 이르시되, 무릇 有相이 다 이 虛妄이니 諸相의 相 아님을 보면 곧 如來를 볼 것이라 하시니, 一切法을 現하여 住가 없음에 가야, 이것이 眞諦이므로 如來께서 이 經에 무릇 말이 有에 의지하거든 곧

23) 여기까지는 육조 혜능 스님의 구결이고 이후는 나적이 쓴 부분이다.

헐되, 非로 하시어 바로 實相을 取하시어 衆生을 보이시니 衆生이 부처님께서 이르심을 알지 못하여, 마음이 도로 머문 데 있을까 걱정하신 까닭이다. 소위 佛法이 곧 佛法 아니다 한 種類가 이것이다.

(주 의역) **10** 그러므로 대반야경 육백 권은 모두 여래께서 보살의 과위에 있는 사람들을 위하여 불성을 말씀하시나, 그 사이에 오히려 단박에 깨닫는 자와 점차 깨닫는 자를 위해 설하셨으나, 오직 금강경은 대승심을 일으킨 자를 위하여 말씀하시며 최상승을 발한 사람을 위하여 말씀하시므로 그 경이 먼저 사생과 사상을 설하시고 다음엔 "무릇 상이 있는 것은 모두 허망한 것이니 만약 모든 상이 상 아닌 것을 보면 곧 여래를 볼 것이다"라고 하시니, 대개 일체법을 나타내어 머무름이 없는 것에 가야 이것이 진제이므로, 여래가 이 경에 무릇 말이 유(有)에 의지하거든 곧 헐되 아님으로써 깨뜨려서 바로 실상을 취하시어 중생에게 보이시니, 중생이 부처님께서 설하신 것을 알지 못하여 마음이 도리어 머무는 곳이 있을까 걱정하신 까닭이다. 소위 불법이 곧 불법이 아니라 한 것과 같은 것이다.

(주 해)

- 버거: 다음으로.
- 믈읫: 무릇.
- 도ᄅᆞ혀: 도리어.

(주 본문) **11** 是故로 六祖大師ㅣ 於五祖애 傳衣付法之際예 聞說此経에 云應無所住而生其心ᄒᆞ고 言下便悟ᄒᆞ니 是爲第六祖ㅣ니 如來ㅣ 云一切諸佛와 及諸佛阿耨多羅三藐三【金剛經後序 7ㄱ】☞ 菩提法이 皆從此経出이라ᄒᆞ시니 其信乎哉ㄴ뎌 適이 少觀壇経ᄒᆞ야 聞六祖ㅣ 由此経見性ᄒᆞ고 疑必有所演說ᄒᆞ요ᄃᆡ 未之見也ᄒᆞ얫다니 及知曹州濟陰ᄒᆞ야 於邢君固處에 得六祖口訣一本ᄒᆞ야 觀其言簡辭直ᄒᆞ야 明白倒斷ᄒᆞ야 使人易曉而不惑ᄒᆞ고 喜不自勝ᄒᆞ며 又念京東河北陝西人이 資性質朴信厚ᄒᆞ며 遇事決裂ᄒᆞᄂᆞ니 若使學佛性ᄒᆞ면 必能勇猛精進ᄒᆞ야 超越過人ᄒᆞ리니

(주 언해) **11**【金剛經後序 13ㄴ】·이럴·씨 六·륙祖:조 大·땡師ᄉᆞㅣ 五:옹

祖:종·의 傳뗜衣ᅙᅴᆼ·ᄒᆞ·야 法·법 브·틸 ·쩨 ·이 經경·에 닐·온 應ᅙᅳᆼ無뭉所:송住·뜡而싱生싱其끵心심 닐·오·몰 듣·고 言언下:ᅘᅡᆼ·이 ·곧 :아·니 ·이 第·뗴六·륙祖:종ㅣ·니 如셩來링ㅣ 니ᄅᆞ·샤·ᄃᆡ 一·ᅙᅵᇙ切·쳉 諸졍佛·뿛·와 ·ᄯᅩ 諸졍佛·뿛 阿ᅙᅡᆼ耨·녹多당羅랑三삼藐·막三삼菩뽕提똉法·법·이 :다 ·이 經경 브·터 나·니·라 ·ᄒᆞ시·니 ·올·ᄒᆞ신 ·뎌 適·뎍·의 【金剛經後序 14ㄱ】☞ 져·믄 제 檀딴経경 ·보아 六·륙祖:종ㅣ ·이 経경 브·터 見·견性·셩·호·몰 듣·고 반·ᄃᆞ기 불·어 닐·오·미 이신·가 疑읭心심·호·ᄃᆡ 보·디 :몯 ·ᄒᆞ·얫다·니 曹쫗州쥼 濟:졩陰ᅙᅳᆷ員원 ·호매 미·처 邢ᅘᅧᆼ君군固·공·의게 六·륙祖:종口:쿻訣·궗 ᄒᆞᆫ 本:본·올 得·득·ᄒᆞ·야 言언·이 :져그·며 辭쌍ㅣ 直·띡·ᄒᆞ야 明명白·뿩ᄒᆞ·며 決·궗斷·돤·ᄒᆞ·야 :사·ᄅᆞ므·로 :쉬·이 아·라 迷몡惑·획·디 아·니·케 ·호·몰 보·고 깃·구·믈 ·내 이·긔·디 :몯ᄒᆞ·며 ·ᄯᅩ 너·교·ᄃᆡ 京경東동 河ᅘᅡᆼ北·븍 陜:셤西솅ㅅ :사ᄅᆞ·미 資ᄌᆞᆼ性·셩·이 質·짏朴·팍ᄒᆞ·고 信·신厚:ᅘᅮᇂᄒᆞ·며 :이·롤 맛·나 決·궗斷·돤·ᄒᆞ··니 ·ᄒᆞ다·가 佛·뿛性·셩·을 ᄇᆡ·호·게 ᄒᆞ·면 반·ᄃᆞ기 能ᄂᆞᆼ·히 勇:용猛:ᄆᆡᆼ精졍進·진·ᄒᆞ·야 :건·네뛰·여 :사ᄅᆞ·미게 :디·나리·니

(주 직역) **11** 이러므로 六祖大師가 五祖께 傳衣하여 法에 咐囑할 때, 이 經에 이른 '應無所住而生其心'을 이름을 듣고 말이 떨어지자마자 곧 아니, 이 분이 第六祖이니 如來가 이르시되, "一切 諸佛과 또 諸佛 阿耨多羅三藐三菩提法이 다 이 經으로부터 났다." 하시니, 옳으시도다. 羅適이 젊을 때 檀経을 보아, 六祖가 이 経을 말미암아 見性함을 듣고, 반드시 演說함이 있으신가 疑心하되, 보지 못하였더니, 曹州 濟陰의 員을 함에 미쳐 邢君 固에게 六祖口訣 한 책을 得하여, 말이 적으며 辭가 곧아 明白하며, 決斷하여 사람으로 하여금 쉽게 알아, 迷惑하지 아니하게 함을 보고 기쁨을 내가 이기지 못하며, 또 여기되 京東, 河北, 陜西의 사람이 資性이 質朴하고 信厚하며, 이를 만나 決斷하니 만약 佛性을 배우게 하면 반드시 能히 勇猛精進하여 건너뛰어 일반 사람보다 나을 것이다,

(주 의역) **11 그러므로 육조 대사가 오조께 옷을 받아 법에 의지할 때 이 경에 이른 응무소주이생기심(應無所住而生其心)이란 구절을 강설하는 것**

을 듣고, 그 말에 곧 깨달으니, 이 분이 바로 육조시니, 여래께서 말씀하시기를, "일체 제불과 또 제불 아뇩다라삼먁삼보리법이 다 이 경으로부터 났다"고 하시니 옳다고 하겠구나! 내[羅適]가 젊을 때 단경을 보아 육조가 이 경에서부터 견성함을 듣고 반드시 연설함이 있으셨는가 의심하되 보지 못하였더니, 조주 제음의 원을 함에 미쳐 형군(邢君) 고(固)에게 금강경 육조구결본(六祖口訣本) 한 권을 얻었는데, 내용이 간결하며 해설이 곧아서 간단하며 명료하여, 읽는 사람으로 하여금 쉽게 알아 미혹하지 않게 함을 보고, 내가 기쁨을 이기지 못하며, 또 생각하기를, 자성(資性)이 질박(質朴)하고 신후(信厚)하며 결단(決斷)한 경동(京東) 하북(河北) 섬서(陜西) 지방 등의 사람을 만나, 이 사람으로 하여금 만약 불성(佛性)을 배우게 하면 반드시 능히 용맹정진하여 초월하여 보통 사람보다 나을 것이다.

주 해

- 건네뛰여: 건너뛰어. 초월하여. '건네뛰-'와 쌍형어임.
- 전의(傳衣): 선종에서 법을 전수할 때 신표로 전하는 법의(法衣).

(주 본문) **12** 然其爲講師者ㅣ 多【金剛經後序 7ㄴ】☞ 傳百法論上生経而已라 其學者ㅣ 不知萬法이 隨緣生ᄒᆞᆯ시 緣盡法亦應滅인ᄃᆞᆯ ᄒᆞ고 反以法爲法ᄒᆞ야 固守執著ᄒᆞ야 遂爲法所縛ᄒᆞ야 死不知解ㅣ 猶如陷沙之人이 力與沙爭ᄒᆞ야 愈用力而愈陷ᄒᆞ니 不知勿與沙爭ᄒᆞ면 卽能出陷ᄒᆞᄂᆞ니 良可惜也ㅣ로다

(주 언해) **12** 【金剛經後序 14ㄱ】그·러나 講:강師ᄉᆞᆼ ᄃᆞ외·니 :해 百·ᄇᆡᆨ法·법論·론·과 上·쌍生ᄉᆡᆼ經경·을 傳뗜ᄒᆞᆯ ᄯᆞᄅᆞ·미·라 學·ᅘᅡᆨ者쟝ㅣ 萬·먼法·법·이 緣원·을 조:차 날·씨 緣원·이 盡:찐ᄒᆞ【金剛經後序 14ㄴ】☞ ·면 法·법·이 ·ᄯᅩ 반·ᄃᆞ기 滅·멿·ᄒᆞᄂᆞᆫ ·ᄃᆞᆯ :아·디 :몯ᄒᆞ·고 도ᄅᆞ·ᅘᅧ 法·법·으·로 法·법·을 사·마 執·집着·ᄩᅣᆨ·ᄋᆞᆯ 구·디 자·바 法·법·의 ᄆᆡ·요·미 ᄃᆞ외·야 주·거·도 글·움 :아·디 :몯·호미 몰·애·예 ·ᄲᅡ·딘 :사ᄅᆞ·미 ·힘 ·ᄡᅥ 몰·애·와 사·화 더·욱 ·힘 ·ᄡᅳ·디·옷 더·욱 ·ᄲᅡ:듐 ·ᄃᆞᆫᄒᆞ·니 몰·애·와 사·호·디 아·니ᄒᆞ·면 ·곧 能능·히 ·ᄲᅡ:듀·메 :나·몰 :아디 :몯·ᄒᆞᄂᆞ·니 眞진實·씷·로 슬프·도·다

(주 직역) **12** 그러나 講師가 된 이가 많이 百法論과 上生經을 傳할 따름이

다. 學者가 萬法이 緣을 따라 나므로 緣이 盡하면 法이 또 반드시 滅하는 줄 알지 못하고 도로 法으로 法을 삼아 執着을 굳이 잡아 法의 매임이 되어, 죽어도 그릇을 알지 못함이, 모래에 꺼진 사람이 힘써 모래와 싸워, 더욱 힘쓰면 쓸수록 더욱 꺼짐과 같으니, 모래와 싸우지 아니하면 곧 能히 꺼짐에 남을 알지 못하니, 眞實로 슬프구나.

(주 의역) 12 그러나 강사가 되니 백법론(百法論)과 상생경(上生經)을 많이 전할 뿐이어서 배우는 사람이 만법(萬法)이 인연을 따라 나므로 인연이 다하면 법이 또 반드시 멸하는 줄 알지 못하고, 도로 법으로 법을 삼아 집착을 굳이 잡아 법에 매여 죽어도 잘못됨을 알지 못하는 것이 모래에 빠진 사람이 힘써 모래와 싸워 힘을 쓰면 쓸수록 더욱 빠짐과 같으니, 모래와 싸우지 않으면 곧 빠져나온다는 것을 알지 못하니 진실로 슬프구나!

(주 본문) 13 適이 遂欲以六祖金剛經口訣로 鏤板流傳ᄒᆞ야 以開發此數方學者佛性호려호ᄃᆡ 然以文多脫誤ᄒᆞᆯᄉᆡ 因廣求別本勘校ᄒᆞ야 十年間애 凡得八本호니 【金剛經後序 8ㄱ】 ☞ 惟杭越建陝西四本이 文多同ᄒᆞᆯᄉᆡ 因得刊正寃句호니 董君遵이 力勸成之ᄒᆞ며 且率諸朝士ᄒᆞ야 以資募工ᄒᆞ야ᄂᆞᆯ 士大夫聞者ㅣ 皆樂見助ᄒᆞ며 四明樓君常願이 終成其事ᄒᆞ니라

(주 언해) 13 【金剛經後序 14ㄴ】 適·뎍·이 六·륙祖:종 金금剛강經경 口:쿵訣·궗·로 板:반·애 사·겨 流ᄛᅲᇹ傳뚼·ᄒᆞ·야 ·이 數·숭方방學·ᅘᅡᆨ者:쟝·의 佛·뿛性·셩·을 여·러 :내오·져 ·호·ᄃᆡ 그·러·나 文문·이 :해 디·며 :욀·ᄊᆡ 因힌·ᄒᆞ·야 너·비 다ᄅᆞᆫ 本:본·ᄋᆞᆯ 求꿓·ᄒᆞ·야 校·ᅘᅭᇢ正·졍·ᄒᆞ·야 十·씹年년 ᄊᆞ·ᅀᅵ·예 여·듧 本:본·ᄋᆞᆯ 得·득·호·니 杭ᅘᅡᇰ越·웛建·건陝·셤西ᄉ :네 本:본·이 文문·이 :해 ·ᄀᆞᆮᄒᆞᆯ·ᄊᆡ 因힌·ᄒᆞ·야 寃ᅙᅯᆫ句·궁·를 校·ᅘᅭᇢ正·졍·호니 董:동君군 遵준·이 ·힘·ᄡᅥ 勸·퀀·ᄒᆞ·야 일·우·며 ·ᄯᅩ 한 朝뜨ᇢ士:ᄊᆞᆼ 더·브·러 :쳔·량·ᄋᆞ·로 匠쨩人ᅀᅵᆫ 뫼 【金剛經後序 15ㄱ】 ☞ ·화·ᄂᆞᆯ 士:ᄊᆞᆼ大·땡夫붕 드르·니 :다 ·즐·겨 도·ᄫᆞ·며 四·ᄉᆞᆼ明명 樓ᄛᅮᇢ君군 常쨩願·원·이 그 :이·ᄅᆞᆯ ᄆᆞᄎᆞ 일·우니·라

(주 직역) 13 내가 六祖 金剛經 口訣로 板에 새겨 流傳하여 이 數方學者의 佛性을 열어 내고자 하되, 그러나 글자가 많이 떨어져 나갔으며 잘못 되었

으므로 因하여 널리 다른 板本을 求하여 校正하여 十年 사이에 여덟 板本을 得하니 杭 越 建 陜西의 네 책이 글이 많이 같으므로 因하여 舛句를 校正하니, 董君 遵이 힘써 勸하여 이루며 또 많은 朝士와 더불어 재물로 匠人을 모으거늘 士大夫들은 이 다 즐겨 도우며 四明 樓君 常願이 그 일을 마저 이루었다.

주 의역 **13** **내가 육조 금강경 구결로 목판에 새겨 유통시켜 학자들의 불성을 열어내고자 했다. 그러나 글이 보이지 않고 판목이 잘못 되었으므로 널리 다른 책을 구하여 교정하여 십년 사이에 여덟 본을 구하니** 杭洲, 越洲, 福建, 陜西**의 네 책이 글이 많은 부분이 같으므로 잘못된 부분을 교정하니 동군**(董君) **준**(遵)**이 힘써 권하여 성취하였으며, 또 많은 조사와 더불어 재물로 장인들을 모았으며 이 소식을 들은 사대부들도 다 기꺼이 도우며 사명**(四明) **누군**(樓君) **상원**(常願)**이 이 일을 마저 이루었다.**

주 해

- 해 디며: 많이 빠지며. '해'는 '많이'의 뜻으로 '하'와 쌍형어.

주 본문 **14** 嗚呼ㅣ라 如來云ᄒᆞ샤ᄃᆡ 無法可說이 是名說法이라ᄒᆞ시니 夫可見於言語文字者ㅣ 豈佛法之眞諦也ㅣ리오 然非言語文字則眞諦ᄅᆞᆯ 不可得而傳也ㅣ니 學者因六祖口訣ᄒᆞ야 以求金剛経ᄒᆞ고 因金剛経ᄒᆞ야 以求自佛性ᄒᆞ야 【金剛經後序 8ㄴ】 ☞ 見自佛性然後에ᅀᅡ 知佛法이 不止於口訣而已리라 如此則六祖之於佛法에 其功ᄋᆞᆫ 可思議乎哉아 或者ㅣ 以六祖ㅣ不識字ㅣ라ᄒᆞ야 疑口訣이 非六祖所作이라ᄒᆞᄂᆞ니 譬夫大藏経이 豈是世尊自作邪ㅣ리오 亦聽法者之所傳也ㅣ니라 或六祖言之ᄒᆞ야시ᄂᆞᆯ 而弟子傳之ᄒᆞᆫᄃᆞ 吾不得而知也ㅣ로다 苟因口訣ᄒᆞ야 可以見経이면 何疑其不識字也ㅣ리오 元豊 七年 六月 十日 天台 羅適 謹序

주 언해 **14** 【金剛經後序 15ㄱ】 嗚홍呼홍ㅣ·라 如셩來링ㅣ 니ᄅᆞ·샤·ᄃᆡ 法·법·이 어·루 닐·움 :업수·미 ·이 일·후미 法·법 닐·오미·라 ·ᄒᆞ시·니 어·루 言언語:엉 文문字·쫑·애 :볼 ᄶᅥ·시 :엇뎨 佛·뿛法·법 眞진諦·뎽·리·오 그·러나 言언語:엉 文문字·쫑·옷 아·니·면 眞진諦·뎽·ᄅᆞᆯ 시·러 傳뛴·티 :몯

ᄒᆞ·리·니 學·ᅘᅡᆨ者:쟝ㅣ 六·륙祖:조 口:쿻訣·궗·을 因ᅙᅵᆫ·ᄒᆞ·야 金금剛강經경 求꾷ᄒᆞ·고 金금剛강經경 因ᅙᅵᆫ·ᄒᆞ·야 제 佛·뿛性·셩·을 求꾷·ᄒᆞ·야 제 佛·뿛性·셩·올 본 後:ᅘᅮᇢ·에·ᅀᅡ 佛·뿛法·법·이 口:쿻訣·궗ᄲᅮᆫ 아·닌 ·둘 :알·리·라 ·이 ·ᄀᆞᆮᄒᆞ·면 六·륙祖:종ㅣ 佛·뿛法·법·에 그 功공·ᄋᆞᆫ 思ᄉᆞᆼ議·ᅌᅴᆼ·ᄒᆞ여·려 或·ᅘᅬᆨ·이 六·륙祖:종ㅣ 글 모·ᄅᆞᄂᆞ·다 ·ᄒᆞ·야 口:쿻訣·궗·이 六·륙祖:종 지·ᅀᅳᆫ 것 아·니·라 疑ᅌᅵᆼ心심·ᄒᆞᄂᆞ·니 가·줄·비건·댄 大·ᄄᆡᆼ藏·짱經경·이 :엇데 ·이 世·솅尊 【金剛經後序 15ㄴ】 ☞ 존·이 :자·내 :지·ᅀᅳ시·리·오 ·ᄯᅩ 法·법 듣ᄌᆞ·오리 傳뛴·ᄒᆞᆫ 거·시니·라 시·혹 六·륙祖:종ㅣ 닐·어시·늘 弟:뗑子:ᄌᆞᆼㅣ 傳뛴ᄒᆞᆫ ·디 ·내 시·러 :아디 :몯 ᄒᆞ·리로·다 眞진實·씷·로 口:쿻訣·궗·을 因ᅙᅵᆫ·ᄒᆞ·야 어·루 經경·을 보·면 :엇데 글 :몰로·몰 疑ᅌᅵᆼ心심ᄒᆞ·료 元원豐퐁 七·칧年년 六·륙月·웛 十·씹日·싏·에 天텬台텅 羅랑適·덕 謹:근序:쎵

주 직역 **14** 嗚呼라! 如來께서 이르시되, "法이 가히 이름이 없음이, 이것이 이름이 法을 이름이라" 하시니, 가히 言語, 文字로 볼 것이 어찌 佛法 眞諦이겠는가? 그러나 言語, 文字가 아니면 眞諦를 능히 傳하지 못할 것이니, 學者가 六祖 口訣을 因하여, 金剛經을 求하고, 金剛經을 因하여, 佛性을 본 後에야 佛法이 口訣뿐만이 아닌 줄을 알 것이다. 이와 같다면 六祖가 佛法에 끼친 그 功을 思議할 수 있겠는가? 或者가 六祖가 글을 모른다 하여, 口訣이 六祖의 지은 것이 아니라 疑心하니, 비유하면 大藏經이 어찌 이것이 世尊이 손수 지으셨겠는가? 또 法을 들을 이가 傳한 것이다. 혹 六祖가 이르시면 弟子가 傳한 것인지 내가 능히 알지 못할 것이다. 진실로 口訣을 因하여 가히 經을 보면, 어찌 글을 모름을 疑心하겠는가? 元豊 七年 六月 十日에 天台 羅適 謹序.

주 의역 **14** 오호라! 여래께서 말씀하시되 법이 가히 이름이 없는 것이, 이것을 말하여 법이라 하시니, 가히 언어 문자에 볼 것이 어찌 불법의 진제이겠는가마는 언어 문자가 아니면 진제를 능히 전하지 못할 것이니, 학자가 육조 구결로 인하여 금강경의 본뜻을 구하고 금강경으로 인하여 자기의 불성을 구하고 금강경으로 인하여 자기의 불성을 본 후에야 불법이 구결의 내용뿐만이 아닌 줄을 알 것이다. 이와 같다면 육조가 불법에 끼친

그 공덕은 추단(推斷)할 수 있는 것이겠는가? 혹자는 육조가 글을 모른다 하여 육조구결이 육조의 지은 것이 아니라고 의심하나, 비유하면 대장경이 어찌 세존이 손수 지으신 것이겠는가? 또 법을 들은 사람이 전한 것이다. 혹시 육조께서 말씀하시면 제자가 전한 것인지 내 능히 알지 못하겠다. 진실로 구결로 인하여 가히 경을 보면 어찌 글을 모른다는 사실을 의심하겠는가? 원풍(元豊) 7년 6월 10일 천태(天台) 나적(羅適)은 삼가 서(序)를 쓰다.

주 해

- 思議ᄒᆞ여려: 思議ᄒᆞ-+어+리+어, 思議하겠는가?
- 자내: 몸소. 스스로. 친히.
- 원풍 칠년(元豊 七年): 1084년.

金剛經跋(금강경발)24)

(주 본문) 【金剛經跋 1ㄱ】 ☞ 金剛 妙喩와 般若雄詮이 是佛祖之所修所證者也ㅣ니 昔에 六祖能禪師ㅣ 於黃梅丈室에 聞此経ᄒᆞ샤 至應無所住而生其心ᄒᆞ야 洞明妙旨ᄒᆞ샤 得傳衣盂ᄒᆞ시고 卽於是経에 隨文解義ᄒᆞ샤 以開來學ᄒᆞ시니 今我 聖上이 夙植勝因ᄒᆞ샤 爲世導師ᄒᆞ샤 續佛慧明ᄒᆞ시며 萬幾之暇애 敦信是経ᄒᆞ샤 深契妙理 【金剛經跋 1ㄴ】 ☞ ᄒᆞ샤 親定口訣ᄒᆞ시고 命儒臣韓繼禧ᄒᆞ샤 譯以國語ᄒᆞ시고 又敎宗判事臣海超와 檜巖寺住持臣弘一와 前津寬寺住持臣明信과 前俗離寺住持臣演熙와 前萬德寺住持臣正心과 及臣補ᄒᆞ샤 ■■讎校ᄒᆞ야시ᄂᆞᆯ 悉稟■■模印流通ᄒᆞ샤 遂使人人이 因詮悟道 【金剛經跋 2ㄱ】 ☞ ᄒᆞ야 不墜疑網ᄒᆞ야 破二執而顯三空ᄒᆞ며 住四心而修六度ᄒᆞ야 同到究竟彼岸케ᄒᆞ시니 其拳拳法施之益이 嗚呼至哉샷다 天順八年 二月 日 孝寧大君 臣 補 奉 敎謹跋

(주 언해) 金금剛강 微밍妙·묳ᄒᆞᆫ 譬·핑喩·융·와 般·밣若:샹 :게여·운 議·읭論론·이 ·이 佛·뿛祖:종·의 닷ᄀᆞ샨 ·고디며 證·징·ᄒᆞ샨 ·고디·니 :녜 六·륙祖:종 能능禪션師ᄉᆞᆼㅣ 黃ᅘᅪᆼ梅밍丈:ᄯᅣᆼ室실·에 ·이 經경·을 드르샤 應ᅙᅳᆼ無뭉所:송住·뜡而ᅀᅵᆼ生싱其끵心심·이·라 ·혼·ᄃᆡ 니·르·러 微밍妙·묳ᄒᆞᆫ ·ᄠᅳ·들 ᄉᆞᄆᆞᆺ 볼·기·샤 衣힁鉢·밣·을 傳뛴·ᄒᆞ시·고 ·곧 ·이 經경·에 ·그·를 조·차 ·ᄠᅳ·들 사·기·샤 後:ᅘᅮᇢ·에 비흘 :싸라·ᄆᆞᆯ :여·르시·니 ·이제 ·우리 【金剛經跋 2ㄴ】 ☞ 聖·셩上·썅·이 :아·릐 勝·싱因힌·을 시므·샤 世·솅예 導·뜰師ᄉᆞᆼㅣ ᄃᆞ외·샤 부텻 慧·ᅘᅰᆼ命·명·을 :니·ᅀᅳ시·며 萬·먼幾긩ㅅ 겨·르·레 ·이 經경·을 ᄀᆞ·장 미드·샤 微밍妙·묳ᄒᆞᆫ 理:링예 기·피 마ᄌᆞ·샤 親친히 입·겻

24) 언해본에는 없지만 역주 편의를 위해서 학계에서 통상적으로 불리는 명칭을 제목으로 붙였다.

一·힗定·뗭·ᄒᆞ시·고 儒유臣씬 韓한繼·곙禧힁·ᄅᆞᆯ 命·명·ᄒᆞ·샤 國·귁語·엉·로 翻펀譯·역·히시·고 ·ᄯᅩ 敎·귷宗종判·판事·쏭 臣씬 海:ᄒᆡᆼ超ᄐᆛᇢ·와 檜·괭巖암寺·쑹 住·ᄄᆓ持띵 臣씬 弘ᅘᅮᆼ一·힗·와 前쪈津진寬콴寺·쑹 住·ᄄᆓ持띵 臣씬 明명信신과 前쪈 俗·쑉離링寺·쑹 住·ᄄᆓ持띵 臣씬 演:연熙힁·와 前쪈 萬·먼德·득寺·쑹 住·ᄄᆓ持띵 臣씬 正·졍心심·과 臣씬 補:봉·ᄅᆞᆯ 命·명·ᄒᆞ·샤 마·초·ᄢᅥ 校·귷正·졍ᄒᆞ·라 ·ᄒᆞ·야시·늘 ·다 叡·쉥斷·돤을 드:ᄌᆞᆸ소·니 바·겨 流륳通통·ᄒᆞ·샤 人신人신·이 議·읭論론·을 因힌·ᄒᆞ·야 道ᄯᅩᇢ·ᄅᆞᆯ 아·라 疑읭心심ㅅ ·그므·레 ·ᄢᅥ디·디 【金剛經跋 3ㄱ】 ☞ 아·니·ᄒᆞ·야 二·싱執·집·을 :헐·오 三삼空콩·올 나·토·며 四·ᄉᆼ心심·을 住·ᄄᆓ·ᄒᆞ·야 六·륙度똥·ᄅᆞᆯ 닷·가 ᄒᆞᆫ 가·지·로 究궁竟·경ᄒᆞᆫ ·더 :ᄀᆞ·ᅀᅢ 가·게 ·ᄒᆞ시·니 拳퀀拳퀀·ᄒᆞ신 法·법施·싱ㅅ 利·링益·혁·이 嗚홍呼홍 至·징極·끅·ᄒᆞ샷·다 天텬順쓘 八·밣年년 二·싱月·욇 日싏·에 孝·ᅘᅭᇢ寧녕大·땡君군 臣씬 補:봉 奉:뽕 敎·귷謹:근跋·빯

주 직역 金剛 微妙한 譬喩와 般若 웅건한 議論이, 이것이 佛祖의 닦으신 곳이며 證得하신 곳이니, 예전 六祖 慧能禪師가 黃梅丈室에서 이 經을 들어시어, '應無所住而生其心'이라 한 데에 이르러, 微妙한 뜻을 철저히 밝히시어, 衣鉢을 傳하시고, 곧 이 經의 글을 좇아 뜻을 새기시어, 後에 배울 사람을 여시니 이제 우리 聖上이 옛날의 勝因을 심으시어, 世間에 導師가 되시어, 부처님의 慧命을 이으시며, 萬幾의 사이에 이 經을 제일로 믿으시어, 微妙한 理致에 깊이 맞으시어, 親히 구결을 定하시고, 儒臣 韓繼禧에게 命하시어 國語로 翻譯하게 하시고, 또 敎宗判事 臣 海超와 檜巖寺 住持 臣 弘一과 前 津寬寺 住持 臣 明信과 前 俗離寺 住持 臣 演熙와 前 萬德寺 住持 臣 正心과 臣 補에게 命하시어 맞추어 校正하라 하시거늘, 다 叡斷을 들으니 인쇄하여 流通시켜 사람마다 議論을 因하여 道를 알아 疑心의 그물에 떨어지지 아니하여, 二執을 헐고 三空을 나타내며, 四心에 머물러 六度를 닦아, 함께 究竟한 저 가에 가게 하시니, 拳拳하신 法施의 利益이 嗚呼라! 至極하시구나. 天順 八年 二月 日 孝寧大君 臣 補 삼가 교지를 받들어 발문을 씀.

주 의역 금강경의 미묘한 비유와 반야심경의 웅건한 논의가 부처님이 닦으신 곳이며 증득하신 곳이니, 옛날 혜능 선사께서 황매장실(黃梅丈室)에

서 금강경을 들으시어, 응무소주이생기심(應無所住而生其心)이라 한 부분에 이르러 미묘한 뜻을 깨치시어, 옷과 발우를 전하시고, 곧 경문을 좇아 뜻을 새기시어, 나중에 배울 사람에게 길을 여시니, 이제 우리 세조 임금께서 옛날의 수승한 인(因)을 심으시어 세간에 도사(導師)가 되시고, 부처님의 혜명을 이으시며 불도를 닦으시는 사이에, 이 금강경을 제일 믿으시어, 미묘한 이치에 깊이 대면하시어, 친히 주석을 다시고, 유신(儒臣) 한계희(韓繼禧)에게 명하시어 우리말로 번역하게 하시고, 또 교종사(敎宗事) 신(臣) 혜초(海超)와 회암사(檜巖寺) 주지 신(臣) 홍일(弘一)과 전 진관사(津寬寺) 주지 신(臣) 명신(明信)과 전 속리사(俗離寺) 주지 신(臣) 연희(演熙)와 전 만덕사(萬德寺) 주지 신(臣) 정심(正心)과 신(臣) 보(補)에게 명하시어 맞추어 교정하라 하시니, 다 성상(聖上)의 판단을 들으니 인쇄하여 유통시키며 사람마다 논의하여 인하여 도를 알아 의심의 그물에 떨어지지 않아, 이집(二執)을 헐고 삼공(三空)을 나타내며 사심(四心)에 머물러 육바라밀을 닦아 함께 구경한 피안(彼岸)에 가게 하시니 권권(拳拳)하신 법시(法施)의 이익이 오호(嗚呼)라! 지극하시구나. 천순(天順) 8년 2월 일 효령대군(孝寧大君) 신(臣) 보(補) 삼가 교지를 받들어 발문을 씀.

주 해

- 게여운: 雄建한, 기본형은 '게엽다'.
- 기피: 깊이(부사). 명사 '깊이'는 '기픠'였음.
- 황매장실(黃梅丈室): 선종의 5조 홍인 스님의 방장실, 황매산에 있음.
- 예단(叡斷): 임금의 판단을 높여 이르는 말. = 성단(聖斷).
- 이집(二執): 아집(我執)과 법집(法執). ① 아집은 우리의 몸이 오온(五蘊)이 화합된 것임을 모르고서 우리 몸이 항상하다고 믿는 것. ② 법집은 여러 법이 모두 인연에 의해 생긴 것인 줄 모르고서 모든 것이 실재한다고 믿는 것.
- 삼공(三空): 번뇌의 속박에서 벗어나서 증오의 경지에 이르는 세 가지 방법.
- 사심(四心): 육단심(肉團心), 연려심(緣慮心), 집기심(集起心), 견실심(堅實心). ① 육단심은 육체에 있는 심장을 가리킴. ② 연려심은 안식(眼識), 이식(耳識) 등 팔식이 연려(緣慮)의 작용을 갖춘 것. ③ 집기심은 제 8식인 아뢰야식. ④ 견실심은 진여심(眞如心)임.
- 권권(拳拳): 참된 마음으로 정성스럽게 지키는 모양.

주 본문 般若經者諸佛夲母萬法中王佛之與法皆從此経出也 令我聖上不忘【金剛經跋 3ㄴ】☞ 遺囑宵旰之餘尊信此經親定口訣 命儒臣韓繼禧譯以正音■命孝寧大君臣補及臣■■■■■■■■鋟刊印使目之者■■■■■■■如來薩婆若海此能仁之意此六祖之意此【金剛經跋 4ㄱ】☞ 聖上親宣法施之意也臣等憑玆勝因奉祝主上殿下壽萬歲王妃殿下壽齊年世子邸下壽千秋法界有情同登樂岸 天順八年春二月有日判教宗事興德寺住持都大師臣海超奉 敎謹跋

주 의역 반야경은 모든 부처님의 원래 어머니[本母]시고, 만법(萬法) 중의 왕이며, 부처님과 법도 모두 이 경으로부터 나왔다. 지금 우리 성상께서 유촉(遺囑)을 잊지 않으시고, 소간(宵旰)의 여가에 이 경을 존중하고 믿어서, 구결을 친히 정하시고, 유신(儒臣) 한계희(韓繼禧)에게 명하여 정음으로 번역하게 하시고, 효령대군(孝寧大君) 신(臣) 보(補)와 신(臣) 해초(海超)에게 명하여 새기고 인쇄하게 하여, 보는 자로 하여금 여래의 살바야의 바다를 ???하게 하셨으니, 이것이 능인(能仁)의 뜻이고, 이것이 육조(六祖)의 뜻이고, 성상께서 친히 법시(法施)를 베푼 뜻입니다. 신(臣) 등이 승인(勝因)에 의지하여 주상(主上) 전하(殿下)의 수명이 만세가 되도록 봉축하고, 왕비 전하의 수명도 같은 해가 되도록 봉축하며, 세자 저하(邸下)의 수명이 천추(千秋)에 이르고, 법계의 유정(有情)들이 함께 극락의 언덕에 오르기를 봉축합니다. 천순(天順) 8년 봄 2월 일 판교종사(判教宗事) 흥덕사(興德寺) 주지(住持) 도대사(都大師) 신(臣) 해초(海超)가 교지를 받들어 삼가 발문을 씀.

주 해

- 유촉(遺囑): 불법을 널리 홍법하는 일을 부탁하는 것.
- 살바야(薩婆若): sarvajna. 모든 법상에 대한 지혜. = 일체지(一切智).
- 능인(能仁): śākya. 즉 석가모니(Śākya-muni). '능인'은 'śākya'의 의역이며, 'muni'는 '현인(賢人)'의 뜻. 즉 'Śākya-muni'는 'Śākya' 종족의 현인이란 뜻.
- 승인(勝因): 직접 영향을 준 좋은 인연.
- 천추(千秋): 오랜 세월.
- 유정(有情): 중생.
- 판교종사(判教宗事): 조선시대 불교 교종에서 왕사와 대사의 중간 지위. = 도대사(都大師).

(주 본문) 諸佛修歷以證無漏者不過六度之六度而中般若爲第一 我【金剛經跋 4ㄴ】☞ 佛垂化開妙喩於金剛唱雄詮於般若四句持誦淨信之力雖少恒河稱量功德之勝無邊惟 我聖上嘗於壬午之歲夢見世宗語上以金剛四菩薩八金剛之義又【金剛經跋 5ㄱ】☞ 見懿敬世子容貌顏色宛如平時 又中宮夢 世宗所成佛像諸菩薩圍繞而立於是兩殿嗚咽爲盡幀轉金剛經 上親定口訣 命仁順府尹臣韓繼禧飜譯孝寧大君臣補及判敎宗事臣海超檜岩寺住持臣弘一前津寬【金剛經跋 5ㄴ】☞ 寺住持臣明信前俗離寺住持臣演熙前萬德寺住持臣正心等校定未浹旬日鏤板模布 臣伏惟父子之道天屬之恩而本乎天地之心也況我殿下仁孝誠敬之德出於至誠 故爲子孝爲父慈夢寐之間若或奉於謦咳之音而追感於存亡之 故至於飜宣無相眞宗之與追福上及於【金剛經跋 6ㄱ】☞ 祖宗推澤下及於無窮不惟無邊刹土普聞大乘最上之道一國臣民咸仰 聖德仁孝之無已也 嗚呼至哉資憲大夫工曹判書世子左副賓客臣金守溫奉敎謹跋 天順八年二月一日

(주 의역) 제불이 날날이 수행하여 무루(無漏)를 증득한 것은 육도(六度)에 불과하고, 육도 중에는 반야가 제일입니다. 우리 부처님께서 교화를 드리우시어, 금강경에서 미묘한 비유를 여시고, 반야경에서 웅건한 논리를 부르짖어셨으니, 사구(四句)를 지송(持誦)하는 정신(淨信)의 힘이 비록 적으나, 갠지즈 강의 모래알로 지칭하고 한량하는 공덕의 수승함이 가없습니다. 우리 성상께서 일찍이 임오(壬午)년에 세종 임금께서 성상[세조]께 金剛 사보살과 팔금강의 뜻을 묻는 꿈을 꾸시고, 또 의경세자(懿敬世子)의 용모와 안색이 평소와 완연하게 같음을 보았고, 또 중전께서, 세종께서 조성한 불상을 모든 보살들이 둘러싸고 서 있는 것을 보고, 이에 두 전하가 오열하면서 금강경을 전역(全譯)하고자 하였습니다. 성상이 친히 구결을 전하고 인순부윤(仁順府尹) 신(臣) 한계희(韓繼禧)에게 번역과 효령대군(孝寧大君) 신(臣) 보(補)와 판교종사(判敎宗事) 신(臣) 해초(海超), 회암사(檜岩寺) 주지(住持) 신(臣) 홍일(弘一), 전(前) 진관사(津寬寺) 주지(住持) 신(臣) 명신(明信), 전(前) 속리사(俗離寺) 주지(住持) 신(臣) 연희(演熙), 전(前) 만덕사(萬德寺) 주지(住持) 신(臣) 정심(正心) 등에게 교정을 명하

고, 미협순일(未浹旬日) 판에 새겨 유포시키도록 하였습니다. 신이 엎드려 생각하옵건대 부자의 도는 천륜에 속한 은혜이어서 천지의 마음에 뿌리를 둔 것입니다. 더구나 우리 전하께서는 어질고 효성스럽고 정성스럽고 공경하는 덕이 지성(至誠)에서 나왔습니다. 그러므로 아들이 되어 효도하고, 아비가 되어 자애로웠으니 몽매지간(夢寐之間)에도 혹 인기척 소리를 들으면 존망(存亡)을 추모하여 느꼈습니다. 그러므로 무상진종(無相眞宗)과 추복(追福)을 번역해서 선포함에 이르러, 위로는 조종(祖宗)을 추택(推澤)함에 이르렀고 아래로는 무궁함에 미쳤으니 가없는 찰토(刹土)에서 널리 대승 최상승의 도를 들었을 뿐만 아니라, 일국(一國)의 신민들이 모두 성덕의 인효(仁孝)가 그지없음을 우러러 보았습니다. 오호라! 지극하십니다. 자헌대부(資憲大夫) 공조판서(工曹判書) 세자좌부빈객(世子左副賓客) 신(臣) 김수온(金守溫)이 교지를 받들어 삼가 발문을 씀. 천순(天順) 8년 2월 1일.

주 해

- 무루(無漏): 번뇌가 없음. 루(漏)는 번뇌.
- 육도(六度): 육바라밀.
- 사보살 팔금강(四菩薩 八金剛): 이 책의 앞부분 '사보살 팔금강' 참조.
- 부윤(府尹): 조선시대 지방 관아인 府의 장관. 정이품 외관직임.
- 회암사(檜岩寺): 경기도 남양주시에 있던 절. 지공, 나옹, 무학 3화상의 부도와 비가 있으며 현재는 폐사지 오른쪽에 조그마한 절이 있음.
- 진관사(津寬寺): 서울시 은평구 진관외동 북한산 자락에 있는 절.
- 속리사(俗離寺): = 법주사.
- 만덕사(萬德寺): 운허 용하(1961)의 불교사전에 다섯 개의 절이 등재되어 있으나 정확히 알 수 없음.
- 무상진종(無相眞宗): 相 없는 진실한 종교 즉 불교.
- 추복(追福): 죽은 사람의 명복을 빔.
- 조종(祖宗): 선대 왕.
- 찰토(刹土): = 불국.
- 자헌대부(資憲大夫): 조선시대 문무관에게 주던 품계. 정이품.
- 교지(敎旨): 조선 시대에 임금이 사품 이상의 벼슬아치에게 주던 사령(辭令).
- 천순(天順) 8년: 1464년. '天順'은 중국 명나라 영종의 연호(1457~1464).

주 본문 上御康寧殿 命臣及孝寧大君補若曰般若経是諸佛本母【金剛經跋 6ㄴ】☞ 六祖講說獲正法眼又作注解開覺後人直使人人見性成佛非諸注釋家比 予欲反譯廣布爾其勉之於是親定口訣 貞嬪韓氏御前書口訣 社堂 慧瑗 道然 戒淵 信志 道成 覺珠 淑儀 朴氏書口訣 兼 唱準 永順君 臣 溥 承傳出納臣敬依口訣宣譯孝寧與僧海超等更加硏究 禮曺參議臣曺變安書國韻 工曹判書臣金守溫 工曺參判臣姜希孟 承政院都承旨臣盧思愼 參校議政府舍人臣朴楗 工曹正郎臣崔灝 行仁順府判官臣趙祉 行司正臣安愈 成均注簿臣【金剛經跋 7ㄱ】☞ 金季昌 考諸經典言曺氏 行同判內侍府事臣安忠彦 護軍臣張末同 臣河雲敬 司謁臣李元良 臣吳命山 行謁者臣張終孫 臣安哲貞 行司勇臣洪仲山 臣鄭孝常 臣金龍守 臣洪自孝 承供校尉臣白守和 臣金斤 典事臣崔順仝 臣金兌守 臣丁壽萬 給事臣金孝之 臣李枝 書翻譯行司勇臣張治孫臣金今音 同承供校尉臣朴成林 臣陳繼終 臣金孝敏 臣李致和 臣崔順義 臣楊壽 臣許孟孫 臣尹哲山 臣金善 唱準 凡五日告成卽命刊經都監樓板印布切惟金剛妙喩般若雄詮談離有離無之理作無盡無斷之因 二執雙忘一如斯顯所謂能生衆聖何莫由斯敎【金剛經跋 7ㄴ】☞ 也 是我 聖上表章是經增輝佛日之盛意也 臣何幸叨逢 聖明濫預弘揚獲聞至道云嘉靖大夫仁順府尹 臣韓繼禧 奉 敎謹跋

주 의역 성상께서 강녕전(康寧殿)에서 신과 효령대군(孝寧大君) 보(補)에게 명하여 말씀하시기를, "반야경은 제불의 어머니이고, 육조의 강설은 바른 법안을 얻은 것이며, 또 주해가 후인들을 열어서 깨우치고, 사람 사람들로 하여금 곧장 성품을 보아 성불하게 한 것은, 여러 주석가들과 비교할 것이 아니다. 내가 번역하고 유포하고자 하니, 너희들은 힘쓸 지어다." 하고 이에 친히 구결을 정하셨다. 정빈(貞嬪) 한씨(韓氏)가 어전에서 구결을 쓰고, 사당(社堂)의 혜원(慧瑗), 도연(道然), 계연(戒淵), 신지(信志), 도성(道成), 각주(覺珠), 숙의(淑儀) 박씨(朴氏)가 구결을 쓰고 영순군(永順君) 신(臣) 박(溥)이 전교(傳敎)를 이어 받아서 출납하였습니다. 신은 공경스럽게 구결에 의지하여 번역하고 효녕(孝寧)과 승(僧) 해초(海超) 등이 더욱 연구를 하였습니다. 예조(禮曺) 참의(參議) 신(臣) 조변안(曺變安)이 동국정운음을 달고, 공조판서(工曹判書) 신(臣) 김수온(金守溫)과 이조참판(二曺參判) 신(臣) 강희맹(姜希孟)과 승정원(承政院) 도승지(都承旨) 신(臣) 노사신(盧思愼)과 참교(參校) 의정부(議政府) 사인(舍人) 신(臣) 박건(朴楗)과 공조정랑(工曹正郎) 신(臣) 최호(崔灝)와 행인순부(行仁順府) 판관(判官) 신(臣) 조지(趙祉)와 행사정(行司正) 신(臣) 안유(安愈)와 성균주부(成均注簿) 신(臣) 김계창(金季昌)이 제 경전의 말씀을 고증하고 전언 조씨(曺氏)와 행동판내시(行同判內侍) 부사(府事) 신(臣) 안충언(安忠彦)과 호군(護軍) 신(臣) 장말동(張末同)과 신(臣) 하운경(河雲敬)과 사알(司謁) 신(臣) 이원량(李元良)과 신(臣) 오명산(吳命山)과 행알자(行謁者) 신(臣) 장종손(張終孫)과 신(臣) 안철정(安哲貞)과 행사용(行司勇) 신(臣) 홍중산(洪仲山)과 신(臣) 정효상(鄭孝常)과 신(臣) 김용수(金龍守)와 신(臣) 홍자효(洪自孝)와 승공교위(承供校尉) 신(臣) 백수화(白守和)와 신(臣) 김근(金斤)과 전사(典事) 신(臣) 최순동(崔順仝)과 신(臣) 김태수(金兌守)와 신(臣) 정수만(丁壽萬)과 급사(給事) 신(臣) 김효지(金孝之)와 신(臣) 이지(李枝)가 번역한 글을 쓰고 행사용(行司勇) 신(臣) 장치손(張治孫)과 신(臣) 김금음(金今音)과 동승(同承) 공교위(供校尉) 신(臣) 박성림(朴成林)과 신(臣) 진계종(陳繼終)과 신(臣) 김효민(金孝敏)과 신(臣) 이치화(李致和)와 신(臣) 최순의(崔順義)와 신(臣) 양수(楊壽)와 신(臣) 허맹손(許孟孫)과 신(臣) 윤철산(尹哲山)과 신(臣) 김선(金善)이 창준(唱準)합니다. 모두 5일만에 완성을 고하였더니 즉시에 간경도감(刊經都監)에 명하여 판(板)에 새겨 인쇄하여 유포하도록 명하였습니다. 간절히 생각하옵건대 금강의 묘유와 반야의 웅전(雄詮)은 유와 무를 여의는 이치를 담론하고, 무진(無盡) 무단(無斷)의 인(因)이 됩니다. 이집(二執)을 쌍(雙)으로 잊어 한결같이 이것을 나타내었으니, 소위 모든 성인을 내는 것이니 어찌하여 이 가르침을 말미암지 않는가 하는 것입니다. 이것이 우리 성상께서 나타내신 문장이고, 이 경이 불일(佛日)을 더욱 왕성하게 빛나게 하는 것입니다. 신(臣)이 성상의 밝음을 만나 외람되게도 널리 선양하는데 참예하여 지극한 도를 얻어 들었으니 얼마나 다행입니까? 가정대부(嘉靖大夫) 인순부윤(仁順府尹) 신(臣) 한계희(韓繼禧)가 교지(教旨)를 받들어 삼가 발문을 씀.

주 해

- 강녕전(康寧殿): 경복궁 안에 있던 왕의 침전.
- 창준(唱準): 소리를 내어 읽어 가면서 교정을 봄. 또는 그렇게 보는 교정.
- 불일(佛日): 모든 중생을 구제하는 부처의 광명을 해에 비유하여 이르는 말.
- 가정대부(嘉靖大夫): 조선시대에 문무관의 품계. 종이품.

주 본문 天順 六年 壬午 九月 上夢 世宗論金剛經又【金剛經跋 8ㄱ】☞ 見懿敬世子適惕 中宮所夢大感悟誓言大輪金剛經至是 親定口訣遂命仁順府尹 臣韓繼禧飜譯 金剛般若旣就卷入梓乃 命臣跋其後臣竊惟般若一也有實相焉有觀照焉無住無相而泯於親聽者般若之實相也絶於言象而廣攝無遺者般若之觀照也【金剛經跋 8ㄴ】☞ 是乃 諸佛之本母衆聖之權輿經曰一切聖賢皆以無爲而有差別正謂此也惟我 聖上至德在躬默與道契特生淨信於最上希有之典思與法界衆生共種善根於是宣譯是經流布無窮臣惟般若之理生佛一源非有豊嗇其爲觀爲照以踐其實相者人人皆可能矣而特未有自覺覺他圓滿之覺耳將見【金剛經跋 9ㄱ】☞ 人無四相家絶百非隆國之福躋世之仁而鴻業之固當與金剛而不壞之矣 通政大夫 承政院 都承旨 兼 尚瑞尹 弘文館直提學知製敎充 春秋館 修撰官 兼 判奉常寺事 知 吏曹內直司 樽院事臣盧思愼奉敎謹跋

주 의역 천순(天順) 6年 임오(壬午) 9月에 성상께서 세종 임금이 금강경을 논하는 꿈을 꾸고, 또 의경세자(懿敬世子)가 나아와 껴안는 것을 보고, 중궁이 꾼 꿈에 크게 느끼고 깨달아, 금강경을 크게 유전(流轉)시키겠다고 맹세하여 말했습니다. 이에 이르러 구결을 친히 정하고 마침내 인순부윤(仁順府尹) 신(臣) 한계희(韓繼禧)에게 금강반야(金剛般若)를 번역하도록 명하고, 이윽고 책을 만들어 상재(上梓)에 들어갔습니다. 이에 신에게 그 끝에 발문을 쓰도록 명하였습니다. 신이 적이 생각하건대, 반야는 한결 같아서 실상(實相)도 있고 관조(觀照)함도 있으며 무주(無住) 무상(無相)하기도 합니다. 보고 듣는 것이 끊어진 것이 반야의 실상이고, 언어와 형상이 끊어져서 널리 남김없이 포섭하는 것이 반야의 관조(觀照)니, 이것이 바로 제불의 원래 어머니[本母]이고 모든 성인들의 방편[權輿]입니다. 경에서 말하기를, 일체 성현이 모두 무위법 가운데에 차별을 둔다고 한 것이 바로 이것을 말합니다. 생각하건대 성상께서는 지극한 덕을 몸에 갖추시어 묵묵히 도에 계합(契合)하시고, 특별히 가장 뛰어난 경전에 정정한 신심을 일으켜 법계의 중생들과 함께 선근을 심고자 생각하였습니다. 이에 이 경을 번역하여 무공(無功)토록 유포하시고자 하시니, 신이 생각하옵건대 반야의 이치는 중생과 부처가 하나의 근원이며, 풍성함도 없고 인색함도 없어서, 그 관조(觀照)를 통해 실상을 실천하는 것은 사람마다 모두 가능한 일인데, 다만 자각(自覺) 각타(覺他)하는 원만각(圓滿覺)이 없을 뿐입니다. 장차 사람에게 사상(四相)이 없고 집안에 백비(百非)가 끊어짐을 보고자 한다면 나라에 내려주는 복과 세간을 구제하는 인과 큰 업에 견고함이 금강과 함께 무너지지 않을 것입니다. 통정대부(通政大夫) 승정원(承政院) 도승지(都承旨) 겸(兼) 상서윤(尙瑞尹) 홍문관(弘文館) 직제학(直提學) 지제(知製) 교충(敎充) 춘추관(春秋館) 수찬관(修撰官) 겸(兼) 판봉상사(判奉常寺) 사지리조내직사준원사(事知吏曹內直司樽院事) 신(臣) 노사신(盧思愼)은 교지를 받들어 삼가 발문을 씀.

주 해

- 상재(上梓): 출판하기 위하여 인쇄하는 것.
- 관조(觀照): 지혜로 사(事)와 리(理)의 제법을 관(觀)하는 것.
- 계합(契合): 이치나 현상이 꼭 들어 맞음.
- 자각각타원만지각(自覺覺他圓滿之覺): 자기도 깨닫고 중생도 깨닫게 하는 정확한 깨달음.
- 백비(百非): 백(百)은 많은 수, 비(非)는 부정. 즉 사물의 진상을 알기 어려울 때 부정(否定)을 거듭해서 중생들의 유무(有無)의 견해에 걸림이 없도록 하는 것. 참조. 사구백비(四句白非).
- 통정대부(通政大夫): 조선시대의 품계. 정삼품.

【金剛經跋 9ㄴ】 ☞ 공면

飜譯廣轉事實(번역광전사실)

(주 본문)【金剛經事實 1ㄱ】☞ 壬午九月初九日에 上이 夢世宗이 問上金剛經四菩薩八金剛名字之義ᄒᆞ시며 又夢懿敬ᄒᆞ샤 上曰ᄒᆞ샤ᄃᆡ 得非桃源君乎아 對曰是로이다ᄒᆞᄉᆞᆸ고 卽來抱【金剛經事實 1ㄴ】☞ 上ᄒᆞᅀᆞ와 而痛哭ᄒᆞ야시ᄂᆞᆯ 上亦大痛哭ᄒᆞ시고 問生處ᄒᆞ신대 對以皆善處ㅣ이다ᄒᆞ여시ᄂᆞᆯ 上이 益勉之以佛道ᄒᆞ시고 上이 諦視其容ᄒᆞ시고 而思惟ᄒᆞ샤ᄃᆡ 常時예 未得畵影호니 如是明白舊容ᄋᆞᆯ 吾憶畵諸아 必未畵矣리라 夢中之見ᄋᆞᆫ 豈能久乎ㅣ며 非夢則豈能會ㅣ리오 夢이 非妄이며 而平이 非眞이라ᄒᆞ리라【金剛經事實 2ㄱ】☞ 更又痛泣ᄒᆞ샤 相與悲戀之際예 中宮이 聞而覺之ᄒᆞ시니라 朝애 中宮이 語夢於上曰ᄒᆞ샤ᄃᆡ 夢見世宗所成佛像五幀과 諸菩薩圍繞立像ᄒᆞᅀᆞ오ᅀᅵ다 ᄒᆞ야시ᄂᆞᆯ 上이 感極嗚咽ᄒᆞ샤 悟下能出ᄒᆞ시다가 ■■曰ᄒᆞ샤ᄃᆡ予【金剛經事實 2ㄴ】☞ 有言而ᄒᆞ시고 又良及不能語ᄒᆞ시다가 曰子有言而中宮蕩懷則言之호리이다 中宮이 亦悲不自勝ᄒᆞ샤 相與無言ᄒᆞ시다가 旣久ㅣ어ᅀᅡ 上이 乃語前夢ᄒᆞ야시ᄂᆞᆯ 兩殿이 悲痛悽切ᄒᆞ샤 淚流江河ᄒᆞ샤 衾枕이 霑濕ᄒᆞ시니라 上曰ᄒᆞ샤ᄃᆡ 追薦은 無餘蘊矣라 宜豁于懷니 近日에【金剛經事實 3ㄱ】☞ 舍利分身이 卽其現驗也ㅣ라 造像與畵ㅣ 何者ㅣ可耶오 中宮이 曰ᄒᆞ샤ᄃᆡ 旣有爲造之像ᄒᆞ시니 可安近日 舍利ᄒᆞᄉᆞᆸ고 而畵幀焉이로소이다 上曰善哉라 予亦爲亡者ᄒᆞ야 大轉金剛経호리이다

(주 언해) 壬ᅀᅵᆷ午:옹九:궇月ᅌᅯᇙ初총九:궇日·ᅀᅵᇙ·에 上:썅·이 ·ᄭᅮ메 世·솅宗종·이 上·썅·ᄭᅴ 金금剛강經경 四·ᄉᆞᆼ菩뽕薩·삻八·밣金금剛강名명字·ᄍᆞᆼ ·ᄠᅳ들 :묻ᄌᆞ·오시·며 ·ᄯᅩ 懿·ᅙᅴᆼ敬·경·을 ·ᄭᅮ메 ·보샤 上·썅·이 니ᄅᆞ·샤·ᄃᆡ 桃똫源원君군 아·닌·다 對·됭答·답·ᄒᆞ·ᅀᆞ오·ᄃᆡ ·내로이·다 ·ᄒᆞᅀᆞᆸ·고 나·ᅀᅡ·와 上·썅·ᄋᆞᆯ :안ᅀᆞ·와 痛·통哭·콕·ᄒᆞ·야시·ᄂᆞᆯ 上·썅·이 ·ᄯᅩ ᄀᆞ·장 痛·통【金剛經事實 3

ㄴ】 ☞ 哭·콕·ᄒᆞ시·고 生ᄉᆡᆼ處·청·ᄅᆞᆯ :무·르신·대 對·됭答·답·ᄒᆞ·ᅀᆞ오·ᄃᆡ :다 善:쎤處·청ㅣ이·다 ·ᄒᆞ·야시·ᄂᆞᆯ 上·썅·이 佛·뿛道:똫·로 더·욱 ·힘ᄡᅳ·우시·고 上·썅·이 그 양·ᄌᆞ·ᄅᆞᆯ 仔:ᄌᆼ細·솅·히 ·보시·고 ᄉᆞ랑·ᄒᆞ샤·ᄃᆡ 常썅時씽·예 影:형子:ᄌᆼ ·그리·디 :몯·호니 ·이 ·ᄀᆞᄐᆞᆫ 明명白·ᄈᆡᆨᄒᆞᆫ :녯 양·ᄌᆞ·ᄅᆞᆯ ·내 ·ᄉᆡᆼ·각·ᄒᆞ야 ·그리·려 ·반ᄃᆞ·기 ·그리·디 :몯ᄒᆞ·리·라 ·ᄭᅮ·메 :보·ᄆᆞᆫ :엇뎨 能능·히 오·라·며 ·ᄭᅮᆷ 아·니·면 :엇뎨 能능·히 맛나·리오 ·ᄭᅮ미 妄·망 아·니·며 平·뼝時씽ㅣ 眞진 아·니·라 ·ᄒᆞ시·고 ·ᄯᅩ :셜·이 :우·르샤 서르 슬·허 ·ᄒᆞ·실 저·긔 中듕宮궁·이 듣ᄌᆞ·오시·고 ᄢᅵ·오ᅀᆞ·오시·니·라 아·ᄎᆞ·ᄆᆡ 中듕宮궁·이 上·썅·ᄭᅴ ·ᄭᅮ·믈 :ᄉᆞᆯ·오샤·ᄃᆡ ·ᄭᅮ메 世·솅宗종ㅅ 일·우·샨 佛·뿛像:썅 다·ᄉᆞᆺ 幀·뎡·과 諸졍菩뽕薩·삻·이 圍윙繞:ᅀᅭᇢ·ᄒᆞ·샤 ·셔신 像:썅·ᄋᆞᆯ ·보ᅀᆞ·오이·다 ·ᄒᆞ·야시ᄂᆞᆯ 上·썅이 至·징極·끅 感:감動:똥·ᄒᆞ·샤 嗚옹咽·ᅙᅧᇙ·ᄒᆞ·샤 :마·ᄅᆞᆯ 能능·히 :내·디 :몯 ·ᄒᆞ·시다·가 【嗚옹咽·ᅙᅧᇙ·ᄋᆞᆫ 소·리 마·가 :내·디 :몯ᄒᆞᆯ ·씨·라】 오·라·ᅀᅡ 니ᄅᆞ·샤·ᄃᆡ ·내 :말 잇ᄂᆞ이·다 ·ᄒᆞ시·고 ·ᄯᅩ 良량久:궇·ᄐᆞ·록 :말 :몯·ᄒᆞ·야 :겨·시다·가 :ᄉᆞᆯ오샤·ᄃᆡ ·내 :말 잇ᄂᆞ·니 中듕宮궁·이 ᄆᆞᅀᆞ·ᄆᆞᆯ 훤히 너·기시면 ᄉᆞᆯ·오리이·다 ·ᄒᆞ·야시·ᄂᆞᆯ 中듕宮궁이 ·ᄯᅩ 슬ᄒᆞ·샤·ᄆᆞᆯ ·ᄌᆞ개 이·긔·디 :몯 ·ᄒᆞ샤 서르 :말 :업스·시다·가 ᄒᆞ·마 오·라거·ᅀᅡ 上·썅·이 알·ᄑᆡᆺ ᄭᅮ·믈 ᄉᆞᆯ·와시·ᄂᆞᆯ 兩:량殿·뗜·이 슬·허 :셜·워·ᄒᆞ·샤 ·ᄂᆞᆫ·므·를 ᄀᆞ·ᄅᆞᆷ ·ᄀᆞ·티 흘·리·샤 니·블·와 ·벼개·왜 저즈시니·라 上·썅·이 니ᄅᆞ·샤·ᄃᆡ 追뒹薦·젼·ᄋᆞᆫ 無뭉餘영蘊:ᅙᅮᆫ·이·라 ᄆᆞᅀᆞ·매 훤히 너·귤 ·ᄠᅵ·니 近:끈日·ᅀᅵᇶ·에 舍·샹利·링 分분身신·이 ·곧 그 ·번·득ᄒᆞᆫ ·보·라미·리 造:ᄍᅗᇢ像:썅·과 ·그류·미 므·스기·ᅀᅡ 홀·꼬 中듕宮궁·이 :ᄉᆞᆯ·오샤·ᄃᆡ ᄒᆞ·마 爲·윙·ᄒᆞ·야 ᄆᆡᆼ·ᄀᆞ·론 像:썅·이 :겨시·니 近:끈日·ᅀᅵᇶ 舍·샹利·링·ᄅᆞᆯ 녓:ᅀᆞᆸ·고 幀·뎡 ·그리ᅀᆞ·오미 ·맛당ᄒᆞ이·다 上·썅·이 :ᄉᆞᆯ·오샤·ᄃᆡ :됴ᄒᆞ·시이·다 나·도 ·ᄯᅩ 亡망者:쟝 爲·윙·ᄒᆞ·야 金금剛강經경·을 大·땡轉·뒨·호·리이·다

주 직역 壬午年 九月 初九日에 上이 꿈에 世宗이 上께 金剛經 四菩薩 八金剛 名字의 뜻을 물으시며 또 懿敬을 꿈에 보시어 上이 이르시되, “桃源君이 아닌가?” 對答하되, “접니다.” 하고 나아와 上을 안아 痛哭하시거늘 上이 또 매우 痛哭하시고 生處를 물으시니 對答하되, “다 善處입니다.” 하

시거늘 上이 佛道로 더욱 힘쓰게 하시고 上이 그 모습을 仔細히 보시고 생각하시되, '常時에 影子를 그리지 못하니 이 같은 明白한 옛 모습을 내 생각하여 그리겠는가? 마땅히 그리지 못할 것이다. 꿈에 봄은 어찌 能히 오래 되며 꿈 아니면 어찌 能히 만나겠는가? 꿈이 妄이 아니며 平時가 眞이 아니다.' 하시고 또 서럽게 우시어 서로 슬퍼하실 적에 中宮이 들어시고 깨우셨다. 아침에 中宮이 上께 꿈을 사뢰시되, "꿈에 世宗의 이루신 佛像 다섯 幀과 諸菩薩이 圍繞하시어 서신 像을 보았습니다." 하시거늘 上이 至極히 感動하시어 嗚咽하시어 말을 能히 내지 못하시다가【嗚咽은 소리 막아 내지 못하는 것이다】오래 되어야 이르시되, "내 할 말이 있습니다." 하시고 또 良久토록 말 못하여 계시다가 사뢰시되, "내 말 있으니 中宮이 마음을 훤히 여기시면 말하겠습니다." 하시거늘 中宮이 또 슬프심을 자기 이기지 못하시어 서로 말이 없으시다가 이미 오래 되어서야 上이 앞의 꿈을 사뢰시거늘 兩殿이 슬퍼 서러워하시어 눈물을 강같이 흘리시어 이불과 벼개가 젖었다. 上이 이르시되, "追薦은 無餘蘊이라 마음에 훤히 여길 것이니 近日에 舍利 分身이 곧 그 뚜렷한 표시일 것입니다. 造像과 그림이 무엇이어야 할 것인가?" 中宮이 사뢰시되, "이미 의경태자를 위하여 만든 像이 있으니 近日 舍利를 넣고 幀을 그림이 마땅합니다." 上이 사뢰시되, "좋습니다. 나도 또 亡者 爲하여 金剛經을 大轉하겠습니다."

(주 의역) 壬午年 九月 初九日에 세조가, 꿈에 세종이 자신에게 금강경의 사보살(四菩薩) 팔금강(八金剛)의 이름의 뜻을 물으시며, 또 꿈에서 의경태자를 보고 말하기를, "도원군이 아닌가?" 하니, 꿈에서 의경태자가 대답하기를, "접니다." 하고 나와서, 세조를 안고 통곡하시니, 세조도 또 매우 통곡하시고, 사는 곳을 물으시니, 대답하기를, "좋은 곳에 있습니다."라고 하니, 임금께서 불도를 더욱 힘쓰게 하시면서, 의경태자의 모습을 자세히 보시고, '평상시에 의경태자의 초상을 그리지 못하였는데 이처럼 명백한 옛 모습을 기억하면서 그리겠는가? 마땅히 그리지 못할 것이다. 꿈에 본 것이 오래 된 것이며 꿈이 아니면 어떻게 만날 수 있겠는가? 꿈이 망령이 아니며 평상시가 진실이 아니다.'고 생각하시고, 또 서럽게 우시면서 슬퍼하실 때, 중전이 들으시고 잠에서 깨셨다. 아침에 중전이 세조에게 꿈 이

야기를 하기를, "꿈에 세종께서 이루신 불상 다섯 정과 여러 보살이 위요(圍繞)하고 서 있는 모습을 보았습니다." 하시니, 임금께서 매우 감동하시어 오열(嗚咽)하시어 말을 내지 못하시다가 【오열(嗚咽)은 소리를 막아 나오지 못하게 하는 것이다】 오래 되어서야 말씀하시기를, "내가 할 말이 있습니다." 하시고, 또 오래도록 말을 못하고 계시다가 말씀하시기를, "내 할 말이 있으니 중궁(中宮)이 마음을 열어 놓고 생각하시면 말하겠습니다." 하시니, 중궁이 또 슬픔을 이기지 못하시어 서로 말씀이 없으시다가 한참 지나서야 임금께서 앞서의 꿈을 말씀하시니, 세조와 중궁이 슬퍼 서러워하시면서 눈물을 강물같이 흘려 이불과 베개가 젖었다. 임금께서 말씀하시기를, "추천(追薦)은 쌓일 것이 없어서 마음에 훤히 여길 것이니, 근일에 사리 분신이 그 뚜렷한 표시일 것이니, 조상과 그림으로 무엇을 써야 하겠습니까?" 중전이 말씀하시기를, "이미 의경태자를 위하여 만든 상이 있으니 근일에 나온 사리를 넣고 초상을 그리는 것이 마땅하겠습니다." 임금께서 말씀하시기를, "좋습니다. 나도 또 망자를 위하여 금강경을 크게 유통시키겠습니다."

주 해

- 오열(嗚咽): 목 메어 우는 것. '嗚咽'의 '咽'은 '열'로 읽는다.
- 추천(推薦): 죽은 사람의 넋을 달래고 명복을 축원하는 일.

참고문헌

1. 자료

鳩摩羅什 譯, 金剛般若波羅蜜經, 高麗大藏經 第5卷.
鳩摩羅什 譯, 金剛般若波羅蜜經, 大正藏 卷8.
鳩摩羅什 譯, 金剛般若波羅蜜經, 卍續藏經 第38冊.
鳩摩羅什 譯, 金剛般若波羅蜜經, 新纂 大日本續藏經 第24卷.
達摩笈多 譯, 金剛能斷般若波羅蜜經, 大正藏 卷8.
菩提流支 譯, 金剛般若波羅蜜經, 大正藏 卷8.
眞諦 譯, 金剛般若波羅蜜經, 大正藏 卷8.
玄奘 譯, 大般若波羅蜜多經 第9會 能斷金剛分, 大正藏 卷7.
Edward Conze, Vajracchedikāprajñāpāramitā, Roma: Serie Orientale, Vol. XIII, 1957.

2. 단행본 및 논문

각묵(2001), 금강경역해, 불광출판부.
巨芙 譯註(2000), 金剛經, 修德寺僧伽大學.
국립국어원・한국어세계화재단(2004), 『100대 한글 문화유산 정비사업』 2004년도 결과보고서.
金武峰 외(1993), 금강경언해 주해, 東岳語文學會.
金善愛(善見)(2002), 禪宗의 所依經典에 대한 硏究-『金剛經』을 中心으로-, 圓光大學校 東洋學大學院 석사학위논문.

金英培・張榮吉 編著(1995), 般若心經諺解의 國語學的 硏究, 도서출판 大興企劃.

金永日(2002), 『金剛經』構造에 관한 硏究 -3週7節의 問答構造-, 동국대학교 대학원 석사학위논문.

김근수(1962), 金剛經諺解, 국어국문학고서잡록, 국어국문학 자료총서 9, 동국대학교.

김무봉(1993), <金剛經諺解>의 書誌 및 語學的 考察, 國語國文學論文集 第16輯, 東國大學校 國語國文學科.

김무봉(2004), 조선시대 간경도감 간행의 한글 경전 연구, 韓國思想과 文化 第23輯.

김성규(1998), 중세국어의 쌍형어에 대한 연구, 전농어문연구 10, 서울시립대학교 국어국문학과.

김언주(1998), 금강경언해에 나타난 'ᄒᆞ다'의 분포양상, 仁濟論叢 Vol.14 No.1, 인제대학교.

김언주(2002), 역주 금강경 언해(상)・(하), 세종출판사.

金英培(2000), 國語史資料硏究: 佛典諺解 中心, 月印.

김영일(2001), 15세기 국어 쌍형어의 고찰, 한글 251, 한글학회.

김용옥(1999), 도올 김용옥의 금강경강해, 통나무.

남광우(1997), 교학 고어사전, 교학사.

대안 스님(2004), 초심자를 위한 금강경 상・하, 혜성출판사.

無比 譯解(1992), 金剛經五家解, 불광출판부.

박병채(1967), 金剛般若波羅蜜經諺解, Asiatic Research Bulletin(고려대) 10-5.

박진호(2001), 金剛經(音釋), 奎章閣所藏語文學資料 語學篇 解說, 서울大學校 奎章閣, 55~56쪽.

박진호(2001), 金剛經諺解, 奎章閣所藏語文學資料 語學篇 解說, 서울大學校 奎章閣, 57~59쪽.

서울大學校奎章閣(2001), 奎章閣所藏語文學資料 - 語學篇 解說, 서울大學校 奎章閣, 449쪽.

釋眞悟 譯解(1988), 금강경연구, 다르마총서 13, 고려원.

송찬우(1998), 뜻으로 읽는 金剛經, 도서출판 솔바람.

安秉禧(1979), 中世語의 한글 자료에 대한 綜合的인 考察, 규장각 3: 안병희

(1992)에 재수록.

安秉禧(1992),『國語史資料 研究』, 文學과 知性社.

유창돈(1964), 이조어사전, 연세대출판부.

李健準(1997),『金剛經』漢譯諸本에 대한 고찰: vajracchedikaprajnaparamita와 비교하여, 동국대학교 석사학위논문.

李健準(1998)『金剛經』漢譯諸本에 對한 연구: Vajracchedikaprajnaparamita와 비교하여, 구산논집 제2집, 보조사상연구원.

이건준(2000), 梵本 金剛經類의 板本에 대한 연구, 구산논집 제4집, 보조사상연구원.

이기문(1961), 국어사개설, 민중서관.

이기문(1963), 국어표기법의 역사적 연구, 한국연구원.

이기문(1972), 국어음운사연구, 한국문화연구소.

李箕永 飜譯・解說(1978/1997), 반야심경・금강경, 韓國佛教研究院.

李誠雲(2004), 금강경 '우리말화'에 대한 언어학적 연구, 동국대학교 불교대학원 석사학위논문.

李耘虛(1961), 佛教辭典, 東國譯經院.

李浩權(2001), 金剛經諺解(2), 奎章閣所藏語文學資料 語學篇 解說, 서울大學校 奎章閣, 59~60쪽.

장영길(2000),『金剛經諺解』의 음운사적 고찰, 佛教語文論集 5, 佛教語文學會.

正覺(문상련)(1996), 천수경연구, 운주사.

정우영(2005), 국어 표기법 변화와 그 해석, 한국어학 26, 한국어학회.

정재영(2005), 佛甲寺 所藏 初刊本『金剛經(諺解)』에 대하여, 서지학회 발표논문.

정재영(2005), 刊經都監 初刊本『金剛經(諺解)』, 靈光佛甲寺의 佛教文獻, 태학사.

淸峯淸韻 譯解 (2005), 金剛經五家解, 경서원.

呑虛(1961), 佛教辭典, 東國譯經院.

한글학회(1992), 우리말 큰사전 4, -이두와 옛글-.

한용운(1931), 국보적 한글 경판의 발견 경로, 불교 87호.

한용운(1937), 한글경 인출을 마치고, 불교 103호.

黃鍾國(2004), 漢譯『金剛經』의 虛辭 研究, 동국대학교 불교대학원 석사학위논문.

3. 참고 웹사이트

100대 한글 문화유산 홈페이지(http://100.hangeulmuseum.org).
국가기록유산 홈페이지(http://www.memorykorea.go.kr).
동국대학교 중앙도서관 홈페이지(http://lib.dongguk.edu)
디지털 한글박물관 홈페이지(http://www.hangeulmuseum.org)

찾아보기

ⓜ

ⓑ

ⓢ

◎

ⓩ

ⓒ

지은이
김성주
동국대학교 사범대학 국어교육과 졸업
동국대학교 대학원 국어국문학과 박사과정 수료(문학박사)
터키 앙카라대학 한국어학과 객원교수 역임
현재 서울대학교 규장각 한국학연구원 선임연구원

박상준
동국대학교 불교대학 불교학과 졸업
동국대학교 대학원 불교학과 석사과정 수료(문학석사)
현재 동국대학교 역경원 역경위원

박준석
동국대학교 문과대학 국어국문학과 졸업
동국대학교 대학원 국어국문학과 박사과정 수료(문학박사)
동국대 강사, 서울시립대 강사, 한국어세계화재단 책임연구원
현재 서울대학교 규장각 한국학연구원 선임연구원

감 수 김영배(동국대 명예교수)

100대 한글 문화유산 34
금강경언해

초판 1쇄 발행 2006년 9월 25일

지은이 김성주 · 박상준 · 박준석
펴낸이 이재선
펴낸곳 신구문화사

출판등록 1968년 6월 10일
주소 서울시 종로구 청진동 229-1
전화 02-735-4461~5
팩스 02-732-4838
e-mail kkk33@korea.com

ISBN 89-7668-131-2 93710
ISBN 89-7668-120-7(세트)

값 20,000원
*지은이와의 협의에 따라 인지는 생략합니다.
*잘못된 책은 바꾸어 드립니다.
*이 책은 국립국어원으로부터 국고보조금을 지원 받은
'100대 한글 문화유산 정비 사업'의 결과물로 이루어졌습니다.